教養憲法

神野　潔
岡田順太
横大道聡 編

▶ はしがき

　「教養」という言葉をタイトルに掲げた本書は、主に法学部ではない学部に通う大学生たちに、「教養」として憲法を学ぶ際に読んでいただく入門的なテキストとなることを目指して、以前に『法学概説』（弘文堂・2022年）をともに刊行したことのある編者3人でまとめたものである。各章の執筆は、憲法学・法史学・法哲学の各分野をリードする中堅・若手の研究者に依頼し、各執筆者にあえて自身の考え方や関心などの「色」を出して、お書きいただいている。

　「教養」として憲法を学ぶテキストであることから、「教養」なるものについて考える序章を最初に置き、そのうえで各章において日本国憲法を中心とした憲法の内容の個別理解を深めていく形を採った。「教養」という言葉の意味を簡潔に説明することは容易ではないが、本書では（序章に示したように）①そもそも「教養」とは何かという問いと向き合うこと、②市民性・シティズンシップを涵養すること、③広く基礎的な知識とそれをもとにした思考力を身につけること、④自身の専門を相対化して「立ち止まる」こと、の4つを「教養」の意味として掲げている。

　本書をまとめるにあたっては、編者が考えたこの4つの「教養」の意味を各執筆者に示したうえで、それをもとにしてさらに「教養」の意味を考えていただきながら各章をご執筆いただいた。その結果、各章の雰囲気は多様になり、「教養」と向き合い／身につけるための方法や思考がさまざまであるということを、改めて示すことになった。テキストを作る際には、全体の統一性を気にするべき場合もあるが、この多様さこそが「教養」を学ぶうえで必要であり、「教養」の面白さや難しさを表しているという確信から、本書では全体の雰囲気を無理に統一するようなことはしなかった。

　とはいえ、もちろん本書全体を貫く姿勢もある。上記③で示したように、広く基礎的な知識をもとにして思考することが「教養」であると考えることから、側注を用語集的に充実させて、確かな知識を得ることができるように工夫した。また、①から④まですべてにかかわることとして、「歴史」の視点と「比較」の視点とを重視し、読者が自身や社会の状況を客観視できるように、心がけている。

　（『法学概説』のはしがきでも述べたが）編者は、法学部生ではない学生たちの中にも、法に対して強い関心をもつ学生が多くいることをよく知っている。本書は、その関心に応えることを目指したものでもある。

　本書の刊行にあたっては、弘文堂編集部の登健太郎さんにたいへんお世話になった。原稿を丁寧に繰り返しお読みいただき、数多くの貴重なご指摘をいただき、編者の怠惰に対して厳しく優しく接してくださった。登さんのお力なくして本書の刊行はなく、この場を借りて心から御礼を申し上げたい。

2024年11月8日 台北にて
編者を代表して　神野　潔

▶目次

序章　教養として憲法を学ぶということ ————————— 1

はじめに 1

1 教養主義の歴史 2

（1）大正教養主義の隆盛 2 （2）大正教養主義から昭和教養主義へ 2
（3）教養主義の没落 3

2 戦後の大学における教養教育の歴史 4

（1）新制大学と一般教育 4 （2）一般教育の抱えた課題 5
（3）一般教育の停滞と展開 6 （4）大学設置基準の大綱化 6

3 本書が考える教養の意味 8

（1）「教養とは何か」という問いと向き合うこと 8
（2）市民性・シティズンシップを涵養すること 9
（3）広く基礎的な知識とそれをもとにした思考力 10
（4）自身の専門を相対化して「立ち止まる」こと 11

4 教養として憲法の世界を学ぶこと 11

（1）市民性・シティズンシップと憲法 11 （2）憲法の広い知識と総合的な思考力 12
（3）「立ち止まる」ことと憲法 13

おわりに——「新しい教養主義」の時代 14

第1章　そもそも、憲法とは？——憲法と国家、立憲主義 ——— 16

はじめに——翻訳語としての憲法 16

1 憲法の意味とその規範的特質 19

（1）「形式的意味の憲法」と「実質的意味の憲法」 19
（2）「固有の意味の憲法」と「立憲的意味の憲法」 20
（3）憲法の概念と憲法規範の特質 21

2 近代立憲主義の形成とその思想的背景 23

（1）憲法と国家 23 （2）主権国家の成立と中世立憲主義 24
（3）近代立憲主義の思想的背景①——社会契約論 26
（4）近代立憲主義の思想的背景②——自由主義と民主主義 28

3 近代立憲主義と「立憲的意味の憲法」の形成 30

（1）イギリス 30 （2）アメリカ 32 （3）フランス 34

おわりに——翻訳からこぼれおちるもの？ 37

第2章　そもそも、人権とは？——人権総論 ——————— 40

はじめに 40

1 第一世代の人権 41

（1）人権のはじまりとは？ 41 （2）コモン・ローと大陸法 42
（3）社会契約論 42 （4）アメリカ独立革命 44

ii　　　目　次

（5）フランス人権宣言 45 （6）アメリカとフランスの比較 46

2 第二世代の人権 47

（1）human rights と civil rights 47 （2）19世紀のフランスとドイツ 48
（3）人権のグローバル化 49 （4）社会権の登場 50 （5）女性参政権 52

3 第三世代以降の人権 53

（1）人権の構造転換へ 53 （2）人権の国際的保障 54 （3）ビジネスと人権 55
（4）科学技術と人権 56 （5）人権の拡大 57

おわりに 58

第3章 憲法をつくり、変えることの意味とは？──憲法の制定と改正 — 59

はじめに 59

1 憲法の制定 60

（1）国家の設立・憲法の制定 60 （2）憲法を制定する主体──主権について 62
（3）憲法の役割 64 （4）憲法の内容 64

2 憲法典の改正 66

（1）硬性憲法 66 （2）憲法典の改正手続の整理 67 （3）憲法改正の限界 69

3 日本における憲法の制定と改正 70

（1）日本国憲法の制定 70 （2）憲法96条とその解釈 70
（3）憲法改正の手続 71 （4）実質的意味の憲法の改正 74
（5）「形式的意味の憲法」の意味変化──憲法の変遷 75

おわりに 76

第4章 日本国憲法の成り立ちとは？──憲法制定史 77

はじめに 77

1 ポツダム宣言の受諾と占領 78

（1）ポツダム宣言とバーンズ回答 78 （2）「聖断」と占領 80

2 日本国憲法の成立 82

（1）憲法論議の始まり 82 （2）松本委員会での憲法調査 83
（3）総司令部案の作成 84 （4）帝国議会での審議 87

3 成立についての法的説明 89

（1）具体的な論点といくつかの学説 89 （2）八月革命説 89
（3）改正憲法説 90 （4）非常大権説 91 （5）無効説 92

4 占領下での憲法周辺の動き 93

（1）ポツダム緊急勅令 93 （2）軍に関する法制度の廃止 94

おわりに 95

第5章 国事行為、公的行為、そして象徴とは？──天皇制 98

はじめに 98

1 天皇の地位 99

（1）天皇という呼称について 99 （2）象徴天皇制 99

目次 iii

（3）社会心理的意味・法的意味としての象徴　101

（4）天皇は君主か、元首か　102　（5）天皇に対する裁判権、天皇の人権　103

（6）皇位の継承　104

2　天皇の権能　106

（1）国事行為の性質　106　（2）国事行為の具体的な内容　108

（3）明治憲法における天皇の地位と権能　109

3　社会の中の天皇　111

（1）天皇の公的行為　111　（2）昭和天皇と巡幸　112

（3）明仁天皇とその時代　113

おわりに　115

第6章　9条はどのように成立し、解釈されてきたのか──平和主義 ― 117

はじめに　117

1　軍事力の国際的規制の歴史における憲法9条　117

2　日本国憲法制定時における憲法9条解釈の成立　119

（1）戦争放棄条項（9条1項）120　（2）戦力不保持条項（9条2項）122

（3）憲法制定時の政府解釈とその後の憲法学説　123

3　冷戦期における憲法9条解釈の形成　125

（1）警察予備隊創設期　125　（2）保安隊発足期　125

（3）自衛隊発足期以降　127

4　冷戦後における憲法9条解釈の展開　131

（1）国際平和協力法の成立期　131　（2）周辺事態法の成立期　133

（3）テロ対策特別措置法・イラク特別措置法の成立期　134

5　憲法9条解釈の現在地　135

（1）平和安全法制の成立期　135　（2）現在から将来に向けて　137

おわりに　140

第7章　幸福追求権の意味とは？──包括的基本権 ─ 141

はじめに　141

1　幸福を「追求」するのは誰か──幸福追求の主体　141

（1）国家か個人か　142　（2）強い個人か弱い個人か　143

2　「幸福」とは何か──権利内容　144

（1）幸福追求権の包括性と補充性　144　（2）幸福追求権の抽象性　144

（3）一般的行為自由説　145　（4）人格的利益説　146

（5）判例の立場　147

3　幸福追求権の保障　147

（1）生命および身体を害されない権利　147　（2）名誉権　149

（3）プライバシー権　150　（4）情報プライバシー権への展開　153

（5）自己決定権　155

おわりに　157

第8章　平等を保護するとは？──平等権 　158

はじめに　158

1 理念としての平等保護条項と、そこからの脱却の試み　159

2 アメリカ合衆国における平等保護条項の法的意味　162

（1）地位の格下げの禁止　162　（2）カラーブラインドの理論　162

3 日本における平等権違反の主張　163

（1）地位の格下げはあるのか？　163　（2）制度改革としての平等権違反の主張　165

4 平等保護条項に裁判規範としての法的意味を認めることの難しさ　167

5 平等を達成するための不平等　170

（1）「AA」とは何か？　170　（2）日本の学説における AA の理解　173

6 日本におけるアファーマティブ・アクション　174

（1）多様性　174　（2）大学の役割　175　（3）クォータ制　176
（4）医学部入試における男性優遇との比較　176

7 おわりに──平等保護条項はどのように理解すべきなのか　177

第9章　表現を発信し、受領することの意義とは？──精神的自由権①　179

はじめに　179

1 表現の自由の意義と優越的地位　180

（1）表現の自由の「優越的地位」　180　（2）自己実現　181　（3）自己統治　182
（4）思想の自由市場　183　（5）表現の自由の弱さ　185

2 表現の自由の保障と規制の方法　187

（1）検閲の禁止　187　（2）事前抑制と事後抑制　187
（3）内容規制と内容中立規制　189　（4）不明確性と過度の広汎性　190

3 表現の自由の限界　191

（1）わいせつ物　191　（2）名誉毀損　193　（3）プライバシー侵害　195
（4）現代的問題（ヘイトスピーチ／フェイクニュース）　195

4 表現の自由を受け手の立場から考える　197

（1）「知る権利」という発想　197　（2）「知る権利」と報道メディアの取材活動　198
（3）「知る権利」と情報公開制度　199　（4）「知る権利」の限界　199

おわりに──表現空間の変化と憲法学　201

第10章　良心の自由、信教の自由、学問の自由とは？──精神的自由権②　203

はじめに　203

1 思想・良心の自由　204

（1）前　史　204　（2）総　論　205
（3）思想・良心の自由の保障　206　（4）国旗・国歌問題　207

2 国家と宗教　209

（1）前　史　209　（2）信教の自由　211　（3）政教分離原則　213
（4）信教の自由と政教分離の緊張関係　215

3 学問の自由 217

　（1）総　論 217　（2）学問の自由の保障と限界 219
　（3）「大学の自治」の変容 221

おわりに 222

第11章　職業選択の自由、財産権の保障とは？──経済的自由権 - 223

はじめに 223

1 時代の変化と経済的自由権の保障 224

2 職業選択の自由 227

　（1）歴史的背景 227　（2）職業とは何か 228
　（3）職業の形態 229　（4）職業選択の自由の保障内容 230
　（5）職業の自由に対する規制目的と規制手段 231

3 職業の自由に対する規制の違憲審査 233

　（1）公共の福祉 233　（2）違憲審査基準論 234
　（3）合理性の基準 235　（4）厳格な合理性の基準 237

4 職業規制に対する違憲審査基準 238

　（1）規制目的二分論 238　（2）規制目的二分論の動揺 240
　（3）第三の規制目的 240

5 財産権の保障 242

　（1）財産権を保障することの意義 242　（2）財産権の保障内容 243
　（3）財産権の制限 246　（4）財産権制限の違憲審査基準 247

6 損失補償 249

　（1）損失補償の意義 249　（2）補償の要否─「公共のために用ひる」 249
　（3）補償の程度──「正当な補償」 250　（4）損失補償と個別の法律 251

おわりに 253

第12章　生存権、教育を受ける権利、労働基本権とは？──社会権 - 254

はじめに 254

1 社会権のふたつの側面 255

2 生存権 255

　（1）生存権の自由権的側面 255　（2）生存権の社会権的側面 256
　（3）生存権の法的性格 257　（4）判例の立場 259
　（5）発展・裁量統制のための試み 260　（6）現代社会における生存権の問題 261

3 教育を受ける権利 263

　（1）教育を受ける権利の内容 263　（2）「能力に応じて、ひとしく」の意味 264
　（3）義務教育の無償となる範囲 265　（4）誰が教育内容を決めるのか 267

4 労働基本権 268

　（1）労働基本権の内容 268　（2）労働基本権の性質 269
　（3）労働者の自由と労働組合 270　（4）公務員の労働基本権の制限 271

おわりに 273

第13章　議会と財政、参政権の関係とは？──国会と選挙権 ── 274

はじめに　274

1 財政と民主主義　275

（1）財政の誕生　275　（2）日本国憲法における財政民主主義　276
（3）公の財産の使用制限　279

2 国会の法的地位と権限　280

（1）国権の最高機関性　280　（2）唯一の立法機関性　281
（3）全国民代表の意味　283　（4）国会の組織と運営　284

3 議院の権限と議員特権　286

（1）議院自律権と議院の権限　286　（2）国政調査権と最高機関性　288
（3）議員特権　290

4 参政権と選挙制度　292

（1）参政権　292　（2）小選挙区制の導入と政党本位制　293
（3）平等選挙と選挙制度　295　（4）選挙権の意義　298

おわりに　299

第14章　行政権、執政権とは？──内閣・地方自治 ── 302

はじめに　302

1 明治憲法時代の内閣　303

（1）明治憲法下での内閣総理大臣　303　（2）国務大臣の輔弼責任　304
（3）超然内閣制　305

2 日本国憲法における内閣　305

（1）憲法上の位置づけ　305　（2）行政権の意義　306
（3）執政と行政　309　（4）内閣の権限　310
（5）独立行政委員会　311

3 議院内閣制　312

（1）意　義　312　（2）議院内閣制の諸類型　313
（3）解散権の所在　314

4 内閣総理大臣　315

（1）内閣総理大臣の任命　315　（2）内閣総理大臣の法的地位　315
（3）内閣総理大臣の権限　317

5 地方自治　318

（1）前　史　318　（2）法的性質　319
（3）地方公共団体の意義　320

おわりに　322

第15章　司法権、違憲審査、裁判員制度とは？──裁判所 ── 324

はじめに　324

1 裁判所の役割　324

目　次　vii

2 裁判を受ける権利、裁判所の組織、司法権の独立 325

(1) 裁判を受ける権利と公開法廷 325 (2) 裁判所の組織 326
(3) 司法権の独立 328

3 司法権 329

(1) 裁判所が扱う事件 329 (2) 司法権の限界 330

4 違憲審査権 332

(1) 違憲審査の歴史と意義 332 (2) 付随的審査制と抽象的審査制 333
(3) 違憲審査では何をどのように審査するのか 334 (4) 違憲判決の効力 336

5 裁判員制度——国民の司法参加 337

(1) 裁判員制度の概要 337 (2) 裁判員制度の課題 339
(3) 裁判員制度の合憲性 341

おわりに 341

索引 345
日本国憲法（全文） 356

【コラム一覧】

❶ 「憲法」という言葉 38
❷ 日本国憲法のデザイン 65
❸ 憲法の口語体化 86
❹ 昭和天皇の崩御 114
❺ 社会の中の徳仁天皇、雅子皇后、
　そして『テムズとともに』 116
❻ 防衛装備移転三原則 139
❼ 日本の判例における平等権 160
❽ 「二重の基準（論）」 186
❾ 日本におけるムスリム 216

❿ 令和の漬物禁止令？ 241
⓫ 新型コロナウイルス対策と財産権 252
⓬ 「いのちのとりで」裁判とは？ 262
⓭ 租税特別措置 277
⓮ 支部図書館制度と国権の最高機関 290
⓯ くじ引き民主主義 301
⓰ 1990年代「憲法秩序」の変動 310
⓱ 憲法95条とホームルール 321
⓲ 国民審査 342

序章

教養として憲法を学ぶということ

▶ はじめに

　大学のカリキュラムにおいて、憲法にかかわる科目は、法学部の専門科目として置かれていると同時に、法学部生ではない学生たちが選択履修する一般教養科目のひとつとして、設置されていることが多い（この場合、科目名は「日本国憲法」とされていることが多く、また**教職課程の必修科目**としての意味をもつこともある）。本書はこの後者のような科目の教科書・参考書として用いられることを、主に想定したものである。

　言い換えると、本書は、教養として日本国憲法を中心とした憲法の世界を学ぶ際に、何らかの手助けとなることを意識して、構成されている。教養としての学びを想定したものである以上、そもそも教養という言葉はどのような意味をもち、これまでどのように使われ理解されてきたのか（▶本章1・2）、本書においては、教養という言葉にどのような意味をもたせているのか（▶本章3）、教養として憲法の世界を学ぶというのはつまりどのようなことなのか（▶本章4）、というようなことを、この序章で最初に確認しておく必要があるだろう。

　この確認作業は、**旧制高校**における**大正教養主義**以来の教養主義（教養を重視し、教養を身につけることに価値を置く思想や生き方のこと）の歴史や、主に第二次世界大戦後の日本の大学において展開されてきた、教養教育の内容およびあり方をめぐる議論などを踏まえて、丁寧に行われるべきである。

［1］**教職課程の必修科目**　教員免許状を得るためには、課程認定を有する大学等において、教育職員免許法に規定された科目の単位を取得する必要がある。この中には一般教養として修得すべき科目もあって、「日本国憲法」を含む具体的な科目名は教育職員免許法施行規則66条の6に定められている。

［2］**旧制高校**　1886年公布の中学校令によって原型が作られ、1894年公布の高等学校令により誕生し、1947年公布の学校教育法によって廃止されるまで存在した高等学校のこと。修業年限は3年。旧制中学を卒業または4年修了した男子に受験資格があった。旧制高校の学生は同年齢人口の1％にも満たない学歴エリートで、ほとんどの卒業生は帝国大学に進学した。

［3］**大正教養主義**　大正時代の教養は、学歴エリートたちの中で人格の向上と結びつけて理解された。なお、同様に人格の向上を目指すものとして「修養」があるが、修養は道徳的な側面がより強調され、庶民に対して教訓や人生の作法を教えるような実用的なものであった。ただし、教養主義はもともと修養主義と同質で、大正時代に分離したとみるのが通説的である。

はじめに　　1

1　教養主義の歴史

（1）大正教養主義の隆盛

　日本における教養主義の歴史は、大正時代（1912～1926年）に旧制高校で学生文化として広まった、大正教養主義をルーツとするのが一般的である。ここでイメージされる教養はドイツ語の Bildung の訳語であって（▶本章3（3））、自己と向き合い、自己の生き方を考え、自己を造り上げるために、文学・哲学・宗教等を重視する思想であり、読書を通してそれを実現しようとする点に特徴があった。学生たちは、たとえば**デカンショ節**[4]で歌われるように多くの古典を原書で読み込んだが、同時に複数の教養書や小説からも大きな影響を受けた。

　教養書として当時もっともよく読まれたといわれるのが、**阿部次郎**[5]が著した『**三太郎の日記**』[6]である。阿部は、自身の興味は「自己と自己に属するものと」にあるとして、多様なテーマで自己と向き合うために宗教、哲学、芸術を重視し、古典を中心とする読書を通して大家の思想・生涯を学び、自己の陶冶に努めることを示した。この時代には、他に**西田幾多郎**[7]や**倉田百三**[8]などもよく読まれたが、読書は実用的な知識を得るためや道楽のためにあるのではなく、自らの体験や思索を読書と結びつけ、自己について内省的に考える意味をもっていた。教養書の刊行において中心的な役割を果たしたのは**岩波書店**[9]で、その出版活動は岩波文化とも呼ばれた。

（2）大正教養主義から昭和教養主義へ

　教養主義を掲げる旧制高校の学生たちの多くは地方出身者で、生まれながらのエリートというわけではない者が多かった。ゆえに、それまでの自分自身とは訣別して、いわば学歴エリートの仲間入りをしていくためのひとつの装置として、教養主義は機能していた。

　学生たちが個々の教養を深化させていく過程においては、旧制高校のカリキュラムや教師たちも大きな影響力をもった。

---

[4]　**デカンショ節**　江戸時代より篠山（兵庫県丹波篠山市）で歌われてきた民謡。明治時代に篠山出身者から一高生に伝わり、その後学生たちに広く歌われるようになったとされる。「デカンショ」の語源には諸説あるが、旧制高校の学生たちにとっては、「デカンショ」はデカルト、カント、ショーペンハウエルを意味していた。

[5]　**阿部次郎**（1883～1959）東京の第一高等学校（一高）を卒業し、東京帝国大学文科大学でラファエル・フォン・ケーベルの影響を強く受け、また夏目漱石を師とした。一高時代の同級生岩波茂雄が創刊した雑誌『思潮』（『思想』の前身）の主幹を務め、1923年より東北帝国大学法文学部教授。

[6]　『**三太郎の日記**』　阿部次郎が1914年に著した評論集。既発表の小編を集めたもので、主人公である三太郎が、自己の混沌とした行為や感情について内省的に苦悩し、また告白していく内容である。

[7]　**西田幾多郎**（1870～1945）金沢の第四高等学校（四高）を中退し、東京帝国大学文科大学の選科を卒業。1913年より京都帝国大学文科大学教授。京都学派の祖で、日本で最初の本格的な哲学書とされる『善の研究』（弘道館・1911年）など多くの著作を発表した。

[8]　**倉田百三**（1891～1943）一高を中退し、長い闘病生活を送ったが、その間に戯曲『出家とその弟子』（岩波書店・1917年）や随筆的な論集『愛と認識との出発』（岩波書店・1921年）を著した。西田幾多郎の影響が大きく、善・真理・恋愛・友情等の人生上の問題を探求した。

[9]　**岩波書店**　1913年に岩波茂雄が開いた古書店がルーツ。夏目漱石の『こころ』を出版して注目され、教養主義的な読書文化を支える出版社となった。

旧制高校では特に外国語教育が重視され、その授業では文学や哲学書がテキストとして使われていた。専門的な教育は帝国大学に進んでからが基本で、また旧制高校から帝国大学に進学する際には現在のような大学受験がなかったから、学生たちには時間的な余裕もあった。これらのことに加えて、学生寮が独特の文化を作り出し、学生同士の結びつきや刺激も教養を深めるうえで重要であった。

　大正時代の末期から昭和の初期にかけて、**マルクス主義**[10]の思想や運動が高まると、大正教養主義は衰えを見せていったが、マルクス主義も政府からの激しい弾圧を受けて停滞し、**「大学は出たけれど」**[11]といわれたように、昭和恐慌により大学卒のエリートたちすらも就職が決まらないような社会状況になると、1930年代半ばから1941年頃まで、葛藤する若者たちの中で教養主義は再び大きな高まりを見せた。この時代の教養主義は、**昭和教養主義**[12]と呼ばれる。教養とは何で、何のために重要なのかという教養論が活発化して、多くの教養書が著され、その中でも代表的なものが**河合栄治郎**[13]が中心となって発刊した**『学生叢書』**[14]であった。

（3）教養主義の没落

　厳しい戦中期を経て、戦後の新制大学においても、学生文化としての教養は意味をもち続けた。ただし、戦後は、教養の舞台は高校から大学へと移っていく（▶本章2（1））。学生たちは引き続き読書に熱心で、自己と向き合い、大正・昭和前期に刊行された教養書が継続して読まれた。『中央公論』や『世界』といった雑誌も多く購読され、丸山眞男（▶本章［36］）などの知識人が人気を集めた。

　ただし、教養主義はそもそも学歴エリートとの結びつきが顕著であったから、戦後の社会で徐々に定着していった平等主義の意識とは矛盾し、衝突するところもあった。その矛盾は、権力と結びついた学歴エリート・知的エリートに対して懐疑的な態度をとる**反知性主義**[15]の思想へとつながり、やがて1960年代後半の学生運動におけるひとつの原動力となった。学生たちの教養書離れが進み、**「左手にジャーナル、右手にマ**

[10] **マルクス主義**　ドイツの思想家カール・マルクス（1818～1883）およびその協力者フリードリヒ・エンゲルス（1820～1895）によって示された理論と、それをもとにして行われる実践とを含む、経済学的・政治学的・歴史学的・哲学的な思想の体系のこと。20世紀の社会主義運動を支える思想として、非常に大きな影響力をもった。

[11] **大学は出たけれど**　松竹キネマ製作・配給、小津安二郎監督で1929年に公開された日本映画。そのタイトルは当時の就職難を象徴的に表していた。

[12] **昭和教養主義**　大正教養主義が自己の陶冶を第一にしていたのに対し、昭和教養主義は軍国主義に距離を置くひとつの方法として学生たちを支え、社会の中での人格形成がより意識され、また、よりマニュアル化されていたといわれる。

[13] **河合栄治郎（1891～1944）**　一高から東京帝国大学法科大学に進み、農商務省勤務を経て、東京帝国大学経済学部教授。社会思想史・社会政策学の研究者として活躍したが、ファシズム批判や学内での対立を理由に、1939年に休職処分となった。

[14] **『学生叢書』**　河合栄治郎が編集し日本評論社から刊行された叢書。15編の論文を収める『学生と教養』から始まり、『学生と生活』・『学生と社会』・『学生と読書』など1936年から1941年にかけて全12巻が刊行された。

[15] **反知性主義**　エリート主義や知的な権威に対して懐疑的な態度をとり、現実的な課題を解決するうえで、知性よりも、意思・感情・身体的な感覚などを重視する思想をいう。近年では、知性・教養を軽視する大衆の姿勢を批判する言葉として、「教養人」であることを自覚する側から用いられることがある。

1　教養主義の歴史　　3

ガジン^[16]」という言葉も生まれた。

学生運動後、大学という場所が急速に大衆化していくと（**大学の大衆化**^[17]）、学歴エリートと結びついていた教養に対する意識は、さらに激しく退潮していった。教養書や思想書は読まれなくなっていき、それに代わって漫画や実用書などが好まれるようになった。その背景には、社会全体として、高度成長を経て享楽的で消費を重視するような方向へと人々の意識が変化していった、ということもあったであろう。このような教養と教養主義との衰退は、のちに竹内洋によって「教養主義の没落」と表現された。

2　戦後の大学における教養教育の歴史

（1）新制大学と一般教育

教養主義の歴史とはやや異なる系譜として、戦後の大学における教養教育の歴史もたどっておきたい。明治から昭和前期にかけての日本の学校システムは、ドイツの影響を強く受けて、帝国大学（旧制大学）は高度な専門教育を行う場となっており、教養主義の主要な舞台ではなかった。大学において教養教育が行われるようになったのは、第二次世界大戦後の学制改革によって、旧制高校・専門学校・師範学校の役割をも組み込んだ**新制大学**^[18]が発足してからのことである。

新制大学では、**米国教育使節団**^[19]からの提案により（その背景には、南原繁〔▶本章[35]〕を中心とした日本側の意向もあったと現在では考えられている）、アメリカの**ジェネラル・エデュケーション**^[20]をモデルとして、民主的な市民を育てる教養教育としての一般教育が必修として行われるようになった。一般教育は、1947年創立の**大学基準協会**^[21]が制定した**大学基準**^[22]によって具体化され、1956年に文部省令で制定された**大学設置基準**^[23]によって、一定の完成を見ることになる。

これ以降、一般教育として、人文・社会・自然の3系列を等しく履修しなければならないとされ、全国のどの大学も厳しい管理のもとで運営されることになった。それまで専門教

[16]「左手にジャーナル、右手にマガジン」「ジャーナル」は1959年に朝日新聞社が創刊した総合雑誌『朝日ジャーナル』のことで、左翼的な思想を基盤に運動に参加する学生たちから、熱狂的に支持されていた。これに対して「マガジン」は、1959年に講談社が創刊した漫画雑誌『週刊少年マガジン』のこと。

[17] **大学の大衆化**　団塊の世代が大学受験をするようになり、また高度経済成長という背景もあって、大衆化自体は1960年代からいわれるようになっていた。それがさらに顕著となるのが1970年代前半で、この頃には大学進学率は30％を超えるようになり、学歴別新規就職者も中卒者と大卒者が逆転するようになる。

[18] **新制大学**　1949年の発足から現在までつながる、4年制の高等教育機関。旧制のさまざまな高等教育機関を一元化したもので、1949年の段階での新制大学は、国立大学70校、公立大学18校、私立大学92校の合計180校であった。

[19] **米国教育使節団**　日本の教育再建のため、GHQがアメリカ政府に要請し、1946年に派遣されてきた使節団のこと（1950年には第二次使節団が派遣された）。

[20] **ジェネラル・エデュケーション**　19世紀のアメリカにおいて、カレッジがユニバーシティに発展する過程で、ドイツ等ヨーロッパの大学の専門主義が導入され、それへの反発として強化された一般教養的高等教育のこと。

[21] **大学基準協会**　1947年に新制大学の設立基準（大学基準）を検討・制定する団体として、当時の大学46校が集まり設立された。現在は公益財団法人で、大学の認証評価を行っている。

[22] **大学基準**　大学基準協会が作り、事実上の法令的な基準としての意味をもったもの。一般教育科目についても規定があり

4　　序章　教養として憲法を学ぶということ

育を行う場であった大学は、新制高校からの連続性が意識された教育機関へと大きく変質し、その象徴が一般教育であるとされた。たとえば、新制東京大学となって最初の入学式で挨拶に立った南原繁は、新制大学の「一般的教養」について「その成否いかんに新大学制の将来の命運がかかっている」と述べている。一般教育の登場は、まさしく近代以降の日本の大学の大きな転換であった。

（2）一般教育の抱えた課題

新制大学における一般教育は、民主的な市民を育てるために必要なものと考えられており（▶本章3（2）)、それは旧制高校における教養主義がもっていたエリート性とは距離のあるものであった。言い換えれば、より平等主義に立脚するもの、大学を開かれた場所として位置づけるものであった。

ただし、アメリカのジェネラル・エデュケーションが**リベラル・アーツ**[24]を下地にしていたのに対して、新制大学における一般教育はリベラル・アーツとは距離があった。また、幅広く学ぶ中から自身の専攻を（メジャー〔主専攻〕だけでなくマイナー〔副専攻〕も含めて）選択していき、より高度で専門的な教育は主に大学院で行われるというアメリカの仕組みとは異なるものでもあった。つまり、モデルとなったアメリカでの教養教育の理念や歴史的変遷は深く理解されず、その目的や理念が今ひとつはっきりしないままに、一般教育は導入され定着していったのである。そのために、その後長きにわたって、一般教育をめぐる議論が続き、カリキュラムの見直しも継続的に行われた。

一般教育についての問題は、その教育内容だけではなかった。新制大学では、大学における基本組織として、学問体系（専門教育）を基盤にした**学部**[25]がそのまま継承された。その学部教育の中に、全学生が学部を越えて学ぶ一般教育が横串のように入れ込まれたので、誰がどのような形でその教育を担うのか、学部という組織との関係をどうするのかが、大きな課題となったのである。この課題は、旧制高校で働いていた教員たちが新制大学の一般教育を担うことで解決されたが、

（当初の段階では「一般教養科目」)、外国語を含む人文科学、社会科学、自然科学の3系列と体育の履修が規定された。

［23］**大学設置基準** 大学運営についての最低基準を定めた文部省令。1991年の大綱化まで、大学の水準維持という点で大きな意味をもったと同時に、それぞれの大学が学部設置やカリキュラムの面で独自性が発揮しにくい状況にあった。

［24］**リベラル・アーツ** 古代ギリシアで生まれ、古代ローマに継承された、人間を束縛から解放するための知識、生きるための手法のこと。文法・論理・修辞という言語系の3学と、算術・幾何・天文・音楽の数学系4学で構成されている。

［25］**学部** 1918年の大学令によって生まれた大学内の組織で、ドイツの影響が大きい。大学令2条に、学部の種類は「法学、医学、工学、文学、理学、農学、経済学及商学ノ各部トス」と規定されていた。なお、学部の設置以前は、帝国大学の中に文科大学・法科大学・医科大学等の組織があった。

もともと旧制大学で働いていた教員たち（新制大学において専門教育を担うことになった教員たち）からは、「一般教育＝専門より下位の教育」として取り扱われることがしばしばあった。

課題は多かったが、新制大学における一般教育に希望を見出す著名な研究者（知識人）たちも多くいた。先述の南原以外にも、**矢内原忠雄**[26]、**和田小六**[27]、**上原専禄**[28]等が、新時代の教養と教養教育に期待し、その必要性を説くことに力を注いだ。

（3）一般教育の停滞と展開

一般教育は、日本の大学における教養教育として制度化され、それは新制大学の理念を支えるもののはずであった。しかし、1960年代から徐々に大学の大衆化と呼ばれる現象が進み、学生運動を経てそれがより顕著になる1970年代までの間に、一般教育の位置づけも大きく変化していった。

問題となっていた組織的な面では、**教養部**[29]が設けられた大学もあり、1963年に国立学校設置法が改正されて、国立大学における教養部に法的な根拠が用意された。それでも、専門教育を担当する教員たちの「一般教育＝専門より下位の教育」という見方は、長く変わらなかった。また、学生運動の時代には、大人数の学生を抱えて教育環境が整備されない教養部と一般教育が、学生たちからの批判の対象にもなった。

大学の大衆化が進む中で、特に理工系学部は学部自体が増え、また入学者も著しく増加した。その背景には、社会の経済発展を進めるうえでのニーズがあったが、もともと一般教育に対して懐疑的であった理工系の学部が拡充することにより、一般教育自体の弱体化も進んでいった。**1970年・1973年の大学設置基準改正**[30]により、一般教育は各大学・各学部で自由に編成できるかなり弾力性のあるものに改められた。この際の文部省の方針は決して一般教育の軽視ではなく、幅広く柔軟に教養教育を行うことにあったが、実際には、理工系学部を中心にして一般教育は大幅に圧縮された。

（4）大学設置基準の大綱化

70年代から80年代にかけて、一般教育に対する批判や不要

[26] 矢内原忠雄（1893～1961）
一高から東京帝国大学法科大学に進み、住友総本店勤務の後、東京帝国大学経済学部助教授・教授。植民政策を専門としたが、1937年の論文「国家の理想」等が批判されて東京帝国大学を辞職。敗戦後に復帰し、東京大学教養学部の初代学部長を務めた。この教養学部は他の大学と異なり、教養を独立の学部としていた。矢内原は、「片よらない知識」と「どこまでも伸びて往く真理探求の精神」の重要性を説き、「この精神こそが教養学部の生命」と語っている。また、東大ポポロ事件（▶第10章[40]）の際の東大総長で、大学の自治を守ろうとしたその姿勢は高く評価された。南原繁と同様に、無教会主義キリスト教の知識人であった。

[27] 和田小六（1890～1952）
一高から東京帝国大学工科大学へ進学し、航空工学を専門とし、東京帝国大学工学部教授、航空研究所所長を務めた。終戦後、東京工業大学学長として、マサチューセッツ工科大学（MIT）をモデルに教養教育・民主主義教育の重要性を主張した。

[28] 上原専禄（1899～1975）
東京商科大学（現在の一橋大学）を卒業し、高岡高等商業学校（現在の富山大学）教授を経て、東京商科大学教授。学長として一橋大学の新制大学化で大きな役割を果たした。

[29] 教養部 国立大学を中心にして一部の大学に置かれていた組織。1963年に法制化された。専門教育科目以外の科目（一般教育科目、外国語科目、保健体育科目）を担当する教員と学生（入学後1年半または2年間）が所属した。

[30] 1970年・1973年の大学設置基準改正 この二度の改正により、①一般教育科目の中に、複数の分野の視点から特定のテーマについて考察するような科目として総合科目を用意する、②一般教育の一部を外国語科目・基礎教育科目・専門教育科目で代替できるようにする、③ある学部の専門教育科目を、他の

論も沸き起こる中で、一般教育の見直しを図る議論はさまざまな場で続けられた。総合科目の充実や、一般教育と専門教育の接合、そして、いわゆる「くさび形」教養カリキュラム等も議論されるようになった。

1991年、大学設置基準の大幅な改正が行われ（いわゆる**大学設置基準の大綱化**[31]）、大学における教養教育は大きく展開することになった。大綱化により、カリキュラムの編成についての制約が大幅に緩和され、一般教育科目や専門教育科目という科目区分が廃止されたのである。一般教育科目に設けられていた、人文科学・社会科学・自然科学という領域別の履修区分や、履修単位数の規定等もすべて廃止された。これにより、多くの国立大学で教養部が解体され、別の学部への改組等が進んだ。

ただし、新しい大学設置基準の19条2項には「大学は、学部等の専攻に係る専門の学芸を教授するとともに、幅広く深い教養及び総合的な判断力を培い、豊かな人間性を涵養するよう適切に配慮しなければならない」と規定されており、一般教育というものがなくなっても、大学における教養教育が失われてよいと考えられていたわけではない。この改革は、4年間を通して一般教育と専門教育とを自由に組み合わせた多様で有機的なカリキュラムを、各大学が独自に編成することが目指されたものであり、むしろ教養教育の多様化や活性化、総合化を図ったものであった。

大学設置基準の大綱化により、事実上軽視される方向に向かった教養と教養教育が、再び光を浴び、「新しい教養」・「新しい教養教育」の議論が起きるまでにあまり時間はかからなかった。教養と教養教育の意味や役割を再検討し、専門教育との関係を見直し、大学における教養教育のあり方を再度考えようとする動きが、大学の中からあるいは社会から高まってきたのである。本章がここまでの記述で参考としてきたような、**教養主義の歴史や一般教育の変遷をめぐる研究**[32]もこの時期、非常に活発になった。

学部の一般教育科目に代替できるようにする等が実現した。

[31] **大学設置基準の大綱化**　1991年の大学設置基準改正により、カリキュラム編成の制約が大幅に緩和され、各大学の自主的な取り組みが尊重され、柔軟に決めることができるようになった。ただし、それと引き換えに、大学が自己評価を行う規定等も盛り込まれた。

[32] **教養主義の歴史や一般教育の変遷をめぐる研究**　この序章の記述もこれらの研究から大きな影響を受けている。代表的なものとして、筒井清忠『日本型「教養」の運命』（岩波書店・1995年、2009年に岩波現代文庫として再刊）、竹内洋『教養主義の没落－変わりゆくエリート学生文化』（中央公論新社・2003年）、吉田文『大学と教養教育－戦後日本における模索』（岩波書店・2013年）を挙げておきたい。

★おすすめの本　小林康夫＝船曳建夫編『知の技法』（東京大学出版会・1994年。書影は同出版会HPより）。東京大学教養学部では、1993年度より文系1年生向けの必修科目「基礎演習」が設置され、本書はこの科目のサブ・テキストとすることを目的として出版された書籍である。各学問分野の紹介とともに、論文の書き方、発表の仕方など、社会に出ても通用する、技術としての教養が語られる。変革の時代に、「大学とは？」・「知とは？」を問う内容はベストセラーとなり、社会に大きなインパクトを与えたが、知の「内容」ではなく、知の「技法」が重視される状況について、大学の危機ととらえる声もあった。翌1995年に『知の論理』、1996年に『知のモラル』が刊行され、「知の三部作」と呼ばれる。

3　本書が考える教養の意味

（1）「教養とは何か」という問いと向き合うこと

　21世紀に入る頃から、「新しい教養」・「新しい教養教育」の議論が熱心に沸き起こってきた。その背景には、日本社会の長期的な景気低迷と、それに伴う社会からの大学・大学生に対する要請（就職後に具体的に役立つような力を大学で磨いてもらいたいという要請）もあった。いわゆる「社会人力」として、教養の必要性が語られることが多くなってきたのである。そのような中で、教養という言葉を掲げた入門書（たとえば、「教養としての〇〇入門」というような）も多く刊行されるようになった。現在、大学でも、就職活動の場でも、書店においても、教養の大切さは広く共有されているといえるだろう。

　ただし、ここには、教養という言葉の定義はきわめて曖昧なままに、ただ大切だということだけが喧伝されてきた、という課題もある。実際に、学生たちにアンケートを取ってみると、多くの学生たちは「各分野の基礎知識」という程度で教養と教養教育をとらえているようであるし、一方、書店に並ぶいわゆる「教養本」のタイトルに目を向けてみると、「明日役立つ豆知識」というようなものを指して、教養といっている場合も多いように見受けられる。

　そこで本書では、まず本書における教養という言葉の意味を提示することが重要であると考えて、この序章を設けることにした。言い換えれば、教養とは何かという問いと向き合いながら教養を語ることこそが、教養的な営み・振る舞いであると考えて、本章を設けたのである。

　そして、本書での教養の意味を示すにあたっては、①これまでどのように教養という言葉が理解され、議論され、変遷してきたのかという経緯を重視すること、②それらの理解や議論の中に、今なお価値をもつ考え方や本質を言い当てたような説明はないかと考え、歴史に対して謙虚かつ尊重の意識をもつこと、に特に価値を置いた（▶本章**はじめに**）。大正教養主義や昭和教養主義（▶本章**1**）、戦後の大学における一般

8　　序章　教養として憲法を学ぶということ

教育をめぐる議論等（▶本章2）は、もちろんそれぞれの時代の文脈の中で理解しなければならないし、それが歴史的にものを考える際のいわば「マナー」であるが、それでもなお、現代においても光を失っていないものがその中にあるのではないか、と考えてみたのである。

　以下では、ここまで確認してきた教養主義の歴史と、戦後の大学における教養教育の内容・あり方についての歴史を前提にして、本書で考える「教養なるもの」について説明していきたい。

（2）市民性・シティズンシップを涵養すること

　ここまで述べてきた教養主義の歴史と教養教育の内容・あり方の経緯の中で、本書が最も重視したいのは、民主的な市民としての意識（市民性・**シティズンシップ**[33]）を育むことである。これは戦後の新制大学において一般教育が掲げた理念と重なるが、**グローバル化**[34]・多様化された時代を生きる現代の学生たちには、より積極的・能動的な市民としての意識が求められる。社会と自身とを結びつけ、異なる価値観や世界観を認め尊重し助け合う意識をもち、市民としての公共的な責任を自覚して道徳的に行動し、自らコミュニティに参加していくこと、このような姿勢を育み・促すことが、現代の教養の最も重要な意味ではないだろうか（▶本章4（1））。

　南原繁[35]は、先に述べた新制東京大学の入学式における演説で、「自然・人文・社会を含めて、互いに補い協力し、人間と世界についてもろもろの価値や全体の理念を把握する」ことが、「将来いかなる専門家や職業人となるにしても、およそ時代に生きんとする人間としての学生一般に対して」重要であるとも述べていた。南原のこの言葉は今なお大きな意味をもっており、「時代に生きんとする人間としての学生」たちは、どの専門分野を勉強をしていくにしても、その前に（それと並行して）学び続ける必要のあるものがあって、それこそが市民性・シティズンシップだといえるだろう。

　なお、価値観が多様化した現代という「時代に生きんとする人間としての学生」たちにとって、「もろもろの価値や全体

[33]シティズンシップ　社会の一員として自覚・自立し、能動的に社会に関わる姿勢のこと。そのような姿勢を身につけた市民（社会形成や課題解決に参加していく市民）を育成するためのシティズンシップ教育が、小学校〜高等学校においても広く行われるようになってきている。第12章3（2）末尾の★も参照。

[34]グローバル化　世界の人々が関係し合い、影響し合い、相互に移動する中で、ヒト、モノ、カネ、情報、サービス等、さまざまな対象が国境を越えて移動するという現象を示す概念。

[35]南原繁（1889〜1974）一高から東京帝国大学法科大学に進み、内務省勤務を経て、東京帝国大学法学部助教授、教授。政治学史・政治哲学が専門で、無教会主義キリスト教の知識人でもあった。戦後初の東大総長として、新制東京大学を象徴する教養学部の設立にも尽力した。

の理念」というものは、最小限の共通する価値観を基盤としながら、その上に個々の多様な価値観を乗せた、**丸山眞男**の言う「**ササラ型**」の構造をもつべきであろう。丸山のような、かつてよく読まれた書籍から改めて学ぶことも、市民性・シティズンシップを育むうえで有効である。

（3）広く基礎的な知識とそれをもとにした思考力

　市民性・シティズンシップを身につけていくという時、具体的にはどのような力を得ることが求められるだろうか。多くの意見や立場があるが、本書ではまず、多様な知識をバランスよく得ることの重要性を改めて掲げておきたい。

　ここでいう知識とは、ただ言葉を暗記するというようなものではなくて、広く基礎的で、かつ意味を理解した深い知識のことをいっている。何かの社会的な課題と向き合い、思考し、誰かと議論をしようとする時には、前提となる客観的で確かな知識が必ず求められる。知識をまったくもたないままに述べられた意見や提案は、個人の価値観や感情を一方的に伝えるだけのものになりかねず、その議論を生産的なものにはせず、課題の解決には結びつかないからである。

　ここで重要なのは、議論の際に、その知識の「引き出し」を的確に開けられるようにしておくということである。そのためには、得た知識を整理し、知識と知識とを有機的・体系的に関連づけておく努力も求められる。また、確かな知識を得ておくことは、社会に存在する多様な情報の中から、自身にとって有益な情報を的確に選び取る力にもつながっていく。つまり、知識のそのずっと先に行くために、知識は土台・基盤となるのである。そもそも、アメリカのジェネラル・エデュケーションは、知識を土台・基盤にして、その先で思考し探究するという意義をもっていた。

　知識の「引き出し」を開けながら、現代的・社会的な課題について思考し議論しようとする時、必要となるのはバランスのとれた総合的な思考力である。かつて大正教養主義がひとつのお手本としたドイツの Bildung も、そもそも総合的・全体的という意味があった。より具体的にいえば、本書では、

[36] **丸山眞男**（1914〜1996）一高を出て東京帝国大学法学部で学び、東京帝国大学助教授、東京大学教授と進んだ。『現代政治の思想と行動　上・下』（未來社・1956・57年）等を著し、戦後民主主義を代表する政治学者・思想家として学生たちから絶大な支持を受けたが、1960年代後半の学生運動においては逆に激しい批判の対象となった。

[37] **ササラ型**　丸山眞男が『日本の思想』（岩波書店・1961年）の中で、日本の伝統的な「タコツボ型」の社会・文化を批判するために、対比的に用いた概念。ササラは、竹や細い木を束ねて作られたブラシ様の台所道具のこと。

★**おすすめの本**　バーナード・クリック（関口正司＝大賀哲＝大河原伸夫＝岡崎晴輝＝施光恒＝竹島博之訳）『シティズンシップ教育論―政治哲学と市民』（法政大学出版局・2011年。書影は同出版局 HP より）。これまでの日本でのシティズンシップ教育や、高等学校での新科目「公共」に関しての議論の中で、イギリスのシティズンシップ諮問委員会による最終報告書「シティズンシップ教育と学校における民主主義の教授」（1998年）がしばしば引用されてきた。この重要な報告書は、委員会の議長を務めた著名な政治学者バーナード・クリック（1929〜2008）の名を取って、「クリック・レポート」と呼ばれるのが一般的である（このレポートを受けて、2002年からイギリスでは中等教育（12歳〜16歳）でシティズンシップが必修科目となった）。本書は2000年にクリックが著したEssays on Citizenship　の　翻訳で、クリックの基礎的な理論や実践を理解するには最適である。

①客観的かつ多角的な視点から、社会の中に問題を発見し解決しようとする力、②そのために必要となる情報を集め、分析する力、③既存の考え方に対する批判的な思考力、④既存の考え方に独自の観点を与える創造的な発想力、⑤それらを表現して人に伝える能力、⑥相手の立場を理解して対話をする能力、が重要だと考えている。そして、このような力を身につけていこうとする姿勢自体が、広く市民性・シティズンシップに含まれるものと考えておきたい。

(4) 自身の専門を相対化して「立ち止まる」こと

教養と教養教育の今日的意味は、本節でここまで述べたような、市民性・シティズンシップにとどまるものではない。本書の読者の多くはそれぞれ（法学以外の）専門分野をもっているであろうが、自身の専門の視点・思考を相対化するものとして、他の分野を学ぶことも大きな意味をもつ。

専門的な知識と思考を得ることが、（明治時代以来の）日本の大学の学部教育の根幹にあることは疑いがない。しかし、同じ分野の専門家たち（同質の集団）の中では、気がつかないこと、議論が発展しないこと、判断を誤ることもありうるであろう。ある観点からはそれが確からしく思えるとしても、別の観点からは効率的ではなかったり、また他の観点からは合理的ではなかったりするということもあるわけで、そのことに冷静に気付くためには、自分の専門分野を相対化しうるような複数の別の観点が、自分の中に用意されているべきである。

よりわかりやすく強調して言い換えれば、自身が何かを判断する際に少しだけ「立ち止まる」ための機能を、自身の中に備えておく力を教養と呼びたい、ということである。

4 教養として憲法の世界を学ぶこと

(1) 市民性・シティズンシップと憲法

本章3で本書における教養の意味について述べたが、続い

★おすすめの本　村上陽一郎編『「専門家」とは誰か』（晶文社・2022年。書影は晶文社HPより）。現在の大学においては、「教養」はしばしば「専門」と対比されて語られることが多い。その対比自体が適切であるのかどうかは別として、そのようにとらえられることが多いのであれば、教養についてわかろうとするためには、専門なるものについての理解もまた必要だということになる。

本書は、「専門家」とは誰なのかを問い、「専門知」のあり方を見つめ直す論集であるが、それは教養について考える大きなヒントにもなる。特に、藤垣裕子「隣の領域に口出しするということ—専門家のためのリベラルアーツ」や、佐伯順子「女子教育と男子教育からみる『教養』と『専門』」などは、重要な教養論である。

て、それらのことと憲法を学ぶこととを結びつけて考えていく。

本章3（2）では市民性・シティズンシップの涵養を重視したが、市民という概念はそもそも憲法と（あるいは法・法学全般と）深くかかわるものである。いわゆる近代憲法は、権力による一方的な支配を否定し共同することを誓い合った市民によって作り出され、市民が国家をコントロールするための法としての役割を与えられたからである。よって、近代憲法について学ぶことは結局、市民としての自覚をもつことにつながっていく。

また、近代憲法を作り出した市民は、国家から自立した市民社会の中で自由・平等に暮らすが、そこでは、自律的に行動し他者の人格を尊重する独立した個人、公共的な責任を自覚して相互に関係し合う個人であることが求められていた。ここで想定されている個人像は、まさしく本章3（2）で述べたような「教養人」のあり方と重なるものである。また、たとえば、ホログラフィーの研究で著名な物理学者**ガーボル・デーネシュ**[38]は、生活の質や精神的な豊かさに価値を置く「成熟社会」をひとつの理想として提案したが、自身の専門が何かということとは無関係に、市民社会や個人の現代的なあり方、これからのあり方を考えていくことも、教養ある市民の責任であるといえよう。

現代の日本では、2015年の公職選挙法改正により選挙権年齢が18歳に引き下げられ、主権者としての意識の醸成（市民性の意識に加えて、政治的なリテラシーが求められる）も重要になっている。また、高等学校の新科目として「**公共**」[39]が導入され、多様性・公共性を前提にした対話的な学習が始められている。大学における教養としての憲法の学習は、これらを強く意識し、また接続するものとなる。

（2）憲法の広い知識と総合的な思考力

近代憲法は市民が作り上げて国家に守らせているものであり、人権の尊重や国家の構造、憲法の基本原理等の知識を教養として得ておくことは、市民の責任である。ただし、本章

[38] ガーボル・デーネシュ（1900〜1979） ハンガリー系イギリス人の物理学者で、インペリアル・カレッジ・ロンドンの教授等を務めた。英語表記でデニス・ガボールとも。1947年にホログラフィーを発明し、その功績により1971年にノーベル物理学賞を受賞した。社会のあり方に対する関心から、1972年に The Mature Society : A View of the Future（Praeger Publisher）を著した（日本でも翻訳され、1973年に講談社から『成熟社会　新しい文明の選択』として刊行された）。

[39] 公共　新学習指導要領で設けられ、2022年4月より始められた高校公民科の新科目。法・政治・経済について学ぶため、「現代社会」を受け継ぐ科目として説明されることも多いが、主体性や対話性を重視するという点でその意味は大きく異なっている。

3(3)で述べたとおり、ここでの知識は意味を理解した深いものである必要がある。たとえば、ただ「主権」という言葉（▶第1章2）を知っていればよいということではなくて、「主権」とはいつどのような経緯で生まれてきたどのような考え方なのか、自身が「主権」をもつ存在なのだとすればそこにどのような自覚が求められているのか、等のことをわかっておかなければならない。本書では、憲法についてこのような理解を可能とする知識を提供し、さらにそれを土台・基盤にして、現代的・社会的な課題について思考する端緒を用意したい。

また、やはり本章3(3)において、バランスのとれた総合的な思考力の必要性を示し、6つの「力」を挙げておいたが、このような力は、憲法の学習において多くの規定、判例、学説、論争に目を通し、憲法とそれを取り巻く多様な社会的課題について思考し議論することによって、徐々に鍛えられていく。

たとえば、日本国憲法41条で規定される国会の最高機関性について学ぶためには、1948年の浦和充子事件をめぐって、最高裁と参議院との間で起こった意見の対立に目を向けなければならないが（▶第13章［48］、第15章3(3)）、ただその知識を得るだけでなく、それらの意見が何を根拠にどう構成され、41条の意味や目的をどうとらえていたのかということを考え、なぜ意見の違いが生まれているのか、価値観を相対化し、その対立が現在の見解や価値観にどうつながってきているのかを把握し、また最終的な結論を導くための客観的で論理的な筋道を立ててみる、という思考のトレーニングをすることができるはずである。

(3)「立ち止まる」ことと憲法

本章3(4)において「立ち止まる」ことの大切さに触れたが、この点においても、憲法の学習はひとつの意味をもつ。たとえば、近年ではELSI[40]がその代表例といえようが、体外受精・代理母・臓器移植・クローン・AI等の先端科学技術に対する、倫理や人権等からの客観的な視点を要請する社会か

★おすすめの本　駒村圭吾編『プレステップ憲法〔第4版〕』（弘文堂・2024年）。日本国憲法についての基礎的な事項がわかりやすく理解できるだけでなく、現状や課題などについても整理されており、憲法を学ぶ際の入門的なテキストとして最適。

★おすすめの本　斎藤一久＝堀口悟郎編『図録 日本国憲法〔第2版〕』（弘文堂・2021年）。数多くの写真や図から、判例や制度の背景、内容、仕組みなどを多面的に学ぶことのできる魅力的なテキスト。高校時代、「国語便覧」や「日本史便覧」が好きだったという人は必読。

[40] ELSI　新規の科学技術を研究・開発・実装する際に起こる、（技術的な課題以外の）倫理的・法的・社会的課題（Ethical, Legal and Social Issues）を広く含む概念。

らの声が高まっている。また、産業界、大学の理系分野、政府・自治体の三者が協力する産学官連携は、研究レベルをさらに高めさせる取り組みであるはずだが、学問の自律性を損なわせる可能性（たとえば、研究費が出る分野だけが価値ある分野となり、他の分野は研究ができなくなっていく可能性）も秘めている。自身の専門に加えて、憲法の学習をしておくことで、以上のような課題に対して自身の専門とは別の視点から客観的にコメントできる、「もう一人の自分」をもつことができるはずである。

　ただし、ひとつ気をつけておきたいのは、ここでの憲法の学習を有意義なものとするためには、自身の専門に関する勉強がまず大切だということである。それなしにただ「立ち止まる」ことだけを覚えても、それは立ち止まっているのではなくて最初から進んでいない、ということになるのではないだろうか。自身の専門を柱としてもちながら、学問分野の境界を越えて、学際的に憲法の学びを進めてもらいたい。

■■■■▶ おわりに──「新しい教養主義」の時代

　市民性・シティズンシップを育むことも、「立ち止まる」自分を用意していくことも、結局はその中に自己と向き合い高める思考を含み、一人の人間としての人格を形成・発展させていく営みと重なっている。つまり、それは非常に広い意味において、結局は教養主義的であるといってもよいであろう。もちろんすでに述べたとおり、読書を通して自己陶冶するということ自体は現代ではかなり「時代遅れ」なのかもしれないが、とはいえ、現代に合致した「新しい教養」・「新しい教養教育」の議論の中に、「新しい教養主義」の提案もあってよいはずである。

　本書では、多くの哲学・歴史・文学等の読書を通して物事を深く考え、自己を掘り下げるという教養主義的な価値は今なお意味をもっており、学生生活の中で、哲学書・歴史書等を通して「知」あるいは「自己」と、静かに向き合う時間があるべきだと考えている。そのために、憲法の学習をきっか

けにして、ぜひ多くの古典にも（少しずつでよいので）触れて
もらいたい。

　しかし、「新しい教養主義」はそこにとどまらない。たとえ
ば、かつての教養主義では伴わなかった視点も加えていくこ
とが大切になる。それは、たとえば**ジェンダー**[41]の視点であり、
グローバル化の視点である。また、かつての教養主義はもっ
ぱら文字（言語）によって展開したが、「新しい教養主義」で
は、そこに映画・音楽・漫画・アニメーション等を付け加え
ることもできるだろう。

　南原繁は、「若き日の素朴な社会観や理想を抱いて、それに
励まされて実社会に出て、その実現を図ろうとする。これは
自覚した政治社会生活の第一歩にほかならない。しかるに、
現実社会生活の渦中にあっては、単なる理想や抱負が問題を
解決し得ず」としながら、「一旦却けた素朴な人生観ないし世
界観のあるものは、批判的形成を経て、思いがけないところ
に再び発見されるであろう」と書いている（『南原繁著作集第
5巻 政治哲学序説』〔岩波書店・1973年〕）。これは教養主義とは
直接結びつく内容ではないかもしれないが、南原自身の体験
や思想と結びつけてとらえれば、社会に出る前に深く自己と
向き合っておくことが、いつか思いもかけず自身に返ってく
る、ということを言っていると理解できよう。また、南原と
対比されることの多い法学者**田中耕太郎**[42]も、「人間が広い外界
に、客観的精神に眼を向ける前に、一度は主観的精神に目覚
め、徹底的に自己に沈潜する過程を体験する必要がある」と
述べている（『私の履歴書』〔春秋社・1961年〕）。これらの言葉
をひとつの通奏低音として、本書は構成されている。

[41] **ジェンダー**　生物学的な性別に基づいて社会的・文化的に構築された、属性や機会、関係性等のこと。教養とのかかわりでは、旧制高校を舞台とした学歴エリート的な大正教養主義が、男性性の強調や、女性排除・差異化の構造をもっていたと指摘されることがある。

[42] **田中耕太郎**（1890～1974）一高から東京帝国大学法科大学に進み、内務省勤務を経て、東京帝国大学法学部助教授、教授となり商法を教えた。無教会派キリスト教への信仰が厚かったが、カトリックに転向した。戦後は文部大臣として教育基本法の制定に深く関わり、最高裁長官（その約10年半という在任期間は歴代1位である）、国際司法裁判所判事も務めた。第15章2（3）も参照。

おわりに——「新しい教養主義」の時代　　15

第１章

そもそも、憲法とは？——憲法と国家、立憲主義

はじめに——翻訳語としての憲法

「憲法」という言葉はどこから来たのだろうか。この問いに関してまず確認しておかなければならないことは、法学という学問において扱われる対象である「憲法」は、基本的には、英語・フランス語ではconstitution（コンスティテューション）、ドイツ語ではVerfassung（フェアファッスング）という言葉で表される概念の翻訳だ、ということである。

このように書くと、たとえば、日本史で必ず習う**憲法十七条**[1]は「憲法」ではないのか、という素朴な疑問が出されそうである。そもそも、「憲法」という語が漢字で示されていること自体が、７世紀初頭のこの島国——この段階では「日本」という国号すら確立していない——においては中華帝国からの輸入の結果なのだが、このことをいったん置くとしても、法学という学問においては、憲法十七条、および、その背景にある東アジアの知的空間における含意は、さしあたりその検討対象からは外れることになる。このことを説明するために、明治期の代表的な法学者である**穂積陳重**（のぶしげ）[2]が、**『法窓夜話』**（ほうそうやわ）[3]という書物の中で語っている「憲法」という語の成立に至るまでのエピソードに触れてみたい。

明治初年、幕末に西洋諸国との間に締結された**安政の五カ国条約**[4]を改正することを国是とし、かつ、幕藩体制に代わる新たな秩序を構築しようとする新政府の人々が、西洋の国家がどのようなものであるのかということに関心を抱いたのは至極当然の成り行きである。その中で彼らは、自分たちがこれから対峙しようとする国々が、私たちが「憲法」と呼んでいるものを備えていることを認識していく。

しかし穂積陳重は、「憲法」という言葉が「現今の意義」、

[1] **憲法十七条**　604（推古12）年に厩戸皇子（聖徳太子）が制定したとされるが、学界においては異説もある。主として、官人たちに仏教の普遍性に依拠して政務に当たるよう心得を示した内容をもつ。

[2] **穂積陳重（1855～1926）**　宇和島藩の国学者の家に生まれ、上京して大学南校（だいがくなんこう）に学んだ後イギリス・ドイツに留学。帰国後に東京大学法学部教授としてドイツ法学の受容の中心人物となったほか、法典調査会における明治民法編纂をはじめ、立法作業にも尽力した。主著『法律進化論』は未完だが、多角的な法学方法論を反映した意欲的な著作である。

[3] **『法窓夜話』**　1916年刊。穂積陳重がその経験に即して明治期の法に関するエピソードを平易に語るもので、同時代の法と法学についての貴重な情報を多く含む。後述の『続法窓夜話』（1936年）とともに、現在は岩波文庫で読むことができる。

[4] **安政の五カ国条約**　江戸幕府が1858（安政5）年にアメリカ・オランダ・ロシア・イギリス・フランスと締結した修好通商条約。すでに開かれていた下田と箱館に加えて神奈川・長崎・新潟・兵庫が開港地とされ、江戸と大坂において外国人との商取引が認められた。領事裁判の承認と関税自主権の欠如を内容とする不平等条約であったが、締結当初はむしろ条約が孝明天皇（1831～1867）の勅許なしに行われたことのほうが問題視されていた。

すなわち、「国家の根本法のみを指すもの」としては用いられておらず、特に江戸時代から明治初期にかけては広く法令一般を示す言葉として用いられていたこと、さらに、先行して西洋の知見に触れた清末において刊行され、新政府最初期の国家構想を示した**政体書**[5]の起草においても参照された『**連邦志略**』[6]が、「相当する訳語がなかったものと見えて」アメリカ独立戦争の帰結である1787年の合衆国憲法を「世守成規」と訳していることに言及する。西洋の法、および、それを支える知の体系である法学に接触した際、明治国家が置かれた東アジアという知的空間にある学者は「彼のコンスチューシオン、フェルファッスングなどの語に当てる新語を鋳造する必要があった」のである。

では、この「新語」を鋳造したのは誰か。穂積陳重は「憲法なる語を始めて現今の意義に用いたのは誰であるか」という自らの問いに続けて、「それは実に**箕作麟祥**博士[7]であって、明治六年出版の『フランス六法』の中にコンスチューシオンを『憲法』と訳されたのである」と述べる。もとより、箕作が提唱したこの訳語がすぐに定着したわけではなく、1876（明治9）年に天皇が**元老院**[8]に対して「我建国ノ体ニ基キ広ク海外各国ノ成法ヲ斟酌シ以テ国憲ヲ定メントス」と草案起草を命じているように、この頃はまだ「国憲」という訳語が充てられることが比較的多かった。

しかし、民撰議院設立の要求から、さまざまな名称をもつ**私擬憲法**[9]の発表という形に変化しつつあった自由民権運動の高揚に先手を打つ形で、1881（明治14）年に約10年後に国会を開設することが天皇により宣言され、翌年**伊藤博文**[10]をヨーロッパに立憲政体調査のために派遣するにあたって、天皇から「欧州各立憲君治国ノ憲法」の淵源・沿革と現在の情況を調べて「利害得失ノ在ル所」を研究することが命じられた頃から、「『憲法』なる語がコンスチューシオン、フェルファッスングなどに相当する語と」と穂積陳重は述べる。もちろん、この文章はエピソードの紹介にすぎず、やや厳密性を欠くところがあるが、その後1889（明治22）年に大日本帝国憲法が発布されるに至ることで、その改正法である日本国憲法に引

[5] **政体書** 1868年6月11日（慶応4年閏4月21日）発布。五箇条の御誓文に示された方針に基づき、太政官のもとに立法・行政・司法の三権を分立すること等を規定しているが、実際には、政体書に定められた権力分立は形式的なものであった。

[6] 『**連邦志略**』 ブリッジマン（1801～1861）がシンガポールにおいて1838年に中国語で出版した『美理哥省国志略』を元に、アメリカについて概説した書籍。数回にわたって刊行されて広く読まれ、幕末には箕作阮甫（げんぽ）が訓点を付した『大美聯邦志略』も刊行されている。

[7] **箕作麟祥**（1846～1897）津山藩の蘭学者箕作阮甫の孫として江戸に生まれる。蕃書調所英学教授手伝並出役・外国奉行支配翻訳御用頭取等を経てフランスに留学。帰国後は新政府の官僚として外国語の知識を活かして諸法典の編纂に大きく寄与した。

[8] **元老院** 1875（明治8）年の漸次立憲政体の詔によって、大審院、地方官会議とともに設置された立法機関。それまで「国憲編纂」を管轄していた左院に引き続いて、三次にわたり国憲案を作成したが、伊藤博文らの強い反対にあって実現を見なかった。

[9] **私擬憲法** 自由民権運動に際し、民間において自主的に作成された憲法案。植木枝盛による「日本国々憲按」や千葉卓三郎らによる「日本帝国憲法」（通称「五日市憲法」）などが知られる。

[10] **伊藤博文**（1841～1909）長州藩に生まれて松下村塾に学ぶ。明治維新後岩倉遣外使節団に参加し、西洋の知見を得て国家形成の中心的役割を担い、井上毅（こわし）とともに大日本帝国憲法の制定を推進した。

はじめに——翻訳語としての憲法　　17

き継がれる「憲法」のあり方が、おおよそこの頃に確立したことは確かである（▶第4章）。

　さて、本章の内容に関連してここで確認しておくべきなのは、国家における法秩序の総体——法学において「国法の体系」と呼ばれる——において憲法が占める位置づけについてである。穂積陳重が上記の引用において「フランス六法」と述べている箕作麟祥による翻訳の成果は、実際には『仏蘭西法律書』[11]という名称で、しかも複数の態様で刊行されているものを指している。その内容は確かに、私たちが現在念頭に置いている「六法」、すなわち、憲法・民法・刑法・民事訴訟法・商法・刑事訴訟法の6つの基本法典の翻訳であるが、同時代的な文脈からは、19世紀初頭に第一帝政[12]下のフランスで編纂されたナポレオン法典[13]に憲法を加えたものと考えるのが一般的であった。憲法を「最高法規」としてその下位の法令が階層をなして存在する、という、私たちがもつイメージは、明治初年においては自明ではない。

　もうひとつ確認しておきたいのは、このとき箕作が翻訳対象とした憲法は、第二帝政[14]のもとでのいわゆる1852年憲法[15]であったことである。1873年に箕作がその翻訳を公にした際、フランスの国制はすでに第三共和政[16]に移行していたが、ここでは、箕作が翻訳対象とした「憲法」が、フランス革命の重要な成果である1791年憲法[17]や、それに先立って成立した1789年の人および市民の諸権利の宣言[18]（いわゆるフランス人権宣言）ではなかったことを強調しておこう。このことは、本章においてこれから検討することになる憲法がもつ含意について考えるうえで、意味深長な文脈を提示する。

　本章では、教養として憲法を学ぶための前提条件のひとつとして、そもそも憲法とは何を指しているのか、そして、憲法を主な対象とする「憲法学」がどのような性質をもっているのか、ということを取り扱う。

[11]『仏蘭西法律書』　ロワイエ＝コラール（1763～1845）によるLes codes français（1868年）が底本とされる。1870～1874年にかけて初訳が出版された後、校正版を経て、1883年には増訂版が成立している。

[12] 第一帝政　ナポレオン（▶本章[99]）が1804年に皇帝に即位したことにより成立。周辺諸国に戦争をしかけ、一時期ヨーロッパの広範な領域を支配下に収めたがその後敗退、ナポレオンは1814年に退位してブルボン朝が復活した（復古王政：1814～1830年）。翌年、ナポレオンは配流地のエルバ島を脱出してパリを占拠したが再び敗北、セントヘレナ島へと追放された（百日天下）。

[13] ナポレオン法典　フランス人の民法典（Code civil des Français：1804年）、民事訴訟法典（1806年）、商法典（1807年）、治罪法典（1808年）、刑法典（1810年）の総称。第2章[35]も参照。

[14] 第二帝政　1848年の2月革命により第二共和政（▶本章[101]）が成立した際、亡命先から帰国したルイ＝ナポレオン（▶本章[104]）が普通選挙に基づく同年の大統領選挙に圧勝して初代共和国大統領となり、1851年12月のプレビシット（▶本章[103]）により権限を掌握し、翌年11月の元老院議決により世襲制が採用されたことでナポレオン3世となった。1870年にプロイセンに敗北して崩壊。

[15] 1852年憲法　ルイ＝ナポレオン（▶本章[104]）がプレビシット（▶本章[103]）により掌握した権力のもとで1852年1月に制定。フランス人権宣言の原則を承認・確認・保障することを冒頭に掲げている。当初は国家元首が他の国家機関を支配する「権威帝政」であったが、1860年以降大臣が政治責任を担う「自由帝政」へと変化した。

[16] 第三共和政　普仏戦争（1870～1871年）のさなかに成立し、1940年にドイツに降伏するまで存続した。当初は王党派

1 憲法の意味とその規範的特質

（1）「形式的意味の憲法」と「実質的意味の憲法」

　私たちが憲法と聞いてまず想起するのは、1946年に公布され、翌1947年に施行された、103か条からなる日本国憲法であろう。歴史に関心のある読者はこれに、76か条からなる前述の大日本帝国憲法（明治憲法）を付け加えることもあるかもしれない。しばしば混乱を招くところだが、通常用いられる『六法』という用語は、多くの法令を収めた出版物を指し、上述した6つの基本法典のことを指すわけではない。しかし、そのような意味での『六法』には、日本国憲法に加えて、現行法としての効力をもたない明治憲法も掲載されていることが多い。このふたつは憲法という名称をもつ「法典」として、法律学という学問において特権的な位置を占めていることが、このような出版物のあり方からも見て取ることができる。

　このような「形式」に着目して憲法の概念を検討する際に憲法学において用いられるのが、「形式的意味の憲法」である。この意味の憲法は、日本国憲法や明治憲法のように、通例「法典（Code）」の形式をとることが多いが、たとえば、前述のフランス第三共和政のもとでは憲法の名称をもつ法典は制定されず、**1875年の3つの法律**[19]が制定されているにとどまる。また、第二次世界大戦後の東西分裂状態のもとで定められた西ドイツの「憲法」は「**基本法**」[20]の名称をもつが、東西統一後のドイツにおいても効力をもち続けている。

　しかし、判例法主義の伝統をもち、「法典」という形式を自明のものとしないイギリスにおいては、そもそも「憲法典」にあたる法自体が定められていない。だからといって、後述するように、立憲主義の歴史において中核的な意味を占めてきたイギリスを、憲法をもたない国であるととらえるのはやや不自然であろう。そこで憲法学においては、「実質的意味の憲法」という概念が用いられることになる（ただしこれは、「形式的意味の憲法」の対立概念ではなく、何を基準として憲法を分類するか、という問題にすぎないことには注意を要する）。穂積陳

が力をもっていたが1879年から共和派が優勢を占め、1884年には共和政体を憲法改正提案の対象にすることを禁じる旨が規定された。

[17] 1791年憲法　立憲君主制をとるが、フランス人権宣言において示された国民主権原理を踏まえて、その主体を「国民（nation）」とする旨を規定し、国民代表制を採用した。

[18] 人および市民の諸権利の宣言（Déclaration des droits de l'homme et du citoyen）　人一般の自由（精神的自由）・所有（経済的自由）・安全（人身の自由）と圧制への抵抗を自然権として位置づけるとともに、立法参加権・公職就任権・租税決定権などの政治的諸権利を規定し、一般意思の表明としての法律（Loi）を媒介してそれらが保障されるという構造をとる。

[19] 1875年の3つの法律　「1875年憲法」と呼ばれることもある。2月24日の「元老院の組織に関する法律」、2月25日の「公権力の組織に関する法律」、および、7月16日の「公権力の関係についての憲法的法律（loi constitutionnelle）」を指す。

[20] 基本法（Grundgesetz）　正式には「ドイツ連邦共和国基本法」。1949年5月に東西分裂状態にあった西ドイツの首都ボンにおいて制定されたため「ボン基本法」とも呼ばれる。将来東西統一がなされるまでの暫定的なものとして「憲法」の名称を避けて制定されたが、1990年のドイツ統一後も現行法である。

重がいうところの「国家の根本法」も、このような意味で用いられたと考えるのが妥当であろう。

それでは、「実質的意味の憲法」はどのように定義できるであろうか。日本国憲法の施行から10年を経過した段階で初版が刊行され、戦後の憲法学における基本書のひとつとなっている『憲法Ⅰ』（有斐閣・1979年〔第3版〕）において、著者の**清宮四郎**[21]はこれを「国家の根本体制（Grundverfassung）または根本秩序（Grundordnung）についての規律」であると述べ、成文・不文を問わずに「すべての国家にかならずともなうものであって、これをもたない国はない」と述べている。いささかいかめしいドイツ語の原語を付しつつ示されるこの緻密な定義からは、日本国憲法がアメリカを中心とする連合国の占領下において成立したにもかかわらず（▶第4章）、戦後の憲法学が戦前において受容されたドイツ**国法学**[22]の強い影響を受けて構築されたということを容易に読み取ることができるであろう。「憲法」が翻訳語であるのと同様に、その解釈を担う憲法学もまた、歴史的に形成された輸入学問としての特質を強くもっているのである。

（2）「固有の意味の憲法」と「立憲的意味の憲法」

さて、清宮四郎の次の世代の憲法学者であり、戦後憲法学の代表者のひとりである**芦部信喜**[23]は、ロングセラーとなっている『憲法』（岩波書店・2023年〔第8版〕）において「憲法の意味」について取り上げる際に、「実質的な意味の憲法」をさらに「固有の意味の憲法」と「立憲的意味の憲法」のふたつに分けている。

「固有の意味の憲法」は、国家にとって「固有」なもの、という含意があり、芦部の表現によれば「国家の統治の基本を定めた法としての憲法」で「いかなる時代のいかなる国家にも存在する」ものであるとされる（この表現からわかるように、その内容は上記にみた清宮四郎のいう「実質的意味の憲法」とそれほど大きく異なるものではない）。そもそも国家とは、手に触れることができるような実体をもつものではなく、**虚構／擬制（フィクション）**[24]であるが、そのフィクションを成立させる

---

[21] 清宮四郎（1898〜1989）東京帝国大学卒。一時内務省に務めたのち美濃部達吉（▶第4章[17]）に師事、京城帝国大学法文学部助教授・教授となる。1941年に東北帝国大学法文学部教授になり、その後東北大学法学部教授（憲法講座）。ケルゼン（▶本章[25]）の紹介者として憲法理論に大きな影響を残したほか、松本委員会（▶第4章2（1））の一員として憲法改正に関わった。

[22] 国法学（Staatsrecht, Staatsrechtslehre）　19世紀ドイツで学問化を目指した国家学（Staatslehre, Staatswissenschaft）が、さらに法学的な対象に特化されたもの。私たちが「憲法学」と理解している学問はこの領域に含まれている。

[23] 芦部信喜（1923〜1999）東京大学法学部卒。宮沢俊義（▶第4章[23]）に師事、同大学法学部助手・助教授を経て東京大学法学部教授（憲法・国法学講座）。1959〜1961年にハーバード・ロースクールに留学、その成果を反映して憲法訴訟論の礎石を築いた。1993年に初版が刊行された『憲法』（岩波書店。書影〔編集部撮影〕は2023年の第8版）は、芦部の他界後は弟子の高橋和之（1943〜）により補訂が加えられ、現在に至るまで戦後憲法学（▶本章[26]）のスタンダードの地位を占める。

[24] 虚構／擬制（フィクション）　法学において「擬制」とは、狭義には「みなす」効果のことを指すが、ここでは広く、実体をもたないが意味のある概念のことを指している。法や国家はもちろん、神などの存在も考えようによってはフィクションである。詳しくは、来栖三郎『法とフィクション』（東京大学出版会・1999年）を参照。

約束事が、ここでいう「固有の意味の憲法」である。人類史的な視点に立つならば、歴史上にさまざまな形態をもつ多様な国家が存在してきたが、そのいずれにも例外なく「固有の意味の憲法」は存在してきたということになろう。あくまで観念的にしか存在していない国家を形づくるルール——「国家の根本法」——である「固有の意味の憲法」があってはじめて、国家は国家として存在することができるのである。

　しかし、本章にとって重要なのは、芦部が「固有の意味の憲法」と「立憲的意味の憲法」とをわざわざ区別し、後者を「歴史的な観念」であり「政治権力の組織化というよりも権力を制限して人権を保障すること」を重要なねらいとしている旨述べていることである。そして、芦部に限らず多くの憲法学者が「立憲的意味の憲法」の内容を端的に示す文章として位置づけているのが、上述のフランス人権宣言第16条「権利の保障が確保されず、権力の分立が定められていない社会は、憲法（constitution）をもたない」との条文であることは、憲法学という学問にとって、この条文に記される「権利の保障」と「権力の分立」が中核的な意味をもつことを示している。

　憲法学が主な対象としているのは、歴史的な経緯を経て西洋において17〜18世紀に概念化された「立憲的意味の憲法」であり、日本の憲法学は伝統的に「形式的意味の憲法」とも重なる日本国憲法（および、その前史としての明治憲法）をその検討対象としてきた。本書においても、次章以降で取り扱う対象は基本的には日本国憲法であるが、このことは、決して自明の帰結ではないことを確認しておこう。

（3）憲法の概念と憲法規範の特質

　上記のように、憲法学が主な対象とする「立憲的意味の憲法」は歴史的な背景をもって成立した思想的産物である。その経緯については次節以降でやや詳しく言及することとし、ここでは、上述した憲法の意味と対応させる形で、憲法がもつ規範としての特質について述べておくことにしよう。

　❶「固有の意味の憲法」と授権規範　「国家の根本法」である「固有の意味の憲法」は、国家の各機関（organ）に一定の

★ドイツ憲法の展開　本章においては、イギリス・アメリカ・フランスにおいて成立した憲法の歴史を概説しているが、明治憲法がドイツ憲法を受容して作られていることから、ドイツにおける憲法の展開をここで概説しておこう。

　フランスにおいて第一帝政が崩壊した後、ヨーロッパは全体としてフランス革命前への回帰を志向したが（ウィーン体制）、1848年のフランス2月革命の影響を受けて動揺が広がる。ナポレオンによるライン同盟に代わりドイツ連邦を構成していたオーストリアとプロイセンにおいても3月革命が発生し、ウィーン体制の中心人物であったメッテルニヒ（1773〜1859）は失脚に追い込まれる。

　プロイセン王国においては、国王フリードリヒ・ヴィルヘルム4世（1795〜1861）の同意のもとにベルリンで開催されたプロイセン国民議会が憲法草案を審議したが、やがて反革命の動きが大きくなると12月に国民議会を解散、即日欽定憲法を発布し、1849年4月に緊急勅令によって選挙制度を改め、新たに選出された議会において1950年1月にプロイセン憲法を成立させる。なおこれと並行して、1848年5月にはフランクフルトでも国民議会が開かれ、1849年3月にドイツ・ライヒ憲法が採択されたが、この憲法の規定により選挙されたフリードリヒ・ヴィルヘルム4世は就任を拒否した。

　プロイセン王国はその後、宰相ビスマルク（1815〜1898）のもとで大国化を進め、1866年には普墺戦争に勝利してドイツ統一の主導権を握り、1870年に第二帝政下のフランスとの戦争に踏み切る。勝利したプロイセンは1871年にパリを包囲、ヴィルヘルム1世（1797〜1888）はヴェルサイユ宮殿において1月にドイツ皇帝に即位、同年4月にドイツ帝国憲法が制定された。なお、岩倉使節団がパリを訪問したのは1872年12月から翌73年2月にかけてのことである。

権限を付与（授権）することによって、国家を国家として成立させる根拠となる。別言すれば、このような授権を行う規範がなければ、国家は存在することができないのである。

それでは、授権規範たる憲法に「授権」を行うことのできる、さらなる上位の規範は存在するのだろうか。そのような規範として案出されたのが、**根本規範**[25]という概念である。根本規範はあくまで仮設的な概念であり、本来的には純理論的な知的営為の産物であるが、前述の清宮四郎は「憲法が下位の法令の根拠となり、その内容を規律するのを同じように、憲法の根拠となり、また、その内容を規律するものである」として、根本規範に実定法規範としての含意を込めている。

❷「立憲的意味の憲法」と制限規範　「固有の意味の憲法」に備わった授権規範としての性質は、国家が規範により機能しているという前提をとることが可能であれば、およそどのような支配形式にも妥当する（極論すれば、独裁体制であっても「固有の意味の憲法」は存在する）。しかし、次節以降で言及するように、中世から近世にかけての立憲主義の展開の結果成立した「立憲的意味の憲法」においては、「国家からの自由」、すなわち、国家がしてはならないことを規定する制限規範としての特質が重視されることになる。

芦部信喜を代表とする**戦後憲法学**[26]が重視してきたのは憲法のこの側面であり、上記の授権規範について芦部は「自由の規範である人権規範に奉仕するものとして存在する」とまで述べている。しかし、福祉国家化が進む現代においては、「国家からの自由」とは逆ベクトルの「国家による自由」という局面も重視されるようになってきている（▶第2章2（4）、第12章1）。

❸「形式的意味の憲法」と最高規範　後述するように、「立憲的意味の憲法」を歴史的に成立させたアメリカとイギリスにおける「革命」は、このような内容をもつ憲法を「法典」の形式として成立させるという帰結をもたらした。このようにして成立した憲法典は、「形式的意味の憲法」の端的な存在形態であり、他の規範よりも上位に位置づけられる最高規範としての特質をもち、さらに、国家の権力を制約するという

[25] **根本規範（Grundnorm）**　ケルゼン（1881〜1973）が構築した「純粋法学」という法実証主義的な方法論において、閉じた「国法の体系」を支えるものとして案出された概念。根本規範自体には規範的意味はないというのがケルゼンの立場である。

[26] **戦後憲法学**　明治憲法下の憲法学のあり方を反省し、主として「抵抗の憲法学」と呼ばれる国家権力への抑制のモメントを重視する場合が多いが、必ずしも一方向にまとまったものではなく、その内実は多義的で歴史的にも変化する。詳しくは、鈴木敦＝出口雄一編『戦後憲法学」の群像』（弘文堂・2021年）を参照。

性質をもつことの帰結として、改正手続に対する高いハードルを設けた「硬性憲法」としての特質を有することが多い（▶第3章1（3））。

　ただし、日本の憲法秩序に関していうならば、明治憲法・日本国憲法のいずれもが**規律密度**[27]の低い「簡短概略」型の法典であることから、**憲法附属法（令）**[28]と呼ばれる法令群の変動が実質的な憲法の「改正」と等しい効果をもつ場合があることには注意が必要である。

▶ 2　近代立憲主義の形成とその思想的背景

（1）憲法と国家

　前節において述べたように、憲法および憲法学において対象とされるのは主として「立憲的意味の憲法」であり、歴史上存在してきたあらゆる国家の「固有の意味の憲法」をその対象としているわけではない。日本の憲法学は伝統的に、明治憲法制定に至るまでの明治時代、さらには、江戸時代以前の「固有の意味の憲法」を取り扱うことはしない（これらは主として法制史の対象となるが、このような役割分担は、たとえばドイツの憲法学のあり方などを見ると、必ずしも当たり前というわけではない）。

　「立憲的意味の憲法」を主な対象とする憲法学は、必然的に、17〜18世紀以降のヨーロッパを基準とする「近代国家」を前提とすることになる。憲法学における国家の定義としては、領土・国民・主権の3つの要素を掲げる、いわゆる**3要素説**[29]が通説的に採用されるが、それぞれの概念がもつ歴史性には注意を払っておく必要がある。

　まず、国家の空間的範囲を規定する領土については、現在私たちが想定するような「国境」によって国家と国家の境界が画されるという状態は、近世ヨーロッパにおいて成立した国際法秩序——**主権国家体制**[30]——を前提としたものである。このような国家のあり方は、国際法（国際公法）という学知の発生と密接にかかわっている。

[27]**規律密度**　「実質的意味の憲法」ともかかわるが、近時の憲法学では、憲法条文があまり詳細な規定をもたず、かつ、硬性憲法として改正がなされないということと、憲法条文の規律密度の関係に着目する議論が見られる。詳しくは、ケネス・盛・マッケルウェイン『日本国憲法の普遍と特異—その軌跡と定量的考察』（千倉書房・2022年）を参照（▶第3章コラム❷）。

[28]**憲法附属法（令）**　国会法・公職選挙法・内閣法・国家行政組織法・裁判所法といった三権と対応したものがその代表である。日本国憲法のもとでは法律の形式をとることが一般的だが、明治憲法のもとでは、内閣官制のように天皇の「大権事項」とされていたり、皇室典範（▶第5章1（6））のように憲法典を頂点とする国法の体系に含まれない「宮務法」と位置づけられているものもあった。

[29]**3要素説**　ドイツの国法学者イェリネック（1851〜1911）が、国家を「始原的な支配力」を備えた「定住せる国民の社団」ないし「領土社団」と定義していたことを踏まえ、戦前においてすでに日本でも通説的になっていた説明。

[30]**主権国家体制**　歴史的な経緯には議論があるが、1648年のウエストファリア条約により神聖ローマ帝国の統合力が大きく縮減し（ただし、神聖ローマ帝国の解体はナポレオンに敗北したフランツ2世（1768〜1835）が退位を宣言した1806年である）、国家権力の独立性（本文で後述する②の意味の「主権」）が確立したことが大きな画期となっている。

次に、国家の人的範囲を規定する国民についても、それが単なる住民を超えた概念として、現在の私たちが想定するような平均的・画一的な「国民」を前提とするような状態は、フランス革命および第一帝政を画期として近代ヨーロッパにおいて構築された**国民国家**[31]とそのもとにおける「国民化」の帰結なのである。

さて、国家の3要素のうちでとりわけ厄介なのが「主権（英 sovereignty、仏 souveraineté、独 souveränität）」である。この概念は後述のように多義的であり、やはりヨーロッパにおいて歴史的に形成されたものである。その含意について検討するためには、ヨーロッパにおける「主権国家」成立の過程に立ち入って見る必要がある。

（2）主権国家の成立と中世立憲主義

中世ヨーロッパの歴史は、ごく大まかには、キリスト教による「聖なる世界」と王による「世俗の世界」という2つの規範秩序のうちもっぱら前者が優越していた状態から、徐々に後者がその桎梏（しっこく）を乗り越えていく過程として描き出すことができる（なお、前者に属する規範のひとつが、**自然法**[32]と呼ばれるものである）。その中で、近代的な意味での「主権」概念を構築するうえで大きな影響をもったのは、宗教改革の過程で生じた**ユグノー戦争**[33]によって「聖なる世界」と「世俗の世界」とのあり方が動揺を来していた16世紀フランスにおいて、**ボダン**[34]が唱えた主権論であった（▶第3章1（2））。

王権に基づく国家統合が行われ、**ブルボン朝**[35]のもとで**絶対王政**[36]が確立していく過程において、王により統治される国家が対外的には教会から独立性を有していること、および、対内的には領域内に存在する封建領主らに対して最高性を有していることを主張するための理論的根拠として、ボダンの唱える絶対的かつ永続的な権力としての「主権」概念が用いられたのである。なお、ボダンは同時に、王の統治権力を「聖なる世界」から分離するために、王の世俗権力が直接神に与えられているとして、**王権神授説**[37]の提唱者となったことも重要である。

[31] 国民国家（Nation-state）ある一定の領域国家の住民が、自らをその国家の一員としてのアイデンティティを獲得することで成立するものと考えられている。言語の統一や徴兵制度などのほか、憲法の制定も「国民化」の強力な装置のひとつである。

[32] 自然法 古代ギリシャにおいて成立した観念で、時空を超越した普遍性をもつ規範のことを示すが、中世においてはキリスト教的な人間像を前提に、神の摂理を理解するための理性を媒介とするものと考えられたが、後述するように、ヨーロッパにおける科学革命と連動して、人間の理性を主軸に置くものに変化した。

[33] ユグノー戦争 宗教改革の影響が及んだ16世紀のフランスにおいて、カトリックとプロテスタント（ユグノー［huguenot］と呼ばれた）の間で継続的に生じた武力衝突。アンリ4世（1533～1610）が1598年にナントの勅令を発し、一定の範囲に限定してプロテスタントの信仰の自由を保障したことで一応の終息を見た。

[34] ボダン（1530～1596）経済学者・法学者。封建諸侯の勢力伸長および宗教対立という国内的な動揺と、教皇・皇帝権力という対外的圧力への対抗の観点から、1576年に発表した『国家論』において、「神の法と自然の法」にのみ拘束される君主の権力としての主権（La Souveranitat）を論じた。

[35] ブルボン朝（1589～1792・1814～1830）ユグノー戦争の最中にアンリ3世（1551～1589）が暗殺されたことで途絶したヴァロワ朝に代わって成立。17世紀のヨーロッパを襲った気候変動をも伴う社会的危機を、絶対王政という支配形式を樹立することで克服したが、その反動がフランス革命を招いた。第一帝政の後一時期復活している。

[36] 絶対王政 ルイ14世（1638～1715）の言葉として伝えられる「朕は国家なり」（L'État, c'est moi）に象徴される、フランスのブルボン朝を典型例とする国王による集権的統治システム。

ここからわかるように、主権概念の本来的意味は、国家権力の最高独立性（対内的な最高性・対外的な独立性）であった。しかしその後、のちに述べるように、1789年のフランス革命によって絶対王政が覆されたことを契機に、王と国家の権力は理論的に区別されざるを得なくなった。そこで現在では、主権概念には、①国家権力そのもの（「統治権」）、②国家権力の最高独立性（本来的な意味の「主権」）、および、③国政の最高決定権の3つの含意があるものと理解されている（▶第3章1（2））。

さて、フランスにおいて「革命」の形でドラスティックに行われた絶対王政の転覆は、「立憲的意味の憲法」という概念にとって中核的な文書（テキスト）の成立をもたらした。冒頭において言及した、1789年の「人および市民の諸権利の宣言」がそれである。しかし、立憲主義を広く「法による権力の制約」としてとらえるならば、ヨーロッパにおけるその端緒はフランス革命よりもかなり前に遡ることができ、そのあり方は中世立憲主義と呼ばれることがある。

上述のように、キリスト教による「聖なる世界」と王による「世俗の世界」というふたつの原理が併存している中世ヨーロッパにおいても、後者の統御者たる王は前者の規範構造から完全に自由だったわけではない。不文の慣習法としての**古き良き法**[38]が規範として機能していたと考えられている中世界においては、やがて立ち現れてくるさまざまな権力主体もまた、このような規範から自由ではないものととらえられていた。絶対王政の擁護者であった上述のボダンが、「神の法と自然の法（lois de Dieu et de nature）」以外の何ものにも服さないものとして主権をとらえていたことは、このことの表れである。

このような中世立憲主義がいち早く具体化されたのは、ヨーロッパ大陸ではなくイギリスにおいてであった。このことは、12世紀においてすでに裁判権の集権化が始められ、国王裁判所とそれを担う法曹養成を担う**法曹学院**[39]が成立していたことにより、**コモン・ロー**[40]が法源として実定化していたことの帰結ととらえることができるが、その象徴的な文書として重要

[37] **王権神授説** 王をはじめとする支配者の統治の正統性を超越的存在により説明することは普遍的に見られるが、16～17世紀のヨーロッパにおいては、教会や皇帝の権力から王権を分離するという含意がある。

[38] **古き良き法**（Altes gutes Recht）「良き古き法」とも。法は新たに制定されるものではなく発見されるものとする概念。かつてはヨーロッパに普遍的に見られると考えられていたが、現在では、中世ヨーロッパにおいて地域権力と中央権力が拮抗した際に前景化したと考えられている。

[39] **法曹学院**（Inn's of Court）もともとは訴訟代理人から法曹養成教育を受ける人々の宿舎であり、現在もバリスタ（法廷弁護士）の養成期間として維持されている。なお、穂積陳重は法曹学院のひとつであるミドル・テンプルに学び、バリスタの資格を得ている。

[40] **コモン・ロー**（common law）国王裁判所が各地を巡回する過程で集積され、王国共通の慣習（common custom of the realm）として抽象化された法のあり方。

なのは、「大憲章」とも呼ばれる1215年の**マグナ・カルタ**[41]である。フランスとの戦いに敗れて大陸における領土の多くを失ったジョン王（▶第2章〔5〕）が、その回復のために課税を行おうとしたことに対して封建諸侯たちが反発、王の恣意的な権力行使を抑制することを要求した文書がマグナ・カルタであった。このマグナ・カルタは、あくまで身分制に基づく封建社会を前提とした文書であったが、**適正手続（デュー・プロセス）**[42]や裁判を受ける権利（▶第15章2（1））に関する条項など、現代にも通用する人権につながる内容を含む規定が見られる。なお、マグナ・カルタは2か月余りで一度無効とされたが1225年に再発布され、今日に至るまで有効とされている。

（3）近代立憲主義の思想的背景①──社会契約論

　近代立憲主義が中世立憲主義と袂を分かつための知的営為のひとつとして、ボダンの唱えた上述の主権概念が果たした役割は大きい。しかし、「立憲的意味の憲法」が形成される過程においては、ボダンが主権概念と併せて主張していた王権神授説とは異なる形で、国家権力の正当性について説明することが求められた。このことは、中世立憲主義において自明の前提であった身分制社会から、アメリカ独立宣言やフランス人権宣言に描かれたような普遍的な人権概念へと社会の説明方法を転換し、そのような「個人」により国家が形成される経過とパラレルになっている。この転換を担ったのが、17世紀のイギリスで理論化された社会契約論であった（▶第2章1（3））。

　上述したように、中世ヨーロッパにおいては、「聖なる世界」と「世俗の世界」が折り重なるようにして存在しており、ボダンの理論はその動揺に対応するものであった。しかし、16～17世紀のヨーロッパにおいては、「聖なる世界」としての世界叙述そのものに本質的な疑問が抱かれるようになっていた。すなわち、**コペルニクス**[43]による地動説の提唱に端を発し、**ニュートン**[44]による物理法則の提唱を帰結した「科学革命」により、世界は神による予定調和的な秩序（コスモス）による

[41] **マグナ・カルタ（Magna Carta）** 王国の一般評議会（commune consilium）によらない王の徴税権を制限するほか、教会や都市の自由なども規定されており、基本的には封建制度の温存という枠組みの中の文書であるが、後述のように17世紀において再解釈の対象となった。

[42] **適正手続（デュー・プロセス）** マグナ・カルタ第39条は、同輩の合法的裁判か国法によらなければ、自由人は逮捕、監禁、差押え、法外放置、追放、その他の侵害を受けない旨を規定する。この規定は1225年に再発布された際、裁判を受ける権利を規定した第40条と統合されて第29条となり、現在に至っている。

[43] **コペルニクス（1473～1543）** 天文学者。ヨーロッパにおいて唱えられていた天動説に代わって、死の直前に公刊された主著『天球の回転について』（1543年）において地動説（太陽中心説）を唱え、その後の世界観の刷新のきっかけを作った。

[44] **ニュートン（1643～1727）** 物理学者。主著『自然哲学の数学的原理（プリンキピア）』（1687年）において万有引力の法則を中心とするニュートン力学を構築し、普遍的な科学体系を確立した。

ものではなく、計算・測定可能な対象へと変化したのである。その構成要素としての人間も、**デカルト**[45]が象徴的に述べるように「考える主体」としてとらえられ、人間の「理性（ratio）」を中心にとらえられるようになった。

「科学革命」による世界認識の転換は、自然法のあり方についての変動をもたらした。ヨーロッパ大陸においては、人間理性の「社交性」に着目した**グロティウス**[46]が自然法の世俗化に先鞭をつけ、**プーフェンドルフ**[47]がそれを体系化したが、イギリスにおいてはこの変動は自然権論として展開した。人間を「自己保存」の権利を有する「生物」であるととらえ、抽象的な「個人」を基軸とした社会論を構築した**ホッブズ**[48]は、統制のない「自然状態」において人間を拘束するような自然法は存在せず、自己保存の権利としての自然権を行使する人間は「万人の万人に対する闘争（bellum omnium contra omnes）」を避けることができないと考えた。ホッブズが考える自然法は、平和への努力や約束の遵守に加えて、上述のような自然権を放棄することを含むものであり、その強制のための装置として、社会契約の結果として「リヴァイアサン」としての国家が形成されるとホッブズは主張したのである。

ホッブズよりもやや後の時代に活躍した**ロック**[49]は、ホッブズと同じく自然状態を理論の出発点とするが、ホッブズとは異なり、ヨーロッパ大陸における自然法論と同じような規範構造の存在を認め、人間が生来的にもつ生命・自由・財産などの固有の権利（property）が保持され、かつ、労働によって自然から得たものもこの権利に含まれるとして、私有財産を自然権として定式化した。そのうえでロックは、自然状態の不安定性を克服するため、人々は社会契約を結んで国家を樹立し、国家は人々がその一部を移譲した「自然的な権力」につき、信託（trust）に基づいて統治を行うとらえる。ロックの場合、自分の固有の権利の享有のために各人の合意により協同体が形成され、そのうえで、国家に対して統治契約が結ばれるという構造になっており、したがって、国家が信託に反する統治を行った場合には、人々は契約を解除、すなわち「抵抗権」を行使できるということになる。

[45] デカルト（1596〜1650）哲学者・数学者。主著『方法序説』（1637年）において機械論的な世界観を前提とした「考える自己」を起点とする近代合理主義哲学を樹立した。

[46] グロティウス（1583〜1645）法学者。神学的自然法論に依拠しながら、主著『戦争と平和の法』（1625年）により戦時においても普遍的に適用される「理性」に基づく法についての思索を行い、「国際法の父」と称される。第6章[1]も参照。

[47] プーフェンドルフ（1632〜1694）ハイデルベルク大学教授。グロティウスおよびホッブズの影響のもとで自然法の「世俗化」に寄与した。主著『自然法と万民法』（1660年）。

[48] ホッブズ（1588〜1679）哲学者。主著『リヴァイアサン』（1651年）において「個人」の集合体としての社会を原点とし、「万人の万人に対する闘争」としての「自然状態」と、自然法をこのような個人に遵守させる存在としての国家の成立について検討した。

▲『リヴァイアサン』の表紙（アブラハム・ボス作、public domain）。

[49] ロック（1632〜1704）立憲君主制と議会主権を確立した名誉革命を自然法論の立場から理論化した。主著は『統治二論』『人間悟性論』（1689年）など。第7章[1]も参照。

2　近代立憲主義の形成とその思想的背景

このようなホッブズやロックの思想が、アメリカ独立戦争およびフランス革命を通じて「立憲的意味の憲法」の形成に与えた影響はきわめて大きい。自ら考える個人により構成される市民社会という「市民性」や「シティズンシップ」の前提には（▶序章4）、17世紀イギリスにおける社会契約論の誕生が不可欠であった。

（4）近代立憲主義の思想的背景②
──自由主義と民主主義

　上述した17世紀イギリスにおける社会的・思想的変動は、絶対王政下にあった隣国のフランスの思想家たちによって18世紀に批判的に観察され、憲法学において重要な役割を果たすさまざまな思惟へとつながっていく。ここでは、自由主義と民主主義の観点から、**モンテスキュー**[50]の権力分立論と**ルソー**[51]の一般意思論を瞥見しよう。

　モンテスキューの提起する権力分立論は、同時代のイギリスの政治体制を素材として、社会契約論によって理論的論拠を与えられた国家が各人の自由を侵害することを防ぐという観点から、立法権と執行権が結合されることを批判することで「法の支配」を担保し、かつ、裁判権が上記ふたつから分離されることの重要性を説くものであった（裁判権は独立の機関を置かず、無作為抽選で選ばれるべきとされた）。このような消極的な権力の集中排除に加えて、モンテスキューが権力の抑制均衡を図る仕組みについても検討を行い、立法権が貴族院と庶民院に分割される必要があること、および、行政権が立法権に対する拒否権を公使する仕組みを考えたことも重要である。貴族階級の出身であるモンテスキューの権力分立論は身分制社会を前提としているが、後述するアメリカ独立戦争期の憲法構想において近代立憲主義に即した形で受容され、その後の憲法のあり方に大きな影響を与えることになる。なお、三権分立のあり方には国制により差異があり、単純な三権の均衡だけをその内容としていないことには留意が必要である。

　社会契約論を前提にしながら、ホッブズともロックとも異

[50] **モンテスキュー**（1689～1755）　哲学者。貴族出身でボルドー高等法院の裁判官となるが辞職、イギリスをはじめヨーロッパ諸国を歴訪して主著『法の精神』（1748年）を執筆した。

[51] **ルソー**（1712～1778）　哲学者。主著『社会契約論』（1762年）のほか、初期の著作『人間不平等起源論』（1755年）、教育論を展開した『エミール』（1762年）等、後世の思想に多様な影響を与える。第2章［25］も参照。

▲『社会契約論』の表紙（public domain）

なる社会のあり方を構想したのがルソーである。自然状態においては本来平等で幸福であった人間が、私的所有の発生に伴って不平等に陥ると、貧者と富者の間で戦争状態が発生し、やがて多数者が少数者に従属する形での国家が形成されるとして、自らが身を置くフランスの絶対王政を批判するルソーは、このような不平等を本質的なレベルで打破するために「人民主権（souveraineté du peuple）」に基づく社会契約による解決を主張する。その際に用いられる概念が、各個人の自由の実現とともに一体化を実現するための**一般意思**である。ホッブズやロックの社会契約論に統治者への隷属の危険性をみるルソーは、統治者と被治者が一体となるような民主主義を理想的なものとし、直接民主制的な性質をもつ人民集会を通じた統治が行われることを主張した。ルソーはフランス革命をまたずに死去したが、そのラディカルな主張は革命急進派を突き動かすことになる。

　なお、芦部信喜の次の世代に活躍し、1970年代に戦後憲法学の理論化に寄与した憲法学者である**樋口陽一**は、ルソーの思想、および、その思想を革命において受容したフランスの国制を、国家と個人の間に介在する「中間団体」を排除して「二極構造図式」を構築することを企図した「ルソー＝一般意思モデル」として理念化する。これと対置されるのが、19世紀半ばに**トクヴィル**が観察したアメリカにおける、結社の役割を積極的にとらえて連邦制とコミュニティの自治を強調する「トクヴィル＝多元モデル」である。樋口はこのふたつのモデルを対比することを通じて、「近代は個人を析出してしまった」ことの含意と、このような事態を導いた、決して一般的ではない「フランスの典型性」をあえて強調するのである（『憲法〔第4版〕』〔勁草書房・2021年〕）。

[52] **一般意思**（volonté générale）ルソーの民主主義論の中核的概念であり、公共の利益だけを顧慮し、自分のみに従って表明される意見により形成されるとされるが、その「全体性」をどのように制御するかは困難な側面があると指摘される。

[53] **樋口陽一**（**1934〜**）　東北大学法学部卒。清宮四郎（▶本章[21]）に師事、同大学法学部助教授・教授（比較外国憲法講座）を経て東京大学法学部教授（国法学講座・憲法講座）。フランス憲法を基軸とする比較憲法学を志向し、また、杉原泰雄（1930〜）との間で主権論争を展開する一方、戦後憲法学（▶本章[26]）の自覚的担い手として、2014年には共同代表として立憲デモクラシーの会の設立に関わった。

[54] **トクヴィル**（**1805〜1859**）政治家・思想家。1830年代のアメリカ旅行の成果を『アメリカのデモクラシー』（1835〜1840年）として出版。二月革命に加わったがルイ＝ナポレオン（▶本章[104]）のクーデターにより失脚し、政界を引退した。

3 近代立憲主義と「立憲的意味の憲法」の形成

（1）イギリス

　主権論の形成に貢献したボダンは、上述のように王権神授説の提唱者としても知られているが、17世紀の**ステュアート朝**[55]のイギリス——イングランド・スコットランド・アイルランドの「三王国」——においてもまた、王権神授説に基づいて王の専制的な統治が行われるようになり、議会との対立が深まることになる。貴族とそれ以外の人々が別々に会議を行うようになることで原型が形作られていったイギリスの議会においては、その後、多くの**ジェントリ**[56]たちが**下院（庶民院）**[57]の構成員となっていたが、スチュアート朝において王と対立するようになった議会勢力は、王がコモン・ローやマグナ・カルタなどの「古来の国制（Ancient Constitution）」に従うべきだと主張したのである。このような対立の中、国王裁判所の首席裁判官であった**エドワード・コーク**[58]は議会側に立って、国王は「神と法の下」にあると主張して1628年に**権利の請願**[59]を起草、チャールズ１世はその請願を認めた。しかしその一方で、チャールズ１世は議会を解散して反対派の議員を投獄し、11年間にわたって議会を召集せずに専制政治を行い、議会との対立は深刻化した。

　「イギリス革命」の直接の背景となったのは、「三王国」をまたぐ宗教対立である。イングランドにおいては、16世紀にイングランド国教会が成立することでカトリックとの距離がとられることになったが、国教会の穏健な方向性に対してプロテスタントの立場から改革を主張する人々がその勢力を拡大し、ピューリタンと呼ばれていた。専制を志向するチャールズ１世は、フランスとの関係を鑑みて親カトリック政策を採用したためピューリタンたちの反発を買い、議会派とピューリタンの接近をもたらしたのである。1637年にスコットランドで発生した戦争の費用を確保する必要から、チャールズ１世は1640年に議会を召集したが、わずか３週間で解散された

[55] **ステュアート朝（1371〜1714）** スコットランド起源の王朝であり、イングランドにおいてテューダー朝（1485〜1603年）の後継者が途絶えたことでスコットランド王ジェームズ６世（1566〜1625）がジェームズ１世として1603年にイングランド王に即位した。

[56] **ジェントリ（gentry）** イングランドにおける下級地主層。16世紀頃から地方名望家として貴族とともに支配的階層としての「ジェントルマン」の母体となっていく。

[57] **下院（庶民院）（House of Commons）** 国王の統治を支える王会（Curia Regis）が議会（Parliament）へと徐々に変化していく過程で、14世紀には都市民とジェントリたちが貴族とは別に会議を行うようになり、やがて庶民院になった。

[58] **エドワード・コーク（1552〜1634）** 法学者。法曹資格取得後庶民院議員となり、議長まで務めたのち裁判官に転じる。国王と対立して国王裁判所の首席裁判官を罷免された後は再び庶民院議員として権利の請願を起草した。第２章［７］も参照。

[59] **権利の請願（Petition of Right）** コモン・ローやマグナ・カルタによってイングランド国民に保障されていた権利を再確認する内容をもつ。

30　第1章　そもそも、憲法とは？ ——憲法と国家、立憲主義

（短期議会）。しかし同年、スコットランドに敗退したチャールズ1世は賠償金の支払いのために再度の議会召集を迫られ、12年半のあいだ国王と議会が対立することになった（長期議会）。その最中に、今度はアイルランドにおいて、カトリックの反乱の過程でプロテスタントの虐殺が発生したことをきっかけに、議会における国王派と議会派の対立は激化し、1642年にイギリスは内戦に突入した（イングランド内戦、いわゆる**ピューリタン革命**[60]）。議会派を率いた**クロムウェル**[61]はチャールズ1世を処刑して共和制のもとで独裁政治を行ったが、クロムウェルが急死したことによって1660年に王政復古が行われる。

　ところが、王政復古により王位についたチャールズ2世は、国王派を中心とする騎士議会においてピューリタンを抑圧する方針をとり、二度にわたる信仰自由宣言によりカトリック擁護の方向性を打ち出した。これに対して議会は再び反カトリックの方向性をとり、信仰自由宣言を撤回させたが、その背景には、チャールズ2世が王位に就く前に亡命していたフランスに対する脅威の意識が働いていた。1685年にチャールズ2世に代わったジェームズ2世は、王位継承前からカトリックであることが判明しており、信仰自由宣言を国教会において読み上げることを強要して反対する聖職者を投獄し、また、プロテスタントの立場をとる反乱軍に対応するために組織した軍隊を解散せず、常備軍化する動きを見せた。そこで議会は王の排除を企て、オランダ総督のオレンジ公ウィリアムに招請状を送り、ジェームズ2世の娘メアリとともにウィリアム3世としてイギリスの共同君主として即位したため、ジェームズ2世は戦わずしてフランスに亡命した（いわゆる名誉革命）。1689年に議会が制定した「臣民の権利と自由を宣言し、かつ、王位の継承を定める法律」、いわゆる**権利章典**[62]においては、国家の法や政治のあり方、すなわち主権が「議会における国王（King in Parliament）」にあり、議会制定法により王権を制限するという**議会主権**[63]が明示され、「聖俗の貴族および庶民」、すなわちイギリス臣民の「古来の権利と自由」が確認された。ここにおいて、近代的な議会制度の枠組みが固められ

[60] **ピューリタン革命**　現在では、「三王国」の政治・外交・宗教上の対立が複雑に絡み合った結果として、「イギリス革命」の一部として論じられることが多い。

[61] **クロムウェル**（1599～1658）　イングランド内戦において議会派の中心人物となり、1649年にイングランド共和国の護国卿（Lord Protector）に就任し、さまざまな急進的改革を推し進めようとしたが急死、息子のリチャード・クロムウェル（1626～1712）が護国卿となったが翌年に共和国は崩壊した。

[62] **権利章典**（Bill of Rights）同年の「権利宣言」により共同王位に就いたウィリアム3世とメアリ2世のもとで制定され、あわせて、寛容法によって、無神論者とカトリック教徒を除き、非国教徒であるピューリタンは国王への忠誠により宗教的罰則から逃れられる旨が規定された。

[63] **議会主権**（Parliamentary sovereignty）　本文において触れてきたように、国王の権力を議会が抑制するという形で発展してきたイギリス国制においては、議会の権限がきわめて強力なものとなり、アメリカ（およびその影響を受けた日本）における違憲立法審査（▶第15章4）のようなシステムは基本的に採用されていない。

3　近代立憲主義と「立憲的意味の憲法」の形成　　31

るとともに、王権に対する「法の支配」が確立したととらえることができよう。

（2）アメリカ

独立から憲法制定に至る「アメリカ革命」の歴史は、1763年の**パリ条約**[64]により北米大陸からフランスの植民地が失われたことから始まる。フランスの脅威がなくなったことでイギリス本国はアメリカ植民地への介入を強め、1765年に議会によって**印紙法**[65]が定められたが、これに対して植民地からは、マグナ・カルタや権利章典によってイギリス人に固有の権利として認められたものと理解されていた「代表なくして統治なし」との理念に基づく反対運動が生じた。1773年に本国議会が茶法を制定したことへの反発を契機に**ボストン茶会事件**[66]が勃発すると、本国との対立が深まる中で1774年に第一次**大陸会議**[67]が開催され、植民地政策を批判して貿易の禁止を決議し、翌年に再度開催することを決定して解散した。

北米大陸へのイギリスからの入植は、1607年のロンドン会社によるジェイムズタウン建設と、それに続くヴァージニア植民地に遡る。1620年には、のちに「ピルグリム・ファーザーズ」と呼ばれるようになるピューリタンが漂着したプリマス植民地が形成され（のちにマサチューセッツ植民地に吸収）、カナダから西インド諸島までを含めるとイギリス領植民地は合計で30を超える。各植民地の成り立ちは一様ではなく、人口や産業、宗教なども多様であったが、郡（county）や郡区（township）を単位とするコミュニティにより構成されており、のちにトクヴィルがフランスとの差異を観察したような多元的な社会の前提条件が備わっていた。イギリス本国の圧力に共同して対抗するため必要に駆られて集まった各植民地は、1775年4月にマサチューセッツ植民地のレキシントンにおいてイギリス軍との戦闘が始まると、同年5月に開催された第二次大陸会議において**ワシントン**[68]を大陸軍総司令官に任命する。

あわせて、大陸会議は各植民地に対して憲法を制定して独立の政府を創設することを勧告しており、1780年までに13植民地のすべてが憲法を制定して独立の邦（state）を構成した。

[64] パリ条約　プロイセンとオーストリアの対立にヨーロッパ諸国が加わり拡大した7年戦争（▶本章 [78]）の講和条約。

[65] 印紙法（Stamp Act）　植民地の一般的な出版物にも印紙を貼ることを義務づけたもので、本国議会に代表を送っていない植民地への課税を不当とする反対意見を招いた。翌年に廃止されたが、同時に制定された宣言法（Declaratory Act）により植民地に対する立法権が宣言された。

[66] ボストン茶会事件（The Boston Tea Party）　日用品に対する関税を課すことを定めたタウンゼント諸法（Townshend Acts。当時の財務大臣タウンゼントの名からこう呼ばれる）への反対が高まる中、東インド会社の茶に対する関税を免除することを規定した茶法（Tea Act）が定められたことに対して、植民地の商人たちが本国の政策転換に反対し、東インド会社の船舶から積荷を海に投棄した事件。

[67] 大陸会議（Continental Congress）　1774年に北米12植民地がイギリス本国の植民地政策への対抗のために組織したが、このときジョージアは不参加であった。独立戦争勃発後に再度召集された際には13植民地がすべて参加し、独立宣言を採択した。

[68] ワシントン（1732〜1799）　ヴァージニア出身。初代アメリカ大統領。7年戦争における軍功とヴァージニア植民地での政治経験を背景に大陸会議に参加、のちに連合会議のもとで憲法制定会議にも加わる。

1776年6月に大陸会議において選出された**ジェファソン**[69]が中心となって起草し、7月4日に採択された**独立宣言**[70]は、第一義的には、各邦のそれぞれが独立した「連合諸邦（United States）」として、抵抗権に基づいてイギリスに対して独立することを宣言するという性質の文書である。一方で、独立宣言に先立って13邦の中でいち早く採択された**ヴァージニア邦憲法**[71]において、権利章典と統治機構のふたつの部分からなる法典の形がとられたことは、現在における憲法の普遍的なあり方である「形式的意味の憲法」の嚆矢となっており、また、権利章典において「すべての人間は生まれながらにして平等であり、その創造主によって、生命、自由、および幸福の追求を含む不可侵の権利を与えられている」ことを「自明の真理」であるとする規定が設けられていたことは、中世身分制社会から離脱した普遍的人権の概念が確立されたという意味で重要である（この文言は、ほぼそのままの形で独立宣言に引き継がれている）。

　しかし、各邦がそれぞれ憲法をもつ独立した政府をもつことにより、大陸会議の存在感は低下する。1777年に制定された**連合規約**[72]によって大陸会議は**連合会議**[73]となり、会議体の意思決定の方法などが定められたが、各邦間で土地の帰属をめぐる争いが生じ、全邦が連合規約を批准して発効するまでに3年を要した。1783年にイギリスはアメリカ独立を承認するに至るが、戦争の終結により連合会議の求心力はますます低下し、1786年にマサチューセッツで発生した**シェイズの反乱**[74]に対しても有効な対応を行うことができなかったため、強力な中央政府の構築を行うという構想が現れてくる。**ハミルト**[75]**ン**の発案により1787年にフィラデルフィアにおいてもたれた連合規約の改定のための会議はそのまま憲法制定会議となり、**マディソン**[76]が起草した強い権限をもつ中央政府を設立する構想に対して、会議においては小邦の代表権への配慮が求められ、同年9月に可決されたアメリカ合衆国憲法では各邦2名による上院と人口比による下院からなる二院制が採用された。「われら合衆国の人民は、より完全な連邦を形成し、正義を樹立し、国内の平穏を保障し、共同の防衛に備え、一般の

[69]　ジェファソン（1743〜1826）
ヴァージニア出身。第3代アメリカ大統領。ヴァージニア邦憲法の起草に関わり、大陸会議において独立宣言の起草を主導する。初代大統領ワシントンのもとで初代国務長官も務めた。

[70]　独立宣言（Declaration of Independence）　正式名称は「13のアメリカ連合諸邦の全会一致の宣言」（The unanimous Declaration of the thirteen united States of America）。

[71]　ヴァージニア邦憲法
1776年6月12日に権利章典（Bill of Right）、6月29日に政府の組織（Frame of Government）が採択された。とりわけ前者は、人権宣言の先駆として高く評価されている。

[72]　連合規約（Articles of Confederation）　正式名称は「連合および永遠の連合規約」。連合会議は外交権をもつとされたが、各邦には主権が維持されており、また、課税権が認められなかったことから財政基盤も脆弱であった。

[73]　連合会議（Congress of the Confederation）　会議が発足した1781年にはヨークタウンの戦いにおいてイギリス軍が敗退し、独立戦争の帰趨はほぼ決していた。1785年は公有地条例によりイギリスから獲得した領土の売却と公立学校の設置、1787年には北西部条例により人口に応じた準州・州の設置を認める等の政策を実施した。

[74]　シェイズの反乱　独立戦争の退役兵シェイズ（1747〜1825）が税と負債の軽減を求めて起こした反乱。

[75]　ハミルトン（1755〜1804）
西インド諸島出身。独立戦争ではワシントンの副官を務める。憲法制定会議にニューヨーク邦代表として参加して合衆国憲法の起草に関与、その批准のためにニューヨークの新聞に論説を寄稿する。ワシントンのもとで初代財務長官も務めた。

[76]　マディソン（1751〜1836）

福祉を増進し、われらとわれらの子孫のために自由の恵沢を確保する目的をもって、ここにアメリカ合衆国のためにこの憲法を制定し、確定する」との有名な宣言から始まるこの憲法典は、厳格な権力分立を定めているが、統治機構に関する規定がその主な内容であり、なおかつ、中央政府と各邦の権限をどう分配するかの意見対立があらかじめ内包されていたのである。

　この対立は、合衆国憲法発効の要件である13邦中9邦の批准を経る過程で、集権制を志向する**フェデラリスト**[77]と分権制を志向するアンチ・フェデラリストの対立として顕在化し、ハミルトンやマディソンは前者の立場から新聞紙上で論陣を張った。1788年にニューハンプシャーが批准したことで合衆国憲法は効力を発生することとなったが、最終的に13州のうち9州からは修正提案が提出され、その中には、人権保障が不十分であるとの意見があったことから、第1回連邦議会において憲法修正が行われ、1791年に合衆国憲法の一部となった。

（3）フランス

　17世紀に不安定化していたヨーロッパにあって、絶対王政という統治形式において統合を果たしていたフランスにおいても、18世紀末には**7年戦争**[78]等の対外戦争を主な要因とする財政危機が訪れていた。そこで、ルイ16世は貴族の免税特権を廃止しようと試みたが反発にあったため、事態を打開するために175年ぶりに聖職者・貴族・平民（第三身分）から構成される**全国三部会**[79]が1789年に召集された。しかし、議決方法をめぐって特権階級と対立した**第三身分議会**[80]は独自の会合を続けて他の身分にも呼びかけ、自らを**国民議会**[81]と称して憲法を制定するまで解散しない旨を宣言した（**球技場の誓い**[82]）。このとき、国民議会の正当性を擁護して身分制議会の原理を否定した**シェイエス**[83]は、憲法制定権力（pouvoir constituant）をもつ国民によって憲法が制定されなければならないと主張した（▶第3章2（3））。国王の承認を得た国民議会は7月に憲法制定国民議会へと改称された。

ヴァージニア出身。第4代アメリカ大統領。合衆国憲法の起草に関わり、ハミルトンとともにその批准のための論陣を張ったほか、修正第1条の起草にも携わった。

[77] **フェデラリスト**（Federalist）憲法批准推進派が自らの立場を「連邦派」と名づけたものであり、立場としては中央集権的な政府を志向していた。ハミルトンとマディソン、そしてジェイにより執筆された論説は1788年に『ザ・フェデラリスト』（The Federalist Papers）にまとめられた。

[78] **7年戦争**　プロイセンとオーストリアの対立を契機に、前者の側にイギリス、後者の側にフランス・ロシアが参加することで、1756年から1763年にかけてヨーロッパ全土にわたって行われた。アメリカおよびインドにおけるイギリスとフランスの植民地戦争にも波及し、世界戦争としての性格をも帯びている。

[79] **全国三部会**（États généraux）1302年にフィリップ4世により召集されたものが最初であるとされる。

[80] **第三身分議会**　全国三部会のうち「第三身分」、すなわち平民により組織されたもの。第三身分議会については議員数を倍増することが認められたが、人口比とは対応していない。

[81] **国民議会**（Assemblée nationale）　他の身分代表を招請した第三身分議会が1789年6月17日に改称。ルイ16世（1754〜1793）は第一身分（聖職者）・第二身分（貴族）の国民議会への合流を指示し、7月9日に憲法制定国民議会（Assemblée nationale constituante）へと改称された。

[82] **球技場の誓い**　国王が国民議会を認めずに議場を閉鎖したため、近くの室内球技場に集まって会議の継続を宣言した。

[83] **シェイエス**（1748〜1836）政治家。『第三身分とは何か』（1789年）において、第三身分が国民全体の代表に値する旨を主張した。第3章[47]も参照。

第1章　そもそも、憲法とは？——憲法と国家、立憲主義

しかしルイ16世は一方でパリとヴェルサイユに軍隊を集結させており、緊張が高まる中で民衆は7月14日にバスティーユを襲撃し（フランス革命の勃発）、暴動は全国に波及した。そのような中、憲法制定国民議会はまず封建的特権の廃止を議決し、続いて、8月26日に「人および市民の諸権利の宣言」（フランス人権宣言）が採択された。「人の譲りわたすことのできない神聖な自然的権利」の保全を掲げるこの宣言においては、人間の生来的な自由と平等が規定され、「他人を害さないすべての事をなしうる」自由について、精神的・身体的・経済的自由が具体的に規定され、「すべての主権の淵源は、本質的に国民にある」旨が明示された。この宣言において、立憲的意味の憲法の内実が権利保障と権力分立にあることが端的に示されたことは、上述のとおりである。なおここで注目すべきは、人権宣言の中に結社の自由が含まれていないことである。樋口陽一が強調するように、フランス革命が国家と個人の間に介在する「中間団体」を排除し、この両者のみによる「二極構造図式」を目指したことは、1791年の**ル=シャプリエ法**[84]による同業組合等の排除に端的に現れている。

この後のフランスの国制は紆余曲折を辿る。憲法制定国民議会が9月3日に可決して国王が受け入れた1791年憲法は、単一で不可分・不可譲な主権は「国民（nation）に属する」と規定し、立憲君主制のもとでの三権分立とともに、制限選挙による国民代表制を採用した。ここでは、主権者は国籍保持者の総体という観念的・抽象的なものとして考えられている。しかし、憲法により設けられた立法議会において、憲法制定国民議会の議員の被選挙権は認められず、その主導権は穏健な**ジロンド派**[85]が担うことになった。立法議会とルイ16世は、国外に亡命した貴族の反革命の動きや諸外国の革命への介入に対応するためにオーストリアに宣戦布告を行うが戦局は困難を極めたため、1792年7月に立法議会は非常事態宣言を発出し、これに呼応して各地から連盟兵がパリに集結する。しかし、国外逃亡を企てて失敗したルイ16世に対する民衆の信頼は失墜しており、連盟兵と**サン・キュロット**[86]は共同してパリ市庁舎を占拠して8月10日に「**蜂起コミューン**」[87]を宣言、

[84] **ル＝シャプリエ法**（loi Le Chapelier）　正式名称は「同一の身分および職業の労働者および職人の集合に関する法令」だが、主導した議員の名前をとってこう呼ばれる。

[85] **ジロンド派**（Girondins）1791年憲法により設けられた立法議会において優位を占めた党派。指導者にジロンド県（Gironde）の出身者が多かったことに由来する。

[86] **サン・キュロット**（Sans-culotte）　貴族の装いであるキュロットを着用しない庶民のうち、職人や労働者など固定資産がなく組織的民衆運動の担い手となる人々。暴動の担い手として革命を急進化させた。

[87] **蜂起コミューン**　1789年にパリ市庁舎に設立された自治組織パリ・コミューン（Commune de Paris）が1792年に独裁的組織としての性質を帯び、立法議会・国民公会の外部で民衆運動と結びついた。

さらに王宮を制圧して立法議会に王権の停止を認めさせる。立法議会は新事態に対応するために**国民公会**の召集を布告した。[88]

男子普通選挙の結果、ジロンド派が総体的に多数派を占めた国民公会によって9月21日に王政の廃止と共和国の宣言が行われた（**第一共和政**）。国民公会は12月から開始された国王裁判でルイ16世の即時処刑を公開審理で決定したが、1793年1月に処刑が実行されることでイギリスを中心とする諸国は革命への介入を強め、また、西部ヴァンデ地方で大規模な農民反乱が発生するなど、ジロンド派の失政に対する反発が広がった。これに対して、サン・キュロットらの支持を背景に強権的な政策を推進する**山岳派（モンターニュ派）**が影響力を強め、6月にはジロンド派が国民公会から実力で排除される。**ロベスピエール**によって主導された山岳派による独裁政治の過程で作成された**1793年憲法**は、市民の総体としての人民（peuple）に主権が存することを宣言したが、施行には至らなかった。やがて、山岳派内部での権力闘争が激化し、ロベスピエールは**テルミドール9日のクーデター**により失脚して処刑される。国民公会は1795年8月に憲法を制定し（**共和暦3年憲法**）、10月に新憲法に基づく**総裁政府**が成立した。この1791年と1793年のふたつの憲法は、主権が抽象的存在としての国民（nation）に属する代表制志向の国家と、主権が具体的存在としての人民（peuple）の総体に属する直接民主制志向の国家という、憲法学におけるふたつの主権概念──「ナシオン主権」と「プープル主権」──と国家モデルをめぐる議論につながっている。

この後も、フランスにおいては「憲法」の名をもつ立法が続く。1799年に**ブリュメール18日のクーデター**により総裁政府を打倒して**統領政府**を樹立し、**共和暦8年憲法**により自ら第一統領となったのが**ナポレオン**であるが、このクーデターを計画したのはシェイエス（▶本章［83]）であった。内政および外交における改革を推し進めたナポレオンは1802年に終身統領となり、1804年に元老院の決議によって第一帝政（▶本章［12]）が開始された。ナポレオン失脚後に成立した復古

[88] **国民公会**（Convention nationale） 戦時下であったため投票率は10％程度であったが、フランスではじめての男子普通選挙とされる。憲法制定国民議会の議員も含まれた。

[89] **第一共和政** 国民公会（▶本章［88]）による王政の廃止と共和国の宣言により設立。山岳派（▶本章［90]）の独裁と恐怖政治により急進化し、二度のクーデターを経て第一帝政（▶本章［12]）へと移行。

[90] **山岳派（モンターニュ派〔Montagnards〕）** 立法議会において最も高い位置の議席を占めていたことに由来する。立法議会・国民公会においてジロンド派（▶本章［85]）と対立。

[91] **ロベスピエール**（1758～1794） フランス革命勃発前から活躍。のちに山岳派の指導者として恐怖政治を実施したが、自身もクーデターにより処刑された。

[92] **1793年憲法** 「人民主権」概念のもとに男子普通選挙を規定し、人民の立法への参与や憲法改正人民投票、生存権や教育権の保障といった先駆的な人権規定を備える等、ラディカルな内容をもつ。

[93] **テルミドール9日のクーデター** テルミドールの反動ともいう。山岳派内部の分裂と民衆の反発の結果、ロベスピエール（▶本章［91]）らが1794年7月27日に逮捕、翌日処刑された。

[94] **共和暦3年憲法** 1795年憲法。フランス初の共和憲法「市民全体（universalité des citoyens）」を主権者とし、制限選挙による二院制をとる。

[95] **総裁政府**（Directoire） 5人の総裁による集団指導体制と元老院・五百人会による二院制をとるが、独裁政治に対する警戒から、総裁を毎年1名、両院を毎年3分の1改選することを規定した。

[96] **ブリュメール18日のクーデター** 復権を図る王党派と政府と議会の対立などによる内政の混乱を背景に、シェイエス（▶本章

王政においては1814年の憲章（Charte）のもとで統治が行われたが、それを革命により打倒した**7月王政**[100]においては、君民協約型の1830年の憲章へと変化する。その後、1848年に発生した2月革命により成立した**第二共和政**[101]のもとでの**1848年憲法**[102]を経て、1851年にクーデターを起こし、**人民投票（プレビシット）**[103]により信任を得た**ルイ＝ナポレオン**[104]がナポレオン3世として制定したのが、のちに日本において箕作麟祥が翻訳した1852年憲法（▶本章［15］）ということになる。

━━▶ おわりに──翻訳からこぼれおちるもの？

さて、冒頭で言及した穂積陳重の『法窓夜話』には、実は続きとなる『続法窓夜話』がある。ここで穂積は東アジアにおける「憲法」という語の系譜を遡り、古代中国においては「懸け示されたる法」すなわち「掲示法」という意義があったこと、古代日本においても「明正」「厳明」な法という含意があったことなどを紹介しつつ、「『憲法』という重々しい漢語を用いると、或は重要なる法律を指す様に聞こえぬでもないが、我国においては斯様に、明治の中頃に至るまでは、現今の如く国家の根本法という意味には用いられていなかった」と結論づけている。

この事情は、実はヨーロッパにおいてもそれほど異ならない。英語・フランス語の constitution の語源であるラテン語の constitutio は、皇帝や教皇の定めた法令や布告を指し、国家の法一般を意味するものとして用いられていた。それが「実質的な意味の憲法」に近い意味で用いられ始めるのは17世紀以降である。また、ドイツ語の Verfassung は、14世紀において神聖ローマ帝国の国王と帝国都市の間で締結された仲裁裁判所の権限についての協定を意味する virfazsunge から派生しており、15世紀後半に裁判所における当事者の和解のための契約上の証書・文書を示す言葉が Verfassung と呼ばれるようになったとされる（なお、19世紀頃までの Verfassung は「国制」と訳されることが多い）。すなわちその母国においても、憲法と憲法学には200〜300年の歴史しかないのであり、他の法

[83]）がナポレオンを利用して軍事クーデターを起こし、総裁政府を打倒した。

[97] **統領政府（Consulat）** 3人の統領による合議制をとるが、実質的には国務院の補佐を受けた第一統領ナポレオンが圧倒的な権限を有していた。立法機関は元老院・護民院・立法院の3院制であったがその権限は脆弱であった。

[98] **共和暦8年憲法** 1799年憲法。主として統領政府の統治機構を定めたもので、人権宣言を前置していない。

[99] **ナポレオン（1769〜1821）** コルシカ島出身。陸軍士官学校を1年足らずで卒業、総裁政府（▶本章［95］）のもとで戦功を上げ、民衆の支持を集めた。ブリュメール18日のクーデター（▶本章［96］）により主導権を掌握、やがて自ら皇帝に就任して第一帝政（▶本章［12］）を布いた。

[100] **7月王政** 復古王政のもとで出された出版の自由の停止等を内容とする勅令にパリ市民が反発、1830年7月27〜29日の「栄光の3日間」における武力衝突によりブルボン朝は打倒され、オルレアン朝のルイ・フィリップ（1773〜1850）が王位についた。

[101] **第二共和政** 民衆集会に対する政府の介入が激化、ルイ・フィリップはロンドンに亡命して1848年2月24日に臨時政府が組織され、共和政が宣言された。4月に男子普通選挙による憲法制定国民議会が組織されたが保守派が、大勢を占めたため急進派は武装蜂起し（6月蜂起）、結果的にルイ＝ナポレオン（▶本章［104］）を呼び込むことになった。

[102] **1848年憲法** 奴隷制度・貴族制度を廃止して直接普通選挙による一院制議会を置き、直接選挙で選出される大統領が行政権を行使する。人権宣言を前置しないが、社会権をも含む広範な人権保障を規定している。

[103] **プレビシット（plébiscite）** 人民投票のうち、為政者による統治の正統性や領土の帰属などを問う場合に行われるものを指す。

領域と比べると著しく新しいのである。

　しかし、これまで述べてきたような、憲法／憲法学のバタ臭さにやや戸惑う読者も多いのではないかと思われる。戦前には、憲法と憲法学の「輸入学問」性に**国体**[105]の観点から異議申し立てを行う学者たちがいたが、やや異なる位相でこの点について座りの悪さを表明する憲法学者もいる。ちょうど樋口陽一と同世代にあたる**佐藤幸治**[106]は、1990年代の行政改革に関わってから、「この国のかたち」というキーワードをしばしば用いるようになっている（『日本国憲法論〔第2版〕』〔成文堂・2020年〕）。ただちに**司馬遼太郎**[107]のエッセイを想起させるこの用語法は、憲法という翻訳語が原語においてもっていたはずの含蓄——「構成の本質、体格・体質、政体といった、われわれが日々の営みの中で作り上げていくという要素」——を削ぎ落としてしまっているのではないか、という佐藤の問題意識に即している。被治者意識からの転換と主権者としての国民のあり方を強調する佐藤の立論とこの言葉の選択は、憲法と憲法学の発祥の地ではないところでこれらを学ぶことになる私たちの「座りの悪さ」を解消してくれるであろうか。

[104] **ルイ＝ナポレオン**（1808～1873）　ナポレオン（▶本章[99]）の甥。復古王政に際して亡命。第二共和政（▶本章[101]）の憲法制定議会において当選した後、1848年12月に初代大統領に選出される。任期満了前に議会に対するクーデターを起こし、1852年憲法のもとで第二帝政の担い手となる（▶本章[14]・[15]）。

[105] **国体**　「万世一系」の天皇の統治の正統性を記紀神話を根拠に説明する思想。憲法学においては、帝国大学の初代憲法学講座教授である穂積八束、および、その弟子である上杉慎吉が国体を憲法学説に位置づけることを試み、「正統学派」と呼ばれる。第4章[10]も参照。

[106] **佐藤幸治**（1937～）▶第3章[68]を参照。

[107] **司馬遼太郎**（1923～1996）▶第3章[69]を参照。

コラム❶　「憲法」という言葉

　本章においては、翻訳語としての「憲法」について、西洋の思想および歴史に遡って概説を試みたが、そもそも「憲法」という言葉にはどのような含意があるのだろうか。漢字の意味に遡るならば、「憲」（会意文字・形声文字）は刃物で目の上に傷を与える刑を示すところから勝手な言動を抑える枠を、「法」（「灋」・会意文字）は善悪を判断する神獣「廌」（獬豸）を水で囲んで押し止める様を示すところから平らかに正しく罪を調べることを意味するとされる（『大漢和辞典』『字通』『大漢語林』）。若干のニュアンスの違いはあるがほぼ同義のこのふたつの漢字を重ねた「憲法」という言葉が、東アジアにおいて「国家の根本法」という意味をもたされてこなかった、ということはいえそうである。

　この点について、穂積陳重は『続法窓夜話』においてかなり立ち入った検討を行っている。穂積によると、中国の古典における「憲法」の用例である『国語』や『管子』では治者の号令の意であり、また、「憲」と「法」を同義

に用いる例も多い一方、「憲」を形容詞とした場合には「掲示法」を示す言葉でもあったという。そのうえで、『中庸』や『詩経』には「顕」の意として用いられた場合もあったとして、『日本書紀』においては「憲法十七条」に「イツクシキノリトヲアマリナナヲチ」との訓詁があることを「吾人の最も注意すべき」こととしている。

　興味深いのは、穂積が上記の含意を補強する文脈で、憲法十七条について言及している御成敗式目の注釈に触れ、憲法十七条の「憲」は形容詞であり「厳しき法」「明らかなる法」「顕しき法」の義であったと解している点である（穂積は御成敗式目の写本等を収集していたことでも知られる）。51か条からなる御成敗年目には、憲法十七条の条文数を3倍にするという含意があったという「俗説」がかなり長い間存在していたが、このことは、後世の人々にとって憲法十七条が特別視されるに足る存在であったことを示している（佐藤雄基「五十一という神話」古文書研究95巻〔2023年〕）。穂積やその同時代人は、「憲法」という言葉に単なる同義の漢字の重複を超えた含意を読み込んでいたとも考えられるが、明治憲法の制定前後には憲法十七条との関係性についてはむしろ否定的にとらえられ、もっぱら道徳的側面からの言及にとどまることが多かった。しかし、明治天皇の死去の頃から、むしろその道徳的側面に着目することにより両者の「精神」が同一視されるようになっていく（Orion KLAUTAU「〈憲法作者〉としての聖徳太子の近代」学際日本研究3号〔2023年〕）。十七条憲法と明治憲法、さらに日本国憲法との関係性についての言説は、聖徳太子像の歴史的変遷とかかわって大きく変動してきたのである。

第2章

そもそも、人権とは？
——人権総論

▶▶▶ はじめに

　日本国憲法の**三大原理**[1]のひとつに「**基本的人権**[2]の尊重」がある。日本国憲法では第3章「国民の権利及び義務」に具体的な人権規定がある。憲法を学ぶうえでは、「人権」と「統治機構」がふたつの大きな柱となっている。本書でも、第7～12章で、それぞれの人権のあり方が詳しく述べられる。

　「人権」の時代は、その発展段階に応じて3つに分けて論じられる（**人権の世代論**[3]）。18世紀の啓蒙思想を背景とした「第一世代の人権」では、主に国家権力からの自由（信教の自由、表現の自由など）が強調された。その後、19世紀末から20世紀にかけ、社会主義思想の影響のもとで「第二世代の人権」が重視されるようになった。生存権、労働権、教育権など「社会権」として分類される人権がそれにあたる。20世紀後半から現在では「第三世代の人権」として、プライバシー権や環境権など「新しい人権」が強調される。第一世代と第二世代には、国家権力「からの」自由という消極的な人権から、国家権力「に対して」請求する積極的な人権へ、という流れがある。また、第三世代の新しい人権では、必ずしも個人だけが人権の主体とは限らず、個人を超えた集団（共同体、特定の属性を共有する集団、将来世代など）が主体として考えられることもある。ＡＩ（人工知能）や動物のように、人間以外の存在も「人権」主体となる可能性が論じられることもある（「第四世代」と分けられることもある）。

　本章では、こうした流れを念頭に置きながら、そもそも人権とはどのようなものか、どのような歴史があるのか、そして今後のあり方をどう考えるべきか、を確認しよう。

[1] **三大原理**　国民主権、基本的人権の尊重、平和主義の3つの基本的な原理を指し、戦後日本の民主主義と平和的な国家の枠組みを示すものとされる。第3章［**52**］も参照。

[2] **基本的人権**　「人権」と「基本的人権」という語には、はっきりとした使い分けがあるわけではなく、本章では「人権」で統一する。ただし、論者によっては、「人権」を自然権を含む広いものととらえ、「基本的人権」を日本国憲法によって保障されている個々の具体的権利としてとらえることもある。また「憲法上の権利」というときには、法律上の権利と対比された、憲法レベルで保障されるべき権利という意味である。

[3] **人権の世代論**　人権を歴史的・発展的にとらえたうえで、それを世代によって区分する考え方。ユネスコの「人権と平和」部会長等を務めたチェコ出身の法律家カレル・ヴァサク（Karel Vasak）が1970年代に提唱した「第三世代の人権論」がよく知られている。

1 第一世代の人権

（1）人権のはじまりとは？

　「人権」のはじまりはどのようなものだろうか。**はじめに**で確認したように、人権にはさまざまな意味がある。歴史をさかのぼれば、古代においてもそのどれかと似たものを見つけることができるだろう。また西洋だけでなく、東洋やイスラーム圏にも同様の考え方があったということもできる。当然ながら、人権は西洋だけのものではない。たとえば経済学者の**アマルティア・セン**[4]が古代インド哲学に人権と同様の考え方を見出すように、西洋中心主義を批判し、人権の多様なルーツを探すことはもちろん重要である。しかし、そうした試みを理解するためにも、まずは一般的に理解されている「西洋」「近代」の人権の歴史をみておくことが大切だろう。

　「近代」的な人権のはじまりとしては、1215年のイギリスのマグナ・カルタ（大憲章）（▶第1章［41］、第13章［3］）が位置づけられることが多い。これは当時のイングランド国王（**ジョン王**[5]）の専制的な統治に対し、貴族たちが反発し、同意なくして税を課されることのない権利などを認めさせたものである。マグナ・カルタは、「国王といえども法の下にあり、その権力の行使にあたっては法的な手続が必要である」という**法の支配**[6]の考え方の源流となり、これはのちに**エドワード・コーク**[7]による再評価を得て、イギリス法の基本原理となった。また、のちの**アメリカ独立宣言**[8]や**フランス人権宣言**[9]にも大きな影響を与えることになった。

　マグナ・カルタの内容は、貴族や教会の封建的な特権を国王に認めさせたものであり、それは人が生まれながらにもっている平等な権利としての人権とは異なる。マグナ・カルタが「人権」のはじまりとみなされるのは、権利の内容というより、権力の制限という**立憲主義**[10]的な意味においてであると考えるのがよい。このように、「人権」を考えるにあたってはその内容だけでなく、保障のあり方にも着目するのが重要である。

---

[4] **アマルティア・セン**（1933〜）　インド生まれの経済学者。厚生経済学の業績で1998年にノーベル経済学賞を受賞。政治哲学においても「ケイパビリティ・アプローチ」「人間の安全保障」といった重要な概念を提唱。ヒンドゥー文化における人権思想について、『正義のアイデア』（明石書店・2011年）。

[5] **ジョン王**（1166〜1216）　プランタジネット朝の王。重税や失政により貴族や教会と対立し、1215年に「マグナ・カルタ」（大憲章）を認めさせられた。こうした経緯により、後世では無能で圧政的な王の代名詞となった。

[6] **法の支配**　国家や政府の権力が法に基づいて行使され、すべての人が法の下で平等に扱われるという原則。個人や集団が恣意的に権力を行使し、法による制約を受けない「人の支配」に対比される。イギリスでは17世紀の市民革命を経て、議会主権の確立と裁判所の独立によって確立されることになった。

[7] **エドワード・コーク**（1552〜1634）　イングランドの法律家・政治家。国王の権力に対抗する理念として「法の支配」を主張し、それまでしばらく忘れられていたマグナ・カルタを再評価した。姓は「クック」と表記されることも。第1章［58］も参照。

[8] **アメリカ独立宣言**　1776年7月4日にアメリカ13植民地がイギリスからの独立を宣言した文書。トマス・ジェファソンが主に起草し、「すべての人は平等に創られ、生命、自由、幸福追求の権利をもつ」とした。7月4日はアメリカの独立記念日とされる。

[9] **フランス人権宣言**　1789年にフランス革命において採択された文書。人間の自由と平等、人民主権、法の支配などを宣言した。「すべての人は自由かつ平等に生まれ、権利をもつ」とし、封建的な特権の廃止や市民的自由の保障を示している。

[10] **立憲主義**　国家権力の行使は憲法に依拠しなければなら

（2）コモン・ローと大陸法

イギリス法は**コモン・ロー**[11]という独特の法のあり方を中心にしている。個々の判例が積み重なっていくことで、徐々に「法」の内容が確立されていくという考えが特徴である。紙に書かれた法（成文法）を中心とする「大陸法」とは、「法」のとらえ方が相当に異なる。

イギリスではマグナ・カルタ以降、臣民の権利を保障するための基盤が徐々に作り上げられていった。17世紀の市民革命における、**権利の請願**[12]（1628年）、**人身保護法**[13]（1679年）、**権利章典**[14]（1689年）がその代表的な例である。これらは現在でも、**イギリス憲法**[15]の一部をなしている。こうした文書が成立するにあたっては、次の（3）に述べるような、同時代の自然権思想の影響もある程度あったといわれている。しかし、イギリスの人権保障は実際のところ、マグナ・カルタ以降、国民が国家権力から徐々に勝ち取り、積み上げてきた成果という面が強い。それはフランス人権宣言に典型的にみられるような、人が生まれながらにもっている普遍的な人権という考え方とは異なっている。いわば、イギリス的な人権のとらえ方は「積み上げ型」「ボトムアップ型」といえるのに対し、フランス的な普遍的な人権のとらえ方は「トップダウン型」である。これは英米法と大陸法という、法のあり方の大きな違いを反映したものである。また、これからの「新しい人権」をどのように形作っていくかという局面でも、両者の考え方は違いを生じさせることになる。

（3）社会契約論

近代的な人権思想の源流としては、17世紀の自然権思想や社会契約論は重要な位置づけにある。イギリスの代表的な論者としては、ホッブズ（▶第1章[48]）やロック（▶第1章[49]）を挙げることができる。

ホッブズは主著『リヴァイアサン』（1651年）において、国家権力がまったく存在しない「自然状態」を想定し、そこで人々はどのように行動するだろうかという問いを立てた。ホッ

ないという原理。そこで憲法は国民の基本的権利を保障すべく、国家権力を授権し、かつ制限する役割をもっている。

[11] **コモン・ロー** イギリスで発展した、判例に基づく法体系。アメリカはイギリスからコモン・ロー体系を受け継いだが、やがて独自の判例や法制度を加味し、重層的な法システムを作り上げることになった。

[12] **権利の請願** 1628年にイギリス議会が国王に対して提出した文書。国王の専制的な統治に対抗し、臣民の権利と自由を確認した。議会の同意なしに課税や徴兵を行わないこと、恣意的な逮捕や不当な拘禁をしないこと、軍の常駐をやめることなどが求められた。

[13] **人身保護法** 1679年、不当な逮捕や拘禁に対し、個人の自由を保障する目的で制定された。恣意的な拘束を防ぎ、法の支配と個人の権利を守るための基本的な保障となった。

[14] **権利章典**（Bill of Rights）1689年に名誉革命後のイギリス議会が国王に承認させた文書。王権を制限し、議会と国民の権利を確認した。王が議会の同意なしに法律の停止や課税を行えないこと、議会の自由な選挙と討論の保障、残虐な刑罰の禁止、国民の請願権などを規定した。第1章[62]も参照。

[15] **イギリス憲法** イギリス憲法には単独の憲法典はなく、マグナ・カルタをはじめとするさまざまな歴史的文書や慣習、判例が総体として憲法の内容を形作っている。「不文憲法」というのは、やや誤解を招く表現である。

ブズによれば、そこで起こるのは「万人の万人に対する闘争」であり、「人は人に対して狼である」という悲惨な状況になるという。そこでの人々の生は、短く、残忍なものである。人々はそれを避け、自己保存、つまり生命を守るという「自然権」を守るために、それ以外の自然権をすべて放棄し、共通の絶対的な国家権力＝**リヴァイアサン**[16]を樹立するという筋道が語られることになる。「社会契約論」はこのように、国家権力が存在しない自然状態から、人々は自然権を守るためにどのようにして国家権力を作り出すか、という仮想的な物語の形をとる。

　ホッブズの考える自然状態は、あまりにも悲惨なもののように思われるかもしれない。また、人々が国家権力によって守ろうとする自然権が、生命という最低限のものであることも、「人権」思想からすれば不足だと思われるだろう。こうした見方はホッブズ自身の人間観・人生観が反映されているし、ホッブズが『リヴァイアサン』を執筆した当時のイギリスの**宗教戦争**[17]の悲惨な状況も背景にある。古典として現代に残っている著作を読むときには、その論者の人間観・人生観や、書かれた当時の歴史的状況を念頭に置くことが重要である。

　同じく社会契約論を展開したロックは、ホッブズよりもやや後の時代の思想家であり、『市民政府論』執筆時にはイギリス国内の宗教的な対立も緩和されていた（**宗教的寛容**[18]）。そうした時代状況を反映し、ロックの議論では、自然状態でも自由と平等の秩序がある程度は保たれていると想定される。生命が自然権として守られるべきなのは当然のことであり、その先の権利として財産権がクローズアップされることになる。社会契約によって設立される国家権力は、人々の権利を保障するように「信託」される存在である。したがって、国家権力が人々の権利を侵害した場合、人々にはそれに抵抗する権利が生じる（抵抗権・革命権）。こうした考え方は、イギリスが植民地アメリカに対し同意を得ることなく重税を課したことに対する**「同意なくして課税なし」**[19]という有名なスローガンとなり、アメリカ独立に向けた機運をおおいに高めることになった。

[16] **リヴァイアサン**　聖書に登場する巨大な海の怪物。旧約聖書『ヨブ記』などで描かれる。混沌や破壊力の象徴としてさまざまな文学作品や思想に影響を与えた。ホッブズ『リヴァイアサン』では、強大な国家権力を象徴する比喩として使われる。

[17] **宗教戦争**　17世紀のイギリスでは、宗教をめぐる対立が、王権と議会の権力争いとも絡み合って、政治的・社会的な大きな混乱を引き起こしていた。1688年の名誉革命以降、カトリック勢力の影響は排除され、議会と国教会の支配が強固なものとなった。

[18] **宗教的寛容**　ロックは信仰を個人の内面の問題と考え、他者による介入から守られるべきとした。政府の目的はは市民の世俗的な平和と安全を守ることだという切り分けが背景にある。ジョン・ロック『寛容についての手紙』（加藤節・李静和訳、岩波文庫・2018年）。

[19] **同意なくして課税なし**　イギリス議会が植民地アメリカの代表を抜きに課税したことに対する反発を示す。ロックの財産権論が背景にある。

1　第一世代の人権　　43

（4）アメリカ独立革命

　アメリカは1775年から、宗主国イギリスとの独立戦争を戦うことになった。この戦争はフランスの参戦にみられるように、大西洋の経済的な覇権をめぐるヨーロッパ諸国の争いという面も強い。その一方、理念をめぐる戦いであるという面も重要である。市民革命を経て国民の自由と権利を保障していたはずのイギリスが、植民地アメリカに対しては専制的な抑圧を行っていたことへの反発が、多くの人々を突き動かした。国際関係においては、武力というハード・パワーだけでなく、法や道徳をめぐる理念というソフト・パワーも大きな力を発揮するのである。

　アメリカ13州[20]のひとつ、ヴァージニアで制定された権利章典（1776年）は、歴史上最初の人権宣言とされる、重要な文書である。その第1条では、すべての人は生まれながらに自由かつ独立であり、一定の不可侵の権利を有することが宣言された。続いて、国家権力の根拠は人民に由来するという国民主権の考え方（第2条）や、政府が人民の利益や安全を守るという目的に反した場合の抵抗権・革命権（第3条）が明記された。統治機構のあり方も含め、近代的な憲法の原理がここですでに出揃っているといえる。

　1776年のアメリカ独立宣言（▶本章[8]）では、そうした人権思想がより明確にされ、すべての人は生まれながら平等であり、譲渡できない権利を有していることが高らかに述べられた。その権利の内容は生命、自由、および幸福追求といったことである。もっとも、それに続く**アメリカ合衆国憲法**[21]の制定にあたっては、各州の代表の意見が激しく対立した。制定時点（1788年）の憲法で明記されたのは、基本的に統治機構のあり方だけであり、権利章典は設けられなかった。その背景には、連邦政府の権限をめぐる対立が激化していたほか、具体的な権利を列挙する形をとると、それ以外の権利が排除されるという意味をもちかねないことが恐れられたという事情もあった。こうした懸念の背景には、アメリカが受け継いだ、イギリスのコモン・ロー的な発想がある。人民が勝ち取っ

[20]　**アメリカ13州**　アメリカ独立宣言を行った当時のイギリス植民地で、独立戦争後に最初のアメリカ合衆国を形成した州を指す。なお、独立宣言からアメリカ合衆国批准までの「州」は「邦」と訳されることもある。

▲独立当初の合衆国旗。現在の50個よりもはるかに少ない13個の星が、独立時に合衆国を形成していた13州を表す

[21]　**アメリカ合衆国憲法**　独立国家の理念を述べた前文、統治機構について定めた本文、権利章典等の修正条項によって構成される。なお、アメリカの各州は独自の州憲法を別に有している。連邦レベルと州レベルの多層的な構造がアメリカ法の特徴である。第1章3（2）も参照。

た権利は判例を通じて積み重なっていくものであり、一時点のものを特定の文書という形で固定するのはかえってその発展性を損なってしまうということである。アメリカ合衆国憲法はそのように、普遍的な人権＝自然権の理念と、イギリスのコモン・ロー思想が混じり合ったものとして出発することになった。

しかし、権利章典の必要性は強く意識されており、合衆国憲法制定から間もない3年後の1791年、修正条項（amendments）として元の憲法に付け足す形で、信教の自由、言論・出版の自由などを保障する全10条項が設けられた。たとえば、修正第2条は人民の武装権を定め、これは現在でも銃の所持権をめぐる論争のもとになっている。また、修正第4条から第6条は主に**刑事手続にかかわる権利**[22]を保障している（**令状主義**[23]、**法のデュー・プロセス**[24]など）。さらに、憲法に列挙されていない人権が排除されるという懸念は、修正第9条によって明文で否定された。合衆国憲法では、この修正第10条までを「権利章典」と総称する。

（5）フランス人権宣言

フランスでは1789年、「人権宣言（人および市民の権利の宣言）」がなされ、のちに1791年憲法の一部となった。その第1条では「人は、自由で権利において平等なものとして生まれ、生き続ける」というように、アメリカ独立宣言の強い影響のもと、人の生まれながらの平等な権利が宣言された。他方、法は「一般意志」の表現であるというように、哲学者**ルソー**[25]の影響のもと、フランス独自の理念もいくつか盛り込まれた。

フランス人権宣言の権利内容そのものはアメリカ独立宣言と大きな違いはない。しかし、アメリカがイギリスのコモン・ロー的伝統の延長上に人民の権利を位置づけたのに対し、フランスはむしろ、伝統からの意図的な断絶に特徴があるといえる。ルソーの思想では、人々は個々人がもっている「特殊意志」や、その足し合わせにすぎない「全体意志」を超えて、社会全体の正しい意志である「一般意志」が、法を新しく創り出すのである。そのような創造物としての人権は、アメリ

[22] **刑事手続にかかわる権利**
日本国憲法では31条から39条までにおいて、刑事手続にかかわる人権規定が定められている（罪刑法定主義、裁判を受ける権利、令状主義、拷問および残虐な刑罰の禁止、弁護人を依頼する権利、自白強要の禁止など）。戦前の強権的な刑事手続の反省から、アメリカの「法のデュー・プロセス」（▶本章［24］）を参考に、詳細な規定が設けられた。

[23] **令状主義** 個人の自由を守るため、捜査や逮捕を行う際には裁判所が発行する令状が必要とされる原則。合衆国憲法修正第4条では、「相当な理由」の提示と、捜索対象となる人や物品の特定が求められている。日本国憲法では33条がこれに相当する。

[24] **法のデュー・プロセス** 権利侵害を防ぐため、国家権力が適正な法的手続を行うことを要求するアメリカ法の原則。手続面だけでなく、「実体的デュー・プロセス」として法内容の適正さも要求される。

[25] **ルソー（1712〜1778）**
フランスの哲学者。『社会契約論』では人民主権や一般意志を基盤とする民主主義理論が展開された。ほか『エミール』で自然教育の意義を強調するなど、フランス革命や現代の政治・教育思想に多大な影響を及ぼした。第1章［51］も参照。

1　第一世代の人権　　45

カ独立宣言とは異なった抽象的な性格のものとなっている。同時代のイギリスの哲学者**ベンサム**は、フランス人権宣言の[26]そうした無根拠さについて「竹馬に乗ったナンセンス」だという批判を行っている。「最大多数の最大幸福」のスローガンで知られる功利主義を体系化したベンサムは、人権を否定したのではない。あくまで功利主義という科学的な根拠によって立法化されるべきであると主張したのであった。それに対し、フランス人権宣言はまさにその無根拠さゆえに、人々の意志が直接に現れたものとして理解される。

（6）アメリカとフランスの比較

アメリカ独立宣言（1776年）とフランス人権宣言（1789年）は、ほぼ同時代のものであり、人の生まれながらの平等の権利という自然権思想を表現したものとして、内容的には共通点が多い。そこで重視されることになる人権も、言論・出版の自由や信教の自由のように、「国家権力からの自由」という消極的な性格（第一世代の人権）であることも共通している。

そのように内容的には似通っている両者であるが、アメリカがイギリスのコモン・ローの伝統の延長にあるのに対し、フランスでは人々の意志による新しい創造であることが強調された点は、両国のその後の人権保障のあり方、特に司法の役割に大きな違いを生じさせることになる。

アメリカ合衆国憲法では司法による違憲審査権（▶第15章4）は明示されていないが、1803年のマーベリー対マディソン事件（▶第15章[40]）で、違憲審査権は司法権の本質であるとされた。それ以降、アメリカでは**歴史の節目**において司[27]法による積極的な判断がなされ、人権保障のあり方が具体化されてきた。権利は裁判を通じて勝ち取られ、判例の積み重ねによって確固たるものとなるというコモン・ロー的な理念からすれば、人権保障における司法の積極的な役割は当然に要請されるものである。

それに対しフランスではずっと、司法は革命に対する抵抗勢力として警戒された。法律は人民の正しい意志である一般意志によって作られるという見方は立法優位の思想につなが

[26] **ベンサム（1748〜1832）**
イギリスの哲学者・法学者。古典的功利主義の完成者として知られる。法律は社会全体の幸福最大化を目的として作られるべきだという「立法の法哲学」を展開した。「パノプティコン」（一望監視システム）と呼ばれる刑務所改革構想は、のちのフランスの哲学者・歴史学者であるミシェル・フーコーに影響を与えた。第7章[3]も参照。

[27] **歴史の節目**　政治と司法のダイナミックな関係も重要である。アメリカの憲法学者ブルース・アッカマンは、アメリカ合衆国憲法史において通常と区別される「憲法政治」の3つの時期として、建国期、南北戦争後の再建期、ニューディール期を挙げる。その「二元的民主政」論について、『アメリカ憲法理論史』（北大路書房・2020年）。

り、また行政への信頼も強かったことから、司法による介入は非民主的なものとして敬遠されてきた。フランスの**憲法院**[28]が違憲審査の役割を引き受けたのは革命から200年近く経った後の1971年であり、事後的な付随的違憲審査が導入されたのは2008年の憲法改正によってであった。

司法を通じた人権保障という理念は、現在では先進諸国でおおむね共通のものとなっている。ただし、そのあり方は歴史的な経緯や、「人権」をどのように基礎づけるかという思想によって、大きな違いがあることがわかる。

2　第二世代の人権

（1）human rights と civil rights

18世紀後半のアメリカ独立宣言とフランス人権宣言では、啓蒙思想家たちが唱えた「自然権」が具体的な文書として形になった。そこでの自然権は、人が生まれながらに有する平等な権利だが、その中心的な内容は信教の自由や言論・出版の自由など、国家権力「からの」自由という消極的なものであった。一方には宗教戦争や宗教的弾圧の悲惨な歴史があり、他方には**活版印刷技術**[29]の発展を通じた新しいメディアの発展という背景があった。しかし、参政権や社会権など、現代において人権の重要な一部としてとらえられる内容は、「自然権」として考えられているわけではなかった。それらの権利は、具体的な法制度に伴って保障される権利として理解されている。

人が生まれながらに有する平等な権利としての人権＝自然権は、英語では human rights とされることが多い。これは国内の法制度において尊重される人権というだけでなく、より道徳的な意味合いが強い。たとえば国際人権法の取り組みにみられるように、世界中どこに住んでいようとも、人が人であるがゆえに尊重されるべき権利であることが強調される。それに対し、参政権（▶第13章4）のように、特定の法制度のもと、市民としてその国の政治に参加する権利は、英語で

[28]**憲法院**（conseil constitutionnel）1958年に設立された憲法機関であり、司法裁判所や行政裁判所から独立し、法律が憲法に適合しているかどうかを事前に審査する役割をもつ（抽象的規範統制）。2008年の憲法改正によって、破棄院または国務院（コンセイユ・デタ）からの要請があった場合に事後的な違憲審査の役割も担うようになった（具体的規範統制）。

[29]**活版印刷技術**　15世紀にグーテンベルクが発明した印刷技術。これにより大量かつ安価に、書物や新聞、パンフレットを印刷することが可能になり、知識の普及に大きな役割を果たした。

は civil rights（市民権、公民権）として分類される。こうした言葉の使い分けはドイツやフランスなど、他の先進諸国の憲法の議論でも広くみられる。

　普遍的な道徳としての人権か、特定の制度のもとでの人権かという分け方は、日本語の文脈では必ずしも意識されない。そのため、日本では「人権」の種類の違いについて、明確に意識された議論がなされにくいという問題もある。ここには、人権を徐々に獲得し、拡大させてきた西洋の歴史と、憲法制定にあたって人権思想をまるごと継受した日本の歴史という違いもある。しかし、たとえば外国人の政治参加の自由のように、はっきり分けて考えることが難しい領域もあり、「新しい人権」（▶本章3）として論じられる問題の多くにはそうした複合的な性格がある。明確な使い分けが必ずしもなされないことによって、かえって包容力や発展性を獲得するという長所もある（同様のことが、現代において人権の根拠として挙げられることの多い「人間の尊厳」という理念にも当てはまるだろう）。「人権」がより多くの人々を包摂するために発展していくものであることを考えると、理論と実践の使い分けは重要な問題であるといえる。

（2）19世紀のフランスとドイツ

　19世紀に入ると、西洋諸国では、18世紀に宣言された自然権的な人権を法制度的に具体化していく動きが強まった。実定法（成文法）によって保障されるようになったという意味では、人権の「実定化」の動きが進んだといえるだろう。

　フランスでは、**二月革命**[30]後の1848年に成立した第二共和政憲法で、人権の理念として自由と平等に加え、「友愛（fraternité）」の原理が掲げられ、具体的な法制度のもとにある市民（cityens）の権利として、各種の自由権が保障されたほか、労働権など社会権（▶第12章）的な内容の人権も登場することになった。フランス人権宣言での普遍的な人権の理念は、より具体的な「フランス人の権利」としての性格を強めていったといえる。

　フランスでは絶対王政という前史と、その後の市民革命の

[30] **二月革命**　1848年、フランス七月王政を終わらせ、第二共和政を樹立した革命。労働者や中産階級による政治参加の拡大と社会改革は、多くの国に影響を与えることになった。

進展によって中央集権的な**国民国家**[31]が早くから形成されたのに対し、隣国のドイツは19世紀後半まで多くの**領邦国家**[32]が存在し、法的な統一を欠いた状態にあった。ドイツの各領邦国家ではフランスの人権理念もある程度、受け入れられていたが、実際の憲法では自然権というより、上から与えられる「国民の権利」としての性格が強く、それは法律の範囲内での制約が強く課せられたものであった。フランス的な人権思想が、個人が国家に対峙するためのものとして人権を位置づけていったのに対し、ドイツでは国家や社会に対する義務のほうが優先して考えられる傾向があった。君主制原理が明確な**プロイセン憲法**[33]（1850年）はその典型であり、立法者の憲法違反に対する救済策が定められていなかったなど、国家権力に対抗する「人権」としての性格は理念的なものにとどまっていた。1871年のドイツ統一に伴って制定された**ドイツ帝国憲法**[34]でも人権宣言的な内容はなく、人権保障はもっぱら法律レベルの問題としてとらえられることになった。

　中央集権的なフランスと、分権的なドイツという違いは、人権がかかわる公法の領域だけでなく、私法の領域でも顕著に現れた。フランスでは1804年の民法典（いわゆる**ナポレオン法典**[35]）の制定により、国家全体での商取引のルールが統一されることになった（それだけでなく、フランス革命によって勝ち取られた人権、特に自由主義的・個人主義的な理念を私法領域にも一貫させることになった）。他方、ドイツは分権的な性格が強く、各地方の慣習が尊重されるべきだという考えが根強かったこともあり、統一的な民法典の作成には強い反発があり（**法典論争**[36]）、その制定には1900年までの長い時間がかかることになった。これは中央集権的か分権的かという、国家の性格によって法形成のあり方も大きく変わるという顕著な例であるといえる。

（3）人権のグローバル化

　西洋諸国で徐々に確立されていった人権の理念は、19世紀には貿易の拡大による世界市場の確立によって、世界各地に広まっていった。その原動力となったのは反奴隷制運動であり、いち早く市民革命を成し遂げたヨーロッパ諸国やアメリ

[31] **国民国家**　特定の領土内において、共通の文化、言語、歴史、民族意識などのまとまりをもつ「国民」が主権を有し、政治に参加する体制を指す。近代以降、市民革命を経て、18世紀から19世紀にかけてヨーロッパで確立された。

[32] **領邦国家**　ドイツ地域に存在した君主国や都市国家を指す。神聖ローマ帝国の崩壊後、ドイツは300以上の領邦国家に分かれていた。プロイセンやバイエルンなどの大国から小規模な公国、自由都市まで含まれる。最終的には、1871年にプロイセン主導でドイツ帝国が成立し、ドイツ統一が達成された。

[33] **プロイセン憲法**　プロイセン王国において制定された憲法。国王に強い権限を与える一方、二院制議会を設置し、一定の権利の保障も規定していた。

[34] **ドイツ帝国憲法**　ドイツ帝国成立後に制定された憲法。起草者のビスマルクの名前をとって、ビスマルク憲法とも呼ばれる。皇帝（カイザー）に強力な権限を認める立憲君主制の憲法で、明治憲法にも影響を与えた。

[35] **ナポレオン法典**　1804年に制定されたフランスの民法典。フランス革命で活躍し、その後、皇帝となったナポレオン・ボナパルトの指導のもと作成された。法の下の平等、所有権の保障、契約の自由、家族法の整備など、近代的な法原則を基礎とする。現在のフランス民法でもその大部分が受け継がれているほか、日本民法にも大きな影響を与えている。第1章 [13] も参照。

[36] **法典論争**　ドイツ統一前、領邦ごとに異なる法体系を統一するための法典を制定すべきか、またその内容をどうするかをめぐって法学者間の論争が繰り広げられた。ティボー（1772〜1840）は、フランスのナポレオン法典を範として、ドイツでも近代的な法典の制定が必要だと主張した。一方、サヴィニー（1779〜1861）は、法は各国の歴史や文化に根ざしたものであるべき

2　第二世代の人権　　49

カが奴隷貿易によって巨額の富を得ていたことの矛盾が厳しく問題化された。その最も早い動きは中南米諸国で起こった。フランスの植民地であったハイチでは、18世紀末、**トゥーサン゠ルヴェルチュール**[37]を指導者とする、黒人奴隷の大規模な反乱が起こった。ハイチはその後、1804年に独立を達成し、1805年には新憲法を制定した。このハイチ革命は、フランス人権宣言の強い影響のもと、現実に存在した奴隷制という矛盾を解消する世界的な動きにつながった。

中南米諸国での反奴隷制運動は西洋諸国にも真剣に受け止められ、1823年にはイギリスで、植民地における奴隷制の廃止を求める反奴隷制協会が設立された。やがてイギリス植民地だけでなく世界的な反奴隷制運動へと発展していった。アメリカでは奴隷制を維持する南部諸州と、奴隷制を廃止した北部諸州の対立が深まり、1861年からの南北戦争につながった。南北戦争は、プランテーションによる大規模農業が中心であった南部と、商工業を発展させていた北部との、自由貿易をめぐる経済的な対立という面もあったが、奴隷制をめぐる道徳的な対立という面もきわめて強いものであった。**リンカン**[38]大統領による奴隷解放宣言（1863年）の後、1865年に南北戦争は北部の勝利に終わり、同年、奴隷制廃止を明記した、合衆国憲法修正第13条が制定された。1868年にはアメリカに出生または帰化したすべての人に市民権を与える修正第14条、また1870年には人種や以前の奴隷状態に関係なく、すべての男性に投票権を保障する修正第15条が制定された。この3つの修正は「再建修正」と呼ばれる。

（4）社会権の登場

19世紀までの人権の理念が、信教の自由や言論・出版の自由という、国家権力の介入からの自由という消極的な性格が中心であったのに対し、20世紀に現れた社会権は、国家の積極的な介入を求める性格が特徴的である。それは資本主義経済の発展に伴う失業や貧困、社会的・経済的格差といった問題の深刻化、それに対する急進的な社会主義思想の広がり、また二度の世界大戦が「総力戦」となり、総動員体制の確立

とし、法典化は時期尚早だと反対した。サヴィニーの立場は「歴史法学」と呼ばれ、さらにローマ法派（ロマニステン）とゲルマン法派（ゲルマニステン）に分かれて議論がなされた。

［37］トゥーサン゠ルヴェルチュール（1743〜1803）ハイチ革命の指導者。フランス植民地のサン゠ドマングで奴隷制に反対して蜂起し、フランス革命の理念によって奴隷制廃止を訴えた。最終的にフランス軍に捕らえられ、フランスで獄死したが、ハイチ独立に大きな影響を与えた。

［38］リンカン（1809〜1865）アメリカ合衆国第16代大統領。1854年、奴隷制に反対する北部の運動から発展した共和党の設立メンバーのひとりであり、同党初の大統領になった。南北戦争中の1863年の「ゲティスバーグの演説」の「人民の、人民による、人民のための政治」というフレーズは、アメリカの民主主義の理念を示すものとして重要である。

が急務となったことなど、さまざまな要因に対応した結果でもあった。

　社会領域の問題に対する国家権力の積極的な介入を求める社会権の発想は、萌芽的には1793年と1848年のフランス憲法にもみられる。そこでは労働権、教育権のほか、失業者救済のための公共事業の実施、経済的格差是正のための社会保障の必要がうたわれていた。また、1834年のイギリスの救貧法改正など、資本主義の矛盾に対応する一連の社会保障政策もその流れに位置づけられる。思想的には、階級闘争・暴力革命を主張する**マルクス主義**[39]に対し、議会制民主主義を維持しつつ経済的格差を是正しようとする穏健な社会民主主義がその基礎となった。イギリスでは1884年に設立された**フェビアン協会**[40]（現在の労働党につながる）、ドイツでは**ベルンシュタイン**[41]らが主導したドイツ社会民主党がそうした運動の中心となった。それらはマルクス主義からは革命を先延ばしにし、資本主義を延命させる「修正主義」として批判されたが、社会主義運動の過激化を抑えるための一定の役割を果たすことになった。

　1919年制定のドイツ・ワイマール憲法（▶第4章［35］、第12章［1］）は、社会権を憲法上、明確に保障した最初のものとなった。「経済生活」の章では、社会の経済的秩序は人間らしい生活を保障するための正義の原理に適合しなければならないとされ、個人の経済的自由や財産権はその枠内でのみ保障されることが示された。そのほかにも、労働権や教育権、また家族生活の特別の保護など「社会国家的人権宣言」というべき内容を多く含む点で先進的であった。そこでは「自由」はただ国家権力からの解放という消極的な状態ではなく、国家の介入によって実現されるものであって、国民にはそれを国家に請求する権利があるという、自由観の根本的な転換がみられる。もっとも、この規定は**プログラム規定**[42]であるとされており、各種の社会権の保障には具体的な立法が必要であり、また経済的状況に応じて行政の裁量も強く認められることから、実効的な権利保障につなげるには多くの課題を乗り越えなければならない。それは国家に先立って存在する人権である自由権とは異なり、国家による法制度を前提とする社

［39］**マルクス主義**　カール・マルクス（1818〜1883）および彼の思想を受け継いで発展した思想体系。精神の発展というヘーゲルの歴史哲学に対し、経済的な関係（階級闘争）を歴史の原動力と考えた。経済学としての発展（マルクス経済学）のほか、資本主義体制における法のあり方を分析するマルクス主義法学にもつながった。

［40］**フェビアン協会**　1884年にイギリスで設立された社会主義団体。教育や政治活動など民主的な手段を通じた社会改革を主張した。その思想は、のちにイギリス労働党の設立や政策に大きな影響を与え、同党の社会主義的政策の基盤となった。

［41］**ベルンシュタイン**（1850〜1932）　ドイツの社会主義思想家。革命による急進的な社会変革を主張した従来のマルクス主義に対し、選挙や立法などの民主的な手続を通じた、漸進的な社会主義改革を主張した。その思想は「社会民主主義」の発展に大きな影響を与え、特にドイツ社会民主党（SPD）において重要な役割を果たした。他方、急進的なマルクス主義からは「修正主義」として批判を受けた。

［42］**プログラム規定**　国家の努力目標や政策上の指針を定めるにとどまり、法的効力を有しない規定。これに対して、法的権利性を有するが、具体的な立法がなければ裁判規範性を有しない権利を抽象的権利、もともと裁判規範性を有する権利を具体的権利という。第12章［8］も参照。

2　第二世代の人権　　51

会権という人権に特有の課題である。

　このように、同じ「人権」であっても、近代当初に登場した自由権[43]のように、国家の不作為によって実現する権利（国家からの自由）と、現代に至って登場した社会権のように、国家の作為によって実現する権利（国家による自由）とを区別しなければならない。この区別に加え、参政権のように、国家の意思決定に個人が参与する権利（国家への自由）を合わせて、人権を3つに分類することが一般的である。もっとも、幸福追求権（13条後段）や平等権（14条1項）のように、3つの分類のいずれかに分けられない権利もあり、また、知る権利のように、本来、表現の自由に由来する国家からの自由に分類される権利であっても、情報開示請求権としての知る権利のように、国家による自由（▶第1章1（3）❷、第12章1）という請求権的性格を有するものもある。

（5）女性参政権

　19世紀の人権思想の発展において強調すべきものとして、女性参政権運動が挙げられる。男女平等はあらゆる人権にとって重要であるのは当然のことながら、参政権はとりわけ男性社会からの反発を受ける問題であった。宗教的・民族的マイノリティの参政権が拡大していく中でも、女性参政権の実現には根強い抵抗があった。「政治」は知識と教養をもって公共の事柄を考えることのできる男性の領域であり、女性の役割はあくまで家庭にあるというジェンダー役割分担意識がその背景にあり、それは男性社会にとって宗教や民族の違いよりもずっと根本的なものと考えられていたのである。19世紀後半以降、女性運動家たちが参政権という市民的平等に運動の焦点を絞ったのは、そうした事情があった（**第一波フェミニズム**[44]）。

　西洋諸国で女性参政権が大きく進展したのは、第一次世界大戦（1914〜1918年）が国民全員の参加が必要な総力戦となり、女性たちも後方戦線で武器の製造に従事するなど、戦争という最大の「公共の事柄」への貢献が示されたことが大きかった。そうした貢献にもかかわらず参政権を認めないとい

[43] **自由**　イギリスの思想史家バーリン（1909〜1997）は、自由を「消極的自由」（干渉からの自由）と「積極的自由」（自己支配としての自由）に分類した。国家からの自由は消極的自由、国家への自由は積極的自由におおむね対応するが、その関係は複雑である。現代の自由論として、駒村圭吾編『Liberty 2.0―自由論のバージョン・アップはありうるのか？』（弘文堂・2023年）は一読の価値あり。

[44] **第一波フェミニズム**　19世紀後半以降、女性参政権を中心とする市民権の男女平等を目指した運動が「第一波」フェミニズムと呼ばれる。なお1960年代以降の「第二波」フェミニズムは「個人的なことは政治的なことである」というスローガンで知られ、人工妊娠中絶や避妊ピル、ポルノグラフィーなど「私的」領域とされてきたことの政治性を問題にした。「第二波」以降のフェミニズムが取り組む問題は多岐にわたっており、近年においてはSNSを舞台とした「#MeToo」運動が世界的な広がりをみせた。

う主張はやがて説得力を失っていった。イギリスとドイツで
は1918年、アメリカでは1920年に女性参政権が一部実現し、
やがて被選挙権も含めて範囲が広がっていった。日本で女性
参政権が実現するのは、連合国軍総司令部（GHQ）のマッカー
サー総司令官による民主化指令のもとでの、1945年12月の衆
議院議員選挙法改正によってであった。他方、世界大戦に参
戦しなかった中立国スイスで1971年まで女性参政権が実現し
なかったという皮肉な例もある。

3　第三世代以降の人権

（1）人権の構造転換へ

　第二次世界大戦後、人権のあり方はさまざまに発展してい
く。まず、国際的な人権保障体制の進展による、人権保障の
国際化・重層化といった動きが挙げられる。科学技術の発展
に伴う問題として、環境権やプライバシー権といった「新し
い人権」の必要性も強く認識されるようになった。現在では
さらに、インターネット上のコミュニケーションの活発化や
ＡＩ（人工知能）[45]が人権に及ぼす影響も議論されている。こう
した問題への対応は一国内にとどまることなく、世界的な取
り組みが必要とされている。こうした**グローバル化**[46]時代の人
権の根拠として、「人間の尊厳」といった普遍的・自然権的な
価値が再び力をもつようにもなっている。

　また、冷戦構造の崩壊によって大きなイデオロギー対立の
構造が弱まった結果、それまで隠されていたさまざまな問題
が世界中で噴出することになった。その一部は属性に基づく
「アイデンティティの政治」という形をとっている。そこでは
たとえば先住民族の伝統文化を守る権利のように、集団単位
の「承認」が政治的な問題として激しく議論されるに至って
いる。この文脈で言及されることの多い「ポリティカル・コ
レクトネス」は、特定の集団（とりわけ人種・民族、性別、セ
クシュアリティ、障害の有無などの属性によって特徴づけられる
もの）に対する不利益を避ける政策の総称であり、社会的な

[45] ＡＩ（人工知能）　人間の
知的活動をコンピュータに模倣
させる技術やシステムを指す。
法律分野でも、法律家の業務を
補助する判例データベースや契
約書レビュー、スマートコントラ
クトなどの「リーガルテック」が
実用化されている。裁判を自動
化する「ＡＩ裁判官」の是非も
議論されるようになった。ＡＩ技
術の発展がもたらすリスクをど
のように法的に制御するかという
課題も喫緊である。

[46] **グローバル化**　経済、文
化、政治などの分野で国境を越
えた交流が進み、世界が一体化
していくプロセス。特にインター
ネットの普及により、情報の共
有やコミュニケーションが瞬時に
世界中で行えるようになったこと
が重要である。国家の枠を超え
た人権保障を論じる「グローバル
立憲主義」も議論されている。

3　第三世代以降の人権　　53

多様性・公平性・包摂性（DEI; Diversity、Equity、Inclusivess）を目指す大きな流れとなっている。

　従来の人権がおおむね個人を主体とする個人主義的なものであったのに対し、集団の人権は個人を超えた性格をもっている。そこでは、その集団の人権と、集団内の個人の人権が対立関係に立ちうるなど、新たな問題の構図が生じるに至っている。また、**将来世代**、人間以外の動物、**自然**、ＡＩなど、従来とは異なる人権主体の可能性も議論されるようになった。こうした人権の構造転換について、以下、いくつかの例をみておこう。

（2）人権の国際的保障

　第二次世界大戦以前には、人権保障の主体は基本的に国家であり、国際法による規律は例外的な位置づけであった。しかし、戦争という最大の人権侵害の後では、国家単位での人権保障体制では十分ではないことが強く認識されるに至った。1948年に国際連合の総会で採択された「世界人権宣言」は、人権保障が全世界的な課題であることを確認した点で重要な意味をもっている。

　人権の国際的な保障として、具体的な条約も多く締結されている。国連人権委員会による「経済的、社会的及び文化的権利に関する国際規約」（「Ａ規約」または「自由権規約」）と「市民的、政治的権利に関する国際規約」（「Ｂ規約」または「社会権規約」）のふたつは合わせて「国際人権規約」と呼ばれ、1976年に発効した。ほか「難民の地位に関する条約」（1954年発効）、「女子差別撤廃条約」（1981年発効）、「障害者の権利に関する条約」（2008年発効）など、多くの重要な条約が作られており、総体として「国際人権法」を形作っている。それぞれの条約は当事国を法的に拘束し、国内法を整備する義務を負わせることになる。当事国の取り組みが不十分な場合には条約を根拠として国連人権委員会が勧告を行っており、日本の人権問題も毎年多くその対象となっている。その例としては、死刑制度の廃止、刑事被告人の人権保障（いわゆる「人質司法」の問題など）、受刑者の待遇改善、国内人権保護機関

[47] **将来世代**　まだ生まれていない将来世代の権利が認められるかどうか、特に環境問題との関連で論じられている。現在世代が代理する形で権利主張できるかどうかといったことや、政治過程において将来世代の声を代弁する「将来世代委員会」を設立することの是非などが論点となっている。

[48] **自然**　自然の権利論は、アメリカの法学者クリストファー・ストーンの1972年の論文「木は法廷に立てるか」で先駆的に論じられた（邦訳は『現代思想』1990年11月号所収）。近年では中南米諸国でアマゾン川に権利主体性を認め、開発を差し止める判決が複数出るなど、議論状況は活発である。

54　　　第2章　そもそも、人権とは？──人権総論

の設置、人種的・性的マイノリティを含む包括的差別禁止法の制定などが挙げられる。

この点、日本に在留する外国人の人権保障が問題となる。**マクリーン事件**[49]で、最高裁は、外国人にも人権享有主体性を認め、「権利の性質上日本国民のみをその対象としていると解されるものを除き」、憲法上の権利が保障されるとする。ただ、参政権や社会権、入国・在留の自由は、権利の性質上、保障されないとされ、また、政治活動の自由についても、「わが国の政治的意思決定又はその実施に影響を及ぼす活動等外国人の地位にかんがみこれを認めることが相当でないと解されるものを除き」保障されるにすぎない。

公務員や刑事施設に収容されている者といった、特殊な法律関係に置かれている者の人権保障も、一般の国民とは異なる場合がある。公務員については、法律上、政治活動の自由（**堀越事件**[50]参照）や労働基本権（**全農林警職法事件**[51]参照）が制限されるが、公務員に協約締結権が保障されないことについて、たびたびILO（国際労働機関）から是正すべきとの勧告を受けている。

（3）ビジネスと人権

本来、憲法は国家と私人の間の権力統制を目的とする法であり、私人間の非権力的活動においては適用されない（**三菱樹脂事件**[52]）。しかしながら、今日のいわゆる人権問題のほとんどは、大企業のような社会的権力と従業員のような個人との間で生じており、最高裁は、私人間に適用される民法などの規定を、憲法の趣旨を含めて解釈し、間接的に人権保障を及ぼそうとする立場（間接適用説）を採用している（**日産自動車事件**[53]）。このように、私人間であっても、一定の人権保障が求められるのである。こうした議論を私人間効力論という。

さらに今日、国際的な人権保障体制においては国家だけでなく、民間部門も重要な責任を担っている。特に世界的に活動する多国籍企業、グローバル企業の責任は重い。近年、注目されている概念として「ビジネスと人権」があるが、人権の尊重は持続可能なビジネスにとって必要不可欠であるという認識が広まっている。2008年には国連人権委員会が「指導

[49] **マクリーン事件**　最大判昭和53年10月4日民集32巻7号1223頁。アメリカ人のマクリーンが、語学教師として日本に1年間の在留許可を得て入国後、在留期間の更新を申請したが、国内で反戦運動を行っていたことなどを理由として不許可処分を受けた事件。処分の取消しを求めて提訴したが、訴えは認められなかった。

[50] **堀越事件**　最判平成24年12月7日刑集66巻12号1337頁。国家公務員の政治活動をほぼ全面的に規制することを容認した従来の猿払事件（最大判昭和49年11月6日刑集28巻9号393頁）の判断を実質的に変更し、公務員の職務の遂行の政治的中立性を損なうおそれが実質的に認められるものに限り禁止されると判示した。

[51] **全農林警職法事件**　最大判昭48年4月25日刑集27巻4号547頁。国家公務員の争議行為をほぼ全面的に禁止した国家公務員法の規定を合憲とした。第12章［37］も参照。

[52] **三菱樹脂事件**　最大判昭和48年12月12日民集27巻11号1536頁。在学中の学生運動歴を隠して採用試験に臨み、企業に仮採用された者が、学生時代の活動が発覚したために本採用を拒否されたことから、企業の行為が憲法14条に違反するとして提訴した事件。最高裁は、憲法の直接適用を否定し、企業側にも保障される人権があることを示唆しつつ、高等裁判所に事件を差し戻した（のちに和解）。直接適用については第12章［28］も参照。

[53] **日産自動車事件**　最判昭和56年3月24日民集35巻2号300頁。女子の定年年齢を男子よりも5歳低く定めた就業規則は、性別のみによる不合理な差別を定めたものであるとして、憲法14条1項を参照しつつ、民法90条の公序良俗の規定に違反するとして無効であると判示された。

3　第三世代以降の人権　　55

原則」を策定し、「国家の人権保護義務」「企業の人権保護義務」「救済へのアクセス」を三本の柱とする方針が示された。日本政府もこの指導原則のもと、国家と企業が一体となって国際的な人権保障への取り組みを強化している。人権保障、安全保障、経済政策を一体のものとして考える**経済安全保障**[54]論はその現れのひとつである。

　「ビジネスと人権」の課題は多岐にわたるが、たとえば製造業において、発展途上国の劣悪な労働条件を利用することの「人権リスク」がある。現場でストライキ等が発生すればそれに対応するコストがかかるし、逸失利益も生じる。また、不買運動などによるブランドイメージの低下は、投資引き上げにつながるといったリスクもある。インターネット上ですぐに世界的に問題が指摘・共有され、「炎上」する現在では、そうしたリスクは決して無視できないものとなっている。逆にいえば、人権を尊重する取り組み（**人権デュー・ディリジェンス**[55]）を隅々まで果たしている企業はイメージが上がり、投資を呼び込みやすくなるとか、労働環境改善による生産性の向上といった、企業価値への積極的な効果も期待されるようになっている。

（4）科学技術と人権

　科学技術の発展は人々の生活を豊かにする一方で、さまざまな負の面ももたらしてきた。日本では戦後、いわゆる四大公害（水俣病、新潟水俣病、四日市ぜんそく、イタイイタイ病）の発生を受け、1967年に公害対策基本法が制定された（1993年に環境基本法）。こうした取り組みを背景にして、良好な環境で生きる権利として「環境権」が提唱された（**▶第7章3（1）**）。また、情報メディアの発展に伴い、「プライバシー権」保護の必要性が高まった。プライバシー権は当初の「一人で放っておいてもらう権利」から「自己情報コントロール権」（**▶第7章3（4）**）へと発展し、近年ではインターネットや情報技術の発展とともにさらに多面的な保護が図られるようになっている。

　この「環境権」「プライバシー権」は日本国憲法制定後にその必要性が強く認識されるようになった「新しい人権」の代

[54] **経済安全保障**　経済施策を一体的に講ずることによる安全保障の確保の推進に関する法律（2022年）、いわゆる経済安全保障推進法では、地政学的リスクへの対処として、重要物資の安定的な確保や、基幹インフラ役務の安定的な提供、先端技術の開発支援といったことが目指されている。保護主義的な政策につながりやすいことから経済的自由権との緊張関係がある一方、必ずしも人権を重視しない国々に対抗する「人権ブロック」形成の意義もある。第11章 [70] も参照。

[55] **人権デュー・ディリジェンス**　企業がその事業全般にわたって、労働問題などの人権リスクを防止・軽減し、またその対応について情報開示等の説明責任を果たすことなどの一連の取り組みを指す。

56　第2章　そもそも、人権とは？──人権総論

表であるが、その根拠としては13条の幸福追求権が持ち出されることが多い。日本国憲法は改正のハードルが高いため（硬性憲法）、新しい人権を主張する際には、幸福追求権のような一般的な権利にその内容を読み込む作業がなされるのである。

（5）人権の拡大

さらに新しい課題としては、人間以外の存在に「人権」を認めることができるかどうかといったことがある。**動物倫理**の発展とともに、近年では動物解放運動が活発になっているが、人間以外の動物は「人権」の享有主体になれるだろうか。あるいは、自然そのものが環境破壊から守られる権利を有するといったことは可能だろうか。ＡＩ（人工知能）が人間と同様の意識をもち、人権を主張するようになったとき、どう対応すればよいか。人間であっても、これから生まれてくる将来世代や、もはや存在しない過去世代の人権は尊重されるべきだろうか。

こうした問いは、現時点では非現実的であるように思われるかもしれない。しかし、法人の人権享有主体性が一定程度認められていることからもわかるように（**八幡製鉄事件**）、人間以外の存在に人権を認めることは法技術的には可能である。もちろん、仮に認められたとして、誰がそれを主張するのか、誰かが代理するとき、その「人権」の内容を本当に判断できるのかといった問題がある。しかし、良好な環境で生きるといった内容であれば、判断の難しさを強調する必要はそれほどないかもしれない。また、第三者委員会のような形で役を割り振り、その主張を立法過程や裁判において尊重するような制度設計も可能である。

人権の拡大は法技術的には可能であるし、実際、ある程度の拡大がなされている。しかし、そういった拡大を「人権」の名のもとに行うべきかどうかという問題は、理論的に真剣に検討しなければならない。人権には「一人前」の主体としての承認という象徴的な意味もあり、それをあまりに拡大するならば、かえってもともとの人権の力が弱まってしまうということも懸念される（**ヒューマン・ライツ論**）。「人権」と区

[56] **動物倫理**　人間中心主義を批判し、動物も道徳的な尊重に値することを主張する。哲学者ピーター・シンガーの1975年の著書『動物の解放』は、功利主義による動物解放運動の大きな流れを作った（動物福祉論）。他方、カント主義的な「動物権利論」など、今日では多様な立場がある。

[57] **八幡製鉄事件**　最大判昭和45年6月24日民集24巻6号625頁。株式会社が政党に政治資金を寄付した行為が、定款に記載された法人の目的を逸脱し無効であると株主が取締役に返還を求めた事件。最高裁は、法人にも、性質上可能な限り、人権保障が及ぶとしつつ、政党に寄付をする行為も政治的行為の自由の一環として認められると判示した。

[58] **ヒューマン・ライツ論**　憲法学者の奥平康弘（1929～2015）が、アメリカの哲学者アラン・ゲワースの考察をもとに発展させた議論がよく知られている。奥平康弘「ヒューマン・ライツ考」和田英夫教授古稀記念論集刊行会編『戦後憲法学の展開』（日本評論社・1988年）。

3　第三世代以降の人権　　57

別される権利・利益の割り当てによって対応できない問題かどうか、あるいは、私たちはそもそも「人権」という概念によって何を達成しようとしているのか——。こうした根本的な問題に立ち返る必要がある。

■■■➤ おわりに

本章では「人権」とはそもそも何なのか、どのように発展してきたのかという問題について、いくつかの国の歴史を参照しながら、その理論的背景も含めてみてきた。人権の多様な意味にはそれぞれ歴史的・法制度的な背景と理論的な根拠があり、つなげて理解していくことによって、各国の憲法の基本的な思想を学ぶことができる。

本章では歴史的な比較だけでなく、人権の基礎にある哲学や理念も検討してきた。特に近年、生命倫理、生殖倫理、環境倫理、動物倫理、世代間倫理、AI倫理など、多くの応用倫理的な課題が議論され、それに応じた人権保障のあり方が問われている。たとえば功利主義は多くの応用倫理的な問題において強力な理念だが、少数派に対して多数派を優先するという根本的な難点は残っている。また近年の多文化主義は「集団」単位の人権を主張するが、その内部の個人の人権との緊張関係も無視できない。人権の拡大はしばしば、従来の「個人」単位の人権論を問い直すことになる。「個人」という理念を守るために必要な理念、たとえば「自由」や「尊厳」はどのようにアップデートできるだろうか。それとも、人々が場面に応じて人格＝キャラを使い分ける情報化時代において「個人」にこだわる必要もないのだろうか。

本章で示されたさまざまな人権は、新しいものが優れているといったことはない。新しい問題に直面したとき、古い理念が復活することも決して珍しくはない。何かを主張し、守ろうとするとき、「人権」という概念をどのように用いるのが最も有効か（あるいは「人権」よりも適した概念があるか）を考えることが重要であり、本章で示したさまざまな理解はその道具箱となるだろう。

58　　　第2章　そもそも、人権とは？　——人権総論

第3章

憲法をつくり、変えることの意味とは？
——憲法の制定と改正

▶▶▶ はじめに

　第1章でみたように、私たちが虚構／擬制（フィクション）の存在である**国家**を、国家として認識できるのは、国家を成り立たせるルールが存在しており、それを通じて世界を見ているからである。そのルールを憲法と呼ぶとすれば、憲法のない国家は存在しえない、ということになる。憲法学では、この意味での憲法を「実質的意味の憲法」と呼んでいるということも、**第1章1（2）**でみたとおりである。

　改めて、「実質的意味の憲法」とは、「国家の統治の基本（組織と作用）を定めた法規範」のことを指すが、「実質的意味の憲法」は、必ずしも、**憲法典**という文書（テクスト）の形で存在していなければならないわけではない。確かに今日では、ほとんどの国家が憲法を制定しているが、たとえばイギリスのように、**憲法典をもたない国家**も存在する。

　憲法典は、「憲法」という題名が付された単一の文書であることが多いが、ドイツのように「基本法」という名称が与えられている場合もあるし、「基本法」という名称の4つの法文書が憲法であるスウェーデンのような国もある。また、大日本帝国では、大日本帝国憲法という名を冠した憲法典——本書では「明治憲法」という略称を原則として用いているので、以下それに従う——のほかに、実質的意味の憲法であった**皇室典範**を基盤にしており、この両者が憲法典を構成していた（これを指して、明治典憲体制と呼ぶことがある〔▶**第5章[33]**〕）。

　憲法典が制定されている国家においても、その憲法典の中に、「実質的意味の憲法」のすべてが書きこまれているわけではない。多くの憲法の教科書が、**憲法の法源**という表題のも

〔1〕**国家**　人が居住する特定の地理的範囲を基礎に、その範囲内で主権（統治権）を行使する団体を国家と呼ぶ、というように国家をとらえる立場があり、これを国家三要素説という。

〔2〕**憲法典**　国家の統治についての基本的な原理や規範を体系的に整理・編纂した公式の文書。通常、「憲法」という題名が付された単一の文書であるが、本文のとおり、そうでない場合もある。憲法典は、形式的意味の憲法という語と互換的に用いられることもある。

〔3〕**憲法典をもたない国家**　イギリスのほか、ニュージーランド、イスラエルがある。たとえばニュージーランドにおける実質的意味の憲法は、議会制定法（法律）、慣習法、議会先例、判例などから構成されている。こうした憲法のあり方を指して、不文憲法と呼ぶこともある。

〔4〕〔戦前の〕**皇室典範**　1889年に制定された日本の皇室に関する法で、天皇の継承や皇族の身分、婚姻、儀礼などを規定していた。天皇大権に基づく法であるとして、その改正に帝国議会の関与は許されていなかった。

〔5〕**憲法の法源**　実質的意味の憲法が、どのような形式の法として存在しているかについての議論。憲法の主要な法源は憲法典であるが、法律を中心とする成文法と、慣習や判例、有権解釈などの不文法も、憲法法源を構成する。

はじめに　　59

とで、憲法判例、制定法（法律）、**議院規則**、**最高裁判所規則**、**条約**などについて論じているのは、その内容に照らして、「国家の統治の基本を定めた法規範」が規定されている法規範は、憲法典に限られず、ほかにも存在するからである。

　逆に、憲法典に規定されていることが、すべて、実質的意味の憲法に該当するとも限らない。たとえば、憲法の**制限規範**としての性質、すなわち、国家がしてはならないことを規定するという側面を強調する立場に立つ論者は、憲法99条が「天皇又は摂政及び国務大臣、国会議員、裁判官その他の公務員は、この憲法を尊重し擁護する義務を負ふ」と規定し、憲法尊重擁護義務を負う主体を国家権力の担い手である公務員に限定し、そこに国民を含めていないことも重視しながら、憲法が定める**国民の義務**についての規定は、法的に意味はなく、道徳的な意味合いしかもたない規定であると解釈する。この解釈は、憲法典の中に書かれてはいるが、国民の義務についての規定は、「実質的意味の憲法」に値しないものであると考える立場であると言い換えることができるだろう。

　このように、憲法典には、実質的意味の憲法のすべてが書かれているわけでもなければ、実質的意味の憲法以外のことも書かれていることもある。そうだとすると、そのような憲法典を制定したり改正したりするのはどうしてなのだろうか。本章では、**憲法の制定**と改正について、みていくことにしたい。

1　憲法の制定

（1）国家の設立・憲法の制定

　国家は、なぜ憲法を制定するのか。憲法学者の**小嶋和司**が指摘するように、そもそも、「専制政体では支配の意思と実力があれば支配体制（憲法）は成立し、政府の活動態様を客観化して示す必要もない」。また、イギリスのように、「不文の封建原則の上に数世紀にわたる小改革を堆積して成立した」体制のもとでは、「その憲法伝統の内容は国政に関心を有する

---

[6] **議院規則**　憲法58条は、両議院に、「各々その会議その他の手続及び内部の規律に関する規則を定め」る権限を認めており、これに基づいて制定された規則が議院規則である。議院規則の内容には、議案の提出や審議、投票の方法、委員会の運営などが含まれる。

[7] **最高裁判所規則**　憲法77条1項「最高裁判所は、訴訟に関する手続、弁護士、裁判所の内部規律及び司法事務処理に関する事項について、規則を定める権限を有する」に基づいて定められた規則のこと。

[8] **条約**　国家間や国際機関間で締結される公式な合意。必ずしも条約という名称が付されるわけではなく、議定書や協定、協約という名称の場合がある。

[9] **制限規範**　▶第1章1（3）❷を参照。

[10] **国民の義務**　日本国憲法は、教育を受けさせる義務、勤労の義務、納税の義務について規定する。あわせて国民の三大義務ということもある。

[11] **憲法の制定**　各国はさまざまな方法で憲法を制定してきた。どのように制定するべきかとともに、詳しくは、横大道聡＝吉田俊弘『憲法のリテラシー』（有斐閣・2022年）第2章、第3章を参照。

[12] **小嶋和司（1924～1987）**　東京都立大学教授を経た後、長らく東北大学教授を務めた。引用箇所は、小嶋和司『憲法概説〔復刊版〕』（信山社・2004年）10～11頁からである。

ものすべてに明白で、しかも伝統尊重の国民性があるため、今日まで組織的な成文法化は必要でなかった」。

他方で小嶋は、「国家じしん新しく成立した場合、政治組織として依るべき伝統はないし、古い国も従来の政治組織に基本的改革をくわえるとき、あたらしい政治組織は意識的な構築物とならざるをえない。そして、政府のたんなる実力的支配（専制的支配）に抑制をもうけようとするならば、それを成文化することが必要で、成文憲法とならざるを得ない」とも指摘している。憲法典を制定するという営為を、意識的に実践してみせたのが、18世紀後半に、**イギリスからの独立を果たしたアメリカ**と、**絶対王政の打破を実現したフランス**であったということが、小嶋の指摘を裏付ける事実のひとつである。

ここで小嶋が、「あたらしい政治組織は意識的な構築物」と述べていることが重要である。そこでは、憲法そして国家は、人為的に「作られる」ものであって、すでに「在る」ものではない、ととらえられているからである。これは国家やその権力は「自然」に「在る」ものだという考え方からの大転換を意味するのであるが、その理論的盤を提供したのが、**社会契約説**である。社会契約説には論者によってさまざまなバリエーションがあり、**ホッブズ**、**ロック**、**ルソー**の議論が知られているが、ポイントは、国家の成立やその正当性ないし正統性を、構成員の合意（契約）によって説明する点にある。契約の比喩を用いて国家の創設を正当化する場合、国家のルールである憲法典の制定は、契約文書の作成に類似する。

憲法を制定するという実践は、その後、ヨーロッパだけでなく、世界中に広がっていった。その理由や経緯は多岐にわたるが、アメリカとフランスが最初の憲法典を制定してから約100年後の1889年、アジアで最初の成文憲法典である明治憲法が制定されたとき（▶第4章）、その大きな理由のひとつが、国際法における文明国基準を満たすことにあった。欧米を中心とした当時の国際法は、欧米の価値観や制度を普遍的なものとみなす欧米中心主義であった。そこでは、欧米と類似した制度や価値観、同じように社会的・経済的発展を遂げている国家だけが、対等な国際関係を結ぶに値する国（文明

[13] **イギリスからの独立を果たしたアメリカ** 18世紀後半、イギリス本国がアメリカ植民地に対して課した重税や制限への反発を契機として、1776年、植民地の代表が集まった大陸会議で独立宣言がなされた。その後、イギリスと戦争になったが、1783年のパリ条約で独立が正式に承認された。その後の憲法制定については、本章 [45] や第1章3（2）を参照。

[14] **絶対王政の打破を実現したフランス** 重税や身分差別に対する不満を背景に、1789年、「第三身分」といわれた平民の代表による国民議会の結成、バスティーユ監獄の襲撃などが起こり、フランス革命が始まった。同年に「人権宣言」が採択され、1791年には立憲君主制が樹立されたが、1792年に王政が廃止されて共和制の国家が樹立された。しかし、その後も不安定な政治が続いた。なお、本章 [40] も参照。

[15] **社会契約説** なぜ国家や政府は正当性や権力をもつのか、なぜ我々は国家に従わなければならないのかといった原理的な疑問を説明しようとする政治哲学の議論のうち、社会契約によってこれを説明しようとする議論全般を指す。

[16] **ホッブズ**（1588〜1679）▶第1章 [48] を参照。

[17] **ロック**（1632〜1704）▶第1章 [49] を参照。

[18] **ルソー**（1712〜1778）▶第1章 [51] を参照。

1 憲法の制定　61

国）として扱われ、それ以外の国を「半文明国」、「未開国」などと位置づけ、対等な当事国とみなさない、そして時には植民地として支配することが正当化されるなどとする考え方をとっていた。「開国」を決断した江戸幕府が、相手国の**治外法権**[19]を認めたり、日本の**関税自主権**[20]を喪失させる内容の**修好通商条約**[21]を締結させられたりしたのは、「半文明国」として扱われたからであった。江戸幕府が締結した条約はそのまま明治政府にも受け継がれたため、半文明国としての扱いから脱却すべく、明治政府は**法の近代化・西洋化**[22]を急いだ。その一環として制定されたのが、明治憲法だったのである。

　今に至るまで、各国で憲法が制定されてきたが、それは革命や独立のほか、社会的・経済的危機や体制崩壊への懸念、戦争における敗戦と戦後の再建、植民地からの独立などを契機に行われることが多い。国によって憲法が制定されるプロセスは異なるが、近時は、**憲法制定プロセスへの人々の参加**[23]の機会が増えていると指摘されている。そして、憲法典を制定するという実践が世界中に広まった今日では、独裁国家や専制国家でさえ、（文面上は）立派な内容の憲法典を擁するようになっている。

（2）憲法を制定する主体──主権について

　憲法が人為的に作られるものだとすれば、憲法を制定する・できるのは誰か、すなわち、誰が憲法制定権力をもつのかが問題となるが、この憲法制定権力は、「主権」という概念と密接に関連する。

　主権という語は多義的であり、議論も錯綜しているが、単純化して説明すればこうである。第1章でみたように、近代的な意味での「主権」概念は、中世ヨーロッパの社会的・政治的状況を背景に、教会（ローマ教皇）や、神聖ローマ帝国という対外的な権力に対するフランス国王の独立性と、封建領主という対内的な権力に対するフランス国王の最高性を示す概念として用いられた。これを国家権力の最高独立性として定式化し、その担い手は国王である（君主主権）と主張したのが、16世紀後半に活躍した**ボダン**[24]であった。このように「主

[19] **治外法権**　国際法上、外国人が現に滞在している国の裁判権に服さない権利のこと。これに対して、領事が駐在国の自国民に対して、本国の法律に基づいて裁判を行う権利を領事裁判権という。

[20] **関税自主権**　国際法上、国家が主権に基づいて自主的に関税制度を定めることができる権利。

[21] **修好通商条約**　締結国間の友好関係を確立し、商業や貿易活動を促進することを目的とする条約。本文で述べているのは、1858年に、アメリカ・オランダ・ロシア・イギリス・フランスと締結した、いわゆる安政の五か国条約である。その後、江戸幕府・明治政府は、同様の条約を、ポルトガル、プロイセン、スイス、ベルギー、イタリア、スペイン、スウェーデン＝ノルウェー、オーストリア＝ハンガリーとも締結した。

[22] **法の近代化・西洋化**　近代日本における西洋法の継受については、本書の姉妹本ともいえる、神野潔＝岡田順太＝横大道聡編『法学概説』（弘文堂・2022年）第8章〔神野執筆〕を参照。

[23] **憲法制定プロセスへの人々の参加**　人々の関与により、憲法の正統性が高まるだけでなく、民主主義の質が向上するという実証研究がある。詳しくは、本章[11]の横大道＝吉田『憲法のリテラシー』第3章を参照。

[24] **ボダン**　▶第1章[34]を参照。

権」概念は、フランスの絶対王政を確立し正当化する機能を果たしたものであったが、フランス革命により絶対王政は打破され、**共和制**[25]の国家が誕生した。こうした流れも反映しながら、近代的な国家の成立後における「主権」概念は、「王」の手から離れていきつつも、そのエッセンスを残しながら、①国家の統治権そのものを指す言葉として、②国家の対外的な独立性を指す言葉として、③国家の内部における最高性を有する主体を示す言葉として、用いられるようになった。よく指摘されるように、①の用法の例として、**ポツダム宣言**[26]の８項「日本国ノ<u>主権</u>ハ本州、北海道、九州及四国並ニ吾等ノ決定スル諸小島ニ局限セラルヘシ」という場合の主権、②の用法の例として、日本国憲法前文の第三段落「自国の<u>主権</u>を維持し」という場合の主権、そして、③の用法の例として、日本国憲法の前文第１段落「<u>主権</u>が国民に存する」や、憲法１条「<u>主権</u>の存する日本国民」という場合の主権がある。なお、①と②の両方の意味を含みうる用法の例として、1951年の**サンフランシスコ平和条約**[27]の１条（ｂ）「連合国は、日本国及びその領水に対する日本国民の完全な<u>主権</u>を承認する」という場合の主権を挙げることができるだろう。

①と②は「国家の主権」であるのに対して、③は「国家における主権」である。③の保持者は、国家の政治のあり方を最終的に決定する「権力」を有するとともに、国家の権力行使を正当なものとする究極的な「権威」をもつ。すなわち、憲法制定権力を有するのは、③の保持者ということであり、それが君主である場合には君主主権、国民である場合には国民主権ということになる。

日本についていえば、明治憲法のもとで主権を有していたのは天皇であり、明治憲法を制定したのも天皇であった。これに対して日本国憲法は、前文の第一段落で「ここに主権が国民に存することを宣言し、この憲法を確定する」とうたっており、憲法を制定した主体、つまり憲法制定権力の保持者は国民とされている（憲法制定の経緯と、そのときの主権をめぐる議論の詳細については▶第４章、天皇についての詳細は▶第５章）。

[25] **共和制** 君主制（▶第５章[26]）と対比される国家の形体のひとつ。共和制では、国家元首は世襲ではなく、国民によって選出される。民主制と同義で用いられることもある。君主制では、世襲の国家元首が君主（国王や皇帝）として存在し、統治権をもつ（名目的な場合もある）。

[26] **ポツダム宣言** ▶第４章１を参照。

[27] **サンフランシスコ平和条約** 1951年９月８日に日本と48か国の連合国との間で締結された条約で、1952年４月28日に発効。正式名称は「日本国との平和条約」であるが、サンフランシスコで調印されたため、サンフランシスコ平和条約（講和条約ともいう）と通称されることが多い。これにより、第二次世界大戦が公式に終結し、日本は主権を回復して国際社会への復帰を果たした。

▲条約に署名する首席全権の吉田茂首相（public domain）

1　憲法の制定　63

（3）憲法の役割

　後述するように、憲法には、通常の法律の制定改廃と比べて、より厳しい改正手続が定められるのが通例である。このことを指して**硬性憲法**ということがある。現在、一部の例外を除き、世界中のほとんどの憲法典が硬性憲法であり、いまや憲法の普遍的特徴となっているとさえいわれる。硬性憲法を制定する理由は、憲法に次のような役割を期待するからである。

　日本もそうであるように、多くの国家は、日常的に生じるさまざまな問題に対処すべく、さまざまな法律を制定し執行するといった政治的な決定を常に行っている。日常の政治は、憲法が定めた統治の組織構造のもと、憲法が定めたルールに基づき、その枠内で繰り広げられる営みである。たとえば、財政がいくらひっ迫していて、支出削減が急務であったとしても、**義務教育**とされている（公立）小学校・中学校の授業料を徴収すべきか否かは、日常政治での議論の対象にはならない。それは、日本国憲法26条2項後段が、**義務教育の無償**を定めているからである。

　仮に憲法の改正が通常の法律と同じ手続で可能だったとしよう（このことを指して**軟性憲法**と呼ぶことがある）。そうすると、憲法というルールそれ自体が日常の政治の議題となり、憲法というルールのもとでの政治ではなく、憲法というルールをめぐる政治ばかりが繰り広げられる可能性がある。硬性憲法を制定するのは、憲法というルールをめぐる政治ではなく、憲法というルールのもとで政治を行わせるためである。一定の事項を憲法に書くということは、書かれた事項を日常の政治での審議対象から外し、将来にわたって日常の政治を拘束し、方向づけるという意味をもつのである。だからこそ、憲法典には、通常、「国家の統治の基本を定めた法規範」が規定されるのである。

（4）憲法の内容

　国によって、憲法の中に、何を、どの程度まで細かく規定

[28] **硬性憲法**　形式的意味の憲法の改正手続や要件が、通常の法律の改正よりも厳格に定められている憲法のこと。本章[31]で言及する軟性憲法と対比される。ただし、硬性憲法と軟性憲法の区別を、手続や要件といった形式ではなく、実際の政治的なハードルといった実質に着目して行う見解もある。

[29] **義務教育**　学校教育法16条は、「保護者……は、次条に定めるところにより、子に9年の普通教育を受けさせる義務を負う」と定めており、小学校、中学校、義務教育学校において、普通教育を施すことが義務教育である（同法29条・45条・49条の2参照）。なお、普通教育とは、すべての国民にとって共通に必要とされる一般的・基礎的な教育をいう。第12章3（3）も参照。

[30] **義務教育の無償**　憲法26条2項後段は「義務教育は、これを無償とする」と規定する。無償の範囲について、最高裁は、「同条項の無償とは授業料不徴収の意味と解するのが相当」と判示している（最大判昭和39年2月26日民集18巻2号343頁）。**第12章3（3）**も参照。

[31] **軟性憲法**　形式的意味の憲法の改正が、通常の法律の改正と同様の手続により可能な憲法のこと。本章[28]で言及した硬性憲法と対比される。

しているかは異なっているが、規定の仕方いかんによって、日常の政治を拘束し枠づけるという憲法の役割の果たし方が異なってくる。

憲法の内容をみると、ほとんどの国の憲法に共通して規定されているのが、①基本的な統治の組織とその権限、②国民の権利や自由、③連邦制か単一国家制[32]かといった国家構造・[33]形態、④憲法改正手続、の４つである。いずれも、まさしく「国家の統治の基本を定めた法規範」であるといえる。

憲法の規定の書き方は、大別すると、きわめて一般的な文言を用いて概略だけを書く方法と、明確に細部まで詳しく書くという方法とに分けることができる。一般的にいえば、多くの事項が憲法で取り上げられており、かつ、それが詳細に書かれている憲法の場合は、日常の政治に対する拘束が強くなる。逆に、憲法で取り上げられている事項が少なく、かつ、簡素に書かれている憲法の場合は、解釈の余地が広くなるため、日常の政治に対する拘束が弱くなる。ただし、解釈の余地が広いということは、必ずしもデメリットになるわけではない。憲法を頻繁に改正せずとも、社会の変化に柔軟に対応することができるというメリットもある。明治憲法の制定の際、伊藤博文[34]が憲法案の起草の方針として掲げた７つの原則のひとつに、「憲法は帝国の政治に関する大綱目のみに止め、其の条文の如きも簡単明瞭にし、且つ将来国の進展に順応する様伸縮自在たるべき事」というものがあったが、ここによく、簡潔かつ明瞭に書かれた憲法のメリットが示されているといえよう。

[32] 連邦制　独立した複数の国家が、各々の政府や法制度（憲法を含む）をもちながらも、包括的なひとつの国家のもとで連合するという国家の統治形態。連邦制のもとの連邦政府は、外交、防衛など連邦全体にかかわる事項を担当するのが通常である。連邦制を採用する国家として、アメリカ合衆国、ドイツ、オーストラリア、インドやカナダなどがある。

[33] 単一国家制　連邦制（▶本章[32]）と対比される国家形態で、中央政府が国家全体の統治権を集中してもち、地方政府は、中央政府から与えられた権限の範囲内で自治を行う。単一国家制を採用する国家として、日本、フランス、アイルランド、オランダや韓国などがある。

[34] 伊藤博文（1841～1909）▶第１章[10]を参照。

コラム❷　日本国憲法のデザイン

　日本国憲法は、諸外国の憲法と比べて非常にあっさりと書かれていることで知られる。世界の憲法を英訳したウェブサイト（https://comparativeconstitutionsproject.org/ccp-rankings/）があるが、それによると、憲法の長さを長い順に並べたとき、日本国憲法は下から５番目に位置づけら

1　憲法の制定　　65

れるという。

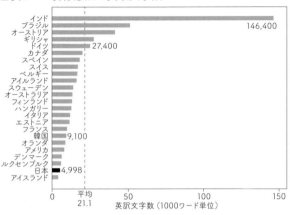

図表3-1：現行憲法の英訳文字数

（出典）ケネス・盛・マッケルウェイン氏提供

　諸外国の憲法と日本国憲法をデータに基づいて詳細に比較した**ケネス・盛・マッケルウェイン**[35]の研究によれば、日本国憲法は、1946年に施行された時点で存在した憲法典と比較すると人権規定が多く進歩的である一方、統治機構に関する記述は平均をはるかに下回るという特徴をもっている。そして、世界の全体的な傾向として、人権の規定と統治機構の規定は時代の進展とともに詳細になっていくが、日本国憲法は制定後一度も改正されていないため、今日における憲法典との比較では、人権規定の多さが目立たなくなる一方、統治機構に関する記述の少なさがさらに際立っている。

　また、日本国憲法には、「法律でこれを定める」、「法律の定めるところにより」といった表現を用いている箇所が多い。これは、憲法によって、その詳細は日常の政治で決めるべき問題であると決定したということを意味する。

2　憲法典の改正

（1）硬性憲法

　憲法改正とは、よく引用される**清宮四郎**[36]の定義によれば、「成典憲法中の条項の修正、削除及び追加をなし（狭義の改正）、あるいは、別に条項を設けて、もとの憲法典を増補すること（狭義の増補）によって、憲法に意識的に変改を加える行

[35] ケネス・盛・マッケルウェイン（1977～）　政治学者。ミシガン大学准教授などを経て、現在、東京大学教授。主著に『日本国憲法の普遍と特異』（千倉書房・2022年）などがある。

[36] 清宮四郎（1898～1989）
▶第1章[21]を参照。

為をいう」。端的にいえば、憲法典の文言（テクスト）を変えることが憲法改正である。

　上述したように、憲法には、「国家の統治の基本を定めた法規範」のうち、重要な部分が規定されているのが通例である。それが頻繁に改正できてしまうとなると、安易に憲法改正という手法に頼るようになり、国家の運営が安定しなくなる可能性がある。他方で、憲法の改正が一切許されなかったり、改正が非常に困難であったりした場合、急激な社会の変化にうまく憲法が対応できずに現実との間に齟齬を来し、その結果、憲法が無視・軽視されるようになってしまう可能性がある。また、憲法に改正の余地を残しておかなければ、憲法を変えるために**革命**[37]や**クーデター**[38]といった暴力的な手段に訴えようとする者が出現する可能性もある。ほとんどの国において硬性憲法を制定しているのは、憲法の「可変性」と「安定性」で適切なバランスをとろうとしているからである。

　もっとも、その硬性度をどのようにデザインするか、つまり、どのような憲法改正手続を定めるかは、国によって異なっている。

（2）憲法典の改正手続の整理

　比較憲法学における近時の議論を参考に、**各国の憲法改正手続**[39]を整理してみよう。なお、諸外国の憲法典の中には、憲法改正禁止条項、すなわち、定められた憲法改正手続を用いたとしても改正することが禁止される部分を明示する規定——たとえば、**フランス憲法**[40]の89条や**イタリア憲法**[41]の139条は、共和制の政体を改正対象としてはならないなどと規定している——や、後述するように、明示的な憲法改正禁止条項がない場合でも、解釈によって憲法改正の限界が設定されるとする議論がある。以下の整理は、いずれも、定められた憲法改正手続によって改正できる部分についての議論である。

　第1に、憲法改正のための手続がいくつ用意されているかによって区別できる。ひとつの改正手続しか用意されてない憲法典もあるが、複数の改正手続が用意されている憲法典もある。前者を「単線」の改正手続、後者を「複線」の改正手

[37] **革命**　一般的には、既存の社会体制や国家秩序を、被支配者・非権力者の側が、非合法的な手段を用いて、根本的に変革することをいうが、法学では、非合法的な主権者の交代を指すことが多い。日本のいわゆる「八月革命説」については、**第4章3（2）**を参照。

[38] **クーデター**　支配者・権力者の内部の者が、非合法的な手段を用いて、権力を掌握して政治改革を行うことをいう。

[39] **各国の憲法改正手続**　現在有効な成文憲法典のすべてに、その改正手続が定められている。本節の以下の議論は、RICHARD ALBERT, CONSTITUTIONAL AMENDMENTS: MAKING, BREAKING, AND CHANGING CONSTITUTIONS (Oxford University Press, 2019) の第5章による。

[40] **フランス憲法**　フランス植民地であったアルジェリアの独立運動により生じた政治的混乱によってフランス第四共和制が崩壊。シャルル・ド・ゴールが首相に就任し、1958年に憲法を制定し、第五共和制が樹立された。そのため現行のフランス憲法は、第五共和制憲法と呼ばれることがある。

[41] **イタリア憲法**　第二次世界大戦後、1946年の国民投票で王政を廃止し、共和制に移行した後、1948年に制定された憲法。

続と呼ぶことができる。

　第2に、「単線」であれ「複線」であれ、その改正手続を用いて改正できる憲法の部分に着目して、次のような区別ができる。①憲法のすべての部分が、どの改正手続を用いても改正できる「包括的」な改正手続。②憲法の部分ごとに、指定された改正手続によってのみ改正できる「限定的」な改正手続、③「包括的」な改正手続を原則としつつ、憲法の中の指定された特別の規定についてのみ、特別の改正手続を用いるという「例外的」な改正手続、の3つである。

　この「単線」と「複線」、そして「包括的」、「限定的」、「例外的」を組み合わせると、憲法改正手続は、次のように、2×3で合計6通りに分類できる。

図表3-2：憲法改正手続の分類

	単線	複線
包括的	包括的単線 （例：ドイツ、日本）	包括的複線 （例：フランス）
限定的	限定的単線 （例：南アフリカ）	限定的複線 （例：カナダ）
例外的	例外的単線 （例：アイスランド）	例外的複線 （例：アメリカ）

　「包括的単線」の改正手続を有するのが日本である。後述するように、日本国憲法のすべての規定の改正は、憲法96条が定める手続によってのみ行われる。**ドイツ基本法**[42]が定める改正手続も「包括的単線」である。他方、「包括的複線」の改正手続を定めるフランス憲法89条は、憲法改正案の発議主体として、国会議員と大統領を予定したうえで、どちらが発議するかによって、各々異なった手続が採用される旨を定めている。

　「限定的単線」の改正手続の例が、南アフリカである。**南アフリカ憲法**[43]の74条は、憲法典の基本原理などを定める第1章の改正については、①国民議会の4分の3以上の賛成および全国州評議会の9州のうち6州以上の賛成、②第2章（権利章典）の改正および州の権限や組織にかかわる規定については、国民議会の3分の2以上の賛成および全国州評議会の3

［42］**ドイツ基本法**　第二次世界大戦後、東西分裂後の西ドイツの暫定憲法として1949年に制定。東西統一後の憲法制定を視野に入れて、憲法ではなく基本法という名称を用いたが、1990年のドイツ再統一後もドイツ基本法のまま、ドイツ全土で適用されている。

［43］**南アフリカ憲法**　白人による非白人の差別を法制化していたアパルトヘイト（1948～1994年）の反省を踏まえて、1996年に制定された憲法。同憲法は第1章「基本規定」の1条で「南アフリカ共和国」において、「南アフリカ共和国は、次の価値に基づく、単一の主権を持つ民主主義国家である」として、「a. 人間の尊厳、平等の達成、ならびに人権と自由の促進」。「b. 非人種主義および非性差別主義」。「c. 憲法の最高性および法の支配」。「d. 成人の普通選挙権、全国共通の有権者名簿、定期選挙及び説明責任、応答性、透明性を確保するための多数政党制の民主主義政府」を掲げている。

68　　第3章　憲法をつくり、変えることの意味とは？──憲法の制定と改正

分の2以上の賛成、③それ以外の規定の改正については、原則として、議会の3分の2以上の賛成によって憲法改正をする旨を規定している。他方、**カナダ憲法**では5つの憲法改正手続を用意しており、それぞれ、憲法の異なる部分に対して用いられるが、南アフリカとは異なり、一定の部分の憲法改正については、議会と州の双方に発議権限が与えられているため、「限定的複線」の改正手続に分類される。

「例外的単線」の改正手続を有する国が、アイスランドである。アイスランドは、国教会である福音ルーテル教会の地位に関するすべての憲法改正を例外（この場合だけ国民投票が必要）としつつ、それ以外の憲法の規定については、ひとつの包括的な改正手続によるものとされている。「例外的複線」の憲法改正手続を定める国が、アメリカである。**アメリカ合衆国憲法**の改正について定める5条は、2通りの発議と、2通りの承認手続を定めており、2×2で合計4通りの改正方法がある。いずれも、すべての規定の改正のために用いることができるが、同条では、上院における各州の投票権が等しくなることを義務づける平等選挙権条項を改正する場合にのみ、上院における代表権が他州と同じでなくなる州の同意が必要であるとされている。

（3）憲法改正の限界

各国の憲法典の中には、明文で改正を禁止する規定が設けられている場合がある。また、明文の改正禁止規定がない場合でも、法的に改正することが許されない内容があるとする立場がある。これがいわゆる憲法改正限界説であり、実際、この考え方に基づいて（憲法）裁判所が、憲法改正を**違憲の憲法改正**であるとして無効と判断した例もある。憲法改正限界説にもいろいろなバリエーションがあるが、おそらく最も受け入れられている説明は次のとおりであろう。

まず、フランス革命期に活躍した**シェイエス**の議論に倣い、「憲法を創り出す権力」、すなわち、上述した憲法制定権力と、「憲法によって設置された権力」にすぎない憲法改正権とを区別するのが議論の前提である。憲法制定権力は、定義上、憲

[44] **カナダ憲法** カナダ憲法は、1982年カナダ法、1867年から1982年までに制定された憲法法律（Constitution Act）という名を冠した法律などの複数の成文法から成る。カナダ憲法の範囲は、1982年憲法法律の52条で規定されている。

[45] **アメリカ合衆国憲法** イギリスからの独立を果たしたアメリカ（▶本章[13]）は、1781年に連合規約を締結。中央政府の権限が弱く各種の問題が生じたため、1787年にフィラデルフィアで開催された憲法制定会議にて強力な中央政府をもつ新憲法を起草。1788年に必要な数の邦の批准を得て、1789年に施行された。現在も有効な憲法典の中で最古の憲法典である。

[46] **違憲の憲法改正** 憲法の改正が、形式的には手続通りに合法的に行われたものであっても、その内容が根本的な憲法原則に反しているとして無効とするという実践。その詳細については、ヤニヴ・ロズナイ（山元一＝横大道聡監訳）『憲法改正が「違憲」になるとき』（弘文堂・2021年）を参照。

[47] **シェイエス（1748〜1836）** フランスの政治家・理論家。1789年に発表したパンフレット『第三身分とは何か』において、第三身分（平民）の重要性を強調して、革命の理論的基盤を提供するなどした。第1章[83]も参照。

法典に先行して存在する。この憲法制定権力によって憲法典が制定され、国家組織の創設と権限の授権がなされる。憲法を改正する権限は、特定の国家機関に授権された権限のひとつにすぎない。つまり、憲法改正権は、憲法制定権力により作られた、憲法制定権力よりも下位の権限である以上、自身を産み出した、自身よりも上位の憲法制定権力を変更することは許されない。このように規範の上下関係から憲法改正に限界を設けようとするのである。

さらに進んで憲法改正限界説は、憲法典の中には、憲法制定権力を行使するのでなければ変えることのできない基本原理や基本構造があると論じることがある。いわば、憲法典の中にも、規範的な上下関係を設けようとするのである。先にみた「違憲の憲法改正」の判断を下したインドの最高裁判所の**基本構造理論**や、コロンビアの憲法裁判所の**憲法の置き換え論**などは、基本的に以上の論理に基づいている。

⟫ 3　日本における憲法の制定と改正

（1）日本国憲法の制定

日本国憲法は、**明治憲法の改正手続**[50]に基づき、**明治憲法の改正**[51]として成立した。憲法改正に限界があるという立場に立った場合、憲法制定権力を天皇が有していた君主主権の明治憲法から、国民が主権者である国民主権の日本国憲法への改正は、憲法改正の限界を超えた革命ということになりうる。

日本国憲法の制定の経緯をどのようにとらえるべきなのかという問題は、戦後の初期に大きな議論となったが、1945年8月のポツダム宣言の受諾によって、主権の所在を変動させる革命が生じたなどと説明する八月革命説が有力に主張されている。詳細については、**第4章**で扱う。

（2）憲法96条とその解釈

日本国憲法の改正については、憲法96条に定めが置かれている。1項で「この憲法の改正は、各議院の総議員の3分の

---

[48] **基本構造理論**　インドの最高裁判所が、1973年の判決で提示した理論で、憲法のうちの基本構造（basic structure）に該当する部分は、改正手続によって変更できないとする。憲法の基本構造に含まれるとされているのは、民主主義、法の支配、権力分立、基本的人権の保護などである。

[49] **憲法の置き換え論**　コロンビアの憲法裁判所が、2005年の判決で示した考え方であり、憲法の改正手続を用いたとしても憲法を「置き換える（replacement）」ことはできない、とするものである。問題となったのは、大統領の連続再選の延長であり、これは憲法の基本原則である権力分立と民主的な権力交代の原則に抵触し、憲法の「置き換え」にあたるため無効であるとした。

[50] **明治憲法の改正手続**　73条1項「将来此ノ憲法ノ条項ヲ改正スルノ必要アルトキハ勅命ヲ以テ議案ヲ帝国議会ノ議ニ付スヘシ」、同2項「此ノ場合ニ於テ両議院ハ各々其ノ総員三分ノ二以上出席スルニ非サレハ議事ヲ開クコトヲ得ス出席議員三分ノ二以上ノ多数ヲ得ルニ非サレハ改正ノ議決ヲ為スコトヲ得ス」。

[51] **明治憲法の改正**　明治憲法の改正は、日本国憲法の制定の場面が最初で最後である。明治憲法は、1890年の施行から1946年の日本国憲法の制定までの56年間、一度も改正されなかった。

70　　第3章　憲法をつくり、変えることの意味とは？──憲法の制定と改正

2 以上の賛成で、国会が、これを発議し、国民に提案してその承認を経なければならない。この承認には、特別の国民投票又は国会の定める選挙の際行はれる投票において、その過半数の賛成を必要とする」、2項で「憲法改正について前項の承認を経たときは、天皇は、国民の名で、この憲法と一体を成すものとして、直ちにこれを公布する」と規定する。前述した分類によれば、この改正手続は「包括的単線」、すなわち、96条によって憲法のすべての規定を改正できるという点で「包括的」であり、これしか改正の方法が用意されていないという点で「単線」の改正手続である。1945年の日本国憲法制定の後（施行は翌年）、約80年が経過したが、これまでに一度も憲法改正が行われていない。改正を経験せずにオリジナルのままで有効な憲法としては、日本国憲法が世界最古である。

　日本国憲法の明文上、憲法改正手続によっても変更することのできない改正禁止規定は設けられていない。しかし、日本国憲法の解釈論では、憲法改正限界説が通説である。憲法改正手続に従ったとしても改正することが許されない基本原理として、国民主権、基本的人権の尊重、平和主義という**三大原理**[52]を挙げるのが多数説である。その中に、憲法改正手続（またはその本質部分たる国民投票）を含める説もある。改正の限界を超えたか否かを誰が判断するのかという問題について、上述したように諸外国では裁判所が判断する例がみられるが、日本では裁判所による審査を積極的に肯定する見解はほとんどない。**統治行為論**[53]が該当する場面であると考えているのだろう。そのため、憲法改正の限界を超えた改正が実際に行われた場合、それは革命であって法的に正当ではなく、改正後の憲法は憲法の改正ではなく新憲法の制定であると評される。

（3）憲法改正の手続

　日本国憲法96条に書かれているのは、先に引用したことがすべてである。そこには細かなことが規定されていないため、憲法改正の手続を具体化するための法律が必要となる。そのために2007年に制定されたのが**国民投票法**[54]である。以下、そ

[52] **三大原理**　日本国憲法の基本原理として憲法前文に挙げられている内容のうち、国民主権、基本的人権の尊重、平和主義のことを指して三大原理といわれる。ただし、憲法典自体がこの3つを三大原理だと規定しているわけではない。文部省が1947年に日本国憲法の解説のために新制中学校1年生用社会科の教科書として発行した『新しい憲法のはなし』では、前文における「一番大事な考えが三つ」あるとして、「民主主義」、「国際平和主義」、「主権在民主義」を挙げている。第2章[1]も参照。

▲文部省『あたらしい憲法のはなし』の挿絵

[53] **統治行為論**　高度な政治的判断が必要とされる問題については、裁判所がその審査を控えるべきであるとする考え方。政治問題の法理ともいう。日本では、砂川事件（最大判昭和34年12月16日刑集13巻13号3225頁）▶第6章[36]）において、「安保条約の如き、主権国としてのわが国の存立の基礎に重大な関係を持つ高度の政治性を有するものが、違憲であるか否かの法的判断は、純司法的機能を使命とする司法裁判所の審査に原則としてなじまない性質のものであり、それが一見極めて明白に違憲無効であると認められない限りは、裁判所の司法審査権の範囲外にあると解するを相当とする」と述べられたことがある。

[54] **国民投票法**　正式の題名は「日本国憲法の改正手続に関する法律」。憲法改正についての国民投票に関する手続を定めるとともに、憲法改正の発議にかかわる手続の整備について規定する法律。

3　日本における憲法の制定と改正　　71

の概要を説明しよう。

❶ **改正の原案**　憲法を改正しようとするときは、国会議員が、日本国憲法の改正案の「原案」を発議する。この発議のためには、衆議院は議員100人以上、参議院は議員50人以上の賛成を要する（国会法68条の2）。ちなみに、議員が通常の法律案を発議する場合、予算を伴う法律案の場合には、衆議院では議員50人以上、参議院では議員20人以上の賛成を要し、予算を伴わない法律案の場合は、各々20人以上と10人以上の賛成を要するとされているが（同56条1項）、それよりも多くの議員の賛成が必要とされている。なお、国民投票法では、各議院に常設で設けられた**憲法審査会**にも、憲法改正原案の発議を行うことが認められている（同102条の7）。憲法改正原案の発議は、「内容において関連する事項ごとに区分して行うものとする」（同68条の3）。「抱き合わせ発議」を防ぐ趣旨である。

[55] **憲法審査会**　国民投票法によって改正された国会法に基づき、「日本国憲法及び日本国憲法に密接に関連する基本法制について広範かつ総合的に調査を行い、憲法改正原案、日本国憲法に係る改正の発議又は国民投票に関する法律案等を審査するため」に、各議院に設けられた機関（国会法102条の6）。

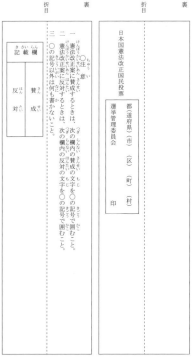

▲国民投票法・別記様式（第56条関係）

❷ 国会による発議　憲法改正の原案の成立のためには、衆議院憲法審査会と参議院憲法審査会で審議され、衆議院本会議、参議院本会議において、総議員の3分の2以上の賛成で可決しなければならない。通常の法律の場合、総議員ではなく出席議員が母数となって**表決数**[56]が決まるが（憲法56条2項）、憲法改正の発議の場合、法定の議員数である総議員が母数になる。憲法改正案が国会で議決されることが国会の発議であり、その後、国民投票にかけられることになる。

❸ 国民投票の実施までの期間　次に、国民投票法は、国会による発議を受けて実施される国民投票の期日について、「国会が憲法改正を発議した日……から起算して60日以後180日以内において、国会の議決した期日に行う」（2条1項）と規定している。この期間中に行われるのが、**国民投票運動**[57]である。憲法改正国民投票法は、国民投票運動を原則として「自由」としたうえで、例外的に許されざる場合を定める、という規定の仕方を採用している（100条以下）。たとえば、裁判官や検察官、警察官などの特定の公務員による国民投票運動の禁止（102条）、その他の公務員や教育者がその職務上の地位を利用して特定の賛否を呼びかけることの禁止（103条）、投票期日14日前からは、**国民投票広報協議会**[58]が行う広報のための放送を除き、テレビやラジオを使用した国民投票運動のための広告放送をしてはならない（105条・106条）などの規定が置かれている。

❹ 国民投票　投票は、国民投票にかかる憲法改正案ごとに、一人一票投票する。投票は、前頁に掲げた画像のとおり、投票用紙に印刷された「賛成」と「反対」のいずれかに〇をつけることによって行うのが原則であるが（56条・57条1項）、「投票用紙に印刷された反対の文字を×の記号、二重線その他の記号を記載することにより抹消した投票は賛成の投票として、投票用紙に印刷された賛成の文字を×の記号、二重線その他の記号を記載することにより抹消した投票は反対の投票として、それぞれ有効とする」（81条）。選挙の投票と同様に、**期日前投票**[59]（投票期日前14日から）や**不在者投票**[60]、**在外投票**[61]などがある（60条～62条）。

[56] **表決数**　▶第13章2（4）を参照。なお、2024年末の時点で衆議院の総議員数は465名、参議院の総議員数は248名である（▶第13章図表13-5）。

[57] **国民投票運動**　国民投票法100条の2で、「憲法改正案に対し賛成又は反対の投票をし又はしないよう勧誘する行為」と定義されている。

[58] **国民投票広報協議会**　各議院の議員から委員を10人ずつ選任されて公正される機関で（11条）、憲法改正案の内容や賛成・反対の意見、国民投票公報の原稿作成、投票記載所に掲示する憲法改正案要旨の作成、憲法改正案などを広報するためのテレビやラジオ、新聞広告などを行う（12条～19条）。

[59] **期日前投票**　選挙（投票）の期日前であっても、選挙（投票）の期日と同じやり方で、投票用紙を投票箱に入れて投票することをいう。

[60] **不在者投票**　選挙（投票）は、選挙人名簿（投票人名簿）に登録されている場所で行うのが原則であるが、投票日や期日前投票の期間に旅行や出張、病気などでその場所にいなかったりする者に認められる投票のことをいう。

[61] **在外投票**　仕事や留学などで海外に住んでいる日本人（在外邦人）が、国政選挙や最高裁判所裁判官国民審査に投票すること。在外投票は、日本国籍をもつ18歳以上の有権者で、在外選挙人名簿に登録され在外選挙人証をもっている者に認められる。かつては国政選挙も、最高裁判所裁判官国民審査も、在外邦人は投票できなかったが、いずれも違憲とされた結果、制度が整備された。国民審査については第13章[84]も参照。

3　日本における憲法の制定と改正　　73

憲法96条は、国民投票において「その過半数の賛成」があれば憲法改正が成立するとしているが、「何の」過半数であるのかを明示していない。「何の」過半数かについて、国民投票法は、「憲法改正案に対する賛成の投票の数及び反対の投票の数を合計した数」と定義された「投票総数」の2分の1を超えた場合に、当該憲法改正について96条1項の国民の承認があったものとすると定めた（98条2項・126条）。無効票や棄権票は「反対票」にカウントすべきという立場もあったが、これを否定した。

❺ 国民投票無効の訴訟　国民投票の結果は、国民投票に異議がある投票人の申立てによって提起された訴訟により無効になる場合がある（127条）。ただし、無効となるのは、国民投票の管理執行に当たる機関が手続違反をした場合、買収罪や投票干渉罪によって多数の投票人の自由な投票が妨げられたといえる重大な違反があった場合、そして、票の数え間違いの場合に限られており（128条）、憲法改正の内容が許される限界を超えたものであるかどうかという内容についての判断を裁判所など何らかの機関が行うことは予定されていない。

❻ 公布　国民投票の結果が「過半数の賛成」を得たという通知を受けた内閣総理大臣は、直ちに当該憲法改正の公布のための手続をとらなければならない（126条2項）。憲法改正の交付は、天皇が**国事行為**[62]として行うため（憲法7条1号・96条2項）、内閣総理大臣は、天皇の国事行為に「助言と承認」を与える内閣（3条）の首長として、「直ちに」公布がなされるように行動すべきことが求められる。

（4）実質的意味の憲法の改正

　繰り返しになるが、日本国憲法は、その制定から今日に至るまで、一度たりとも改正を経験していない。しかし、「実質的意味の憲法」は大きく変わっている。実際、政治学などでは、1990年代から2000年代初頭にかけて行われた大規模な各種の改革——**選挙制度改革**[63]、**行政改革**[64]、**地方制度改革**[65]、**司法制度改革**[66]など——は、「**実質的意味の憲法**」の**改正**[67]であったととらえられている。

[62] **国事行為**　▶第5章2を参照。

[63] **選挙制度改革**　政治腐敗の防止、政党中心の選挙実現、政党政治の強化などを目的とした選挙制度の改革。政策本位、政党本位の選挙の確立を目指し、衆議院議員選挙について、1994年に戦後長らく続いてきた中選挙区制（▶第13章4（2））から、小選挙区比例代表並立制に変更し、参議院議員選挙では、1998年から選挙区選出議員と比例代表選出議員が半数ずつ選出される制度が導入された。

[64] **行政改革**　省庁再編、規制緩和、行政の透明性向上を目的に行われた各種の改革。内閣機能の強化、中央省庁の再編（1府12省庁）、特殊法人の整理・合理化などが行われた。

[65] **地方制度改革**　地方分権の推進を目的として行われた地方制度の改革。1999年に制定された地方分権一括法により、地方自治体への権限移譲が進められ、国の関与を縮小し、自治体の自主性・独自性を発揮する余地を拡大した。また、市町村の統廃合も進められた。

[66] **司法制度改革**　司法の透明性向上、迅速な裁判の実現、市民参加の拡大、法曹人口の増加、そして司法への信頼性向上などを目的とした司法制度の改革。その内容は、裁判員制度の導入（2009年）、法科大学院の設立（2004年）、法テラス（日本司法支援センター）設立による法的支援の充実など、多岐にわたる。

[67] **「実質的意味の憲法」の改正**　憲法改正を憲法典の改正と同一視せず、基幹的な政治制度（選挙制度や統治制度の権限配分）の変革を広く憲法改正として把握する見方。詳細については、待鳥聡史『政治改革再考－変貌を遂げた国家の軌跡』（新潮新書・2020年）を参照。

このことに関連して、憲法学者の**佐藤幸治**[68]が座長として関わった司法制度改革審議会の『司法制度改革審議会意見書』の一節を紹介しよう。それによると、司法制度改革は、「政治改革、行政改革、地方分権推進、規制緩和等の経済構造改革等の諸々の改革」を「憲法のよって立つ基本理念の一つである『法の支配』の下に有機的に結び合わせようとするものであり、まさに『この国のかたち』の再構築に関わる一連の諸改革の『最後のかなめ』として位置付けられるべきものである」と述べられてる。「国のかたち」とは、作家の**司馬遼太郎**[69]が好んで用いた表現であるが、佐藤は、外来語であるconstitution の訳は、司馬のいう「この国のかたち」が最も適切だとしている。つまり佐藤も、上述した各種の改革を「この国のかたち」＝「（実質的意味の）憲法」の再構築であるととらえているのである。

（5）「形式的意味の憲法」の意味変化——憲法の変遷

政治による実践の積み重ねや、裁判所の憲法判例の変更などによって、憲法の条文は一言一句たりとも変更されていないにもかかわらず、条文の意味内容が変化することがある。このことを指して、（広義の）**憲法変遷**[70]といわれることがある。

憲法の意味内容は、憲法制定時点のものに固定化されなければならないという立場をとらない限り、憲法の変遷はどこの国でも普通に生じている現象である。特に、憲法の規定が一般的・抽象的に書かれている場合には、解釈によって憲法の規定の意味内容が変わることは珍しいことではなく、もともと予定されているともいえる。

問題となるのは、憲法の条文の解釈として説明することが不可能なほど、条文とは乖離した理解が現実に通用しており、実質的にみると憲法の条文の改正をしたのと等しいような状況の場合であり、これを指して「狭義の憲法変遷」と呼ぶことができる。日本では、憲法９条についての政府解釈や運用を対象にしながら、この「狭義の憲法変遷」を法的に認めるかどうかをめぐって議論がなされてきた。憲法９条をめぐる議論は、**第6章**で詳しく扱うが、憲法の変遷という視点から、

[68] 佐藤幸治（1937〜） 京都大学法学部卒。一時住友銀行に務めたのち大石義雄（1903〜1991）に師事し、同大学法学部助手・助教授を経て京都大学法学部教授（憲法講座）。司法制度改革審議会会長・中央省庁等改革推進本部顧問等をはじめとする社会的活動に積極的に関わり、「法の支配」の社会への定着の重要性を唱えた。

[69] 司馬遼太郎（1923〜1996）大阪府出身。大阪外国語学校に入学したが、1943年9月に仮卒業して従軍。戦後は産経新聞社に記者として勤めながら執筆活動を行い、1960年代から発表した新聞連載による歴史小説が人気を博し「国民的作家」と呼ばれる。「司馬史観」と呼ばれる歴史認識を反映した「この国のかたち」（文藝春秋・1990〜1996年）のような歴史随筆も多く手がける。

[70] **憲法変遷** ▶第6章[20] 参照。

簡単にここでも触れておきたい。

　まず、現在の日本政府の安全保障に関する諸法律・諸政策が憲法9条の解釈の枠内に収まっていると考える立場と、もはや解釈では正当化できないほど逸脱していると考える立場に分かれるが、「狭義の憲法変遷」を問題にするのは後者の立場である。この場合に、「狭義の憲法変遷」を法的にどのように評価するかをめぐり、その現実ないし事実を規範的に認める立場と、事実がいくら積み重ねられたとしても規範を変更することは法的には許されないとする立場に分かれる。憲法9条についての政府解釈や運用に対して、**解釈改憲**[71]という非難が向けられることがあるが、これは「狭義の憲法変遷」を法的に認めないとする立場からの批判であると位置づけられる。

▶ おわりに

　本章では、誰が・なぜ・どのように・どのような憲法を制定し、改正するのかについてみたうえで、その中に日本国憲法を位置づけた。私たちは、知らず知らずのうち、「どこの国にも憲法典がある」とか、「憲法改正の手続は1つだけである」とか、日本国憲法を前提に憲法を語ってしまうことがある。しかし、世界各国の憲法は驚くほど多様である。憲法を語る際には、憲法に対する特定の先入観に囚われていないだろうか、と自問してみることを推奨したい。

---

[71] **解釈改憲**　憲法の規定の解釈には超えてはならない「枠」がある、という理解を前提に、その「枠」を超えた憲法解釈を採用し、維持することで、憲法を改正した場合と同じ状況を作り出している事態を指す批判的な表現。なお、ある憲法解釈が、解釈の「枠」を超えたものであるかどうかは一義的に決まらない、ということに注意が必要である。憲法9条の解釈を例にしていえば、ある論者にとっては、自衛隊の存在を認める政府の憲法解釈は解釈改憲であると非難されるが、政府の立場や別の論者にとっては、解釈の「枠」を超えない憲法解釈の変更であると主張される。

　解釈改憲と憲法変遷（▶第6章［20］）は、類似する概念であるが、憲法変遷は、憲法に反する事態が継続・反復しているという現実を正当化しようとするものであるのに対して、解釈改憲は、「枠」を超えた憲法解釈、すなわち違憲の憲法解釈を採用し、将来に向かってそれを維持しようとする事態を指すものであるという点に違いがある。

第4章

日本国憲法の成り立ちとは？
―― 憲法制定史

========> **はじめに**

「日本国憲法の制定は、一大ドラマであった」。憲法学者の
西 修[1]は、日本国憲法成立史を描く著書をこの言葉から書き起
こしているが、この指摘はまことに正しい。そして法学者た
ちは、後述のようにそれぞれの立場からその「一大ドラマ」
の成り行きを注視し、法的な説明を施した。

ところで、日本国憲法の成り立ちを振り返ったとしても、
今日的な憲法上の問題――たとえば先端科学技術と人権との
関係――の解決に、直接資するというわけではない。したがっ
て、人によっては、日本国憲法の成り立ちを探るなどといっ
ても、そんなものは単なる懐古趣味にすぎないというだろう。

しかし、場合によっては憲法の成立過程から、今日の憲法
解釈に対して一定の根拠を与えるものが見出されるときがあ
る。また、憲法学者の**佐々木髙雄**[2]がいうように、「なかった立
法者の意思・存在しない制憲史を援用する解釈」も「不当」
である。その意味でも、憲法の成り立ちを踏まえることは重
要である。

加えて、憲法の成り立ちをみることで、「社会における憲法
の意義は何か」「国民が憲法を制定するとはどういうことか」
といった根本的な問いを考えるきっかけにもなる。それに、
戦後の日本を形作る政治体制が1947年5月3日の日本国憲法
施行時に突如として完成したわけではないとすれば、日本国
憲法の成り立ちとその周辺を検討することで、戦後の日本の
歩みを追跡するための重要なヒントが得られよう。

さらに近年、「憲法9条の平和主義条項の発案者は誰か」と
いう問題を取り上げ、**幣原喜重郎**[3]であったと改めて主張する

[1] **西修**（1940～） 早稲田大
学政治経済学部、同大学院政治
学研究科を経て、防衛大学校助
教授、駒沢大学法学部教授など
を務めた。多くの憲法史研究の
ほか、防衛法に関する研究成果
もあり、安倍晋三内閣のもと、
集団的自衛権の行使を容認すべ
きとの報告書をまとめた安保法
制懇（安全保障の法的基盤の再
構築に関する懇談会〔▶第6章
5（1）〕）のメンバーでもあった。

[2] **佐々木髙雄**（1944～） 早
稲田大学政治経済学部、青山学
院大学大学院法学研究科などを
経て、青山学院大学法学部教授
を長らく務めた。憲法9条の制
定過程を丹念に検討した『戦争
放棄条項の成立経緯』（成文堂・
1997年）をはじめとして、憲法
史研究を多く公表した。

[3] **幣原喜重郎**（1872～1951）
大阪府出身の外交官・政治家
で、帝国大学法科大学卒業後、
外務省で勤務した。各国領事館
などで務めた後、1915年に外務
次官、1924年に加藤高明内閣で
外相となった。外相時代は、英
米との協調を基本とした外交
（「幣原外交」）を展開。終戦後、
総理大臣を経て、1949年には衆
議院議長を務めた。

はじめに　77

歴史学研究もある。9条が誰によって発案されたのかという
問題は、憲法改正論において——その適否はさておき——自
説を補強する道具にもできる。「9条は日本人以外の者が発案
し、日本側に押し付けられたものだ」と理解するか、「日本人
が発案し、世界の理想に応えられるものだ」と理解するかで、
憲法改正の是非に対する評価も変わるだろう。同じことが、
GHQ による憲法改正案の作成に対し当時の**憲法研究会**のア
イデアがどの程度影響を与えたかといった論点にも、当ては
まる。こうした点でも、憲法の成り立ちを検討することは意
味をもつ。

1　ポツダム宣言の受諾と占領

（1）ポツダム宣言とバーンズ回答

　日本国憲法の成立をみるうえで、本章では、ポツダム宣言
をその始点に据えたい。

　日本が第二次世界大戦に最終的な終止符を打てたのは、
1952年4月28日に発効した**サンフランシスコ平和条約**によっ
てである。そこに至るまでの道のりを眺めると、1945年9月
2日の**降伏文書への調印**もさることながら、事実上の戦闘終
結をもたらしたポツダム宣言も重要なものである。というの
は、同宣言こそが、日本国憲法の成り立ちを考える際、日本
のその後を運命づけたものだったからである。

　ポツダム宣言とは何か。ドイツのポツダムでのアメリカ、
イギリス、ソ連の代表者の協議を踏まえ、1945年7月26日付
で発せられたこの宣言は、日本に降伏を迫るもので、それを
受諾しないならば「必然的ニ日本国本土ノ完全ナル破壊」に
至るということにまで言及するものであった。

　ポツダム宣言では、「吾等ノ条件ハ左ノ如シ」と述べ、戦争
終結のための「条件」が示されていた。すなわち、「日本国国
民ヲ欺瞞シ之ヲシテ世界征服ノ挙ニ出ツルノ過誤ヲ犯サシメ
タル者ノ権力及勢力」を除去すること（6項）、それによって
「新秩序」が建設され、かつ日本の「戦争遂行能力カ破砕セラ

[4] **憲法研究会**　1945年10月、
統計学者で社会問題にも強く関
心を寄せた高野岩三郎や、憲法
学者の鈴木安蔵らによって組織
された研究会で、12月には「憲
法草案要綱」を公表した。同
「要綱」は、国民主権を採用しつ
つ天皇を存置したほか、「国民ハ
健康ニシテ文化的水準ノ生活ヲ
営ム権利ヲ有ス」などといった
社会権の規定を備えるもので
あった。

[5] **サンフランシスコ平和条約**
連合国と日本との間で、第二次
世界大戦を終結させるために締
結された条約。1951年9月に署
名、翌年4月に発効した。ただ、
ソ連は会議には参加したものの、
条約には署名しなかった。この
条約によって占領軍の日本から
の撤退が決まったが、日米安全
保障条約に基づき、アメリカ軍
の日本駐留が今日まで続いてい
る。

[6] **降伏文書への調印**　アメリ
カの戦艦ミズーリの甲板上で、
降伏文書の調印式が行われた。
日本側からは、重光葵（まもる）
外相や梅津美治郎参謀総長らが
出席、両名が全権として、政府
と大本営とを代表する形で署名
した。降伏文書は1945年9月2
日付の官報号外で、日本語文が
掲載されている。

78　　　第4章　日本国憲法の成り立ちとは？——憲法制定史

レタルコトノ確証」が得られるまでは占領が行われること（7項）、「日本国軍隊ハ完全ニ武装ヲ解除」されること（9項）などである。

さらに同宣言では、「日本国国民ノ間ニ於ケル民主主義的傾向ノ復活強化ニ対スルー切ノ障礙ヲ除去スヘシ言論、宗教及思想ノ自由並ニ基本的人権ノ尊重ハ確立セラルヘシ」と日本側に求め（10項）、そして「前記諸目的カ達成セラレ且日本国国民ノ自由ニ表明セル意思ニ従ヒ平和的傾向ヲ有シ且責任アル政府カ樹立セラルルニ於テハ聯合国ノ占領軍ハ直ニ日本国ヨリ撤収セラルヘシ」とされた（12項）。このように、日本政府に対して、民主主義にとって障壁となるものの除去と、言論の自由などの尊重を求め、しかも、平和的で責任ある政府が日本国民の自由に表明する意思に従って樹立されるまで占領は続くということが、ポツダム宣言中ではいわれていた。この10項および12項は、日本国憲法の成立を考えるうえで見逃すことができない。

ポツダム宣言を受けた日本側では、7月下旬、**鈴木貫太郎**[7]首相が記者会見において、同宣言を「黙殺」する旨の発言をした。しかし、その後のアメリカによる原子爆弾の二度の投下に加え、8月8日にソ連が日本に**宣戦布告**[8]をしたことで、降伏に向けた動きが日本政府内で展開された。その結果、「天皇ノ国家統治ノ大権ヲ変更スルノ要求」がポツダム宣言に含まれていないとの前提でそれを受諾する旨の申入れを、日本は連合国へと行ったのである（8月10日付）。

この日本側の申入れに対し、連合国側は次のような回答をした。①天皇と日本政府の国家統治の権限は、降伏条項の実現のために必要な措置をとる連合国最高司令官の制限下（subject to）に置かれること、②日本政府の確定的形態は、ポツダム宣言に従って、「日本国国民ノ自由ニ表明スル意思ニ依リ」決められるべきであることなどである（8月11日付）。この連合国からの回答は、アメリカ国務長官の**ジェームズ・バーンズ**[9]の名をとって、バーンズ回答と呼ばれる。

当時の日本政府は、**国体**[10]の護持を、譲れぬ一線としていた。このことは、ポツダム宣言受諾後のこととなるが、8月22日

[7] 鈴木貫太郎（1867～1948）大阪府出身の海軍軍人・政治家で、海軍兵学校、海軍大学校を卒業後、海軍時間や連合艦隊司令長官を務めたほか、海軍軍令部長や侍従長にも就いた。1945年4月に内閣総理大臣となり、ポツダム宣言受諾後の8月15日に総辞職。その後も枢密院議長を務めた。

[8] 宣戦布告　ある国が他国に対して戦争を宣言することで、「戦争宣言」や「開戦宣言」などとも呼ばれる。「開戦に関する条約」（1910年発効）では、この宣戦布告を戦争開始のひとつに数えており、宣戦布告がなされると、両国は「交戦国」となる。

[9] ジェームズ・バーンズ（1882～1972）　サウス・カロライナ州に生まれたバーンズは、弁護士活動も行ったが、1911年からアメリカ下院議員を務めるなど政治家としても活躍した。F.ルーズベルト大統領時代に連邦最高裁判事に就任。しかし1年ほどで辞し、経済安定局長官、戦時動員局長官などを歴任した。1945年7月、トルーマン大統領のもとで国務長官となる。戦後はサウス・カロライナ州知事も務めた。

[10] 国体　明治憲法で定められた、天皇の統治権を総攬（そうらん）する政治体制のことを指す。1929年5月31日の大審院判決も、治安維持法にみられる「国体」の語に対し同様の理解を示した。1945年5月のドイツ降伏後、連合国との和平交渉が政府内で模索された際、ソ連へ特使として派遣される予定であった近衛文麿は、「皇統を確保し天皇政治を行う」ことを「国体」の中心に位置づけた文書を準備しており、これも同じであろう。ただ、この「国体」の観念は、天皇による統治を絶対視するイデオロギーとして作用することもあった。第1章[105]も参照。

の記者会見で時の首相であった**東久邇稔彦**が「国体護持ということは、理屈や感情を超越した堅い我々の信仰である」と述べたことからもうかがえる。それゆえ、ポツダム宣言とバーンズ回答がその譲れぬ一線を越えるものか否かは、重大な問題であった。

　特に、上述の天皇などの国家統治の権限を連合国最高司令官の「制限下」に置くとの文言は連合国最高司令官に天皇を従属させるものか、「日本国国民ノ自由ニ表明スル意思ニ依リ」決められるとの文言は日本の「国体」を破壊するものか、といった論点があった。

（2）「聖断」と占領

　これらの論点について、当時の日本の外務省では、占領がなされる以上、主権の行使が占領軍によって制限されることは当たり前で、内政干渉の意図はなく国民の自由意思に委ねるべしと連合国側が説くのは当然であるなどと理解していた。そして、日本国民の自由意思により決まるとなれば、国体の変革をもたらすような恐れはないとの考えに立っていた。

　8月14日のいわゆる**御前会議**でもこれらの論点が議論されたが、列席者の意見は一致しなかった。そのため、鈴木首相の自伝によれば、昭和天皇の考えを聴いて「本会議の決定と致したい」旨の発言が首相からなされた。その結果、外務省の理解を踏まえ、「国体」護持の希望は満たされているとの考えに立つ天皇の「聖断」によって、ポツダム宣言の受諾が決定された。

　こうして日本がポツダム宣言を受諾したため、占領に向けた本格的な動きが進展することになった。8月14日には、連合国最高司令官に**マッカーサー**が任命され、同30日に彼は日本に到着した。

　マッカーサーの権力は絶大なものであった。彼は後年、日本占領時の自身の権力を「事実上無制限」のものであったと表現したし、アメリカの著名な外交官であった**ジョージ・ケナン**も、当時のマッカーサーが「事実上、昔の君主に等しい役割」にあったと述べた。だとすれば、被占領国の天皇や国

---

[11] 東久邇稔彦（1887~1990） 久邇宮朝彦親王の子で、1906年東久邇宮家を創設。陸軍士官学校および陸軍大学校卒業後、陸軍の各師団長などを歴任、1941年に防衛総司令官となった。ポツダム宣言受諾後の1945年8月17日、初の皇族首相となったが、のちに公職追放、11月には皇籍から離脱した。

[12] 御前会議 1937年、大本営の設置の後、戦争指導の一元化を図るべく、大本営政府連絡会議が設けられた。首相、外相、陸相、海相のほか、陸海軍から参謀総長と軍令部総長とがその構成員となり、ほかの閣僚などが参加する場合もあった。同会議は、後年に最高戦争指導会議と改称されたが、これらの会議に、特に天皇が臨席し、枢密院議長が加わる形で行われたのが御前会議であった。

[13] マッカーサー（1880~1964） 南北戦争の英雄の子として生まれたマッカーサーは、陸軍士官学校を卒業後、第一次世界大戦に参加、陸軍参謀総長などを務めると。1950年に朝鮮戦争が始まると、国連軍総司令官となった。ただ、中国との全面戦争を唱えたことでアメリカのトルーマン大統領と衝突した結果、1951年に総司令官を解任された。

[14] ジョージ・ケナン（1904~2005） ウィスコンシン州で生まれたケナンは、プリンストン大学卒業後、アメリカ国務省に入り、各地のアメリカ大使館などで勤務した。第二次世界大戦後、ソ連の膨張を抑えるべく、ソ連周辺の国々へとアメリカが経済的・軍事的援助を行うことなどを内容とする対ソ政策（「封じ込め」政策）を提唱した。

民が主権者たりうるはずはなく、この時の日本はマッカーサーを主権者とする支配体制だと理解することも、理由のないことではない。

マッカーサーをトップとした日本の占領は、沖縄を除き、日本政府を通じて統治が行われる方法、すなわち「間接統治」や「間接管理」などと呼ばれる方法で実施された。ただし、例外的ながら、占領軍による統治が直接行われる場面も想定されていた。たとえば、トルーマン大統領が承認し、アメリカの統合参謀本部から送付された「連合国最高司令官の権限に関するマッカーサー元帥への通達」（9月6日付）では、「日本の管理は、日本政府を通じて行われる」が、それは「このような措置が満足な成果を挙げる限度内」でのことであって、「必要があれば直接に行動する貴官〔注：マッカーサーのこと〕の権利を妨げるものではない」とあった。

10月2日には、4つの参謀部と9つの特別参謀部を擁する連合国最高司令官総司令部（GHQ）が発足した。日本国憲法の成立にとって重要な役回りを果たした民政局（Government Section）は、特別参謀部のひとつであった。一方、連合国は12月、占領政策の最高決定機関として**極東委員会**（Far Eastern Commission）をワシントンに置くこと、そしてその出先機関たる**対日理事会**（Allied Council for Japan）を東京に置くことを決定した。

極東委員会は、日本国憲法に「文民」条項（66条2項）を挿入するきっかけを作った組織だが（▶第6章2（3））、その存在感を大いに発揮できたわけではなかった。マッカーサーは、連合国最高司令官として極東委員会の権限下にあったものの、極東委員会が実質的にその力を行使することはなかったとされる。政治外交史学者の福永文夫が説くように、「日本占領は、連合国の占領でありながら、実質的にはマッカーサーによるアメリカの単独占領であった」のである。

★**沖縄の「戦後」** 大戦中の1945年4月、アメリカ軍が沖縄本島へと上陸を開始し、数か月にわたる沖縄戦が行われた。この頃、アメリカは「米国海軍軍政府布告第1号」（いわゆるニミッツ布告）によって沖縄での日本政府の統治権を停止させ、ニミッツ海軍元帥をトップとした「軍政府」による統治の開始を宣言した。1950年には軍政府が民政府へと改組され、後述の沖縄返還まで、この体制が続いた。民政府のもと、1952年、日本人を長（行政主席）とする琉球政府が設置されたものの、行政主席は当初アメリカ側が選ぶ仕組みとなっており、さらにサンフランシスコ平和条約によって、沖縄を含む南西諸島などでの「施政権」がアメリカにあることも承認された。アメリカは沖縄に巨大な軍事基地を設け、1965年のベトナム戦争でもアメリカ軍の重要な拠点として用いられたほか、沖縄の政治経済は基地の存在に強く影響を受けてきた。1971年に沖縄返還協定が成立、翌年5月、施政権が日本側へと変換されて本土復帰が実現したが、返還後もアメリカ軍の基地が設置され続け、今日に至っている。

[15]**極東委員会** 日本の占領政策について一定の権限をもっていた極東諸国委員会に代えて設置されたもので、占領政策の最高決定機関であった。発足時11か国を数えた委員会構成国のうち、アメリカなど4か国が拒否権をもっていた。極東委員会で決められた事項は、アメリカを経由してGHQへ伝えられる仕組みになっていた。

[16]**対日理事会** 連合国最高司令官の諮問機関として設置された組織で、アメリカ、イギリス、ソ連、中国の4か国の代表からなっていた。当初は占領政策について司令官に助言を与えることで一定の力を発揮できたが、次第にアメリカとソ連の対立によってその機能を失ったとされる。

2　日本国憲法の成立

（1）憲法論議の始まり

　この占領下の日本で、日本国憲法は成立した。敗戦当初、憲法学者の**美濃部達吉**[17]が大日本帝国憲法（明治憲法）の改正は不要だとの見解を公表していたが、GHQ から憲法改正に向けた一定の示唆を受けたことからいち早くその準備に着手したのが**近衛文麿**[18]である。

　近衛は、1945年10月4日にマッカーサーと会談した際、マッカーサーから憲法改正を要する旨の示唆を受けた。また、同8日には、マッカーサーの政治顧問であった**ジョージ・アチソン**[19]から、具体的に改正を要する事項が近衛らに示された。近衛からこうした GHQ 側の意向が宮中に伝えられた結果、天皇は近衛に対し、「ポツダム宣言の受諾に伴い、大日本帝国憲法改正の要否、若し要ありとすればその範囲如何」について調査のうえ奉答せよとの命を下した。**内大臣府**[20]の御用掛に任ぜられた近衛は、憲法学者の佐々木惣一（▶本章[42]）の協力を得て、その調査を行った。

　このような近衛の動きに対し、当時の幣原内閣は、憲法改正は重大な国務であって内大臣府で進めるべきものではないとの立場から反発した。当初、幣原首相自身は憲法改正に消極的であったとされるが、10月11日にマッカーサーを訪問した折、日本がなすべき改革には憲法改正が当然含まれると強く勧告されたこともあり、内閣において憲法調査を行うこととした。そこで設置されたのが憲法問題調査委員会である。国務大臣の**松本烝治**[21]を委員長とした、このいわゆる松本委員会は、**清水澄**[22]、美濃部達吉ら著名な憲法学者を顧問に、同じく憲法学者の**宮沢俊義**[23]や**清宮四郎**[24]らを委員に、さらに法制局から**楢橋渡**[25]長官、**入江俊郎**[26]第一部長、**佐藤達夫**[27]第二部長を委員に迎えて発足した。

　こうして、恰好としては、内大臣府と内閣とで、別々に憲法調査が行われた。しかし、アメリカ国内では、戦争中に首相の座にあった近衛が憲法改正に携わることを批判する新聞

---

[17] **美濃部達吉（1873〜1948）** 兵庫県出身の憲法・行政法学者で、東京帝国大学法科大学を卒業後、内務省に入った。その後、海外留学を経て1900年、東京帝国大学法科大学で比較法制史の助教授となった。後年、行政法や憲法の講座を担当した。天皇機関説を唱えたが、1935年の国体明徴運動によって貴族院議員の職を辞したほか、一部の著書も発禁とされた（天皇機関説事件）（▶第10章[41]）。

[18] **近衛文麿（1891〜1945）** 貴族院議長などを務めた近衛篤麿（あつまろ）の長男として生まれ、京都帝国大学法科大学を経て、内務省に入った。1916年には貴族院議員となり、後年、貴族院議長にもなった。1937年、第1次近衛内閣を組織し、1940年の第2次近衛内閣期には、近衛を中心とした新体制運動の結果、大政翼賛会が結成された。終戦後、戦犯に指名され、自殺。

[19] **ジョージ・アチソン（1896〜1947）** コロラド出身の外交官で、カリフォルニア大学バークレー校を卒業後、国務省に入った。国務省では主に中国のアメリカ大使館などで勤務した。1945年9月、マッカーサーの政治顧問として日本に送られ、その後、GHQ 外交局長や、対日理事会議長を務めた。

[20] **内大臣府**　1889年の内閣制度発足とともに、宮中では、天皇を常に補佐する内大臣が置かれた。内大臣のもと内大臣府が置かれ、御璽国璽（ぎょじこくじ。天皇の印章）の管理のほか、詔書や勅書などに文書に関する事務を担った（内大臣府官制〔明治40年皇室令4号〕1条）。

[21] **松本烝治（1877〜1954）** 東京出身の商法学者で、東京帝国大学法科大学を卒業後、一時農商務省に勤めるも、1903年東京帝大法科大学助教授となり、商法と民法の講座を担当した。1923年に法制局長官となり、その後も商工大臣などを歴任した。

などが現れた。その結果、GHQは、幣原首相に対して憲法改正の指令を伝えたこと、近衛の憲法調査はGHQの支持を得たものでないことなどを、声明として発表した（11月1日付）。

内大臣府での憲法調査の成果は、11月下旬、近衛と佐々木それぞれから天皇に伝えられた。ただ、**憲法調査会**[28]がまとめた『憲法制定の経過に関する小委員会報告書』によると、内大臣府での調査結果は、松本委員会での議論や、その後のGHQ民政局での憲法草案作成作業に影響を与えることはなかった。

（2）松本委員会での憲法調査

一方、松本委員会での憲法調査はどうであったか。

委員会の調査活動は、総会、調査会、小委員会とで行われた。当時そこでの議論の内容は公開されていなかったが、1945年12月8日の帝国議会での質疑において、松本は、天皇が統治権を総攬するという原則は変更する必要がないこと、議会の権限を強化することなど、計4つの事項を自身の考えとして開陳した。いわゆる「松本四原則」である。

その後、松本は1946年1月、松本委員会での議論状況を参考にして、憲法改正の私案をまとめた。それをもとに要綱の形に整理されたのが「甲案」と呼ばれるもので、それに対し、松本委員会での各種の意見を取り入れたものは「乙案」と呼ばれた。両者を比較すると、甲案のほうが、より明治憲法を維持する案であった。

甲案の要点をいくつか拾い上げると、①明治憲法3条の規定を「天皇ハ至尊ニシテ侵スヘカラス」と改正すること、②軍の制度は存置するが、**統帥権の独立**[29]は認めず、国務大臣は統帥についても輔弼をするよう改正すること、③**緊急勅令**[30]については帝国議会の常置委員会への諮問を必要とするよう改正すること、④貴族院を参議院とし、その議員は選挙または勅任の議員で組織するよう改正することなどがいわれていた。これに対し、乙案は、「大日本帝国憲法」を「日本国憲法」に、「臣民」を「国民」に変更することなどに加え、軍に関す

[22] **清水澄**（1868〜1947）石川県出身の憲法学者で、帝国大学法科大学卒業後、学習院教授や行政裁判所評定官を歴任後、行政裁判所長官や枢密顧問官などを務めた。1946年3月、天皇の諮問機関であり、憲法改正案の審査も行った枢密院議長となる。1947年に公職追放を受けた。

[23] **宮沢俊義**（1899〜1976）長野県出身の憲法学者で、東京帝国大学法学部卒業後、同大学助教授を経て、憲法講座を担当する教授となった。松本委員会で憲法問題調査に加わったほか、1946年には貴族院議員となり、憲法改正案の審議にも参加した。東京大学退官後は、立教大学法学部教授を務めた。

[24] **清宮四郎**（1898〜1989）▶第1章[21]を参照。

[25] **楢橋渡**（1902〜1973）▶本章2（3）の★を参照。

[26] **入江俊郎**（1901〜1972）▶本章2（3）の★を参照。

[27] **佐藤達夫**（1904〜1974）▶本章2（3）の★を参照。

[28] **憲法調査会**　1956年の憲法調査会法に基づき、日本国憲法に検討を加え、関係諸問題を調査審議するために内閣に設置された。委員は50名以内と定められ、法学者や政治学者ら学識経験者も迎え、東京大学法学部教授の高柳賢三を会長とした。調査会議事録のほか、各国憲法の邦訳や各種報告書などを刊行し、1965年に廃止された。

[29] **統帥権の独立**　明治憲法11条では、軍隊を指揮命令する統帥権を天皇の大権としたが、ほかの天皇の大権とは異なり、国務大臣の輔弼（明治憲法55条）を不要とした。統帥権は内閣や議会から切り離されており、これを指して「統帥権の独立」と呼んだ。この仕組みを中心に、明治憲法下の日本では、政治と軍事とを切り離す主義（「兵政分離主義」）が採られていた。

[30] **緊急勅令**　勅令とは、形式

る規定をすべて削除する案となっていた。

　ところで、2月1日、この松本委員会での調査の内容が露見する事態が生じた。その日の毎日新聞に、政府の憲法改正作業の内容がうかがえるものだとして、「憲法問題調査委員会試案」というものが掲載されたからである。掲載された「試案」は、甲案乙案のいずれでもなかったが、委員の宮沢俊義が議論を整理するために作成したものであり、乙案に近しい内容をもつものではあった。

　この毎日新聞のスクープ記事が世に出た頃、松本による憲法改正問題の調査は終盤に入りつつあった。上述の甲案は、松本による修正を経て、1月29日から閣議での検討に付された。その検討結果を踏まえてまとめられたのが「憲法改正要綱」である。その「要綱」は、2月8日、GHQに対して提出された。

　しかし、GHQはそれを拒否した。というのは、毎日新聞に掲載された「委員会試案」への各紙の論調などをもとに、それを世論を代表しないものだと判断したようだからである。さらに、すでにこの時点で、GHQ内部で憲法草案を作成する作業が相当程度進行してもいた。実際、次に述べるように、13日にはできあがった憲法草案が日本側へと手交されることになる。

（3）総司令部案の作成

　GHQの憲法草案の作成作業は、マッカーサーが示した「マッカーサー・ノート」[31] と、憲法改正に関してアメリカ政府が定めた方針であったSWNCC228[32] をもとに実施された。このうち、「マッカーサー・ノート」では、天皇は国家の元首の地位にあること、皇位の継承は世襲とすることなどのほか、「国家の主権的権利」としての戦争を放棄し、「紛争解決のための手段としての戦争」だけでなく「自己の安全を保持するための手段としてのそれ」も放棄することなどが記されていた。

　すでに2月1日の時点で、GHQでは、民政局長のホイットニー[33] によって、最高司令官は日本の憲法改正を進めるため

上天皇によって制定された、命令の一種である。1907年以降、首相に加え、主任の大臣が副署をすることで発せられた。緊急勅令はその勅令の一種で、明治憲法8条に基づき制定された。これは帝国議会閉会中に限り、緊急の必要がある場合に、法律に代わるものとして制定されるもので、事後的に議会の承諾を得る必要があった。緊急勅令には閣僚全員が副署をした。

[31] マッカーサー・ノート
マッカーサー三原則とも呼ばれるもので、本文中に示したもののほか、日本の封建制度は廃止されること、予算の型は英国の制度にならうことなどがいわれていた。なお、自衛のための戦争をも放棄する旨のことも記されていたが、民政局のケーディス（▶第6章 [9]）によってその部分が削られたため、総司令部案には含まれていなかった。第5章 [18] も参照。

[32] SWNCC228　SWNCCとはアメリカの国務省・陸軍省・海軍省の三省調整委員会のことを指すが、この委員会は日本の占領政策の立案を担当していた。同委員会文書228号（1946年1月7日）では、日本の憲法改正問題に関するアメリカ政府の方針が記されており、議会の権限のこと、国務大臣が連帯して議会に責任を負うこと、皇室財産のことなど、かなり具体的な内容をもつものであった。

[33] ホイットニー（1897〜1969）
ワシントンD.C.出身の陸軍軍人で、ジョージ・ワシントン大学ロースクールを卒業し、軍人を退いてフィリピンのマニラで弁護士としても活動した。その後、再び軍務に就くと、1945年8月にマッカーサーとともに日本に入り、12月にはGHQ民政局長となった。

84　　第4章　日本国憲法の成り立ちとは？——憲法制定史

の権限がある旨のメモランダムが作成されており、3日になってマッカーサーは、民政局に対し、上記の「マッカーサー・ノート」を示したうえで、それを採用した日本の憲法草案を作成するよう命じた。

民政局では、この草案作成作業を、運営委員会、立法権に関する委員会、行政権に関する委員会などに分かれて進めた。それぞれの委員会に属した民政局の軍人らは、決して憲法や法律に無知な素人であったわけではない。むしろ、ホイットニーやケーディス（▶第6章［9］）のようにアメリカのロースクール出身者をはじめとして、博士号をもつ者や議員経験がある者、さらに10年ほどの滞日経験をもつ**ベアテ・シロタ**[34]といった面々がいた。

彼らは、アメリカの憲法を中心に、**ワイマール憲法**[35]など各国の憲法を参照しながらその作業に従事した。そして、主権をはっきりと国民のもとに置くことや、一院制の議会とすることなどを考慮して草案を作成した。

民政局が作成した憲法草案は、2月10日に完成し、のちにマッカーサーの承認を得た。「総司令部案」や「マッカーサー草案」などと呼ばれるものがそれである。完成した総司令部案を見ると、天皇は「国家ノ象徴」であり、「人民ノ統一ノ象徴」で、その天皇の地位は「人民ノ主権意思ヨリ承ケ」たものであること（1条）、戦争を廃し、「紛争解決ノ手段トシテノ武力ノ威嚇又ハ使用ハ永久ニ之ヲ廃棄」すること（8条）、国会は「単一ノ院ヲ以テ構成」されること（41条）などの条文案があった。

この総司令部案は、13日、日本側へと手交された。内容からいえば、もはやポツダム宣言受諾時にみられた「国体」の護持という一線のうちに踏みとどまるものではなかった。19日の日本側の閣議では総司令部案の説明が行われ、後日、幣原とマッカーサーの会談、そして松本とホイットニーの会談がもたれたものの、これ以降、日本政府は総司令部案に基づいた憲法草案を起草することとなり、総司令部案を下敷きとして日本国憲法が成立することになる。歴史は勝者が書くものだが、占領下の日本では、憲法さえも勝者が書いたのであ

［34］**ベアテ・シロタ**（1923〜2012）　ウィーン出身で、ピアニストとして高名であった父親のレオ・シロタが東京音楽学校教授に就任、父母とともに来日した。その後渡米するが、日本語を解するGHQ民間人スタッフとして1945年12月に日本へと戻り、民政局へ配属された。

［35］**ワイマール憲法**　第一次世界大戦の敗戦国となったドイツで、1919年8月に制定された。共和制を採ることを明記したほか、国民主権や生存権の規定、さらに国民発案などの直接民主制的仕組みなどを備えた憲法であった。1933年、アドルフ・ヒトラーが政権を握ると、ワイマール憲法は実質的に廃止された。**第12章［1］**も参照。

る。

　総司令部案を受けて、日本側では松本のほか、佐藤達夫ら法制局の手によって、起草作業が行われた。3月2日に完成し（「3月2日案」などと呼ばれる）、4日になって総司令部へ提出された日本側の草案では、天皇の地位は「日本国民至高ノ総意」に基づくものと表現されていたほか、議会を二院制とするなどの変更も加えられていた。

　総司令部に3月2日案が提出された4日から、翌5日夕方にかけて、確定の草案を作成したいとの総司令部側の申入れに従って、日本側草案の英訳作業に続き、日本側とGHQ側との間での逐条審議が夜を徹して行われた。こうして完成した草案は、5日のうちに閣議を経て、6日、内閣から「憲法改正草案要綱」として発表された。

　同「要綱」には、「天皇ハ日本国民至高ノ総意ニ基キ日本国及其ノ国民統合ノ象徴タルベキコト」とあり、また、この要綱をもとに法文化された憲法改正案（4月17日発表）では、「天皇は、日本国の象徴であり日本国民統合の象徴であつて、この地位は、日本国民の至高の総意に基く」（1条）とされた。このように、1条に限ってみると、少なくともその文言上、日本側の「3月2日案」が帝国議会へと提出されるタイミングまでは基本的に維持された。

　なお、上記のふたつの文章を見比べれば明らかなとおり、このとき、憲法の条文は口語体となった。これには、**山本有三**ら「国民の国語運動連盟」関係者の建議のほか、法制局内部での、当時の文部省関係者による教示などを受けたうえでの検討結果が反映されている。松本烝治によれば、この口語体化に対して閣議で反対する者はなかったという。

★**当時の法制局**　法制局は、日本国憲法の成立に大きな役割を果たした。このことは、内閣法制局百年史編集委員会編『内閣法制局百年史』（大蔵省印刷局・1985年）96頁以下でも紹介されている。前述の松本委員会の時点で長官を務めていた楢橋渡は、1946年1月まで長官を務めたが、公職追放を経た後、改進党や自由民主党などに属して国会議員として活動した。楢橋とともに松本委員会に参加した入江俊郎と佐藤達夫は、法制局で日本国憲法の成立を最後まで見届けた。東京出身の入江は、東京帝国大学法学部卒業後、内務省を経て1927年に法制局参事官となった。第一部長や次長を務めてから1946年3月に長官に就任し、翌年5月末、日本国憲法の施行を見届けてから退官した。その後、衆議院法制局長を経て、1952年最高裁判官となった。佐藤は福岡県出身で、東京帝国大学法学部卒業後、入江と同じく内務省を経て1932年に法制局参事官となった。第二部長、第一部長、次長を務め、1947年6月から長官となった。佐藤は、全4巻の『日本国憲法成立史』（有斐閣・1962〜1994年）など、憲法の成立史を描く重要な著作を残した。

[36]　**山本有三**（1887〜1974）
栃木県出身の劇作家・小説家で、本名は勇造。第一高等学校、東京帝国大学卒業。在学中から芥川龍之介らと文筆活動を行っており、『波』『路傍の石』などの小説がある。戦後は参議院議員としても活躍し、1965年文化勲章を受章した。

コラム❸　憲法の口語体化

　それまで文語体であった日本の法令は、憲法を皮切りに、1946年4月23日の内務省令がそうであるように、一般の法律や命令でも口語体化が進められた。憲法の口語体化は、本文で述べたとおり山本有三らの建議もそのひとつ

のきっかけだが、法制局参事官の渡辺佳英の努力も大きかった。

　入江俊郎は当時を回顧し、山本らの建議を受けて渡辺に意見を求めたところ、口語体化に賛成だと彼が答えたと何度か書いた（入江「新憲法草案起草の思い出」郵政2巻5号〔1950年〕10頁など）。しかし渡辺の側は、あるインタビューで「入江さんのまったくの記憶違い」と語り、法制局内で口語体化を最初に主張したのは自分である旨の発言をしている（西修『証言でつづる日本国憲法の成立経緯』〔海竜社・2019年〕139頁以下）。

　真偽のほどはわからないが、渡辺が主体的に憲法の口語体化に向けて動いたことは間違いない。国会図書館憲政資料室に残る資料では、渡辺が当時、文部省の図書監修官から口語体のレクチャーを受けていたことがわかる。彼はその結果、文語体は簡潔で雄渾、時間の経過によって変遷する恐れが少ないが、難解で親しみにくいという「致命的欠陥」があるとし、「万事に民主主義的傾向の抬頭した今日、法文口語化の採用は、これを避けるわけには行くまい」とのメモを残した（荒邦啓介「憲法『口語体化』覚書─法制局と文部省との関わりを手掛かりにして」洗足論叢44号〔2016年〕35頁以下）。

　時代の趨勢をとらえ、憲法の口語体化に向け最も汗をかいたひとりが、当時30代になったばかりの若き参事官・渡辺だったのである。

（4）帝国議会での審議

　法文化された憲法改正案は、明治憲法73条に従い、4月16日に枢密院へと諮詢され、6月に可決された。そして同20日、帝国議会へと提出された。25日には衆議院本会議で、総理大臣の**吉田茂**[37]が憲法改正案の提案理由の説明を行った。衆議院では、憲法改正案を審議するための特別委員会が設置されたほか、小委員会も設けられた。

　この特別委員会および小委員会の委員長を務めたのが、**芦田均**[38]である。両委員会で審議が進められた中、GHQから、主権が国民に存することを明確にするよう求められた。それを受けた衆議院では、既述のとおり「天皇は……象徴であつて、この地位は日本国民の至高の総意に基く」とあった政府の改正案を、「天皇は、日本国の象徴であり日本国民統合の象徴であつて、この地位は、主権の存する日本国民の総意に基く」（1条）と修正し、可決した。主権の所在を明確化させる

[37] 吉田茂（1878～1967）
東京府出身の外交官・政治家で、東京帝国大学卒業後、外務省に入った。1928年には外務次官となったが、第二次世界大戦末期には和平工作を企てたかどで陸軍刑務所に収監された。東久邇内閣・幣原内閣で外相となり、1946年に第1次吉田内閣を組織した。「ワンマン宰相」とも呼ばれ、日米安全保障条約を基礎とした軽軍備・経済発展を目指す内政外交を展開した。**第6章[13]**も参照。

[38] 芦田均（1887～1959）
京都府出身の外交官・政治家で、東京帝国大学法学部卒業後、外務省に勤務。ロシアやフランスなどでの駐在を経て、1932年に官界を去って衆議院議員に当選した（立憲政友会所属）。幣原内閣では厚相となり、1948年には日本民主党総裁として連立内閣を組織した。しかし、昭和電工事件によって総辞職に追い込まれ、政界を退いた。**第6章[17]**も参照。

修正であったことがわかる。

　また、貴族院での審議では、GHQから、内閣の閣僚を「文民」とする旨の規定を挿入するよう求められた。西修によると、衆議院での憲法9条案の修正（いわゆる「芦田修正」〔▶第6章2（3））〕）によって、日本が自衛のための戦力を保持しうるようになったと極東委員会が判断したことに基づく措置であった。

　ところで、帝国議会での審議を通じ、最も重大なテーマのひとつであったのが、「国体」の変更をめぐる問題であった。明治憲法が「君主主権」を採り、日本国憲法が「国民主権」を採るものだとすれば、「国体」のことが問題となってくる。天皇を国の元首とし、統治権を総攬するものとすることが「国体」だとすれば、美濃部達吉が当時指摘したように、そうではない日本国憲法へ変わってもなお国体は不変だと主張するのは「明白な欺瞞」であろう。

　しかし政府は、国体は変わらない、との姿勢をとった。上述の衆議院特別委員会の冒頭、憲法改正問題を担当した国務大臣の**金森徳次郎**[39]は、おおよそ次のようなことを述べた。①主権は天皇を含む国民に存する、②「国体」とは国の基本的特色のことで、国民が天皇とのつながりを保つ中でまとまり、天皇を「謂ハバ憧レノ中心」として考え、その上に国家がある、③憲法学者のいう「国体」は、明治憲法に現れた制度をもとに唱えられた表面的なものにすぎず、「モウ一ツ底ニ存在スル所ニ著眼シテ国体ノ観念ヲ見定メル」ことが求められる、と。憲法学者の説明する「国体」は変わったが、②のほうは不変だというわけである。

　こうした「国体」理解は、金森ひとりが作ったものではなかったようで、国民が天皇を憧れの中心として仰ぐという、そのキャッチフレーズは、法制局の佐藤達夫のアイデアであったと、後年佐藤自身が記している。

　さて、憲法改正案は、貴衆両院で可決された後、再度枢密院へと諮詢され可決された。そして1946年11月3日、**上諭**[40]が付されたうえで日本国憲法が公布された。

[39]　**金森徳次郎（1886〜1959）**　愛知県出身の法政官僚・憲法学者で、東京帝国大学法科大学卒業後、大蔵省勤務を経て法制局へ移った。法制局参事官や第一部長を経て、1934年に法制局長官となった。大学の教壇にも立っていたが、天皇機関説を採っていたため、天皇機関説事件（▶第10章[41]）によって法制局長官を辞した。第1次吉田茂内閣で国務大臣となり、精力的に議会で答弁に立った。1948年には国立国会図書館初代館長となった。第5章[22]も参照。

[40]　**上諭**　明治憲法下、天皇の行為として制定された法の冒頭に、天皇の言葉として付された文章である。日本国憲法には、明治憲法73条による憲法改正が行われて成立したことを述べた上諭が、その前文の前に付された。次に述べる日本国憲法と明治憲法との法的連続性に関係するポイントのひとつである。

3　成立についての法的説明

（1）具体的な論点といくつかの学説

帝国議会開会前日の６月21日、マッカーサーは、明治憲法と改正憲法との完全な法的連続性が保証されなければならないとの一節を含む声明を出した。これは、新たな憲法は外部から強制されたもので、法的には何ら根拠がなく無効であるという主張を封じるためのものであったとされる。

とはいえ、日本国憲法の成立過程や、できあがった憲法の内容を見ると、明治憲法との法的連続性があるかどうか、外部から強制された無効な法なのかどうか、といった疑問点があること自体は、覆うべくもなかった。これらの問題は、戦後日本の憲法学でも論じられてきており、本章冒頭で述べたように、法学者らは、それぞれの立場から、日本国憲法に対して法的な説明を行ってきた。ここでは、①八月革命説、②改正憲法説、③非常大権説、④無効説の４つの学説に触れるが、その前に、明治憲法と日本国憲法との連続性、日本国憲法の有効性のふたつの点を各学説がどう考えているかを整理しておくと、**図表4-1**のようになる。

なお、これに加えて憲法改正に限界があるかどうかという論点もあるが、これについてはすでに**第３章**で扱ったのでそちらを参照されたい。

図表4-1：学説の分類

		明治憲法と日本国憲法との連続性	日本国憲法の有効性	主な論者
①	八月革命説	連続性なし	有効	宮沢俊義
②	改正憲法説	連続性あり	有効	佐々木惣一
③	非常大権説	連続性あり	有効	大串兎代夫
④	無効説	連続性なし	無効	井上孚麿

（2）八月革命説

最初に、八月革命説を取り上げよう。同説は、明治憲法と日本国憲法との連続性を否定しつつ、日本国憲法を有効な法

3　成立についての法的説明　　89

であるとするものである。この八月革命説は、すでに本章でも登場した宮沢俊義（▶本章[23]）によって、雑誌『世界文化』1946年5月号に掲載された論文「八月革命と国民主権主義」においてはじめて展開された。

　この学説によれば、バーンズ回答には、日本政府の確定的形態はポツダム宣言に従い、日本国民の自由に表明する意思によって決定されるべき、との一節があるが、これは「日本の政治についての最終的な権威が国民の意志にあるべきだ」ということ、つまりは「国民が主権者であるべきだ」ということを意味する。

　そして実際、1946年3月に日本政府が発表した「憲法改正草案要綱」では、「国民主権主義」が採用された。従来の日本政治の「根本建前」は、「政治的権威が終局的には神に由来する」という「神権主義」によっていたが、「国民主権主義」は「国民の意志が政治の最終の根拠」となるものである。この両者は原理的に異なるものであって、この変革は「憲法的には革命をもって目すべきもの」である。

[41] 革命　▶第3章[37]を参照。

　この変革によって、新たな根拠をもとにして成立したのが日本国憲法である、というわけだが、そもそも八月革命説は、「神権主義」から「国民主権主義」へという憲法の改正は有効に行われうるものではなく、それは「革命」というべきものだ、との考え方に立っている。それゆえ、この八月革命説は、憲法改正には一定の限界があるという理解、すなわち憲法改正限界説に立って展開されたものである。

（3）改正憲法説

　では、改正憲法説とはどのような学説か。この学説は、八月革命説と同じように、結論としては日本国憲法を有効な法であるとする。しかしながら、憲法改正限界説には立たず、明治憲法と日本国憲法との連続性を肯定する。

　改正憲法説に立つ**佐々木惣一**は、八月革命説とは違って、ポツダム宣言が明治憲法の変更を要求するものだと考えたり、あるいは直接明治憲法を変更させるものだと考えたりするのは誤りだとし、それは国民主権主義の採用を求めるものでは

[42] 佐々木惣一（1878～1965）鳥取県出身の憲法・行政法学者で、第四高等学校、京都帝国大学法科大学卒業後、同大学講師、助教授を経て教授となった。美濃部達吉と並び、当時の公法学界を牽引する存在であったが、1933年の滝川事件（▶第10章[42]）を契機に京都帝大を去った。1946年には貴族院議員となり、憲法改正案の審議に参加した。1952年には文化勲章を受章。

ないとした。そして、日本国憲法が明治憲法の改正手続を経て成立した点をみて、明治憲法と日本国憲法との間には法的連続性があると説く。

また、「革命」というのは、「法外の実力上の行動」によって法が成立させられたときに、その行動のことを指す言葉であるとし、日本国憲法は「革命」によって成立したものではないとする。

佐々木自身は、憲法改正に限界はないとする憲法改正無限界説を採る憲法学者であったが、いずれにせよ、八月革命説に立つ者とは異なって、改正憲法説では、「神権主義」から「国民主権主義」へという変更があったとしても、それをもって憲法改正の限界を超えるものとは考えないのである。

（4）非常大権説

以上のふたつの学説と比べると、マイナーな学説にとどまるものに、非常大権説と無効説がある。しかし、これら両説も、日本国憲法の成立という「一大ドラマ」を踏まえて提唱された学説である点で、八月革命説などと変わるところはない。

では、非常大権説とはどのようなものか。この学説は、ポツダム宣言の受諾や日本国憲法の成立を明治憲法31条の非常大権の発動によるものだと解し、日本国憲法を、一応、有効な法であるとする。

この学説の主唱者であった憲法学者の**大串兎代夫**[43]は、「朕深ク世界ノ大勢ト帝国ノ現状トニ鑑ミ非常ノ措置ヲ以テ時局ヲ収拾セムト欲シ」という、**終戦の詔書**[44]の冒頭にある一節に注意を払い、ここにいう「非常ノ措置」という言葉に着目する。

この「非常ノ措置」がどのような根拠に基づくものであったかといえば、非常大権説では、明治憲法１条および31条にあるとする。両条を根拠とし、国民の救済と「国体」の護持という目的から、一種の非常権の発動によって日本国憲法が成立したと同説は説く。

ただ、「国体」が護持された以上、天皇による政治体制を支える明治憲法１条から４条までは今日もなお存続しており、日本国憲法はその上にある。そして、その基底たる明治憲法

[43] **大串兎代夫（1903〜1967）** 大阪府出身の憲法学者で、東京帝国大学法学部卒業後、上杉慎吉のもと大学院で研究を始め、ドイツ留学を経て、東洋大学や國學院大學のほか、国民精神文化研究所、教学練成所などで活動した。大串によれば、大学卒業の前後の時期、国家三要素説に疑問をいだき、その後、国家学の研究や明治憲法の非常大権に関する研究などを主に行った。公職追放ののち、弁護士となり、1954年には名城大学教授となった。「憲法の会」などの日本国憲法の改正を求める団体などにも参加した。

[44] **終戦の詔書** 1945年８月14日にポツダム宣言を受諾する旨の詔書として発布されたもの。「終戦の詔勅」と呼ぶこともある。鈴木貫太郎首相以下、全閣僚の副署が記されているもので、14日付官報号外にも掲載されている。15日正午のいわゆる「玉音放送」では、14日夜に録音されたこの詔書を読み上げる昭和天皇の音声が流された。

3　成立についての法的説明　91

と、上部構造たる日本国憲法をつなぎとめるように、明治憲法31条の非常大権が継続的に発動されていると解する。

（5）無効説

　最後に、無効説である。この学説は、これまで扱った３つの学説とは異なって、日本国憲法を有効な法だとは考えず、無効であると唱える。ただし、憲法改正に限界があるという点では、八月革命説と同じである。

　日本国憲法を無効だとする理解は、学界では今日ほぼみられない。しかし無効説は、いわゆる**自主憲法制定論**[45]などを後押ししうる学説であったから、特に1950〜60年代には、一定の政治的意味をもつものだったと思われる。ここでは、無効説を唱えた憲法学者の**井上孚麿**[46]の所説に触れておこう。

　無効説によれば、日本国憲法の成立過程には「重大且つ明白なる瑕疵」があるため、その成立を有効なものであるとは認められないとする。具体的には、①日本国憲法は明治憲法の改正によって成立したものだが、改正の限界を逸脱していること、②単に改正の限界を逸脱するだけでなく、改正の名において実際には明治憲法を全面的に廃棄しており、このような行為は許されないこと、③憲法改正というのは完全な「意思の自由」がなければ有効に成立しないものだが、日本国憲法制定の全過程で「急迫不当の強要」があったこと、④占領中は国の独立が失われ、天皇も政府も占領軍司令官に従属すべきものとされたから「統治意思の自由」はなく、そうした状況では憲法改正が有効に行われるはずがないことの４点を、その「瑕疵」として挙げる。

　これらの理由から日本国憲法を無効の法であるとする無効説は、本来有効な法である明治憲法を復原し、憲法改正が必要ならそこから再度行うことを求める学説である。

　以上の４つの学説以外にも、日本国憲法の成立を法的に説明するため、今日までいくつかの学説が提唱されてきた。とはいえ、どの学説によろうとも、日本国憲法を現時点では有効だと解する限り、憲法の個々の条文解釈に根本的な違いをもたらすようなことはおそらくない。一方、日本国憲法の改

[45] **自主憲法制定論**　一国の憲法は他国の干渉を受けず自主的にその国の決定で制定されるべきであるとの立場から、そのために日本国憲法の改正などが必要だと唱えるのが自主憲法制定論である。政界では、広瀬久忠や中曽根康弘らがこうした議論を展開した。占領軍の強制や、占領下での意思の自由のなさを指摘する点では、無効説と異なるところはないが、明治憲法を復原して自主憲法たる性格を確保する道をとるか、復原の必要はなく、日本国憲法を自主的に改正すればそれで十分だとするかで、自主憲法制定論と無効説とでは必ずしも一致するわけではない。

[46] **井上孚麿**（1891〜1978）　長崎県出身の憲法学者で、東京帝国大学法科大学卒業後、法政大学教授、台北帝国大学教授などとなった。その後、国民精神文化研究所に移ったが、1944年、東條英機内閣を批判した論文などが問題視されたこともあって辞職した。終戦後、ポツダム宣言に関する著作をあらわしたが、GHQに発禁とされている。大串兎代夫と同じく、改憲派の憲法学者として活動し、「憲法の会」にも参加した。1955年から亜細亜大学教授を務めた。

正に限界があるか否かといった論点にまで及んだ場合には、答えが異なることになろう。

4　占領下での憲法周辺の動き

（1）ポツダム緊急勅令

　繰り返しとなるが、日本国憲法の成立は、占領下での出来事であった。それゆえこの時期、通常ではみられないさまざまな動きがあった。憲法上、見逃せないであろうものとして、第1に、ポツダム緊急勅令のことに触れておきたい。

　そもそも占領下の日本の立法は、戦後内閣法制局長官や最高裁裁判官などを務めた**高辻正巳**[47]が「占領下の立法で占領軍当局のいきのかからなかつたものは、殆どないといつてよい」と書いたように、憲法以外の多くの法令を含め、GHQの強い関与のもとで行われた。そして、民政局で日本の法制改革を担当したアルフレッド・オプラーが「占領法規」を構成するものとして挙げたのが、ポツダム緊急勅令とポツダム命令であった。

　1945年9月2日の降伏文書において、日本は、ポツダム宣言を「誠実ニ履行スルコト並ニ右宣言ヲ実施スル為連合国最高司令官又ハ其ノ他特定ノ連合国代表者ガ要求スルコトアルベキ一切ノ命令ヲ発シ且斯ル一切ノ措置ヲ執ルコト」を約束した。その後、同月20日、明治憲法8条に基づき、ポツダム緊急勅令が定められた（「ポツダム宣言の受諾に伴い発する命令に関する件」〔昭和20年勅令542号〕）。このポツダム緊急勅令の内容は、連合国最高司令官のなす要求に係る事項を実施するため、特に必要のある場合、命令で所要の定めをすることができ、また罰則を設けることもできる、というものであった。つまり、これ以降、非常に広範な委任立法が可能となったのである。

　実際、このポツダム緊急勅令に基づき、**ポツダム命令**[48]と呼ばれるものが制定されていった。その数は占領終結までに520件ほどに上ったが、**公職追放**[49]のための命令（「就職禁止、退官、

[47] **高辻正巳**（1910～1997）静岡県出身の官僚で、東京帝国大学法学部卒業後、内務省に入った。1964年、佐藤栄作内閣のもとで内閣法制局長官に就いた。1973年に最高裁判事となり、その後は国家公安委員会委員のほか、1988年には法務大臣を務めた。

★「占領法規」の超憲法的効力
ポツダム命令に基づいて被告人を処罰すべきかどうかが争われた昭和28年7月22日の最高裁大法廷判決（最大判昭和28年7月22日刑集7巻7号1621頁）には、最高裁の真野毅裁判官らによって、ポツダム緊急勅令は「連合国最高司令官の為め要求に係る事項を実施する必要上制定されたものであるから、日本国憲法にかかわりなく憲法外において法的効力を有するものと認めなければならない」との意見が付された。占領法規の体系と、日本国憲法の体系とを別建てのものとして理解する「超憲法的効力説」と呼ばれる考えである。
　なお、占領法規については、昭和27年法律81号で、①ポツダム緊急勅令を廃止する、②ポツダム命令は、別に法律で廃止や存続の措置がとられない限り、同法律施行の日から起算して180日間に限り、法律としての効力を有する、とされた。

[48] **ポツダム命令**　ポツダム命令は、法形式上、勅令の場合もあれば、省令の場合もあった。後述の治安維持法などを廃止するためのポツダム命令は勅令であったが、省令で定められたものも多かった。たとえば、ポツダム命令の最初のものは、日本が発行していた軍票などを無効とすることや、占領軍発行の軍票と日本銀行券とを等価とし交換可能にすることなどを占領軍から求められたために制定された省令であった（昭和20年大蔵省令79号）。また、日本国憲法施行後は、勅令という法形式がなくなったため、政令で定められるものも登場した。

[49] **公職追放**　1946年1月にGHQから出された覚書に基づいて実施された各界指導者らの公職からの追放のことである。戦

退職等に関する件」〔昭和21年勅令109号〕）、「限定的再軍備」へと舵を切ることとなった警察予備隊令（昭和25年政令260号）などが含まれる。これらは、日本国憲法に基づく政治を支える民主化改革がどう始まったか、今日いっそう重要なテーマとなっている安全保障と憲法との関係が歴史的にどう築かれてきたかといったことを考えるとき、その考察の出発点に据えられるべき重要な法令である。

（2）軍に関する法制度の廃止

　憲法上、この時期に生じた見逃せない動きの第2は、軍に関する法制度が廃止された点であろう。

　本章において、松本委員会の乙案は軍に関する規定がすべて削除されたものであったことに触れた。この乙案に対して、松本委員会の顧問であった美濃部達吉は、軍隊をもたない独立国はありえず、軍事に関する規定が憲法に置かれるのは当然であるとの指摘を行った。天皇機関説や統帥権の理解をめぐって軍と対立する立場にあった美濃部ですらそのように主張するほど、軍に関する規定を憲法から削除するというのは、きわめて重大な出来事であった。

　実際に成立した日本国憲法には、よく知られるように、軍を存置するための規定はなく、むしろ戦争放棄と戦力の不保持などを定める9条がある。ただ、日本国憲法の制定以前から、占領下の日本では、非軍事化のための改革を進めるべく、憲法以外の法令において、軍に関する規定を削る作業が急ピッチで進められた。

　もともと、戦時に用いるための法令の整理は、憲法改正問題に先立ち、1945年9月末から日本政府内で検討が進められていた。また、戦時の法令と特に関係が深い組織であった陸軍では、軍に関する法令を改廃するための専門の委員会が設置され、直ちに廃止すべき法令はどれか、存続を要する法令はどれかといった選定作業を行っていた。

　その作業も踏まえ、**国家総動員法**[50]や**治安維持法**[51]、**兵役法**[52]などの諸法令が続々と廃止された。しかし、その廃止のための法令を確認すると、国家総動員法の廃止は法律で行われたの

争犯罪者、職業軍人、大政翼賛会の幹部など、A項からG項までに該当する者をその対象とし、国会議員や地方議会議員などの職を追われることとなった。著名な政治家では、鳩山一郎や石橋湛山などがこれによって追放された。

[50] **国家総動員法**　1938年に制定された法律で、「国家総動員」とは、国防目的を達成するため、「国ノ全力ヲ最モ有効ニ発揮」させられるよう、「人的及物的資源ヲ統制運用」することを指す（1条）。物資や企業活動、労働などの各場面に対し、政府が勅令の制定などを通じて統制を図ることができる仕組みとなっていた。第9章[6]も参照。

[51] **治安維持法**　1925年に制定された法律で、国体の変革や私有財産制度の否認を目的とした活動を処罰するものであった。その後、罰則の強化や、取締りの対象となるものの拡大などが法改正を通じて行われた。第10章[5]も参照。

[52] **兵役法**　1927年に、それまであった徴兵令を改正して制定された法律で、「帝国臣民タル男子」（1条）の兵役義務について定めた。兵役の年数や、戦時の召集の規定などのほか、兵役を免れるための逃亡者に対する罰則規定ももつ。1945年には、兵役法と並んで義勇兵役法も制定され、女子を含め、徴兵対象を拡大するなどの措置がとられた。

に対し、治安維持法や兵役法、さらに国家総動員法に基づく
多くの勅令などの廃止は、ポツダム命令によって行われた。

　ポツダム緊急勅令に基づくものであるとはいえ、緊急勅令
ではない単なる勅令であるポツダム命令によって、法律を廃
止していたことになる。また、1945年11月には、陸海軍の復
員に伴って不要になる勅令のうち、陸海軍に関することだけ
を定めたものについては、陸海軍大臣の定める省令で廃止で
きる旨の勅令も定められた（昭和20年勅令632号）。これも一種
の委任だが、勅令を省令で廃止できるとするものであった。

　以上の例は、法の優劣の関係に、例外を認めるものであっ
たといえよう。占領下という特殊な事情が、憲法の周辺にお
いても、こうした注目すべき状況をもたらしたのである。

▶ おわりに

　本章では触れられなかったが、軍事制度で大きな変化が生
じていたのと同じように、占領下の日本では、たとえば地方
制度でも大きな変化が生じていた。地方公共団体の長を住民
が直接に選挙で選ぶと定めた日本国憲法の施行を待たずに、
知事や市長らを**直接公選**とするための法令の改正を済ませ、
1947年4月の段階でそれを実施していたという事実がある
（▶**第14章5（1）図表14-3**）。

　公職追放や警察予備隊令のことを含め、ここから何がうか
がえるであろうか。それは、日本国憲法を中心とした戦後日
本の政治の検討は、1947年5月3日から始めれば十分だとい
うわけではない、ということであろう。日本国憲法の成り立
ちを知り、その周辺を探索することは、戦後日本の政治の歩
みを知るうえで見逃すことができないさまざまなものを、我々
に教えてくれるのである。

　また、日本国憲法の成り立ちを追跡すると、「憲法を、い
つ、誰が書くのか（書くべきか）」という問題があることに気
づかされる。日本国憲法は、確かに、日本側の意見が一定程
度採り入れられて成立した。しかし実態としては、GHQが
書き、そのGHQの監視のもとで成立したものである。

[53] **直接公選**　もともと明治憲法下の知事は、一貫して中央政府によって選ばれていた（官選知事）。日本国憲法施行後は、憲法93条2項によって、知事は直接公選とされた。憲法を受け、当時の地方自治法では、そのための具体的規定が置かれていた（現在では主に公職選挙法中に規定がある）。

おわりに　　95

他国の例はどうか。一見すると、「憲法（Verfassung）」の制定を避けて、暫定的な性格をもつ「基本法（Grundgesetz）」を1949年に制定するにとどめた当時の西ドイツは、同じく第二次世界大戦の敗戦国でありながら、占領軍からの干渉を受けることなしに憲法を制定できた国のように思われるかもしれない。けれども、占領という現実が憲法の制定に影響を及ぼさなかったわけがない。

　ドイツでは敗戦後、日本と異なって「直接統治」型の占領が行われた。それはアメリカ、イギリス、フランス、ソ連の４か国による分割的な形でなされ、ドイツ基本法を制定したのは西側諸国に占領された地域においてであった。

　1948年７月、アメリカ、イギリス、フランスの軍政長官から占領下の各地域（ラント）の11の首相に対し、新たに制定すべき憲法の内容を指定した文書が渡された。そこでは、連邦主義を採用することや、民主的な憲法とすることなどが要求され、軍政長官はそれらの要求が満たされた場合にその憲法を承認するとされた。また、実質的な憲法制定会議であった議会評議会に提出された憲法草案は、確かに各ラントの首相や憲法学者、官僚らが練ったものだったが、議会評議会での審議過程で、占領軍は「指令」や「覚書」などの手段を通じ、盛り込まれるべき規定の具体的内容を示すなどして介入を行った。敗戦国は憲法を自由に書くことができない。このことは、日本もドイツも同じであった。

　さて、敗戦と占領によってもたらされた日本国憲法の成立を、どう考えるべきか。また、そのことと、憲法の内容の良し悪しという問題は、リンクするのか。日本国憲法の成立という「一大ドラマ」を踏まえてから、そうした論点を私たち自身で考究することは、自国の憲法の意義や将来を把握するうえで大切な行いである。それは、教養として憲法の世界を学ぶことでもあるだろう。

＊　　＊　　＊

　最後に、以上の経緯を経て制定された日本国憲法の全体像を示しておく。参考として、大日本帝国憲法（明治憲法）のそれも挙げるが、両者の構成の形式的な類似性に気が付くだろう。

★**占領と憲法**　近時の比較憲法研究によると、他国の占領下で制定された憲法（占領憲法）の寿命（実際の有効期間）は平均13年で、世界各国の全憲法の平均寿命（17年）より短いとされる。また、実際に、ほとんどの占領憲法は占領期の終了前かその終了直後に死滅していると言われる。そもそも占領中に憲法を制定することの方が少なく、107件の事例のうち、26件しか占領憲法が制定されていないとの調査結果もある。さらに、研究者の強い関心は、日本とイラクが、同じアメリカの占領下で憲法を制定したにもかかわらず、その後の国の発展や憲法の定着状況などに大きな違いが生じているのはなぜかということに向けられている。戦後一度も改正されることがなかった占領憲法である日本国憲法の分析を通して、民主政の安定や経済の発展を支える憲法理論の探究が続けられている。

図表4-2：ふたつの憲法の章立て

日本国憲法・全103条		
	（上諭）	
	前文	
第1章	天皇	1～8条
第2章	戦争の放棄	9条
第3章	国民の権利及び義務	10～40条
第4章	国会	41～64条
第5章	内閣	65～75条
第6章	司法	76～82条
第7章	財政	83～91条
第8章	地方自治	92～95条
第9章	改正	96条
第10章	最高法規	97～99条
第11章	補則	100～103条

大日本帝国憲法・全76条		
	告文・勅語・上諭（三詔）	
第1章	天皇	1～17条

第2章	臣民権利義務	18～32条
第3章	帝国議会	33～54条
第4章	国務大臣及枢密顧問	55～56条
第5章	司法	57～61条
第6章	会計	62～72条

第7章	補則（※改正・最高法規に該当する条項を含む）	73～76条

第5章

国事行為、公的行為、そして象徴とは？
——天皇制

▶▶▶ はじめに

　2024年6月、**徳仁天皇**^[1]・**雅子皇后**^[2]が、思い出の**オックスフォード**^[3]を訪問したことが大きなニュースとなった。徳仁天皇は1983年から1985年までオックスフォード大学マートン・コレッジに留学しており、雅子皇后は1988年から1990年まで同大学のベリオール・コレッジで学んでいた。徳仁天皇にとっては2001年に訪れて以来、雅子皇后にとっては留学終了後はじめての、オックスフォード訪問であった。

　さて、1985年に留学を終えた際、若き徳仁親王は記者会見で「これから先は国民の中に入っていく皇室ということが必要である」と述べていた。ここで示された国民とのかかわりは、現在に至るまで**今上天皇**^[4]にとってひとつの信念となっており、2010年に皇太子として記者会見した際にも、「〔象徴天皇は〕国民と苦楽を共にしながら、国民の幸せを願い、象徴とはどうあるべきか、その望ましい在り方を求め続けるということが大切」と述べ、さらに2019年、**即位後朝見の儀**^[5]において、「常に国民を思い、国民に寄り添いながら、憲法にのっとり、日本国及び日本国民統合の象徴としての責務を果たすことを誓」う、と述べている。

　ただし、ここで述べられたような、国民の中に入り、国民と苦楽を共にし、国民に寄り添う象徴としての天皇像は、日本国憲法が制定された段階において、制定者が考えていた象徴天皇の姿ではなかった。日本国憲法の制定段階においては、もっと違う背景・考え方から象徴天皇のあり方は意図されていたのである。

　では、本来の象徴天皇のあり方とはどのようなものだった

---

[1] **徳仁天皇（1960～）** 2019年5月1日に即位した。日本国憲法の制定後に出生した初の天皇。日本中世の交通史・水運史の研究者でもある。

[2] **雅子皇后（1963～）** 徳仁天皇の皇后。旧名は小和田雅子。元外務官僚。

[3] **オックスフォード** イングランド東部の都市で、英語圏で最古の大学であるオックスフォード大学が所在する。

[4] **今上天皇** 在位中の天皇を指す呼称。現在は徳仁天皇のことをいう。

[5] **即位後朝見の儀** 天皇が、即位後はじめて公式に、三権の長をはじめとした、国民を代表する人々と会う儀式のこと。即位の礼の一環として行われる。

のだろうか。なぜ、象徴天皇は国民に寄り添うものへとそのイメージを変えてきたのだろうか。本章ではその視点を中心に据えつつ、天皇制について概観していくことにしたい。

1　天皇の地位

（1）天皇という呼称について

　天皇という呼称はそもそもいつ成立したのか（大王という呼称がいつ天皇に改められたのか）ということについては、日本古代史研究における大きなテーマとなってきた。現在では、1998年に奈良県の**飛鳥池遺跡**[6]から、「天皇」の2文字が記された天武天皇時代の**木簡**[7]が出土したことから、遅くとも7世紀末頃には君主が天皇と呼ばれていたことは確実であるとされ、そのうえで、呼称の成立を、①**推古天皇**[8]の時代とする説、②**天智天皇**[9]の時代とする説、③**天武天皇**[10]の時代とする説、などで意見が分かれている（近年では、③が有力だと考えられている）。

　その後の**律令国家**[11]、**中世国家**[12]、室町後期から織豊期までの動乱期を経て江戸期の**幕藩体制**[13]と、社会構造が大きく変化する中で、天皇の権限や政治的立場、社会的な存在意義も変化していった。それらの内容については優れた日本史の概説書に譲り、ここでは日本国憲法における天皇についてみていくことにしたい。

（2）象徴天皇制

　まず、天皇という言葉の意味であるが、日本国憲法に規定された機関としての存在をいう場合と、実際にその機関に就いている特定の個人（現在であれば徳仁天皇）を指す場合とがある。また、天皇には**皇室祭祀**[14]の主催者としての側面、**皇室**[15]の家長としての側面もあり、この側面と関連づけて歴史の中で天皇をとらえることも重要であるが、ここでは機関としての天皇についてのみ扱うこととしたい。

　日本国憲法では、1条で「天皇は、日本国の象徴であり日

---

［6］**飛鳥池遺跡**　奈良県明日香村飛鳥にある古代の工房遺跡。出土した木簡などから、天武天皇・持統天皇の時代（7世紀後半）から8世紀にかけての遺跡であることが確認された。

［7］**木簡**　主として古代東アジアで使われた、墨で文字を書くための短冊状の木の板のこと。

［8］**推古天皇**（554〜628）　日本で最初の女性天皇であるとされる。仏教興隆を基礎とした国造りを進めた。

［9］**天智天皇**（626〜671）　即位前は中大兄皇子。大化の改新の中心人物で、667年に近江大津宮に遷都して天皇となった。

［10］**天武天皇**（？〜686）　天智天皇の弟で、大海人皇子と称した。672年、壬申の乱で勝利して飛鳥浄御原で即位し、律令国家の基盤を築いた。

［11］**律令国家**　7世紀後半から10世紀頃までの、日本の古代国家のことをいう。天皇を中心とした中央集権的な国家機構が、律令によって整備された。

［12］**中世国家**　中世国家とは何かをめぐっては、朝廷と鎌倉幕府との関係を統合的・協調的にみる学説と、両者の関係を分裂的・並列的にみる学説などがあって対立している。

［13］**幕藩体制**　江戸時代の、幕府とその支配下にある藩とを統治機構とした政治体制のこと。

［14］**皇室祭祀**　大嘗祭、元始祭、新嘗祭など、皇室で執り行われる祭祀の総称で、宮中祭祀ともいう。古代より長い歴史をもち、1908年制定の皇室祭祀令によって条文化されたが、日本国憲法のもとでこの法は廃止され、現在は天皇の私的行為と位置づけられている。

［15］**皇室**　天皇と皇族をまとめて指す言葉。天皇を含む皇室一族の集団のこと。憲法8条にて皇室の存在は前提とされているが、その具体的なあり方は皇室典範（▶本章1（6））が定めている。

1　天皇の地位　　99

本国民統合の象徴であつて、この地位は、主権の存する日本国民の総意に基く」と規定し、国民主権という基本原理のもとで、天皇の果たす役割は「日本国の象徴」であり「日本国民統合の象徴」であると位置づけている（象徴天皇制）。この象徴[16]としての天皇の地位は、「主権の存する日本国民の総意」によるものであるので、国民が判断することによって、天皇制を改廃することも理論上は可能である（実際にそのようなことになれば、一般的な憲法改正手続によって行われることになる）。なお、「日本国」は国家の物的な要素を、「日本国民統合」は国家の人的な要素をそれぞれ説明しているとされる。

　天皇は、明治憲法では「神聖ニシテ侵スヘカラス」（3条）・「国ノ元首ニシテ統治権ヲ総攬シ」（4条）とされていた。それを改めて象徴という言葉を用いたのは、GHQ 民政局[17]における草案作成の段階からであった。「マッカーサー・ノート[18]」では、天皇の地位は元首[19]だと説明されていたが、その後、GHQ 民政局での議論において、「日本の国家は、一系の天皇が君臨する」・「皇位は、日本国の象徴であり日本国民統合の象徴であって、天皇は、皇位の象徴的体現者である。この地位は、主権を有する国民の意思に基づく」などとまとめられたのである。さらに、「君臨する」という言葉は避けるべきという意見が出て（「君臨する」という言葉には、統治の意味が含まれると理解された）、現在の1条に近い内容となった（その後の、政府、議会での検討段階でまた揺れ動きがあるが、それについては▶第4章2（4））。

　なお、憲法がその国家の象徴について規定すること自体を稀なことだとする声もあるようであるが、たとえばフランスの第五共和制憲法2条には、フランスの紋章を青白赤の三色旗とすること、国歌をラ・マルセイエーズとすることなどが定められている。国旗について規定することを、象徴について定めているとみてよいのであれば、ドイツ、イタリア、中国など、憲法で国旗について規定する国は複数あり、また紋章や標語などを掲げる国もある。

[16] **象徴**　日本国憲法における「象徴」の語は、ウォルター・バジョットの『イギリス憲政論』（1867年刊行）や、1931年にイギリスの議会が発表したウェストミンスター憲章（イギリス本国と自治領との対等な主権を認めた憲章）が参考とされたのではないかと考えられている。

[17] **GHQ 民政局**　▶第4章1（2）を参照。

[18] **マッカーサー・ノート**　天皇制については、"Emperor is at the head of the state. His succession is dynastic. His duties and powers will be exercised in accordance with the Constitution and responsive to the basic will of the people as provided therein." とあり、皇位継承は世襲とすること、天皇の権能は憲法に基づいて行使され、人民の意思に応えるものであると書かれている（▶第4章[31]）。

[19] **元首**　本章の本文では天皇を元首とみる説と、内閣総理大臣を元首だとする説を示したが、日本には元首はいないとする説、そのこと自体を議論することにあまり意味がないとする説もある。

（3）社会心理的意味・法的意味としての象徴

　さて、この象徴という言葉には、**社会心理**[20]としての意味と法的な意味とのふたつがあると考えられている。

　社会心理的な意味では、象徴という言葉を、抽象的・無形的な何かを、より具体的・有形的にして表すもの（具体化・有形化されたものが、抽象的・無形的な何かの象徴である）として説明する。「**ペンは剣よりも強し**」[21]と言うときの、ペンが言論を象徴しており、剣は暴力を表しているというのは、この典型的な例であろう。

　この意味で「日本国民統合の象徴」という言葉を読むと、理解が大きくふたつに分かれる。ひとつは天皇と国民との間に個別の結びつきがあり、天皇を中心として国民の統合がなされていると読む理解であり、もうひとつは、独立した個人と個人の相互の結合によって、国民の統合は実現しており、実現しているその統合をいわば象徴的に表すものとして天皇があると読む理解である。日本国憲法の制定過程において、憲法担当の国務大臣であった**金森徳次郎**[22]が、１条の象徴の意味を「**憧れの中心**」[23]だと表現したことがよく知られているが、これは前者の意味での理解だといえるだろう。ただし、この理解は現代においては適当でなく、個人主義や平等権などの憲法の基本原理に照らして、後者の意味で理解するのが適切だと考えられる。

　もっとも、後者の意味で理解したとしても、そもそも「ペン＝言論」・「剣＝暴力」のように、天皇という機関そのものが、あるいは天皇という機関に就いている特定の個人が、「日本国民統合の象徴」としてふさわしいのかということは別の議論である。だからこそ、戦後の歴代の天皇たちは、象徴とはどのようなものであるべきか、自身たちはどうあるべきかということについて「模索」してきたのである。（▶本章３（２）・（３））

　次に、象徴の法的な意味についてみていく。この意味では、天皇は象徴だと規定されることにより、それに加えて、主権は国民にあることが示されることにより、天皇は主権者では

---

[20] **社会心理**　社会の構成員や、何らかの組織のメンバーなどに共通して見出される心理状態のこと。

[21] **ペンは剣よりも強し**　イギリスの作家エドワード・ブルワー＝リットン（1803〜1873）が1839年に発表した歴史劇『リシュリューあるいは謀略』で使われて有名となった言葉。実は劇中では、権力者である自分自身が文書にサインをする力のほうが、自分に歯向かう武力よりも強い、という意味のセリフであった。

[22] **金森徳次郎**（1886〜1959）大蔵官僚・法制官僚、政治家。1934年に岡田啓介内閣で法制局長官となったが、著書の『帝国憲法要説』が天皇機関説的だと批判され辞任した。戦後は第１次吉田茂内閣で憲法担当国務大臣となり、帝国議会において憲法改正に関する答弁にあたった。のちに国立国会図書館の初代館長ともなる。

[23] **憧れの中心**　衆議院での審議においては、天皇の地位と国体の変更とが大きな論点となった。ここで金森徳次郎は、変更されたのは政体（政治機構）であって、「天皇を憧れの中心として国民が統合している」国体ではないと述べ、国体が変化していないことを強調している。金森は、その後のいわゆる「金森六原則」の中でも、「従来の天皇中心の基本的政治機構は新憲法では根本的に変更されてゐる（従来の天皇中心の根本的政治機構を以てわが国の国体と考へる者があるが、之は政体であって、国体ではないと信ずる）」・「象徴の本質は天皇を通じて日本の姿を見ることが出来る。と云ふことに在るのであって、国家意思又は国民意思を体現すると云ふやうな意味をもたない」・「政治機構とは別個の道徳的、精神的国家組織に於ては天皇が国民のセンターオブデヴォーションであることは憲法改正の前後を通じて変りはない。（国体が変らないと云ふのは此のことを云ふのである。）」などとしている。「デヴォーション」とはdevotionで、信仰、祈りなどの意味をもつ単語である。

1　天皇の地位　　101

ないこと、実質的・政治的な権力をもつことができなくなっていることが説明される。象徴という言葉は天皇の権力を制限するという機能を果たしており、そこには、天皇が象徴の役割以外はむしろ担わない、という意味が込められている。すでに述べた GHQ 民政局の案においても、天皇制を廃止することは敗戦後の日本社会に大きな混乱を起こす可能性があったことから、天皇制を残しつつも、戦前の天皇の神聖性や**天皇主権説**[24]などは否定したいと考え、実質的な権力をもたない天皇の地位を表す言葉として、象徴という熟語が選ばれたことが判明している。

　ただし、現在の天皇が政治的な権力をもたないのは、日本国憲法の制定段階において、象徴という言葉に権力の制限という意味をあえてもたせたからであって、象徴である存在が当然に政治権力をもたないというわけではない、ということには注意しておきたい。実際に、明治憲法の時代であっても、「万世一系」の天皇は社会心理的に象徴的な役割を担っていたといえるが、この時代の天皇は同時に政治権力も明確に有していた（▶本章2（3））。

（4）天皇は君主か、元首か

　ところで、象徴としての天皇が君主であるか、元首であるか、ということが議論されることがある。もともと、**共和制**[25]と対比される意味での**君主制**[26]における君主は、統治権（の一部）を行使する**独任機関**[27]であり（君主制を意味する英語の「monarchy」は、古代ギリシャ語の「monarches」が語源で、一人による支配を意味している）、また多くの場合には世襲でその地位に就くことになっていた。しかし、イギリスの「君臨すれども統治せず」という言葉が象徴的なように、現在では立憲君主制のもとで君主の権限が名目化している国家が多くなり、もっぱら君主を説明するときには、統治権をどの程度のレベルで行使しているかということはおいて、その歴史的・文化的要素に注目しつつ、世襲の独任機関であるという点が強調される。そして、この理解によるのであれば、天皇は君主であり、日本は**君主制国家**[28]であるということになる。諸外国か

---

[24] **天皇主権説**　もとは東京帝国大学教授の上杉慎吉によって「天皇すなわち国家」として主張された学説で、美濃部達吉の天皇機関説と対立していた。論争の結果、天皇機関説が通説となっていたが、1935年に天皇機関説事件（▶第10章[41]）が起きると、岡田啓介内閣が出した国体明徴声明により、天皇は統治機構の一機関ではなく、統治権の主体であることが示された。

[25] **共和制**　主権が国民にあり、国民によって直接的または間接的に選ばれた国家元首（大統領など）によって統治が行われる政治体制のこと。英語の「republic」は、古代ローマで使われていたラテン語「res publica」が語源である（公共物・公益を意味する）。第3章[25]も参照。

[26] **君主制**　比較憲法学者カール・レーヴェンシュタイン（1891〜1973）は、君主制には、世襲君主制と選挙君主制（神聖ローマ帝国の選帝侯など）があり、世襲君主制には、①絶対君主制、②立憲君主制（19世紀のプロイセン王国のように、君主と議会というふたつの国家機関が「合奏」する体制）、③議会主義的君主制（19世紀以降のイギリスのように、君主が「君臨すれども統治せず」となる体制）、に区分できると説明する。一般に現在では、③を中心としたものが広く立憲君主制（憲法によって君主の権力が一定のコントロールを受ける体制のこと）として説明されると思われる。

[27] **独任機関**　一人の人物で構成される国家の機関のこと。具体的には大統領、知事、市長などが挙げられる。これに対して、複数の人で構成される機関を合議機関と呼ぶ。

[28] **君主制国家**　集計方法にもよるが、現在の君主制国家の数は42か国である（そのうち、イギリス国王を君主にいただく英連邦王国は14か国）。その内訳は、・ヨーロッパ（10か国）：英国、ノルウェー、ベルギー、ルクセンブルグ、リヒテンシュタイ

らは、日本は立憲君主制国家に分類されるのが一般的であるが、たとえばイギリスやスペインなどと比べても日本の天皇制は君主的色彩が特に薄く、君主制とは呼ぶべきではないとする主張も国内には多い。

続いて、元首という言葉であるが、英語では "head of state" であり、その言葉どおり、対外的に国家を代表する資格・権能をもつ存在だと説明するのが、現在の基本的な理解であろう。**条約法に関するウィーン条約**[29]では、条約締結におけるすべての行為について全権委任状を必要とせず自国を代表するものとして、元首・政府の長・外務大臣を挙げている。後述するように、天皇は条約の公布、批准書の認証を国事行為として行うので、条約の締結に関わる存在であり、この点からいえば天皇は元首だということになる。とはいえこれらの実質的な判断は内閣が行うことになっていて、天皇は形式的・儀礼的に関わるのみである。つまり、天皇が対外的にもっている国家を代表する資格・権能は部分的なものであることから、天皇を元首とは位置づけず、内閣または総理大臣を元首だとする説明が有力である。

（5）天皇に対する裁判権、天皇の人権

象徴としての天皇に対しては裁判権が否定されており、また象徴であるがゆえに人権に制限があると考えられている。

日本国憲法では、天皇に対する刑事裁判権を否定する規定はないが、皇室典範21条に「摂政は、その在任中、訴追されない」とあることから、天皇が訴追されないことが当然の前提となっているといえる。天皇に対する民事裁判権については、記帳所事件（▶本章**コラム❹**）において、最高裁が「天皇は日本国の象徴であり日本国民統合の象徴であることにかんがみ、天皇には民事裁判権が及ばないものと解するのが相当」としている。

次に、天皇の人権については、国民のひとりとして人権享有主体であるとは考えられているが、象徴という地位にあり、かつその地位が世襲であることから、例外的に制約を認めるというのが通説である（皇族も同様である）。具体的には、①

ン、デンマーク、モナコ、スウェーデン、スペイン、オランダ
・アジア・オセアニア（8か国）：日本、マレーシア、ブルネイ、カンボジア、ブータン、タイ、サモア、トンガ
・中東（7か国）：サウジアラビア、ヨルダン、アラブ首長国連邦、オマーン、カタール、バーレーン、クウェート
・アフリカ（3か国）：レソト、エスワティニ（旧スワジランド）、モロッコ
・英連邦王国（14か国）：オーストラリア、ソロモン諸島、ツバル、ニュージーランド、パプアニューギニア、カナダ、アンティグア・バーブーダ、グレナダ、ジャマイカ、セントビンセント・グレナディーン、セントクリストファー・ネービス、セントルシア、バハマ、ベリーズとなっている。

［29］**条約法に関するウィーン条約**　国家間で締結される条約についての諸規則の法典化を試みた国際条約。1969年採択、1980年効力発生。

1　天皇の地位　　103

参政権、②信教の自由、③表現の自由、④学問の自由、⑤居住・移転の自由、⑥職業選択の自由、⑦婚姻の自由、⑧財産権、⑨プライバシー権などについて、天皇（と皇族）は制限されていると考えられる。

このうち、③・④については、天皇や皇族の著書や論文も刊行されているが、政治的な影響のあるような表現は制限があると考えられる。また、⑧については、日本国憲法88条に「すべて皇室財産は、国に属する。すべて皇室の費用は、予算に計上して国会の議決を経なければならない」とあることが根拠になっている。⑨については、**昭和天皇コラージュ事件**[30]において、天皇の肖像権やプライバシー権については、象徴としての地位により制約を受けるとされた（名古屋高裁金沢支部平成12年2月16日判決）。

（6）皇位の継承

憲法2条は、**皇位の継承**[31]について、「皇位は、世襲のもの」とし、「国会の議決した皇室典範の定めるところにより、これを継承する」と規定する。ここでは**世襲制**[32]のみが定められていて、その具体的な規定については皇室典範に委ねられている。世襲制は日本国憲法の定める平等原則に反するように思われるが、例外としてとらえるのが通説的である。

皇室典範は、戦前は大日本帝国憲法と並ぶ最高の法典という位置づけであり（**典憲体制**[33]）、議会の権限は及ばなかった。日本国憲法はこれを改めて、皇室典範を日本国憲法の下位に位置づけ、議会で変更可能な法律のひとつとしている。この皇室典範が、世襲制を前提とした皇室のあり方（皇室制度）について詳細に定めている。

皇位の継承を規定するには、継承の理由や、継承する資格、継承する順位などについて定めておく必要がある（世襲制を採用する以上、安定的に皇位を継承していくために、これらの整備は不可欠である）。まず継承の理由は、天皇の崩御に限定されており（皇室典範4条）、生前退位は認められていない。天皇が崩御すると、新天皇の即位は法律上当然に生じることとなって、のちに**即位の礼**[34]を行う（同24条）。皇位を継承する際

[30] 昭和天皇コラージュ事件
1982年から85年にかけて、美術家の大浦信行は昭和天皇の写真などをコラージュした版画の連作「遠近を抱えて」を制作していた。この作品は、1986年に富山県立近代美術館で開かれた「'86富山の美術」展に出展されたが、県議会委員会において議員がこの作品を「不快」としたことをきっかけに騒動となり、同美術館は作品を非公開とした。同美術館は作品の一部を買い上げていたが、その後それを売却し、さらに展示図録を焼却した。これらの措置について、大浦を含む住民たちが富山県に対して損害賠償等を請求したもので、表現の自由、鑑賞する権利の論点で説明された。なお、この事件の経緯をモチーフにして、版画の焼却を映像化した大浦の作品「遠近を抱えて Part II」が、2019年のあいちトリエンナーレの一企画「表現の不自由展・その後」で展示された。

[31] 皇位の継承 皇位とは国家機関としての天皇の地位のことであり、その継承とは、それまで天皇の地位にあった人物に代わって、別の新しい人物がその地位に就くことをいう。

[32] 世襲制 世襲とは、その地位に就く資格が、現にその地位にある人の血統に属する者に限定されていることである。

[33] 典憲体制 明治典憲体制ともいう。1889年に成立した皇室"典"範と大日本帝国"憲"法というふたつの法が、ともに最高の形式的な効力をもつ体制のことをいう。この時代の皇室典範は、改正のためには皇族会議・枢密顧問の諮詢（しじゅん）を経て、天皇が勅定することになっており、議会は一切関与することはできず、つまり皇室のことは皇室自らが決めることになっていた（皇室自律主義）。

[34] 即位の礼 天皇が皇位を継承したことを国の内外に示す、一連の儀式のこと。その中心にあたる儀式が即位礼正殿の儀である。

には、特に継承の意思表示をする必要がなく、即位の礼は天皇が即位したことを国内外に示す儀式という位置づけである。

なお、皇位の継承は天皇の崩御に限定されると書いたが、2019年に明仁天皇が生前退位を行っている。これは、2016年8月8日に天皇自身が国民向けのビデオメッセージ「象徴としてのお務めについての天皇陛下のおことば」で退位の意思を表明したことを受け、明仁天皇の一代に限定した退位を例外的に実現するべく、**天皇の退位等に関する皇室典範特例法**を制定したものである。
[35]

皇位を世襲する際の資格については、皇室典範では継承資格を「皇統に属する男系の男子」（同1条）とし、かつ「**皇族**」に属するものに限定している（同2条）。つまり、皇族の
[36]
うち、天皇の血統における**男系男子**にのみ皇位継承の資格は
[37]
限定されており、天皇の血統に属しても女子には資格はなく、また女子の子孫は性別を問わず資格はないということになる。

皇室典範は日本国憲法に反さない限りで効力をもつ法律のひとつであるから、**女性天皇**を認めない現在の規定は憲法に
[38]
反するものであるとする主張は強い。ただし、女性天皇をめぐる議論は、男系の女子にのみ継承する資格を認めるのか（つまり、皇位に就く女子の一代の問題か）、それとも女系の子孫にも継承する資格を拡げていくのか（つまり、女系天皇まで認めていくのか）、という点でも意見が分かれている。

皇位継承の順序は、皇室典範では直系主義・長系主義を採

図表5-1：皇位継承順位

順位	地位	説明
1	皇長子 こうちょうし	天皇の長男
2	皇長孫 こうちょうそん	天皇の長男の長男
3	その他の皇長子の子孫	天皇の長男の長男の長男…、天皇の長男の次男や三男…
4	皇次子およびその子孫 こうじし	天皇の次男とその長男、その長男の長男、天皇の次男の次男や三男…
5	その他の皇子孫 こうしそん	天皇の三男とその長男、その長男の長男、天皇の三男の次男、…
6	皇兄弟 こうきょうだい	天皇の弟とその長男、次男…
7	皇伯叔父およびその子孫 こうはくしゅくふ	天皇の父の兄弟とその長男、次男…

[35] **天皇の退位等に関する皇室典範特例法** 天皇退位特例法、退位特例法などの通称で呼ばれることが多い。明仁天皇の退位についての皇室典範に対する特例法で、2017年6月9日に成立、6月16日に公布された。

[36] **皇族** 天皇の親族のこと（天皇は含まない。天皇と皇族を合わせて皇室と呼ぶ）。皇族の範囲は皇室典範5条に定められ、皇后、太皇太后、皇太后、親王、親王妃、内親王、王、王妃、女王が皇族である。皇后は天皇の后、太皇太后は先々代の天皇の后、皇太后は天皇の后である。親王・内親王・王・女王の違いは、「嫡出の皇子及び嫡男系嫡出の皇孫は、男を親王、女を内親王とし、三世以下の嫡男系嫡出の子孫は、男を王、女を女王とする」と規定される（同6条）。王が皇位を継承することがあれば、その兄弟姉妹である王・女王は、親王・内親王となる（同7条）。

[37] **男系男子** ここでは、父方から天皇の血筋を受け継いだ男子のこと。父方から天皇の血筋を受け継ぐ女子は男系女子、母方から天皇の血筋を受け継ぐ男子・女子は、それぞれ女系男子・女系女子である。

[38] **女性天皇** 皇位を継承した女性のこと。近世以前に8名の女性天皇がいたことが判明しているが、そのすべてが男系女子の天皇であって、女系女子の天皇は存在しない（男系女子の皇位継承は明治時代に否定されて、現在に至っている）。

なお、2004年末に総理大臣小泉純一郎が設置した私的諮問機関「皇室典範に関する有識者会議」は、2005年10月、皇位の世襲を安定的に維持するために、女性天皇・女系天皇を認める報告書を提出した。政府はこの方針で皇室典範の改正を進めようとしたが、最終的に皇室典範改正案の国会提出を見送ることとした。背景には、秋篠宮妃紀子の懐妊があったとされている。

1 天皇の地位　105

用し、**図表5-1**のように明確に規定している。

なお、皇嗣[39]に精神・身体の不治の重患があり、または重大な事故があるときは、**図表5-1**の1〜7に従って、**皇室会議**[40]の決定で順序を変えることができる。

皇族の身分は出生によって得られるが、女性については、天皇や皇族の男子と結婚することによっても得ることができる。また、天皇および皇族は、養子をすることはできない（同9条）。

逆に皇族を離脱することについては、①本人の希望により離脱する場合、②法律上当然に離脱する場合、③皇室会議の議によって離脱させる場合があり、①に該当するのは、15歳以上の内親王・王・女王が皇室会議の承認を得て離脱する場合と（親王は自由意志で離脱できない、同11条1項）、生まれながら皇族でない女子で親王妃・王妃となった者が、その夫を失った場合（同14条1項）に限定される。②の場合としては、皇族女子が天皇および皇族以外の者と結婚したとき（同12条）、生まれながら皇族でない女子で親王妃・王妃となっていた者が離婚したとき（同14条3項）があり、皇族の身分を離れる親王または王の妃ならびにその直系卑属およびその妃は、原則として同時に離脱する（同13条）。最後に③であるが、親王・内親王・王・女王について、やむを得ない特別の事情がある場合には、皇室会議の議決によって離脱させることができ（同11条2項）、生まれながら皇族でない女子で親王妃・王妃となっていた者が、その夫を失って本人が離脱を希望しなかったときで、やむを得ない特別の事情がある場合には、やはり皇室会議の議によって離脱させることができる（同14条2項）。

2　天皇の権能

（1）国事行為の性質

機関としての天皇の権限は、日本国憲法において、憲法の定める「国事に関する行為」、いわゆる国事行為のみとされている。すなわち3条には「天皇の国事に関するすべての行為

---

[39] **皇嗣**　皇位継承第一順位にあたる皇族の呼称。この皇嗣のうち、皇子は皇太子と呼ばれ、皇太子がいない場合に皇位継承第一順位となる皇孫が皇太孫である。現在の皇嗣は徳仁天皇の弟にあたる秋篠宮で、弟を「皇太弟」とするような規定は皇室典範にはないことから、秋篠宮は皇嗣と呼ばれている。

[40] **皇室会議**　皇室に関する重要事項を合議・決定する国の機関。重要事項には、皇位継承順位の変更、男性皇族の結婚相手の認否、皇族身分離脱の認否、摂政の設置・廃止、摂政の順位の変更がある（皇室典範28条以下）。

▲皇室会議のようす（宮内庁舎、平成29年12月1日）（宮内庁HPより）

★**皇室経済**　憲法88条は「すべて皇室財産は、国に属する。すべて皇室の費用は、予算に計上して国会の議決を経なければならない」としている。予算に計上する皇室の費用の種類には、①内廷費、②宮廷費、③皇族費の3つがある。①は皇族の「日常の費用その他内廷諸費」に、②は「内廷諸費以外の宮廷諸費」（具体的には、儀式、国賓・公賓等の接遇、行幸啓、外国訪問などの経費や、皇居等の施設の整備に必要な経費など）に、それぞれ充てられるものである。③は、「皇族としての品位保持の資に充てるために、年額により毎年支出するもの及び皇族が初めて独立の生計を営む際に一時金額により支出するもの並びに皇族であった者としての品位保持の資に充てるために、皇族が皇室典範の定めるところによりその身分を離れる際に一時金額により支出するもの」と規定される（以上、皇室経済法3〜6条）。

また憲法8条は、「皇室に財産を譲り渡し、又は皇室が、財産を譲り受け、若しくは賜与するこ

には、内閣の助言と承認を必要とし、内閣が、その責任を負ふ」とあり、4条1項で「天皇は、この憲法の定める国事に関する行為のみを行ひ、国政に関する権能を有しない」と規定される（法律などで国事行為を新たに作ることはできない）。この両条文が国事行為に関する基本原則であり、その内容を具体化した国事行為の内容が、7条を中心に列挙されている。

　3条で重要なのが「内閣の助言と承認」で、この趣旨についての説明はふたつあり、行為の実質的な判断権は内閣がもち、天皇は内閣が判断したとおりに行動するという説明と、国事行為はもともと国政には関係しないもので、最初から名目的・儀礼的行為として国事行為という言葉を使っている、という説明とがある。前者の説明では、国事行為は国政に関連する行為であるが（もともと名目的なものということではないが）、内閣の助言と承認に完全に基づいて決定されることによって名目的なものになり、結果として天皇は国政に関する権能を有しないことになる、という理解になる。

　実際のところ、日本国憲法では**衆議院の解散**のようなものも国事行為とされるから、後者の説明のように考えることは難しいであろう。また、国事行為がもともと国政に関係しないのだとすれば（もともと名目的で儀礼的な行為なのであれば）、内閣の助言と承認自体が必要とはならないのではないかとも考えられる。なので、前者の説明に基づいて、天皇の国事行為の性質をとらえておくのがよいのではないかと考えられる。

　こう理解すると、「内閣の助言と承認」は、内閣による国事行為の実質的な決定権を意味することになる（天皇の側が、自身の意見を述べることはできない）。また、助言と承認の両方ともが必要なのか、そうではなくて、助言のみ・承認のみというようにどちらかひとつということでよいのかという問題については、**苫米地事件**の第一審（東京地裁昭和28年10月19日判決）・控訴審（東京高裁昭和29年9月22日判決）が、助言と承認のふたつが必要だとしているが、助言と承認とは一体のもの、ひとつの行為だとみる学説もある。

　なお、3条で規定される内閣の「責任」とは、国事行為の助言・承認に際して内閣は政治的な判断をしており、その点

とは、国会の議決に基かなければならない」として、皇室に対して財産分与をすること、皇室から財産の譲与を受けることについて、国会が管理することになっている。

[41] **衆議院の解散**　内閣が衆議院の解散を決めて閣議書が完成すると、内閣総務官が奏上し、詔書の原案に御名御璽（ぎょめいぎょじ）を受ける。この詔書（解散詔書）に内閣総理大臣が副署し（内閣の助言と承認があったことを、内閣を代表して総理大臣が確認する慣行であると説明される）、詔書の写しが衆議院議長に伝達され、衆議院議長がこれを衆議院本会議場や衆議院議長応接室で読み上げて、衆議院の解散が宣言される。**第14章3（3）**も参照。

[42] **苫米地事件**　第3次吉田内閣が1952年8月に、憲法7条によって衆議院を解散し（いわゆる「抜き打ち解散」）、当時衆議院議員であった苫米地義三が、憲法69条によらない解散（憲法7条のみによる解散）は憲法違反であると主張した事件。「抜き打ち解散」は、7条のみによるはじめての解散であった。**第14章[37]**も参照。

2　天皇の権能　　107

についての責任を国会に対して負うものと理解される。

（2）国事行為の具体的な内容

　天皇の行う国事行為は、憲法の定めるものに限定されている。その中心にあるのは、明確に「天皇は、内閣の助言と承認により、国民のために、左の国事に関する行為を行ふ」とする7条であって、ここには1号から10号までの国事行為が列挙されている。また、6条1項・2項も国事行為について規定していると理解される（▶図表5-2）。

　もっとも、6条1項には「国事行為」だとは明記されておらず、6条2項も同様に「国事行為」だと明記がないので、これらを国事行為だと扱ってよいのか、疑問もないわけではない。しかし、3条の「天皇の国事に関するすべての行為には、内閣の助言と承認を必要とし」という原則が、ここでも当然にかかわってくるとみておくべきであろう。また、実際に憲法5条には、「皇室典範の定めるところにより摂政を置くときは、摂政は、天皇の名でその国事に関する行為を行ふ」とあるところ、6条1項・2項を国事行為ではないと考えてしまうと、**摂政**[43]のもとでは内閣総理大臣や最高裁長官の任命ができなくなってしまって不合理であるから、やはり6条1項・2項も国事行為だとみるのが正しい。なお、これらの国

[43] **摂政**　天皇が成年に達しないとき、重患あるいは重大な事故によって国事行為を行えないと皇室会議で判断されたときに、天皇の名で国事行為を行う職。

図表5-2：日本国憲法に列挙される国事行為

6条1項	国会の指名に基づいて、内閣総理大臣を任命すること
6条2項	内閣の指名に基づいて、最高裁長官を任命すること
7条1号	憲法改正、法律、政令および条約を公布すること
7条2号	国会を召集すること
7条3号	衆議院を解散すること
7条4号	国会議員の総選挙の施行を公示すること
7条5号	国務大臣および法律の定めるその他の官吏の任免ならびに全権委任状および大使および公使の信任状を認証すること
7条6号	大赦、特赦、減刑、刑の執行の免除および復権を認証すること
7条7号	栄典を授与すること
7条8号	批准書および法律の定めるその他の外交文書を認証すること
7条9号	外国の大使および公使を接受すること
7条10号	儀式を行うこと

事行為は①**意思行為**[44]、②**公示行為**[45]、③**認証行為**[46]、④**事実行為**[47]
に分類することができる。

（3）明治憲法における天皇の地位と権能

　ここまでみてきたような、日本国憲法における天皇の地位
と権能を、それ以前の天皇のあり方、すなわち明治憲法にお
ける天皇のあり方と比較しておきたい。

　明治憲法における天皇制は、第1章「天皇」に規定され、
1条から17条まである。まず1条で「大日本帝国ハ万世一系
ノ天皇之ヲ統治ス」と天皇主権を規定する。この規定は、現
在の国民主権と比較されて批判的に語られることも多いが、
本来ここで天皇主権を定めた理由は、権力、法、人々の帰属
意識などがいくつにも分かれ、また何層にも重なっていた江
戸時代の幕藩体制を大きく改め、唯一の君主によって統治さ
れる国家となったことを示すという意図であった。

　このことは、明治憲法の第2章「臣民権利義務」に繰り返
し現れる「臣民」の語とも深く関係していた。国民を「臣民」
と表現して天皇との治者－被治者関係をあえて強調したこと
も、現代的な観点では批判的にみられるであろうが、当時の
意識としては、幕藩体制を否定して人々を身分や出身地から
切り離し、誰もが同じように1つの国家の国民である、とい
うことを示す意味をもっていたのである。

　次に、第1条にみえる「万世一系」という言葉についてみ
ておきたい。「万世一系」とは、永久に1つの系統が続くこと
をいい、この言葉は（日本国憲法の「象徴」と同じように）法律
用語としてはなじみのないもの、なじみにくいものであった。
実際に、**お雇い外国人**[48]の**ロエスレル**[49]は、「万世一系」という
「唯夕漠然タル文字ヲ憲法ノ首条ニ置」くことは避けるべきで
はないかということを、1887年の**夏島草案**[50]に対する意見とし
て提示したようである。

　一方で、明治憲法制定における最重要人物のひとりであっ
た**伊藤博文**[51]は、天皇を「レプレセント」（Represent）だと考
え、そこに一般的な訳である「代表」を当てず、「日本の君主
は国家を代表すると言はずして、日本国を表彰する、表はす

[44] **意思行為**　内閣総理大臣
の任命のように、意思を示す行
為。意思の内容を具体的に決定
するのは、日本国憲法で定めら
れた他の機関である。

[45] **公示行為**　法律の公布の
ように、国民に公示する行為。

[46] **認証行為**　国務大臣の任
免の認証のように、他の機関の
行為を確定する行為。

[47] **事実行為**　外交使節の接
受のように、特定の法的効果を
伴わない行為。外交使節の受け
入れを決めるのは内閣の仕事で
ある。

[48] **お雇い外国人**　江戸時代
末期から明治時代にかけて、幕
府、明治政府（官公庁）、民間の
会社や学校などで、西洋の制度
や学問、文化などを輸入するた
めに、指導者や教師として雇用
した外国人のこと。

[49] **ロエスレル**（1834～1894）
ドイツ人の法学者で、1878年に
外務省と契約して来日した。獨
逸学協会、獨逸学協会学校（現
在の獨協大学の源流である）に
深く関わり、ドイツ法学の普及
に貢献。1886年からは内閣顧問
となって伊藤博文から信頼され、
明治憲法制定や行政制度の整備
に力を発揮し、また旧商法の草
案を起草した。夏島草案の元と
なった憲法草案は井上毅（こわ
し）（第1章[10]、第11章[16]
も参照）によって作られたが、
その背景にロエスレルとの繰り
返しの討議があった。

[50] **夏島草案**　井上毅が作っ
た憲法草案をもとに、1887年の
6月から8月にかけて、伊藤博
文・井上毅・伊東巳代治・金子
堅太郎によって作成された憲法
草案のこと。伊藤の別荘のあっ
た神奈川県横須賀市の夏島で審
議されたため、この名前がある。

[51] **伊藤博文**　▶第1章[10]
を参照。

2　天皇の権能　　109

と云ふ字を使ひたい」と述べ、「万世一系」という言葉にその意味も込めていた、と指摘されている。伊藤の考えの根底には、神格化した天皇が国家を「表彰」（表象）する存在だとして、国民の統合を図る意図があったであろうが、それに加えて、大日本帝国憲法（明治憲法）がヨーロッパの国々の憲法とは異なる独自性をもつ、いわば日本的なものであるということを、内外に強調する意識があったものとみられる。ともあれ、「万世一系」の天皇には、日本国憲法と同様に、社会心理的な意味での象徴といってよい役割が与えられていたのである。

「万世一系」の天皇は、明治憲法4条に、「天皇ハ国ノ元首ニシテ統治権ヲ総攬シ此ノ憲法ノ条規ニ依リ之ヲ行フ」と規定されることから、明確に「元首」である。そして「統治権ヲ総攬」するので、絶対的な主権をもつ存在だと認められる。ところが、4条には「此ノ憲法ノ条規ニ依リ之ヲ行フ」ともあるので、天皇の統治権の行使には制約があるということもわかる。ここにはある種の矛盾が存在するのであるが、この矛盾の中でバランスをとって存在していくことこそが、明治憲法における天皇のあり方であった。

天皇には、官制と文武官俸給の決定（明治憲法10条　官制大権）、文武官の任免（同10条　任免大権）、陸海軍の統帥（同11条　統帥大権）、陸海軍の編成と常備兵額の決定（同12条　編制大権）、宣戦・講和・条約の締結（同13条　外交大権）、戒厳の宣告（同14条　戒厳大権）、爵位勲章そのほかの栄典の授与（同15条　栄誉大権）、大赦・特赦・減刑・復権（同16条　恩赦大権）という**大権事項**[52]があった。日本国憲法との対比の中で、天皇の大きな権力を示すものとして理解されてきたところがあると思われるが、これらは天皇が単独で判断するものではまったくなく、実際に行使するのは政府と軍であった（明治憲法では、第2章「臣民権利義務」に立法事項を定めており、これによって政府と議会との権限の配分が行われていることにも注意しておきたい）。

★万世一系をめぐって　1867年に岩倉具視がこの言葉を用いたのが初出とされている（もっとも、「一姓同系」など類似の表現は古くからみられた）。その後、外交文書を中心に頻繁に用いられるようになり、1889年公布の明治憲法1条にも採用された。その言葉の本来の意味は、永久に1つの系統が続くことであるが、天皇・皇室の家系・血統の永続性を示す言葉として用いるのが一般的である。

ところで、万世一系の「一系」という言葉にこだわり、単一であるという意味をそこに見るのであれば、天皇がふたりいた（つまり「二系」の）南北朝時代をどう説明するのかが、難しい問題となる。これについては、1911年、文部省の国定教科書『尋常小学日本歴史』が南北朝を並立させて記載していたことを、南朝を正統と考える読売新聞が「皇位は唯一神聖にして不可分」と批判して、いわゆる南北朝正閏問題が起こった。当時の日本史学会では、一部の学者を除いて南北朝を並立する態度をとっていたが、総理大臣の桂太郎は国定教科書の改訂を約束し、国定教科書の「南北朝」の項は「吉野朝」と改められた。桂は明治天皇の裁可を仰いで南朝を正統とし、太平洋戦争の終結までこの考え方は日本社会を支配した。

[52] **大権事項**　▶第14章2（2）を参照。

3 社会の中の天皇

（1）天皇の公的行為

さて、日本国憲法が列挙する国事行為をみても、**はじめに**で示したような、徳仁天皇が考える「常に国民を思い、国民に寄り添」う天皇像は描かれない。また、社会心理的な視点から天皇が国民の統合を象徴的に表すものと説明することはできても、社会の側がそれを「ふさわしい」と思うかは、また別の問題である。その中で、**昭和天皇**[53]も**明仁天皇**[54]も象徴としての自身のあり方を模索していったのであるが、そこで重視されるようになったのが、天皇の公的行為であった。

そもそも、日本国憲法には、国事行為以外の公的な意味をもつような行為の扱いについては示されていない。天皇もまたひとりの人間であるから、当然に私人としての私的行為をすることはできる。たとえば、ビオラを演奏する、散歩をする、研究をするなどは私的行為であり、天皇家内の宗教的行事である宮中祭祀も私的行為に含まれる。

しかし、それとはまた異なる、いわば国事行為と私的行為の中間にあるような行為について、天皇は熱心に取り組んできた。これが公的行為で、例としては、外国の元首との親電交換（国事行為とされているのは外交文書の認証だけである）、外国賓客の接受（国事行為とされているのは外国の大使・行使の接受だけである）、国会開会式や式典等での「おことば」、国民体育大会や全国植樹祭など国民的な行事への参加、国内の行幸や被災地の慰問、外国への公式訪問、**園遊会**[55]の主催、正月の**一般参賀**[56]などが挙げられる。

憲法が本来天皇に求めたものに立ち返れば、そもそも公的行為を認めることは難しく、天皇の行為は国事行為と私的行為に限られると考えるべきであろう（二行為説）。しかし、天皇が現実的に戦後社会の中で果たしてきた役割を振り返り、積極的に評価し、公的行為についても認めるべきだとする主張のほうが現在は有力である（三行為説）。

三行為説をとる場合、どのような論理でもって公的行為を

[53] **昭和天皇**（1901〜1989）大正天皇の第一皇男子で、1921年から大正正天皇の摂政を務め、1926年に即位。1945年の敗戦を受けて1946年1月に「人間宣言」を発し、自身の神格性を否定した。象徴天皇としてのあり方を模索し、1975年にアメリカ初訪問から帰国すると史上初の正式な記者会見を行い、1981年には一般参賀ではじめて「おことば」を述べるなど、新しい天皇像の創出に努めた。その一方で、明治憲法時代の天皇像から脱却できていなかったともいわれる。戦争責任をめぐる昭和天皇への批判はやまず、太平洋戦争で戦場となった沖縄では、特にその声は大きかった。1987年、昭和天皇は沖縄で開催される国体（海邦国体）に臨席の予定であったが、病気のため実現せず、戦後に沖縄を訪れることはできなかった。生物学の研究者で、特に変形菌類やヒドロ虫類に関する研究で多くの成果を挙げた。

[54] **明仁天皇**（1933〜）現在は上皇。昭和天皇の第一皇男子で、1989年に即位し、2019年に退位した。東宮教育常時参与の小泉信三や家庭教師のエリザベス・ヴァイニングから大きな影響を受け、新時代の天皇となることを意識して成長した。昭和天皇が戦後ついに訪問できなかった沖縄への思いは強く、これまでに11回も訪問しているが、皇太子時代の1975年に初訪問した際には、火炎瓶を投げつけられている（ひめゆりの塔事件）。ハゼの分類を研究する魚類学者で、『魚類学雑誌』を中心に30編を超える論文を発表している。

[55] **園遊会** 毎年春と秋に2回、天皇と皇后が主催して赤坂御苑で開かれる社交の会のこと。

[56] **一般参賀** 皇居内の長和殿前の広場にて、天皇および皇族が国民から祝賀を受ける行事のこと。新年の1月2日と天皇誕生日に行われている。

認めていくかが議論となるが、現在は、①象徴行為説（国事行為とは別の、象徴としてより実態のある行為類型を天皇に認める学説）、②公人行為説（公的行為を、たとえば総理大臣や知事など、特定の地位にある公人一般に求められる、儀礼的な行為類型として認める学説）、③準国事行為説（国事行為に準ずるような、実質的な説明のつくもののみ公的行為として認める学説）があるが、どの説を採用しても、公的行為は際限なく行われてしまう可能性を秘めている。内閣による統制が必要だと考えられる一方で、それによって内閣が天皇を政治的に利用できる機会にもなりかねず、判断の難しいところである。

（2）昭和天皇と巡幸

公的行為の道をひらいたのは、終戦直後の昭和天皇であった。昭和天皇は、明治憲法の時代の最後の天皇であり、日本国憲法のもとでの最初の天皇でもあるが、戦前は明治憲法の趣旨を理解し、立憲君主としての制約の中で行動し（**田中義一首相更迭問題**[57]の影響が大きかったという）、また**天皇機関説**[58]の立場をとっていたという。一方、日本国憲法のもとでは、首相や閣僚からの**内奏**[59]に対して積極的に国政に関する発言をしていたことが指摘されており、特に**佐藤栄作**[60]とは強い信頼関係で結ばれていたという。これは、象徴天皇制における天皇のあり方を逸脱しているとも指摘され、実際にそのような姿勢が大きな事件につながったこともあった（**増原防衛庁長官内奏問題**[61]）。

昭和天皇は、終戦直後から公的行為の拡大に熱心であった。その端緒は、昭和天皇が全国各地を訪問して回った、いわゆる戦後巡幸である。これは、戦後の復興状況を視察し、苦しい生活を強いられている国民を慰問し、精神的に支えることを目的として始められたもので（その根底には、戦争責任の問題から天皇退位の可能性もまだある中で、天皇制への支持を再確認することがあったとされる）、日本国憲法施行前の1946年に始まり、1954年までの間に、「本土復帰」前の沖縄県を除く、すべての都道府県を訪問した。

また、この間に昭和天皇は、戦後巡幸には含まれない行幸

[57] **田中義一首相更迭問題**
1928年に起きた張作霖爆殺事件への対応をめぐって、昭和天皇が総理大臣の田中義一を詰問し、その結果として田中内閣が総辞職した事件。

[58] **天皇機関説** ドイツの法学者ゲオルク・イェリネックなどによって提唱された国家法人説を基盤とし、主権は法人である国家にあり、天皇は国家の最高機関にすぎないとする学説。天皇機関説事件の印象で、東京帝国大学教授で憲法学者の美濃部達吉が、この説を唱えた学者として有名になっているが、実際には当時の通説的な学説であった。第10章 [41] も参照。

[59] **内奏** 天皇に対して、国務大臣などが報告を行うこと。天皇の役割を国事行為のみに限定するのであれば、内奏を行う必要性はないといえるが、積極的に公的行為を認めていく場合には、内奏にも一定の意味が生まれると考えられる。

[60] **佐藤栄作（1901〜1975）** 山口県出身の政治家で、兄は岸信介。1964年から1972年まで、第61代〜63代内閣総理大臣を務め、その間に1965年の日韓基本条約批准、1972年の沖縄返還などで功績を残した。1974年にノーベル平和賞を受賞。

[61] **増原防衛庁長官内奏問題**
1973年5月、田中角栄内閣で防衛庁長官であった増原恵吉が、昭和天皇との会話の内容を公開したことを端緒として起こった事件。そもそも、戦後の歴代の首相・閣僚が、内奏において、天皇からの質問に答えて政治的な内容をやりとりする慣行があった。増原が昭和天皇に「当面の防衛問題」について内奏した際にも、昭和天皇が「近隣諸国に比べ防衛力がそんなに大きいとは思えない」・「国の守りは大事なので、昔の軍隊は悪い面もあったが、そこはまねてはいけない。良い面を取り入れてしっかりやって欲しい」と発言し、増原がそれを「勇気づけられた」として紹介したことから、現役閣僚による天皇の政治的発言の紹介（政治利用）だと批判された。

も繰り返し行っている（こちらには香淳皇后も随行することも多く、**行幸啓**[62]として行われた）。具体的には、植樹祭、国民体育大会、日本学士院・日本芸術院の授賞式への出席など現在にまで続くものが多く、スポーツ観戦や美術館での展覧会などにも、精力的に訪れるようになっていった（有名なプロ野球の**天覧試合**[63]は1959年のことである）。

　一方で、1952年の第13回国会開会式において、天皇が「おことば」の中で、国論が二分される中で締結された**サンフランシスコ平和条約**[64]に触れ、「〔条約締結について〕諸君とともに、喜びに堪えません」と述べたことは、大きな問題となった。そもそもこの問題が、公的行為という天皇の行為が注目されるようになったきっかけである。

　そのような中でも、昭和天皇の行幸をはじめとする公的行為は、象徴天皇のイメージ創出に大きな影響をもたらし、国民からは好意的に受け止められた。全国を回り、国民に話しかける天皇は、国民により身近な存在として意識され、昭和天皇は他の公的行為に対しても熱心に取り組み続けていったのである。

（3）明仁天皇とその時代

　国民に身近な皇室、というイメージを昭和天皇以上に加速させたのが、1959年の**「皇太子ご成婚」**[65]であった。昭和天皇の皇太子であった明仁は、日清製粉の社長の娘であった**正田美智子**[66]と結婚したが、軽井沢のテニスコートで出会い、自由恋愛を経て結婚したとされるふたりのエピソードは、自由で開かれた戦後の皇室像そのものであった。そのようなエピソードに加えて、「平民」出身ではじめて皇族となる美智子が、きわめて魅力的な人物であったことから、メディアを通じて取り上げられるその様子に多くの国民が注目した（**ミッチー・ブーム**[67]）。

　結婚後のふたりにも引き続き注目が集まり、その様子は新時代の幸せな家庭生活として語られたが、このようにして大衆が皇室の私的側面に強い関心をもち、皇室の正当性が大衆からの肯定・同意に支えられるようになった状況を、**大衆天**

[62] **行幸啓**　天皇の外出を行幸、皇后・皇太子・皇太子妃の外出を行啓といい、天皇と皇后が一緒に外出することを行幸啓という。

[63] **天覧試合**　天皇が観戦するスポーツの試合、武道の試合のこと。戦前から広く行われていたが、1959年6月25日のプロ野球を昭和天皇・香淳皇后が観戦したことが、特に有名である。この試合では、ジャイアンツの4番打者長嶋茂雄が、のちにタイガースのエースとなる新人村山実からサヨナラホームランを打ち、全国的にプロ野球人気が高まる大きなきっかけとなった。

[64] **サンフランシスコ平和条約**
▶第3章[27]、第6章[23]を参照。

[65] **皇太子ご成婚**　皇太子の結婚に対する敬語表現。1959年4月10日の皇太子と美智子の「ご成婚パレード」は、ＮＨＫ・民放のテレビカメラ100台で中継され、テレビ中継を観た人は1500万人に上ったとされている。

[66] **正田美智子（1934〜）**
1959年に皇太子の明仁と結婚し、1989年からは皇后。2019年の明仁退位後は上皇后である。「平民」出身でミッション系の学校で学んだ皇太子妃の誕生は、国民からは熱烈に支持されたが、一部の皇族・旧皇族・旧華族から激しい反対を受け、また週刊誌などの報道は後年まで悩まされ続けた。皇太子妃時代、皇后時代を通じて、明仁とともに国内外に出かけ、国民に近い天皇・皇室イメージの創出に多大な貢献を果たした。

[67] **ミッチー・ブーム**　1958年から1959年にかけて、明仁皇太子と正田美智子が婚約・結婚したことにより生じた社会現象のこと。「ミッチー」とは、正田美智子の愛称である。ふたりの婚約・結婚をメディアが大々的に報道し、大衆消費社会の到来の中で、美智子の服装や髪型がミッチー・スタイルと呼ばれ大流行した。婚約記者会見で美智子が皇太子の印象を「ご清潔でご誠実」と述べたその言葉は、流行語になった。

3　社会の中の天皇　113

皇制と呼ぶことがある。

　いわゆる大衆消費社会において、明仁も美智子も私生活への注目を浴び続け、ふたりもまた「消費」の対象でもあった。そのような中で、明仁は美智子とともに児童福祉に関心をもって公務に取り入れるなど、象徴としての天皇のあり方（あるいは、将来その立場になる皇太子のあり方）を模索していった。この模索は、1989年に明仁が天皇となってからも常に続けられ、そのことは、2016年8月に自身の退位の希望を示した「象徴としてのお務めについての天皇陛下のおことば」の中で、「国事行為を行うと共に、日本国憲法下で象徴と位置づけられた天皇の望ましい在り方を、日々模索しつつ過ごして来ました」と述べていることにもよく表れている。

　明仁天皇は、昭和天皇以上に、象徴としてのあり方の表現として公的行為を位置づけた。その中でも特に全国各地への行幸を重視し、即位後わずか15年ですべての都道府県を回った。昭和天皇が戦後に訪れることのなかった沖縄にも、戦後の天皇としてはじめて訪問している。そして、多くの場合にはそれに初の「平民」出身の皇后である美智子皇后が随行した。ふたりは被災地の慰問にも熱心で、国民に寄り添い、また祈る姿がメディアを通して繰り返し伝えられた。天皇の退位等に関する皇室典範特例法（▶本章【35】）1条の立法理由・趣旨にも、「天皇陛下が、昭和64年1月7日の御即位以来28年を超える長期にわたり、国事行為のほか、全国各地への御訪問、被災地のお見舞いをはじめとする象徴としての公的な御活動に精励してこられた」とあり、天皇が象徴として行う行為が公的行為である、ということが明示されている。

[68] 大衆天皇制　1959年、『中央公論』に、松下圭一（1929〜2015）が著した「大衆天皇制論」によって注目された概念。政治学者であった松下は、ミッチー・ブームの分析を通して、マスメディアの報道によって皇室が新中間層の価値観に適合されたこと、ミッチー・ブームは象徴天皇制から政治的な色彩を脱色するという政治的効果を発揮したことなどを指摘した。

▲阪神・淡路大震災の被災地を訪れた明仁天皇・美智子皇后（当時）（宮内庁HPより）

▲令和6年能登半島地震の被災地を訪れた徳仁天皇・雅子皇后（宮内庁HPより）

コラム❹　昭和天皇の崩御

　1988年9月以降、昭和天皇の容体が悪化すると、天皇の体温・脈拍・血圧・呼吸数・下血量などが細かく報道されるようになった。テレビのバラエティ番組の放送内容が変更され、秋祭りや結婚披露宴などが延期・中止となるなど、いわゆる「自粛ムード」が大きな高まりを見せた。一方で、イベント

中止による借金を苦にした自殺が話題となり、年賀状印刷やクリスマスケーキの売上減などの経済的影響も問題視された。朝日新聞は過剰な「自粛ムード」に疑問を投げかけ、10月から12月まで「自粛の街を歩く」を連載している。映像メディアが充実した時代に天皇の病状を報道するというはじめての体験、昭和天皇に対してひとりの人間として寄り添おうとする意識、昭和天皇の「戦争責任」問題が解決しないままに「昭和の終わり」をどう迎えるかという難しさなど、その混沌の中に、過剰報道と、「自粛ムード」と、その批判とがあった。

そのような中で、千葉県知事は昭和天皇の病気快癒を願う県民記帳所を公費で設置した（なお、記帳所設置は千葉県に限ったことではなかった）。これに対して、住民が公費支出を違法とし、記帳所の設置費用額を昭和天皇が不当利得したと主張し、その相続人である明仁天皇に対して不当利得返還請求訴訟および千葉県知事に対して損害賠償請求訴訟を提起した（記帳所事件、最判平成元年11月20日民集43巻10号1160頁）。この事件の最高裁判決は、本文にもあるとおり天皇には民事裁判権が及ばないことを示していて重要であるが、それ以上に、この時代の文脈の中でこの事件をとらえる意識をもつことが大切である。

▶ **おわりに**

NHKが2018年に行った「日本人の意識」調査では、天皇に対して「尊敬の念をもっている」（①）が41%、「好感をもっている」（②）が36%、合わせると77%の人が天皇に対して良い感情を抱いていることが示されていた。NHKのこの調査は1973年から5年おきに行われていて、1973年の第1回では、①と②との合計は53%、その後も昭和天皇の時代にはだいたい①と②の合計が50%をやや超えるあたりで推移していた。明仁が天皇となって最初の調査は1993年で、この時には①＋②で64%であり、その後50%台に下がる年もあったものの、2013年には69%まで上がり、ついに2018年には80%にまで近づいたのである。このようにみてみると、昭和天皇・明仁天皇が模索してきた象徴としての天皇像は、明仁の時代の後半になって、かなり明確に多くの国民に受け入れられたといえそうである。

もっとも、このような天皇像は、天皇の権力を制限するという本来の象徴という言葉の意味を薄めてしまう可能性も秘めている。たとえば、2013年の秋の園遊会で、**山本太郎**参議院議員が明仁天皇に対して福島第一原発事故に関する手紙を渡すという出来事があったが、国民が天皇に良い感情を抱いていることと連動して、天皇を政治利用しようとする動きが出てくる可能性もある。

　そのようなことにならないようブレーキをかけるためにも、私たちは、引き続き「象徴とは何か」という議論を重ね、象徴天皇制と向き合い続けていく必要があるだろう。

[69] 山本太郎（1974～）　映画「バトル・ロワイヤル」（2000年）、大河ドラマ「新選組！」（2004年）などに出演する著名な俳優であったが、福島第一原発事故をきっかけにして政治家に転身。現在は参議院議員、れいわ新選組代表。

コラム❺　社会の中の徳仁天皇、雅子皇后、そして『テムズとともに』

　徳仁天皇は、日本国憲法制定後に出生し、現在に至るまで、戦後の皇室を「象徴」する存在であり続けたと言ってよいであろう。徳仁は、皇太子明仁・皇太子妃美智子によって直接育てられ（傅育官制度の事実上の廃止）、1960年に母美智子が皇太子とともに訪米した際に、徳仁のお世話係に託していった育児ノート「ナルちゃん憲法」は、多くの母親の共感を呼んだ。幼年期には弟妹と遊ぶ姿がしばしば公表され、また成長して皇太子・天皇となったあとも、家族に対する深い愛情を繰り返し語るなど、国民に近い感覚をもつ存在として、新しい皇室イメージの形成に大きく貢献してきた。

　徳仁天皇の皇后である雅子は、外交官の家に生まれ、ハーバード大学・東京大学で学んだ後、自身も外交官となった。1993年に皇太子の徳仁と結婚した際には、「キャリアウーマン」の皇太子妃の誕生が時代を反映しているとして、大きな話題になった。のちに、宮内庁との不和が報じられ、適応障害の診断を受けた。現在も療養を続けながら、象徴天皇を支える皇后として幅広く活動している。

　ところで、強い信頼関係で結ばれた徳仁天皇・雅子皇后の共通点のひとつが、本文でも述べたオックスフォードへの留学である。徳仁は、オックスフォード留学から戻ったあとに留学生活を回顧したエッセイ『テムズとともに 英国の二年間』（学習院総務部広報課・1993年）を著したが、2023年に紀伊國屋書店から刊行された復刊版では、徳仁は「遠くない将来、同じオックスフォード大学で学んだ雅子とともに、イギリスの地を再び訪れることができることを願っている」と述べていた。2024年6月の夫婦でのオックスフォード訪問は、これを実現したものであった。

第6章

9条はどのように成立し、解釈されてきたのか
——平和主義

はじめに

　2022年のロシアのウクライナ侵攻や、頻繁に繰り返される北朝鮮のミサイル実験などのニュースは、私たちが多様な幸せのかたちを追い求める際に平和がなくてはならないこと、そして、その平和がなお脅かされることがあることを実感させたのではないだろうか。では、日本国憲法は、そういった戦争と平和の問題にどのように向かい合っているのであろうか、それは私たちの多様な幸福にとって実は身近で、しかも根本的な問題なのである。

　本章では、日本の防衛や安全保障が日本国憲法9条、とりわけこれに関する政府見解に則って運営されていることを踏まえて、その政府見解の論理と展開を、さまざまな対立のある憲法学説と対比させながら、学んでいくことにしよう。その際、国際法、戦後政治史および安全保障論との関係を意識することによって、憲法9条を——憲法解釈という視点にとどまらず——もっと総合的な視点でとらえることを目指したい。このことは、日本が戦争と平和の問題に過去にどのように向き合い、また、現在や将来においてどのように向き合うべきかについて、より広い視野から考える手がかりになるだろう。

1　軍事力の国際的規制の歴史における憲法9条

　中世のヨーロッパ世界には、正しい戦争と不正な戦争を区別する正戦論があり、それは、ローマの思想やキリスト教に基づくものであった。17世紀の**グロティウス**[1]によれば、戦争

[1] **グロティウス（1583～1645）** オランダの思想家・法学者。カトリックとプロテスタントの宗教対立が大きな要因となった三十年戦争の悲惨な現実を目の当たりにして人類の平和を模索し、自然法に基づく国際法の体系を打ち立てた。「国際法の父」といわれる。主著は、『戦争と平和の法』（1625年）。第1章［46］も参照。

▲グロティウス（public domain）

の正・不正を判定する基準は自然法に求められ、キリスト教世界だけに限られることのない国際法が考えられた。

しかし、近代に入って主権国家が並び立つようになると、それぞれの主権国家が最高の存在であってその間に戦争の正・不正を決めるより高い権威はないという発想のもと、無差別戦争観に基づいて国際紛争を解決するために戦争に訴えることが広く行われた。国際秩序は、主権国家の間での力のバランスに委ねられることになった。

その後の二度の世界大戦は、近代の兵器の破壊力が飛躍的に大きくなっていく中で国民全体を巻き込んだ総力戦となって、人類に想像を絶するような被害をもたらすことを明らかにした。このような経験のもとで、国際平和を実現するために、不正な戦争を禁止して違法としつつ、その禁止を国際機構による**集団安全保障**[2]の方式によって実現しようとすることが模索された。第一次世界大戦の後、1920年に**国際連盟**[3]が設立され、1928年の**不戦条約**[4]では、侵略戦争が違法化された。第二次世界大戦後には、1945年に**国際連合**[5]が「国際の平和及び安全を維持すること」（国際連合憲章1条1項）を目的として設立され、**国際連合憲章**[6]では、「武力による威嚇又は武力の行使」の禁止（2条4項）によって戦争の違法化がより進められ、集団安全保障制度も強化された。ただ、こうした潮流にあっても自衛権の行使は禁止されなかった。

こうした国際法の発展と歩調を合わせるように、各国でも憲法に平和という目的およびその実現手段として戦争の違法化が定められる例が**図表6-1**のようにみられている。不戦条約よりもかなり前にもそのような条文の例がみられ（1791年のフランス憲法など）、不戦条約以降は、その条約に倣った規定がいくつかみられることにも注目したい。

▲国際連合旗（public domain）

▲国際連盟半公式旗（Wikipedia: CC BY-SA 4.0）

[2] **集団安全保障** 国際社会において条約などによって一般的に戦争や武力行使を禁止し、国際紛争を平和的に解決することとしたうえで、その禁止に違反した国家に対しては、他の国家が集団で制裁措置・強制措置をとることによって、国際的な安全保障を実現しようとする方式。国際社会における諸国家の間での力のバランスによって国際平和を維持しようとする方式（勢力均衡方式）と対置される。

[3] **国際連盟** 1920年に第一次世界大戦後のヴェルサイユ条約に基づいて設立された世界初の国際平和維持機構。

[4] **不戦条約**（ケロッグ＝ブリアン条約、パリ不戦条約） 第一次世界大戦の悲惨な体験を踏まえて、1928年8月27日、アメリカ、ソ連、ドイツおよび日本も含む15か国が調印（その後、63か国が参加）。その第1条では、「締約国は、国際紛争解決のために戦争に訴えることを非難し、かつ、その相互の関係において国家政策の手段としての戦争を放棄することを、その各々の人民の名において厳粛に宣言する」と定められた。もっとも、この条約が禁止しているのは、侵略戦争であって、自衛権は各国に留保されるものと考えられた。

[5] **国際連合** 1945年に51か国の加盟国で設立された国際機構（現在の加盟国は193か国）。主な目的として、国際平和と安全の維持、経済、社会、文化などに関する国際協力の実現がある。最も一般的な権限をもち、広範な加盟国を有する国際機構。

[6] **国際連合憲章** 国際連合を設立する条約であり、国連の目的、主要機関の構成および手続などを定めている。また、国連加盟国間における国際関係の主要原則として、加盟国の主権平等、紛争の平和的解決および国際関係における武力行使の禁止などを定めている。1945年6月26日に連合国50か国によるサンフランシスコ会議で採択。10月24日に発効。

図表6-1：各国の国内憲法の戦争放棄条項

各国憲法（制定年）	条文	補足
フランス憲法（1791年）	「フランス国民は、征服を行う目的でいかなる戦争を企図することも放棄し、また、その武力をいかなる国民の自由に対しても使用しない」（第6編）	同旨の明文規定は、1848年憲法（前文の5）、1946年憲法（第4共和国憲法）（前文）にもある。
ブラジル憲法（1891年）	「いかなる場合にも、ブラジル合衆国は直接にも又間接にも、自ら又は他国の同盟として、征服の戦争には従事しない」（88条）	同旨の明文規定は、1934年憲法（4条）、1946年憲法（4条）にもある。
スペイン憲法（1931年）	「スペインは、国家の政策の手段としての戦争を放棄する」（6条）	現行の1978年憲法には、同旨の明文規定はない。
フィリピン憲法（1935年）	「フィリピンは、国策遂行の手段としての戦争を放棄し、一般に受諾された国際法の諸原則を国内法の一部として採用する」（2条3節）	同旨の明文規定は現行の1987年憲法（2条2節）にもある。
イタリア憲法（1947年）	「イタリアは、他国民の自由を侵害する手段および国際紛争を解決する方法としての戦争を否認する」（11条）	現行規定
ドイツ基本法（1949年）	「諸国間の平和な共同生活をみだすおそれがあり、かつその意図をもって行われる行動、とくに侵略戦争の遂行を準備する行動は違憲とする。これらの行動は処罰する」（26条1項）	現行規定

　このような平和の理念と軍事力の規制の国際法・国内法の流れの中に、日本国憲法の平和主義や憲法9条があることは踏まえておく必要があるだろう。そうした流れのもとに位置づけてみると、日本国憲法は、戦前日本の歴史を踏まえて、国際法や各国憲法で一般にみられる水準を超えて、軍事力の行使をまったく否定してこれを廃絶するところにまで手を伸ばそうとしているようにも読める。日本国憲法の制定当時には、確かにそんな読み方へと誘う経緯もあった。その後から現在までに、憲法9条はどのように読まれてきたか、また、現在は、どのように読まれるようになっているだろうか。政府見解を中心に憲法学説と対比しながら学んでいくことにしたい。

2　日本国憲法制定時における憲法9条解釈の成立

　日本国憲法の前文は、「政府の行為によつて再び戦争の惨禍

が起ることのないやうにすること」の決意（前文1項）に触れつつ、「日本国民は、恒久の平和を念願し、人間相互の関係を支配する崇高な理想を深く自覚するのであつて、平和を愛する諸国民の公正と信義に信頼して、われらの安全と生存を保持しようと決意した。われらは平和を維持し、専制と隷従、圧迫と偏狭を地上から永遠に除去しようと努めてゐる国際社会において、名誉ある地位を占めたいと思ふ。われらは、全世界の国民が、ひとしく恐怖と欠乏から免かれ、平和のうちに生存する権利を有することを確認する」（前文2項）と定め、平和主義の原則に立っている。

（1）戦争放棄条項（9条1項）

　このような平和主義を軍事力の行使の側面から具体化する条文が日本国憲法9条1項であり、「日本国民は、正義と秩序を基調とする国際平和を誠実に希求し、国権の発動たる戦争と、武力による威嚇又は武力の行使は、国際紛争を解決する手段としては、永久にこれを放棄する」と定めている。

　憲法9条の基本的な方向性を示したのは、連合国最高司令官マッカーサー[7]が作成した「マッカーサー・ノート[8]」の第2項であった。そこでは、「国の主権の行使たる戦争は、紛争解決のための手段としても、また自己の安全を保持する手段としても放棄し、日本の防衛と保護は、いま世界を動かしつつある高次の理想に委ねられる。日本が陸海空軍をもつ権能は、将来も与えられることはなく、交戦権が日本軍に与えられることもない」とされ、「自己の安全を保持するための手段としての」戦争までも放棄することが記されていたのであった。現在の憲法9条1項に相当する案がつくられた当初に考えられていたのは、自衛戦争までも放棄するという、まさに徹底的な不戦であった。これと同じように、日本国憲法制定後の憲法学説には、憲法9条1項が侵略のためだけでなく自衛のための「戦争」と「武力行使」までも禁止していると解する見解（戦争・武力行使全部放棄説）があり、戦後日本の憲法学で主な学説のひとつとなった。

　けれども、その後の日本国憲法制定の経緯は、自衛の問題

★世界の憲法前文　世界各国の憲法のうち、約8割の憲法典に前文がある。前文の長さはさまざまで、最短はギリシャ憲法——前文は、In the name of the Holy and Consubstantial and Indivisible Trinity の一文だけである——、最長はイラン憲法（英単語で3229語）である。その内容は国によって多様であるが、人民が憲法を制定したといった制定主体、主権や独立、国の歴史などへの言及が多い。また、約半数の前文で、宗教や神への言及がある。また、マルクス、エンゲルス、毛沢東、ホーチミンといった個人名が書かれた前文もある。

　憲法調査会会長を務めた中山太郎は、「憲法前文は憲法の『顔』にあたるものです」と述べたことがあるが、各国の憲法前文が、何について、どのように表現しているのかを見比べてみると、その国のことがよりよくわかるかもしれない。

[7] マッカーサー　▶第4章[13]を参照。

▲マッカーサー（public domain）

[8] マッカーサー・ノート　▶第4章[31]、第5章[18]を参照。

第6章　9条はどのように成立し、解釈されてきたのか——平和主義

について別の姿をみせるようになっていった。上記の「マッカーサー・ノート」第2項に従ってGHQでは**ケーディス**を[9]中心に総司令部案が作成されることとなった。その草案では、「自己の安全を保持するための手段としての」戦争までも放棄するといった文言は削除されていた。そしてその後、日本側において憲法草案が帝国議会で審議された際にも、9条1項が不戦条約に相当する規定として考えられた。実際、当時の日本の政府答弁でも、9条1項は、不戦条約の趣旨を明らかにする規定として説明されたのであった（1946〔昭和21〕年9月13日貴族院帝国憲法改正案特別委員会金森徳次郎国務大臣答弁）。

このような経緯を踏まえれば、9条1項は、不戦条約と同じような趣旨をもっていると読めそうである。そのオリジナルの不戦条約では、侵略戦争を禁止することを狙いとしていたが自衛権は各国に留保されているものと考えられた。ちなみに、各国の国内憲法には、侵略戦争止の趣旨を明らかにする規定を設ける例が、日本国憲法以前にもすでにあった。だから、9条1項に不戦条約の趣旨を読み取るならば、同条項単体では世界に類をみないユニークな規定とはいえないことになるだろう。

また、国際連合憲章が「武力の行使（use of force）」および「武力による威嚇」を禁止していることからすれば、マッカーサー草案の段階ですでに**戦争**だけではなく**武力の行使**と**武力による威嚇**も禁止すべきことが文言上明確にされ、これが現[10]　　　　　　　　　　　　　　　[11][12]在の9条1項へと結実した。こうして、戦前の日本のように宣戦布告なくして外国との侵略的な武力衝突に突入することを禁止することも明確となった。

以上の経緯からすれば、憲法9条1項は自衛のための戦争や武力行使を禁止していないことになるだろう。実際、こうした9条1項解釈が日本国制定当初の政府解釈であったし、日本国憲法制定後の憲法学説にも、これと同様の説明によるものがあり（戦争・武力行使限定放棄説）、戦後憲法学における主要な学説のひとつとなった。

［9］ケーディス（1906〜1996）アメリカの軍人・弁護士。当時、ホイットニー准将（▶第4章［33］で）が率いるGHQ民政局の次長（陸軍大佐）として総司令部案の作成をとりまとめた。第4章2（3）も参照。

［10］**戦争**　日本国憲法9条1項の解釈では、「戦争」とは、宣戦布告や最後通牒（条件または期限付きの宣戦布告の意味合いをもつ）の意思表示によって開始されて戦時国際法規の適用を受ける、国家間の武力闘争を意味する（形式的意味における戦争）。

［11］**武力の行使**　日本国憲法9条1項の解釈では、「武力の行使」とは、宣戦布告等の意思表示を示さないでなされる、国家間の事実上の武力衝突を指し（実質的意味における戦争）、満洲事変や日華事変などが具体例として挙げられる。また、政府見解によれば、「我が国の物的・人的組織体による国際的な武力紛争の一環としての戦闘行為」と定義されている。なお、国際連合憲章で「武力の行使」という場合には、憲法9条1項でいう「戦争」と「武力の行使」の両方が含まれることに注意してほしい。

［12］**武力による威嚇**　日本国憲法9条1項の解釈では、「武力による威嚇」とは、武力を背景にして自国の要求を相手国に強要することを指し、1895年のフランス、ドイツおよびロシアによる対日三国干渉、1915年に日本による対支21カ条要求事件が例として挙げられる。

2　日本国憲法制定時における憲法9条解釈の成立　　121

（2）戦力不保持条項（9条2項）

　軍事力をもつかどうかという側面から平和の問題を規制しようとするのが9条2項であり、この条項は、「前項の目的を達するため、陸海空軍その他の戦力は、これを保持しない。国の交戦権は、これを認めない」と定めている。日本国憲法が制定された当時の理解からすれば、非武装・非戦の方向で平和の理念をより徹底することで日本の平和主義のユニークさを際立たせたのは、むしろ憲法9条2項のほうであった。同項は、1項の戦争放棄から、「更に大飛躍を考へて、第2項の如き戦争に必要なる一切の手段及び戦争から生ずる交戦者の権利をもなくすると云う所に迄進んで、以て、此の画期的な道義を愛する思想を規定する」（1946［昭和21］年9月13日貴族院帝国憲法改正案特別委員会金森徳次郎国務大臣答弁）ものとされた。これは、侵略目的だけでなく自衛目的を含め一切の戦力保持を禁止するという説である（戦力保持全面禁止説）。

　こうした意味で考えられた2項があるので、吉田茂[13]首相は、1項との関係では、「戦争放棄に関する本案の規定は、直接には自衛権を否定はして居りませぬが、第9条2項に於て一切の軍備と国の交戦権を認めない結果、自衛権の発動としての戦争も、又交戦権も放棄したものであります。従来近年の戦争は多く自衛権の名に於て戦はれたのであります」（1946［昭和21］年6月26日衆議院本会議吉田茂内閣総理大臣答弁）というように整合的に説明された。なお、一部の答弁には、9条1項自体が自衛権の行使を禁止していると説いているようにみえるものがあり（1946［昭和21］年6月28日衆議院本会議吉田茂内閣総理大臣答弁）、政府答弁の一貫性が問題とされることになる。けれども、1項自体は、自衛権の行使を禁止しておらず、ただ、2項で戦力および交戦権をおよそ放棄した結果、自衛権の発動が事実上できないことになる、というのが当時の政府見解である。

　このように一切の戦力をもたないという徹底的な非武装はひとつの理想である。しかし、他国が同時に非武装化する現状にない以上、それでどうやって現実に日本国を守るのかと

[13] 吉田茂（1878〜1967）
慶應義塾や旧制学習院高等学科（現在の学習院大学）、東京物理大学（現在の東京理科大学）にも在学したこともあるが、その後、東京帝国大学法科大学を卒業して、戦前に外交官として活躍。外務次官、駐英大使なども務めた。戦後に、東久邇内閣・幣原内閣で外務大臣を務めた後、戦後の最初の総選挙後に首相に就任。自由党総裁となる。1954年までの間に5回にわたって首相となり、戦後の日本の礎を築いた。第4章［37］も参照。

▲吉田茂（首相官邸HPより）

いう疑問があって当然である。ただ、日本国憲法制定の当時は、国際連合の**安全保障理事会**[14]で常任理事国として拒否権をもっているアメリカとソ連の間の**冷戦**[15]がまだ顕わになっていなかった。だから、国際連合が予定する集団安全保障の体制が機能するという見込みのもとで、日本の平和や安全を国際連合に委ねることを期待できた。実際、日本国憲法の前文では、「平和を愛する諸国民の公正と信義に信頼して、われらの安全と生存を保持しようと決意した」とされ、そうした期待に基づく決意が明らかにされている。加えて、当時、戦勝国の関心が日本が再び**軍国主義**[16]とならないようにすることであった中で、国際社会の懸念と疑惑を解消し、占領体制のもと、天皇制の安泰と国家の再建を図るためには、戦力の放棄が必要であったという事情もあった。戦争で大切なものを失った国民がもう戦争はいやだと思う感情をもつことはごく自然であるし、また、戦前の軍国主義の抑圧はもうこりごりだという感情があったために非武装主義が一定の説得力をもったところもあったろう。

（3）憲法制定時の政府解釈とその後の憲法学説

以上のように、日本国憲法制定時における政府解釈によれば、憲法9条1項では自衛権の行使は禁止されない、しかし、9条2項では、戦力を一切もつことが禁止され、かつ、交戦権の行使も禁止されているので、その結果として、日本は自衛権を事実上行使できないことになる。このような理解は、戦後日本の憲法学説でも、通説的地位を占めることになった。

もっとも、日本国憲法の制定過程の終盤に**芦田修正**[17]と**文民条項**[18]の挿入があり、のちの解釈者に制定時の政府解釈とは異なった憲法解釈の論拠として引き合いに出されることになったことに注意しなければならない。芦田修正とは、日本国憲法制定の最終段階における審議で芦田均の提案によって従前の憲法9条案に修正が加えられたことであり、現在の日本国憲法9条1項の「正義と秩序を基調とする国際平和を誠実に希求し、」という部分、そして、9条2項の「前項の目的を達するため、」という部分が追加されたことが該当する。この修

[14]**安全保障理事会** 国際連合の主要機関のひとつで、国際の平和と安全に主要な責任をもつ。理事会は、常任理事国であるアメリカ、イギリス、中国、フランス、ロシアの5か国と任期2年で総会によって選出される非常任理事国10か国から構成。各理事国は1票の投票権をもつ。実質的な事柄に関しては、5常任理事国の同意投票を含む9理事国の賛成投票が決定のために必要であるから、常任理事国はその反対票によって「拒否権」を行使することになる。

[15]**冷戦** 第二次世界大戦後のアメリカを中心とした資本主義陣営（西側）とソ連を中心とした社会主義陣営（東側）の間の対立である。アメリカとソ連の直接の武力衝突には至らなかったため、冷戦といわれる。

[16]**軍国主義** 軍事に最高の価値を認める、国家体制についての考え方またはあり方。この考えのもとでは、軍人による統治のもと、軍事的な必要性を最優先に国民生活が編制されることになる。

[17]**芦田修正** 修正の内容は、本文で示したとおり。芦田自身は、1951年にそのような意図で修正を提案したと証言している。もっとも、当時の議事録には、そのような意図を読み取れる箇所がみられない。なお芦田については第4章[38]も参照。

▲芦田均（首相官邸HPより）

[18]**文民条項** 「内閣総理大臣その他の国務大臣は、文民でなければならない」と定めた憲法66条2項の規定。

正が入ったことによって、戦力の保持を禁止する目的が限定される余地が生まれた。より具体的には、「前項の目的」という文言が９条１項の「国際紛争を解決する手段としては、永久にこれを放棄する」という部分——この説では、侵略のための戦争・武力行使のみを放棄するという意味である（戦争・武力行使限定放棄説）——を受けたものと読むことによって、自衛のための戦力の保持は禁止されないという解釈の余地が出てきたのである。

　日本の占領政策に関する最高意思決定機関である極東委員会（▶第４章［15］）では、このような修正が入ったことによって、日本が自衛戦力をもつことができるという解釈の余地が生まれたことを認識する向きがあった。そのため、軍隊の存在を前提としてこれを**文民統制**[19]のもとに置くために、文民条項の挿入を要求し、それが現在の憲法66条２項となったのである。こうした経緯と先に挙げた文言の読み方を踏まえて、憲法９条１項は、自衛戦力の保持を禁止していないという解釈（自衛戦力保持可能説）が打ち出され、学説でも有力説となった。ただ、この芦田修正が入った後も、政府は、従前の解釈を変更しているわけではなく、この場合、文民条項は旧軍人が大臣に就任できないようにする規定である、と考えていたことには、日本国憲法制定時における政府解釈を考える際には、注意が必要であろう。

　なお、上記の憲法９条解釈とは、少し毛色の変わった学説がある。憲法９条解釈をより多角的に考えるために、知っておくとよいだろう。

　まず、憲法が制定された当時から国際情勢や日本の国際的地位が著しく変化し、憲法制定当時の解釈を変更することが必要となったこと、現在では、国民は自衛のために戦力をもつことをすでに容認するようになっていることから、同条の意味が制定当時から変わったこと（いわゆる「**憲法変遷**」[20]）を認める見解であり（憲法変遷説）、1980年代に提唱された。この学説は、内外の状況変化に応じて憲法の意味が変化することを認めるという点で独特の特徴をもっている。

　次に、憲法９条は、法規範であるけれども、裁判所が裁判

[19] **文民統制**　文民が担当する政治が、軍人が担っている軍事をコントロールすること。政治の軍事に対する優先ともいわれる。民主政国家では、文民統制を担うのは、民主的手続を経て選出された文民政治家である。文民統制は、民主主義国家の軍隊においてきわめて重要な原則である。もっとも、そこには限界もある。文民政治家がその野心的な目的のために軍隊を侵略的に用いる例、また、軍事にあまり精通していない文民政治家が軍事作戦に過剰に介入することによって軍事的合理性が損なわれる例がみられた。その限界にどのように向かい合うかが平和主義や軍事的専門主義の課題である。

[20] **憲法変遷**　憲法変遷とは、憲法規定に反する実行が継続反復し、それが一般に承認されるようになることによって、それが憲法規範としての効力をもつようになって元の憲法規定が改廃される結果となることをいう。これを承認するかについて学説に対立がある。もっとも、憲法９条について憲法変遷が語られる場合、本来の意味での憲法変遷と異なっているところがあることが指摘されている。なお、いわゆる「解釈改憲」について**第３章[71]**も参照。

に用いる規範としての性格はきわめて薄く、むしろ、政治過程において主権者である国民の政治的意思決定の基礎となる政治規範であると考える説がある。この説は、法令や政府の行為が9条に反するかどうかは、主として国会、選挙など政治的な場において判断されることになる（政治規範説）。

上記の憲法9条解釈は、同条が法規範であるという前提に立っている。しかし、そう考えない説もある。これによれば、憲法9条は、法規範としての性格をもたず、むしろ平和への意思を内外に示した政治的宣言であるというのである（政治的マニフェスト説）。

3　冷戦期における憲法9条解釈の形成

（1）警察予備隊創設期

1950年6月25日に**朝鮮戦争**[21]が勃発したことを契機として、日本に駐留して占領に当たっていた米軍の大半が朝鮮半島に出動することとなった。マッカーサーは、7月8日付の吉田茂首相に宛てた書簡で、「7万5千名からなる国家警察予備隊を設置するとともに、海上保安庁の現有海上保安力に8千名を増員するよう必要な措置を講ずることを許可」した。このような「許可」は、日本側において「命令」として、しかし国内治安に不安を抱いていた政府によって積極的に受け止められ、**警察予備隊**[22]の創設へ向かうこととなった。

警察予備隊の法令における任務は、治安維持にあり、間接侵略に対応するものであったから、それはあくまでも警察という位置づけであった。もっとも、それが将来の軍隊の母体たる存在であることの認識が日米関係者にあったことは否めず、また、組織、編制および装備の実態も、軍隊の色彩を帯びるようになっていったため、それは「戦力」に該当するのではないかという疑惑を強めることとなった。

（2）保安隊発足期

その間、日本が講和条約を締結し独立を回復することが課

★**自衛隊違憲合法論**　自衛隊は、違憲ではあるが、合法に成立し存在していると説明する見解。憲法学者の小林直樹によって理論化され、1983年に石橋政嗣社会党委員長によって提唱された。違憲合法という法的な背理を矛盾として認識することで、自衛隊の違憲性を絶えず指摘すると同時に、法律上可能な限り自衛隊の膨張や逸脱を抑制することを促進することができると考えられた。

★**政治的マニフェスト説の再評価**　政治的マニフェスト説は、英米法学者の高柳賢三によって主張された。近時、戦後憲法学において多大な影響を及ぼした芦部信喜がこの説を再検討していたことが注目され、この説を再評価する向きもある。

[21]　**朝鮮戦争**　1947年の初頭ごろからアメリカとソ連の対立が顕在化していった。その影響で、日本から独立を果たした朝鮮半島は、38度線を境に分断されてしまった。ソ連の支援を受けた北朝鮮は、半島の統一を果たすために大韓民国へ侵攻し、朝鮮戦争が勃発した。

[22]　**警察予備隊**　保安隊（1952年）、陸上自衛隊（1954年）の前身。総理府に設置され、首相に直属した。

題となっていた。アメリカとソ連の間の冷戦のもとにあって、国内政治では、対立が解けるのを待って連合国のすべてと講和しようとする全面講和方式とアメリカを旗印とする自由主義陣営を中心とした多数国と講和条約を結ぶ多数講和方式の間で国論が分かれていた（講和論争）。こうした中で、吉田茂内閣は、多数講和方式へと舵を切り、かつ、アメリカとの間で安全保障条約を締結することを通じて自由主義陣営に属しこれに貢献することによって日本の防衛を目指したのであった。こうして、1951年に**サンフランシスコ平和条約**[23]と**日米安全保障条約**[24]が締結された。

1952年3月には、**日本社会党**[25]が講和論争を契機にいったん分裂してできた左派社会党の委員長であった**鈴木茂三郎**[26]は、警察予備隊が違憲であることの確認を求めて最高裁に訴えを提起した。しかしながら、最高裁は、日本の違憲審査制度が付随的違憲審査制度であることを理由に、この訴えを却下した（警察予備隊訴訟〔▶第15章[43]〕）ため、警察予備隊が憲法9条2項で保持が禁止される「戦力」に該当するかどうかについて判断がなされることはなかった。

他方、多数講和と日米安全保障条約の国際枠組みのもとで、警察予備隊は1952年10月に**保安隊**[27]に、同年4月に発足した**海上警備隊**[28]は、8月には**警備隊**[29]へと改編されていった。保安隊と警備隊を管理運営する保安庁を設置する保安庁法では、保安隊の任務は治安維持的なニュアンスをいくぶん弱め、他方では、その規模の増強のほか、装備や訓練の発展により、より軍隊的色彩がますます強まった。こうした保安隊であったがゆえに、憲法9条2項とのギャップがより大きくなった。1952年11月25日の「戦力に関する政府統一見解」によって提示された近代戦争遂行能力論は、戦争目的または近代戦争遂行能力という観点から軍隊および戦力の概念を定義することで、かかるギャップを埋めるようなものであった。すなわち、この政府統一見解は、日本国憲法9条2項によって保持が禁止されている「戦力」とは、「近代戦争遂行に役立つ程度の装備、編成を具えるものをいう」としつつ、「戦争目的のために装備編成された組織体」である「軍隊」と「本来は戦争

[23] **サンフランシスコ平和条約** 日本と連合国の間で締結された、第二次世界大戦後の講和条約。これが発効したことによって、日本は主権を回復した。第3章[27]、第4章[5]も参照。

[24] **日米安全保障条約** サンフランシスコ平和条約の発効と同日にアメリカとの間で締結された安全保障条約。サンフランシスコ平和条約によってアメリカが日本に駐留する権利がなくなることになるが、在日米軍を引き続き駐留させることによって、日本の防衛を確保することが狙いであった。アメリカにとっても、日本に軍隊を駐留させることが可能であるから、極東戦略のうえで有益であった。なお、旧日米安全保障条約では、アメリカの日本防衛義務が明記されていなかったが、岸信介政権下で改定された新たな日米安全保障条約では、日本防衛義務が明記された。

[25] **日本社会党** 1945年に結党され、社会主義を標榜した革新政党。分裂したあと1955年に再統一し、長らく自衛隊違憲、日米安保条約反対の主張を維持し、憲法改正に反対した。

[26] **鈴木茂三郎**（1893～1970）1951年に日本社会党委員長に就任した際の党大会で「青年よ再び銃をとるな」と演説した。そのスローガンは、非武装中立路線の平和運動を象徴するものとなった。

[27] **保安隊** 陸上自衛隊（1954年）の前身であり、1952年10月に警察予備隊が改編されて発足。警備隊とともに保安庁の統括のもとに置かれた。

[28] **海上警備隊** 1952年4月から7月まで海上保安庁に設置されていた海上警備機関。のちに警備隊（1952年8月）、海上自衛隊（1954年）になっていった。

[29] **警備隊** 海上自衛隊（1954年）の前身であり、1952年8月に海上警備隊が改編されて発足。

目的を有せずとも実質的にこれに役立ち得る実力を備えたもの」である「その他の戦力」を区別したうえで、「『戦力』に至らざる程度の実力を保持し、これを直接侵略防衛の用に供することは違憲ではない」としていた。こうした概念規定に基づいて、保安隊および警備隊は、戦争目的を有しないから「軍隊」ではなく、「また客観的にこれを見ても保安隊等の装備編成は決して近代戦を有効に遂行し得る程度のものでないから」、「戦力」にも該当しない、といった。

（3）自衛隊発足期以降

　1953年にアメリカのダレス国務長官が来日し、日本に対してアメリカが援助をすることが交渉されるようになった。アメリカの対外援助を整理統一した、アメリカ国内法である相互安全保障法は、その援助を受けるために必要な資格として、「自国の自衛力並びに自由世界の防衛力の増進及び維持のために、自国の人力、資源、施設及び一般的経済状態が許す限り全面的寄与を行うこと」、「自国の防衛能力を増大させるために必要な一切の合理的措置をとること」を定めていた（511条）ので、その資格を満たすために、日本の国内法でも調整を行う必要もあった。また、アメリカとの交渉上も国内政治上の基盤を確保する必要があった。これらの理由から、在野の保守政党であった改進党と日本自由党の協力が必要であったため、9月に吉田茂自由党総裁と**重光葵**[30]改進党総裁の間の会談がなされ、次のことが表明された。「現在の国際情勢及び国内に起りつつある民族独立の情勢に鑑み、この際、自衛力を増強する方針を明らかにし」、保安庁法を改正して、「保安隊を自衛隊に改め、直接侵略に対する防衛をその任務に加えることとする」。このような合意に鳩山一郎自由党が合流し、三党合意に基づいて自衛隊をつくることが構想されていった。
　こうした国内政治的背景のもと、1954年6月に**防衛庁設置法**[31]と**自衛隊法**[32]の二本立ての法律が成立し公布され、**防衛庁・自衛隊**[33]が設置された。自衛隊法では、自衛隊に防衛の任務が与えられ（3条）、「防衛出動」（76条）、そして「武力行使」（88条）が明確に規定されたので、それは正式に防衛組織とし

[30] **重光葵（1887〜1957）**
1945年8月に三度目の外相となり、首席全権として降伏文書に調印した。戦後の公職追放から復帰したのち、改進党の総裁となり、鳩山一郎内閣では副総理兼外相を務めた。

[31] **防衛庁設置法**　防衛庁が防衛省に昇格した現在では、防衛省設置法。国家行政組織法の枠組みに従って、行政組織としての防衛省を設置し、その組織を定める法律。

[32] **自衛隊法**　部隊行動を行う組織としての自衛隊の任務、自衛隊の部隊の組織や編制、自衛隊の行動や権限、自衛隊員の身分などを定める法律。

[33] **防衛庁・自衛隊**　防衛庁が防衛省に昇格した現在では、防衛省・自衛隊である。法的にいえば、防衛省・自衛隊は、同じ組織であるが、国家行政組織法としての側面を指して防衛省と呼び、部隊行動を行う実力組織としての側面を指して自衛隊と呼ぶ。このような説明に対応する形で、防衛省に関する法律が防衛省設置法、自衛隊に関する法律が自衛隊法となっている。

3　冷戦期における憲法9条解釈の形成　　127

て位置づけられ、また、自衛官を中心とした定員の増加、さらに航空兵力である航空自衛隊の創設などは、一切の戦力保持を禁止するものと考えられた憲法9条2項との深刻なギャップをさらに意識させることとなった。

こうした状況のもとで、内閣法制局によって新たに打ち出された論理は、自国の自衛のための「必要相当」(1954〔昭和29〕年12月22日衆議院予算委員会大村清一防衛庁長官答弁)——のちに「必要最小限度」(1972〔昭和47〕年11月13日参議院予算委員会吉国一郎内閣法制局長官答弁)——の実力は、憲法9条2項が禁止する「戦力」ではないというものである。

このような解釈は、憲法9条2項はおよそ戦力の保持を禁止しているという見解(戦力保持全面禁止説)を維持しつつも、1項が自衛権の行使を禁止していないとの趣旨を受けて2項を解釈するものであった。こうして、自衛隊は、「憲法上必要最小限度を超える実力を保持し得ない等の制約を課せられており、通常の観念で考えられる軍隊とは異なる」(1985〔昭和60〕年11月5日自衛隊の統合運用等に関する質問主意書(秦豊参議院議員提出)に対する答弁書)ものとして設置されて運用されることになった。

★文献案内　現在の政府解釈の基本的骨格は、自衛隊が発足した時期に形成された。その当時に法制局・内閣法制局で活躍し、その長官を経験した実務家による著書(林修三『法律夜話』〔時事問題研究所・1968年〕、高辻正己『憲法講説〔全訂第2版〕』〔良書普及会・1980年〕〔ともに書影は筆者撮影〕など)は、その解釈の基本的発想をよりよく知るうえで参考になるだろう。

▲林修三『法律夜話』

▲高辻正己『憲法講説〔全訂第2版〕』

図表6-2：憲法9条2項の政府見解(学説との対比)

	侵略のための戦力保持	自衛のための戦力保持	「前項の目的」の意味	備考
a. 戦力保持全面禁止説	×	×	「正義と秩序を基調とする国際平和を誠実に希求し、」という動機(憲法学説による説明)	憲法学説 憲法制定時の政府解釈
b. 自衛戦力保持可能説	×	○	「国際紛争を解決する手段としては、永久にこれを放棄する」という目的(この場合、1項につき、戦争・武力行使限定放棄説が前提)	憲法学説
c. 現在の政府見解	×	× しかし、<u>自衛のための必要最小限度の実力は、戦力ではない。</u>	自衛権を放棄していないことを含む1項全体の趣旨	下線部は、1954年以降の政府解釈

以上にみてきた2項解釈との対比でみれば、1項解釈については、政府解釈の論理の蓄積を通じて、むしろ限定的な解釈が形成されていくことになった。

　まず、憲法9条のもとにおいて許容されている自衛権の行使は、自国を防衛するため必要最小限度の範囲に限られるという基本的な考え方のもとに、①日本国に対する武力攻撃が発生した場合において（急迫不正の侵害。現在は、「武力攻撃の発生」と言い換えられている）、②これを排除するために他の適当な手段がないときに（補充性）、③必要最小限度の（必要最小限度性）実力行使に限られる（1954［昭和29］年4月6日衆議院内閣委員会佐藤達夫法制局長官答弁）という制約があると考えられた。

　また、自衛隊法の成立と同時期になされた、1954［昭和29］年6月2日の参議院における海外派兵禁止決議では、「武力の行使」を目的とした「海外派兵」は、一般に自衛のための必要最小限度の「武力の行使」を超えるから、という理由で禁止されていると考えられた。また、日本自らが「武力の行使」をしなくても、他国軍隊等の武力行使と一体化するような活動も禁止されることとされたのであった（**一体化の禁止**）。加えて、当時は、「武力の行使」には自国を防衛するための必要最小限度という制約があることから、**集団的自衛権**[35]の行使が禁止されると考えられた。集団的自衛権とは、政府見解によれば、「自国と密接な関係にある外国に対する武力攻撃を、自国が直接攻撃されていないにもかかわらず、実力をもって阻止する権利」を意味する。そして、「我が国が、国際法上、このような集団的自衛権を有していることは、主権国家である以上、当然であるが、憲法第9条の下において許容されている自衛権の行使は、我が国を防衛するため必要最小限度の範囲にとどまるべきものと解しており、集団的自衛権を行使することは、その範囲を超えるものであって、憲法上許されないと解している」（1981［昭56］年5月29日「憲法、国際法と集団的自衛権」に関する質問主意書（稲葉誠一衆議院議員提出）に対する答弁書）とされた。

　このような論理によって、日本国憲法制定時には、不戦条

[34] **一体化の禁止**　武力行使を任務とする外国軍などに日本が協力する際の憲法的制約となってきた。外国軍や国際機関の武力行使との一体化の有無は、外国軍の戦闘行動との地理的関係、自衛隊の行動の具体的内容、武力行使を任とする外国軍との関係の密接性、協力対象となる外国軍の活動の現況など諸般の事情を総合的に勘案して個別具体的に判断される。早い時期の答弁としては、1959［昭和34］年の林修三内閣法制局長官によるものがある。

[35] **集団的自衛権**　外国が武力攻撃を受けた場合に直接に攻撃を受けていない国がその外国と共同で防衛する国際法上の権利であり、国連憲章51条で認められている。同条では、「この憲章のいかなる規定も、国際連合加盟国に対して武力攻撃が発生した場合には、安全保障理事会が国際の平和及び安全の維持に必要な措置をとるまでの間、個別的又は集団的自衛の固有の権利を害するものではない」と定められている。

約との関係で諸外国の憲法と比して特異なものとは考えられていなかった規定が、1980年代の内閣法制局長官の説明によれば、次のように説かれることもあった。「わが憲法というのは世界のどこにもない憲法でございまして、そして憲法9条の解釈として、……自衛権というものはあくまで必要最小限度と申しますか、わが国が外国からの武力攻撃によって国民の生命とか自由とかそういうものが危なくなった場合、そういう急迫不正の事態に対処してそういう国民の権利を守るための全くやむを得ない必要最小限のものとしてしか認められていない」ので、集団的自衛権を「全然行使できない」ことに加え、個別的自衛権についても、「一般的に世界で認められているような、ほかの国が認めているような個別的自衛権の行使の様態よりもずっと狭い範囲に限られておるわけです」〔1981［昭和56］年6月3日衆議院法務委員会角田礼次郎内閣法制局長官答弁）。

　このような憲法9条の両項に関する政府解釈が冷戦期において安定的に通用するようになっていった。一方で、政府の憲法解釈が裁判所によってくつがえされることはなかった。最高裁は、**砂川事件**[36]において、9条によって「わが国が主権国として持つ固有の自衛権は何ら否定されたものではなく、わが憲法の平和主義は決して無防備、無抵抗を定めたものではない」と述べ、1項について重要な言及をしているが、2項については、「いわゆる自衛のための戦力の保持をも禁じたものであるか否かは別として」とし、この点について踏み込んだ言及をしていない。その後、**長沼事件**[37]では、札幌地方裁判所は、通説と軌を一にする論理によって、自衛隊が憲法9条2項に反すると判断した（札幌地裁昭和48年9月7日判決）が、この判決に対して、札幌高等裁判所は、自衛隊が憲法9条2項に反するか否かの問題について有名な「統治行為論」（▶第3章［53]）によって判断を避け（札幌高裁昭和51年8月5日判決）、最高裁は訴訟手続上の理由で上告を棄却したため（最高裁昭和57年9月9日判決）、憲法9条に関する最高裁の解釈が示されることはなかった。これら裁判にもみられるように、憲法9条に関する諸問題、とりわけ自衛隊の合憲性につ

[36] 砂川事件　アメリカ軍が使用する立川飛行場の拡張工事を始めた際に、基地反対派のデモ隊の一部の者（Y）が境界柵を破壊し、アメリカ軍が使用して立入禁止になっていた飛行場内に立ち入ったことが、「日本とアメリカ合衆国との間の安全保障条約3条に基づく行政協定に伴う刑事特別法」2条に違反するとして、Y等は起訴された。この刑事事件で、日米安全保障条約の合憲性が問題となったが、最高裁（最大判昭和34年12月16日刑集13巻13号3225頁）は、「本件安全保障条約は、前述のごとく、主権国としてのわが国の存立の基礎に極めて重大な関係をもつ高度の政治性を有するものというべきであって、その内容が違憲なりや否やの法的判断は、その条約を締結した内閣およびこれを承認した国会の高度の政治的ないし自由裁量的判断と表裏をなす点がすくなくない。それ故、右違憲なりや否やの法的判断は、純司法的機能をその使命とする司法裁判所の審査には、原則としてなじまない性質のものであり、従って、一見極めて明白に違憲無効であると認められない限りは、裁判所の司法審査権の範囲外のものであって、それは第一次的には、右条約の締結権を有する内閣およびこれに対して承認権を有する国会の判断に従うべく、終局的には、主権を有する国民の政治的批判に委ねらるべきものであると解するを相当とする」と述べて、この点について司法審査の対象にはしなかった。

[37] 長沼事件　防衛庁は、北海道夕張郡長沼町に航空自衛隊第三高射軍施設（いわゆるナイキ基地）を設置することとし、その所管のもとに置かれた国有林につき、保安林指定を解除する手続を進めた。1969年7月7日に、農林大臣Yは、「公益上の理由により必要が生じたとき」は保安林の指定を解除できることを定めた森林法26条2項に基づいて本件保安林指定の解除の処分を行った。この処分に対して、Xら地元住民173名は、この解除処分の取消しを求めて訴えを提起した。なお本文で取り上げている札幌地裁判決、札幌高裁判決、

いては、最高裁の終局的な判断が下されてこなかった。

他方で、政府の憲法解釈が憲法改正によって根本からくつがえされることもなかった。社会党の統一に危機感を抱いた自由党と日本民主党が1955年11月に合同することによって結成された**自由民主党**[38]は、憲法改正を党是として結成され、当初は憲法改正を積極的に模索した。日本国憲法がアメリカの占領のもとで制定された憲法であるので日本国民が自らで憲法を制定しなければならないと考えられたからである。しかし、1950年代末には、自衛隊違憲・憲法改正反対の主張を掲げた日本社会党などの勢力が憲法改正を阻止しうるのに必要な議席を確保するようになったこと、また、自由民主党の**岸信介**[39]政権下で、日米安全保障条約の改定に際してその反対運動が激しくなって国内的混乱を招いたこともあって、その後、しばらくの自民党政権では、国論の分裂につながる憲法改正を掲げることをせず、日米安全保障条約と（政府見解のもとで合憲と考えられた）自衛隊のもとで、経済成長に重点を置いて政権運営がなされるようになっていった。このような自由民主党の動向もあって憲法改正論は下火になった。

以上のような裁判所と政治部門の動向のもとで、冷戦期において政府の憲法解釈が国家実行において安定的に通用したのであった。

4　冷戦後における憲法9条解釈の展開

（1）国際平和協力法の成立期

日本は、冷戦構造の国際秩序のもと、日米安全保障条約の枠組みを基礎として、自衛力を必要最小限度にとどめつつ、日本の防衛に徹してきた。そのように防衛・安全保障にコストをかけないこともあって高度の経済成長を達成し経済大国化したが、アメリカを中心に諸外国からは応分の負担が求められるようになっていった。こういった背景のもと、1990年代初頭にとりわけ**湾岸戦争**[40]を大きな契機として、日本は自国の防衛と安全のみを追求するのではなく国際平和に積極的な

最高裁判決の出典はそれぞれ順に判時712号24頁、行集27巻8号1175頁、民集36巻9号1679頁。

[38] **自由民主党**　1955年の結党以来、1993年に非自民政権の細川護煕（もりひろ）内閣が成立するまで38年間政権を担当し続けた（このことを55年体制〔▶本章〔55〕〕という）。その後、2009年から2012年までの間にも民主党政権のもとで野党となっているが、その後、政権に復帰し、現在に至っている。

[39] **岸信介（1896〜1987）**　戦前は、農商務省、商工省の官僚として要職を歴任。満洲国の官庁で経済の統制と軍事化に従事した後に、商工省次官、商工大臣（東條内閣）などを務めた。また、衆議院議員として政治家としても活動した。戦後は、A級戦犯の被疑者として逮捕されたが、不起訴となった。公職追放から復帰した後、1957年から1960年までのあいだ内閣総理大臣を務める。日米安全保障条約の改定を国民的な反対運動の中で強行した。

▲岸信介（首相官邸HP）

[40] **湾岸戦争**　1990年にイラクがクウェートへ侵攻。国際連合安全保障理事会は、これを国際の平和と安全の破壊行為とみて軍事的制裁措置を許可した。これを実施するために、アメリカを中心とする多国籍軍が編制され、イラクに対して武力行使が行われた。

貢献をする必要があることが、いっそう主張されるようになっていった。そして、この時期に強調されがちであったのは、人的な国際貢献、なかでも自衛隊の部隊の派遣による国際貢献であった。

このような国際貢献論が高揚した時期に、国連憲章42条および43条に従って組織された正規の国連軍、または国連の権威のもとで行動する多国籍軍による軍事的措置、また、**国連平和維持活動（PKO）**[41]への参加が日本国憲法9条のもとで許容されるかが議論の俎上にのぼった。これを合憲とみる根拠としては、①これら活動の主体は日本国ではなく国連であるから、日本政府の活動を法的に規制する憲法9条1項の制約は及ばないとか、②これら活動の主体を日本国とみる場合であっても、憲法9条1項が禁止しているのはあくまでも侵略のための「戦争」や「武力の行使」であるから、国連安保理決議に基づく軍事的措置や国連平和維持活動のための「武力の行使」はこの条項によっては禁止されていない、といった見解が主張された。

しかし、政府は、このような見解には立たなかった。①の見解に対しては、自衛隊が国連の決議のもとで多国籍軍に参加し、または自衛隊が国連平和維持活動に参加する場合には、その活動の主体は国際連合ではなく日本国であるから、その活動は憲法9条1項の制約に反してはならないと考えられたし、②の見解に対しては、それまでの政府解釈の蓄積に従って、憲法9条1項のもとで許される「武力の行使」は、自国の防衛のための必要最小限度のものに限られるとされたのであった。

こうした前提に立ったうえで、1980年の政府見解、すなわち、国連が編成した平和維持隊などの組織の任務・目的が「武力の行使」を伴う場合には、これに「参加」（＝その司令官の指揮下に入り、その一員として活動）することは自国の自衛のための必要最小限度を超えることになるから許されないが、平和維持隊などの組織の任務・目的が「武力の行使」を伴わない場合には「参加」が許容されるという一般論が変更されることはなかった。もっとも、こうした一般論に立ちながら

[41] **国連平和維持活動（PKO）** PKOとは、United Nations Peacekeeping Operationsの略。伝統的には、兵力引き離しや停戦監視があるが、文民警察活動や、選挙、復興・開発、組織や制度の構築を含む支援活動も実施されるようになっている。安保理または国連総会の決議に基づき、国連の統轄のもとで参加原則に従って実施される。PKOにおいて紛争当事者間の兵力引き離しなどを実施する軍隊または部隊が国連平和維持軍（国連平和維持隊）（PKF）である。PKFは、Peacekeeping Forceの略。

▲国連平和維持活動（内閣府国際平和協力本部事務局HP）

も、いわゆる**PKO5原則**[42]の条件をつけた場合であれば、自衛隊が国際平和維持活動に「参加」することも許されると考えられたのであった。もし全体としての平和維持隊などの組織が武力行使に該当することをしたとしても、PKO5原則に従っている限り日本の自衛隊が自ら武力行使をすることにはならないし、平和維持隊の武力行使と一体化することにもならない（1991〔平成3〕年9月25日衆議院国際平和協力等に関する特別委員会工藤敦夫内閣法制局長官答弁）というわけである。

また、平和維持活動に参加する要員が自己等の生命や身体を守るために「武器の使用」をすることが憲法9条1項で禁止される「武力の行使」に該当するものではないかが問題となった。これについては、「自己又は自己と共に現場に所在する我が国要員の生命又は身体を防衛することは、いわば自己保存のための自然権的権利というべきものであるから、そのために必要な最小限の『武器の使用』は、憲法第9条第1項で禁止された『武力の行使』には当たらない」（1991〔平成3〕年9月27日衆議院国際連合平和協力に関する特別委員会理事会提出政府統一見解）という論理で憲法に反しないと説明されたのであった。

上記のような政府の憲法解釈のもとで、1992年6月に**国際平和協力法**[43]が成立した。こうして、「武力の行使」を目的としない点で「海外派兵」とは区別された「海外派遣」への途が開かれるようになったのであった。

（2）周辺事態法の成立期

世界的な冷戦構造の崩壊にもかかわらず、東アジア地域では、冷戦以来残存してきた紛争要因が地域的な不安定をもたらしてきた（北朝鮮のミサイル発射実験〔1993年5月〕、二度の**台湾海峡危機**[44]〔1995年7月、1996年3月〕など）。そのことは、東アジア地域の不安定が日本の安全に重要な影響をもたらしうるとの認識が形成される契機となった。このような中、戦期にはソ連の脅威に対処することを主眼とした日米安全保障条約の意義が問い直されることになり、1996年4月の**日米安保共同宣言**[45]は、冷戦後の日米同盟の目的を、アジア太平洋地

---

[42] **PKO5原則** 国連平和維持活動に際して遵守されなければならない5つの原則。①紛争当事者間における停戦合意が存在すること、②平和維持隊の活動およびその活動に対する日本の参加について紛争当事者の同意があること、③平和維持隊の中立性が維持されていること、④①から③までの条件が満たされない場合には日本国から参加した要員を撤収できること、⑤武器の使用は自国要員の生命・身体の防護に必要な最小限度に「限る」（なお、2015年の国際平和協力法の改正によって、「限る」の部分は、「基本とする（受入れ同意が安定的に維持されていることが確認されている場合、いわゆる安全確保業務及びいわゆる駆け付け警護の実施に当たり、自己保存型及び武器等防護を超える武器使用が可能。）」という表現になった）。

[43] **国際平和協力法** 正式の題名は、「国際連合平和維持活動等に対する協力に関する法律」。国際平和協力法を実施する際の基本原則、協力業務の実施手続および実施権限等が定められた。この法律において国際平和協力業務のひとつの柱となるのが、国連平和維持活動である。この法律は2015年に改正され、いわゆる「任務遂行のための武器使用」および「駆け付け警護」のための武器使用も認められるようになった。

[44] **台湾海峡危機** 中国（中華人民共和国）と台湾（中華民国）の間で軍事的緊張が高まった事件。1990年代には二度起こり、アメリカが介入などを実施。全面戦争にはならなかった。

[45] **日米安保共同宣言** 1996年4月に日米首脳会談で合意された日米安保に関する共同宣言。

域の平和と安定の維持と再定義した。これを受けて、1997年に改定された**日米防衛協力のための指針**[46]（1997年の新ガイドライン）では、周辺事態における日米協力が盛り込まれた。このような一連の流れにおいて、日米安全保障条約に基づく日米同盟は、アジア太平洋地域の安定のための基盤として位置づけ直されることになった。

　このようなガイドラインの実施を国内法で可能とし、日本周辺地域の安定に関与するアメリカ軍に対する後方支援の必要に応ずるために周辺事態安全確保法が制定された（その後、2015年9月に**重要影響事態安全確保法**[47]に変更）。

（3）テロ対策特別措置法・イラク特別措置法の成立期

　2001年のアメリカにおける**同時多発テロ**[48]に端を発するアフガニスタンのタリバン政権への攻撃を契機として**テロ対策特別措置法**[49]が、また、2003年に始められた**イラク戦争**[50]を契機として**イラク特別措置法**[51]が制定された。法律の根拠がないと、新たなタイプの海外派遣はできないという基本的考えが実行上認められていたからである。このような発想のもとで、その都度の必要に応じて特措法を制定して自衛隊を派遣するために制定されたのが、上記の法律であった。その後、2015年に**国際平和支援法**[52]が制定され、それまでは特措法で個別に定められていた自衛隊の活動の根拠が一般法として定められることになった。政府の憲法9条解釈との関係で注目されるのは、これら諸法律に基づく海外派遣についても、国際平和協力法の制定に際して形成されてきた、憲法上の制約が敷衍されていることである。たとえば、「参加」に至らない「協力」においても一体化が禁止される（1990［平成2］年10月26日衆議院国際連合平和協力に関する特別委員会中山太郎外務大臣答弁）という考えに従って、その禁止を担保する規定がこれら諸法律に設けられることになった。

　また、自己保存のための武器使用と武力行使の関係についても、国際平和協力法の制定の際と同様の考えに従って法律が制定された。

[46]　**日米防衛協力のための指針**　日米安保条約に基づく防衛協力の具体的なあり方を取り決めた文書。その後、2015年に再改定された。

[47]　**重要影響事態安全確保法**　正式の題名は、「重要影響事態に際して我が国の平和及び安全を確保するための措置に関する法律」。重要影響事態において、日米安全保障条約の効果的な運用に寄与し、日本の平和と安全の確保に資するために、自衛隊がアメリカ軍に対する後方支援や捜索救助活動をすることを可能とした。

[48]　**同時多発テロ**　2011年9月11日にイスラム過激派テロ組織アルカイダによって遂行されたテロ攻撃。アメリカ国内で旅客機4機がハイジャックされ、うち2機がワールドトレードセンターに、1機はペンタゴン（国防総省本庁舎）に激突させられた。これにより3000人近くが死亡した。

[49]　**テロ対策特別措置法**　正式の題名は非常に長いことで有名なので、興味のある読者は各自調べていただきたい。他国軍に対する協力支援活動、戦闘遭難者の捜索救助活動および被災民救助活動の根拠および手続が定められていた。この法律は、三度の延長の後に期限満了のため失効したが、その後2008年には、インド洋におけるテロ対策海上阻止活動に従事する外国軍艦船に対する給油活動を継続するために、いわゆる補給支援特措法（「テロ対策海上阻止活動に対する補給支援活動の実施に関する特別措置法」）が制定された。

[50]　**イラク戦争**　アメリカ・イギリスを中心とした有志連合とイラクとの間で行われた戦争。3月20日にアメリカのブッシュ政権が、イラクのサダム・フセイン政権が核兵器などの大量破壊兵器を開発していると主張して武力侵攻した。

[51]　**イラク特別措置法**　正式の題名は、「イラクにおける人道復興支援活動及び安全確保支援活動の実施に関する特別措置

134　第6章　9条はどのように成立し、解釈されてきたのか——平和主義

5 憲法9条解釈の現在地

（1）平和安全法制の成立期

　2009年から2012年の間の民主党への政権交代を経て再び自由民主党が政権を獲得し、第2次安倍晋三政権が成立した。この政権のもとで、2014年7月の閣議決定がなされたことは、政府の憲法解釈にとって大きな転機であった。その閣議決定には、いくつかのポイントがあるが、とりわけ論争の中心となったのが、それまでの政府見解では憲法9条1項のもとで禁止されるものと説明されてきた集団的自衛権の行使が一部容認されたことである。この閣議決定では、従来の自衛権行使の三要件に加え、「我が国と密接な関係にある他国に対する武力攻撃が発生し、これにより我が国の存立が脅かされ、国民の生命、自由及び幸福追求の権利が根底から覆される明白な危険がある場合」にも、補充性と必要最小限度性を要件として武力行使が許されることとされた。

　その際に引き合いに出されたのは、1項で例外的に許容される自衛権の行使の限界を、文理上の根拠のみでなく、**平和的生存権**（前文）や幸福追求権（13条）によって考えようという論理であった（1972［昭和47］年10月14日参議院決算委員会提出「集団的自衛権と憲法との関係に関する政府資料」）。これによれば、「国民の生命、自由及び幸福追求の権利」を守るために、自衛権の行使は、自国を防衛するため必要最小限度の範囲で例外的に許されるところ、現代の国際環境を踏まえれば、従来のように集団的自衛権の行使がおよそ禁止されていると判断するのではなく、集団的自衛権の行使を一部容認せざるを得ないというわけである。このように考えられるようになった背景には、閣議決定の表現では、「パワーバランスの変化や技術革新の急速な進展、大量破壊兵器などの脅威等により我が国を取り巻く安全保障環境が根本的に変容し、変化し続けている状況」に対する認識があった。このような2014年7月の閣議決定を憲法解釈の変更とみる向きもあるが、政府の説明では、憲法の「適用」の相違——すなわち、同一の規範を

法」。イラクの安全と安定を回復する活動を行う国連加盟国に対する安全確保支援活動（医療、輸送、補給など）や人道復興支援活動を定めていた。

[52] **国際平和支援法**　正式の題名は、「国際平和共同対処事態に際して我が国が実施する諸外国の軍隊等に対する協力支援活動等に関する法律」。「国際社会の平和及び安全を脅かす事態であって、その脅威を除去するために国際社会が国際連合憲章の目的に従い共同して対処する活動を行い、かつ、我が国が国際社会の一員としてこれに主体的かつ積極的に寄与する必要があるもの」（「国際平和共同対処事態」）において、その活動を実施する諸外国の軍隊等に対する協力支援活動（物品・役務の提供）および戦闘参加者の捜索救助活動の実施の根拠および手続などを定めている。

[53] **平和的生存権**　「われらは、全世界の国民が、ひとしく恐怖と欠乏から免かれ、平和のうちに生存する権利を有することを確認する」とする前文の規定から導かれる権利。その法的性格については、議論がある。

従来とは異なる事態に「当てはめる」こと――として提唱されていたことは注意が必要であろう。

このような「転換」に対しては、憲法学の側からさまざまな見解が提起された。批判的見解は多岐にわたるが、たとえば、憲法によって制限されるべき政府自らがそれまで政府を制限すると考えられてきた政府見解の制約を解いてしまったことが立憲主義の基本的考えに反する、人権保障に関する憲法13条を統治機構における政府の権限の根拠として引き合いに出すことはできない、集団的自衛権の行使を容認することによって戦争の危険が高まって平和的生存権が脅かされる、といった理由から、集団的自衛権の一部容認に対して激しい批判が展開されることとなった。他方、憲法9条1項が侵略のための「戦争」や「武力の行使」のみを禁止しているという見解（戦争・武力行使限定放棄説）に立って、同条項は集団的自衛権の行使を禁止していないとする見解もある。第1次安倍政権の際に私的諮問機関として「安全保障の法的基盤の再構築に関する懇談会」（安保法制懇）が設置され、第2次安倍政権の際に提出されたその報告書では、集団的自衛権の行使は日本国憲法9条では禁止されていないとして、憲法解釈の変更が提言された。しかし、2014年の閣議決定では、従来の政府見解との整合性の観点から、集団的自衛権の一部行使が容認されるにとどまった。

このように集団的自衛権の行使の一部容認については諸説あり、なお議論の余地が大いに残されている問題といえるだろう。その後、**平和安全法制違憲訴訟**[54]も全国各地で提起され、裁判所がどのような判断を下すかが注目されたが、現在までのところ、平和安全法制の内容に立ち入ったうえで違憲の判断を下した裁判例はみられない。

[54] 平和安全法制違憲訴訟
2016年以降に、平和安全法制が違憲であるとして全国各地の裁判所に提起された訴訟。住民の平和的生存権や憲法改正・決定権などの侵害を理由とする国家賠償請求などが行われた。国家賠償請求訴訟では、平和的生存権の具体的権利性を否定して請求を退ける判断が続き、最高裁も上告を退けている。この一連の訴訟では、仙台高裁が平和安全法制における集団的自衛権の一部行使の合憲性に踏み込んだ判断を示して注目された。その判決では、新三要件および国会で示された解釈が厳しく限定されていることから、憲法9条1項や平和主義に明白に反して違憲性が明白とまではいえないと判断している（仙台高判令和5年12月5日裁判所ウェブサイト）。長谷部恭男教授は、この判決について、「『厳格かつ限定的な解釈を示した答弁』が守られなければならないとクギを刺した、と判決を読むべきだろう」とコメントしている（朝日新聞デジタル2023年12月5日）。

図表6-3：憲法9条1項の政府見解（学説との対比）

	侵略のための 戦争・武力行使	自衛のための 戦争・武力行使	制裁のための 戦争・武力行使	備考
a. 戦争・武力行使 全部放棄説	×	×	×	憲法学説
b. 戦争・武力行使 限定放棄説	×	○ （ただし、2項について戦力保持全面禁止説に立つ場合には、事実上×）	○ （ただし、2項について戦力保持全面禁止説に立つ場合には、事実上×）	憲法制定時の政府見解 憲法学説
c. 現在の政府見解 （2014年の閣議決定以降）	×	△ 自衛のための必要最小限度の武力行使は、可 →新三要件に該当する場合（＝武力攻撃が発生した場合＋存立危機事態）にのみ、武力行使は、可	×	2014年の閣議決定で集団的自衛権の一部行使が容認された

（2）現在から将来に向けて

　1955年から冷戦期にかけて憲法改正論の国内政治的前提であり続けてきた**55年体制**[55]は、冷戦の終結後、1993年に非自民連立政権が発足したことで、終焉を迎えていた。また、自衛隊違憲・護憲を掲げ、55年体制の一角であった日本社会党は、自民党などとともに連立政権を担当した際に自衛隊合憲の見解に転じた後、社会民主党へと改称し、分裂することになった。

　こうした国内政治的変化を経て、また、国際環境が厳しさを増す中で、かつては憲法改正論を封印していたところもあった自由民主党などによって憲法改正議論がより積極的になされるようになっていった。**国民投票法**[56]が成立したこと、また、憲法改正に賛成する諸政党が憲法改正の発議に必要な多数を確保するようになったこと、また、両院に**憲法審査会**[57]が設置されて論議が進められていることで憲法改正がより現実味を帯びているという側面もある。とはいえ、大きな転換点であった平和安全法制の成立期においてもなお、防衛や安全保障に関する憲法秩序の形成変更が憲法改正ではなく憲法に関する政府見解の変更と法律の制定・改正を通じてなされるというパターンがなお続くこととなったといえる。こういった点で

［55］**55年体制**　国会において約3分の2弱の議席数を占め長期政権を維持する自由民主党と憲法改正を阻止するのに必要な3分の1の議席数を確保する、日本社会党などの野党が対立する政治状況。1955年に成立したことから55年体制と呼ばれ、その後、1993年の衆議院選挙で自民党の議席が過半数を割り、非自民8党派の連立政権が成立するまで続いた。

［56］**国民投票法**　▶第3章［54］を参照。

［57］**憲法審査会**　▶第3章［55］を参照。

は、日本と同じく第二次世界大戦の敗戦国として占領と非軍事化を経ながらも、すでに1950年代には憲法改正によって再軍備したドイツ連邦共和国と対照的である。

2022年の**国家安全保障戦略**では、「自由で開かれた安定的な国際秩序は、冷戦終焉以降に世界で拡大したが、パワーバランスの歴史的変化と地政学的競争の激化に伴い、今、重大な挑戦に晒されている」と述べられている。米中対立の深刻化、また、ロシアのウクライナへの侵攻による対立といった、かつてないほどに厳しい国際情勢にさらされているといえよう。

こうした情勢のもとで、憲法9条との関係で大きなインパクトを及ぼしうる問題は、ひとつは、防衛や安全保障の活動が陸海空のみでなく、宇宙、サイバーおよび電磁波といった複数領域に及ぶようになりつつあることである。そうなると、従来、陸海空といったドメイン（領域）を念頭に形成されてきた政府の憲法9条解釈を、宇宙、サイバーおよび電磁波といった新領域の問題にどのように当てはめていくかがますます重要な課題となっていくだろう。場合によっては、これまでの政府の憲法9条解釈ではまかないきれず、新領域に特有の考え方が求められるかもしれない。

また、防衛・安全保障に関する国際協働が日米関係のみでなく、それ以外の国家や国際機構も含めた重層的関係のもとで展開されるようになっている。この点において、インド太平洋地域における、自由、民主主義、法の支配といった普遍的価値を共有する**同盟国・同志国**との間の安全保障協力関係が着実に進展しつつあることは見逃せない。こういった背景のもとで——近いか遠いかは別にして——より国際軍事統合色の強い協力関係への深化の方向を追求しようとするとき、政府の憲法9条解釈がどのような位置づけになるかが問題となるかもしれない。

加えて、防衛や安全保障が軍事のみでなく情報、経済、科学技術といった分野横断的な性格をより強めていることも看過することができないであろう。情報は先に触れたサイバー防衛の問題につながるが、また、認知領域、**ディスインフォ**

[58] **国家安全保障戦略**　内閣が制定する安全保障に関する基本方針。1957年に閣議決定された「国防の基本方針」に代えて、2013年に決定。その後、2022年に新たな国家安全保障戦略が決定された。

[59] **同盟国**　同盟とは、軍事の文脈では、防衛や軍事のために複数の国家がお互いに軍事的援助を行うことを約束した関係をいう。冷戦期には、アメリカを中心とした北大西洋条約機構とソ連を中心としたワルシャワ条約機構が対立していたが、後者は冷戦に伴って解体し、前者は現在も拡大している。戦前日本では、日英同盟（1902年）や日独伊三国同盟（1940年）が締結された。安全保障条約などに基づいて同盟関係にある国家が同盟国である。現在の日本では、日米安全保障条約を締結し、安全保障・軍事協力を深めているアメリカが同盟国といわれることがある。

[60] **同志国**　同志国は、同盟条約などを締結しているわけではないが、安全保障などの課題を共にしている国家を指している。現在では、イギリス、オーストラリア、フィリピンなどが同志国とされる。

138　　第6章　9条はどのように成立し、解釈されてきたのか——平和主義

メーション^[61]対策の重要性はいうまでもない。そして、新技術の開発は、軍事におけるゲームチェンジャーとなりうる。だが、このような現代的な問題に日本国憲法がどのように向き合うかということになると、それはもはや憲法9条論の範疇にとどまるものではない。平和主義論が憲法9条論を超えた広がりをますますもつようになっているのである。

[61] ディスインフォメーション
意図的に流布される虚偽の情報。国家が他国に影響力を行使するためにそのような情報の流布が行われることもある。

コラム❺　防衛装備移転三原則

　日本が外国に武器や武器技術などを移転するかどうかは、日本を含む国際社会の平和の実現にとって、とても重要な問題である。これについて、平和主義の理念に基づく政策上の方針として、かつて「武器輸出三原則」が存在していたが、2014年に「防衛装備移転三原則」が閣議決定された（2023年に一部改正）。これによれば、防衛装備（武器と武器技術）の移転の必要性は、日本にとって望ましい安全保障環境を創出すること、国際法に違反する侵略や武力の行使または武力による威嚇を受けている国に支援等をすること、平和貢献や国際協力に機動的・効果的に実施することによって国際平和を積極的に推進すること、同盟国等との防衛・安全保障上の協力を強化すること、また、防衛装備品などの共同開発や生産などに参加することによって日本の防衛力を向上することのために認められている。

　もっとも、防衛装備移転が安全保障、社会、経済や人道のうえで国際社会に及ぼす影響が大きいことから、移転を禁止する場合を明確にし、移転を認めることができる場合を限定して厳しく審査すること、目的から外れた使用や第三国への移転について適正に管理するようにすることなどによって、防衛装備移転の管理が行われるようになっている。

　禁止される移転は、日本が締結した条約などに基づく義務に違反するもの、国連安保理の決議に基づく義務に違反するもの、または、紛争当事国へのものである。認めることが可能な移転は、平和貢献や国際協力を積極的に推進することに資する場合、同盟国等との国際共同開発や生産の実施、同盟国等との安全保障・防衛分野における協力の強化、また、装備品の維持を含む自衛隊の活動および邦人の安全確保の観点から日本の安全保障に資する場合などであり、適正管理が確保されることが条件となる。

5　憲法9条解釈の現在地　　139

おわりに

　本章のおわりに、このように戦後に形成されてきた、憲法9条の政府解釈を学ぶことにどのような意義があるかを考えてみたい。ここでは、教養としての憲法という観点から、ふたつの意義を強調しておこう。

　ひとつめに、戦後に形成されてきた、政府の憲法9条解釈が現在もなお通用し、これに従って現在もなお防衛・安全保障政策が形成され実施されている以上、それがどのような論理に従って構築されているかを理解しておくことが、安全保障問題をさまざまな角度から理解するためには必要である。純粋に戦略や軍事の視点からみれば不合理であるような、防衛・安全保障政策上の決定が憲法9条の政府解釈に基づく制約のゆえであることがしばしばあるが、その制約自体が日本国憲法の掲げる理念や規範によって裏付けられていることにも注意を向ける必要があるだろう。

　ふたつめに、政府の憲法9条解釈に国民としてどのように向き合うかを考えるうえでも政府の憲法9条解釈をよく知っておく必要がある。政府の憲法9条解釈は、その都度に歴史的文脈と向き合う中で、理念と現実の間における着地点を提供するものとなっており、苦心のアクロバットであった。とはいえ、その解釈が解釈論として最善の憲法解釈であるかどうか、もとより憲法解釈の枠をもう超え出てしまっていないかは、なお論争的な問題である。また、憲法9条を改正するかどうかという点についても意見が分かれることはいうまでもない。これらの問題について、より成熟した議論がなされるためには、政府見解がどのような論理で組みあがっているか、また、政府見解によれば何をどこまでできるかといったことを理解しておくことが有益である。

★**おすすめの本**　中村明『戦後政治にゆれた憲法9条——内閣法制局の自信と強さ〔第3版〕』（西海出版・2009年）（戦後政治の文脈のもとで内閣法制局による憲法解釈がどのように形成されていったかを知るのに有益な書籍である）、防衛大学校安全保障学研究会編／武田康裕＝神谷万丈責任編集『安全保障学入門〔新訂第5版〕』（亜紀書房・2018年）（安全保障学の入門書として最適な一冊である）、山室信一『憲法9条の思想水脈』（朝日新聞社・2007年）（憲法9条の思想的背景を学ぶのに有益な書物である）。

▲『戦後政治にゆれた憲法9条——内閣法制局の自信と強さ〔第3版〕』（編集部撮影）

▲『安全保障学入門〔新訂第5版〕』（亜紀書房HPより）

▲『憲法9条の思想水脈』（朝日新聞出版HPより）

第7章

幸福追求権の意味とは？
——包括的基本権

はじめに

日本国憲法13条は「生命、自由及び幸福追求に対する国民の権利」を規定している。同条では「生命、自由及び幸福追求」が、**幸福追求権**[1]として一体的に保障されていると考えられている。もっとも、「表現」や「信教」、「思想及び良心」などとは異なり、一見しただけで、「幸福追求」という言葉から、一定のイメージを引き出せる者は少ないだろう。しかも、それが権利として保障されているというのは、どういうことなのだろうか。

本章では、そのことを3つに分節して考えてみたい。第1に、幸福を「追求」するのは誰か、である。つまり、幸福の中身を決め、そのために実行するのは誰なのだろうか。第2に、そもそも追求されるべき「幸福」とは何か、である。どのようなことがこの「幸福」の中に含まれているのだろうか。第3に、幸福を追求する「権利」が保障されているということはどういうことか、である。この権利はどのように保障され、どのような場合には保障されないのだろうか。

1 幸福を「追求」するのは誰か
——幸福追求の主体

みなさんにとって幸福とは一体何であろうか。改めて考えてみると、意外とよくわからないものである。幸福を辞書で調べると、「（心が）満ち足りていること」などと書いてある。そういわれると、どのような場合に人は満ち足りているのかという疑問がわく。たとえば、買ったばかりのゲームをして

[1] **幸福追求権** ロック『統治二論』(1689年)では「すべての人は生まれながらに、生命、自由、財産への自然権を有する」とされ、それに影響を受けた1776年アメリカ独立宣言 (▶第2章 [28])では、すべての人には「生命、自由、および幸福の追求を含む不可侵の権利」が与えられるとされており、本条への影響がみてとれる。

★**世界幸福度ランキング** 国連の関連団体である「持続可能な開発ソリューション・ネットワーク (Sustainable Development Solutions Network, SDSN)」が、2012年から毎年発表している報告書『世界幸福度報告書 (World Happiness Report)』で示されているのが、世界の国々の人々の幸福度のランキングである。各国の約1000人を対象に、「最近の自分の生活にどれくらい満足しているか」を0（完全に不満）から10（完全に満足）の11段階で評価し、その回答の過去3年間の平均値をスコアとして、各国の幸福度をランクづけしている。過去3年 (2022～2024年報告書) の日本のランキングとポイントは次のとおりである。なお、フィンランドが7年連続で1位となっている。

2022	54位	6.039
2023	47位	6.129
2024	51位	6.060

報告書は、幸福度に影響を与える説明要因として、2つの客観的要因 (GDPと健康寿命)と、4つの主観的要因 (社会的

はじめに　141

いるときには時間を忘れて没頭し、楽しいと感じ、幸せかもしれない。しかし、やりすぎてしまうと飽きてしまったり、ほかにやるべきことに迫られ罪悪感を感じるなどして、幸せではなくなってしまうかもしれない。そもそもゲームを楽しいと感じない人もいるだろう。いつ幸福を感じるかは人によって違うし、状況によっても異なる。

幸福とは何か[2]という問いは、古代ギリシャ以来、世界中で投げかけられてきた哲学的な問いである。近代において大きな影響力を有している**功利主義**[3]は、なるべく多くの人にとって幸福が最大化される状態が望ましいという考え方である。そのほかにもさまざまな考え方があるが、結局何が幸福なのかについて一致をみているとはいえないだろう。むしろこれだけ長いあいだ問われ続けていること自体が、幸福が何かという問いに画一的に答えることの難しさを示しているように思われる。

（1）国家か個人か

そこでひとまず、「幸福が何か」を問うよりも、「誰がその人にとっての幸福を決めるか」を問うほうが生産的であるかもしれない。そこでの選択肢は、憲法学に登場するアクターを前提とすると、**国家か個人か**[4]ということになる。憲法上の権利は、「国家」を名宛人とする「個人」の権利だからである。では、どちらが幸福を決めるのにふさわしいだろうか。

人生において何が幸福かを確定することは意外と難しい。適性診断で方向性を決める人や、はたまた占いに頼る人もいるかもしれない。「果てなき自分探し」状態では、国家に決めてもらうというのが選択肢になりえないとは必ずしもいえないだろう（これを**幸福パターナリズム**[5]と呼べるかもしれない）。そうだとすると、幸福追求権というのは、国家に自らの幸福を決めてもらい、そのような状態を作出するよう国家に求める権利（国家に対する作為請求権）ということになる。

もっとも憲法学ではそのように考えられていない。ある人にとって何が幸福なのかを決定するのは、その人自身であるということになる。そうだとすると、幸福追求権とは、自ら

支援、人生の選択の自由度、寛容さ、腐敗度）から分析を加えているが、ランキング自体は、上述したように、主観的な評価に基づいて算出されている。日本の場合、客観的要因は高いものの、主観的要因が低いのが、主観的な幸福度がそれほど高くない要因だと考えられている。

[2] **幸福とは何か** プラトンが、幸福は人間の目的であるとし、アリストテレスが、幸福とはその他の目的のためになされる手段ではない究極善であるとしたのは有名である。ヘレニズム期の哲学では、ストア派の「禁欲主義」とエピクロス派の「快楽主義」との対比がよく知られている。

[3] **功利主義** 18世紀後半のベンサム（▶第2章[26]）に始まり、その後 J.S. ミルによる修正を受けた。「最大多数の最大幸福」というベンサムの標語が有名である。なお功利主義にも、幸福の量に着目するものと、幸福の質に着目するものがある。憲法上の幸福を画定する一般的行為自由説と人格的利益説（▶本章2(3)・(4)）も、このような量と質による区別に対応しているとみることもできるかもしれない。

[4] **国家か個人か** 憲法13条前段は「すべて国民は、個人として尊重される」として、個人の意思や考え方が尊重されるべきことを定める。これは、個人＞国家という憲法全体の大きな方向性、つまり、国家は自己目的ではなく、国家は個人が自らの意思に従って暮らすためにあるということを示している。これが判断の決め手になることは少ないが、旧優生保護法違憲判決（最大判令和6年7月3日 LEX/DB25573621）では「特定の障害等を有する者が不良であり、そのような者の出生を防止する必要がある」という立法目的が、個人の尊厳と人格の尊重を定めた憲法13条に違反すると断じられた。旧優生保護法については本章[19]を参照。

[5] **幸福パターナリズム** フジテレビのアニメ作品である「PSYCHO-PASS サイコパス」で

142　　第7章　幸福追求権の意味とは？──包括的基本権

が決めた幸福を自由に実現し、それを国家に邪魔されない権利（国家に対する不作為請求権）ということになる。

（2）強い個人か弱い個人か

　では、なぜ憲法学はそのように考えるのだろうか。それは憲法学が黙示的に前提としている人間像にかかわる。憲法学においては、人権の主体である個人は、自らの行動を自らの意思で決定し、その結果を自分自身で引き受ける、自律した個人（＝**強い個人**[6]）であると考えられている。

　この議論は、実際にあらゆる個人がそのような「強い個人」であるということを主張しているのではなく、強い個人でなければ、人権という考え方が成立しないことを前提としている（⇔**弱い個人**[7]）。中世の身分制社会においては、人々は身分的共同体（領主、教会、ギルドなど）に縛られており、さまざまな自由が大きく制限されていたが、逆にいえば、人々はさまざまな事柄（居所、宗教、職業、婚姻など）を自らが属する共同体に委ねていることで、自ら決定する必要がなかったし、その結果について誰かのせいにすることができた。これに対して、自由であるというのは、選びうる多くの選択肢の中から、自らひとつを選び取ることができるということであり、その選択を自らした以上、ほかの誰のせいにもできないということである。人々が**自由**[8]を欲し、そのような理念に基づいて国家・社会を形成した以上、個人は**決定負担**[9]から逃れることはできない。

　つまり憲法は、①自分の幸福については自分自身が一番よくわかっているのであるから、②各人に自由を与えれば、それぞれ自らの幸福を最大化でき、③各人の幸福が最大化されれば、社会全体でみても幸福が最大化される、というように考えて作られているとみることもできる。したがって、憲法13条で明文化されている幸福追求に対する権利に基づき、幸福を「追求」をするのも、国家ではなく、個人であるということになる。

は、政府により運用される「シビュラシステム」により人間の生態データ等に基づいた数値化がなされ、そのスコアに従って生きることが「理想的な人生」であるという世界が描かれている。AIによる適性診断やマッチングの「精度」が上がれば、現実世界においても類似の問題が生じうるだろう。

[6] **強い個人**　そのような立場を強調する論者として、樋口陽一や佐藤幸治がいる。樋口陽一『人権』（三省堂・1996年）や、佐藤幸治『憲法とその"物語"性』（有斐閣・2003年）がわかりやすい。佐藤は、「自己の生の作者」という言葉を用いる。

[7] **弱い個人**　このことはもちろん「弱い個人」に人権が保障されないことを意味するものではないし、憲法には一定の「弱い個人」に構成されている社会権（▶第12章）も規定されている。

[8] **自由**　19世紀イギリスの法学者であるメーンは、「身分から契約へ」という言葉で、中世から近代への移行を表した。この言葉が示しているのは、中世の社会関係が身分により構成されていたことから、各人の自由意思に基づく契約により社会関係が構築されるようになったことである。自由にはさまざまな定義がありうるが、自らに関する事柄について自ら決定できることは、その重要な要素といえよう。

[9] **決定負担**　日本人がアメリカのレストランに行くと、料理につけるソース、焼き方、持ってくる順番などさまざまな決定をすることを求められ、疲れてしまうという。普段あまり意識してはいないが、決定するというのはそれなりに心理的負担になっている。仮に誰かに決定を委ねたいと思っても、今度は誰に決定を委ねるかを決定しなければならず、結局は決定負担を伴うのである。

1　幸福を「追求」するのは誰か——幸福追求の主体　143

2 「幸福」とは何か——権利内容

それでは、憲法13条が規定するところの「幸福」とは何なのだろうか。幸福を決定するのが個人であるのはすでに述べたとおりだが、幸福が何かは、各人やその置かれた状況によって異なる。憲法で幸福を問題にしようとする場合には、幸福の個別具体的な内容ではなく、人が幸福であるためには、どのような決定を個人に委ねておくべきかや、どのような利益が保護されるべきかといったことが問われる。

（1）幸福追求権の包括性と補充性

ちなみに、個別に規定された人権も、人が幸福であるために各々規定されているものと想定される。そうすると、人が幸福であるためには、平等であるべきだ（▶第8章）、表現は自由であるべきだ（▶第9章）、信教は自由であるべきだ（▶第10章）、職業は自由であるべきだ（▶第11章）、人間らしい生活が保障されるべきだ（▶第12章）というように、幸福を実現するために必要な事柄が、個別の人権規定で保障されていることになる。これに対して、憲法13条では、それらを含む一般的な言葉である「幸福」という言葉が用いられている。そこで、幸福追求権は、内容的に他の個別の人権規定を含んでいる（＝包括している）と解されており、包括的基本権とも呼ばれている。この点で、幸福追求権と個別の人権規定は**一般法と特別法**の関係に立つと考えられており、一方では、個別の人権規定が幸福追求権に優先して適用され、他方で、幸福追求権は個別の人権規定で定められている内容以外の「幸福」を適用の対象とすることになる。要するに、幸福追求権は、個別の人権規定の保障が及ばない部分に対して、補充的に適用される。

（2）幸福追求権の抽象性

次に問題となるのは、「幸福」という言葉の抽象性である。個別の人権規定では、「表現」（憲法21条1項）、「思想及び良心」（同19条）、「信教」（同20条1項）といった形で、保障の対

★人権の分類 日本国憲法で保障された人権は、さまざまな視点に基づいて整理・分類できるが、国家と国民との関係に着目して分類すれば、①包括的権利（基本権）：総則的な権利（幸福追求権のほか、平等権も挙げられる）、②消極的権利：国家からの侵害を受けない個人の自由の領域を保障し、国家の不作為を要求する権利（自由権・防御権ともいわれる）、③積極的権利：国民が国家に対して一定の積極的作為を請求する権利（さらに受益権と社会権とに区別できる）、④能動的権利：国民が能動的地位にあって国家意思の形成に参加する権利（参政権ともいわれる）、に大別される。その他、人権の法規範性に着目した法的権利と非法的権利の区別、法的権利の具体性に着目した抽象的権利と具体的権利の区別などがある。

[10] **一般法と特別法** 複数の法が同一の事象に対して適用されうる場合、特定の分野・事項についてのみ適用される特別法が、より広い分野・事柄について適用される一般法に対して優先的に適用される。幸福追求権は、他の個別的人権との関係で一般法となり、他の個別的人権は幸福追求権との関係で特別法となる。

象が限定されているが、幸福追求権は「それ以外の部分」に適用されるという形になっており、内容的な限定がかかっていない。

その結果、憲法13条の幸福追求権から、個別の人権規定では明文で保障されていない権利が生じることになる。これがいわゆる**新しい人権**である。ここでは明文の規定がないことをもって「新しい」という表現が使われており、幸福追求権＝（時間的な意味で）新しい人権というわけではない。なお、憲法13条からどのような（不文の）権利が導かれるかを考えるにあたっては、外国で承認されているさまざまな（不文の）権利や、そこから派生的に認められている諸権利が参考になる。もっとも、日本国憲法においてもそのような権利が認められるかは、それが憲法13条の基準を満たすかどうかにかかっている。

そこで、幸福追求権の内容、すなわち「幸福であるために個人に決定を委ねておくべき事柄」を、どのような基準で導き出すべきかが問題となる。学説では、①一般的行為自由説、②人格的利益説という**ふたつの考え方**が提唱されている。

（3）一般的行為自由説

一般的行為自由説は、「幸福」の内容に内容的な限定をかけない考え方である。つまり、この説は「基準がない」という基準を立てている。したがって、あらゆる行為の自由が、幸福追求権により保障されていることになる。たとえば、喫煙・飲酒の自由、服装・身なりの自由、趣味・スポーツの自由など、**ありとあらゆる活動の自由**がここで保障されることになる。ただし一般的行為自由説にも、殺人ですら一応憲法で保障される（もちろんその禁止は公共の福祉による制限として正当化される）とする非限定説と、殺人のような他者加害行為や、賭博場の運営や麻薬売買のような公共の福祉に反するものを除くとする限定説がある。

この説は、人間の幸福が、多かれ少なかれ、ありとあらゆる行為から生じる可能性があり、国家に対して自由の領域を可能な限り広く確保しておくことが必要かつ重要であること

[11] **新しい人権** 幸福追求権から新しい人権（不文の権利）が生じる場合が多いが、個別の人権規定から新しい人権が生じることもある。知る権利も不文の権利なので新しい人権に分類されることが多いが、これは憲法21条から生じると一般的に考えられている（▶第9章4（1））。不文の権利にも、一般法と特別法の関係がある。

★外国の「新しい人権」 プライバシー権や環境権がよく挙げられるが、外国における「新しい人権」事情については、新井誠ほか編『世界の憲法・日本の憲法ー比較憲法入門』（有斐閣・2022年。書影は有斐閣HPより）227頁以下［石塚壮太郎執筆］を参照。

[12] **ふたつの考え方** ドイツでは一般的行為自由と人格的利益のいずれも憲法上認められており、この二説が論理的に相互排他的関係にあるわけではない。

[13] **ありとあらゆる活動の自由** 一般的行為自由が憲法上認められているドイツでは、国外旅行、森林での乗馬、鷹狩り、大麻使用、自動車運転などの自由が裁判で争われ、そこに含まれることが確認されている。日本では、いわゆる「ブラック校則」の問題（頭髪・身なりの規制やバイク規制など）がここで論じられることが多いが、裁判例でそのような自由を認めるものは見当たらない。他方で、校則の合理性やそれに基づく指導の態様等は、学校長に与えられた裁量の観点から司法審査の対象となるし、過度な服装検査などはむしろ人格的利益（場合によっては人間の尊厳・個人の尊重）の問題となりうる。

を前提としている。確かに、もし「幸福」を導く行為のうち、重要なものだけを自由にしたり、保護したりするという限定を加えれば、「些末な幸福」は憲法上無視されてしまうことになる。人権保障に漏れが生じないのは、一般的行為自由説のメリットである。しかし、ありとあらゆる行為の自由を幸福追求権で保障するなら、個別の人権規定で、具体的な事柄を保障した意味はなくなってしまう。個別の人権規定で定められている事項は、歴史的にも内容的にも、憲法で保障することが重要であると考えられてきたものであり、「些末な幸福」をそれと同等に扱ってよいか（そのせいで**人権のインフレ化**[14]が生じ、人権全体の保障強度が下がってしまうのではないか）という問題は生じる。おそらく一般的行為自由説は、個別の人権規定と比べると**低い強度の保障**[15]を提供するか、行為の重要性等に応じて保障強度を変化させるという形で再構成されることになろう。

（4）人格的利益説

　人格的利益説は、個人の人格的生存に不可欠な利益（＝人格的利益）が、憲法13条にいう「幸福」だとみなす考え方である。ここでは人格的利益を、個人が生きていくうえで自らの人格的価値にかかわるような非常に重要な利益という程度にとらえておく。いずれにせよ、一般的行為自由説とは異なり、憲法上保障される「幸福」に限定をかけていくという点が特徴である。どの程度重要であれば人格的利益といえるのかは難しい問題だが、個別に規定された他の人権と同程度に重要であることを要すると考えられよう。なお、人格的利益を保障する権利は、人格権と呼ばれることもある。

　この説によれば、一方で、社会の状況の変化や技術の発展に伴って求められるさまざまな**人格的価値の保障**[16]を憲法13条から取り入れつつ、他方で、人権のインフレ化も防ぐことができる。もっとも、漏れのない人権保障は実現できない。これに対しては人格的利益説からも、いかなる国家行為であっても平等原則や比例原則は遵守しなければならず、「些末な幸福」に対する国家の制約であってもフリーハンドではないと

[14] **人権のインフレ化**　歴史的な吟味を経て憲法に列挙された権利とならんで、あらゆる日常的な自由や利益が憲法に保護される現象。

[15] **低い強度の保障**　ドイツの憲法学では、一般的行為自由に対しては、比較的弱い保障しか与えられないと考えられている。もっとも、音を立ててはできない鷹狩りに銃器の取り扱い免許を求めた規制が、まったく効果のない不合理な規制であるとして違憲とされた事例がある。保障強度が低いからといって、違憲とならないわけではない。

[16] **人格的価値の保障**　ドイツでは、人格的利益説に類似する一般的人格権の保障が憲法上認められており、その具体化として、性的自己決定権や出自を知る権利、自殺する権利が判例上承認されている。また、情報技術の発展に伴い情報自己決定権が判例上承認されただけでなく、トロイの木馬等を仕掛けるという警察のオンライン捜索に対して、PCに侵入されないコンピューター基本権（またはIT基本権）も加わっている。

146　　第7章　幸福追求権の意味とは？――包括的基本権

されており、一般的行為自由説との接近もみられる。

人格的利益としては、①生命および身体を害されない権利
（詳しくは後述するが、健康権を含み、環境権にも一部派生する）、
②名誉権、③プライバシー権および自己情報コントロール権
（情報自己決定権）、④重要な事柄（性・氏名・出自といった**アイ
デンティティ**[17]、生命・身体、**リプロダクション**[18]、家族の形成・維
持）に対する自己決定権などが挙げられている。これらの多
くは判例において明示的に承認されているわけではないが、
一部実質的に認められていると考えられるものもある。

（5）判例の立場

これに対して判例は、個人ないし国民の「私生活上の自由」
という用語を一貫して用いている。判例の考え方については、
これまで比較的重要そうな自由のみが認められてきていると
いう点で、利益の質が問われており、人格的利益説に近いと
いう理解もあれば、審査が厳密に行われていない点をもって、
一般的行為自由説に近いという理解もある。この点について、
判例に対する学説の理解は一致をみていない。

▶ 3　幸福追求権の保障

では実際に、どのような内容が幸福追求権から具体的に導
かれるのか。そして、どのような場合に幸福追求権は保障さ
れ、どのような場合に保障されないのか。幸福追求権から導
かれる内容は、国家による侵害を受けるだけではなく、他者
の人権と衝突することも多く、調整が必要になることも少な
くない。以下では、判例を中心にそれをみていく。

（1）生命および身体を害されない権利

生命や身体を害されないという利益は、人が幸福に生きて
いくための前提条件であり、幸福追求権によって保護される
べきものと考えられる。最高裁は、性別変更に際して生殖腺
除去手術を求める規定が違憲とされた決定で、「自己の意思に
反して身体への侵襲を受けない自由が、人格的生存にかかわ

[17] **アイデンティティ**　もともと心理学者のエリクソンが提唱した概念で、「自分が何者であり、何をなすべきか」に関する自分自身の感覚のことをいう。自己同一性と訳されることが多い。なお、「性的指向及びジェンダーアイデンティティの多様性に関する国民の理解の増進に関する法律」は、ジェンダーアイデンティティを「自己の属する性別についての認識に関するその同一性の有無又は程度に係る意識をいう」と定義している（2条2項）。

[18] **リプロダクション**　直訳すると、複製（品）、模写、生殖、繁殖という意味の言葉であるが、憲法学でリプロダクションという語が用いられる場合、リプロダクティブに関する権利・自由として、個人が自己の生殖に関する選択（避妊、妊娠中絶、出産など）を行う自由を指すことが多い。

3　幸福追求権の保障　147

る重要な権利として、同〔憲法13〕条によって保障されていることは明らかである」としている（▶後述（**5**））。また、この自由に対する侵害は、**旧優生保護法**[19]上の不妊手術の強制によっても生じた例がある。この問題は、性別というアイデンティティやリプロダクションに関する自己決定権とも関連する。

　より広い範囲では、空港周辺の住民が夜間の騒音等による健康被害を訴えた**大阪空港公害訴訟**[20]において、大阪高裁は、「個人の生命、身体、精神および生活に関する利益は、各人の人格に本質的なものであつて、その総体を人格権ということができ」るとして、これらの利益と憲法との関係を示唆している。これに対して、**最高裁**[21]は、「身体に対する侵害、睡眠妨害、静穏な日常生活の営みに対する妨害等の被害及びこれに伴う精神的苦痛」を損害として認めているが、憲法との関係性について明示していない。そのほか、**国道43号線公害訴訟**[22]で、大阪高裁は、「人は、平穏裡に健康で快適な生活を享受する利益を有し、それを最大限に保障することは国是であって、少なくとも憲法13条、第25条がその指針を示すもの」であるとし、憲法との関係を明示したものもある。

　国が個人の生命・身体を害したり、公害を引き起こすなどして個人の健康を害したりする場合には、この権利に対する直接の侵害が生じる。もっとも、個人の生命・健康に影響を及ぼすような事象は、国家によるものだけとは限らない。企業による環境汚染や、自然が引き起こす災害（地震や気候変動による被害）によっても、個人の生命や健康は脅かされる。国家には、そのような第三者による侵害から、個人の生命や健康を保護する義務（**基本権保護義務**[23]）が、憲法上課されていると考えられる。そのような義務は、たとえば汚染物質の排出基準といった環境法上の規制や、原子力発電所の安全基準の設定などによって履行される。

　日本ではこういった問題に関連して、環境権という言葉が用いられることが多い。環境権とは、「良好な環境を享受する権利」というように定式化されるが、「環境」に含まれるものは、自然環境だけではなく、生活環境、文化環境、歴史環境

---

[19]旧優生保護法　不良な遺伝形質を淘汰する（いわゆる優生思想）という考え方に基づき、特定の障害等を有する者を「不良」として不妊手術等を受けさせ、同じ疾患や障害を有する子孫の出生を防止しようとした法律。遺伝性疾患やハンセン病の患者に対して用いられた。1948年に制定されたが、1996年に廃止されている。最高裁は、優生思想に基づき、特定の障害等を有する者に対して不妊手術を強制する同法の規定を違憲としている（▶本章〔**4**〕）。

[20]大阪空港公害訴訟〔大阪高裁判決〕　大阪高判昭和50年11月27日判時797号36頁。①夜間の空港の使用差止め、②過去の損害賠償、③将来の損害賠償を認容した。

[21]〔大阪空港公害訴訟〕最高裁〔判決〕　最大判昭和56年12月16日民集35巻10号1369頁。最高裁では、本章〔**20**〕でいう②過去の損害賠償のみが認められた。

[22]国道43号線公害訴訟〔大阪高裁判決〕　大阪高判平成4年2月20日判時1415号3頁。沿道の住民が騒音被害等を訴えた事件。差止請求は認められなかったが、生活妨害を理由とした損害賠償請求は認められ、最高裁で確定した。

[23]基本権保護義務　ドイツの連邦憲法裁判所により確立した法理である。ドイツ連邦憲法裁判所は、2021年の気候保護決定で、基本権保護義務が自然災害に対しても成立することを確認している。オランダ最高裁も、すでに2019年 Urgenda 判決で同様の手法を用いており、2024年に欧州人権裁判所も類似の判決を下している。

など、論者によりさまざまである。しかし、さまざまな内実の含まれた環境権をあらかじめ措定して憲法13条に植え付けるよりも、生命・身体、健康という利益に対して影響を及ぼす事象をとらえて、環境に関する議論を（可能な範囲で）構成したほうが、地に足の着いた解釈であるように思われる。また、生命・身体、健康という利益に基づいて、**環境に関する多くの問題**[24]を取り上げることができる。

　ただし、このような方法論では、いまだ人の生命・身体に影響を及ぼしていない**環境問題**[25]や、**環境のための環境**[26]を主張することはできない。環境権というテーマの中で、**自然や動物の権利**[27]が論じられることもあるが、自然や動物それ自体の利益は、人間の側からではとらえられない。なお判例では、環境権という用語も、そのような広い意味での環境権も認められていない。

（2）名誉権

　名誉[28]は、人格的価値にかかわる利益として、従来から法的保護の対象とされてきた。現行法上も、刑法230条で名誉毀損罪が規定されており、公然と**事実の摘示**[29]をし、人の社会的評価を低下させた場合には刑事責任を問われる。また名誉毀損は、民法709条の不法行為に該当し、被害者は財産的損害だけでなく、同710条で精神的苦痛に対する賠償（いわゆる慰謝料）を求めることができる。また被害者は、同723条に基づいて、名誉を回復するのに適当な処分を求めることができ、裁判所は**謝罪広告の掲載**[30]等を命じることがある。さらに最高裁は、**北方ジャーナル事件**[31]で、「人格権としての名誉権に基づき、加害者に対し、現に行われている侵害行為を排除し、又は将来生ずべき侵害を予防するため、侵害行為の差止めを求めることができる」としている。

　国家には、憲法上、個人の名誉権を他者による侵害から保護することが義務づけられている（基本権保護義務）と考えられ、刑事法・民事法上の諸規定や裁判により、その義務を履行しているといえる。しかし、このような名誉権保護は、名誉毀損的な表現をする者との関係では、表現の自由（憲法21

[24] **環境に関する多くの問題**　たとえば、原発の運転差止めを求める訴訟では、環境権に基づく差止めは認められていないが、人格権に基づく差止めは肯定されている。志賀原発訴訟では、「生命、身体及び健康が害される具体的な危険があり、その侵害が受忍限度を超えて違法である場合には、人格権に対する侵害を予防するためその運転の差止めを求めることができる」とされた（金沢地判平成18年3月24日判時1930号25頁）。

[25] **環境問題**　環境問題はグローバルな現象である。ドイツ連邦憲法裁判所の気候保護決定では、バングラデシュやネパールに住む、気候変動が原因でさまざまな災害（豪雨、地滑り、猛暑、洪水、サイクロン、森林火災など）に悩まされている人の訴えも受理されている。したがって、理論上人的範囲については、一定程度拡張が可能である。

[26] **環境のための環境**　環境保護の問題では、人間中心主義と生態系中心主義という基本的な考え方の対立がある。前者では、人間の役に立つ範囲で環境保護が目指されるが、後者では、生態系それ自体の価値のために環境保護が目指される。

[27] **自然や動物の権利**　日本では、アマミノクロウサギを原告としたアマミノクロウサギ訴訟が有名である。

[28] **名誉**　名誉には、社会により与えられている評価である外部的名誉と、本人による自己評価である名誉感情がある。外部的名誉は、刑事上も民事上も保護法益となる。名誉感情については、それが著しく傷つけられた場合には民事上の不法行為が成立するとされている。

[29] **事実の摘示**　刑事責任が問われるのは、事実摘示型の名誉毀損のみである。事実の摘示がない場合には、侮辱罪（刑法231条）の適用が検討される。他方で、民事の場合には、事実摘示型の名誉毀損も、意見論評型の名誉毀損も不法行為となりうる。

3　幸福追求権の保障　　149

条1項）を制限することになるため、両者の利益を調整する必要がある（表現の自由との調整方法については▶第9章3（2））。

　国により個人の名誉が傷つけられることもある。大阪地裁は、**カイワレ大根事件**[32]で、「公務員は、公権力の行使に携わる者であり、その職務に関する事項について表現の自由を認めることはでき」ず、「表現するかしないかについて基本的に自由を有する私人の場合とは異な」るため、「公務員が職務として表現行為を行う場合は私人の場合とは異なった基準を導入すべき」としている。そして公表が、正当な目的のために、真に必要であったか、相当な方法で行われたかを検討すべきとしている。また、「方法・態様の相当性を検討する際には、手続保障の精神も尊重されなければならない」としている点も注目に値する。

（3）プライバシー権

　人は誰しも、個人として公にされることを望まない、秘密にしておきたい事柄を抱えている。そのような事柄は、個人の人格的価値を保つために、**プライバシー**[33]として法的に保護されるべきであると考えられている。そのことは、報道機関による**イエロー・ジャーナリズム**[34]であれ、国家による覗き見であれ、変わらない。なおプライバシーには、より秘密にされるべき個人の心身の基本に関する**センシティブ情報**[35]と、そこまではない非センシティブ情報があるとされる。また、プライバシー侵害の形態には、プライバシー情報が取得される段階と、その情報が公表・開示される段階があり、いずれによってもプライバシー侵害が生じうる。

　まず私人の表現行為によりプライバシーが侵害される場合がある。わかりやすい事案として、ノンフィクション小説において実名で前科を公表されたことで精神的苦痛を訴えて慰謝料を請求した**ノンフィクション「逆転」事件**[36]がある。他方で、プライバシー侵害があったかどうか自体が争われる事案として、実在の人物をモチーフにしたモデル小説が問題となる。モデル小説の登場人物が実在の人物として特定されれば、モデル小説の内容により、その人物のプライバシーにかかわ

[30] **謝罪広告の掲載**　謝罪広告は、新聞紙面上で広告の形で謝罪の意を示すもの。謝罪広告の掲載命令は、その態様によっては、思想・良心の自由に対する侵害となりうる（▶第10章1（2））。

[31] **北方ジャーナル事件**　▶第9章[16]参照。

[32] **カイワレ大根事件**　大阪地判平成14年3月15日判タ1104号86頁。集団食中毒事件に際して、当時の厚生省がカイワレ大根が原因の可能性があることを公表した結果、カイワレ大根の売上が激減したため、事業者らが当該公表の違法性を争った事件。

[33] **プライバシー**　プライバシーに該当する私的領域は、他の個別の人権規定によっても保護されている。通信の秘密（憲法21条2項）や住居不可侵（同35条）など。憲法13条では、補充的にプライバシーが保護される。

[34] **イエロー・ジャーナリズム**　新聞等の発行部数を伸ばすために、あることないことを煽情的に書き立てる報道のこと。

[35] **センシティブ情報**　プライバシー固有情報ともいう。思想・信条・精神・身体等に関する基本情報がこれにあたるとされる。具体的には、人種、宗教や思想・信条、性的指向や性自認、犯罪歴、病歴、障害、子どもの情報など。非センシティブ情報は、それ以外の情報を指し、プライバシー外延情報とも呼ばれる。

[36] **ノンフィクション「逆転」事件**　最判平成6年2月8日民集48巻2号149頁。最高裁は、「前科等にかかわる事実については、これを公表されない利益が法的保護に値する場合があ」り、本件では「前科等にかかわる事実を公表されない法的利益が優越する」とした。

150　　　第7章　幸福追求権の意味とは？──包括的基本権

る事実が暴露されたり、プライバシーにかかわる事実として受け取られかねない事柄が公になったりしてしまう。東京地裁は、「宴のあと」事件[37]で、モデル小説であっても、一定の場合には、プライバシーを侵害する表現行為が民事上の不法行為（民法709条）に該当しうるとしている（▶第9章3（3））。また、最高裁は、「石に泳ぐ魚」事件[38]で、「人格権に基づき、加害者に対し、現に行われている侵害行為を排除し、又は将来生ずべき侵害を予防するため、侵害行為の差止めを求めることができる」とし、差止めを認めた原判決を肯認した。

　ここでも国家は、個人のプライバシー権を他者による侵害から保護する義務（基本権保護義務）を課されていると考えられ、不法行為法上の規定や裁判により、その義務を履行しているものといえよう。しかし、名誉毀損の場合と同様、このようなプライバシー権保護は、プライバシー侵害的な表現をする者との関係では、表現の自由（憲法21条1項）を制限することになるため、両者の利益を調整する必要がある（表現の自由との調整方法については▶第9章3（3））。両者の調整に際しては、被害者の性質（公人か私人か）や、公表される内容（センシティブ情報かそうでないか）などが考慮される。

　もちろん、私人によるプライバシー侵害は、表現行為によるものに限らない。早稲田大学江沢民事件[39]で、最高裁は、講演会参加者の学籍番号・氏名・住所・電話番号のような個人情報は、「秘匿されるべき必要性が必ずしも高いものではない」が、そうであっても「本人が、自己が欲しない他者にはみだりにこれを開示されたくないと考えることは自然なことであり、そのことへの期待は保護されるべき」であるから、「プライバシーに係る情報として法的保護の対象となる」とした。本件のような場合には、相手方（大学側）の表現の自由を考慮する必要はない。

　次に、国家により個人のプライバシーが侵害される場合がある。それでは、どのような内容がプライバシーとして保護されるだろうか。

　第1に、国家機関が本人の同意なしに、個人の姿を撮影することが問題になる。思い当たる節もないのに、国家があな

[37]「宴のあと」事件　東京地判昭和39年9月28日下民集15巻9号2317頁。「宴のあと」は三島由紀夫のモデル小説。東京地裁は、プライバシー侵害要件として、①公開された内容が私生活上の事実または私生活上の事実らしく受け取られるおそれのあることがらであること、②一般人の感受性を基準にして当該私人の立場に立った場合公開を欲しないであろうと認められることがらであること、③一般の人々に未だ知られていないことがらであることを挙げ、プライバシー侵害による損害賠償請求を認めた。第9章[34]も参照。

[38]「石に泳ぐ魚」事件　最判平成14年9月24日集民207号243頁。「石に泳ぐ魚」は、顔に腫瘍がある女性を主人公としたモデル小説。最高裁は、「公共の利益に係わらない被上告人のプライバシーにわたる事項を表現内容に含む本件小説の公表により公的立場にない被上告人の名誉、プライバシー、名誉感情が侵害されたものであって、本件小説の出版等により被上告人に重大で回復困難な損害を被らせるおそれがある」とした。第9章[35]も参照。

[39]早稲田大学江沢民事件　最判平成15年9月12日民集57巻8号973頁。大学が講演会参加者の情報を無断で警察に提供した事件。最高裁は、本件情報提供が「プライバシーを侵害するものとして不法行為を構成する」とした。

たの姿を陰でも表でも撮影し、収集していたら不気味に感じるだろう。自らの姿を国家に把握されないことは、プライバシーとして憲法上保護されるだろうか。最高裁は、**京都府学連事件**[40]で、「憲法13条……は、国民の私生活上の自由が、警察権等の国家権力の行使に対しても保護されるべきことを規定して」おり、「個人の私生活上の自由の一つとして、何人も、その承諾なしに、みだりにその容ぼう・姿態……を撮影されない自由を有するものというべき」としている。警察官であっても、個人の容ぼう等を撮影する際には、正当な理由を求められる。

　第2に、前科等がプライバシーとして保護されるかが問われる。最高裁は、**前科照会事件**[41]で、「前科及び犯罪経歴……は人の名誉、信用に直接かかわる事項であり、前科等のある者もこれをみだりに公開されないという法律上の保護に値する利益を有」し、「市区町村長が、本来選挙資格の調査のために作成保管する犯罪人名簿に記載されている前科等をみだりに漏えいしてはならない」としている。前科等につき回答できる場合として、「前科等の有無が訴訟等の重要な争点となっていて、市区町村長に照会して回答を得るのでなければ他に立証方法がないような場合」が挙げられており、その際であっても、「犯罪の種類、軽重」を考慮すべきことが示されている。

　第3に、個人の生体情報がプライバシーとして保護されるかが問題となる。**指紋押なつ事件**[42]で、最高裁は、「指紋は、指先の紋様であり、それ自体では個人の私生活や人格、思想、信条、良心等個人の内心に関する情報となるものではないが、性質上万人不同性、終生不変性をもつので、採取された指紋の利用方法次第では個人の私生活あるいはプライバシーが侵害される危険性があ」り、「個人の私生活上の自由の一つとして、何人もみだりに指紋の押なつを強制されない自由を有する」とした。また**DNA型鑑定**[43]が近時問題になっており、「DNA型……についても、基本的には識別性、検索性を有するものとして、少なくとも指紋と同程度には保護されるべき情報であるため、何人もみだりにDNA型を採取されない自

[40] **京都府学連事件**　最大判昭和44年12月24日刑集23巻12号1625頁。公務執行妨害罪等に問われた被告人が、デモ隊を警察官が写真撮影した行為の違法性を争った事件。最高裁は、本人の同意および裁判官の令状がなくとも、警察官による撮影が許容される場合を、「現に犯罪が行なわれもしくは行なわれたのち間がないと認められる場合であつて、しかも証拠保全の必要性および緊急性があり、かつその撮影が一般的に許容される限度をこえない相当な方法をもつて行なわれるとき」とし、本件撮影はこれに該当するため適法とした。

[41] **前科照会事件**　最判昭和56年4月14日民集35巻3号620頁。区長が弁護士の照会に応じて前科および犯罪経歴を報告したことの違法性が問われた事件。最高裁は、「市区町村長が漫然と弁護士会の照会に応じ、犯罪の種類、軽重を問わず、前科等のすべてを報告することは、公権力の違法な行使にあたる」とした。

[42] **指紋押なつ事件**　最判平成7年12月15日刑集49巻10号842頁。外国人登録の際に、指紋の押なつを強制する制度が問題になった事件。合憲となったものの、1999年の法改正で指紋押なつ制度は廃止された。

[43] **DNA型鑑定**　DNAの塩基配列分析により、個人識別を行うもの。DNA型は本人の遺伝的形質を決定する因子である遺伝情報とは異なり、DNA型鑑定も遺伝的傾向（体質や遺伝子疾患の発症しやすさ等）を把握する遺伝子検査とは異なる。

由を有すると解される」としたうえで、人格権に基づき、警察が保有する本人の DNA 型の抹消請求を容認した下級審判[44]決がある。

第 4 に、個人に関する情報がプライバシーとして保護されるかが問われる。**住基ネット訴訟**[45]で、最高裁は、「個人の私生活上の自由の一つとして、何人も、個人に関する情報をみだりに第三者に開示又は公表されない自由を有する」として、住基ネットによって管理・利用等される氏名・生年月日・性別および住所といった情報は、「人が社会生活を営む上で一定の範囲の他者には当然開示されることが予定されている個人識別情報であり、……個人の内面に関わるような秘匿性の高い情報とはいえない」としつつも、憲法の保護が及ぶことを前提としている。また**マイナンバー訴訟**[46]で、最高裁は、「特定個人情報の中には、個人の所得や社会保障の受給歴等の秘匿性の高い情報が多数含まれることになるところ、理論上は、対象者識別機能を有する個人番号を利用してこれらの情報の集約や突合を行い、個人の分析をすることが可能であるため、具体的な法制度や実際に使用されるシステムの内容次第では、……特定個人情報が法令等の根拠に基づかずに又は正当な行政目的の範囲を逸脱して第三者に開示又は公表される具体的な危険が生じ得る」として、より慎重な取扱いを求めていると解される。

（4）情報プライバシー権への展開

近年、情報技術やインターネットの発達に伴い、膨大な個人情報が蓄積され、処理され、共有されている。私たちは、多くの個人情報と引き換えに、公私を問わず便利なサービスを利用しており、もはや自己情報がどこでどのように使われているかを把握するのは困難である。

プライバシーに関する情報は、前述（3）でみたとおり、その取得や公表からは一定程度保護されているが、今日ではそれで十分とはいえなくなってきている。なぜなら、個人情報が取得されてから公表されるまでの間で、コンピューター・システム上で保存されたり、移転・再利用されたりするから

[44] **DNA 型の抹消請求を容認した下級審判決** 名古屋地判令和 4 年 1 月 18 日。暴行事件の無罪判決確定後も、警察が DNA 型等のデータを保管していたことに対し、人格権に基づきデータの抹消を求めた事件。名古屋地判令和 4 年 1 月 18 日判時 2522 号 62 頁。控訴審である名古屋高判令和 6 年 8 月 30 日 LEX/DB25620949 も同旨。控訴審判決は DNA 型データベースに関する規律の立法化が望ましいとしている。

[45] **住基ネット訴訟** 最判平成 20 年 3 月 6 日民集 62 巻 3 号 665 頁。住基ネットによる本人確認情報の収集、管理または利用の違法性を訴え、住民票コードの削除を求めた事件。住基ネット（住民基本台帳ネットワークシステム）は、紙ベースの帳簿だった各市町村の住民基本台帳をネットワーク化したもので、行政機関等に対する本人確認情報の提供や市町村の区域を越えた住民基本台帳に関する事務の処理を行うために利用される。

★**住民基本台帳とは** 氏名、生年月日、性別、住所などが記載された住民票を編成したもの。住民基本台帳の作成、管理、利用に関しては住民基本台帳法で定められており、住民の居住関係の公証、選挙人名簿の登録その他の住民に関する事務の処理の基礎などに用いられる。

[46] **マイナンバー訴訟** 最判令和 5 年 3 月 9 日民集 77 巻 3 号 627 頁。マイナンバー（個人番号）制度による特定個人情報の収集、管理または利用の違法性を訴え、マイナンバーの削除等を求めた事件。マイナンバー制度は、行政手続等における特定の個人を識別するための制度である。住民票をもつすべての人にマイナンバーが割り振られ、さまざまな（マイナンバーを含む）特定個人情報が、税・社会保障・災害対策のために用いられる。

★**マイナンバーとは** 社会保障、税、災害対策などの行政サービスの効率化と国民の利便性向上などを目的に、住民票をもつすべての日本国民に付与される 12 桁の個人番号。

3　幸福追求権の保障　　153

である。個人情報が保存されていれば、その情報が不正に利用されたり、流出したりするリスクがある。また、個人情報が別の機関に移転させられたり、別の目的で再利用されたりするかもしれない。個人情報はいったん取得されてしまうと、自らの手の届かないところで、意に反する形でさまざまに用いられる危険がある。今日におけるプライバシー保護の議論は、個人情報がコンピューターにより処理され、インターネットに接続している場合等を想定した形でなされるようになってきている。

そこで、人格的自律説に根ざした自己情報コントロール権説が主張され、同説によれば、センシティブ固有情報（▶前述（3））については、その取得・利用・開示が原則的に禁止される。他方で、プライバシー外延情報（▶本章［35］）については、基本的にプライバシー侵害の問題は生じない。これに対して、ドイツの判例をベースとする情報自己決定権説は、現代の情報技術を前提とすると、些細な個人情報であってもそれが集積して統合されれば、重要な個人情報にたどりつく可能性があることを前提に、あらゆる個人情報の保護を目指す。情報自己決定権説は、取得目的以外では用いられないこと（目的拘束）や**比例原則**[47]、法令上の根拠の明確性、目的達成後の削除、個人情報の不当な取扱いがなされないための組織的・制度的措置などを求める。

とはいえ、自己情報コントロール権も、プライバシー外延情報について広くプライバシー権にかかわるものとしてその保護を検討する必要があるとし、他方で、情報自己決定権も、比例原則の適用の中で、プライバシー固有情報と外延情報とを区別することから、両者の対立は相対化してきている。前述の住基ネット訴訟最高裁判決でも、プライバシー外延情報が問題になりつつも審査がなされ、法令上の根拠があること、目的外利用や漏洩が懲戒処分や刑罰で禁止されていること、本人確認情報保護委員会の設置といった制度的・組織的措置を講じていることが正当化要素として挙げられ、情報自己決定権的な判断の枠組みが取り入れられていることがわかる。また、マイナンバー訴訟最高裁判決では、プライバシー固有

★**おすすめの本** AI技術やアルゴリズムの進展によって、さまざまな局面で、個人の好みや趣味嗜好が分析され、個人ごとにカスタマイズされた選択肢が用意される社会が到来している。その環境での自己決定は、本当に自由になされているのだろうか。その自己決定を尊重することが「個人の尊厳」を尊重することになるのだろうか。こうした問題意識から、デジタル社会が提起する憲法学上のさまざまな問題について検討するのが、山本龍彦『〈超個人主義〉の逆説――AI社会への憲法的警句』（弘文堂・2023年）である。

[47]**比例原則** 得られる利益と失われる利益を比べた際に、両者が均衡していなければならないという考え方。ここではたとえば、センシティブな情報を秘密裏に取得するには、具体的な危険がある重大な犯罪の予防のためでなければならないといったこと。第11章［37］も参照。

情報が扱われることが意識されて、個人番号の利用や特定個人情報の提供についての厳格な規制、強化された罰則、独立した第三者機関（個人情報保護委員会）による監視・監督が正当化要素として挙げられており、プライバシー固有情報の取扱いについては、より厳格な要求を課していると解される点で、自己情報コントロール権的な要素もみてとれる。

　また、個人情報は国だけではなく、第三者によっても不正な取扱いを受けることがあるため、ここでも情報プライバシー権を他者による侵害から保護すべき国家の義務（基本権保護義務）が問題になる。2003年に成立した**個人情報保護法**は、実質的には情報プライバシー権を保護する立法であると考えられるが、**内容面での不十分さ**[49]も指摘されている。

（5）自己決定権

　少なくとも人生における重要な事柄について「自ら決定する」ことは、人が幸福に生きていくための前提条件であり、幸福追求権によって保護されるべきものと考えられる。もっとも、その内容が何かが問題になる。

　❶ アイデンティティ　アイデンティティの保護を求める権利として、性別についての自己認識の承認、氏名の保護、自己や子の出自を知ること等がその内容として挙げられる。性別についての自己認識の承認について、最高裁は、**性別変更規定違憲決定**[50]で、「性同一性障害者がその性自認に従った法令上の性別の取扱いを受けることは、……個人の人格的存在と結び付いた重要な法的利益というべき」としている。また氏名の保護について、最高裁は、**夫婦別姓訴訟**[51]で、氏名は「人が個人として尊重される基礎であり、その個人の人格の象徴であって、人格権の一内容を構成する」としつつも、「氏が親子関係など一定の身分関係を反映し、婚姻を含めた身分関係の変動に伴って改められることがあり得ることはその性質上予定されている」ため、「婚姻の際に『氏の変更を強制されない自由』が憲法上の権利として保障される人格権の一内容であるとはいえない」としている。

　❷ 生命・身体　生命・身体に関する自己決定の権利とし

[48] **個人情報保護法**　個人情報をデータベース化して利用している個人情報取扱事業者には、利用目的の明確化・利用目的による制限などさまざまな規制が課され、個人情報保護委員会の改善命令に従わない場合には、刑事罰が科される場合がある。もっとも、この法律の目的では、（情報）プライバシー権の保護は掲げられていない。

[49] **内容面での不十分さ**　EUでは、積極的に個人情報保護を進められ、2016年 GDPR（一般データ保護規則）により厳格な規制が作られ、違反時の制裁金は約30億円にのぼる可能性がある。また EU 域外にデータを持ち出す場合には、当該国や地域において十分なデータ保護が提供されていなければならない。日本は2019年に欧州委員会からこの十分性認定を受けているが、一部では保護の不十分性も指摘されている。

[50] **性別変更規定違憲決定**　最大決令和5年10月25日民集77巻7号1792頁。本決定で、法的性別を変更するのに生殖腺除去手術という強度な身体的侵襲を課すことが直接の理由は、身体への侵襲を受けない自由に対する過剰な制約があるためである。また、外性器の除去術や形成術、またはホルモン療法が必要となる性器外観要件（変更後の性別の性器に近い外観を備える）の合憲性に関しては原審に差し戻されたため、今後の判断が待たれる。

[51] **夫婦別姓訴訟**　最大判平成27年12月16日民集69巻8号2586頁。最高裁は、民法750条が夫婦別氏の選択肢を認めない夫婦同氏制を定めていることは、憲法13条等に違反しないとしている。

3　幸福追求権の保障　　155

て、安楽死・尊厳死を求める権利、自らが望んだ治療を受ける（それ以外を拒否する）権利が、その内容として考えられる。日本では**死ぬ権利**[52]は、法令上も判例上も一般的には認められていない。

民事事件ではあるが、**エホバの証人輸血拒否事件**[53]で、最高裁は、「患者が、輸血を受けることは自己の宗教上の信念に反するとして、輸血を伴う医療行為を拒否するとの明確な意思を有している場合、このような意思決定をする権利は、人格権の一内容として尊重されなければならない」としている。

❸リプロダクション　リプロダクションの自己決定権として、避妊・妊娠・堕胎の権利が挙げられる。これについて、優生思想に基づき障害者に対して不妊手術を強制する旧優生保護法の規定が違憲とされた大阪高裁判決では、「子を産み育てるか否かについて意思決定をする自由」が憲法13条から生じるとしている（大阪高裁令和4年2月22日判決）。避妊と堕胎については、日本では、**避妊の権利**[54]を制約する法律もなく、現状では**堕胎の権利**[55]が著しく制限されているわけでもないので、憲法問題となることはほとんどない。

❹家族の形成・維持　家族の形成・維持に関する自己決定権として、たとえば、同性パートナーと家族関係を形成する権利が挙げられる。**同性婚訴訟**[56]で、東京地裁は、憲法24条2項の問題としてではあるが、「同性愛者にとっても、パートナーと家族となり、共同生活を送ることについて家族としての法的保護を受け、社会的公証を受けることができる利益は、個人の尊厳に関わる重大な人格的利益に当たる」とし、「現行法上、同性愛者についてパートナーと家族になるための法制度が存在しないことは、同性愛者の人格的生存に対する重大な脅威、障害であり、個人の尊厳に照らして合理的な理由があるとはいえず、憲法24条2項に違反する状態にある」としている。この説示は、憲法13条を根拠としたものではなく、また「憲法上直接保障された権利とまではいえない人格的利益」とされているが、憲法13条を根拠に家族形成に関する自己決定権を主張することも可能であるように思われる。

[52] **死ぬ権利**　ドイツ連邦憲法裁判所は、2020年の判決で、自殺をするために第三者の援助を求め、それを利用する憲法上の権利を認め、業としての自殺援助罪を違憲無効とした。日本では、憲法上の死ぬ権利には言及されないものの、安楽死の事案で一定の場合に刑法上の違法性が阻却されるとした裁判例がある。たとえば、東海大学安楽死事件（横浜地判平成7年3月28日判時1530号28頁）。

[53] **エホバの証人輸血拒否事件**　最判平成12年2月29日民集54巻2号582頁。最高裁は、宗教上の信念から輸血を拒否する患者に対して、医師が救命に必要不可欠な場合には輸血を行うとの方針を説明せずに手術し輸血をしたことについて、医師の不法行為責任を認めた。

[54] **避妊の権利**　アメリカのコネチカット州では、避妊や避妊の助言・援助が違法とされていた。連邦最高裁は、グリスウォルド対コネチカット判決（1965年）で、当該州法を違憲とした。

[55] **堕胎の権利**　アメリカでは、連邦最高裁のロー対ウェード判決（1973年）で、女性の妊娠中絶の権利が憲法上認められたが、政治的・社会的には大きな争いが残った。この問題についてどのような見解を有しているかは、連邦最高裁判事を選ぶ際の最も決定的な要素のひとつでもある。連邦最高裁は、2022年のドブス判決で判例を変更し、女性の妊娠中絶の権利は憲法から導かれないと結論した。これに対しフランスでは、2024年に憲法改正が行われ、妊娠中絶の権利が憲法に明記された。

[56] **同性婚訴訟**　東京地判令和4年11月30日判時2547号45頁。アメリカや台湾では、婚姻が異性間に限られていることが違憲であるとの判決が出されている。

おわりに

　本章では、幸福追求権の意味が何かについて考えた。幸福が曖昧なものであることから、幸福を定義することは困難である。そこで、幸福を決めるのは誰かを考えると、憲法13条の趣旨からして、国家ではなく個人であるということになる。何が幸福かは個人がそれぞれ考えればよい。次に、幸福に暮らすのに必要な事柄として、何が憲法上保障されるべきかが問題になる。薄く広くあらゆる行為の自由を憲法は保障しているのか、他の憲法上の権利に類する重要な事柄のみに憲法の保障が及ぶのかで考え方に対立がある。この点、判例の立場は明確ではない。

　幸福追求権の保障対象について個別に確認すると、生命および身体を害されない権利、名誉権、プライバシー権（そこから派生した情報プライバシー権を含む）、いくつかの重要な事柄に対する自己決定権が、判例で認められたり、学説で有力に主張されたりしている。何が幸福に必要な事柄であるか、そしてそれが憲法によって保障されるかは、さまざまな訴訟が提起される中で徐々に明らかになっていく。幸福追求権の展開については、今後も比較憲法的な手法を活用しつつ、判例の動向を注視する必要があろう。

第8章

平等を保護するとは？
——平等権

▶▶▶ はじめに

日本国憲法は、第14条１項において「すべて国民は、法の下に平等であつて、**人種**[1]、**信条**[2]、**性別**[3]、**社会的身分**[4]又は**門地**[5]により、政治的、経済的又は社会的関係において、差別されない」と定める。国民であれば誰もが平等であることは当然のように感じられるかもしれない。しかし、どのような状態が平等であるのかについては非常に多義的であり、人によって考えが異なる。とすれば、平等保護条項は大事なことを言っているようで、その内容は空虚であるともいえる。たとえば、後述する日本におけるアファーマティブ・アクションは男女の社会経済的格差の是正をひとつの目的としており、この目的は平等の理念に適うようにもみえる。しかし、これを実施すると、さまざまな制度が変更され、既存の制度から利益を受けてきた人々（女性も含む）が不利益を被る可能性もある。

また、婚内子と婚外子（▶本章[6]）の法的区別は、後者の社会的地位を貶めており、平等権違反だと裁判で主張されることもある。憲法は生まれによる差別を禁止しているととらえると、両者の法的区別をなくすことは平等の理念に適うようにも思われる。しかし、両者の区別の撤廃は家族制度を大きく変更することになり、人々が抱く社会意識や行動を大きく変化させる。

男女の社会経済的格差の是正をする方向での法制度の改変を望まない者（女性を含む）、婚内子と婚外子の法的区別の撤廃を望まない者も、あるべき平等な状態が何かについて考えをもっている。平等保護条項は、あるべき平等な状態が何かについて、明確な方向性を示唆しているのだろうか。

[1] **人種** 人種とは肌の色による選別であり、大別すると、白人、黒人、黄色人種がある。各人種には、異なる文化をもつグループが数多く含まれている。日本国憲法の成立過程に人種差別の激しいアメリカ合衆国の出身者らが関与したことによって、人種差別の禁止が明示された。日本には深刻な人種差別はないと考えられてきたため、個別具体的な法制度に人種差別の禁止が示されていない。

[2] **信条** ここで挙げられている信条は、宗教から政治的信条に至るまで、人間の考え方を幅広く含むと解釈されている。

[3] **性別** 性別役割分業意識に基づくさまざまな制度が存在し、男性と比べて女性の社会経済的地位は低く抑えられてきた。

[4] **社会的身分** 人が社会において継続して占め、社会的評価を伴う地位を指す。

[5] **門地** 家柄や身分を意味する。戦前においては、華族など特権的な地位をもつ階層が存在していた。他方で、近代化以前に存在した身分制の下位に属した人々に対する差別（被差別部落）は現代でも残存している。

1 理念としての平等保護条項と、そこからの脱却の試み

　通説は、憲法14条の平等保護条項は合理的な区別を許し、不合理な区別は差別として禁止すると解釈する。平等保護条項は特定の事由（人種、性別、信条、社会的身分、門地）による差別の禁止を明示しており、通説は、これらの事由を用いた異なる取扱いが差別を生じさせる危険が高いと理解するが、合理的な理由があれば許される（逆に、不合理であれば差別であり違憲）と解釈する。平等保護条項が禁止する差別に該当するか否かは、異なる取扱いに合理性があるのかどうかによって判断される。この合理性の有無という判断基準は非常に曖昧であり、**婚外子**[6]の**相続**[7]についての規定などさまざまな平等権違反の主張について、判例は非常に緩やかな審査基準（憲法適合性審査を実質的には行わない基準）のもとで、合理性の有無について実質的な審査をせずに、合憲判断を下し続けてきた。

　平等権違反の主張の対象となる異なる取扱いが重要な（憲法上保障の程度が高い）権利利益にかかわる場合には、それの憲法適合性を審査する際に、厳しい基準のもとで実質的な審査が行われる。たとえば、投票権は重要な権利であり、特定の者に対してその行使が制限されているときなどがそれに該当する。だが、そのような場合には、権利の重要性（憲法上の保障の程度）に対して配慮がなされたのであり、平等権違反の主張に特に意味はない（審査の厳格度の上下には影響しない）。

　判例では、平等保護条項は理念を示したものであり、裁判規範としての法的な意味はないと解釈されてきた。多くの憲法学者や一定数の実務家が差別だと認識している問題（**3**で後述する婚内子と婚外子の区別、夫婦同氏制〔▶本章**[21]**〕など）が日本社会にはあるが、これらの違憲性を訴える訴訟では、憲法上の保障の程度が弱い（婚外子の相続に関する権利利益）、あるいは保障されるかが不確定である（氏の決定に関する自己決定権、氏の変更に伴うアイデンティティの喪失などの）権利利益の侵害を主張するしかなかった。そのため、問題と

[6] **婚外子**　婚姻関係にない男女から生まれた子ども。不貞によって生まれた子どもだとイメージされがちだが、実際には、夫婦関係にある男女（事実婚夫婦）から生まれた子どもも含む。

[7] **相続**　戦前の「家」制度のもとで人々が家産によって暮らしていた時代には、「家」の代表者となる長男が財産を相続し、家産が分散しないことで、家族の生活が維持された。戦後、「家」制度が廃止され、憲法に平等の理念が導入されたことで、財産は家族に均等に相続されるべきという考えに基づき、相続制度が構築された。

1　理念としての平等保護条項と、そこからの脱却の試み　　159

される権利利益の性質からは審査の厳格度を高めて実質的な
審査の実施を導くことはできず、これらの訴訟で勝利するた
めに、平等権違反の主張によって実質的な審査を裁判所に行
わせる（平等保護条項に裁判規範として法的意味をもたせる）と
いう方法が考えられた。

　平等保護条項が理念的なものとして扱われる日本とは対照
的に、アメリカ合衆国では、平等保護条項に裁判規範として
強い法的意味が認められている。アメリカの学説では、平等
保護条項が禁止する差別は、**スティグマ**（劣等性の烙印）の害
悪によって地位を格下げする行為だと解釈されている。人種
を典型例として、**疑わしい区分**を使用する異なる取扱いはス
ティグマをもたらす危険が高く、その憲法適合性を審査する
際には、法的な権利利益の侵害がなくても、あるいは保障の
程度の低い権利利益が問題とされていたとしても、厳格度の
高い基準が適用される。この厳格審査のもとでは、裁判所が
違憲判断を下すハードルは下げられる（逆に、合憲判断を下す
ハードルは高まる）。日本の学説は、裁判所が平等権違反の審
査を実質的に行わせるために、アメリカの平等理論を日本の
憲法解釈に採り入れようとしてきた。

[8] **スティグマ**　ある特定のグループ（人種的マイノリティが典型例）を劣った存在とみなすことを意味する。アメリカでは、意図的あるいは無意識のうちに、スティグマはさまざまな法制度の基礎となってきた。それらの法制度によって、マイノリティは参政権などの重要な権利の享受が否定されるなど、さまざまな実害を被ってきた。

[9] **疑わしい区分**　人種などの区分を使用する異なる取扱いが明白に権利利益を制約するものでなくても、違憲の疑いが強いと理解されている。

コラム❼　日本の判例における平等権

　多くの教科書の「平等」の章をみると、平等権違反が問われた事例の種類
は、非常に多様であることがわかる。本文で取り上げなかった代表的な判例
について、いくつか言及する。

　尊属殺重罰規定違憲判決（最大判昭和48年4月4日刑集27巻3号265頁）は、
尊属殺重罰規定（通常の殺人と比べて尊属殺に対して刑罰を加重する規定。かつ
ての刑法200条）を違憲と判断した。当該規定は法定刑として死刑または無期
懲役を定めており、情状酌量をしても、実刑が下される。当該判決は、当該
規定の目的（尊属への尊重報恩）ではなく、手段として行き過ぎていることを
理由に違憲判断を下した。

　サラリーマン税金訴訟判決（最大判昭和60年3月27日民集39巻2号247頁）で
は、給与所得者に対する所得税の源泉徴収と必要経費の制限について、自営
業者と比べて給与所得者に不利な税制度だと主張された。同判決は、税制度

の構築に広い立法裁量を認め、実質的な審査をせずに、合憲判断を下した。堀木訴訟判決（最大判昭和57年7月7日民集36巻7号1235頁）では、障害福祉年金と児童扶養手当の併給禁止が不合理であるのかが問われた。当該判決は、社会保障制度の構築には広い立法裁量が認められるとして、実質的な審査をせずに、合憲判断を下した。

　他方、立法府に制度構築の広い裁量が認められる分野でも、違憲判断が下されることもある。国会議員の定数不均衡に関する一連の訴訟では、最高裁は選挙制度の構築について立法府に広い裁量を認める。だが、一票の格差に著しい不均衡が認められる場合には、違憲判断を下す（最大判昭和60年7月17日民集39巻5号1100頁）。

　以上の判例は平等違反が問題となった代表的判例の一部だが、刑罰、税金、社会保障制度、選挙制度というように、多岐に及ぶ。学界を代表する論者の体系書であっても、平等権がいかなる内実をもつのかについて、体系的な理論構築はされていない。その理由は平等違反を問われる事例があまりにも幅広く、共通性がないところにある。平等権の体系的な理論構築は容易なことではないが、本章で取り上げた判例を分析することで、いくつかの論理は明らかになる。

　基本的には、法制度構築の際には政策形成機関に広い裁量が認められる。裁判所が平等権違反の判断を下す際には、政策形成機関を納得させるために、憲法上の要請が明確である必要がある。どのような税制度や社会保障制度が構築されるべきかについて、憲法上の明確な要請を導き出すのは難しい。サラリーマン税金訴訟判決と堀木訴訟判決が実質的な審査をせずに、合憲判断を下したことには、以上の背景がある。他方、議員定数不均衡については、憲法上の要請（投票価値の平等）が一定程度明確であり、違憲判断について政策形成機関を説得できる。

　裁判所があるべき家族制度の判断に触れないとき、平等違反の判断を下すことができる。尊属殺重罰規定違憲判決では、立法目的（尊属への尊重報恩を伴う家族観の支持）には触れなかった。また、婚外子法定相続分別異取扱違憲判断でも、婚内子と婚外子を法的に区別することへの批判はなく（正当な家族のかたちをいかに判断するのかには触れず）、法定相続分に差異を設けるという手段が行き過ぎていることを理由に、違憲と判断している。夫婦同氏制違憲訴訟では、最高裁は、当該規定の違憲判断は正当な家族のかたちの判断に触れることから、夫婦の氏に関する制度構築を立法府に委ねている。

　日本では裁判所の政策形成能力が低いために（▶本章4）裁判制度が社会に存在する複雑な利害調整に向かないことからすると、平等違反が問われた訴訟で最高裁が示す姿勢は妥当である。

1　理念としての平等保護条項と、そこからの脱却の試み　　161

2 アメリカ合衆国における 平等保護条項の法的意味

（1）地位の格下げの禁止

アメリカにおいて平等権違反の単独の主張に裁判規範として強い法的意味を認めるのは、スティグマによる地位の格下げ（劣等の烙印）が**マイノリティ**[10]に実害を及ぼしていることが背景にある。かつて、マイノリティは劣った存在であることを理由に、投票権などの基本的権利の享受が否定されていた。形式的平等が達成されて基本的権利の行使が認められた後も、**読み書きテスト**[11]などによって、権利行使が実質的に妨害されてきた。選挙権行使の資格をもつマイノリティに対しては、暴力によって投票が妨害された。マイノリティが多数を占める自治体では、さまざまな事柄の決定権が自治体から州レベルへと移行され、マイノリティが政治力を発揮できないように政治プロセスが変えられていった。人種差別撤廃を目指す団体に対しては、その構成員の名簿を公表させる法制度がつくられ、差別団体はそこから情報を得て、差別撤廃団体の構成員を脅迫した。法制度によって差別団体による暴力が手助けされていたのである。暴力をおそれて差別撤廃団体への加入を躊躇する者、離脱する者が生じ、組織づくりは停滞し、差別撤廃のために結社をつくる自由も侵害された。

こうしたスティグマによる地位の格下げは、言葉として抽象的だが、アメリカでは、基本的権利の享受の否定やその行使への妨害など、マイノリティの権利利益への侵害を引き起こす危険と強く結びついていた。

（2）カラーブラインドの理論

人種別学制[12]や**異人種婚禁止法**[13]などの人種分離制度は、人種差別の典型例である。この制度の支持者からは、人種別学制は学校の施設面で同等であれば平等であり、異人種婚禁止法も異なる人種と婚姻できないのはマイノリティだけでなく、すべての人種に当てはまることから平等であるとも主張され

［10］**マイノリティ** その数においてマジョリティ（▶本章［31］）に及ばないために社会の主要な地位から遠ざけられている人々。制度構築に参加できず、社会的資源の獲得競争において、不利な立場に置かれることが多い。

［11］**読み書きテスト** 読み書きテストで一定以上の点数をとることが、選挙権行使の条件とされる制度。経済的格差などによりマイノリティの学力が低いことから、選挙権行使できない者の圧倒的多数はマイノリティとなる。

［12］**人種別学制** 人種によって学校を分ける制度。白人女性と黒人男性の性的接触を遮断するために利用された。1954年の連邦最高裁のブラウン判決によって、公立小学校での人種別学が違憲だと判断された。

［13］**異人種婚禁止法** 異なる人種同士での婚姻を禁止する制度。いくつかの州でかつて採用されており、これは黒人男性と白人女性の性的接触を遮断して白人女性の純潔を守るべきという、黒人への嫌悪感情に基づくものであった。1967年の連邦最高裁のラビング判決で違憲と判断された。

た。だが、これらの制度は黒人男性と白人女性の性的接触の制度的遮断を目的としており、人種的な嫌悪感情に基づくことは明らかであった。

　人種差別解消のためには嫌悪感情に基づく制度の撤廃が何よりも求められ、「カラーブラインド」の理論が登場した。カラーブラインドの理論とは、人種区分は差別的に使用される危険が高いため、その使用は絶対的に許されないとする考え方であり、有力に主張され続けている。日本でも、特定の区分の使用について**絶対的平等説**[14]も存在したが、そのような学説はすぐに消え去った。ほぼすべての学説において、差別の危険が高いと考える区分の使用についても、合理性があれば許されるという考えが採られている。この背景には、日本には差別是正のために特定の区分の使用の禁止が有用であった歴史がない（アメリカの人種差別ほどに深刻な差別が存在しない）ところにある。

3　日本における平等権違反の主張

（1）地位の格下げはあるのか？

　平等保護条項に裁判規範として法的意味をもたせようとする主たる領域として、婚姻家族制度が挙げられる。その主たる例として、**法定相続分の異なる取扱い**[15]を主戦場として争われてきた婚外子の問題が挙げられる。訴訟を提起するときには、具体的な権利利益の侵害を訴える必要があるが、婚外子をめぐる問題では具体的な権利利益の侵害を主張できない、あるいは保護の程度の低い権利利益の侵害しか主張できないことから、平等保護条項が着目された。

　婚内子と婚外子の異なる取扱いの中で、権利利益の侵害として唯一訴えることができたのが法定相続分の異なる取扱いであった。だが、相続に関する権利利益は憲法上の保障の程度が低く、その憲法適合性は緩やかに審査され、容易に合憲判断が下されてきた。そのため、原告は、法定相続分の異なる取扱いが婚外子への社会的差別を助長すると主張すること

★おすすめの映画　映画『大統領の執事の涙』（アメリカ、2013年）では、人種別学制を違憲と判断したブラウン判決（1954年）（▶本章［12］）について、南部選出の連邦議会議員が「ニガー〔注：黒人を表す差別語〕と白人の少女が一緒の学校に？最高裁の判事はつるし首だ！」と発言するシーンがある。このシーンは、白人女性と黒人男性の性的接触は許さないという考えが南部の白人に浸透していた社会情勢を反映している。

［14］**絶対的平等説**　不合理な差別を生じさせる危険が高い区分の使用は、憲法上、絶対的に禁止されると解釈する説。

［15］**法定相続分の異なる取扱い**　民法旧900条4号但書において、相続の際の法定相続分について婚外子は婚内子（法律婚夫婦から生れた子ども）の2分の1であると定められていた。

3　日本における平等権違反の主張　　163

で、審査の厳格度を高めることに努めた。すなわち、平等権違反の主張によって、**相続の利益**（保障の程度の低い利益）の侵害が深刻な害悪をもたらすという主張が展開された。結果として、**最高裁平成25年9月4日大法廷決定**は、婚外子に対する社会的差別の助長（平等権侵害の主張）を考慮して、審査の厳格度を高めて違憲判断を下した。ただし、同決定は婚内子と婚外子を区別すること自体には異論を唱えておらず、その区別の手段として相続に違いを設けることが違憲である（手段が行き過ぎている）と判断したにすぎない。同決定の直後、最高裁は婚内子と婚外子を区別すること自体に憲法上の問題はなく、婚外子に対する社会的差別を助長するという主張（平等権違反の主張）だけでは両者の区別を違憲と判断できないとした（**最高裁平成25年9月26日判決**）。

　婚外子に対する社会的差別として具体的に主張されているのは、婚姻や就職の場面で不利益を被る可能性があること、世間から白眼視されること、劣った存在と認識されることで自尊心を傷つけられることなどである。婚姻関係にない両親のもとに生まれたことは本人の選択ではなく、生まれが原因でさまざまな場面で不利益を被るのは不幸である。**生まれによる不利差**は本人の努力では避けることができず、憲法の趣旨に沿わない。だが、婚姻や就職などの場面で親が原因で不利益を被ること（親が反社会勢力に所属していること、住宅について親子ローンが組まれていることなど）は数限りなくあり、親が婚姻関係になかったこともそのひとつにすぎない。

　世間から白眼視されることや、劣った者としてみなされて自尊心が傷つくという主張は、客観的な権利利益の侵害ではなく精神的なものである。そこで、主観的な害悪の主張を憲法上の権利利益の侵害として裁判所に認めてもらうために、婚内子と婚外子の区別が生じさせる婚外子に対するスティグマが地位の格下げを生じさせるとして、平等権違反が主張される。この主張はアメリカの平等理論（平等保護条項はスティグマによる地位の格下げを禁止する）に依拠している。

　しかし、アメリカにおいて、権利利益の侵害がなくとも、ある特定の異なる取扱いが地位の格下げを生じさせるとして

[16] 相続の利益　憲法は本人の努力では変えることができない生まれによる不平等を禁止すると解釈されている。だが、相続する財産の有無やその多寡は生まれにより決定する。また、相続は不労所得にすぎない。

[17] 最高裁平成25年9月4日大法廷決定　民集67巻6号1320頁。法定相続分別異取扱いに対する違憲判断は、社会的に非常に大きな影響を及ぼす。そのため、当該判決で問題とされた相続の後に行われた相続についても、すでに確定しているものについては、違憲判断の効力は及ばない（相続のやり直しは行われない）とされた。

[18] 最高裁平成25年9月26日判決　民集67巻6号1384頁。出生届に嫡出子または非嫡出子の別を記載すべきものとする規定（戸籍法49条2項1号）の憲法適合性が問題とされた。婚外子法定相続分別異取扱いが有形的な害悪（財産的利益の侵害）を生じさせる一方で、当該規定にはそれがなく無形の害悪（婚外子への差別意識の助長）が主張されるにすぎなかったため、合憲判断が下された。

[19] 生まれによる不利差　代表例として、部落差別がある。日本には「けがれ」を嫌う意識があり、「死」にかかわる職業（食肉、皮革）の人々などは穢れが多い「穢多（エタ）」として差別された。それらの人々が住んできた地域（被差別部落）への差別は、現在でも、結婚などの場面であらわれる。

164　第8章　平等を保護するとは？──平等権

問題視されるのは、憲法上の権利利益の享受の否定、その行使を妨害する行為の容認など、客観的な実害を生じさせる危険が非常に高いところにある。アメリカで劣った存在であることは、憲法上のさまざまな権利利益の享受や行使について実害を被る危険が高いことを意味し、主観の問題ではない。地位の格下げによって婚外子に対して生じていると主張される害悪は、アメリカで問題視されている地位の格下げにより生じる害悪とは比べ物にならないほどに軽微である。婚外子の問題についてアメリカの平等理論を援用して、平等保護条項に法的な意味をもたせようとする主張には、説得力がない。

（2）制度改革としての平等権違反の主張

　もっとも、日本社会では婚外子に対しては、正当なかたちの家族から外れているという社会意識から、さまざまな場面で不利益を被る可能性がある。出生子に占める婚外子の割合が非常に低いことは、婚外子に対してさまざまな不利益が及ぼされることへの危惧があるためである。**正当なかたちの家族**[20]とは、戸籍の編製単位（法律婚夫婦とその未婚の子ども）を基礎にしている。婚内子と婚外子の異なる取扱い自体を平等権違反だとする主張には、正当なかたちの家族という概念をなくすべきという考え（戸籍制度への批判）が含まれている。両者の区別自体を平等権違反だとすることは、戸籍の編製単位に基づく家族モデルを転換させる。

　夫婦同氏制[21]（民法750条）を問題視する際にも、平等権違反の主張が展開されている。　夫婦同氏制には、同じ氏を称する法律婚夫婦が正当な夫婦であり、**事実婚夫婦**[22]などはそこから外れているという考えが含まれている。正当な夫婦以外の男女関係から生れた子ども（婚外子）は正当なかたちの家族から外れる。ゆえに、民法750条は正当なかたちの家族から外れた者への差別を助長すると主張される。民法750条に対する平等権違反の主張には、家族のあり方（現行の家族モデルとその基礎である戸籍制度への批判）が含まれている。

　現行のさまざまな法制度は現行の家族モデルに基づいて構築されており、婚外子や夫婦の氏の問題に平等権違反を認め

[20] **正当なかたちの家族**　人々が通常であれば形成すべきと考える家族の形態を意味する。法制度によって決定され、国家は国民がそのような形態の家族を形成するように、法制度の構築を通じて誘導する。

[21] **夫婦同氏制**　法律婚夫婦の氏は共通でなければならならず、どちらの氏を名乗るのかについては婚姻の際に夫婦の話し合いによって決定される。

[22] **事実婚夫婦**　法律婚をしていないが、事実上、夫婦としての生活を営んでいるカップルを意味する。法律婚夫婦に認められている法的な保護について、すべて否定されるわけではなく、一定の範囲で認められている。

て家族モデルが転換されると、既存の法制度が大きく変わり、さらには宗教観や性的倫理観も変化する。一例を挙げると、既存の法制度のもとでは、法律婚夫婦の一方配偶者が不貞行為をした場合に、不貞の相手方には不法行為が認められ、他方配偶者は不貞の相手方に慰謝料請求ができる。これは、既存の法制度によって、法律婚には特権的な地位が認められるからであり、不貞は不道徳であるという考えが確立しているためである。法律婚に特権的地位があるからこそ、婚内子と婚外子は法的に区別される。両者の区別をなくすと、他の人的結合関係（事実婚夫婦など）と比べて法律婚に特権的地位は認められなくなり、誰と性交渉をもつのかという自己決定は最大限に尊重される。

　日本における平等権違反の主張は、婚姻家族制度のあり方の問題と深くかかわっている。婚姻家族制度はすべての国民の生活に大きな影響を及ぼし、非常に複雑な利害関係が交錯している。裁判は勝つか負けるかのゼロサムゲームであり、社会に存在する複雑で多様な利害関係が原告と被告の主張に収斂されることから、利害調整の場には向いていない。立法府や行政機関と比べて、裁判所は予算や人員などの面でも政策形成能力は限られている。そのため、裁判所には、裁判制度および組織的限界の面から、婚姻家族制度のあり方について十分に判断する能力はない。

　最高裁自身がそれを自覚しているからこそ、婚内子と婚外子の区別自体は問題ないと判断している。また、民法750条についても、最高裁平成27年12月16日大法廷判決（▶第7章[51]）は、氏の制度をどのように構築するのかは立法府の裁量に委ねられているという立場から合憲判決を下し、その後もこの立場を堅持している（**最高裁令和3年6月23日大法廷決定**）。
[23]

　婚姻家族制度の構築は政策形成機関の判断に委ねられるべきだが、婚外子や夫婦の氏の問題は婚姻家族制度の中核であう戸籍制度に対する批判を含む。戦前の戸籍制度は**家族国家**
[24]
を支えていた。戦後の戸籍制度も個人を集団の一員としてとらえ、無数の家族集団が国家を形成しているということでは、

★**おすすめの本**　家族モデルの転換の及ぼす影響については、茂木洋平『選択的夫婦別氏制をめぐる法理論』（敬文堂・2022年。書影は敬文堂HPより）115～119頁参照。公法学の立場から、選択的夫婦別氏制をめぐる法的問題点について、網羅的に検討したはじめての研究書である。

[23] **最高裁令和3年6月23日大法廷決定**　集民266号1頁。夫婦の氏の制度の構築は国会で論じられるべき問題だとして、先例（最大判平成27年12月16日民集69巻8号2586頁）の立場を確認し、夫婦同氏制の憲法適合性について実質的な審査をせずに、きわめて短い文章で判断を下している。

[24] **家族国家**　日本はいわば家の戸主である「天皇」と臣民で構成される国家であるという考え方。戦前の制度では、家と戸籍の範囲が同じである。家は戸主とそれ以外の構成員で形成されており、無数の家の集合体が国家を形成していた。家制度は「民間の国体」ともいわれる。

166　第8章　平等を保護するとは？——平等権

戦前の家族国家と同じである。集団による個人の把握をやめる方向で戸籍制度を改変しようとする主張は戦前の国体の完全な解体（天皇への批判）を含むことから、保守派からの激しい批判にさらされ、通常の政策形成過程での実現の道のりは遠い。

それゆえ、これらの問題に対して**政策形成訴訟**[25]が提起された。主張される害悪はいずれも主観的であり（婚外子については自尊心を害される、氏の変更によってアイデンティティを喪失するなど）、裁判所を説得するには不十分である。これらの主観的な害悪を補強するために平等権違反の主張が展開されたが、「地位の格下げ」という点でも説得力を欠いているし、裁判所が判断を下すには慎重にならざるを得ない領域（複雑な利害が交錯する婚姻家族制度の構築）にかかわるため、裁判規範として十分な法的意味を認められていない。

[25] **政策形成訴訟** 公共訴訟ともいう。通常の政策形成過程で有効な働きかけができないとき、訴訟を提起して、政策形成機関の判断に異を唱える判決（違憲無効判決など）を得ること、あるいは訴訟提起を通じた世論喚起によって、制度改変を実現しようとするもの。

★**おすすめの本**　田中成明『裁判をめぐる法と政治』（有斐閣・1979年）と大沢秀介『現代型訴訟の日米比較』（弘文堂・1988年）では、政策形成訴訟をめぐる論点を網羅的に知ることができる。政策形成訴訟では憲法問題が取り上げられることも多く、この2つの書籍を読むことで、日本において憲法訴訟が機能不全に陥っている理由を知ることができる。古い書籍ではあるが、その内容は現在でも通じるものが多い。

4　平等保護条項に裁判規範としての法的意味を認めることの難しさ

平等保護条項に法的意味をもたせようとする見解は、当該条項を裁判規範として、政策形成訴訟を有利にするための試みである。権利利益に関連して、形式的な異なる取扱いが存在するとき、平等保護条項は審査の厳格度を高める役割を果たしており、この点で以上の試みは成功している。たとえば、婚外子の法定相続分について異なる取扱い（民法旧900条4号）の憲法適合性が問題とされた最高裁平成25年9月4日大法廷決定（▶本章3（1））では、比較的弱い権利性しかない相続権が問題とされたが、当該規定が婚外子への社会的差別を助長するという要素が考慮され、審査の厳格度が高められて、違憲判断が下された。平等保護条項について、最高裁はそれ単独の主張では裁判規範として認めておらず、具体的な権利利益の侵害があるときに、それを補強するものとしての有用性を認めるにとどまる。裁判所の役割の中核が具体的な権利利益にかかわる法的争いを解決するところにあることを考えれば、最高裁の立場は妥当である。

形式的な不平等（婚内子と婚外子の法定相続分の異なる取扱い

や女性だけに再婚禁止期間があることなど）が存在するとき、平等保護条項は裁判規範として有効に機能して違憲判断を導く原動力のひとつとなる場合がある。だが、中立的な規定のもとで事実上の格差が生じている場合があり、平等保護条項がこれにいかに対応するのかが課題となっている。近年の学説では、平等保護条項の解釈に**間接差別**[26]の概念を導入しようとする動きや、憲法が**アファーマティブ・アクション**[27]を要求していると解釈する見解がみられ、これらは上記の課題に応えようとする試みである。

　間接差別やアファーマティブ・アクションをめぐる主たる問題は、社会経済的地位の点での男女平等である。**性別役割分業意識**[28]が存在するため、性別に中立的な制度のもとでも、日本では社会経済的な地位の点で男女の格差がある。平等保護条項の解釈に間接差別の考えを取り入れると、男女間の社会経済的な格差は憲法が許容しない差別として認定される可能性がある。日本の通説では、憲法はアファーマティブ・アクションを禁止せず、許容すると解釈されている。これに対し、ラディカルな見解として、憲法がアファーマティブ・アクションを要求しているとする説がある。この見解を最も強い程度で解釈すると、裁判で憲法上許されない差別が認められた場合に、裁判所は政策形成機関に対して差別是正措置をとるように命じることができると解釈しており、平等保護条項に裁判規範としての意味を強く認めている。

　一見すると、社会経済的な地位における男女平等の実現は反論の余地がなく、憲法の要請する普遍的な価値であるように思われる。しかし、実際には、社会経済的な地位における男女平等を含めて、実質的平等の実現をめぐっては複雑で多様な利害が交錯している。性別役割分業意識に基づいてさまざまな制度構築がなされ、それらが性中立的であっても、女性の社会経済的地位を低く抑える結果をもたらすことが多々ある。

　たとえば、法律婚夫婦について、一定の収入に満たない配偶者をもつ者は、税制度や社会保障制度などにおいてさまざまな恩恵を受けている。これらの制度の直接的な受益者のほ

[26] **間接差別**　異なる取扱いがなくとも、グループごとに事実上の格差がある場合には、不合理な差別が生じており、平等権違反だと解釈する考え方。民法750条（夫婦同氏制）の違憲性を主張する訴訟でも、話し合いの結果、圧倒的多数の夫婦が夫の氏を選択していることは間接差別だと主張されており、近年、注目を集めている理論である。

[27] **アファーマティブ・アクション**　特定のグループに対して社会的資源を与え、対象から外れたグループに対しては、その獲得のハードルを高める施策。差別の是正策を指すものとして理解されており、クォータ制（特定人種に一定の割合を留保する方法〔▶本章【45】〕）を連想させること、日本では逆差別というネガティブな概念を想起させることから、欧州の呼び方である「ポジティブ・アクション」を用いるのが一般的である。次節（▶本章5）からはアメリカのアファーマティブ・アクション「的」実践についてみていくが、対象となるグループや実施方法が日本とは大きく異なるため、アメリカの議論については「AA」、日本の議論については「アファーマティブ・アクション」と記すことにする。

[28] **性別役割分業意識**　夫（男性）は外（職場）での役割を果たし、妻（女性）は内（家庭）での役割を果たすべきとする社会意識。

とんどは男性（扶養する夫）であり、間接的な受益者のほとんどは女性（扶養される妻）である。これらの制度から恩恵を受けるために、補助的な労働に従事して収入を抑える（あるいは、働かない）選択をする女性も多くいる。社会経済的な男女平等の実現を求める見解からは、このような選択へと誘導する制度自体が差別的だと主張される。この主張に基づいて社会経済的な男女平等を実現しようとすると、性別にかかわりなく、誰もが働きに出る（出ざるを得ない）方向に誘導する制度が構築される。社会には、そのような方向で制度が構築されることを望まない者が男女ともに一定数存在する。

　法制度を構築する際には、社会に存在する多様で複雑な利害を調整しなければならず、その役割は立法府や各種の行政機関が果たしている。裁判は社会に存在する多様な利害が原告と被告に収斂され、両者の主張に基づいて判断されることから、多様な利害関係を調整できない。また、立法府や行政機関と比べて、裁判所は人的にも資金的にも脆弱であり、政策形成能力が低い。また裁判所は、多様な情報を収集する手段を持ち合わせていない。

　裁判所が間接差別を認定したり、アファーマティブ・アクションの実施を政策形成機関に要請するためには、一定の不均衡が憲法上是正されるべき差別に該当すると定める、差別禁止法の存在が不可欠である。政策形成過程における利害調整を経て、当該差別禁止法は構築されている。当該差別禁止法に基づいて、裁判所が間接差別の認定やアファーマティブ・アクションを要請する場合、裁判の制度上の限界や裁判所の能力は問題にはならない。また、裁判所が当該差別禁止法に基づいて間接差別を認定したり、アファーマティブ・アクションの実施を促すことは、政策形成機関によって裁判所に対して認められたことであり、裁判所の領分を超えるものではなく、権力分立の原理にも反しない。実質的平等の領域（実現すべきと考える到達点についてコンセンサスがなく、多様で複雑な利害が交錯する領域）において、平等保護条項に裁判規範としての法的意味を強く認めるためには、政策形成機関によるお墨付き（実現すべき状況が何かについて、利害調整を経て、

★おすすめの本　茂木洋平『Affirmative Action 正当化の法理論—アメリカ合衆国の判例と学説の検討を中心に』（商事法務・2015年）；同『アファーマティブ・アクションの正当化と批判の憲法理論』（尚学社・2022年）；同『アファーマティブ・アクション正当化の法理論の再構築』（尚学社・2023年）（書影は、上から商事法務HP、尚学社HP、尚学社HPより）参照。これら一連の書籍では、アメリカのアファーマティブ・アクション「的」実践＝AAがどのような理由から正当化されるのかについて、体系的に検討されている。

法制度が構築されていること）が必要になる。

5 平等を達成するための不平等

（1）「AA」とは何か？

アメリカには深刻な人種差別が存在し、それに対するマイノリティの不満が蓄積し、それが噴出すると暴力を伴う人種同士の衝突が起こり、国家を分断しかねない危険があった。アメリカには人種間の緊張関係が常に存在し、それをいかにして抑えていくのかが、常に国家としての課題であった。マイノリティが不満を抱く原因は人種を意識する政策（人種別学制、異人種婚禁止などの人種分離政策）が差別的に作用していたところにあった。そのため、カラー・ブラインドの理論（差別を是正するためには、何よりもまず、人種区分をなくす必要があるという考え方）が登場した。この理論に基づき、これらの差別的な意識に基づく人種区分が廃止されても、事実上の人種分離は継続した。居住地区は人種ごとに分かれており、結果として、学校ごとに異なる人種の生徒が在学していた。人種間の社会経済的格差も埋まらず、形式的には同じに取り扱われても、マイノリティは「**機会の平等**」を活かすことができず、不満を抱き続けた。

マイノリティが与えられた機会を活かすことができるようにして（「機会の平等」の実質的保障）、その不満を解消するために、あえて人種区分を用いるべきという考え（**AA**）が現れた。AA は、入学者選抜、雇用判断、公共事業契約などの場面で、人種を理由にマイノリティを有利に取り扱うことで、社会的資源を獲得しやすくする施策である。社会的資源は経済成長によって増加しうるものの限りがあり、対象外のグループ（**マジョリティ**）は AA によって社会的資源の獲得のハードルを高められ、不利益を被った。従来、人種区分はマジョリティに有利に働き、マイノリティに不利益を及ぼしていたが、AA はその構図を逆にしたものである。

AA によって不利益を受けるマジョリティからは AA は逆差

[29] **機会の平等** すべての人に対して、形式的に権利の行使が認められ、機会にアクセスできることを意味し、競争によって格差が生じても問題視しない考え方。他方、格差が生じると、現実的に機会を利用できない者が出てくることから、機会の平等を実質的に確保するためには、すべての者の社会的地位を一定程度引き上げる必要が出てくる（結果の平等）。

[30] **AA** 本章ではアメリカにおけるアファーマティブ・アクション「的」実践をこう呼ぶことにしている。詳しくは本章4 [27] を参照。

[31] **マジョリティ** 社会の主要な地位を獲得している人々を意味する。制度構築に携わることができ、高等教育機関の入学枠や各種議会の議員の地位といった社会的資源の獲得競争で優位な立場にあることが多い。

170　　第8章　平等を保護するとは？──平等権

別だと批判され、AA が憲法に適合するかどうかについて激しい論争が展開された。1960年代に AA が開始されたとき、アメリカ国内の大規模なマイノリティは黒人だけであり、AA は黒人を主たる対象者としていた。黒人は過去の差別（典型例として奴隷制）の影響によって、**劣悪な教育環境**に置かれ、資質を高めることができなかったことから、社会的資源にアクセスする機会を妨げられてきた。ゆえに、AA は黒人に対する差別の影響を是正するために実施され、それに伴う負担は黒人を差別することで利益を得ていた者（マジョリティである白人）が負うものとして理解された。AA は、マイノリティ（差別によって被害を受けた黒人）が受益者であり、マジョリティ（差別によって利益を得ていた白人）が負担者であるという二分的枠組みを前提に、差別の救済策（平等を達成するためにあえて不平等な取扱いをする施策）だととらえられた。

　マジョリティ（白人）とマイノリティ（黒人）という構図でとらえる限り、AA は差別の救済策として理解できる。だが、アメリカは移民国家であり、人種構成は非常に流動的である。1990年には黒人とヒスパニックは同数となっており、黒人だけが大規模なマイノリティではなくなっていた。近年、アジア各地からの移民が増加し、マイノリティの人種構成はますます複雑になっている。他方で黒人に匹敵するほどの差別の歴史をもつマイノリティはいない。そのため差別の救済を理由に AA を正当化するのは難しくなり、AA の正当化理由は**多様性**による利益の達成へと移行した。

　AA の正当化理由としての多様性は、差別の救済と結びつけて理解された。差別（地位の格下げ）は、過少代表により生じる。多様性の達成を理由とした AA によって、マイノリティが社会的資源を得ることで、過少代表が是正される（格下げされた地位が向上する）と理解できた。しかし、マイノリティの構成の複雑化に伴って、AA はもはや二分的枠組みではとらえられなくなっており、多様性を差別の救済と結びつけて理解できなくなっている。

　たとえば、AA によって黒人は（郵便局などの分野において）公務員雇用の枠を有しており、ヒスパニックは多様性を主張

[32] **黒人**　アフリカ大陸にルーツをもつ人々が多いことから、アフリカ系とも呼ばれる。

[33] **劣悪な教育環境**　黒人にもさまざまなグループがおり、奴隷制を経験したグループは下層にある。奴隷は教育を受けていないため、その子孫の教育水準も低いからである。他方、キューバ系の黒人は奴隷でありながらも教育を受け、単純作業以外の労働に従事していた。ゆえに、当該グループの社会経済的地位は相対的に高い。

[34] **多様性**　人種的多様性が利益をもたらすという理由から、AA を正当化すること。長年にわたって、連邦最高裁で多様性による AA の正当化が認められてきたが、2023年6月の連邦最高裁の判決では、多様性を理由に AA を正当化できないとする判断が下された。

5　平等を達成するための不平等　　171

して、自身をAAの対象者に含めるように求め、黒人から公務員の枠を奪おうとした。社会的資源の獲得（AAの対象者となること）を求めて、マイノリティ同士の争いが生じていた。

モデルとなるマイノリティ[35]（日系や中国系）は上位の教育機関において、人口比と比べて学生に占める割合が非常に多かったことから、マジョリティは自らの枠を維持するために、多様性を達成すべき（モデルとなるマイノリティが過剰代表になるのは好ましくなく、マジョリティも一定数を占めるべき）と主張して、これらのマイノリティに対して合格に必要な学力の水準を著しく高めた。差別（地位の格下げ）は過少代表により生じるため、モデルとなるマイノリティがAAによって不利益を受けても、過少代表には陥らない（地位を格下げされない）。ゆえに、過剰代表のマイノリティが不利益を被るという事実は、AAが差別の救済策（防止策）であるという理解を掘り崩さない。日系や中国系以外の**アジア系**[36]には、社会経済的に低い地位にあるグループも数多くいる。これらのグループは日系と中国系と同じアジア系として一括りにされて、AAの対象者から外されるだけでなく、上位の教育機関の合格に必要な学力水準を著しく高く設定される。結果として、多様性の達成を目指すAAによって、社会経済的地位の低いマイノリティがさらなる過少代表に陥り、地位を格下げされる危険が出てくる。

この事実を直視すると、AAは差別の救済（防止）策としては理解できない。この現実がありながらも、連邦最高裁は多様性の達成を理由にAAを正当化してきた。その理由は、AAが人種的分断の防止に役立つ場合があると理解されているところにある。しかし**SFFA判決**[37]によって、連邦最高裁は多様性によるAAの正当化を否定しており、この理解は崩れてきている。

人種間の緊張が白人と黒人だけの問題であった時代には、AAによって黒人に社会的資源を与えて不満を抑えておけばよく、差別の救済は人種的分断の防止と同義であった。だが、人種構成が複雑化すると、不満を抱くグループは黒人だけではなくなる。そのため、分断を防ぐために、不満を抑えなけ

[35] **モデルとなるマイノリティ** 1966年にニューヨーク・タイムズにおいて、日系人は差別を受けながらも、何らの支援がなくとも、社会経済的に成功を収めており、他のマイノリティが模倣すべき、モデルとなるマイノリティだと紹介された。

[36] **アジア系** アジアに位置する30以上の国と地域にルーツをもつ人々の総称を指し、その文化的背景は非常に幅広い。理系専門職として移住したグループも多く、その影響から理数系の学力が他の人種と比べて秀でている。

[37] **SFFA判決** 2023年6月に、連邦最高裁は、ハーバード大学とノースカロライナ大学の入学者選抜におけるAAの憲法適合性が問題とされた事例において、多様性によるAAの正当化を否定し、違憲判断を下した。この事例では、アジア系というマイノリティがAAによって不利益を受けているという主張が展開されており、AAをめぐる議論に新たな展開を示した。

ればならないグループは多様化する。人種的分断を防ぐこと
は、差別の救済（防止）とは矛盾する結果（社会経済的に不利
な状況にあるマイノリティに不利益を及ぼすこと）を AA に求め
ることがある。人種構成の変化に伴って、AA の性質は平等
をめぐる問題ではとらえきれないものへと変わってきている。

（2）日本の学説における AA の理解

　日本の学説の多くは、二分的枠組みに基づいて AA を差別
の救済（防止）策と理解し、肯定的に評価し続けている。日
本の学説は、AA が被差別の過少代表のマイノリティに不利
益を及ぼしているという現実（AA による差別の創出）を認識
しながらも、それを理論的に解明しようとはせず、不都合な
事実として放置されている。

　その理由はどこにあるのか。日本の学説は、日本社会には
構造的差別[38]が存在し、それの是正策としてアファーマティブ・
アクションの導入を提唱するために、アメリカの AA に関心
を寄せてきた。人種的分断の視点から AA をとらえ直すと、
アファーマティブ・アクションの理論的基礎として、アメリ
カの議論に依拠できなくなる。不都合な事実を認識してもな
お、AA に肯定的評価をするのであれば、構造的差別から救
済されるべきグループとそうでないグループを選別しなけれ
ばならない。二分的枠組みでは、悪者（過去の差別から優位な
立場にあるため、AA による費用を負担しても問題ない者）と救う
べき者（過去の差別の弊害に苦しんでおり、AA によって利益を受
けるべき者）を分けることができたが、悪者ではないマイノリ
ティへの負担を正当化する論理を構築することに、躊躇して
いるのかもしれない。

　日本において AA が差別の救済（防止）策であるという理解
は、1980年代から90年代にかけて、横田耕一や安西文雄らの
代表的論者によってアメリカの AA の議論が紹介されること
で確立した。この当時のアメリカの主流派の学説では、AA は
マジョリティ（白人）とマイノリティ（黒人）の問題として議
論されていた。黒人以外のマイノリティ（ヒスパニックやアジ
ア系）の視点から AA の問題がアメリカで語られるようになっ

[38] **構造的差別**　社会構造
が、特定の人々の社会経済的地
位を低く抑えるように作られてい
ることを意味する。

★日本において AA の議論を紹
介した論者ら　横田耕一「平等
原理の現代的展開—"Affirmative
Action" の場合」現代憲法学研
究会編『現代国家と憲法の原理』
（有斐閣・1983年）645頁；安西
文雄「平等」樋口陽一編『講座
憲法学 3　権利の保障（1）』（日
本評論社・1994年）76頁などを
参照。後者の論文では、アメリ
カのスティグマの理論を参照し、
日本国憲法の平等保護条項の意
味がスティグマによる地位の格
下げの禁止にあると主張してい
る。同論文は多くの論者によっ
て参照されており、現在の日本
の平等論研究の方向性を定めた
と評価できる。

5　平等を達成するための不平等　　173

たのは1990年代からであり、横田や安西らがAAの議論を紹介した当時、これらは周縁の議論であった。その国の著名な論者の議論を参照することは外国法研究の定石である。1990年代には二分的理解は崩れていたものの、AAが差別の救済（防止）策であると日本の学説が理解したのは、当時としては当然の帰結である。だが、社会状況の変化とともにあらゆる法概念は変化するのであり、二分的枠組みに基づくAAの従来の理解からも、脱却しなければならない。人種的分断の観点からのAAのとらえ直しは、アファーマティブ・アクションの導入の理論的根拠としてアメリカの議論に依拠できなくさせるが、AAはアメリカ独自の問題としてとらえ、日本におけるアファーマティブ・アクションの新たな理論を構築すればよいのである。

6 日本におけるアファーマティブ・アクション

（1）多様性

　日本において、差別是正策の議論の主たる対象は、性区分を用いるアファーマティブ・アクションである。現在、東京科学大学（2024年9月まで東京工業大学）の推薦入試で**女子枠**[39]が設定されるなど、その運用が本格化している。日本国憲法14条は性差別を禁止しており、アファーマティブ・アクションは性別を理由に特定のグループ（女性）に社会的資源を与えることから、その憲法適合性を理論的に検討することは喫緊の課題である。

　憲法が明文で性差別を禁止することから、性区分の使用を正当化するにはそれ相当の理由が必要となる。正当化理由のひとつとして多様性の達成が挙げられており、大学の社会的責任や役割の観点から、多様化のための性別の考慮が許されるのかを考える必要がある。東京科学大学の社会的役割のひとつとして、理工系技術職に多くの女性を輩出し、各組織に根差した性別役割分業意識を是正して、**男女共同参画社会**[40]の

[39] **女子枠**　国公立大学の入学者選抜で、女子受験生だけが出願できる入試区分をいう。東工大による導入をきっかけに、多くの国公立大学と東京理科大学などの有力私大が導入済みまたは検討中である。

[40] **男女共同参画社会**　性別役割分業意識を払しょくし、性別に関係なく、各個人が自らの選択と能力に基づいて自己実現をできる社会を実現するための社会政策を指す。1999年の「男女共同参画社会基本法」がその基礎となっている。

達成に寄与することが挙げられる。各組織での性別役割分業を是正するといっても、男性だけで構成された組織ではそれも難しい。性別役割分業意識に根ざした制度を改変していくために、主に女性にかかわる問題に関心を向ける必要性から、組織の構成員として女性を加える（性別の多様化）必要がある。

　理工系技術職を目指す女性が少ない状況が続いてきたことから、それに占める女性の割合は少ない。東京科学大学の卒業生の主な進路先である機械メーカーでは、必然的に、組織構成員の大半が男性で占められている。性別役割分業意識が組織に浸透している場合には、構成員が男性に偏っていている限り、それの是正は難しい。また、学部および大学院での教育の段階でも、男子学生は女子学生と学ぶ環境に置かれることで、職場と家庭での役割分担を考える機会を得て、男女共同参画へと向けた理解が深まる。

（2）大学の役割

　大学には学問の自由があり、それぞれの**大学の役割**[41]を果たすために、入学者選抜を含めて、いかなる組織を構築するかの判断は各大学の裁量に委ねられている。東京科学大学の社会的役割と責任は国内トップの理系大学として優秀な理工系技術者を輩出して、社会貢献するところにある。理工系（特に科学系を除く分野）では、女子学生の比率が低く、東京科学大学も例外ではない。**国立女子大学**[42]に理系学部はあるが、全国の大学の理系学生に占める割合はわずかである。女子学生の比率が低いことは、高校の段階で理系進学の希望者が少ないことに原因がある。東京科学大学の受験生と合格者に占める女子比率はほぼ同数であり、理工系分野で女子の学力が低いというデータはない。推薦入学における女子枠の設定などによって女子受験生の母数を拡大すれば、理工系分野を選択しなかった女子学生の層から優秀な人材を発掘することができ、より多くの優秀な技術者を輩出できる。

　理工系への進学希望者が少ないために、結果として、理工系技術職のほとんどは男性で占められてきた。**ロールモデル**[43]

[41] **大学の役割**　各大学は地域社会や産業界のニーズに応え、社会を発展させる役割を担っている。その役割を果たすために、各大学は組織構成の判断等において裁量をもつが、それは無制限ではない。国立大学は憲法の平等保護条項の規定に服し、私立大学は憲法に直接縛られないが、平等の理念に反する判断をした場合には、民法上の不法行為責任を問われる。

[42] **国立女子大学**　女子の高等教育機関への進学率が低かった時代に、女子に高等教育の機会を保障するために、設置された。女子の進学率が男性のそれと変わらなくなったことから、その存在意義が問われることもある。現在では、お茶の水女子大学と奈良女子大学の二校が存在している。

[43] **ロールモデル**　行動や考え方の模範となる人物を指す。

が存在しないために、女性の中から理工系技術者という選択肢は、（意識的あるいは無意識のうちに）なくなっており、女性に対して選択の機会を狭めている（「機会の平等」が実質的に保障されていない）。理工系技術者という選択肢を女性に示すことは、国内理系トップ大学の社会的役割である。

（3）クォータ制

1978年の**カリフォルニア大学理事会対バッキ判決**[44]において、連邦最高裁は高等教育機関における**クォータ制**[45]の採用が違憲だと判断している。以降、アメリカの大学では、人種的クォータは実施されていない。この状況を受けて、日本の学説では、クォータ制は、特定の人々を競争から締め出すことから**個人主義**[46]に抵触し、機会の平等に反するとして、日本でも違憲の疑いが強いと理解された。

しかし、アメリカでクォータ制が違憲とされるのは、人種間で学力差が永続しているところにある。人種間の学力差が縮まらないことから、AAが永久に続き、対象外のグループは一定の枠を求める競争から締め出され続ける（「機会の平等」が否定され続ける）。また、深刻な人種問題があるため、連邦最高裁は人種を前面に押し出すクォータ制は人種問題を深刻にする危険が高いと判断されている。

他方、東京科学大学の入学者選抜におけるクォータ制について考えてみると、男女間に学力差がなく、母数（受験者数）が増えればこのような措置は必要なくなるのであり、アファーマティブ・アクション（女子枠の設定）は永久には続かない。また、人種同士の争いによる分断の危険はアメリカに特有の事情であり、日本においてアファーマティブ・アクションには深刻な分断を作りだす危険はない。

（4）医学部入試における男性優遇との比較

医学部の入学者選抜における男性優遇に関する一連の事件では、女子受験生への性差別であるとの批判が提起された。東京科学大学の女性枠も、入学者選抜の際に性別が評価要素として使用されている点では、違いはない。医学部の入学者

[44] カリフォルニア大学理事会対バッキ判決 カリフォルニア大学ディービス校メディカルスクールは、入学者選抜において、定員100名のうち16名を人種的マイノリティに割り当てていた。1978年に、連邦最高裁はクォータ制（▶本章[45]）は機会の平等を否定するという理由から違憲判断を下した。

[45] クォータ制 AAまたはアファーマティブ・アクションのひとつの実施方法であり、AAまたはアファーマティブ・アクションの対象者に決まった枠を与える方法。東京科学大学の女子枠は、女子に一定の枠を与えているため、クォータ制に該当する。

[46] 個人主義 社会的資源を得るための競争では、個人の能力や努力によって判断がなされるべきという考え方。日本国憲法13条では、すべての国民は個人として尊重されることが明記されている。

選抜における男性優遇が性差別だと批判されたひとつの理由
は、性別による優遇を隠していたところにある。医学部入試
のように面接試験での優遇など、外部からは見えない部分で
性別の考慮が実施されると、反発を招く危険がある。正当な
理由を示したうえで、男性を優遇する入学者選抜を行ってい
ることを明確に示しておけば、性差別であるという批判は回
避できたとも考えられる。

　学説では、憲法は性区分の使用を絶対的に禁止しておらず、
正当な理由があれば許容されると解されている。東京科学大
学の女子枠が憲法上許されるとすれば、**医学部における一連
の男性優遇**[47]も憲法の趣旨には反していないとも考えられる。

　大学側が入学者選抜で男性を優遇する主たる理由は、女性
医師の進路にある。女性医師は家庭での役割との両立から、
激務を伴う分野（外科など）を避ける傾向があり、皮膚科など
の一定の分野を選択する傾向がある。各医学部の主たる社会
的役割と責任は、国民の生命健康に資する医療を提供すると
ころにあるが、女性医師の割合が多すぎると、その社会的役
割を果たせなくなる可能性が高くなる。現状に照らすと、各
大学の社会的役割を果たすために、組織構成の一環として性
別を考慮することは許される――。医学部入試における男性
優遇は、各医学部が単独で解決できる問題ではない。医学部
入試での性別の考慮をなくすには、男女を含めて医師の働き
方を改善する制度（職場と家庭での仕事をバランスよくこなせる
仕組み）を構築しなければならない。

[47] **医学部における一連の男
性優遇**　いくつかの医学部にお
いて、学力のみで審査をすると
合格者に占める女子の割合が著
しく高まるため、女子受験生の
合格のハードルを高める行為が、
受験生に知らされずに行われて
いたことが裁判で問題とされた。
もっとも、男性優遇は医学部受
験生の間では公然の事実であっ
た。

▶ 7　おわりに ── 平等保護条項は
どのように理解すべきなのか

　日本の裁判所は平等保護条項に裁判規範性を認めず、理念
的な規定として、幅広い解釈の展開を許容してきた。学説は
そこからの脱却を図るために、アメリカの平等保護理論を参
照し、裁判規範性をもたせようとしてきた。しかし、アメリ
カで平等保護条項が裁判規範性を有しているのは、スティグ
マによる地位の貶めが重要な権利利益の侵害に結びつく危険

7　おわりに―平等保護条項は どのように理解すべきなのか　　177

性が高いからであり、日本にはそのような危険性はない。そのため、裁判所による平等保護条項の理解は妥当である。新たな法理論を構築するために、外国法から学ぶときには、外国の法状況を正確に理解しなければならない。

　平等保護条項に裁判規範性をもたせると、実質的平等の実現という多様な価値観が対立する問題について、何があるべき平等な状態であるのかという判断が裁判官によって下されることになる。社会には多様な利害が存在し、裁判所がそれを調整する役割を一手に引き受けることは必ずしも適切ではない。そもそも日本国憲法には、何があるべき平等な状態であるのかについて明確な要請はない。実質的平等をめぐる問題について、平等保護条項に裁判規範性が認められるべきと主張することは、自らの考えるあるべき平等な状態を憲法上の要請とすることになり、他の考え方を排除することになる。憲法のもとで多様な価値観が認められていると理解すると、これは望ましくなく、ひいては民主制の否定にもつながりかねない。

　平等保護条項は政策を構築する際の理念として意味をもつ。政策形成過程において、実質的平等の実現について多様な意見が交わされる中で、何があるべき平等な状態であるのかについて、答えが出されるのである。

178　　第8章　平等を保護するとは？——平等権

第 9 章

表現を発信し、受領することの意義とは？
——精神的自由権①

はじめに

　本章では、私たちが自由に**表現活動**[1]をし、そして他の人の表現活動を受け取るということが、どのような意義をもち、そのような表現活動を憲法はどのように保障しているのかをみる。

　私たち人間は、さまざまなことを情報や経験から学び、思索しながら成長してゆく。しかし、自分ひとりの力で得られる情報や経験はごく身近なものに限定されている。もし人間が一切の表現活動をしなかったとしたら、私たちが得られる情報・経験はどれほど狭いものになりそうか、一度想像してみてほしい。自分ひとりの力で直接見聞きできるようなごく限られた範囲を超えて、私たちが情報を得て、そこから何かを感じ学ぶためには、ほかの人の力を借りる必要がある。たとえば、私がいま東京にいながら日本の他の地域で起きた自然災害の映像を見て、何かを感じ、考えることができるのは、私ではない誰かがその地域の映像を記録して放送し、そしてまたほかの誰かがその映像に映る自然災害の様子についての考えを発信してくれているからである。

　このように、私たちは、相互的なコミュニケーションを通じて、自分が得た情報や経験を共有し、それに起因する思索の成果をほかの人と交換する。そうして、直接にはほかの人が経験したことであっても、表現活動を通してそれを疑似体験することで、私たちが得られる情報や経験は大幅に拡張される。この過程を繰り返すことで、自分で直接知覚できる範囲の外に暮らす人とも、相互理解を深めながら、同じ社会で共に生きるということが可能になっている。

[1] **表現活動**　憲法21条は、その保障の対象として「一切の表現の自由」と定めており、ここで保障される表現方法は幅広いものとなっている。厳密な保障範囲について議論はあるものの、言語を用いた表現活動のみならず、行動による表現（ダンスなどの身体を用いた表現や一定のメッセージを発信するために国旗を燃やすなど。「象徴的表現」と呼ばれる）も保障範囲に含まれる。

★**インターネットと市民社会**
かつて、インターネットは、情報技術に詳しい専門家のみがアクセスし使うことができるものであり、一般の市民社会とは異なる独自のルールのもとで使用されても問題ないとされていた。しかし、現在では、インターネットが多くの人に身近な存在になっており、インターネットにおいても市民社会と同様のルールが必要ではないかと考えられるに至っている。

以上のように、表現活動は、人間の活動の中でも特に「人間らしさ」の根幹にかかわるものであり、自由で活発な表現活動は、私たちの社会生活のために欠かせないものだといえる。しかしその一方で、近年SNSなどで特に顕在化している過激な誹謗中傷や**ヘイトスピーチ**[2]、**フェイクニュース**[3]などの問題に視線を向けるならば、どのような表現であっても例外なく守られている状態が望ましいとすることはあまりに素朴な考え方である。かつては、言葉は暴力とは異なり、人に致命的な害を与えることはないといわれることも少なくなかった。しかし、今日、誹謗中傷を集中的に受けた結果、自ら命を絶つ人もおり、もはや言葉は直接的な害を及ぼさないという考えの基礎は相当に揺らいでいる。このような状況の中で、表現活動を私たちの「人間らしさ」に真に寄与するものとするためには、一方では表現活動が過度に規制されることがないように気を配り、他方では、どのような表現活動は規制されるべきかにも考えを巡らせることが重要である。

以下では、このような理解を前提として、まず、表現活動を自由で活発なものにするための理論を解説し、続けて、表現活動の限界をめぐる議論を紹介する。

➤ 1 表現の自由の意義と優越的地位

（1）表現の自由の「優越的地位」

戦後の憲法学は、憲法によって保障される権利の中でも、人間の心の動きや思考にかかわる精神的自由を重要視してきた。それは、私たちの精神が政治的権力によるコントロールを受けずに自由であることは、私たちが人間らしく、そして自分らしくあるためには欠かせないことだと考えられているからである。その中でも、表現の自由には**優越的な地位**[4]が与えられているといわれることも多く、特に重要なものとされてきた。

この「優越的地位」とは、表現の自由の制約が問題となっているとき、**経済的自由**[5]などの制約と比べて、より高度の正

[2] **ヘイトスピーチ** 広い意味では、特定の個人や集団に対して、人種や宗教、国籍、性別等の一定の帰属や特徴をもつことについて、差別的に中傷することを指す。しかし、特定の個人に対する差別的な発言については、従来から名誉毀損罪や侮辱罪による規制をしてきたため、今日、特に議論の対象となっているのは、集団（たとえば、ある国籍をもっている人全体）に対する差別的な中傷である。

[3] **フェイクニュース** 広い意味では、真実ではない事実を含む情報を指すが、「フェイク」「ニュース」という言葉のニュアンスを正確にとるならば、真実らしく、そして、あたかも報道機関や国家機関などから発された情報であるかのように見せる、巧妙な仕掛けを意図的に施している情報を指すことになる。

[4] **優越的な地位** 表現の自由の「優越的な地位」は、かつては、表現の自由が十分に保障されることが、諸個人の人生の豊かさや社会の健全さにとって不可欠であるという根拠によって説明されることが多かった。しかし、人生や社会において意義が大きいことは表現活動に限られないことが指摘されるようになり、現在では、表現の自由の重要性は、「思想の自由市場」や表現の自由の脆弱性など、複合的な観点から説明されるようになっている。思想の自由市場については本章1（4）参照。

[5] **経済的自由** 憲法上の権利の区分のひとつに、精神的活動にかかわる精神的自由と、経済活動にかかわる経済的自由とに分ける方法がある。経済的自由には、職業選択の自由や財産権（▶第11章）などが含まれる。

当性が必要であるということ、つまり、当該制約の正当性について、より慎重で厳格な検討が加えられるべきだということを意味するが、このことは後述（▶本章2）するとして、以下ではまず、表現の自由の「優越的地位」の根拠を紹介する。具体的には、（2）と（3）で、私たちの人生の充実のために、そして健全な社会の維持のために、表現活動が必要であることを説明する。しかし、それだけでは、表現活動がある程度必要であることはいえても、表現活動が広く自由になされるべきということまでは導かれない。そこで、（4）と（5）で、なぜ、表現活動については、政府による規制ができる限り少ないほうがよいと考えられてきたかを説明する。

（2）自己実現

　表現の自由は、私たちの「自己実現」のために必要だと考えられている。

　「自己実現」とは、私たちの人格が私たちらしく大きく成長し、花開くことで、自分らしさを存分に実現できるということを意味している。私たちは、自分の中で思索を重ねた成果を他の人と交換することで大きく成長し、結果として人生はより充実したものになる。

　前述のとおり（▶本章**はじめに**）、私たちが自分で直接経験できることはごく限られている。それゆえに、自分の経験だけから得られる知見は、偏っていて独りよがりであることも少なくない。しかし、その偏りについて、他の人から批判され、反省する機会をもつことによって、自身を成長させ、結果として真に自分らしい考えを構築していくことが可能になる。

　また、表現活動を通して、喜びや楽しさ、驚きなどの刺激を得ることも、私たちの人生の充実には欠かせない。皆さんの中には、趣味に関する情報や自分の考えを友達に話し、語り合うのが好きだという人も少なくないだろう。あるいは、映像作品の鑑賞やゲームで遊ぶことが好きだという人は、そこで味わう感動や楽しさは、制作に関わった人たちの表現活動の成果であることを思い出してほしい。制作者にしてみて

★**表現の自由と自己反省**　たとえば、あなたがＡ国出身の人にたまたま意地悪なことをされたとする。ここで、ほかの誰かがあなたに、Ａ国出身の人に優しくしてもらった経験を共有してくれれば、あなたは、自分の経験を相対化することができ、「Ａ国出身の人にもいろいろな人がいるのだ」と理解するだろう。しかしもし、ほかの人とのコミュニケーションがなければ、あなたは一生、Ａ国出身の人はもれなく意地が悪いのだと信じ、それが偏った見方だとも気付かずにいるかもしれない。このように、表現活動には、私たちが自分の経験を過度に普遍化してしまうことを防ぎ、自己反省の機会を与える機能がある。

1　表現の自由の意義と優越的地位　　181

も、自分が大きな労力を割いた表現活動の価値がほかの人にも伝わるということは、大きな喜びになるだろう。このように、他の人とのコミュニケーションを通して楽しさや喜びを共有することは、私たちの生活を豊かにしてくれる。

（3）自己統治

「自己統治」とは、民主主義が健全に機能し、ひいては、自分たちの社会のことは自分たちで決めるという国民主権が実現している状態のことを指す。民主主義は、私たち国民が事実についての正確な知識をもち、そしてそれについて自由に意見をやり取りできるという状態、つまり、表現の自由が保障されている状態を前提しており、この前提を欠くと民主主義は成り立たなくなる。

将来、報道活動を厳しく制限し、政府が発表する情報のみ真実として報道が許可される、そんな法律ができたら何が起きるだろうか。私たちがいくら、この国の政治を良い方向に進めていく方法を考えようとしても、そもそもその考えの出発点となる知識や情報が誤っていることになるし、この情報は誤っているのではないか、政策はもっとこうあるべきではないかなどの批判もできないということになる。

このようなことは、これまでの人類の歴史の中で、実際に繰り返されてきたことである。戦時中の日本政府も、**国家総動員法**[6]やその後の**新聞紙等掲載制限令**[7]などを通して、報道をコントロールしながら戦争を遂行した歴史をもっている。

本章の**はじめに**で述べたように、表現活動は事実認識や思索にとって不可欠なものである。表現活動が自由になされていれば、その中には政策を激しく批判するものや政権の維持に不利に働く事実を暴露しようとするものも含まれることになる。反対に、そのような言論を規制して、政権支持につながる事実や考えを発信する言論のみ社会に流通するようにすれば、私たちの認識や考えを効率よくコントロールすることが可能となる。それゆえに政治的権力は、表現の自由を規制する強いインセンティブをもっているのであり、このことは、今日においても変わらない。

[6] **国家総動員法** 1938年公布。戦時などに際し、「国ノ全力ヲ最モ有効ニ発揮セシムル様人的及物的資源ヲ統制運用スル」ことを「国家総動員」と定義し、国家総動員のため必要と認められる事柄について、政府に広範な統制権限を与えた。この20条で、政府が勅令を定めることで、新聞紙その他の出版物について制限または禁止できることが定められている。なお、旧法令の内容は、国立公文書館デジタルアーカイブでの閲覧が可能。また、旧法令を調査・学習する際には、我妻栄編集代表『旧法令集』（有斐閣・1968年）もおすすめ。第4章[50]も参照。

▲国家総動員法成立を伝える新聞記事（public domain）

[7] **新聞紙等掲載制限令** 国家総動員法20条を受けて定められた勅令。戦争遂行等に支障のある事実の報道や出版物を禁止しており、たとえば、3条4号で、「国策ノ遂行ニ重大ナル支障ヲ生ズル虞アル事項」についての報道が禁止されていた。

政治的権力が表現の自由を規制する強いインセンティブを
もっていること、その表現の自由は民主主義の前提となるも
のであることを考えれば、表現の自由への規制には警戒を強
める必要があるということになるだろう。

（4）思想の自由市場

「思想の自由市場（Marketplace of ideas）」という考え方は
20世紀初頭のアメリカで発展し、日本でも、表現の自由の
「優越的地位」を支える有力な根拠として受容された。

この考え方は、**市場経済**の考え方を表現活動にも当てはめ
たものである。市場経済においては、企業をはじめとした生
産者たちが、自分が売りたいと思う商品を自由に流通させて
いる。それと同じように、私たちは、自分が表現したいと思
うことを自由に表現し、表現空間に流通させている。世に出
回る数多くの商品が、よりリーズナブルでより質の高いもの
になることを目指して、互いに切磋琢磨しているのと同じよ
うに、私たちの表現も互いの価値を闘わせながら、より洗練
されたものになってゆく。この過程の中で、誤った情報や偏っ
た理解などを示す表現活動は、他の表現によって批判され、
価値が低いものであることが露呈していくことで、自然と淘
汰されていく。

このような理解によれば、表現空間に対して政府が介入す
れば、自然淘汰がうまく機能しなくなることになり、誤った
情報や偏った理解が淘汰されないまま残ってしまう危険が高
まる（まさに、戦時中の日本では、政府発信の誤った情報が広く
流通した）。それゆえに、表現活動についての法規制はできる
限り控えられるべきであるし、そうすることで、私たちはよ
り確実に真理に到達できることとなる。

注意が必要なのは、近年、この「思想の自由市場」の考え
方に対しては、その限界も指摘されていることである。特に、
ヘイトスピーチやフェイクニュースの問題（▶本章3（4））に
関連して、この限界が指摘されている。

まず、「思想の自由市場」が発想の出発点としている市場経
済は、本当に政府の介入ぬきに健全に機能するのかという指

★「思想の自由市場」とミルの
危害原理 「思想の自由市場」
の背景には、J.S.ミルによって提
唱された「危害原理」の考え方が
ある。ミルは、J.ベンサム（▶
第2章［26］、第7章［3］）に
よって提唱された功利主義をよ
り体系的なものに洗練させたこ
とで知られる思想家であるが、
個人の権利との関係で「危害原
理」を主張したということも彼の
重要な功績のひとつである（こ
のような主張は、主に『自由論
（On Liberty）』において展開さ
れた）。「危害原理」は、国家や
社会がある個人の行動に介入で
きるのは、その個人の行動がほ
かの人の権利や利益を侵害して
いる場合に限られる（私たちが
ほかの人の行動に干渉できる理
由は、自己防衛に限定される）
とするもので、パターナリズム
（ある個人の行動について、当人
の利益や幸福のためにならない
からという理由で規制の対象と
すること）に対抗する考え方で
ある。そして、表現活動につい
ても、ほかの人に危害を加えて
いるわけではない言論を、それ
が少数派の意見であるからとか、
常識的ではないからといった理
由で制限してはならないとして
いる。一方、ミルは、たとえば、
ほかの人に対して明確な危害を
加える行為を扇動することは、
それが表現活動によってなされ
たものであったとしても規制の対
象となりうることを論じており、
今日のヘイトスピーチ規制などと
の関係では、このようなミルの留
保をどのように理解するべきか、
活発な議論がなされている。

［8］**市場経済** 物やサービスを
自由に売り買いできる経済のこ
と。この考え方によれば、さまざ
まな生産者が自由に多くの商品
を市場に提供することで、消費
者にとっての選択肢が増え、消
費者の恩恵は最大化する。逆
に、たとえば関税をかけるなど
の方法によって、政府が市場に
介入すると、市場に出回る商品
に偏りが生じ、消費者の恩恵は
減少してしまう。

1　表現の自由の意義と優越的地位　　183

摘がある。今日、政府は市場に一定の介入をしており、たと
えば、**独占禁止法**[9]などの方法で「テコ入れ」をすることによっ
て、むしろ真の意味での競争を維持する努力がなされている。
そうであるとすれば、市場経済は政府の介入がないほうがよ
く機能するという説明を前提に、表現活動についての政府の
介入を拒否すべきだと考えることは妥当ではないこととなり、
近年、表現活動についても、一定の政府の介入が（もちろん
それが適切な方法でなされれば、であるが）必要な場面があるの
ではないかとの指摘も多くなされるようになっている。実際
たとえば、フランスでは、2018年に**フェイクニュース対策の
ための法律**[10]が成立しており、選挙前の一定期間、人々の投票
行動を歪めるような情報操作を規制している。これは、大規
模な情報操作によって表現同士の競争が歪められることを防
ぐ試みであり、競争の維持のための「テコ入れ」の一例であ
るといえよう。

　次に、私たちは、他人の表現活動の真偽や理解の偏りなど
について、常に適切に判断する能力をもっていないのではな
いかという指摘がある。もし、私たちが、誰かの表現活動の
真偽や適切性を瞬時に判断することができるならば、現在の
ようにフェイクニュースが問題になることはないだろう。人
間は意外と騙されやすいということを正面から受け止めるな
らば、「思想の自由市場」という発想が前提としている、質の
低い表現は市場で揉まれる中で自然に淘汰されるだろうとい
う考えは、楽観的すぎるのかもしれない。

　以上のような指摘があるとはいえ、思想の自由市場という
発想が全面的に否定されているわけではない。私たち人間の
判断能力が完全なものではないとしても、それは、政治的権
力を握っている人々にも同じ事情が当てはまるのであって、
政府による表現活動への介入が恣意的なものとなる危険は常
にある。また、私たちは、他の人との自発的なコミュニケー
ションを通してこそ、最も自然な形で思索を深めることがで
きるという基本的な発想は普遍的なもので、この発想そのも
のを否定することは困難である。

[9] **独占禁止法**　正式の題名は
「私的独占の禁止及び公正取引
の確保に関する法律」。市場経済
が健全・公正な競争の場となる
ように、カルテル等の取引制限
や、大企業同士が結合して財閥
等を形成して市場を独占してし
まうこと（企業結合）などを規
制している。

[10] **フェイクニュース対策のた
めの法律**　正式の題名は「情報操
作対策のための法律2018-1202
号」。この法律の名称にも表れて
いるように、フランスがここで規
制対象としているのは、意図的
な情報の「操作」であり、悪意
なく真偽不明の情報を拡散して
しまうことや、勘違いをして真実
とは異なる情報を発信してしま
うことなどは、規制対象に含まれ
ていない。このように、フェイク
ニュース対策と呼ばれる各国の
対応にも多様な形態がある。

★**「フェイク」の巧妙化**　近年
では、情報技術の発展に伴って、
映像や音声の加工技術が目覚ま
しく向上し、加えて、それを気軽
に利用できる環境が整ってきて
いる。これによって、情報を
「フェイク」する技術も高まって
きており、その情報が「フェイ
ク」であるということを見抜くこ
とは難しくなってきている。たと
えば、映像や音声などを加工し
て偽の情報を組み込む「ディー
プフェイク」などの技術が台頭
してきている。

184　　　第9章　表現を発信し、受領することの意義とは？──精神的自由権①

（5）表現の自由の弱さ

　経済活動などと比較した場合、表現の自由は弱く傷つきやすいこと、すなわち、表現の自由の脆弱性が指摘される。表現の自由の規制には**萎縮効果**[11]が発生しやすく、厳密には規制の対象とはなっていない表現活動にも規制の効果が及んでしまう傾向があるのである。

　対比のために、経済活動の規制の場合、たとえば、政府がある商品の販売を規制する法律を作った場合を想像してみよう。おそらく、この法律の制定後も、多くの企業が規制の限界を果敢に探り、規制の対象にならない商品の開発を続けることだろう。そして、この挑戦によって規制の範囲は明らかになっていく。これが可能なのは、経済活動が「カネを稼ぐ」という強いモチベーションに支えられているからである。カネを稼ぐことは私たちの生活に直結するため、多少の危険を冒す価値があると思う人も少なくない。つまり、経済活動は多少の規制をものともしない強さをもっているのである。

　一方、表現活動の場合はどうであろうか。自由な表現活動は非常に多くの意義をもっているものの、その意義はどれも日々の生活に直結するものではなく、実感が難しい。表現活動を差し控えたことが生死に直結するわけでもない。そうすると、ある表現活動が規制されたとき、その規制の対象となってしまう危険を冒してまで表現活動をする人は少なくなる。規制の限界に挑戦し、ボーダーラインを明らかにしようとする人や企業が少ないということは、規制の限界はいつまでも明らかにならないということを意味し、結果として、規制が実際の活動に与える効果は広いまま残されることになる。このように、表現活動は経済活動に比べて規制に対しての抵抗力が低いのである。

　病気への抵抗力が低い人は、一度病気にかかってしまえば大事になってしまうから、予防に何よりも力を入れるだろう。同様に、表現の自由の抵抗力の弱さを考えれば、過度な制約が起きないように予防をすることが重要である。

[11] **萎縮効果**　自らの活動が、法規制の対象になる行為なのかもしれないと恐れることで、自主的にその活動を控えるようになること。一般的に、法規制の内容が曖昧であるほど、その適用範囲が広いほど、どこまでが規制対象で、どこからは規制対象でないのかがわかりづらくなり、萎縮効果は大きくなる。

★**経済活動に対する規制と企業努力**　経済活動に対する間接的な規制として、高い税金をかけるという手法がとられることがある。たとえば、たばこや酒類には、一般の食べ物・消耗品などよりも高い税金がかけられている。高い税金がかけられれば、消費者がその商品を購入する際の価格も上がり、買い控えの大きな要因となるため、生産者にとって、高い税金がかけられることは一種の規制として理解されるのである。このような規制に対して、自社の製品が規制対象とならないようにするための企業努力も多くなされている。この企業努力を、ビールとそれに類似した商品の歴史にみてみよう。1996年以前、ビールには非常に高い税金がかけられていたものの、「ビール」の定義（麦芽使用率が高いもの）に当てはまらない商品であれば高い税金の対象にならないため、企業は「発泡酒」という商品を生み出した。しかし、発泡酒の登場によって税収が減少した国は、1996年と2003年の二度にわたり、発泡酒を増税の対象とした。そこでビールメーカーは、ビール風味の発泡性酒類（いわゆる「第三のビール」）を生み出したが、現在、この第三のビールに対しての税額も段階的に引き上げられている。これを乗り越えるために、企業はどのような努力をするのだろうか。ぜひ読者の皆さんにも注目してもらいたい。

1　表現の自由の意義と優越的地位　　185

コラム❽ 「二重の基準（論）」

　本章1（5）で指摘した脆弱性の話は、より正確には表現活動に限定される
ものではなく、心の動きにかかわる精神的活動に総じて当てはまる。また、
表現の自由がもつ自己実現や自己統治の価値は、私たちが自由に物事を考え
られる状況があってこそ発揮されるものであるから、表現の自由が真価を発
揮するためには、その前提となっている精神的活動が広く自由である必要が
ある。このようなところから、精神的自由（思想・良心の自由、信教の自由、
表現の自由など）一般が、経済的自由（職業選択の自由、営業の自由など）に比
べて、より手厚い保障を受けるべきであると考えられており、この考え方は、
権利保障のための理論としては、「二重の基準（論）」と呼ばれるものに具体
化されている。この「二重の基準」によれば、裁判所は、精神的自由を制約
する法令の合憲性については、経済的自由を制約する法令の合憲性と比較し
て、より厳格に（丁寧に）審査すべきこととなる。

　二重の基準の根拠としては、上述のような精神的自由の特徴のほか、裁判
所の役割や能力にかかわるものがある。ある経済的活動を規制する法令が正
当化可能か否かの判断には、経済に関する専門的知識が必要となる場合が多い
（ある経済政策が不合理か否かの判断には、それに関連する知識が必要だろう）。加
えて、社会的弱者の救済に関する政策決定は民主的・政治的な決定をもって
なされる。裁判官たちは法の専門家であって経済の専門家ではないことや、
民主的な手続を経てその地位に就いているわけでもないということを考えれ
ば、経済活動を規制する法令の違憲性について、裁判官が踏み込んだ判断を
することには慎重であるべきだとされている。

　他方、精神的自由は、民主的決定が健全になされるための基盤となるもの
であることから、たとえ民主的に決定された政策であってもなお侵すことの
できない領域を守るという側面をもっている（＝民主的決定が、真に民主的に
決定されたものとなるためには——すなわち、誰かによって強制されたのではなく、
私たちが決定したことだといえるためには——、私たちが自由にものを考え、言え
る状況が必要である）。それゆえ、裁判官が民主的な手続で選出されていない
という事情は、精神的自由の侵害の有無を判断する際には障壁にならない（そ
ればかりかむしろ、社会における少数派の権利を守るという観点からは望ましいと
される場合もある）と考えられているのである。

2　表現の自由の保障と規制の方法

（1）検閲の禁止

本章1で述べたように、憲法学では、表現の自由は特に重要なものとして扱われてきたが、このことは、具体的には、〈表現規制に対して特に慎重な検討をするよう、裁判所に促すための理論の構築〉という形で表れることとなった。その試みのひとつが、規制方法への着目である。

まず、日本国憲法が明示的に禁止している規制方法として、**検閲**[12]がある。禁止されている「検閲」とは、裁判所によれば、①行政権が主体となって、②思想内容等の表現物を対象に、③その全部または一部の発表を目的として、④対象とされる一定の表現物につき網羅的一般的に、⑤発表前にその内容を審査したうえ、⑥不適当と認めるものの発表を禁止すること、として定義されるものである（**税関検査事件**[13]）。そして、このように定義される「検閲」は、絶対的に、例外なく禁止される。

（2）事前抑制と事後抑制

「検閲」にあたらない規制であれば憲法に違反しないというわけではない。これまでみてきたような表現の自由の重要性を考えるならば、検閲にあたらない規制であっても、やはり表現の自由への規制は慎重になされるべきである。

このような意図から、憲法学では、表現の自由に対する規制方法を、その性質ごとに分類し、それぞれに対する警戒の度合いをあらかじめ議論しておくことで、表現の自由の厚い保障をより確実なものとしようとしてきた。そこで以下では、表現の自由に対する規制方法の分類と、各規制方法の危険性の程度についてみていくこととする。

まず紹介するのが、**事前抑制**[14]と**事後抑制**[15]との区別である。これは、いま問題となっている表現規制がなされたのは、規制対象となっている表現活動が社会に向けて公開される前か後かという、規制のタイミングに着目する分類である。

▲検印済の印が押された郵便物（毎日新聞社提供）

[12] **検閲**　戦前・戦時中には、郵便物や出版物など、あらゆる表現物が政府による検閲の対象となった。この検閲によって、当時の日本政府によって不都合と判断された表現物は規制の対象となった（郵便物であれば相手方に届けることができない、出版物であれば出版ができないなど）。

[13] **税関検査事件**　最大判昭和59年12月12日民集38巻12号1308頁。原告が、外国から、映画フィルムや雑誌などを輸入しようとしたところ、税関検査によって、当該物品には輸入が禁止されている男女の性行為や性器などの映像が含まれていることがわかり、輸入することができなかった。本人の手元に入る前に公権力が表現物の内容を確認し、規制をかけているというところから、税関検査は憲法が禁止する検閲にならないかが問題となった。裁判所は、税関検査は国外ではすでに発表されている表現物に対してなされるものであることや、あくまで関税徴収に付随するものであり思想内容それ自体を規制することを目的とするものでないことなどを指摘したうえで、税関検査は「検閲」にはあたらないとした。

[14] **事前抑制**　表現物を、その公開前に規制してしまうこと。本章で紹介している税関検査や名誉毀損的表現への事前差止めなどが典型例となる。より厳密には、当該表現物が発表される前の規制のみを事前抑制と呼ぶ説と、発表後であっても、一般の人が入手できる状態になる前の規制であれば事前抑制と呼ぶ説との間に争いがある。

[15] **事後抑制**　表現物を、公開後に規制すること。たとえば、強盗や空き巣などの犯罪の方法

前述のとおり、裁判所によれば、ある規制が「検閲」にあたるためには、非常に多くの条件を満たしている必要があり、そうすると、今日なされる規制が「検閲」に該当するということは滅多にないことになる。しかし、ここで考えねばならないのは、なぜ憲法は、「検閲」に対して、絶対的禁止というほどに強い警戒心を示しているかという、検閲の禁止の趣旨である。

ひとつには、検閲が、表現活動の規制のために頻繁に用いられてきた手法だという理由もある。しかしそれだけでなく、検閲は、ある表現活動をその公開前に規制してしまうために、その表現活動がどのような利益や害を社会にもたらすかという実態を一切確認せずに規制するものであり、それゆえに政府による恣意的な規制になる危険性が高いのである。そして、表現活動の公開前の規制は、たとえそれが「検閲」の定義には当てはまらないものであったとしても、このような危険を共有するものとしてみるべきである。

たとえば、Aという表現活動が、その暴力性のゆえに社会に悪影響が及ぶ可能性が高いという理由で規制されるとする。このとき、Aが実際に実害を出したことを確認したうえで事後的な規制の対象にするならば、政府による一方的な「決めつけ」が発生する危険性は比較的低い。一方、事前抑制の場合、「Aは危険だ」と政府が主張していたとしても、実際にAが実害を出すかどうかはまだ確認できる状態ではないから、必要のない規制をしてしまう危険性が高い。また、公開前にAが規制されてしまうと、Aを入手することができなくなるため、そもそも政府が主張していたような危険性がAにあったのかどうか、一般の人が確認することもできなくなるから、本当は恣意的である規制を、政府が表向きの理由をつけて規制を正当化するということも可能になってしまう。

このようなところから、事前抑制は事後抑制よりも特に慎重に検討されるべきだとされており、この考え方は裁判所にも採用されている（**北方ジャーナル事件**[16]）。

を詳述した書籍がベストセラーとなり、この書籍の内容に従った犯罪が実際に多く行われたことを受けて、この書籍の販売や貸出に制限をつけたという場合、この表現物が、どのような実害をどの程度出したかということを確認した後の規制であり、これは事後抑制であるといえる。

★**家永教科書訴訟**　教科書検定は、民間の出版社が小・中・高校などの教科書用に執筆した書籍を、文部科学大臣が審査し、この審査に合格したもののみを教科書として使用させる制度である。この教科書検定では、誤字脱字などの形式面に関する審査のみでなく、特に歴史などの教科については内容面に踏み込んだ審査も行われることから、歴史学者である家永三郎氏が、「検閲」にあたるのではないかと訴訟を起こした。これが、第一次から第三次まで、32年間にわたってなされた一連の「家永教科書訴訟」である。教科書検定について、最高裁は一貫して、税関検査事件（▶本章[13]）で定義された検閲にはあたらず合憲としており、現在でも教科書検定が実施されている。

[16]**北方ジャーナル事件**　最大判昭和61年6月11日民集40巻4号872頁。原告が発行する雑誌『北方ジャーナル』において、被告についての名誉毀損的な記事が掲載される予定であった。これを知った被告の求めに応じ、札幌地裁により同号の印刷や頒布を禁ずる仮処分決定が出された。これに対し、原告が、この仮処分決定は憲法違反であると争った。裁判所は、「表現行為に対する事前抑制は……事前抑制たることの性質上、予測に基づくものとならざるをえないこと等から事後制裁の場合よりも広汎にわたり易く、濫用の虞があるうえ、実際上の抑制効果が事後制裁の場合より大きいと考えられるのであって、表現行為に対する事前抑制は……厳格かつ明確な要件のもとにおいてのみ許容されうる」と示した（▶第7章3（2））。

（3）内容規制と内容中立規制

　次に紹介するのは、**内容規制**[17]と**内容中立規制**[18]との区別である。

　内容規制とは、ある表現活動を、それが伝えようとしているメッセージが問題であるとして規制しようとするものである。たとえば、ある表現の内容が現在の政権の維持にとって不利なものだからという理由でその表現活動を規制するならば、その規制は内容規制ということになる。

　他方の内容中立規制とは、ある表現活動のメッセージ自体を問題視するものではなく、その表現活動がなされる時や場所、方法との関係で、その表現活動が騒音被害などの弊害を出していることを理由に規制するものである。

　このふたつの規制を比べた場合、内容規制のほうがより慎重になされるべきであると考えられているが、これにはいくつかの理由がある。まず、内容規制には表現活動のメッセージ自体を政府が問題視してなされるものであるというところから、政府による**恣意的な判断**[19]が入り込む余地が大きい一方で、内容中立規制は、あくまで表現活動に伴って生じる実際の弊害を予防するものであるため、そのような余地が比較的に小さいことが挙げられる。また、内容中立規制は、一定の時・場所・方法における表現活動を規制の対象とするものであるため、ほかの時・場所・方法を選べば同じ内容の表現活動を行うことが可能である。つまり、代替的な表現方法が存在する。そのため、社会に流通するメッセージ全体の量や質に与える影響が少ないといえる。

　ここで注意が必要なのは、内容規制と内容中立規制の区別はさほど容易ではないということである。というのも、表向きは内容中立規制のようにみえる規制であっても、背後にある意図としては、表現活動の内容自体を問題視しているという場合も少なくないからである。

　たとえば、表向きは、騒音被害を防ぐという規制理由を提示して、国会議事堂前でのビラ配布を禁止する場合を考えてみよう。国会議事堂という、多くの国会議員が通りかかる場

[17] **内容規制**　たとえば、本章で紹介している、刑法によるわいせつ物規制や名誉毀損表現に対する規制は典型例である。これらは表現物の内容が問題となっているため、たとえば、わいせつ物に該当するものを公然と販売する行為は、それが昼であっても夜であっても禁止される。

[18] **内容中立規制**　多くの地方自治体の条例が、夜間に騒音を出す行為や、病院や学校の周辺で拡声器を使う行為などを規制している。このように、時間や場所、方法などを限定して規制をかけるものが内容中立規制の典型例となる。

[19] **恣意的な判断**　ある判断が「恣意的」と評価されるのは、その判断が合理的で説得的な理由によって正当化されない場合である。たとえば政府がある表現活動を、政策に対する批判的内容を含むから、という理由で規制するという場合、民主的な統治のためには、国民からの批判も真摯に受け止める責任が政府にあることを考えるならば、この規制は「恣意的」と評価されることになるだろう。

所と特性を考えると、ここで配られるビラは政治的な内容のものである可能性が高い。国会議員の立場からすれば、国会議事堂という政治の中心地で、まさに国会に入ろうとする瞬間に、政治的なビラを渡そうする人がいることは、そのビラを受け取るかどうかに国民の注目が集中するであろうことなどを考えれば、特に煩わしく感じられることであろう。このような状況の中で騒音被害の防止という理由で国会議事堂前でのビラ配りが禁止されたという場合、それが一見、内容中立規制にみえるものであったとしても、実際には、そこで配られるビラの多くが政治的なものであることに着目した内容規制であると考えるべきである。

このように、表向きの規制理由として提示されたものを鵜呑みにするのではなく、状況や背景事情などを精査しながら、実質的な部分を検討したうえで、内容規制なのか内容中立規制なのかを決することが重要である。また、この検討の際には、内容中立規制とされているものが**代替的な表現方法**[20]を適切に残しているかという点にも着目する必要がある。

(4) 不明確性と過度の広汎性

表現の自由をはじめとして、精神的な自由については、それを規制する法文は、明確でなければならないし、過度に規制範囲を広くとるようなことがあってはならない。つまり、いま問題になっている条文の言い回しや用語選択などによって、その条文が不明確であったり、過度に広汎であったりする場合には、その条文は憲法違反になると考えられている。

不明確性[21]と**過度の広汎性**[22]は一応区別できるものの、実際の事例では、条文が曖昧で不明確であるために、その条文が広く用いられることとなり、その結果として規制が広汎なものになるという流れをたどることが多いため、両者は強く関連しつつ同時に問題になることが多い。

これは、表現の自由の弱さ（▶本章1(5)）に密接にかかわる問題である。上述のように、表現の自由には萎縮効果が発生しやすい。いちど萎縮効果が発生してしまうと、規制に引っかかる可能性が少しでもある活動は、当事者が自主的に控え

★**静穏保持法** 正式の題名は「国会議事堂等周辺地域及び外国公館等周辺地域の静穏の保持に関する法律」。国会議事堂や政党事務所、大使館などの周辺において、拡声機を用いて表現活動を行うことを規制している。この法律は、規制対象とされる表現活動の場所・方法を限定しており、ほかの場所・方法を選択することで同じ内容の表現活動が可能となるため、内容中立規制に分類される。しかし、ここで規制されている場所は、国会議事堂などの政治の中心地であることや、拡声機を用いた表現は政治家を含めた多くの人に自分の主張を届けるために効果的な方法であることを加味すると、内容規制としての側面ももっていると考えられる。

▲静穏保持法指定地域であることを示す表示（編集部撮影）

[20] **代替的な表現方法** 代替的な表現方法があるか否かは、その方法が、現実的に可能かつ効果的なものかなどを慎重に検討する必要がある。たとえば、ビラ配りやSNSでの発信は、安価で場所もとらないため、多くの人が利用可能な方法である一方で、テレビ出演や書籍出版などはほとんどの人にとって現実的な方法ではない。このとき、ビラ配りやSNSなどを広く規制しながら、テレビでの発言など他の表現方法が残っているから、代替的な方法は存在すると考えることは妥当ではない。

[21] **不明確性** 条文で用いられている言い回しや用語が曖昧で、どのような場面にその法令による規制が適用されるのか、条文を読んでも明らかでないことを意味する。

[22] **過度の広汎性** いま問題になっている規制の根拠条文が、

ることになり、その結果、当該規制をめぐる法的事件は発生しづらくなる。このことは、裁判所にとっては、表現の自由を規制する法文を審査する機会が少ないということを意味する。そして、表現の自由を制約する法文が不明確で過度に広汎であることを争う事件が発生したら、その貴重な機会を活かして、早期に萎縮効果を除去しなければ、再度の検討の機会は訪れないかもしれないということを意味する。そういったところから、表現の自由を制約する法文については、不明確でないか、規制の範囲が過度に広汎なものになっていないか、裁判所は特に慎重に検討すべきであると考えられている。

実際に、表現の自由との関係で法文の広汎性が争われた事件として、**広島市暴走族追放条例事件**[23]などがある。

▶ 3　表現の自由の限界

（1）わいせつ物

表現の自由が厚い保護を受けるべきものであるとしても、一切の例外なく保障されるというわけではなく、現在、表現の自由に対する一定の規制が存在している。ここでは、現在存在する表現の自由の内容規制の代表例として、わいせつ物に対する規制（▶（1））、名誉やプライバシーを侵害する表現の規制（▶（2）・（3））を紹介し、最後に、近年規制の必要性が強く主張されるようになっている問題としてヘイトスピーチとフェイクニュースの問題を紹介する（▶（4））。

まず、わいせつ物に対する規制として最も広い適用範囲をもつものに、刑法175条がある。刑法175条は、わいせつな文書や**図画**[24]、電磁記録媒体を頒布・陳列することを禁じている。

ここで頒布・陳列が禁じられているのは「わいせつ」なものであるため、どのようなものであれば「わいせつ」であることになるのかという定義が問題となる。裁判所はこれについて、①通常人の差恥心を害すること、②性欲を興奮または刺激すること、③善良な性的道義観念に反するもの、としている（**チャタレイ事件**[25]）。

[23] **広島市暴走族追放条例事件**　最判平成19年9月18日刑集61巻6号601頁。広島市は、暴走族が広場などで集会を繰り返していたことを問題視して、暴走族追放条例を制定した。本条例の16条は、公共の場所で「公衆に不安又は恐怖を覚えさせるような」集会を開くことを禁止していたが、その主語は「何人も」となっていた。文言どおりに読むと、禁止される集会は、一般的に「暴走族」と呼ばれる集団の集会に限定されず、またどのような集会に対して不安や恐怖を覚えるのかも個人の主観によるところが大きいため、本条例の文言の不明確性とそれによる広汎さが制定当時から議論の的となっていた。そして、同条例に違反したとして逮捕・起訴された被告人が、条例の広汎性を実際に争ったのが本事件である。これに対し、裁判所は、この条例が文言どおりに適用された場合の広汎性を認めつつも、条例を限定的に解釈することでこの問題は解決できるとし、結果として同条例は合憲であるとされた。

[24] **図画**　図画は、一般的な日常用語としては「ずが」と読まれることが多いが、刑法175条に関する文脈では「とが」と発音されることが多い。どちらも基本的には同じものを指しているが、「ずが」が絵に描くという表現方法を限定的に指すのが多いのに対し（「図画工作」の「図画」）、「とが」と呼んだ場合には、刑法175条の趣旨を反映して、絵のみでなく、写真や漫画作品、映画作品やそのフィルムなども広く含む。

[25] **チャタレイ事件**　最大判昭和32年3月13日刑集11巻3号997頁。D.H. ロレンス作の『チャタレイ夫人の恋人』の翻訳出版を計画した出版社の社長と、翻訳を担当した小説家（伊藤整

それではより具体的には、どのようなものであれば、上記の①〜③を満たすようなものであることになるのだろうか。これについて、性器が露出していれば①〜③を満たすというように単純に考えることはできないだろう。たとえば、性器がそのままに写った写真であっても、それが作者にとって欠かせない演出であって、それを見たからといって性欲が刺激されるとはいいがたいほどに芸術性が高いというような場合が容易に想像しうる。実際、これまで世界的に高い評価を得てきた彫刻作品などの中にも性器が露出しているものは数多く存在している。これらをすべて「わいせつ」なものとして一括りに規制しようとすれば、それはあまりに粗放であろう。

　そこで近年、裁判所は、表現活動がわいせつなものであるか否かは、その作品の芸術性や、そこで表現しようとされている思想と性的な表現がどのような関係にあるのかなどを総合的に考慮して決されるべきであるとの考えを示している（「**四畳半襖の下張**」**事件**[26]）。実際にこの基準を踏襲した比較的近年の事件（**メイプルソープ事件**[27]）では、男性器が直接に写っている写真集について、その芸術性の高さなどから、わいせつ性が否定されている。

　また刑法による全国的な規制とは別に、ほとんどの都道府県で、青少年の保護のために「有害図書類」を規制する条例が制定されている。たとえば東京都では、「青少年の健全な育成に関する条例」という条例がある。ほとんどの自治体における条例はこれと類似した名称がつけられており、まとめて「青少年健全育成条例」などと呼ばれる場合が多い。

　各都道府県で多少の違いはあるものの、多くの場合、性欲を強く刺激したり、暴力的な表現を多く含んだりする図書や映像作品などを、知事が有害図書類として指定することができ、有害図書類に指定されたものは、青少年に対して、コンビニや書店における販売やレンタルショップにおける貸出が禁止される仕組みとなっている。

　このような規制は、青少年が情報を手に入れる自由を制約するものであるため、表現の自由の侵害にあたらないかが問題となってきたが、裁判所は、有害図書類が青少年の健全な

が、わいせつ文書の販売を共謀して行ったとされて、逮捕・起訴された事件。結果として、両被告人とも有罪となった。

[26]「四畳半襖の下張」事件　最判昭和55年11月28日刑集34巻6号433頁。永井荷風作とされる小説「四畳半襖の下張」が掲載された雑誌を販売・頒布した出版社社長と編集長（野坂昭如）が、わいせつ文書の販売をしたとして逮捕・起訴された事件。結果としては、この作品の「文芸的、思想的価値などを考慮に容れても、主として読者の好色的興味にうったえるもの」とされて、刑法175条のいう「わいせつの文書」にあたるとされた。

[27]**メイプルソープ事件**　最判平成20年2月19日民集62巻2号445頁。アメリカの著名な写真家であるロバート・メイプルソープの写真集が、税関により輸入が禁止されている品にあたると判断され、没収されたことを受けて、原告の出版社社長がその判断の妥当性を争った事件。この中で、「写真集における芸術性など性的刺激を緩和させる要素の存在、本件各写真の本件写真集全体に占める比重、その表現手法等の観点から写真集を全体としてみたときには、本件写真集が主として見る者の好色的興味に訴えるものと認めることは困難」と示された。

育成に有害であることは、社会共通の認識になっているとして、このような規制は憲法に違反しないとしている（**福島県青少年健全育成条例事件**[28]など）。

　しかし、これに対しては、有害図書類に接触したからといって、そこから直接に青少年の健全な育成に有害な影響があるという関係は、科学的には立証されておらず、「暴力的なものを見ると、暴力的な子どもが育つ」というような曖昧なイメージで規制を正当化するべきではないなど、批判も多い。

（2）名誉毀損

　表現活動から私たちの名誉を保護するために、刑法230条が**名誉毀損罪**[29]を、231条が**侮辱罪**[30]を定めている。また、民事上も、名誉毀損的な表現は民法709条や710条の不法行為に該当することとなり、損害賠償責任などを発生させる。

　私たちが人間らしい社会生活を送るためには、名誉の適切な保護が必要である。一方、これまでの歴史を振り返ってみると、報道機関による活発な政権批判が名誉毀損罪の適用によって抑圧されることも多かった。政治家その他の政権に関わる者の汚職を暴露したり、政権を激しく批判したりする報道は、その当人にとっては名誉を傷つけられたと感じられることもあろうが、だからといって、報道機関が汚職等の暴露をしなければ、国民がその事実を知ることは困難である。公共の事柄に関する暴露や批判は、仮にそれによって誰かの名誉を傷つけてしまうことがあったとしても、なお、健全な社会の維持のためには必要なものである。そのような観点からは、公共性のある事柄については、名誉毀損罪の成立の範囲を狭め、自由な表現活動ができるようにしておく必要がある。

　そこで、刑法230条の2は、名誉毀損的な表現が、**公共の利害に関する事実**[31]を扱うものであり、かつ、当該表現の目的が公益を図るものであった場合、そこで摘示された事実が真実であることの証明がなされれば罰しないこととしている。

　しかし、自らが指摘している事実が真実であるということを証明することは決して容易ではない。報道機関の記者が記事を書くときのことを想像してみよう。事件の現場で記者本

[28] **福島県青少年健全育成条例事件**　最判平成21年3月9日刑集63巻3号27頁。自動販売機による有害図書類の販売を規制する福島県青少年健全育成条例が憲法21条に違反するかが争われた。この事件で裁判所は、「条例の定めるような有害図書類が、一般に思慮分別の未熟な青少年の性に関する価値観に悪い影響を及ぼすなどして、青少年の健全な育成に有害であることは社会共通の認識」として、特に自動販売機によって有害図書類を販売する場合には、売り手と対面しないことや時間を問わず購入が可能であることなどから、有害図書類の購入が容易になり、その弊害が大きいとして、この規制は憲法21条に違反しないとされた。

[29] **名誉毀損罪**　公然と事実を摘示（てきし。ある事実をかいつまんで示すこと）することによって、人の名誉を毀損すること。刑法230条の2に該当しない場合、つまり、公共の利害に関する事実に係り、かつその目的が公益を図ることにあるとはいえない場合には、摘示された事実が、真実か否かとはかかわらず、名誉毀損となる。

[30] **侮辱罪**　事実を摘示せずに、公然と人を侮辱すること。ある人の名誉を毀損する表現のうち、事実を摘示するものは刑法230条の名誉毀損に、そうでないものは刑法231条の侮辱にあたる。

[31] **公共の利害に関する事実**　それが公開されることによって、一部の人が私的な利益を受けるだけでなく、社会全体にとっての利益につながるような事実のこと。基本的には、ある人の私生活にかかわる事実はこれに含まれないと考えられるが、その人物の活動や立場などとの関係で、社会的影響力の大きい人物については、その私生活上の事実が「公共の利害に関する事実」にあたるとされる場合もある。一例として、最判昭和56年4月16日刑集35巻3号84頁［「月刊ペン」事件］など。

3　表現の自由の限界　　193

人が直接見聞きした事実だけを記事にするのであれば、真実性の証明は比較的容易に可能かもしれない。しかしそれでは報道できる事柄はあまりに限定されてしまうため、実際の記者たちは、現場にいた人や関係者への聞き込み、関係資料の読み込みなどの間接的な方法で情報を収集し、記事を作りあげていくことになる。もちろん取材を通して信憑性を可能な限り高めていく努力はするとしても、法廷でそれが真実であると証明できる準備が整うまでは記事が書けないとすれば、報道として何より重要な、時機を失してしまうことになるだろう。

このようなところから、判例では、刑法230条の2が求める真実性の証明の要求を緩和し、真実性の証明ができない場合であっても、表現した者が、自身が摘示している事実について、真実であると信じてしまうような相当の理由があれば、つまり、十分な調査に基づいてその表現をしていたような場合には、名誉毀損罪は成立しないこととしている（**夕刊和歌山時事**事件）。
[32]

また、名誉毀損について、表現の自由の保護との関係で重要な問題として、名誉毀損的な表現が社会に出てしまうことを防ぐために、**事前差止め**が可能かというものがある。名誉は人の社会的評価にかかわるものであるため、名誉がいちど傷ついてしまうと、いくら損害賠償などによる事後的な救済を受けたとしても、名誉自体の回復は困難である。そこで、裁判の中で、名誉毀損的な表現活動に対する事前の差止めが求められる場合も少なくない。
[33]

しかしここで問題は、前述（▶本章2（2））のように、表現活動の事前抑制は原則的に認められず、認められるとしてもごく例外的なものとされなければならないということである。

これについて最高裁は、北方ジャーナル事件（▶本章[16]）で、裁判所による事前差止めは「検閲」（▶本章2（1））にあたらないとしたうえで、①表現内容が真実でなく、またはそれが公益を図る目的のものでないことが明白であり、②被害者が、重大で著しく回復困難な被害を被る危険があるときには、例外的に事前差止めが認められるとしている。

★**侮辱罪の厳罰化** 2022年、インターネット上での誹謗中傷を抑止することを目的として、侮辱罪の法定刑が引き上げられた。改正以前の侮辱罪の法定刑は、拘留（30日未満の自由刑）または科料（1万円未満の財産刑）とされていたところ、改正後は、「1年以下の拘禁刑若しくは30万円以下の罰金又は拘留若しくは科料」となった。また、厳罰化されたことによって、公訴時効も1年から3年へと延長された（刑事訴訟法250条2項）。

[32]「**夕刊和歌山時事**」**事件**
最大判昭和44年6月25日刑集23巻7号975頁。被告人は「夕刊和歌山時事」を編集・発行していた者である。被告人はかねてより、「和歌山特だね新聞」が、取材が不十分なまま個人を攻撃する記事を掲載しているのではないかとの疑いをもっていた。そこで被告人は、同紙の編集者が、和歌山市役所土木部の課長などに対して「出すものを出せば目をつむってやるんだが、チビりくさるのでやったんや」などと強い口調で迫ったことなどを、「夕刊和歌山時事」において一連の連載記事にした。この記事が「和歌山特だね新聞」の編集者の名誉を毀損したのではないかということで、名誉毀損罪の成立が争われたのが本件である。

[33]**事前差止め** それが世に出回ってしまえば、ある人の名誉やプライバシーが重大に傷つくことが予測される表現活動について、「出版禁止の仮処分」を裁判所に申し立て、仮処分決定を受けることで、当該表現活動が名誉やプライバシーを傷つけるものであるか否かの訴訟が終わるまでの間、出版を止めることができる。出版の差止めは、名誉やプライバシーの侵害の場合のほか、著作権侵害などについても用いられる。

（3）プライバシー侵害

　表現活動が誰かの私生活に深くかかわる事柄を扱うものであるとき、プライバシーを侵害してしまうことがある。名誉毀損と同様に、プライバシーは民事上保護される利益であるため、これを傷つけるような表現活動は不法行為に該当し、損害賠償責任などを生じさせることになる。

　「プライバシー権」という発想はアメリカにルーツをもつものであるが、日本の裁判所がこの考え方を受容したことが示されたのが、「宴のあと」事件[34]である。この事件では、①私生活上の事実または私生活上の事実らしく受け取られるおそれのある事柄であること、②一般人の感受性を基準として、公開を欲しないであろう事柄であること、③一般の人々にいまだ知られていない事柄であること、という3要件を満たす事柄が、表現活動によって暴露されてしまっている場合には、プライバシーが侵害されたことになり、損害賠償請求などの法的救済が与えられることが示された。

　なお、プライバシー侵害の場合にも事前の差止めが可能であるが（「石に泳ぐ魚」事件[35]）、その必要性が高い場合に限られるとされる。

（4）現代的問題（ヘイトスピーチ／フェイクニュース）

　最後に、表現規制をめぐる現代的問題として、ヘイトスピーチとフェイクニュースについてみていくこととする。

　ヘイトスピーチの定義は容易ではないが、ここではひとまず、公然と行われる特定集団に対する差別的表現活動、としておく。ある個人を攻撃の対象とする差別的表現は、名誉毀損や侮辱罪（▶前述（2））にあたるものとして規制されているが、攻撃の対象が集団である場合には、誰の名誉がどれくらい傷つけられたのか、個別具体的に見積もることが困難となるため、名誉毀損罪や侮辱罪の適用が難しくなる。そういったところから、名誉毀損や侮辱の問題とは分離された「ヘイトスピーチ」という独自の問題領域が生じることとなる。

　国レベルでの法的対応としては、2016年に**ヘイトスピーチ**

---

[34]「宴のあと」事件　東京地判昭和39年9月28日下民集15巻9号2317頁。作家三島由紀夫が、東京都知事選挙に立候補した元外務大臣の有田八郎の私生活を赤裸々に描いた小説「宴のあと」を雑誌上で連載執筆し、連載終了後、この内容が単行本として出版されたところ、これによって、プライバシー権が侵害されたとして、政治家が損害賠償と謝罪広告を求めた事件。第7章〔37〕も参照。

[35]「石に泳ぐ魚」事件　最判平成14年9月24日集民207号243頁。作家柳美里の小説「石に泳ぐ魚」には、登場人物のひとりである女性やその父親の人生についての詳細な記述があった。当該小説においては、この女性の外見が詳細に描写されていたことから、女性のモデルとなった原告によって、読者がモデルとなった人物を特定することは容易であり、ひいては自身のプライバシー権が侵害されるとの主張、および公表の差止めの求めがなされた。この事件で裁判所は、小説の出版により、この女性に重大で回復困難な損害を被らせるおそれがあるとして、公表差止めをしても憲法21条に違反しないとした。第7章〔38〕も参照。

解消法[36]が制定されたが、同法には罰則規定等はなく、目に見える効果が上がっているとはいいがたい。そこで、各地方自治体での対処もとられている。たとえば、**大阪市のヘイトスピーチ条例**[37]では、ヘイトスピーチが行われた場合、市長が拡散防止のための措置をとることができるほか、ヘイトスピーチを行った者や団体の氏名や名称を公表できる仕組みとなっている。この条例について、最高裁は「〔条例に定義されるヘイトスピーチは〕人種又は民族に係る特定の属性を理由として特定人等を社会から排除すること等の不当な目的をもって公然と行われるものであって……これを抑止する必要性が高いこと」を指摘して、表現の自由といえども絶対的な保障を受けるものではないことを前提に、憲法違反ではないとしている（**最高裁令和4年2月15日判決**[38]）。

　一方、フェイクニュースについては、日本では、国のレベルでも、地方自治体のレベルでも、法的な対処はいまだとられておらず、どちらかといえば、SNSを運営している**プラットフォーム**[39]事業者などが独自の対策を各社でとっているという状況である。一例として、現在、動画共有プラットフォームのYouTubeでは、虚偽の情報を含むコンテンツの共有を禁止し、もし共有されていた場合には発見しだい削除することとしている。

　このような事業者による独自の対策は、法的規制に比べると緩やかなものであることが多く、表現の自由の柔軟な保護に資するとの意見もある。確かに、事業者による対応はポリシー違反のコンテンツの削除などにとどまるもので、法律のように、違反したからといって刑罰の対象となることはないし、各事業者で異なるポリシーを設けているため、利用者が納得のいくポリシーを設けているプラットフォームを選べばよいという意味で利用者側に選択肢があり、このような観点からは、事業者による対策は法的規制よりも緩やかであるといえる。

　しかし、実際のところを考えると、各事業者が設けているポリシーはほとんど似通っており、利用者側に十分な選択肢が与えられているとはいいがたい。また、今日、主要な表現

[36] **ヘイトスピーチ解消法**　正式の題名は「本邦外出身者に対する不当な差別的言動の解消に向けた取組の推進に関する法律」。同法はその第1条で、日本以外の国や地域の出身であることを理由とした不当な差別的言動の解消のための施策を推進することを目的とすると定めている。なお、同法の内容は、全7条のみで構成されるシンプルなものとなっている。

[37] **大阪市のヘイトスピーチ条例**　正式の題名は「大阪市ヘイトスピーチへの対処に関する条例」。解消法よりも詳細なヘイトスピーチの定義を置き（第2条で、「ヘイトスピーチ」の定義がされており、たとえば、「人権若しくは民族に係る特定の属性を有する個人又は当該個人により構成される集団……を社会から排除」する表現活動などが代表例となっている）、さらにヘイトスピーチ対策のための具体的な措置を定めたものとして注目された。その他、ヘイトスピーチについて罰則つきの規制を置くものとして、川崎市の「差別のない人権尊重のまちづくり条例」がある。

[38] **最高裁令和4年2月15日判決**　民集76巻2号190頁。市の住民らによって、大阪市のヘイトスピーチ条例が憲法21条に違反するものであるとの主張がなされた事件。

[39] **プラットフォーム**　プラットフォームとは、複数のモノやコト、人を結びつける共通の基盤や場のことを意味する。本章の文脈では、商品やサービスなどを提供するオンライン空間のことを意味し、SNSやショッピングモールサイト、フリーマーケットサイトなどが含まれる。

空間になっている SNS という場を失えば、多くの人にとっては他の表現方法を選ぶことは困難である。このことを考えれば、事業者による対策に委ねているほうが法的規制よりも表現の自由の保護につながっているのかどうかについては、慎重な検討が必要であり、このことは、法学にとって今後の課題となっている。

4　表現の自由を受け手の立場から考える

（1）「知る権利」という発想

　表現活動は、聞き手の存在をまったく想定せずに一方的に発信するものというよりも、聞き手がいることを前提に、自分の表現が聞き手に何らかの影響を与え、その聞き手が今度は発信者となり、ほかの誰かに何かの影響を与える……というような、連鎖する相互的コミュニケーションと理解するべきである。

　そのように考えると、私たちが表現活動を自由にするためには、その前提として、知識や情報、誰かの思想などを自由に、豊富に受け取ることができる環境が必要である。そこで重要になるのが、他の人の表現活動を自由に受け取られることを保障する「知る権利」という発想である。これは、表現の自由を、その受け手の側からみたものである。

　「知る権利」が、表現の発信と同様に、憲法21条による保障を受けるということは、比較的早くから裁判所も認めてきた。たとえば、**よど号ハイジャック記事抹消事件**では、「各人が、自由に、さまざまな意見、知識、情報に接し、これを摂取する機会をもつことは、その者が個人として自己の思想及び人格を形成・発展させ、社会生活の中にこれを反映させていくうえにおいて欠くことのできないもの」で、また、「民主主義社会における思想及び情報の自由な伝達、交流の確保という基本的原理を真に実効あるものたらしめるためにも」、私たちが新聞や図書などを通して、他の人の表現活動を受け取ることができる権利をもつことは、表現の自由を保障した21

★**情報流通プラットフォーム対処法**　正式の題名は「特定電気通信による情報の流通によって発生する権利侵害等への対処に関する法律」。この法律は、もともと「特定電気通信役務提供者の損害賠償責任の制限及び発信者情報の開示に関する法律（通称「プロバイダ責任制限法」）を改正し、名称も新たに変更したものである。インターネット上で（主にSNSやブログを想定）、誹謗中傷などの被害が顕在化していることを受けて、大規模なプラットフォーム事業者に対して、問題とされるコンテンツ・投稿に対する削除を申し出るための窓口の整備や、当該削除申出への迅速な対応などを義務づけている。

[40]　**よど号ハイジャック記事抹消事件**　最大判昭和58年6月22日民集37巻5号793頁。東京拘置所に勾留されていた原告らが私費で購読していた読売新聞について、学生が日航機「よど号」をハイジャックした事件の記事がすべて黒く塗りつぶされた状態で配布されたことを受けて、勾留されていても、知る権利を奪うことは憲法に違反すると主張した事件。裁判所は、知る権利への一定の配慮をみせたものの、監獄内の規律維持の必要性やその判断における拘置所所長の裁量などを強調して、今回の黒塗りは憲法に違反しないものとした。

条の派生原理として導かれる、としている（同趣旨の理解が示されているものとして**レペタ事件**も参照）。[41]

（2）「知る権利」と報道メディアの取材活動

　報道機関の表現活動が自由闊達になされていることは、私たちの「知る権利」が十分に保障されるために重要である。というのも、報道機関は、個人では到底もてないような人脈や取材能力を活かした情報提供をしているのであり、私たちが報道機関による情報なしに、社会で起きる問題について正確な情報を得ることはほとんど不可能だからである。

　判例においても、**博多駅事件**で、報道活動が国民の「知る権利」との関係で重要な役割を担っていることが認められ、その報道の前提となる「取材の自由」は、表現の自由の精神から「**十分尊重に値いする**もの」とされた。[42][43]

　このような意義をもつ取材活動が活発になされるために重要になるのが、取材源の秘匿である。自分が何かの事件の目撃者になってしまったという場面を想像してみよう。自分が見たことを話せば、真相究明に大きく貢献できることがわかっていても、それを自分が話したことがわかったら、報復や嫌がらせなどがあるかもしれず恐ろしい、ということもあるだろう。そのようなとき、あなたに話を聞きに来た記者が「絶対に秘密は守ります。あなたの名前や身元は絶対に外に出しません。」と約束してくれたら、安心して取材に応じられることだろう。

　問題は、裁判の中で、報道関係者が証人として尋問され、その中で取材源についての証言を求められる場合があるということである。一般的には、私たちが証人として召喚され尋問された場合には、真相究明のため、事実を包み隠さずに明かさねばならないこととなっている（刑法169条）。しかし上述のように、取材源を約束どおり秘匿するということは、報道機関への信頼の基礎となるものである。もし、記者が「秘密は守ります」と言っていても、それが口ばかりで、いざ裁判で証人尋問されたら取材源をすべて公開してしまうようでは、取材に応じたいと思う人は減ってしまうだろう。そうす

[41] **レペタ事件**　最大判平成元年3月8日民集43巻2号89頁。アメリカ国籍をもつ弁護士であるローレンス・レペタ氏は、日本の経済政策の研究のため、裁判の傍聴中にメモをとることを望んでいた。しかし裁判長がそれを不許可としたため、レペタ氏がこれを不服として争った。この事件の中で、裁判所は、表現の自由は、諸個人が自由に意見や知識、情報を摂取する機会をもつことを保障するとしつつ、メモをとる行為は、あくまで、上記の機会を補助するものであり、表現の自由そのものとは異なり、保護の程度は落ちるとした。とはいえ本件については、レペタ氏がメモを取ることによって法廷内の秩序や静穏が乱れるなどの弊害が生じるおそれがあったとはいえないとし、レペタ氏に対してメモを禁止したことは合理的根拠を欠いており、今後は傍聴人のメモを取る行為に対し配慮が必要であることが示された。

[42] **博多駅事件**　最大判昭和44年11月26日刑集23巻11号1490頁。大規模な政治運動に参加した学生らと機動隊などが衝突したことをめぐり、その際の隊員の行動が特別公務員暴行陵虐罪（刑法195条）にあたるのではないかということが争われた。福岡地裁は、その審理に際して、民放3社とNHKに対し、現場の状況を映したフィルムの提出を求めたが、民放3社とNHKが、この提出命令が憲法21条に違反すると主張した。最高裁は、取材の自由は尊重に値するとしつつ、公正な裁判の実現等、憲法上の要請があるときには一定の制約を受けるとして、今回提出を求められているフィルムがすでに放映済みのものであることなども考慮して、提出命令はやむを得ないものであったとした。

[43] **十分尊重に値いする**　最高裁が、取材の自由が憲法21条によって「保障される」とはしなかったことの意味は明らかではない。論者によって、取材の自由は憲法上の権利とはいえ、憲法による一定の保護を受けるが、保護の程度は低まることを意味する表現であると読む者もあれば、取材の自由も憲法21条

れば、結果として、活発な取材とそれを前提とした報道はできなくなり、国民の「知る権利」が保障されなくなってしまうのである。

これについて、**NHK 記者証言拒絶事件**[44]では、「取材源の秘密は、取材の自由を確保するために必要なものとして、重要な社会的価値を有する」として、当該証言が公正な裁判の実現のために必要不可欠であるなどの特別な事情がない限り、取材源に関する証言を拒否できることとされ、取材源の秘密への配慮が示された。

（3）「知る権利」と情報公開制度

最後に、私たちが政府に関する情報を入手するための制度として、情報公開制度を紹介しておこう。行政機関が私たちの税金を用いてどのような活動を行っているのか、不正行為がないかなどは、国民にとっては重要な関心事であり、行政活動について情報の透明性が確保されているということは、民主主義社会において欠かすことのできないものである。

行政機関が保有する情報についての情報公開制度は、まず、地方自治体の条例レベルで進められていったが、条例制定が全国的な広まりをみせる中で、1999年、いわゆる**情報公開法**[45]が制定され、行政機関が保有する情報についての開示請求制度が法律レベルで定められた。同法1条では、この情報公開制度が、国民主権の理念にのっとったものであり、国民の批判のもとでの民主的な行政の推進に資するものであることが宣言されている。

この法律は、警察等も含めたすべての行政機関を対象に、誰でも、情報の開示請求が可能だとしている点で、私たちの「知る権利」の充足に寄与するものである。一方で、同法の中で「知る権利」について明示的に規定している条文はないことや、不開示の範囲が比較的に広いことなどについて批判も多く、今後の改善が望まれている。

（4）「知る権利」の限界

各個人と公的機関との間には、保持している情報の量や質

によって保障される権利であることが示されたと読む者もある。とはいえ、取材の自由も憲法による一定の保障を受けることが示されたことは確かである。

[44] **NHK 記者証言拒絶事件**
最決平成18年10月3日民集60巻8号2647頁。民事事件で証人となった報道関係者が取材源に関する証言を拒否できるかどうかが争われた事件。ここでは、「取材源の秘密は職業の秘密に当たる」とされたうえで、取材源の秘密が保護されるかどうかは、当該報道の内容や社会的意義、将来における同種の取材活動が妨げられることによる不利益の大きさ、一方の当該民事事件の内容や性質、その証言の必要性などを比較衡量して決すべきであるとされた。

[45] **情報公開法**　正式の題名は「行政機関の保有する情報の公開に関する法律」。この法律を中心とする情報公開法制の概要などについては、総務省のホームページに体系的な解説が掲載されているので、ぜひ参照してほしい。

4　表現の自由を受け手の立場から考える　　199

に圧倒的な差があることを考えれば、「知る権利」の重要性は高い。とはいえ、この「知る権利」も他の権利と同様、限界なく認められているわけではない。そのような制限の一例として、情報公開法の5条が定める**不開示情報**[46]がある。情報公開法5条は、一定の情報を「不開示情報」として、それ以外の情報について行政文書の開示を定めている。

　情報の公開を制限する法律は、ほかにも存在し、たとえば、国家公務員法100条1項は国家公務員に対して、職務上知ることのできた秘密の漏洩（ろうえい）を禁止している。また、同法111条は、国家公務員に対して秘密の漏洩をそそのかしたり手助けしたりすることを禁止している。このことが実際に問題となった事例に**外務省秘密漏洩事件**[47]がある。この事件では、新聞記者が外務省事務官と肉体関係をもつなどしたうえで、事務官の好意を利用して外交に関する書類を持ち出させたことが問題となった。これについて最高裁は、報道機関による取材行為は、その性質上一定の説得や誘導を伴うこともあり、それゆえに、取材の一環として公務員に対して秘密漏洩を促したからといって、そのことだけで取材活動が違法になることはないとしつつ、その方法が刑法に違反する場合や、取材の相手方の人格を蹂躙するような、社会観念上是認することのできないものである場合には、正当な取材活動の範囲を逸脱し違法性を帯びるとして、この記者を有罪とした。

　また、2013年には**特定秘密保護法**[48]が制定され、大臣等が、日本の防衛や外交などとの関係で特に秘匿性が高いと判断した情報を「特定秘密」に指定できるようになった。この「特定秘密」を漏洩した場合の罰則は、10年以下の懲役となっており、国家公務員法に規定されている通常の情報漏洩の罰則（1年以下の懲役または50万円以下の罰金）と比べると、相当に重い罰則となっている。また同法は、国家公務員法と同様、情報漏洩をそそのかした者も罰則（5年以下の懲役）の対象としているが、これも国家公務員法に定められている罰則（1年以下の懲役または50万円以下の罰金）よりも重くなっている。どのような情報が「特定秘密」に該当するかについては、大臣等の裁量が大きいことや、ある情報を「特定秘密」に指定

[46] **不開示情報**　同条で「不開示情報」とされているものは、個人情報や、公開により不利益が生じる法人情報（いわゆる「企業秘密」）、公開により国の安全や諸外国との信頼関係を害する情報（いわゆる「国家機密」）などである。

[47] **外務省秘密漏洩事件**　最決昭和53年5月31日刑集32巻3号457頁。毎日新聞社の記者である西山太吉氏が外務審議官付事務官に対して、秘密の漏洩をそそのかしたとして、国家公務員法違反を理由に起訴された事件。本判決に対しては、物事のリスクを判断する能力を備えた成人に対して肉体関係をもつという取材の手段を選択したことが、「人格の蹂躙」とまでいえるかについて、批判も少なくない。なお、第一審の東京地裁判決（昭和49年1月31日判時732号12頁）においては、報道機関による取材活動によって国民が受ける利益や、取材活動を刑事罰の対象とすることによって生じる萎縮効果の大きさなどが考慮され、当該記者には無罪判決が下されている。

[48] **特定秘密保護法**　正式の題名は「特定秘密の保護に関する法律」。同法の内容をめぐっては、「特定秘密」に該当しうる情報が幅広いことや、「特定秘密」に指定された情報はその情報の存在自体が不開示の対象となること（つまり、「特定秘密」に指定されている情報が本当にそのような扱いをすべきものなのか確認できない）が当初から強く批判されており、同法の制定や施行に際しては、大規模な反対運動が各地で行われた。

第9章　表現を発信し、受領することの意義とは？──精神的自由権①

できる期間は原則5年となっているものの、それも延長が可能であることなど、同法に関する事情を総合的に考えて、報道機関等の取材活動に対しての萎縮効果が懸念されている。

おわりに——表現空間の変化と憲法学

　本章では、表現の自由の重要性、表現の自由の手厚い保障を実現するための理論、表現の自由の限界、そして「知る権利」について、順に紹介してきた。最後に、私たちを取り巻く生活環境の変化との関係で、今一度、本章の内容を振り返ってみよう。

　かつて、人間が表現活動をする場はごく限られていた。印刷技術が存在していなかった時代には、私たちの表現活動は口頭でのものにほとんど限定されており、情報の発信や受信は、実際に自分で見聞きできる範囲に限られていた。このことは、私たちが入手できる情報はごく限られている代わりに、誰かが私たちが手にする情報を大規模に操作することもまた困難であったということを意味する。

　その後、印刷技術が開発され、続いて、テレビという映像・音声を同時に全国へ流す技術が開発されたことで、報道によって、全国民が同じ情報をほぼ同時に手にするという環境が出現した。私たちが入手できる情報の幅が格段に上がったことは、私たちが思索し、批判したり賛同したりすることのできる範囲が広がったことを意味し、私たちの自律的な生き方に寄与するものであるが、それと同時に、自分が直接見聞きしていないことについては、報道機関をはじめ、誰かほかの人が発信した情報が頼りになるのであるから、情報操作によって、私たちの事実認識を大きく歪めることもまた容易になったということを意味する。このような状況を背景に、憲法学にとっても、表現活動に対して政府の介入を防ぐことや「知る権利」への保障をいかに理論化するかということが、非常に重要な課題となってきた。

　今日では、インターネットの利用の拡大とともに、ジャーナリストや学者、政治家などの特殊な地位にいる人でなくて

も、広く、情報や主張を世界に向けて発信することが可能な
環境が整っている。このことは、表現活動の場が増えたとい
う意味では良いことであろうが、一方で、誰もが十分な事実
確認してから発信したり、自身の発言の影響を意識したりし
ているわけではなく、フェイクニュースや誹謗中傷の問題も
顕在化してきている。そこで、近年では、表現の自由の限界
の問題も盛んに議論されるようになっている。

　このように、表現の自由をめぐる理論の発展や変化の背景
には、その時代ごとの表現空間のあり方がある。ぜひ、この
ような観点から、本章の内容をあらためて振り返り、理解を
深めてほしい。

第 10 章

良心の自由、信教の自由、学問の自由とは？
——精神的自由権②

はじめに

　日本国憲法は19条、20条、21条、23条で精神的自由権の保障の規定を置いている。このうち、本章で取り扱うのは思想・良心の自由について定めた19条、信教の自由と政教分離について定めた20条、学問の自由について定めた23条が内心の自由にかかわる規定である。

　精神的自由権について、ほとんどの国では表現の自由や信教の自由の保障をうたっている。その一方で、世俗的な思想・良心の自由を信教の自由とは別個に保障している国は稀である。また、学問の自由についても独立の条文を置いている国は多くない。このような独自の条文構成となった背景には、明治憲法下の日本で生じた思想弾圧や、学問の自由を脅かす国家による統制が行われた日本独自の歴史的文脈がある。

　以下でみていくように、戦前の日本では思想・宗教・学問は国家による抑圧の対象となった。このことは、大正デモクラシーのような日本の民主主義の萌芽を摘みとり、日本が全体主義国家へと変容していったことと深くかかわっている。日本国憲法ではこのような戦前の経験の反省を踏まえ、表現の自由や信教の自由はもとより、国家による弾圧に脆弱な思想・良心の自由や学問の自由への保障を特に定めたものといえるだろう。本章では戦前の具体的事件に触れながら、これらの自由について概観していきたい。

★**おすすめの本**　高柳信一『学問の自由』（岩波書店・1983年）は、学問の自由に関する重要な書籍。アメリカのアカデミック・フリーダム論を参考に、学問の自由を市民的自由としてとらえる代表的な研究として知られる。

はじめに　　203

1　思想・良心の自由

(1) 前史

　1923年9月、関東大震災直後の混乱のさなか、一組の内縁の夫婦と6歳の子どもが憲兵大尉であった甘粕正彦に殺害される事件が起こった。殺されたのは無政府主義者・社会主義者の**大杉栄**[1]と**伊藤野枝**[2]、大杉の甥の橘宗一。**甘粕事件**[3]として知られるこの事件は、戦前の日本の思想弾圧を象徴する事件である。

　関東大震災に前後する大正後期以降、当時の日本では社会主義や共産主義活動の国内での隆盛を契機として、国体に反する思想への弾圧が激化していた。1920年にはロシアの無政府主義者の論文を翻訳した学者が逮捕される**森戸事件**[4]が起こっている。さらに、1925年に制定された**治安維持法**[5]は「国体ヲ変革シ又ハ私有財産制度ヲ否認スルコトヲ目的」として結社を組織したり、その結社に加入することを禁止した。1926年には**京都学連事件**[6]ではじめて適用されたが、時代が進むにつれて共産党とその外郭団体から、宗教団体、労働運動などへと弾圧の対象は広がっていった。甘粕事件もこのような思想弾圧の風潮が強まる中で、行き過ぎた行為に出た事件として引き合いに出される。

　治安維持法を含むさまざまな法整備に伴って、実際に社会運動を取り締まる行政組織の整備も進んだ。教育分野において思想統制を担当した文部省教学局、軍においては警察と同様に治安維持法違反などを取り締まる憲兵（思想憲兵）などがある。なかでも、内務省に所属した**特別高等警察（特高）**[7]は思想犯罪の取り締まりの中核を担い、小林多喜二を拷問死させる事件などで知られている。

▲出版物のチェックをする特高検閲課の事務作業の様子（1939年）(public domain)

特高は、公判以降で思想犯罪を取り扱った思想係検察（思想検察）とともに、戦前の思想弾圧を象徴する存在といえるだろう。

　日本国憲法が独立して思想・

---

[1] **大杉栄**（1885～1923）　社会主義者、無政府主義者として活躍した思想家、運動家。自由恋愛主義者としても知られ、伊藤野枝と交際した際にも妻、別の不倫相手がいた。不倫相手の神近市子から刺される大杉栄刺傷事件を起こしている。

[2] **伊藤野枝**（1895～1923）　婦人解放運動家として平塚らいてうが編集長を務めた雑誌『青鞜』などで活躍する。平塚にかわって『青鞜』の編集長となるが、同じ『青鞜』のメンバーである神近市子が伊藤と大杉栄の不倫をめぐって大杉栄刺傷事件を起こすと『青鞜』を放棄し、大杉と活動を共にするようになる。

[3] **甘粕事件**　この事件で首謀者の甘粕大尉は軍法会議にかけられ、懲役10年の判決を受けている。しかし、実際には3年弱で釈放され、その後はフランスへの官費留学などを経て満洲国にわたり、南満洲鉄道の幹部や満洲映画協会の理事長を務めるなど要職を歴任した。

[4] **森戸事件**　東京帝国大学助教授であった森戸辰男が同大学の「経済学研究」に発表した論文「クロポトキンの社会思想の研究」が新聞法違反であるとして、森戸と経済学研究の発行人兼編集人である大内兵衛が起訴された事件。森戸、大内とも有罪となり、森戸は巣鴨刑務所に収監された。森戸は戦後に「憲法研究会」の一員として民間の憲法草案起草に関わっている。

[5] **治安維持法**　国体の変革と私有財産制の否認を目的とした社会運動などを取り締まるために制定された法律。複数回の改正がなされているが、特に1928年の改正は、国体変革を目的とする行為に死刑や無期懲役・禁固を適用した内容面、議会で廃案となったにもかかわらず緊急勅令によって成立するという形式面とも、当時から批判を浴びた。第4章[51]も参照。

[6] **京都学連事件**　同志社大学内に貼られていた軍事教練反対のビラを機縁として、京都府警の特別高等警察が同志社大、京

良心の自由を設けたのは、明治憲法下においては、国民に対して天皇の精神的・道徳的権威への服従が求められ、国家が定めた「正統性」に基づく思想強制や弾圧が行われた。このことへの反省を踏まえ、ことさらに内心への国家の不干渉と中立性が求められることから、独立した条文が設けられたものと考えられる。

（2）総 論

日本国憲法19条では、「思想及び良心の自由は、これを侵してはならない」と規定している。思想と良心を区別するか否かについては、前者を客観的に判別可能な体系的な事柄、後者を個人のアイデンティティと結びついた主観的な是非弁別の作用として区別する考え方もあるが、さしあたり両者を一体として個人の内心の作用を保護したものと考えられる。また、内心の作用の中でも、思想や世界観、人生観など個人の人格の核心的な部分のみを保護すべきとする信条説と、善悪の価値判断なども含む個人の内心の作用全般を保護すべきとする内心説がある。最高裁は**謝罪広告事件**で「単に事態の真相を告白し陳謝の意を表明する」程度の謝罪広告掲載命令は合憲であるとしており、また**勤評長野事件**では自己評価の記入が「世界観、人生観、教育観の表明」にあたらないとするなど、信条説に近い立場をとっているものの、どちらの説を採用するか明言していない。

他国の憲法と比較しても、信教の自由や表現の自由と独立して思想・良心を保護する国は多くない。たとえばドイツ基本法４条は「信仰、良心、及び告白の自由」として、信教の自由と並列に良心の自由を規定している。現在でも有効な1789年フランス人権宣言では「思想及び意見の自由な伝達」の権利が保障されている。アメリカ合衆国憲法には宗教行為の自由についての条文はあるが、思想や良心という文言は含まれていない。このことは、これらの国に内心の自由が存在しないことを示すわけではなく、むしろ、この自由が立憲主義国家にとっては所与の前提であり、独立した条文を設ける必要がなかったことを示すものである。現に、思想や良心と

都帝国大学などで組織されていた社会科学研究会に所属する学生宅を家宅捜索するなどし、38名が治安維持法違反などで起訴された事件。

[7] **特別高等警察（特高）** 内務省に所属し、国家組織の根本を危うくするような社会運動や組織を取り締まった思想警察。

[8] **謝罪広告事件** 最大判昭和31年7月4日民集10巻7号785頁。衆議院選挙において対立候補の汚職について虚偽の放送を行った被告への名誉棄損訴訟において、一審、二審とも名誉棄損の成立を認め、謝罪広告を新聞に掲載することを命じたところ、被告は謝罪広告の強制は思想・良心の自由に違反するとして争った事件。

[9] **勤評長野事件** 最判昭和47年11月30日民集26巻9号1746頁。長野県教育委員会が学校の教職員に対して勤務評定書に自己観察の結果を記載するよう通達（長野方式）を出した事件。命じられた教職員がこの義務を負わないことの確認を求めたところ、最高裁は訴えの利益を欠くとして棄却した。

1 思想・良心の自由　　205

いう文言が存在していないアメリカ合衆国憲法のもとでも、世俗的な信念も含めた内心の自由は前提的なものとして保護されており、**内心と外部行為**[10]の自由は密接に関連するものであると考えられている。

（3）思想・良心の自由の保障

思想などの内心そのものが弾圧を受けた戦前の状況への反省を踏まえて日本国憲法が思想・良心の自由を保障することとなったという歴史的経緯から、この権利が保障する内容としてまず想定されるのは、国家は個人の内心に干渉せず、中立性を維持していなければならないという原理である。このため憲法19条は、**沈黙の自由**[11]を保障していると解される。沈黙の自由とは内心にとどめておきたい事柄について告白を強制されない権利であり、強制的に内心を外部に表出させることや、内心を推知できるような調査（**思想調査**[12]）は認められない。また、内心を理由とした不利益取扱いも禁止される。社会的に嫌悪される思想や考え方であっても、それが内心にとどまる限りは絶対的に保護される。

もっとも、占領下の特殊な事例を除き、内心を直接の理由として不利益取扱いをする事例は多くない。**麹町中学校内申書事件**[13]では、内申書への政治活動歴の記載の合憲性が争われたが、最高裁は「上告人の思想、信条そのものを記載したものでないことは明らかであり、右の記載に係る外部的行為によっては上告人の思想、信条を了知し得るものではないし、また、上告人の思想、信条自体を高等学校の入学者選抜の資料に供したものとは到底解することができない」と判示している。この判決については、政治活動歴の記載が仮に「思想、信条そのもの」ではないとしても、これによって思想、信条が「了知し得るものではない」とする点には疑問が残るだろう。この判決より前に出された三菱樹脂事件（後述）では団体加入や学生運動参加歴など過去の事実について、「その事実がその者の思想、信条と全く関係のないものであるとすることは相当でない」、「必ずしも常に特定の思想、信条に結びつくものとはいえないとしても、多くの場合、なんらかの思想、

[10] **内心と外部行為**　ある信念が内心にとどまれば19条、それが外部に表出した場合には原則として21条の問題となる。表現の自由が保障される前提として思想・良心の自由の保障は欠かせないものであり、両者を厳密に切り分けて考える必要はない。また、広く思想・良心の中には学問的な信念や宗教的な信念も含まれるが、これらは特に弾圧を受けた歴史的経緯から、独立した条文を設け後述のような保護を受けている。19条が一般法であるのに対し、20条、23条を特別法とみなす考え方もある。

[11] **沈黙の自由**　沈黙の自由の侵害が疑われた近年の事例として、2012年の大阪府の思想調査アンケートがある。このアンケートは労働組合への加入の有無や組合活動などについて回答を求めるもので、職務命令として回答が強制された。この事件が争われた大阪高裁では沈黙の自由につき直接は争われなかったものの、労働基本権の侵害などから損害賠償を認める判決を下している。

[12] **思想調査**　2012年には大阪市が職員に対して政治活動や組合活動についてのアンケート調査を行い、市長の職務命令で回答を義務づけたり、回答しない職員へ上司からの説得が行われた。2016年にはこのアンケートの一部が違憲であるとして大阪市に賠償を命じる判決が下されている（大阪高判平成28年3月25日判例集未登載［大阪市アンケート事件］）。

[13] **麹町中学校内申書事件**　最判昭和63年7月15日判時1287号65頁。中学校在学中に「麹町中全共闘」を名乗り政治運動を行っていた生徒（のちに世田谷区長となる保坂展人）が、内申書に政治活動を行い、またその疲労により欠席等をしたことを記載された事件。生徒はこれを理由として、すべての高校に不合格とされた。

信条とのつながりをもっていることを否定することができない」として、特定の行為をしていたことが内心の推知に結びつく可能性を指摘している。

公権力によるもののみならず、就職の際に信条に基づく不利益取扱いがなされるなど、私人による思想・良心に基づく不利益取扱いも存在する。**三菱樹脂事件**[14]で最高裁は、企業の雇用の自由を引き合いに「労働者の採否決定にあたり、労働者の思想、信条を調査し、そのためその者からこれに関連する事項についての申告を求めること」は法律に別段の定めがない限り許容されると判示して、思想・信条を理由とした雇入れの拒否を認めている。ただし、現在では厚生労働省は就職差別につながる恐れがある採用選考時に配慮すべき事柄の中に、支持政党や人生観・生活信条、思想などの把握などを挙げている。

これらに加えて、内心に反する外部的行為を強制されない自由も保障される。一般に、外部的行為は思想・良心の自由ではなく、表現の自由などの別の憲法上の権利の問題として処理される。しかし、個人の内心のありようは多様であり、国家による悪意のない規制が時として個人の内心と抵触する場合がある。たとえば、絶対的平和主義の思想をもつ人は兵役の義務に対して外部的行為による抵抗を試みるかもしれない。このような良心的兵役拒否は、単なる内心にとどまらず、義務づけられた兵役を拒否するという外部的行為を伴うものである。このような消極的、受動的な外部的行為の自由は、思想・良心の自由にかかわるものとして理解されるのが一般的である。トルストイの翻訳者として知られる**北御門二郎**[15]が良心的兵役拒否者として知られるように、戦前の日本でも、宗教的、世俗的を問わず、自身の強固な信念に基づいた兵役拒否が存在した。

（4）国旗・国歌問題

思想に反する外部的行為の強制について現在進行で争われている問題として、公立学校における国旗・国歌の強制の問題がある。1958年の学習指導要領改訂で「国民の祝日などに

[14] **三菱樹脂事件**　最判昭和48年12月12日民集27巻11号1536頁。三菱樹脂株式会社に入社した原告について、会社側が原告が学生運動に参加したことを事前に申告しなかった理由として、試用期間満了後に本採用を拒否した事件。最高裁は雇用関係を認めた東京高裁判決を破棄し、差し戻した。最終的に和解が成立し、原告は職場に復帰している。

[15] **北御門二郎**(1913〜2004)　トルストイ作品の翻訳で知られる熊本県出身の文学研究者。1938年に良心的兵役拒否を図り、徴兵検査で兵役拒否の意思を表明することを決意するも、兵役免除とされた。戦後はトルストイ作品の翻訳や良心的徴兵拒否、平和主義について発信した。

▲ぶな葉一『北御門二郎　魂の自由を求めて—トルストイに魅せられた良心的兵役拒否者』（銀の鈴社・2014年。書影は銀の鈴社 HP より）

1　思想・良心の自由　207

おいて儀式などを行う場合には、児童・生徒に対してこれらの祝日などの意義を理解させるとともに、国旗を掲揚し、君が代を斉唱させることが望ましい」とされて以降、国・文科省はさまざまな形で学校での国旗の掲揚、国歌斉唱の圧力をかけてきた。特に、**国旗国歌法**の成立以降はそのような圧力が強まり、**2003年の東京都の通達**や**大阪府の職員基本条例案**など不起立教員を厳しく処分する方向に向かった。

　この問題が最高裁で取り上げられた最初の事例が、音楽教諭が自身の思想・良心に基づいてピアノ伴奏を拒否したところ懲戒処分を受けた**ピアノ伴奏拒否事件**である。最高裁は、君が代が過去のアジア侵略と結びついており、これを公然と歌ったり、伴奏することはできないなどとする考え方について「歴史観ないし世界観及びこれに由来する社会生活上の信念等ということができる」として、憲法19条の保護の対象となる思想・良心であると判断した。しかしながら、最高裁はピアノ伴奏という行為の性質から、内心の核心部分を直接否定するような外部行為にあたらないこと、また君が代の伴奏をすることが特定の思想を有することを外部に表明する行為とはいえないことから、職務命令は直接的に思想・良心を否定するものとはいえないと判断した。

　ピアノ伴奏の職務命令がそもそも思想・良心の自由を侵害しないとしたピアノ伴奏事件に対して、学校の式典時に教員に起立・斉唱するよう命じ、違反した教員を懲戒処分とした事例が争われた**起立斉唱命令事件**では、一定の制約が存在することを認めた。判決は、ピアノ伴奏事件と同様、起立拒否の根拠となる世界観等が思想・良心にあたること、しかし起立・斉唱を命じることが内心の核心部分を否定したり特定の思想を有することを外部に表明する行為とはいえないと判示する。しかしながら最高裁は、起立斉唱行為が教員が日常的に担当する教科や事務の内容それ自体には含まれないこと、客観的にみても国旗国歌への敬意の表明の要素を含む行為であるとも指摘する。そうすると、特定の思想の表明そのものでないとはいえ、「個人の歴史観ないし世界観に由来する行動（敬意の表明の拒否）と異なる外部的行為（敬意の表明の要素を

[16] **国旗国歌法**　それまで「事実上の国旗・国歌」であった日章旗と君が代を法律上の国旗・国歌とするために1999年に制定された法律。2条からなる短い法律で、1条「国旗は、日章旗とする」、2条で「国歌は、君が代とする」と定めている。総理大臣・官房長官の談話ではこの法律が国民に義務を課すものでもないことが確認された。

[17] **2003年の東京都の通達**
東京都教育委員会通達が2003年に出した「入学式、卒業式等における国旗掲揚及び国歌斉唱の実施について」では、式典における国旗国歌の取扱いが細かく指示され、従わない教職員の服務上の責任にも言及された。

[18] **大阪府の職員基本条例案**
2011年に大阪府議会に提出された条例案。同年の国旗国歌条例と合わせて、最短3回の不起立で教員の免職を可能とする内容だった。2012年1月の最高裁判決が戒告以上の処分に慎重な判決を下したため、実際に3回の不起立で免職することは不可能となった。

[19] **ピアノ伴奏拒否事件**　最判平成19年2月27日民集61巻1号291頁。日野市立小学校の音楽教師が入学式の国歌斉唱時のピアノ伴奏を命じる校長の職務命令を受けたところ、君が代が戦前に果たした軍国主義的役割などからこれを拒否した事件。このことにより、職務命令に違反したとして受けた戒告処分の取消しを求めて訴訟を起こした事件。最高裁は訴えをしりぞけた。

[20] **起立斉唱命令事件**　最判平成23年5月30日集65巻4号1780頁、最判平成23年6月6日民集65巻4号1855頁、最判平成23年6月14日民集65巻4号2148頁、最判平成23年6月21日集民237号53頁。東京都や広島県などの公立学校の教員が、入学式や卒業式の国歌斉唱時に起立斉唱するよう校長から職務命令を受けたにもかかわらず不起立行為を行った。このことにより受けた懲戒処分の取消しを求めて訴訟を起こした事件。

含む行為）を求められることとなり、その限りにおいて、その者の思想及び良心の自由についての間接的な制約となる面があることは否定し難い」ものであるとして、起立斉唱の強制が思想・良心の自由の間接的な制約となりうると判示した。このような制約が存在する場合、職務命令の必要性や合理性と総合較量のうえ、合憲性が判断される。

　通説的な理解では、直接的な制約とは形式的には外部的行為の強制であっても、その趣旨・目的が特定の世界観の押しつけであったりその告白を強制する場合に生じる制約であり、間接的な制約とは、そのような趣旨・目的なく命じられた外部的行為の強制が当事者の内心と矛盾する場合に生じる制約を指す。最高裁は、ピアノ伴奏行為や起立斉唱行為の強制は直接的な制約にあたらないため厳格な**審査基準**[21]を適用する必要はないが、少なくとも起立斉唱行為の強制は間接的な制約にあたるため緩やかな審査基準を適用する必要性があると考えているようである。

　ただし、2003年の通達以降の経緯を踏まえても、公立学校教員に対する国旗国歌の強制の趣旨・目的が中立的なものであったかどうかはきわめて疑わしい。起立斉唱判決の宮川裁判官**反対意見**[22]（6月6日判決）が「式典の円滑な進行を図るという価値中立的な意図で発せられたものではなく……〔君が代に反対する〕歴史観ないし世界観及び教育上の信念を有する教職員を念頭に置き、その歴史観等に対する強い否定的評価を背景に、不利益処分をもってその歴史観等に反する行為を強制することにあるとみることができる」と指摘しているように、国旗国歌について否定的な思想を抑圧し、このような思想をもつ教員を教育現場から排除することが職務命令の趣旨・目的だったとみるのが自然であろう。

▶ **2　国家と宗教**

（1）前　史

　諸外国の憲法をみても、国家と宗教の関係についての規定

[21] 〔違憲〕審査基準　第11章〔34〕も参照。法律や行政行為が憲法に適合するかどうかを判断する際、裁判所が用いる基準。厳格な審査基準や中間審査基準、合理性の基準（▶第11章〔35〕）などが知られる。

[22] 反対意見　裁判所法11条は最高裁について、「裁判書には、各裁判官の意見を表示しなければならない」と規定しており、少数意見も判決に掲載される。結論・理由づけともに多数意見に反対するものを「反対意見」、結論には賛同だが理由づけには反対するものを「意見」、多数意見に同調するが補足的に付されるものを「補足意見」と呼ぶ。

の仕方は一様ではない。多くの国が信教の自由を保障しているのは共通するものの、政教分離に関しては、G7諸国の中でも、厳しい政教分離を採用している国家（分離型：フランス、アメリカ）、**国教を設けている国家**（国教型：イギリス）、国教は設けないものの宗教と一定の関係をもつ国家（コンコルダート型：ドイツ、イタリア）など3つのタイプに分類できる（イタリアは国教型に分類する考え方も有力である）。国家と宗教の関係を憲法がどのように規定するかはそれぞれの国の歴史的背景が大きく影響しており、それぞれのタイプの中でも具体的な制度のあり方は一様ではない。このような事情は日本でも同様であり、日本国憲法が規定する国家と宗教の関係は日本独自の歴史的文脈を有する。したがって、明治憲法のもとでの宗教のあり方に触れなければならないだろう。

　江戸幕府の後を襲って成立した大日本帝国は、それまでの幕藩体制の封建国家から中央集権的な主権国家への変貌を目指した。この中で、それまで「日本人」としての一体性や自覚に欠けていた国民を統合する基軸となるイデオロギーの調達が求められた。そこで用いられたのが天皇制と神道である。維新の元勲のひとりである伊藤博文（▶第1章［10］）は、日本人としての一体性を創り出すための基軸として神道を挙げつつ、これのみでは人心を掌握するための力に乏しいとして、神道と皇室を結びつけて国の基軸にするべきと述べている。このような構想に基づき、明治政府は従来の神道を国家によって統合し、天皇を頂点とする**国家神道**を創出した。明治憲法下においては、国家機関（教部省→内務省寺社局→神社局→神祇院）による神社の管理がなされ、日本国民はすべて国家神道の構成員であるとみなされた。天照大神と明治天皇を祭神とする朝鮮神宮を典型とするように、日本の植民地政策の一環としての神社の建立も国家政策として遂行された。

　このように、天皇制と結びついた国家神道を中核とする大日本帝国では、現代のような信教の自由や政教分離は存在しなかった。明治憲法28条は「日本

[23] **国教を設けている国家**　国教を有する国でも、そのあり方は多様である。イギリスのように、国教をもちながらも多様な価値観を尊重し十分な信教の自由が保障されている国家もある。その一方で、サウジアラビアやイランのように国教であるイスラム教に基づいた法制度が構築され、イスラム教に基づく女性差別など国際社会から非難を浴びている国もある。フィンランドルター派とフィンランド正教会に財政支援を行うフィンランドのように、ふたつの国教をもつ国家もある。

[24] **国家神道**　国民統合を目的として近代天皇制国家によって意識的に創出された宗教として国家神道を位置づける考え方。宗教学者である村上重良が『国家神道』（岩波新書・1970年）などで提唱した「広義の国家神道」論によるところが大きい。これを展開したものとして、島薗進『国家神道と日本人』（岩波新書・2010年）など。なお、伊藤博文は「……我国に在ては宗教なる者其力微弱にして、一も国家の機軸たるべきものなし。……神道は祖宗の遺訓に基き之を祖述すとは雖、宗教として人心を帰向せしむるの力に乏し。我国に在て機軸とすべきは独り皇室にあるのみ」として、天皇制と結びついた神道を国民統合の基軸にしようと試みた。歴史科学協議会、中村尚美＝君島和彦＝平田哲男編『史料日本近現代史Ⅰ 近代日本の形成』（三省堂・1985年）143〜144頁。

▲朝鮮神宮（public domain）

臣民ハ安寧秩序ヲ妨ケス及臣民タルノ義務ニ背カサル限ニ於テ信教ノ自由ヲ有ス」（傍点は筆者）と規定し、一定の範囲で信教の自由を認めていたものの、国家神道の強制を前提とした限定付きの権利にすぎなかった。実際、国家神道や国家体制にとって不都合な宗教への弾圧は幾例か存在する。著名なものとして、神道系の新宗教である大本を弾圧した**大本事件**[25]や、兵役拒否や天皇制への批判的言説を行っていた灯台社（エホバの証人）への弾圧（**灯台社事件**[26]）などがある。

第二次世界大戦後の占領下で、GHQ は**神道指令**[27]と呼ばれる指令を発した。この神道指令を受けて国家神道は解体され、日本国憲法は信教の自由を保障し、政教分離を規定した。憲法20条では、１項前段で「信教の自由は、何人に対してもこれを保障する」、２項で「何人も、宗教上の行為、祝典、儀式又は行事に参加することを強制されない」として、自らが望む宗教を信仰し、望まない宗教を強制されない自由として信教の自由を保障している。

（2）信教の自由

信教の自由は一般に、①内心の信仰の自由、②宗教活動の自由、③宗教的結社の自由の３点から構成されると考えられている。①は信仰は内心にとどまる限り絶対に保護されるとするもので、国家が特定の宗教を邪教として排撃したり、信仰を強制することを禁止する。また、信仰を告白する自由、告白しない自由も含まれる。②は自由に宗教活動や儀式を行う権利を保障したもので、この中には自身の信仰を布教する自由も含まれる。③は信仰を同じくする者が宗教団体を設立し、結社する権利を保障するものである。後述の思想・良心の自由が個人的信念を保護する側面が強いことと異なり、信教の自由は団体を形成し、それを拡大することが重要な要素となると考えられる。国は原則として宗教行為に介入をしたり、その行使を制限してはならない。

もっとも、時として宗教活動と社会のルールや常識とは矛盾する。このことは、マイノリティ宗教であればあるほど顕著であろう。たとえば、日本で仏教の慣習に従って忌引きで

[25] **大本事件** 国家神道とは矛盾する教義を有する神道系宗教団体の大本への弾圧事件。教祖らが不敬罪などで検挙された第一次大本事件と、1000人近い信者が治安維持法違反で検挙された第二次大本事件がある。

[26] **灯台社事件** キリスト教系宗教の灯台社（エホバの証人）の信者が治安維持法違反などの嫌疑で検挙された事件。灯台社は「天皇は娑婆の権威にすぎない」などとして国家体制とは異なる立場をとっていた。

[27] **神道指令** GHQ が1945年12月15日に発出した覚書。正式名称は「国家神道、神社神道ニ対スル政府ノ保証、支援、保全、監督並ニ弘布ノ廃止ニ関スル件」。信教の自由の確保や国家神道の解体などを求め、国家と神社神道を切り離すことを企図していた。

2　国家と宗教　　211

仕事を休んだり、神道の慣習に従って地鎮祭を行っても、社会的な違和を生じさせることは少ない。一方、イスラム教の慣習に従って特定の時間に礼拝をしたり、ユダヤ教の教義に従って金曜の夜の労働を拒否したりすれば、社会から逸脱した「非常識」な行為とみなされる可能性がある。だとすれば、信教の自由とは、社会の中の少数派宗教が教義に従って非常識な行為、あるいはルールから逸脱するような行為をした場合にこそその真価が問われる権利であるといえよう。もしマイノリティ宗教の信者が信仰に基づいて違法な薬物を使用したり、大学の必修科目の受講を拒否しても、単純にそれを否定し、処罰／処分することの妥当性は検討の余地がある。

　憲法学において、この問題は「信教の自由の限界」の問題と位置づけられてきた。リーディングケースとして機能しているのが**加持祈祷事件**[28]である。この事件で最高裁は「信教の自由の保障も絶対無制限のものではない」のであり、仮にそれが信仰に基づくものであったとしても「他人の生命、身体等に危害を及ぼす違法な有形力の行使」を処罰することは違憲とはいえないと判示して、信教の自由への一定の制約を許容した。

　もっとも、信仰に基づいたルールからの逸脱が一律に否定されるわけではない。**牧会活動事件**[29]のように、形式上刑法犯にあたる信仰に基づいた行為について、その行為を制約することで「結果的に行為の実態である内面的信仰の自由を事実上侵すおそれが多分にある」ため「最大限に慎重な配慮を必要とする」として無罪とした事例もある。また、直接的に信教の自由が問題となった事案ではないものの、**神戸高専剣道受講拒否事件**[30]ではルールを課す側に信仰への一定の配慮が求められる場合があるとされた。最高裁は、宗教的理由で武道の受講ができない生徒に対して剣道を必修とし、受講要請することは「直接的」に生徒の信教の自由を侵害するものではないとしたものの、宗教上の教義に基づき剣道を拒否した生徒に何らのとりうる代替措置もとらず、また退学という過酷な処分につながる単位不認定を行ったことは校長の裁量権の逸脱・濫用であり許されないと判示している。

[28] **加持祈祷事件**　最大判昭和38年5月15日刑集17巻4号302頁。精神異常者の少女に対して、憑りついたタヌキを追い出すためなどとして、手足を縛り燃え盛る護摩壇の近くで火に当たらせ、煙でいぶすなどしたところ少女が死亡した事件。最高裁で傷害致死罪の有罪判決が確定。

[29] **牧会活動事件**　神戸簡判昭和50年2月20日判時768号3頁。建造物侵入などの罪で警察が捜査中だった高校生について、兵庫県の教会の牧師が一週間かくまったうえ、出頭させた事件。牧師は犯人隠匿の罪に問われたが、神戸簡裁は刑罰法規が「宗教行為でありかつ公共の福祉に奉仕する牧会活動」に常に優先するものではないとして牧師を無罪とした。

[30] **神戸高専剣道受講拒否事件**　最判平成8年3月8日民集50巻3号469頁。エホバの証人の信者であった原告の生徒が剣道の受講を拒否し体育の単位を得られず、2年続けて原級留置となり、最終的に退学処分に至った事件。最高裁は生徒の信教の自由については正面から取り扱わなかったものの、真摯な信仰を適切に勘案しなかった学校の裁量権逸脱・濫用を認めた。

これに加えて、宗教団体にかかわる問題もある。宗教法人法12条は「宗教法人を設立しようとする者は、左に掲げる事項を記載した規則を作成し、その規則について所轄庁の認証を受けなければならない」と規定し、宗教法人の設立に際して国の介入を行っている。宗教法人にならなくても宗教的結社を組織することは可能であるため、この規定は憲法違反とは考えられていない。もっとも、宗教法人法81条は「法令に違反して、著しく公共の福祉を害すると明らかに認められる行為をしたこと」や「宗教団体の目的を著しく逸脱した行為をしたこと」を理由として、裁判所が諸官庁等の請求により解散命令を出すことができると定めている。解散とは法人格のはく奪を意味するにすぎず宗教活動を継続することは可能だが、宗教法人の解散によって教団名義の銀行口座が作れなくなるなど教団や信者の信仰生活に一定の影響が生じるほか、「解散命令を受けた宗教」という社会的な負のレッテルを張られることにもなる。また、信仰内容に基づいた解散命令がなされれば、教義に基づいた不利益付与として信教の自由に抵触する可能性もあろう。これについて**オウム真理教解散命令事件**[31]で最高裁は、解散命令という制度は「専ら宗教法人の世俗的側面を対象とし、かつ、専ら世俗的目的によるものであって、宗教団体や信者の精神的・宗教的側面に容かいする意図によるものではなく、その制度の目的も合理的」であるとしたうえで、信仰に支障が出るとしても「間接的で事実上のものであるにとどまる」と結論づけている。

（3）政教分離原則

冒頭でみたように、日本国憲法20条は、1項後段で「いかなる宗教団体も、国から特権を受け、又は政治上の権力を行使してはならない」と、3項で「国及びその機関は、宗教教育その他いかなる宗教的活動もしてはならない」と、憲法89条では「公金その他の公の財産は、宗教上の組織若しくは団体の使用、便益若しくは維持のため……これを支出し、又はその利用に供してはならない」と規定して、政教分離原則を定めている。

[31] **オウム真理教解散命令事件** 最決平成8年1月30日民集50巻1号199頁。麻原彰晃（2019年に死刑執行）をトップとする宗教団体で、地下鉄サリン事件をはじめとする無差別テロを起こしたオウム真理教に対して、サリンの製造などを理由に解散命令の請求がなされた事件。最高裁は解散命令を認める判断を下している。なお、その後のオウム真理教はアレフや「山田らの集団」など複数の組織に分裂している。

2　国家と宗教　213

政教分離原則は直接的には国家神道を念頭に置いて作られた規定であるが、他の宗教と国家の結びつきも禁じるものである。国家と宗教の関係を切断すべき理由としては、国家と宗教が結びつくことで政治や民主主義が機能不全に陥ったり宗教が堕落したりすることを防ぐことや、国家が特定の宗教と結びつくことで生じる信教の自由への侵害を防ぐことなどが挙げられる。最高裁は**津地鎮祭事件**[32]において、政教分離原則は「国家と宗教との分離を制度として保障することにより、間接的に信教の自由の保障を確保しようとするものである」として、後者の観点から政教分離の必要性を説明している。

もっとも、社会の中にはクリスマスのように習俗化した宗教行事が存在する。たとえば市民の憩いの場として公有地でクリスマスツリーを飾ることは政教分離原則に反するものだろうか。また、近年、ムスリムを想定した礼拝室が学校などの公的な場に設置されることが増えてきているが（▶本章コラム❾）、これらは政教分離原則に違反するであろうか。

このような疑問に対して津地鎮祭事件で最高裁が示したのが、アメリカの連邦最高裁の判例を参考にした**目的・効果基準**[33]と呼ばれる基準である。判決は、憲法20条3項が禁ずる宗教活動とは「国及びその機関の活動で宗教とのかかわり合いをもつすべての行為を指すものではなく、そのかかわり合いが右にいう相当とされる限度を超えるものに限られる」と述べて、「目的が宗教的意義をもち、その効果が宗教に対する援助、助長、促進又は圧迫、干渉等になるような」国家の行為を指すものであると判示している。

この目的・効果基準に照らせば、クリスマスツリーの展示のように世俗的な目的を有し、効果としても宗教団体への援助・助長とならない行為は政教分離には違反しないことになる。判例では、死亡した自衛官を護国神社に合祀する際の自衛隊の協力が問題となった**自衛官合祀事件**[34]、公有地に地蔵や忠魂碑を設置する行為などが目的効果基準により政教分離違反にあたらないとされている。一方、**愛媛玉ぐし料事件**[35]のように、特定の宗教団体に地方公共団体が寄付金を支出することは、社会的儀礼を超えて宗教的意味をもち、また寄付金は

[32] **津地鎮祭事件** 最大判昭和52年7月13日民集31巻4号533頁。三重県津市が体育館を建設する際に、建設予定地で神職らによる地鎮祭を執り行い、公費で費用を負担した事件。最高裁は目的・効果基準（▶本章[33]）を用いて習俗的な範囲にとどまる宗教行為への公金支出は政教分離に違反しないと判断した。

[33] **目的・効果基準** アメリカ連邦最高裁が用いたレモン・テストと呼ばれる違憲審査基準をひな形に形成された基準。ただし、レモン・テストは目的、効果に加えて「かかわり合い（entanglement）」も審査されるため、目的・効果基準はレモン・テストと比べて緩やかな審査基準である点が批判されることもある。

[34] **自衛官合祀事件** 最大判昭和63年6月1日民集42巻5号277頁。死亡した自衛官につき、OB団体である隊友会が自衛隊の協力のもとに護国神社に合祀する申請を行ったところ、キリスト教徒であった自衛官の妻から合祀申請の取消などを求めて提起された訴訟。最高裁は自衛隊の関与を認めず合憲の判断を下している。

[35] **愛媛玉ぐし料事件** 最大判平成9年4月2日民集51巻4号1673頁。靖国神社の例大祭に際して、愛媛県が公金から玉ぐし料、献灯料などとして継続的に寄付金を支出した事例。最高裁は政教分離が争われた事例としてはじめて違憲判決を下した。

▲玉ぐし（イメージマート）

直接的に宗教団体の利益になる効果を生じさせるため、目的効果基準に照らして違憲であると考えられている。

政教分離については津地鎮祭事件最高裁判決の時点で、国家と宗教の徹底的な分離を求め、習俗的な行事であっても宗教性を有するようなものについては違憲とすべきとする反対意見が付せられているなど、最高裁の基準は緩やかにすぎるとの批判もある。また、目的・効果基準が「目盛りのない物差し」であるとしてより精緻な基準が必要であるとする考え方も、愛媛玉ぐし料訴訟の少数意見で付されている。

なお、政教分離訴訟では近年、地方公共団体が所有する土地が宗教施設に無償で提供される事例が争われることも多い。**空知太神社事件**[36]では、目的・効果基準が用いられず、施設の性格や無償提供の経緯、態様、これに対する一般人の評価などを総合的に考慮する審査基準が採用された。同様の審査基準はその後の**那覇孔子廟訴訟**[37]でも採用されている。

（4）信教の自由と政教分離の緊張関係

近年、学校や公共施設などで**礼拝室（祈祷室）や小浄施設**[38]が設置される例が多くみられるようになった。これらは主として、イスラム教徒を念頭に置いて設置されたものである。宗教的多様化が進む中で、日本の慣習や社会通念と時に抵触するイスラム教徒の信仰に配慮し共生を目指すための措置であり、マイノリティ宗教を尊重するものとして、信教の自由の観点から、あるいは多様性を重視する社会にとって望ましいものと評価されている。

他方、公的な場所でイスラム教徒の礼拝のための部屋を設けることは、特定の宗教を国家や地方自治体が優遇していることにはならないだろうか。仮に礼拝室がイスラム教徒以外に開かれていたとしても、公的な場所に宗教施設を設置することそれ自体、政教分離原則に抵触する可能性があるだろう。

[36] 空知太神社事件　最大判平成22年1月20日民集64巻1号1頁。北海道砂川市の市有地が空知太神社を管理する町内会に無償貸与されていたことが政教分離原則に反するとして神社の撤去などが求められた事例。最高裁は市有地の無償貸与を違憲としたものの、神社を信仰する氏子集団の信教の自由にも一定程度配慮し、政教分離違反を解消する手段についても言及している。

[37] 那覇孔子廟訴訟　那覇市が孔子をまつる孔子廟に対し都市公園の土地を無償で提供していたことが政教分離違反であるとして、利用料の請求などを求めた事例。最高裁は無償提供が政教分離原則に違反するとして違憲判決を下した。

▲問題となった孔子廟（横大道聡撮影）

[38] 礼拝室（祈祷室）や小浄施設　イスラム教徒は1日に5回礼拝を行い、礼拝前には手足などを水で清めるウドゥ（小浄）を行う。大学や公共施設などでは、宗教的多様性の観点から礼拝室や小浄施設などを設置する場所が増えている。本章**コラム❾**を参照。

コラム❾　日本におけるムスリム

　日本に在住するイスラム教徒（ムスリム）の信者数は、2010年に10万人程度だったものが2019年には23万人に達しており、大きく増加している。これに伴って、従来の日本とは異なるイスラム教の生活様式をどのように受け入れるかが課題となっている。たとえばイスラム教徒は1日に5回、メッカの方向に向けて礼拝を行わなければならず、また礼拝前には手足などを水で清めるウドゥ（小浄）を行う。ところが、このような文化のない日本では公共の場で礼拝を行える場所や、ウドゥのために手足を洗える場所がない。このため、大学や公共の施設で礼拝室や小浄のためのスペースが設置される事例も多い。金沢大学は日本の国立大学では最初期に写真のような礼拝室と小浄施設を導入した。これらの施設は日本とは異なる文化・宗教的背景をもつ留学生を念頭に置きつつ、すべての人に開かれたPrayer Room（礼拝室）として設置されている。特定の宗教を優遇せずに政教分離の問題を避けつつ、イスラム教の生活様式に寄り添い、少数派宗教の社会的包摂を目指す優れた試みといえるだろう。

　このような取り組みがある一方で、残念ながら日本の一般的な生活様式と大きく異なるムスリムの生活様式は時に摩擦を生み、「イスラモフォビア」と呼ばれるイスラム教への差別的な言動も増加している。また、イスラム教で一般的な埋葬方式である土葬が行える墓地は日本にほとんどない（九州地域には一か所もない）など、今後解決すべき課題も多い。

▲礼拝室（金沢大学。筆者撮影）

▲小浄施設（金沢大学。筆者撮影）

　信教の自由と政教分離は時に緊張関係にある。宗教的多様性の実現を目的として公的な空間に礼拝室を設けることは、信教の自由を最大化するかもしれないが、政教分離原則の観

点からすれば宗教を特別扱いしたり、国家と宗教が結びつく批判されるべき事柄かもしれない。特に、国家がマイノリティ宗教への便宜的措置として特別な配慮を行う場合においては、憲法20条が定めるふたつの原理をどのように調整するかは難問となる。

この点が問題になったのが、本節で前述した神戸高専剣道受講拒否事件である。すでにみたように、この事件では生徒が信仰に基づいて剣道の受講の免除・代替措置を求めたのであるが、高専側がこれらの対応を拒否した理由のひとつが、免除や代替措置を認めることが政教分離原則に違反する可能性があることであった。一審判決において、「その信じる宗教の根幹部分の実践として剣道実技の履修を拒否しているにもかかわらずそれを履修したのに準じて評価するとすれば、その宗教の実践に助力しているという評価もあながち不自然ということはでき」ないとして、政教分離との緊張関係を免除・代替措置を認めない根拠のひとつとしている。もっとも最高裁は、津地鎮祭事件で示された目的・効果基準に照らして、代替措置をとり、その成果に応じた評価をすることが政教分離原則に反することはないと判示している。ただし、最高裁は「およそ代替措置を採ることが、その方法、態様のいかんを問わず」政教分離原則に反するものではないと述べているにすぎず、代替措置の「方法、態様」によっては宗教への配慮が政教分離原則に抵触する可能性を残している。

★日曜参観事件　東京地判昭和61年3月20日行判37巻3号347頁。日曜日に行われた父母参観授業に宗教上の理由で欠席した児童について、小学校長が指導要録の出欠記載欄に欠席の記載をしたことが信教の自由を侵害するか否かが争われた事件。東京地裁は欠席の記載が児童に与える不利益がほとんどないことなどから信教の自由の侵害を認めなかった。

3　学問の自由

（1）総　論

近代教育制度の生みの親である初代文部大臣の森有礼[39]は、「学問」と「教育」を区別し、学校体系の中でも「学問」の府である大学（帝国大学）を特殊なものであると考えていた。すなわち、尋常小学校や師範学校など下級教育機関では「良き人物」を育てることが主であり「学力を養う」ことは二の次であると考え、軍隊式教育を導入すべきとするなど教育方法

[39]　森有礼（1847〜1889）第1次伊藤内閣で初代文部大臣を務めた政治家。教育の目的は国家の反映であるとの思想をもち、文部大臣として諸学校令を出すなど、日本の近代教育制度の形成に大きな役割を果たした。一橋大学の前身である商法講習所の創設者でもある。帝国憲法発布発布式典の当日に暗殺された。

3　学問の自由　　217

についても国家による統制を重視した。対して大学では、教育研究内容はもとより、運営に関しても大学の自律性に任せるべきとして、下級学校と比較して「自由」を重視していた。

　大学に所属することで（所属するだけで）ある種の特権的な自由が得られるとする考え方は、現代でも共有されている。単に図書館やデータベースに自由にアクセスし研究できるというだけではない。大学の授業中に学生が鍋を食べたことが報道されたこともあるが、大学では校則などの縛りは少なく、規則よりも自由を重んじ、学生も教員も「自治」を重視する傾向が他の学校よりも強いことが感じ取れるのではないか。

　憲法23条は「学問の自由は、これを保障する」と定め、自由に真理の探究をする権利を保障している。もっとも、単に研究したり、その成果を発表する自由であれば、思想・良心の自由や表現の自由で事足りるようにも思われる。学問の自由が特に憲法に規定されているのは、一般私人を対象としたこれらの表現の自由などとは異なり、主として大学を中心とする高等研究機関とその構成員を想定した権利を保障する趣旨であると考えられる。最高裁も**東大ポポロ事件**で、憲法23条は「特に大学における……自由を保障することを趣旨としたものである」としたうえで、「以上の自由は、すべて公共の福祉による制限を免れるものではないが、……大学の本質に基づいて、一般の場合よりもある程度で広く認められると解される」（傍点は筆者）と判示して、大学における自由を広く認める立場をとっている。

　このように、日本国憲法が規定する「学問の自由」のベースには、学問の場である大学を他の教育機関と区別し、特別なものとみなす考え方がある。このような「学問の自由」観は、1810年のフンボルト大学（当時はベルリン大学）の創設を契機とするドイツの大学の歴史的展開を淵源にもつ。他方、アメリカのように学者や研究者のエリート化を嫌い、思想・良心の自由や表現の自由と地続きの権利として学問の自由を位置づけようとする国もあり、日本の学問の自由のとらえ方が世界的にみて圧倒的多数派というわけではない。

　なぜそのような、ともすればエリート主義的とも思われる

［40］**東大ポポロ事件**　最大判昭和38年5月22日刑集17巻4号370頁。東京大学の学生団体「ポポロ劇団」演劇発表会が東大内で行われた際、私服警官が無断で学内に侵入しスパイ行為を働いたところ、学生が警官に暴行を加えた事件。一審、二審では学問の自由を守る正当な行為として無罪とされたが、最高裁はこれを棄却し、東京地裁での差戻審で有罪判決が確定した。なお、この時の東大総長は戦時中に思想弾圧で東大を追われた経験のある矢内原忠雄であり、大学の自治を守るために当局に毅然として対応した。

権利の保障が必要なのであろうか。学説では、高等研究機関の構成員が産み出す成果が民主的な政治過程や経済活動に貢献すること、自律的個人のロールモデル（▶第8章［43］）を提供するなど、社会全体の中長期的な利益に大きく貢献していること（長谷部恭男）、人間の生と社会の発展に寄与してきた学問成果を継承し、新たな知の地平を切り開く中核としての役割を大学が担うという、大学の公共的性格（佐藤幸治）などが根拠として挙げられており、学問の自由への侵害は、研究者個人への権利侵害を超えて、社会や国家の利益を損なうものと考えられているといえる。加えて、**天皇機関説事件**や**滝川事件**[42]のように、国家が特定の学問的立場を狙い撃ちし、排除しようとする事件が戦前に複数生じている。これらへの反省は、日本国憲法が特に大学における学問の自由を保護しようとしたひとつの理由であるといえるだろう。

（2）学問の自由の保障と限界

学問の自由の具体的内容としてまず挙げられるのが、①学問研究の自由と②研究発表の自由である。1935年の天皇機関説事件では、それまで通説であった美濃部達吉の天皇機関説を直接攻撃する**国体明徴に関する声明**[43]が内閣より出され、美濃部の著書である『憲法撮要』が発禁となるなど、学問研究とその発表を直接禁ずる事件が生じている。

また、これらの自由を下敷きにして、③研究成果を教授する自由（教授の自由）も学問の自由の保障内容に含まれると考えられる。東大ポポロ事件（▶本章［40］）で最高裁は、「教育ないし教授の自由は、学問の自由と密接な関係を有するけれども、必ずしもこれに含まれるものではない」としながらも、大学については憲法や学校教育法の趣旨に鑑みて「教授その他の研究者がその専門の研究の結果を教授する自由は、これを保障されると解するのを相当とする」と判示している。東大ポポロ事件では教授の自由は大学に限定されたが、**旭川学力テスト事件**[44]では普通教育においても、一定の範囲における教授の自由が保障されるべきとされた。ただし判決は、学生が一応教授内容を批判する能力を備えていると考えられる

[41] **天皇機関説事件** 国家は国民によって構成される法人であるとする国家法人説に基づき、法人たる国家の最高機関と位置づける美濃部達吉の天皇機関説が、貴族院の菊池武夫議員の演説を契機に異端の学説として排撃された事件。第5章［58］も参照。

[42] **滝川事件** 京都帝国大学教授の瀧川幸辰（ゆきとき）が行った講演会が無政府主義的であるとして菊池武夫議員などが追及し、休職処分の後に退官に追いやられた事件。この事件に抗議して京都帝国大学では佐々木惣一をはじめとする教授陣が一斉に退職している。

[43] **国体明徴に関する声明** 岡田啓介内閣によって出された声明で、第一次国体明徴声明（1935年8月3日）、第二次国体明徴声明（1935年10月15日）からなる。国家の統治権の主体が天皇にあることを「国体の本義」であるとして、「天皇は国家の機関なりとなすが如き、所謂天皇機関説とは……芟除〔さんじょ。取り除くことを意味する〕せざるべからず」とした。

[44] **旭川学力テスト事件** 最大判昭和51年5月21日刑集30巻5号615頁。この判決は学問の自由について、「普通教育の場においても、例えば教師が公権力によって特定の意見のみを教授することを強制されないという意味において、また、子どもの教育が教師と子どもとの間の直接の人格的接触を通じ、その個性に応じて行われなければならないという本質的要請に照らし、教授の具体的内容及び方法につきある程度自由な裁量が認められなければならないという意味において」と限定を付したうえで、一定程度教授の自由が保障されると述べている。第12章［18］も参照。

3　学問の自由　　219

大学教育と比較して、普通教育においては、児童生徒にこのような能力がなく教師が強い影響力、支配力を有すること子どもの側に学校や教師を選択する余地が乏しいこと、教育の機会均等を図るうえからも全国的に一定の水準を確保すべき強い要請があることなどから、「普通教育における教師に完全な教授の自由を認めることは、とうてい許されない」とも述べており、大学と普通教育における学問の自由の保障の程度が異なることを強調している。

これらに加えて、伝統的に大学の自治が学問の自由の保障内容として挙げられる。これは、高等研究機関としての大学が国家などの権力から独立し、高度の自律性を維持することで、はじめて上述の自由が達成されるとの考えに基づくものである。東大ポポロ事件では、「大学における学問の自由を保障するために、伝統的に大学の自治が認められている」としたうえで、「この自治は、とくに大学の教授その他の研究者の人事に関して認められ、大学の学長、教授その他の研究者が大学の自主的判断に基づいて選任され」、「大学の施設と学生の管理についてもある程度で認められ、これらについてある程度で大学に自主的な秩序維持の権能」が認められると述べている。

もっとも、例外的に学問の自由が制限される場合も存在する。人間の尊厳の維持にかかわるヒトに関する研究などが代表例であり、**ヒトクローン規制法**[45]のように一定の研究内容が法的に規制されている場合もある。今後も、**ゲノム編集技術にかかわる問題**[46]など、学問の自由への法規制がむしろ望ましい場合もありうると思われる。

加えて、日本の大学で歴史的に禁忌とされてきたのが軍事研究である。**日本学術会議**[47]は、1950年、1967年、2018年の声明で、戦争や軍事を目的とする研究（軍事研究）を行わない旨の立場を明確に示してきた。2018年の声明では「大学等の各研究機関は、施設・情報・知的財産等の管理責任を有し、国内外に開かれた自由な研究・教育環境を維持する責任を負うことから、軍事的安全保障研究と見なされる可能性のある研究について、その適切性を目的、方法、応用の妥当性の観

［45］**ヒトクローン規制法**　正式の題名は、「人に関するクローン技術等の規制に関する法律」。人の尊厳の保持、人の生命および身体の安全の確保ならびに社会秩序の維持を目的として、ヒトクローン胚の胎内移植などを禁止している。

［46］**ゲノム編集技術にかかわる問題**　ゲノム編集とは特定の箇所の遺伝子を書き換える技術である。ゲノム編集についての臨床応用は行うべきではないとするのが国際的な一致点であるが、2018年には中国でこの技術を用いた双子が誕生しているとの報道があり、中国国内外で倫理的な観点から批判がなされた。

［47］**日本学術会議**　日本学術会議法に基づき、日本の平和的復興、人類社会の福祉に貢献し、世界の学界と提携して学術の進歩に寄与することを使命として設立される内閣府所管の機関。会員の選定は当初は選挙であったが、現在は学会による推薦候補を内閣総理大臣が任命する制度。2020年の菅内閣時には、推薦された委員の任命が拒否される問題が起こっている。

点から技術的・倫理的に審査する制度を設けるべきである」として、各研究機関による自主的な指針に基づいて軍事研究が行われないようにすることを求めている。この理由として、「軍事的な手段による国家の安全保障にかかわる研究が、学問の自由及び学術の健全な発展と緊張関係にある」との見地に立ち、具体的には、学術研究が政治権力によって制約・動員された歴史的経緯から、軍事研究では「研究の期間内及び期間後に、研究の方向性や秘密性の保持をめぐって、政府による研究者の活動への介入が強まる懸念がある」ことが挙げられている。

　このような観点から、各研究機関の自律的な判断によって軍事研究については一定の範囲で学問の自由の例外とすることは可能であろうが、何が「軍事研究」かについての曖昧さや、**デュアルユース技術**[48]の問題など、解決すべき問題も多い。

（3）「大学の自治」の変容

　学問の自由のうち、特に大学の自治についてはここ20年で大きな変容がみられる。たとえば、2003年の国立大学法人法によって設置者が国から**国立大学法人**[49]に変化し、これに伴って国から交付される運営交付金が毎年削減されることとなり、トイレの改修をクラウドファンディングに頼らざるを得ない国立大学もあらわれている。また、2014年の学校教育法改正では、それまで大学の自主的な運営の中核を担ってきた**教授会**[50]についても大きな制度変更がなされた。これにより、「重要な事項を審議する」組織であった教授会について、学生の入学・卒業や教育研究にかかわり教授会に諮るべき重要な事項と学長が定める事柄について、「学長が……決定を行うに当たり意見を述べる」ものとされた。このことで、教授会の性質は重要な事項を審議する組織から、学長の諮問事項や意見具申事項などを審議する組織へと大幅に姿を変えている。

　一連の大学改正は、最終決定権をもつ学長のリーダーシップのもとに、ガバナンス体制の明確化を図り、大学運営を効率化するためのものである。教授会の役割を限定化することで、一部の学部の反対で大学内の改革が頓挫するなどの問題

[48] **デュアルユース技術**　民間用途にも軍事用途にも利用可能な技術を指す。衛星、GPSやドローンなどが挙げられる。日本学術会議は「軍事用と民生用で研究成果を分けるのは困難」であるとしてデュアルユース技術の研究を大学で行うことには慎重であるべきだとしている。

[49] **国立大学法人**　大学の競争力と自主性を高め、個性的で魅力ある大学としていくことなどを目的として国立大学は文部科学省の内部機関から独立した法人となった。しかし、2020年には国立大学法人化を推進した有馬元文部相・東大総長が「国立大学法人化は失敗だった」とするインタビュー記事を出すなど、批判的な声も多い。

[50] **教授会**　各大学に設置されている教員による合議体である。2014年学校教育法改正以前は大学運営の中核を担っていたが、改正後は学長の権限が強化され、教授会の役割は限定された。ただし、2014年以前から大学によってその役割はさまざまあった。

が解消される場合もあろう。その一方で、学内の意向投票に反した学長の指名や学長任期の延長、学長権限の強化による強権的な権限の行使など、さまざまな弊害も指摘される。

　また、2023年には大規模国立大学（東大、京大、東北大、大阪大、および名古屋大と岐阜大とを運営する東海国立大学機構）を対象として、運営方針を決める合議体である「運営方針会議」の設置を義務づける国立法人法改正がなされた。運営方針会議の委員は3人以上の運営方針委員と学長であり、文部科学大臣の承認を経て学長が任命する。会議は中期計画の作成などいくつかの事項が運営方針会議の決議事項となり、大学が決議事項に従わない場合には学長へ改善措置を要求することができるようになる。運営委員には財界などの学外の有識者が就くことが想定されており、大学についての実質的な決定権が大学外に委ねられてしまう懸念も表明されている。

➡ おわりに

　戦前の日本の特徴のひとつが、思想や宗教などの内心にかかわる事柄について国家が支配し、統制しようとしていたことであろう。学問の自由の拠点であった大学や、国家の方針と矛盾する宗教団体、平和主義や民主主義の思想などは格好の標的となった。この章でとりあげた憲法19条・20条・23条の規定はこのような戦前のあり方への反省に基づく条文である。

　もっとも今日においても、君が代の起立斉唱強制が典型例であるように、これらの権利が十分に保障されているとはいいがたい。また、社会の複雑化や多様性の促進に伴って、これまでとは異なる新たな問題も生じており、これらの条文がどのような現代的意義をもつのかを問い直す必要も生じている。

第11章

職業選択の自由、財産権の保障とは？
——経済的自由権

はじめに

経済的自由権[1]は、表現の自由（21条）や信教の自由（20条）といった精神的自由権と比べると、多種多様な制約に服することが特徴である。確かに、経済的自由は、自由であればあるほど良い、とはいいがたいところがある。たとえば、医学知識のない者が他人に手術をすることや、衛生知識がない者が飲食店営業をすることを、職業選択の自由だと認める人は、およそいないだろう。実際に、法律が特定の職業を始めるために必要な条件を規定することがある。飲食店営業のためには食品衛生法に基づき都道府県知事の**許可**[2]を受ける必要があり、医業を行うためには、医師国家試験に合格して厚生労働大臣の免許を受けなければならないと医師法が規定している。

ここでいう「許可」や「免許」は、職業選択の自由に対する規制の一手法であるが、職業の内容が多様であることから、規制の目的や、その強度も千差万別となる。

仮に、職業に対する規制を単純にしたい場合、なるべく強度の規制をかけておけば、社会の安全だけは守られるかもしれない。たとえば、医療に携わる者には、医師であれ薬剤師であれ看護師であれ、すべての者に最難関の国家資格である医師免許レベルの知識やスキルが必要であると規制すれば、医療従事者の能力は向上し、安全性は高まりうる。しかし、このように社会の安全だけを重視することは、職業選択の自由と鋭く対立する。たとえば、看護師になるために、手術などの知識までをも含む医師国家試験の合格を求めるのは酷ではないだろうか。実際に、**タトゥー裁判**[3]において、入れ墨を彫るために医師免許が必要かが争われたこともある。このよ

[1] **経済的自由権** 職業選択の自由と財産権のほかに、居住・移転の自由も含めることが多い。もっとも、経済生活にかかわる権利としては、生存権（25条）や労働基本権（28条）も挙げることができる。詳しくは、**第12章**を参照。

[2] **許可** 一般的に禁止された行為について、法律上の一定の要件を満たすものに対し行政庁が部分的に禁止を解除する行為をいう。都道府県公安委員会が行う自動車の「運転免許」（道路交通法84条）など、法令上の表記が「許可」とは異なっていても、許可の性質を有するものがある。

[3] **タトゥー裁判** 最決令和2年9月16日刑集74巻6号581頁。最高裁は、タトゥー施術行為は、装飾的ないし象徴的な要素や美術的な意義がある社会的な風俗として受け止められてきたものであって、医療および保健指導に属する行為とは考えられてこなかったなどとして、医師免許は不要であるとした。

はじめに　223

うに、職業およびそれに対する規制の多様性から、職業選択の自由の議論は複雑である。規制の正当性を判断するには、どのように考えるべきだろうか。

財産権も同様である。財産権の保障する対象は、形のあるもの（私たちの所有する物のほか、土地や建物など）から、形のないもの（知的財産など）まで、多岐に及ぶ。しかも、どのような財産が誰に帰属するかということも、法律によるルールがなければ明らかにならないため、必然的に国家が関与する必要性が高まる。社会の利益のために、個人の財産権を制約しなければならないこともあるだろう。たとえば、防災など公共の目的のために、個人の財産（土地など）に制限をかけたり、取り上げたりすることがありうる。ただし、それは公共のために個人に犠牲を強いることであるから、正当な補償が必要となる。

以上のとおり、個人の利益と社会の利益を調和させるという困難が、経済的自由権にはついてまわる。本章では、社会状況と経済的自由権の保障とが複雑に絡みあう状況を踏まえつつ、職業の自由と財産権についてそれぞれみていくこととしたい。

1 時代の変化と経済的自由権の保障

経済的自由権は、単なる個人の権利というよりも、資本主義経済を支える制度と密接な関係にある権利といえる。そのため、権利の内容もその時代的な要求に影響を受けることがある。

たとえば、1789年のフランス人権宣言（▶第1章 [18]）では、「所有権は不可侵のかつ神聖な権利」であるとされ、当時の新興資本家層（**ブルジョワジー**）の経済活動の自由の基礎を構築した。そうした資本家は、自らの資本を市場に投下し、そこから得た利潤を資本としてさらに市場から利潤を得るという循環により、巨万の富を手にすることができた。近代的な**夜警国家**のもとで、資本家が旧来の道徳や宗教倫理といった価値観に縛られることなく、ひたすら利潤の追求を行うた

[4] **ブルジョワジー**（bourgeoisie）貴族や農民と異なる有産階級のことであるが、特に社会の生産力の発展を背景として特に17世紀頃から台頭してきた中産階級で、市民革命を支えた一定程度豊かな都市住民を指すことが多い。

[5] **夜警国家** アダム・スミス（1723〜1790）の『国富論』に描かれる市場重視の経済体制を理想とし、国家は経済活動に介入すべきでなく、その役割は治安維持や安全保障などに限られることが望ましいという国家観。後年になって社会主義者のラッサール（1825〜1864）が皮肉を込めて用いた名称である。

めに、財産権の保障が欠かせない要素であった。

　一方で、そうした資本家の事業を可能にしたのは、地方から都市に集まる無数の労働者であったところ、居住・移転の自由が、それまで土地に縛られていた労働力を解放し、都市への集約を可能にしたことも重要である。また、職業選択の自由の保障により、従来の身分と関係なく都市での仕事に就くことができることになったのであるが、そこで重要なのが、民法上の**私的自治の原則**[6]である。ここから契約自由の原則が導き出され、当事者の自由意思で労働契約が結ばれることになる。だが、その際に市場原理が働く。限られた職業に対して都市に流入する労働力は過剰となり、この需給関係から労働者の待遇は低くなるため、人件費を抑えられた資本家の利潤はますます増大することになる。ここに、富める者はますます富み、貧しいものはますます窮乏していくという、いわゆる「弱肉強食」の経済状況が生じ、**市場の失敗**[7]により貧困、失業、貧富の格差といった**資本主義の矛盾**[8]が露呈していくことになる。

　これが現代に至ると、むしろ国家には、社会的・経済的に苦境に立たされた者への支援（生存権の保障、社会保障の充実）、経済的に弱い立場に立たされる者への保護（使用者に対する被用者〔労働者〕の保護など）、健全な競争の維持・促進（経済政策や、私的独占の禁止）、消費者の保護など、国民の福祉の向上のため、より多くのサービスを提供し、貧富の差や社会問題に対処する積極的な姿勢が求められるようになった（福祉国家）。これにより、国家が経済的自由権を制約することが正当化されるようになったのである。

　福祉国家の特徴をもつ憲法としては、ドイツのワイマール憲法（1919年）が有名である（▶第4章［**35**］、第12章［**1**］）。その第2編「ドイツ人の基本権及び基本義務」の中には、伝統的な基本権（自由権）のほかに、「経済生活」と題する第5章が置かれ、労働力の保護、労働条件および経済的条件を維持し促進するための団結の自由、社会保険などについての規定が置かれた。その先頭を飾る151条は、1項で、「経済生活の秩序は、すべての人に、人たるに値する生存を保障するこ

[6] 私的自治の原則　個人の自由を尊重し、法律関係を可能な限り当事者の意思に基づいて規律すべきとする原則。契約自由の原則が含まれる。社会や経済において何か弊害があり、それが他者や公共の利益を害する場合に国家がそれを防止したりすることはあっても、そうした介入は消極的であるほうがよいとする自由放任主義を法的に位置づけた原則といえる。

[7] 市場の失敗　個人や企業が利己的な経済活動を行い、競争原理が働いている市場において、価格の自動調整機能が働かず、効率的な資源配分の最適化が図られない状況。その要因として、独占や寡占などの不完全競争、フリーライダーなどを生む公共財、騒音や公害などの外部性などが挙げられる。これに対処すべく、各種規制などにより政府が介入するが、これがうまくいかない状態を政府の失敗と呼ぶ。

[8] 資本主義の矛盾　福祉国家とは別の方向で資本主義の矛盾を克服しようとしたのが社会主義思想であり、特に1848年にマルクスとエンゲルスが発表した『共産党宣言』が労働者階級に強い影響を与え、1871年のパリ・コミューンの創設（2か月で制圧）や、レーニンが指導する1917年のロシア革命へと結びつく。

とを目指す正義の諸原則に適合するものでなければならない。各人の経済的自由は、この限界内においてこれを確保するものとする」と規定し、あくまで指針にとどまるものの、「人たるに値する生存の保障」を掲げている。

日本の最高裁も、**小売市場判決**[9]において、「憲法は、全体として、福祉国家的理想のもとに、社会経済の均衡のとれた調和的発展を企図しており、その見地から、すべての国民にいわゆる生存権を保障し、その一環として、国民の勤労権を保障する等、経済的劣位に立つ者に対する適切な保護政策を要請している」と述べた。日本国憲法は、国家が治安等の最低限のサービスを提供する夜警国家ではなく、上述のような福祉国家を標榜しているとされている。

以上のように、国民の福祉の向上や経済の発展のための措置は、国の責務であるといえる。しかし、こうした積極的な措置を講じるためには財政上の裏づけが必要であり、無限に行うことはできない。日本でも、国や地方公共団体が、どのような公的サービスをどこまで提供すべきか、継続的に検討されてきている。1960年以降に行政の効率化を掲げて**行政改革**[10]が進められ、それまで公企業が担っていた**国家独占事業**[11]についても、一部が民間に委ねられた。1980年代には、中曽根康弘内閣のもとで、**三公社**[12]の民営化が行われ、日本電信電話公社が日本電信電話株式会社（NTT）に、日本専売公社は日本たばこ産業株式会社（JT）に、日本国有鉄道は分割されて6つの旅客鉄道会社と1つの貨物鉄道会社（JR7社）などになった。また、1990年代の橋本龍太郎内閣のもとでは、必ずしも国が担う必要のない事業については、**独立行政法人**[13]を設置するなど、行政のスリム化が図られた。さらに、2000年代には、小泉純一郎内閣のもとで、かつての**五現業**[14]のひとつだった**郵政民営化**[15]も行われた。

近時の規制緩和においては、行政の関与の範囲（**図表11-1**のヨコ軸）と行政の関与の強度（タテ軸）という2次元での緩和がなされている点を参考にして、行政裁量を理解することも必要である。

すなわち、たとえば電力事業は、全国10の電力会社（一般

[9] **小売市場判決**　最大判昭和47年11月22日刑集26巻9号586頁。零細事業者が営業する小売市場の許可制などを定めた小売商業調整特別措置法（▶本章[42]）に基づく知事の許可を得ないで小売市場を開設したとして刑事訴追された事件で、被告人は同法が憲法22条違反であると主張したが、最高裁は、経済活動への規制が「立法府がその裁量権を逸脱し、当該法的規制措置が著しく不合理であることの明白な場合に限って」違憲となるなどとして、同法は合憲であると判示した。

[10] **行政改革**　行政組織や運営方法を見直して、行政活動の効率化を図る取り組み。国から事業を切り離すこと、競争原理や成果主義を導入すること、規制を緩和すること、人員や経費を削減することなどにより行われる。

[11] **国家独占事業**　公益上または財政上の理由から、法律により国家または国家の管理下にある団体にのみ独占的な運営が認められている事業。競馬や競輪などの公営ギャンブル、輸血事業などがある。

[12] **三公社**　電電公社、専売公社、国鉄の3つの公共事業体をいう。

[13] **独立行政法人**　国民生活および社会経済の安定等の公共上の見地から確実に実施されることが必要な事務および事業であって、国が自ら主体となって直接に実施する必要のないもののうち、民間の主体に委ねた場合には必ずしも実施されないおそれがあるものまたは一の主体に独占して行わせることが必要であるものを効果的かつ効率的に行わせるため設立される法人。

[14] **五現業**　政府により運営される企業体の総称。郵政事業、造幣事業、印刷事業、国有林野事業、工業用アルコール専売事業の5種があった。

[15] **郵政民営化**　国営事業であった郵便・簡易保険・郵便貯金の郵政三事業を国から切り離

電気事業者）が地域ごとに電力の小売を独占していたが、2000年3月の電気事業法改正により、「特定規模電気事業制度」が創設されて新規参入が可能になり、産業用、業務用として電力を使用する大規模な需要家向けの小売が可能になった。そうした規制緩和が行われると、行政庁の裁量が縮減され、一定の基準を満たせば自由に業者が参入できるようになる。それに伴い、従来は講学上の「特許」とされていた行政処分が、「許可」としての性質に変容したように見えてくるのである。

して、最終的に日本郵政株式会社などの民間企業に転換する動きをいう。1996年の橋本内閣による行政改革の一環で民営化が企図されたが、特定郵便局長会や労働組合、官僚の抵抗で大幅な妥協で終わった。その後、2005年に民営化の法案を参議院で否決された小泉内閣が、民意を問うとして衆議院を解散し（郵政解散）、反対する候補者に「刺客」の候補者を立てるなどして圧勝し、民営化関連法案の成立を実現した。

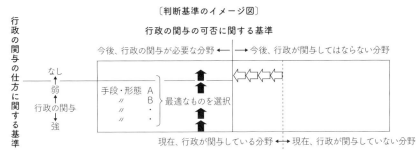

図表11-1：行政改革委員会「行政関与の在り方に関する基準」（平成8年12月16日）

（出典）行政改革委員会事務局編『行政の役割を問いなおす――行政関与の在り方に関する基準』（大蔵省印刷局・1997年）63頁をもとに作成

　このように、国家がどういった事業を、公共性や財政確保の観点からどこまで担うか、あるいは監督するかという問題も、個人の職業選択の自由の制約と表裏一体のかかわりを有している。

2　職業選択の自由

(1) 歴史的背景

　憲法22条1項は、「何人も、公共の福祉に反しない限り、居住、移転及び職業選択の自由を有する」と規定する。
　市民革命期以前の封建的な社会において、個人は、身分や土地に拘束されており、自由な職業選択の余地は小さかった。日本でも、武士、農民、町人などといった各種の身分集団に

基づいて職業や居所が拘束されるのが普通であった。したがっ
て、「居住、移転」は、「職業選択」の前提でもあった。そう
した歴史的背景により、「居住、移転」と「職業選択」が1つ
の条文の中に配置されているのである。

これに関して、前述したドイツのワイマール憲法は111条
で移転の自由について規定していたが、「職業選択」について
は明示的に規定していなかったことに留意すべきであろう。
ただし、同じ条文で「あらゆる分野の生業に従事する権利」
も保障しており、これが職業選択の自由にあたると解されて
いた。同様に、明治憲法も22条で居住・移転の自由を規定し
ていたが、「職業選択」については明示的に述べるところがな
かった。ただし、伊藤博文（▶第1章［10]）は『憲法義解』
において、この条文から「営業するの自由」を読み取ってい
る。

なお、居住、移転および職業選択の自由が、欧州において
身分的・封建的な制約からの解放をもたらす人一般の人権で
ある一方、**営業の自由**は、ギルドなどの同業者組合による職
業独占を解体するものとして、国家のみならず社会的な諸力
にも向けられる形で、公共政策（公序）として導入されてき
た経緯を有している。もっとも、現在の憲法学では営業の自
由を人権として、職業選択の自由の保障の中に含める見解が
通説的である。

（2）職業とは何か

憲法22条1項は、「職業」とは何かについて、具体的には
述べていない。**薬事法事件判決**で最高裁は、「職業は、人が自
己の生計を維持するためにする継続的活動であるとともに、
分業社会においては、これを通じて社会の存続と発展に寄与
する社会的機能分担の活動たる性質を有し、各人が自己のも
つ個性を全うすべき場として、個人の人格的価値とも不可分
の関連を有する」ものであるとした。職業は、自分の生活の
基礎（生業）であり、それを通して社会全体に寄与する。し
かしそれだけではなく、自身の個性を発揮する場（天職）と
しての意義も有しているのである。

[16]『憲法義解』 明治憲法と皇
室典範の逐条解説をした伊藤博
文の私著で1889年に出版され
た。「けんぽうぎかい」とも読
む。両法典の草案起草に関わっ
た枢密院書記官長の井上毅（こ
わし）が執筆したものに伊藤が
加筆修正を行ったものであり、
政府の公定解釈的な意味合いが
強い。

[17] **営業の自由** 経済史学者
の岡田与好（ともよし）は、自由
な営業を妨げる勢力が解体され
ることで営業の自由が確立した
歴史的経緯から、営業の自由と
は「人権」ではなく、国家によ
る「公序（公共政策）」であると
主張し、これを人権ととらえる法
律学者との間で論争になった
（「営業の自由」論争）。その理論
を敷衍すると、今日の独占的地
位を有する大企業に営業の自由
を保障すると、それを
制限することが国家による公序
であるとの主張に結びつく。

[18] **薬事法事件判決** 最大判
昭和50年4月30日民集29巻4号
572頁。旧薬事法（▶本章［43]）
に基づき薬局開設の許可を知事
に申請したところ、近隣に既存
の薬局が存在するため、距離制
限を定めた規定により不許可処
分を受けた者が、同規定の違憲
性を主張した事件。最高裁は、
知事の許可制は合憲であるとし
たが、距離制限規定は違憲であ
ると判示した。

228　　第11章　職業選択の自由、財産権の保障とは？──経済的自由権

言葉の意味から考えてみると、職業はドイツ語でベルーフ（Beruf）といい、この動詞形にあたるのがベルーフェン（berufen）であり、これが「招聘する」とか、「任命する」といった意味を有している。そこには、神に呼び出されて使命を与えられる（召命）という意味合いが含まれている。すなわち、ベルーフという名詞には、世俗的な「職業」という意味と、宗教的な背景をもつ、使命としての「天職」[19]との意味が同居しているのである。

（3）職業の形態

職業は、大きく分けると、独立して行うもの（非雇用型）と、雇用されて行うもの（雇用型）とに区別しうる。雇用されず、独立して事業を営むものの代表が自営業者である。飲食店や美容院などを経営する者が自営業者であり、店舗を構え、従業員を雇うこともある。これと同じく、医師、弁護士、文筆家、芸術家など独立して個人の責任で行う専門的職業を特に自由業と呼ぶこともあり、近時では、**フリーランス**[20]と呼ばれる、特定の者に雇用されずに個人で独立して業務を遂行する働き方もある。これら自営業・自由業・フリーランスなどは、まとめて自営業者、または個人事業主（個人事業者）と呼ばれる。これらの者が、会社などを設立することで法人化することも可能である。そして、多くの事業については、それぞれに**業法**[21]と呼ばれる規制法令が存在する。また、**新型インフルエンザ特措法**[22]に基づく営業時間の短縮や酒類の提供禁止など、事業主ならではの営業規制を受けることがある。

他方で、現代社会においては、こうした法人や個人事業者である使用者と雇用契約を結んで職業に従事するサラリーマンのような被用者が大半を占める。同じ医師であっても、独立して事業を営む開業医は非雇用型の事業主であるが、一般の病院や大学病院に雇用される勤務医は労働者である。なかには、フリーランス医師（麻酔医に多い）もおり、それぞれで法律関係が異なってくる。被用者は使用者の指揮監督下に置かれ、労働の対価として賃金が支払われる「労働者」として、各種の労働法による保護を受けることができる。近時、問題

[19]**天職** 英語でも、call（呼ぶ）の名詞形 calling には「召命」、そして「天職」、「職業」という意味がある。この点に関して、マックス・ヴェーバー（大塚久雄訳）『プロテスタンティズムの倫理と資本主義の精神』（岩波文庫・1989年）95頁以下を参照。

[20]**フリーランス** 内閣官房のガイドライン（2021年）では、「実店舗がなく、雇人もいない自営業主や一人社長であって、自身の経験や知識、スキルを活用して収入を得る者」とする。フリーランスは、発注者（企業など）との関係ではあくまで対等であり、雇用契約ではなく、業務委託契約を結ぶ。委託された業務をこなすことで報酬が支払われる。

[21]**業法** 公共の福祉の観点から営業の自由に一定の制約を課すために特定の業種について規律する法律の総称。建設業法、貸金業法、旅館業法など業種別に多数存在する。ちなみに、法令上、「業」の語には反復・継続といった意味がある。

[22]**新型インフルエンザ特措法** COVID-19の感染拡大時の営業規制の根拠となった。飲食店チェーンを運営するグローバル・ダイニング社が原告となった訴訟では、東京都による営業時間短縮命令が「違法」と評価されたが、国家賠償は認められなかった（東京地判令和4年5月16日判時2530号5頁）。

となるのは、労働者としての法的保護が及ばないように、形式的には個人事業者として契約しておきながら、実質的には被用者のように扱うという事例である（いわゆる「偽装フリーランス」）。先述したフリーランスは事業主であるため、原則として労働法が適用されないが、実質的には労働者類似の職業形態になっているものもある。そこで、どこまで労働法の保護を及ぼすべきかが議論されているが、雇用契約を結んでいなくとも、業務実態が労働者に相当する場合は労働法が適用されることもある。また、最近では**フリーランス保護法**も[23]制定され、法の抜け道を塞ごうとしている。

　このように、事業主と被用者の区別が相対化しているのが現状であり、**日本版DBS**のように子どもと接する職業に就[24]く者の性犯罪歴の確認を国家が事業者に義務づける場合には、当該事業者だけでなく、同時に就労を希望する者の職業選択にも影響を及ぼしうるものもある。また、私人間でも、被用者が退職後に競合する他社へ就職したり、会社の立ち上げをしたりする行為を禁止する競業避止義務契約なども、職業選択の自由にかかわるといえる。

（4）職業選択の自由の保障内容

　憲法22条1項では「職業選択」の自由を述べるにとどまる。なお、職業選択の自由といっても、当然ながら、使用者側にも採用の自由（22条・29条）があるため、望んだ会社に就職できることまで保障するものではない（三菱樹脂事件〔▶第2章［52］、第10章［14］〕）。

　先述した薬事法事件判決は、「職業は、ひとりその選択、すなわち職業の開始、継続、廃止において自由であるばかりでなく、選択した職業の遂行自体、すなわちその職業活動の内容、態様においても、原則として自由であることが要請されるのであり、したがつて、右規定は、狭義における職業選択の自由のみならず、**職業活動の自由**の保障をも包含している」[25]と述べ、条文上は職業選択にしか言及がなくとも、選択した職業活動の内容、態様を決める職業活動の自由も保障されていることを明らかにした。以下では、職業選択の自由と職業

[23] **フリーランス保護法**　正式の題名は、「特定受託事業者に係る取引の適正化等に関する法律」。2024年11月1日から施行された。

[24] **日本版DBS**（Disclosure and Barring Service）「学校設置者等及び民間教育保育等事業者による児童対象性暴力等の防止等のための措置に関する法律」に基づき、学校や幼稚園、認可保育所等の事業者には就労希望者の性犯罪歴の確認が義務づけられる。

[25] **職業活動の自由**　職業活動の自由（選択した職業の遂行の自由）を指して「営業の自由」と呼ばれることも多い。しかし、雇用されて働く者の労働（職業遂行）を「営業」と呼ぶことへの違和感から、「営業」とは、法人や個人事業者による「営利事業」のことを指すとする見解もある。

活動の自由を合わせて、「職業の自由」と呼ぶ。

選択される職業は、広義に理解される。新たに創出された職業（たとえば YouTuber など）も、憲法22条の対象となりうる。また、先に確認した雇用型・非雇用型の職業間を移行すること（たとえば、病院の勤務医が開業医として独立すること）も、職業選択にあたる。

（5）職業の自由に対する規制目的と規制手段

職業の内容が多様であるため、必然的に、職業の自由に対する規制の目的や手段もさまざまである（▶図表11-2）。

薬事法事件判決は、次のように説明している。職業は「本質的に社会的な、しかも主として経済的な活動」であり、「その性質上、社会的相互関連性が大きい」。それゆえ、他の憲法が保障する自由（特に精神的自由）と比べて、公権力による規制の要請が強い。憲法22条1項が、わざわざ「公共の福祉に反しない限り」という留保をつけて職業選択の自由を保障するのも、そうした規制の必要性があることを強調しているものと解されている。

規制の必要性があるのは確かだが、先にみたように、職業は非常に多様である。このため、**規制目的**や、その重要性もさまざまである。規制の目的を達成するため職業の自由に加えられる制限（規制手段）もまた、各種のものがあることにな

[26] **規制目的** 薬事法事件判決は、規制の目的について、「国民経済の円滑な発達や社会公共の便宜の促進、経済的弱者の保護等の社会政策及び経済政策上の積極的なものから、社会生活における安全の保障や秩序の維持等の消極的なものに至るまで千差万別」であるとしている。

図表11-2：職業の自由への規制例

規制態様	理　由	具体例
①国家独占	事業の公共的性質と統一性確保 国家財政の確保	(旧) 郵便事業・(旧) 職業紹介事業・ (旧) 塩・たばこの専売
②特　許	国民の日常生活に不可欠な需要を確保するため、独占的利益を与えながら強い行政監督下に置く	電気・ガス・水道・鉄道・放送・自動車運送業
③禁　止	社会的害悪があるため	医業類似行為・特殊飲食店業
④許　可	公衆衛生・風俗取締りその他の公共的見地	公衆浴場・理容・旅館・古物営業・風俗営業・食品衛生・医薬事業・廃棄物処理業
⑤資　格 （免　許）	専門技術的知識を必要とするため	医師・弁護士・税理士・公認会計士・看護師・理容師
⑥届　出	行政監督の必要があるため	砕石業・貸金業
職業遂行にかかわる規制	公正かつ自由な競争の促進や消費者の利益保護など	カルテル・不当表示の禁止

2　職業選択の自由　　231

る。

①国家独占は、特定の職業を私人に対して一般に禁止したうえで、その公益性や財政上の理由から国家に独占させるものである。ただし、上記1で述べたとおり、かつては国家独占とされた事業も民営化や規制緩和が進み、この類型はなくなる傾向にある。

②特許制は、一定の公益性を帯びる事業（電気・ガス・放送事業など）について、事業免許を得たものにのみ特別な地位や資格を認めるものである。公益事業にかかわる以上、許可を与えるハードルは相対的に高く、また、職業の開始・継続・廃止についても事業者の完全な自由にはならない。ただし、これも近年の規制緩和で参入しやすくなっており、許可との違いが相対化しつつある。

③禁止は、職業の開始自体を認めないものである。ちなみに、売春防止法では、売春行為自体を処罰してはいないが、売春させることを業としたもの（管理売春）は処罰する（同法12条）。全面的な禁止ではないが、特定の区域内でのみ事業を認めるものや（特定複合観光施設区域整備法によるカジノ事業など）、学校や児童福祉施設などから一定の範囲での営業を禁止する**距離制限**[27]により規制するもの（風俗営業等の規制及び業務の適正化等に関する法律〔風営法〕28条1項など）もある。

④許可制は、特定の職業の開始について一般的に禁止の網をかけておき、条件を満たした者には個別に禁止を解除するという手法であり、飲食店営業、風俗営業など数多くの例で用いられている。職業の自由に関する主要な憲法判例でも、許可制やその許可条件などについて争われている。

⑤資格制（免許制）は、許可制と同じく特定の職業を私人に対して一般に禁止したうえで、例外的に認めるものであるが、一定の専門職能（弁護士などの**士業**[28]、医師など）に関して、一定の国家試験等に合格した者にのみ当該職業を許可する（独占させる）ものである。なお、名称としては「免許」であっても、酒やたばこなど特定の商品の販売業に免許を与えるという場合には、実質的に許可ないし特許の意味である。

⑥届出制（登録制）は、一定の職業の開始に際して、行政

[27] 距離制限 適正配置規制の一種で、法令で既存施設や特定の地点等からの距離を定め、その間の地域において特定の事業を禁止する面的な規制方法。一定の範囲・距離内では新規の営業ができないので強力な制限となる。地域の美観や風俗環境を保つために行われたり、競業を避けて既存の事業者を保護するために行われたりする。

[28] 士業 資格に「士」が付く法律の専門資格で、資格を有しない者がその業務を行うと法律で罰せられる（独占業務）。サムライ業と呼ぶこともある。弁護士のほか、裁判所や法務局関係の書類作成を代行する司法書士、知的財産権を専門とする弁理士、税務を専門とする税理士、不動産測量と登記を行う土地家屋調査士、社会保険や労働関係を専門とする社会保険労務士、行政庁へ提出する書類作成を代行する行政書士、海事関連の書類作成を代行する海事代理士などが挙げられる。

に情報の提供を義務づけるものである。職業活動に関して問題が生じた場合は、提供された情報をもとに行政が対応することになる。届出制は、あくまで情報を提供することの義務づけであるため、一般に許可制よりも規制強度は弱いとされている。たとえば、理容師業は、前述した職業選択に関して資格制による規制を受ける職業であるが、実際に理容所を開設する場合には各種の情報の届出も必要である。

　以上が、職業選択時にかかわる規制であるが、これ以外にも、営業時間制限や騒音規制、講習受講の義務化、登録料の支払など各種の職業遂行にかかわる規制が存在する。公正かつ自由な競争の促進のために独占禁止法が私的独占、不当な取引制限、不公正な取引方法といった競争の機能を害する諸行為を禁止したり、消費者の利益の保護のために景品表示法が製品の不当表示を禁止したりすることなどもその一例である。

3　職業の自由に対する規制の違憲審査

（1）公共の福祉

　人権が保障されるといっても絶対無制約ではなく、あらゆる人権が何らかの制約に服すると考えられる。そこで、憲法は、**公共の福祉**[29]による人権制約を許容している。もっとも公共の福祉といってもその内容は不明確であり、「社会全体の利益」と同視されることで人権保障の意義を損ねるおそれもある。**初期の最高裁判例**[30]には、具体的な理由を示さず、単に公共の福祉に反するなどとして、法律により人権を制限することを容認するものが多くみられる。そこで、その意味を具体的に把握しようとする議論が起きた。

　憲法上、公共の福祉の語が登場するのは、人権の総論的規定である12条および13条のほか、経済的自由権を規定する22条および29条においてである。前者については、あらゆる人権に備わる制約（内在的制約）であり、これを近代の消極国家のもとで認められた「国民の生命・身体の安全を確保するた

[29] **公共の福祉**　人権と人権の矛盾衝突を調整する実質的公平の原理。憲法が保障する人権を制約しうるのは、何らかの理由で他の人権を優先的に保障するためでなければならないという考え方がその背景にある。ただ、対抗利益として個別具体的な特定人の人権の存在がない場合でも人権制約が認められる場合（ヘイトスピーチ規制など）もある。

[30] **初期の最高裁判例**　例として、古物営業法違反事件（昭和28年3月18日刑集7巻3号577頁）や医業類似行為事件（最大判昭和35年1月27日刑集14巻1号33頁）、白タク営業事件（最大判昭和38年12月4日刑集17巻12号2434頁）。

めの規制」（**警察目的規制**[31]）と結びつけ、必要最小限度の人権制約を容認するという理解が成り立つ。建築基準法や食品衛生法などはそうした目的で制定された法律である。

　これに対して、後者については、経済的自由権に備わる制約（外在的制約）であり、これを現代の積極国家のもとで認められた「経済・社会の安定的発展を確保するための規制」（**政策目的規制**[32]）と結びつけ、弱者救済などの福祉国家的な目的達成に必要な範囲で人権制約を容認するという理解が成り立つ。わざわざ22条と29条で公共の福祉に言及しているのは、上述の時代の変化を反映して、現代国家の特徴である経済的自由権に対する外在的制約（政策的制約）を示すものと考えられたのである。政策目的により多種多様な法律が存在する。すでに廃止された大規模小売店舗法（2000年廃止）や工場等制限法（2002年廃止）は、自由な経済活動がもたらす弊害を防止する法律である。また、労働基準法や最低賃金法などは、契約自由の原則を修正し、労働者の保護を図る法律である。インフラ整備は消極国家の役割でもあるが、水道法や鉄道事業法など、公共性の高い事業の規制も政策目的規制に分類しうる。

　ただ、経済的自由権以外にも外在的制約が生じることも考えられるなど、多くの異論が存在するところであり、必ずしも理解が定まっているわけではない。

（2）違憲審査基準論

　実際のところ、そのような公共の福祉をめぐる抽象的な議論はたいてい**形而上学**[33]的な意義しかもたず、現実の訴訟においてはほとんど意味をなさない。そこで、今日では、個別具体的な事案に即して、規制目的や手段などの観点から、人権制約が正当化されるか否かを裁判官がどのような判断枠組みで考えるかという**違憲審査基準論**[34]に取って代わられているという状況にある。

　裁判所には、司法権のほかに違憲審査権（▶第15章）が与えられているが、実際の違憲審査の基本型は、比較衡量により妥当な結論を模索することにあると言ってよい。ある国家

[31] **警察目的規制**　消極目的規制ともいう。ここでいう警察は、警察官の業務より広く、治安の維持だけでなく、建築規制や公衆衛生なども含む。

[32] **政策目的規制**　積極目的規制ともいう。裁判所は政策判断を行えないので、立法裁量や行政裁量が広く認められることになり、裁量権の逸脱・濫用がなければ司法審査が及ばないことになる（行政事件訴訟法30条参照）。

[33] **形而上学**　人間の感覚や経験を超えた世界に存在する普遍的な原理を理性により探究する崇高な学問。転じて、現実離れして独善的な学者好みの空理空論を批判的に述べる場合に用いられることがある。

[34] **違憲審査基準論**　アメリカの判例法理を参照しつつ構築された違憲審査基準論に対し、近時、ドイツの基本権制約の正当化論証を基礎とした三段階審査が注目されている。特に司法試験受験生の多くに知られるようになったと思われる。三段階審査は、①基本権の保護領域を画定し、②基本権に対する制限を確認し、③その制限を正当化するという三段階を踏んで行われる審査である。システマティックに事案を処理する点で優れた理論であるが、実際に審査する内容は違憲審査基準論と変わらないとの評価もある。

234　　第11章　職業選択の自由、財産権の保障とは？──経済的自由権

行為を認めることにより得られる利益と失われる利益とを天秤にかけて、いずれを重視するかを判断するものである。ただ、こうした判断は事案ごと、裁判官ごとにブレが生じてしまうため、一定の判断枠組みによって考え方を縛る必要がある。そこで、従来の判例を参照しつつ、判断枠組みを構築し、事案の特性に応じた適用方法を憲法的に論証する違憲審査基準論に関する議論が展開され、その成果が一定の体系をもつに至っている。

（3）合理性の基準

そのうちの大きな枠組みが、二重の基準論（▶第9章コラム❽）であり、経済的自由権に対する規制立法に対して、裁判所は立法府の判断を尊重し、**合理性の基準**[35]で臨むことが原則的態度となる。そこでは、裁判所は、事後的・受動的・消極的機関であり、また、選挙のような民主的な基盤を有していないといった能力および正統性に関する内在的限界があるため、経済規制の領域においては、規制の必要性の有無や規制の対象、手段、態様などの判断を、一般的に政治部門に委ねたほうが適切な場合が多いといった指摘がなされている。

合理性の基準は、法令の立法目的や目的達成の手段について、それが合理的であるか否かを問い、明らかに合理性を欠く場合を除いて、合憲と判断する審査手法である。立法裁量が広く認められる場合、すなわち政策的判断の余地が大きい場合にそうした審査が行われる。堀木訴訟（▶第12章［11］）などの社会保障関連法に対する司法審査が典型といえる。ここには、国会や内閣といった政治部門と裁判所という司法部門との機能の違いが反映している（▶図表11-3）。

通常、政治部門による判断は、適法性と政策的妥当性により行われる。法の授権に従い、法に反しないようにすること（適法性）は当然であるが、同時に、目的達成のために想定される複数の選択肢から、より妥当な実現手段の選択をしなければならない（政策的妥当性）。ただ、時には適法であるが、世論から多くの批判を受ける（不当な）選択を行うこともある。

［35］**合理性の基準**　明白性の原則と呼ぶ場合もある。ただし、目的と手段の合理的関連性を審査に含めて合理性の基準と呼び、明白性の原則と区別するものもある。

3　職業の自由に対する規制の違憲審査

図表11-3：司法審査の及ぶ範囲

適法性 / 政策的妥当性	適　法	違　法
妥　当	司法審査不可	✕
不　当	原則不可	司法審査可
	裁量権の逸脱・濫用	

　これに対して、裁判所は、政策判断をする機関ではないので、もっぱら適法性の判断のみを行い、当不当に関する議論には原則として立ち入らない。政策的に不当な事件が裁判所に持ち込まれても、適法である以上、裁判所の審査が及ばないとして訴えを認めないのは、そうした機関としての特性がある。もっとも、**裁量権の逸脱・濫用**[36]事例のように、不当性の度合いが高くなると違法性の問題に転化するので、その段階では司法審査が可能になる。

　通常、経済的自由権に対する規制立法の合憲性審査においては、法令の目的と規制手段の合理性の審査に加えて、目的と手段の「合理的関連性」の審査が行われる。これは主に**比例原則**[37]によって行われ、政策的に選択しうる複数の規制手段により生じる権利制約が、規制目的に照らして一定の範囲に収まっていることが求められる。たとえば、交通事故を減らすという目的に対して、赤信号で停まらせる（規制手段A）、車の運転には免許が必要とする（規制手段B）、法定速度を定める（規制手段C）といった複数の規制手段が考えられるが、いずれも目的達成のための関連性を有し、それに見合った負担（権利制約）を課すにとどまっているので、実際にどの手段を採用するかは立法府の裁量の問題となる。これに対して、たとえば、自動車の運転を禁止すること（規制手段D）は、確かに交通事故を減らす手段となりうるが、規制が過大であるばかりでなく、手段が目的化するという本末転倒の施策であるといわざるを得ない。したがって規制手段Dは目的との合理的関連性を有しないこととなり、正当化できない規制として違憲の判断が示されることになる。

[36] **裁量権の逸脱・濫用**　概して、裁量権を超えた判断を逸脱、裁量権の枠内であるが本来的な用い方として妥当性を欠くものを濫用と呼ぶ。厳密に使い分けずに「逸脱・濫用」として用いることも多い。比例原則や平等原則に違反するもの、他事考慮（考慮すべきでない要素を考慮していること）、考慮不尽（考慮すべきことを考慮していないこと）など、そのほか法の一般原則に反するものが該当する。

[37] **比例原則**　目的と手段の均衡を要求する原則で、比例性の審査ともいう。当初、ドイツ公法学の警察比例の原則として紹介され、目的を達するために選択可能な措置のうち必要最小限度の手段をとるというものであったが、現在は、憲法上の権利にかかわる違憲審査の一般的な手法としても用いられている。比例原則を適用する際の審査密度（審査の厳格さの程度）は、事案の内容に即して異なり、この点に比較衡量との類似性がみられる。**第7章**[47]も参照。

このように立法府の裁量を広く認める審査手法であるので、緩やかな審査基準と呼ばれるが、この基準を採用したからといって、違憲判断が回避されるわけではない（森林法事件判決〔▶本章〔51〕〕）。

（4）厳格な合理性の基準

一定の経済的自由権規制において、裁判所は合理性の基準よりも一段厳格度を上げた審査基準を用いる場合があり、一般にこれを**厳格な合理性の基準**[38]と呼んでいる。具体的には、立法目的の精査を行い、それが重要なものであるかを問い、さらに、目的と手段の間に合理的関連性よりも厳格に実現手段の選択を求める「実質的関連性」があるか否かを問う審査手法である。立法目的の精査においては、立法の背景や立法に至る経過などを分析し、立法の正当性を支える事実（**立法事実**[39]）が存在するかどうかを子細に検討していくことになる。また、実質的関連性が求められる場合、規制手段Ａ〜Ｃに合理的関連性があるとしても、さらに、その中から最も人権制約の程度の小さいものを選択する必要が生じてくる。

目的と手段との比例性のとらえ方に関して、厳格な合理性の基準と合理性の基準との差異を、比例原則を理念型としたグラフに示して比較すると（▶**図表11-4**）、通常（左側の図）、目的の重要度の高さ（Ｘ軸）に応じて規制手段の強さ（Ｙ軸）の位置が定まり、それよりも強い規制手段は均衡を失するため違憲となる（逆に弱い手段は効果において疑問が生じる）。その意味で、Ｘ軸の位置が定まればＹ軸の位置も１点に定まり、そこに裁量の余地はないので裁判所でも判断がしやすくなる。この審査手法が厳格な合理性の基準である。

このような厳格な審査手法が可能なのは、主に警察目的規制（▶本章〔31〕）のように、法令上、立法府や行政府に与えられた裁量判断の余地がないか限定されている場合や、権利制約の程度が大きかったり、制約の態様が広範囲にわたっていたりして、裁判所による審査の必要性が高い場合などである。

[38] **厳格な合理性の基準** 合理性の基準よりは厳格だが、表現の自由規制立法で想定される厳格（な）審査基準（▶本章〔40〕）より緩やかであるという意味で、中間審査とも呼ばれる。アメリカの判例法理である「より制限的でない他の選びうる手段（LRA）の基準」と同じく、規制手段の最小限性を求めるので、両者を同一視するものもあるが、違憲性の推定が働く厳格審査基準であるLRAとは若干のズレがある。

[39] **立法事実** ▶第13章〔88〕を参照。

3　職業の自由に対する規制の違憲審査　　237

図表11-4：目的と手段の比例性判断の違い

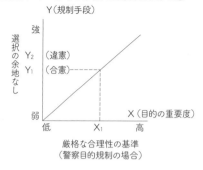
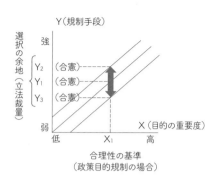

　これに対して、政策目的規制（右側の図）（▶本章［32］）の場合、政策的判断による裁量の余地が生じるので45度線に幅（太い両矢印部分）が生まれ、規制目的（X軸）を定めても規制手段（Y軸）の選択肢が複数存在し、合憲となるY軸の幅も1点では定まらないので、裁判所としてはその幅に収まっている規制手段であれば合憲の判断を示さざるを得ない。この審査手法が合理性の基準である。

　もっとも、これはあくまでもモデル的な理解であるので、目的の重要度や手段の強弱を数値化できるわけではない。また、実際の判例では、目的以外の要素にも着目しなければならないし、**厳格な審査基準**[40]を意識した利益衡量の方法を採用しつつ、**猿払三基準**[41]で示された合理的関連性の基準に依拠するといった複雑な判断枠組みが用いられることもあり、事案に応じて適切かつ柔軟な判断がなされている。裁判所が経済的自由権を規制する立法に対して、いかなる態度（審査基準）をとるべきかを考えるうえで、規制目的が重要な要素となっていることは確かであるが、規制目的の違いのみが単純に審査基準の違いにつながっているわけではない。

4　職業規制に対する違憲審査基準

（1）規制目的二分論

　職業活動に対する法的規制の合憲性を判断するうえで欠か

［40］**厳格な審査基準**　主に表現の自由に対する規制について裁判所が合憲性を審査する際に用いる審査基準の総称。「明白かつ現在の危険」や「漠然性ゆえに無効の法理」、「過度に広汎ゆえに無効の法理」といったものがある。

［41］**猿払三基準**　国家公務員の政治的活動を禁じた国家公務員法102条1項・110条1項19号および同法の委任を受けて制定された人事院規則14－7が合憲とされた猿払事件（最大判昭和49年11月6日刑集28巻9号393頁）で示された判断枠組み。禁止の目的、この目的と禁止される行為との関連性、当該行為を禁止することにより得られる利益と禁止することにより失われる利益との均衡の3点を挙げる。なお、猿払事件は、近時の堀越事件（▶第2章［50］）において、実質的な判例変更をされている。

せないのが、**小売商業調整特別措置法**（小売商特措法）が合憲[42]
とされた小売市場判決（▶本章［**9**］）と旧**薬事法**による距離[43]
制限（▶本章［**27**］）が違憲とされた薬事法事件判決（▶本章
［**18**］）の対比である。小売商特措法の立法目的は、経営基盤
の弱い小売商の保護という積極目的であるのに対し、旧薬事
法の場合は、医薬品の安全確保という消極目的であり、異なっ
たものではある。だが、両法律とも、小売市場または薬局に
ついて、新たに事業を始めるためには都道府県知事の許可が
必要とし、また、既存の事業者との競合を避けるために一定
の基準により適正な店舗の配置をするように求めており、職
業選択の自由に対する強度な規制を定めていた。

　しかし、似たような構造の法律にもかかわらず、最高裁で
異なった憲法判断が出されたことから、規制目的に着目した
分析が示されるようになった。その際、小売市場判決では「合
理性の基準」、薬事法事件判決では「厳格な合理性の基準」が
用いられたことから、積極目的の規制立法には合理性の基準
を、消極目的の規制立法には厳格な合理性の基準を適用すべ
しとする「規制目的二分論」が準則化されたものとして、学
説上は理解されるようになっていった。ただし、これは、最
高裁自身が判決でそのように述べたものではなく、あくまで
も外部からの評価のひとつである。後述するように、少なく
とも財産権規制立法について、明確に二分論に依拠した判例
は見出し難いし、職業の自由の規制についても二分論に当て
はまらない判例が多数存在する。しかし、規制目的二分論は、[44]
その後、非常に単純化された**予備校学説**としてひとり歩きを
し、あたかも経済的自由権に対する規制についての解の公式
であるかのように流布してしまっている。

　実際、最高裁は薬事法事件判決において、職業の多様性や
それに伴う規制のあり方について述べているが、「これらの規
制措置が憲法22条１項にいう公共の福祉のために要求される
ものとして是認されるかどうかは、これを一律に論ずること
ができず、具体的な規制措置について、規制の目的、必要性、
内容、これによつて制限される職業の自由の性質、内容及び
制限の程度を検討し、これらを比較考量したうえで慎重に決

[42] 小売商業調整特別措置法
経営基盤の弱い小売商の保護を
目的として制定された法律で、
小売商に営業場所を貸し出す小
売市場の設置についての規制を
定める。

[43] 薬事法　医薬品の品質、有
効性および安全性の確保ならび
にこれらの使用による保健衛生
上の危害の発生および拡大の防
止のために必要な規制を定めた
法律で、薬局の開設や営業に関
する規制を定める。現在は「医
薬品、医療機器等の品質、有効
性及び安全性の確保等に関する
法律」（薬機法）に題名が変更さ
れている。

[44] 予備校学説　一般に、司法
試験や公務員試験の受験生向け
の予備校が、判例や学説を論点
ごとに要領よく整理して並べ、
解答のための受験テクニックを
重視した説明を指す。1980年代
頃から、そうした予備校に通う
「ダブルスクール」の大学生が増
加したと思われるが、一次資料
である判決文を読まなかったり、
大学の授業を軽視したりする風
潮が問題視され、現行の司法試
験では単純な「解の公式」では
解答できないような事例問題が
出題されている。

4　職業規制に対する違憲審査基準　　239

定されなければならない」として、規制目的以外の要素も考慮すべきとの判断枠組みを示しており、ここから、規制目的によって審査基準を決定するなどという趣旨を見出すことはできない。

（2）規制目的二分論の動揺

公衆浴場法は2条2項において、「都道府県知事は、……その設置の場所が配置の適正を欠くと認めるときは、前項の許可を与えないことができる」として適正配置規制を定めている。**昭和30年の公衆浴場法事件**[45]で最高裁は、公衆浴場法上の規制目的は、公衆浴場が偏在することによる不便を回避し、公衆浴場業者の無用の競争を防いで衛生設備の低下を避けることにあり、「このようなことは、上記公衆浴場の性質に鑑み、国民保健及び環境衛生の上から、出来る限り防止することが望ましい」としており、「国民保健及び環境衛生」という消極目的規制であると述べているように思われる。

ただ、その後、自家用風呂が普及し、公衆浴場の需要が減少している現在においては、距離制限の意味合いも変わってきている。**平成元年の公衆浴場法刑事事件**[46]は、小売市場事件判決を引用しつつ、「著しく不合理であることの明白」な場合にのみ違憲と判断するという最も緩やかな基準を用いて合憲の結論を導き出した。この判決は理論構成が必ずしも明確ではないため、規制目的二分論に依拠した判断であるかについては判断が分かれるところであった。だが、その後すぐに出された**平成元年の公衆浴場法行政事件**[47]では、「適正配置規制の目的は、国民保健及び環境衛生の確保にあるとともに、……既存公衆浴場業者の経営の安定を図ることにより、自家風呂を持たない国民にとって必要不可欠な厚生施設である公衆浴場自体を確保しようとすること」であるとして、消極目的だけでなく積極目的での規制も混在していることが示された。

（3）第三の規制目的

そもそも消極目的とも積極目的とも区分し難い規制目的も存在する。かつて酒税法は、酒類の販売を免許制としていた

[45] **昭和30年の公衆浴場法事件** 最大判昭和30年1月26日刑集9巻1号89頁。被告人が、福岡県知事の許可を受けずに、2か月あまりの間に計16回にわたり、自ら設置した浴場において金銭を徴収して一般公衆を入浴させたとして刑事訴追された事件。違憲となった旧薬事法の距離制限規定は、この判決を参照して、同じ理屈で合憲になるだろうということで、既存の薬局関係者からの要望を受けて議員立法で設けられたものである。

[46] **平成元年の公衆浴場法刑事事件** 最判平成元年1月20日刑集43巻1号1頁。同様の理論構成は、西陣ネクタイ訴訟判決（最判平成2年2月6日訟月36巻12号2242頁）、特定石油製品輸入暫定措置法事件判決（最判平成8年3月28日訟月43巻4号1207頁）などでもみられる。なお、本件は、距離制限のために公衆浴場を開設する許可を得られなかった者が、無許可で公衆浴場を経営したことにより刑事訴追された事件の上告審判決である。

[47] **平成元年の公衆浴場法行政事件** 最判平成元年3月7日集民156号299頁。本件は、本章[46]で問題となったのと同じ公衆浴場について、営業不許可処分の取り消しを求めた行政事件の上告審判決である。

が、これは徴税目的という「第三の目的」ともいえる。**酒類販売免許制事件**[48]では、薬事法事件判決を引用しつつ、租税法の定立については「立法府の政策的、技術的な判断にゆだねるほかはなく、裁判所は、基本的にはその裁量的判断を尊重せざるを得ない」とし、「租税の適正かつ確実な賦課徴収を図るという国家の財政目的のための職業の許可制による規制については、その必要性と合理性についての立法府の判断が、右の政策的、技術的な裁量の範囲を逸脱するもので、著しく不合理なものでない限り、これを憲法22条1項の規定に違反するものということはできない」と判示しているが、理論構成が不明なまま合憲の結論が導き出されているとの評価がある。

　また、弁護士や司法書士のような資格制（免許制）により職業選択を制限することも、「第三の目的」といえる。この点、**司法書士法事件**[49]では、薬事法事件判決や**歯科医師法事件**[50]を引用しているが、「右規制が公共の福祉に合致した合理的なもの」などと述べるのみで、いかなる法理を採用したか説明がなされず、「公共の福祉」に適合するかどうかという点から判断がなされている。

　このように、経済的自由権に対する規制立法が、すべてふたつの立法目的にそって明確に区別しうるわけではないし、立法目的と審査基準が連動する根拠も明らかでない。個別的な事件の特性を踏まえつつ、従来の判例に照らして適切な判断枠組みを示すことが、経済規制立法の合憲性を判断するうえで重要になるのである。

[48] 酒類販売免許制事件　最判平成4年12月15日民集46巻9号2829頁。酒税法9条に基づいて酒類販売業の免許を申請した原告が、所轄する税務署長から酒税法10条10号（経営の基礎が薄弱）に該当するとして拒否処分を受けたため、取消しを求めて提訴した事件。酒税法による免許制は合憲であるなどとして、原告の訴えを退けた。なお、同様の構成は、たばこ小売販売業距離制限合憲判決（最判平成5年6月25日集民169号175頁）などでもみられる。

[49] 司法書士法事件　最判平成12年2月8日刑集54巻2号1頁。行政書士が代理人として登記申請手続をしたため、司法書士法19条1項に違反するとして刑事訴追された事件。

[50] 歯科医師法事件　最大判昭和34年7月8日刑集13巻7号1132頁。歯科技工士が、総入歯の作り換えに伴い歯科医師にのみ許されている行為を行ったとして、刑事訴追された事件。そのような規制は、「国民の保健衛生を保護するという公共の福祉のための当然の制限」であるとして合憲であるとし、有罪判決を支持した。

コラム⑩　令和の漬物禁止令？

　2022年頃、食品衛生法改正がきっかけで、いぶりがっこなど伝統的な漬物製造が危機にさらされているとの報道が散見された。それによると「改正法は昨年6月施行。全国で浅漬けなどによる食中毒が発生したため、衛生管理を徹底させることが目的だ。作業場に漬物専用のスペースを設け、手洗い用と加工用の水道設備を分けた上、手洗い設備は手指が蛇口に触れないセンサ

一式にするなどの対応が求められる」（秋田魁新報2022年5月29日）という。

　実際、不十分な衛生環境で製造された漬物により食中毒が発生し、一時期非常に問題視されたことがある。だが、現実には、多くの漬物が農家の自宅などで手作りされ、市場に出回っていて、貴重な副業にもなっている。こうした個人での自家製漬物についても、食品工場並みの高額な衛生設備の設置が求められることから、特に高齢化が進む農家では後継者もいないため、整備費の負担より廃業を選ぶ例が相次ぐおそれが生じた。公衆衛生上の消極目的での「漬物製造業」の規制厳格化が、経済的基盤の弱い事業者の排除という副次的効果を生んだのである。

　ちなみに、食品衛生法では、直接「漬物製造業」に言及しておらず、政令や省令といった委任立法（▶第13章2（2））で規律されている。「法律」で定められたかのような報道もあるが、実際は行政機関レベルでの対応にすぎない。これだけ強力な職業の自由の規制になる事柄を国会ではなく、民主的基礎で劣る行政機関限りの対応で済ませてよいのだろうか。

▶ 5　財産権の保障

（1）財産権を保障することの意義

　先にみたように、1789年のフランス人権宣言により、所有は神聖不可侵なものとされていたが、その後、財産権も絶対的なものではなく、社会的な制約を受ける権利であると考えられるように至った。財産権を規定する憲法29条は、このような流れを受けて、その1項で「財産権は、これを侵してはならない」と規定し、2項では「財産権の内容は、公共の福祉に適合するやうに、法律でこれを定める」と規定している。もっとも、このふたつの条文は、実は矛盾するような規定となっている。つまり1項では、財産権は「侵してはならない」ものであり、絶対的に保障されるため、制限することは許されないと読むことができる。これに対して2項では、1項によって制限することができないはずの財産権は、公共の福祉に適合するように法律で定めることができる。仮にこれを矛盾しないように読もうとすると、「財産権の内容は」「法律で」

242　　第11章　職業選択の自由、財産権の保障とは？——経済的自由権

定められており（2項）、それは「侵してはならない」ということになる（1項）。しかし、それでは財産権の内容を定める法律は憲法に違反しないということになってしまう。

この点で**森林法事件判決**[51]は、これらの条文の関係について、次のように判示している。「〔憲法29条は、〕私有財産制度を保障しているのみでなく、社会的経済的活動の基礎をなす国民の個々の財産権につきこれを基本的人権として保障するとともに、社会全体の利益を考慮して財産権に対し制約を加える必要性が増大するに至つたため、立法府は公共の福祉に適合する限り財産権について規制を加えることができる」とされた。すなわち1項については、個人が現在保有している財産権とともに、そのための法制度である**私有財産制**[52]を保障し、2項に基づき法律で定めることができるのは、この私有財産制度の本質や、現に個人がもつ財産権を侵害しない限りにおいてであるとする理解が通説となっている。

（2）財産権の保障内容

このような意味で憲法29条1項と2項の関係をとらえると、1項に違反しない限りは、財産権の保障内容を法律で形成することができ、またその法律で**内容形成**[53]したものが財産権の具体的内容ということになる。なお、一般的に財産権とは、「一切の財産的価値を有する権利」を意味するものであると考えられている。しかし、同語反復であることもあり、必ずしもその具体的内容は判然としない。そこで、財産権の具体的な姿を確認できるのは、それを保障した法律ということになるが、どのような財産権が法律で内容形成されているのだろうか（各財産権についての詳細は**図表11-5**にまとめておいたのであわせて参照してほしい）。

財産権を内容形成する典型的な法律として、まずは民法が挙げられるが、同法は所有権その他の物権や債権などを規定している。物権とは特定の物を直接支配できる権利であり、物権の実現が妨害される場合にはその排除を請求できること（物権的請求権）や、同じ物に同一内容の物権が成立しない（一物一権主義）ために排他性があることなど、この権利にはさま

[51] **森林法事件判決** 最大判昭和62年4月22日民集41巻3号408頁。森林を2分の1ずつ父親から生前贈与された兄弟は、その森林の共有登記を行っていたが、弟が兄に対してその分割を請求したところ、民法256条1項所定の分割請求権を否定する森林法186条によってその分割が認められなかったため、同条が違憲であると主張した事件。最高裁は、同条を憲法29条2項に違反すると判示した。

[52] **私有財産制** 私有財産制とは、すべての財産を私人の所有とし、それを法律で保護して所有者の自由な管理・処分を行えるようにする制度をいう。この私有財産制の本質をめぐっては、学説上さまざまな議論がなされており、資本主義体制のことを指す（社会主義体制を排除するもの）とする考え方もあれば、人間に値する生活を営むうえで必要な財産を使用、収益、処分する自由であるとする考え方などがある。

[53] **内容形成** 憲法29条2項のように人権の保障範囲を法律によって定めたり、権利行使に関するルールを法律によって設定したりすることなどをいう。

ざまな性質がある。また、法律以外によっては物権を創設することはできない（物権法定主義）。これに対して債権とは、債権者が債務者に対して給付を請求することができる権利であり、人に対する請求を内容とする権利である。また物権とは異なり、債権には排他性がない（同一内容の権利が複数存在することがありうる）。

　そのほかにも、知的創造活動の成果について、一定期間その独占権を与える知的財産権も財産権の具体的な姿である。このうち、著作権法が規定する著作権は、文芸、学術、美術、音楽、プログラム等の精神的作品を保護するものである。それ以外にも、特許法に規定される特許権、実用新案法に規定される実用新案権、意匠法に規定される意匠、そして商標法に規定される商標権は、**産業財産権**として保護されている（**図表11-5**のとおり、特許権、実用新案権、意匠権、商標権がその中に含まれる）。またこれらの産業財産権については、**先願主義**が採用されている。さらに、「半導体集積回路の回路配置に関する法律」に規定される回路配置利用権は半導体の回路配置を保護しているし、種苗法は育成者権を規定して植物の新品種を保護し、また不正競争防止法は、営業秘密や商品の表示等を保護している。

　特別法上の権利としては、鉱業法は鉱業権を規定しており、登録を受けた一定の土地の区域において、鉱物のある地層から登録を受けた鉱物を掘採し、取得する権利を保障している。鉱業法では、鉱業権は土地の所有権とは独立したものと位置づけられており、土地の所有者であったとしても、鉱業権によらずにその権利を行使することは禁止されている。また漁業法は、行政庁から免許を取得することにより、一定の水面において特定の漁業を一定の期間排他的に営む漁業権を保障している。この漁業権は、民法上の物権とみなされ、それと同等の法的効果を有するものであり、漁業権に基づく漁業を営む権利が侵害された場合には、漁業法に基づく漁業権侵害罪に該当する場合がある。

[54] **産業財産権**　特許庁に出願し登録されることで、一定期間独占的に実施（使用）できる権利である。

[55] **先願主義**　先に発明をした者ではなく、先に特許庁に出願した者に特許が与えられることを先願主義という。

244　第11章 職業選択の自由、財産権の保障とは？──経済的自由権

図表11-5：財産権の保障内容

権利	意義・内容
物権	物権は、事実的支配に基づく占有権と、本権（占有を法律上正当なものとする実質的な権利）に分かれる。また本権は、所有権と制限物権に分かれるが、前者は自己の所有物の使用、収益および処分を行う権利をいう。さらに後者は、他人の土地を一定の目的のために使用収益する用益物権（地上権、永小作権、地役権、入会権）と、債権の担保のために目的物の交換価値を支配する担保物権（留置権、先取特権、質権、抵当権）に分かれる。
債権	契約を締結することにより、債権と債務が発生することになるが、民法にはあらかじめ契約類型がいくつか規定されており、これらを典型契約（有名契約）という。典型契約は13種類あり、贈与、売買、交換、消費貸借、使用貸借、賃貸借、雇用、請負、委任、寄託、組合、終身定期金、和解がある。なお、典型契約に合致しない契約を非典型契約（無名契約）という。
知的財産権	知的財産権とは、「特許権、実用新案権、育成者権、意匠権、著作権、商標権その他の知的財産に関して法令により定められた権利又は法律上保護される利益に係る権利」のことをいい（知的財産基本法2条2項）、またここでいう「知的財産」とは、「発明、考案、植物の新品種、意匠、著作物その他の人間の創造的活動により生み出されるもの……、商標、商号その他事業活動に用いられる商品又は役務を表示するもの及び営業秘密その他の事業活動に有用な技術上又は営業上の情報」をいう（同条1項）。
著作権	著作権法は、「文化的所産の公正な利用に留意しつつ」、「著作物並びに実演、レコード、放送及び有線放送に関し著作者の権利及びこれに隣接する権利」を保障しているが（著作権法1条）、著作物とは「思想又は感情を創作的に表現したものであって、文芸、学術、美術又は音楽の範囲に属するものをいう」（同2条1号）。また著作隣接権とは、著作物の公衆への伝達に重要な役割を果たしている者（たとえば実演家やレコード製作者など）に与えられる権利をいう。
産業財産権 特許権	特許権とは、新しい発明を保護する権利であるが、特許法で保護される発明とは、「自然法則を利用した技術的思想の創作のうち高度のものをいう」（特許法2条1項）。また、特許を受けることができる発明は、「物の発明」（プログラムも含む）と「方法の発明」に大別されるが、特許を受けることができるかは、産業として利用できるか、新しいものであるか、容易に思いつくものでないかどうか、先に出願されていないかどうか、公の秩序、善良の風俗または公衆の衛生（公序良俗等）を害しないか、などによって判断される。
産業財産権 実用新案権	実用新案権とは、物品の形状、構造または組合せの考案を保護するものであるが（実用新案法1条）、ここでいう「考案」とは、「自然法則を利用した技術的思想の創作」をいう（同2条1項）。特許と類似するところがあるが、特許制度は比較的高度な発明を対象としており、実用新案制度は小発明というような日常生活や産業で役立つ工夫などが保護される。また実用新案は、方法や製造方法などを保護の対象としていない。
産業財産権 意匠権	意匠とは、物品の形状、模様もしくは色彩またはこれらの結合であって、視覚を通じて美感を起こさせるものをいい、また、物品に記録・表示されていない画像や、建築物、内装のデザインなども含まれる（意匠法2条）。意匠登録を受けるためには、工業上利用できるか、新しいものであるか、容易に創作できるものか、先に出願されていないかどうか、公序良俗等を害するものでないか、意匠ごとに出願しているか、先に出願された意匠の一部と同一または類似していないか、などで判断される。
産業財産権 商標権	商標とは、「人の知覚によって認識することができるもののうち、文字、図形、記号、立体的形状若しくは色彩又はこれらの結合、音その他政令で定めるもの」をいうが（商標法2条）、登録されるためには、自己の商品・役務と、他人の商品・役務とを区別することができないものかどうか（たとえば、単に商品の産地を表示する商標（「東京」）など）、公益に反するかどうか、他人の商標と紛らわしくないか、などが審査される。
回路配置利用権	半導体集積回路の回路配置の創作者またはその承継人を保護する権利であるが、ここでいう「半導体集積回路」とは、「半導体材料若しくは絶縁材料の表面又は半導体材料の内部に、トランジスターその他の回路素子を生成させ、かつ、不可分の状態にした製品であって、電子回路の機能を有するように設計したもの」をいい、「回路配置」とは「半導体集積回路における回路素子及びこれらを接続する導線の配置」をいう（半導体集積回路の回路配置に関する法律2条）。この権利は登録機関（一般財団法人ソフトウェア情報センター〔SOFTIC〕）に登録することで発生する。
育成者権	新たな植物品種を育成した者は、それを農林水産省に登録することにより、登録品種の種苗、収穫物および一定の加工品を独占的に利用することができる。ここでいう「利用」とは、種苗やその加工品を「生産し、調整し、譲渡の申出をし、譲渡し、輸出し、輸入し、又はこれらの行為をする目的をもって保管する行為」などをいう（種苗法2条5項）。
鉱業権	鉱業権はさらに、採掘権と試掘権に分かれる。前者は本文のとおりであるが、後者は、鉱区において登録を受けた鉱物の状況や品質などを試錐（ボーリング）等の方法で試し掘りをする権利である。また鉱業法は、鉱業権のほかにも、他人の採掘鉱区の一部で登録の目的となった鉱物を掘採し取得するため租鉱権を定めている。なお鉱業権は、土地所有権から独立した権利であり、土地所有者であっても鉱業権がなければ法定鉱物を、取得することはできない。
漁業権	漁業権には、共同漁業権（採貝採藻など）、区画漁業権（養殖業など）、そして定置漁業権（大型定置など）の3種類がある。なお、漁「業」を排他的に営むことを保障するものであり、漁「場」を保障するものではない。

5　財産権の保障　　245

（3）財産権の制限

　憲法29条2項は、1項で保障される財産権について、「公共の福祉」に適合するように法律によって制限することを認めている。この制限については、各人の生命や健康を守るためにする財産権制限（内在的制約）と、社会的な公平性と調整の観点から積極的になされる財産権制限（外在的制約）とを区別する考え方がある。森林法事件判決でも、財産権の制限は、「財産権の種類、性質等が多種多様」であって、また「財産権に対し規制を要求する社会的理由ないし目的も、社会公共の便宜の促進、経済的弱者の保護等の社会政策及び経済政策上の積極的なものから、社会生活における安全の保障や秩序の維持等の消極的なものに至るまで多岐にわたる」としている。なお同判決では、**共有物分割請求権**を共有者に否定することは、憲法上の財産権の制限に該当すると判示しており、その理由は、民法が近代市民社会における原則的な所有形態である単独所有への移行を可能にするために共有物分割請求権を認めており、それを制約するためであるとした。

　それでは、実際にどのような制限がなされているだろうか。内在的制約については、たとえば食品衛生法は、販売食品等の安全確保や衛生上の危害発生の防止のためにその販売や管理に一定の制限をかけているし、消防法では国民の生命、身体および財産を火災から保護するために、所有者が一定の行為や制限を求められる規制がある。また宅地造成等規制法も、宅地造成に伴うがけ崩れや災害防止のために、基礎調査のために土地に立ち入ることや、障害物の撤去の伐除などができることになっている。外在的規制についていえば、たとえば独占禁止法は、よく知られているように、不当な取引制限や私的独占、不公正な取引方法を禁止し、企業結合にも規制をかけている。また都市計画法によれば、都市計画区域や準都市計画区域、さらに市街化区域や市街化調整区域、用途地域など、土地の利用に関してさまざまな制限がある。そのほかにも、大気汚染物質の排出制限を求める大気汚染防止法や、工場等からの排水に規制をかける水質汚濁防止法などがある。

[56] **共有物分割請求権**　民法256条1項は「各共有者は、いつでも共有物の分割を請求することができる」と規定しており、また同258条1項は「共有物の分割について共有者間に協議が調〔そろ〕わないとき、又は協議をすることができないときは、その分割を裁判所に請求することができる」としている。

このような制限があるほかにも、すでに法律によって保障されている財産権が、事後の法律制定や改正などによって、何らかの形で制限される場合がある。たとえば、**国有農地売払事件判決**[57]では、法律で一度定められた「財産権の内容を事後の法律で変更」した場合であっても、「公共の福祉に適合する」ものでなければならないとされた。そのほかにも、**奈良県ため池条例事件判決**[58]では、ため池の堤とうを使用する財産権を有する者に対して、事後に条例によってその使用を制限することは、「財産上の権利に著しい制限を加えるもの」であるとされている。もっとも、この判決では、ため池の破損、決かいを招く原因となる行為を禁止することは、災害を未然に防止するやむを得ない必要性があるのであって、ため池の破損、決かいの原因となるようなため池の堤とうの使用は、「財産権の行使の埒外にある」とされている。つまり、そもそも生命に危険のあるような財産権の行使は、財産権として保障されないということになる。

（4）財産権制限の違憲審査基準

このように財産権は、さまざまな法律によって内容形成されているとともに、制限されていると整理することができるだろう。そして、財産権を制限する法律が「公共の福祉」に適合するような場合であれば、その法律は憲法に違反しないということになる。それでは、「公共の福祉」に適合するかどうかの判断は、どのようになされるのだろうか。

森林法事件判決は、これを「規制の目的、必要性、内容、その規制によって制限される財産権の種類、性質及び制限の程度等を比較考量して決すべき」であるとしている。それは、薬事法事件判決にも登場したように、「財産権の種類、性質等が多種多様」であって、その規制は「種々様々でありうる」ため、個別に**比較考量**[59]を行う必要があるとしているのである。そして、財産権に対する制限は「法律」によって行うこととされていることから、立法府が行った判断が尊重されるとした。そのうえで、法律の規制目的が「社会的理由ないし目的に出たとはいえないものとして公共の福祉に合致しないこと

[57] **国有農地売払事件判決**
最大判昭和53年7月12日民集32巻5号946頁。農地改革の際に土地を買収された者による、買収農地売払制度に基づく売払い請求に対して、当時の農林大臣が拒否処分を行ったところ、係争中に制定された国有農地売払特措法によって農地売払価格が「買収対価相当額」から「時価の7割」に増額されたため、同法が事後に財産権を不利益に変更するものであり、憲法29条に違反する等と主張した事件。最高裁は、この不利益変更は公共の福祉に適合するものであり、またその程度の権利制限は憲法上容認されるとした。

[58] **奈良県ため池条例事件判決** 最大判昭和38年6月26日刑集17巻5号521頁。ため池の破損、決かい等により生命、財産に多大な損傷が及ぶことを防ぐために、ため池の保全に関する条例が制定され、ため池の堤とうの耕作が禁止されたが、被告人がそれを知りながら農作物を植える行為を行った事件。最高裁はこれらの行為を禁止、処罰しても憲法に違反しないとした。

[59] **比較考量** 当事者間の相対立する利益を比較して考慮して、より大きな利益をもたらすと考えられる結論を出すことをいい、利益衡量、比較衡量ともいう。特に違憲審査基準としての比較衡量論は、人権を制限することによってもたらされる利益と、制限しない場合に維持される利益とを比較して、もし制限することによってもたらされる価値が高いと判断する場合に人権を制限することができるということを意味する。最高裁でもこうした手法が用いられている（よど号ハイジャック記事抹消事件判決 ▶第9章[40]）など）。もっとも、国民の利益と国家の利益の衡量が行われる場合には、国家の利益のほうが優先される可能性が強いため、限定して用いたほうがよいとの批判もなされている。

5　財産権の保障　　247

が明らかである」場合か、「規制目的が公共の福祉に合致する
ものであつても規制手段が右目的を達成するための手段とし
て必要性若しくは合理性に欠けていることが明らかであつて、
そのため立法府の判断が合理的裁量の範囲を超えるものとな
る場合に限り」、財産権の制限は憲法29条2項に違反すると
された。

　この点で、森林法事件判決以前においては、前述した職業
規制に対する違憲審査基準において登場した規制目的二分論
を唱える立場は、財産権規制についても同様の議論を用いる
べきであると主張されていた。つまり、積極目的規制には合
理性の基準を、消極目的規制には厳格な合理性の基準を適用
するべきだとした。しかし森林法事件判決は、森林法の規定
を積極目的規制のように解したにもかかわらず、合理性の基
準を採用せず、これよりも厳格な審査を行ったのである。す
なわち、森林法186条（当時）の立法目的を、「森林経営の安
定を図り、ひいては森林の保続培養と森林の生産力の増進を
図り、もつて国民経済の発展に資することにある」としたの
である。この判示については、薬事法事件判決が引用されて
いることも踏まえて、森林法による規制を消極目的規制であ
るととらえたために、より厳格な基準を採用した（規制目的
二分論が採用された）と説明する理解も示された。しかし、同
判決は、積極目的規制を明示しているにもかかわらず合理性
の基準による審査を行っていないこと、また薬事法事件判決
の引用もあくまでも利益衡量の部分であることから、規制目
的二分論を採用したとはいえない。すなわち、財産権規制に
対する違憲審査基準は、「規制の目的、必要性、内容、その規
制によって制限される財産権の種類、性質及び制限の程度等
を比較考量して決すべき」ということになる。このような個
別の利益衡量を行う手法は、その後先例となる**証券取引法事
件判決**[60]においても、ほぼそのまま引き継がれている。もっと
も、同判決においては、森林法事件判決において言及された
「積極的」「消極的」という文言が削られており、このことか
らも、最高裁は規制目的二分論を採用していないと考えられ
ている。

[60]　**証券取引法事件判決**　最
大判平成14年2月13日民集56巻
2号331頁。証券取引法164条1
項は、一般投資家の利益を保護
するために、上場会社等の役員
または主要株主が、その職務ま
たは地位により取得した秘密を
不当に利用していわゆるインサ
イダー取引を行うことを規制して
いた。本件では、年に数回、株
式の買い付けと売り付けを行い、
短期売買利益を得ていた者につ
いて、同項が適用されるかどう
かが問題となったが、株式の取
引主体が同一人物であり、秘密
の不当利用などの事実はないた
め同項は適用されず、そのよう
に解さなければ、同項は憲法29
条に違反すると主張した事件。
最高裁は、同項の目的は正当性
を有し公共の福祉に適合し、ま
たその手段も必要性、合理性を
欠くものではないため憲法に違
反しないとした。

6　損失補償

（1）損失補償の意義

　財産権の制限があった場合、それが「公共の福祉」に適合するものとして正当化されるときには、憲法に違反しないことになる。しかし、それでもなお残る問題は、財産権の制限に対してどのような埋め合わせを行うかという問題である。たとえば、道路の拡幅工事などで、自分の土地の一部や全部が収用されてしまう場面を想像してみてほしい。このとき、あなたの所有する土地の制限が憲法に違反しないとされた場合でも、あなたは何らの補償もないままにその制限を受け入れることができるだろうか。

　ここで憲法29条3項は、「私有財産は、正当な補償の下に、これを公共のために用ひることができる」と定め、**損失補償**[61]を認めている。すなわち、一方において、公権力が、私有財産を**公用収用**[62]したり**公用制限**[63]したりすることができることとしつつ、他方において、一定の条件を満たす場合には、公権力は財産権の制約によって生じた損失を補償しなければならないことが定められている。「公共のために用ひる」場合には、「正当な補償」がなされることにより、社会全体で負担すべき損失を一部の者が甘受するのではなく、公平に負担することとされている。

（2）補償の要否──「公共のために用ひる」

　損失補償が認められるには、「公共のために用ひる」ことが必要となる。問題となるのは、ここでいう「公共のために用ひる」ことが、公共事業のために私有財産を犠牲にする場合に限定されるかどうかということである。たとえば、学校、病院、鉄道、道路等の建設の場面で、特定の私有財産に制限を加える場合は、ここでいう「公共のために用ひる」に該当する典型例であると考えられる。これに対して通説は、「公共のために用ひる」に該当するのはこれらの公共事業だけではなく、社会公共の利益のために私有財産を制限することも含

[61] **損失補償**　損失補償とは、適法な国家行為に基づく財産権制限によって生じた損失を補塡するものであって、違法で過失のある国家行為に基づく国家賠償とは異なるものである。すなわち、賠償とは、違法な行為に対する金銭的な補塡をするものであり、補償とは適法な行為に対するものである。国家賠償については、国家賠償法が定めており、「国又は公共団体の公権力の行使に当る公務員が、その職務を行うについて、故意又は過失によつて違法に他人に損害を加えたときは、国又は公共団体が、これを賠償する責に任ずる」こととされている（1条1項）。

[62] **公用収用**　特定の公益事業のために、国または地方公共団体等が特定の財産権を強制的に取得し、または消滅させることをいう。たとえば、後述するような、土地の所有権を強制的に取得する土地収用などがある。

[63] **公用制限**　特定の公益事業のために、特定の財産権に制限を加えることをいう。たとえば、自然公園の美観を守るために土地の原状変更を禁止することや、重要文化財の現状変更を制限することなどである。

まれるととらえている。また**食糧緊急措置令違反事件判決**[64]で
は、典型的な公共事業だけではなく、戦後の食糧安定確保の
ための財産権制約についても、「公共のために用ひる」ことに
該当するとしている。

　「公共のために用ひる」ことに該当するとしても、制約に
よっては損失補償を要しないとされた例もある。奈良県ため
池条例事件判決では、条例による権利行使の制限が「災害を
防止し公共の福祉を保持する上に社会生活上已むを得ないも
の」であるとされ、そして「そのような制約は、ため池の堤
とうを使用し得る財産権を有する者が当然受忍しなければな
らない責務というべきもの」であるとされた。また**河川附近**
地制限令事件判決[65]では、河川附近の土地の掘削や形状変更を
行う際に都道府県知事の許可が必要であるとされたが、この
ような制限も「原則的には、何人もこれを受忍すべきもの」
であるとされた。そして、「特定の人に対し、特別に財産上の
犠牲を強いるものとはいえない」場合には、補償は不要であ
るとされた。このように、生命や安全にかかわるような財産
権の制約といった内在的制約に該当するものについては**特別**
の犠牲[66]にあたらず、損失補償が不要となる。つまり、先述し
たように、財産権は生命や安全を害するようなもののために
行使することまでは保障されていないということになる。

（3）補償の程度──「正当な補償」

　財産権制限に対して「正当な補償」が必要であるとされた
場合、実際にはどの程度までの補償が必要となるのだろうか。
補償の程度をめぐっては、大きく分けると、相当補償説と完
全補償説というふたつの立場に分かれている。相当補償説は、
制限された財産に対して、合理的に算出される相当額であれ
ば、仮に市場価格を下回るような金額であっても是認される
とする立場である。この立場をとった**農地改革事件判決**[67]では、
「正当な補償」とは、「その当時の経済状態において成立する
ことを考えられる価格に基き、合理的に算出された相当な額」
であって、「必しも常にかかる価格と完全に一致することを要
するものでない」とした。それは、「公共の福祉を増進し又は

[64] **食糧緊急措置令違反事件**
判決　最大判昭和27年1月9日
刑集6巻1号4頁。米麦その他
の主要食糧の生産者に対して法
定の価格で売り渡すことを求め
る食糧管理法3条および
食糧管理令等が、憲法29条に違
反するものであるか等が争われ
た事件。最高裁は、この財産権
の制限は、「政府が国民の食糧の
確保及び国民経済の安定を図る
ため食糧を管理しその需給及び
価格の調整並びに配給の統制を
行うことを目的としてなされるも
のである」こと等を理由として、
「公共のために用ひるものに外な
らぬ」とした。

[65] **河川附近地制限令事件判**
決　最大判昭和43年11月27日
刑集22巻12号1402頁。河川管
理上支障となるような事態の発
生を事前に防止するために、所
定の行為について知事の許可を
必要である旨定めた河川附近地
制限令が、損失補償規定を設け
ておらず、かえって罰則のみを
定めることが憲法29条3項に違
反することが争われた事例。な
お、「相当の資本を投入して砂利
採取事業を営んでいた者が、当
該地域が河川附近地と指定され
たことによって被った損失」につ
いては「受忍すべきものとされ
る制限の範囲」を超えるため「特
別の犠牲」を課したものになる
とした。

[66] **特別の犠牲**　「特別の犠
牲」にあたる場合とは、①財産
権に対する侵害行為の対象が一
般人か、それとも特定の個人か
集団であるか、また②財産権に
対する侵害行為が受忍すべき限
度にあるものか、といった基準
で判断することが提唱されてき
た。もっとも、「特別の犠牲」の
判断にあたっては、事例ごとに
その事情や制約内容などが異な
るため、個別の事情を加味しつ
つ、その態様や程度などを総合
的に判断する必要がある。

[67] **農地改革事件判決**　最大
判昭和28年12月23日民集7巻
13号1523頁。自作農創設特別
措置法に基づく農地買収の際
に、同法が定める対価が憲法29
条3項の「正当な補償」にあた
るかが争われた事例。

250　　第11章　職業選択の自由、財産権の保障とは？──経済的自由権

維持するため必要ある場合」には、「財産権の価格についても特定の制限を受けること」があり、また「その自由な取引による価格の成立を認められないこともある」ためであるとした。

これに対して完全補償説は、補償対象となる財産の客観的な市場価値については、全額補償するべきであるとする立場である。この立場を採用した**土地収用法事件判決**[68]は、損失の補償は、「特別な犠牲の回復をはかることを目的とするものであるから、完全な補償、すなわち、収用の前後を通じて被収用者の財産価値を等しくならしめるような補償をなすべき」であるとした。相当補償説の立場を採用した事例が、**農地改革**[69]にかかわる戦後の例外的な事例であることを踏まえるならば、最高裁は完全補償説をとっていると考えられるのではないだろうか。もっとも、完全補償の場合、収用の対象となる財産の市場価格に加えて、移転料等の付帯的損失が含まれるが、たとえばダム建設による水没で住む場所も仕事も失ってしまうような場合、山奥の財産の市場価値と移転料等の付帯的損失だけで済むかが問題となる。すなわち、仕事を求めて人口が多い都市に移転するとなれば、土地の市場価値も高くなってしまうし、その差額を賄うための職も新たに探さなければならなくなってしまう。そこで、単なる金銭補償だけではなく、生活再建のための生活権補償をも含むとする考え方がある。

（4）損失補償と個別の法律

憲法29条3項については、この規定をもとに直接補償を請求することができると考えられているが、実際には損失補償を定める法律は多岐にわたる。ここではその典型例である土地収用法を概観しよう。

公共事業のために土地が必要となった場合、原則としては、土地の所有者の合意に基づいて契約によって土地を取得することとなるが、どうしても土地を譲れないなどの同意が得られない場合がありうる。そこで土地収用法は、その土地の所有権者の同意が得られない場合などに、その土地を収用する

[68] **土地収用法事件判決**　最判昭和48年10月18日民集27巻9号1210頁。土地収用法に基づく損失補償について、対象となった土地の所有者が損失補償額が過少であるとして不足額を請求した事例。

[69] **農地改革**　第二次世界大戦後のGHQによる5大改革指令のひとつで、農村を民主化し、農地を耕作者自らが所有させるために、小作地を地主から小作農に解放して自作農を創設したもの。2次にわたる農地改革が実施され、1946年には自作農創設特別措置法が制定され、1950年までに200万ヘクタールの農地を国が地主から買収し、小作農に譲渡された。

6　損失補償　　251

ための法的な手続を規定している。そして同法は、具体的に
事業認定手続と収用裁決手続を定めている。事業認定手続
は、国土交通大臣、当該土地の都道府県知事により、その公
共事業が土地を収用するに値する公益性を有するかを認定す
る手続である。そしてそれが認定されると、各都道府県に設
置され7名の委員で構成される収用委員会において収用裁決
手続が進められ、土地所有者等に対する補償金の額等が決定
されることになっている。

コラム⓫　新型コロナウイルス対策と財産権

　2020年ごろから世界的なパンデミックを引き起こした新型コロナウイルス
に対して、日本でも多くの対策がなされてきた。その中でも、本章で取り上
げた議論とかかわるのは、緊急事態宣言下やまん延防止等重点措置下におい
てなされた、営業時間短縮の要請（時短要請）や休業要請である。新型インフ
ルエンザ等対策特別措置法（以下「特措法」という）に基づいて行われたこれ
らの要請は、法的な強制力はなく、あくまでも行政からの「お願い」（行政指
導）であった。ただし、これらの要請に従わなかった者に対して、特に必要
があると認めるときは、各都道府県知事はその者に対して、その要請に従う
ことを命令することができ、さらにその命令に違反した場合には、過料が科
されることになっていた（特措法45条3項など）。

　実際にこの時短命令が、憲法上争われた事件がある。東京都から時短命令
を受けた飲食店の運営会社（グローバルダイニング社）が、同命令の違憲、違法
を争った事件である。この事件で東京地裁は、特に必要があると認めるときに
該当しないために違法であると判断したが、特措法およびそれに基づく本件命
令は、憲法に違反しないとした（東京地判令和4年5月16日判時2530号5頁）。

　関連して、このような休業要請が行われた際に問題となったのが、それに
対して損失補償を行うべきどうかという点であった。この問題については、
要請には法的拘束力がないことや、また営業の一時的な停止を求めるにすぎ
ないこと、新型コロナウイルスのまん延を防止するための規制は内在的制約
であって、受忍すべきものであることなどの理由を根拠に、正当な補償は必
要ないとされた。

　もっとも、その後この補償とは別に、国は事業者や労働者に対してさまざ
まな支援策を講じており、各種支援や給付金などの制度が創設された。これ

らのうち、売上の減少に直面する事業者に対しては、その事業継続を支え、また再起の糧とするため、持続化給付金や家賃支援給付金などの制度が設けられ、幅広い業種がその受給対象とされた。しかしこれらの給付金は、風営法に定める性風俗関連特殊営業を行う事業者には支給されないこととされていたため、その合憲性が現在でも争われている。東京高裁は、これらの不支給は、憲法14条および22条１項に違反しないと判断している（東京高判令和５年10月５日訟月70巻２号200頁）。

おわりに

　本章では、職業の自由と財産権の保障を中心に、経済的自由権の意義とその制約について検討した。経済活動・職業活動が多様化する現代では、伝統的な職業形態に加え、新たな働き方や事業の登場により、法規制や保障のあり方が問われているといえるだろう。また、急速な技術革新やグローバル化、国際環境の変化により、新たな諸課題に対応していくことも求められている。そのような問題のひとつが、**経済安全保障**である。最後にこの点について簡単に触れておこう。

　経済安全保障の観点からは、経済的自由権は、個人の自由としての側面にとどまらず、国家の持続的な発展と国民や国家の安全保障という側面からも重要な人権であると位置づけられる一方、重要技術の流出防止や、**サプライチェーン**の安定性確保のための規制が、個人や企業の経済的自由に影響を与える事例は増えている。特定の分野における投資制限や、重要技術に関する輸出管理の強化は、経済的自由権への制約を伴う一方で、国民の安全を守るために必要であるともいえる。

　こうした新たな問題を考えるにあたっても、本章でみてきた基本的な考え方を押さえておくことが重要である。本章の検討を、そのための第一歩にしてほしい。

[70] **経済安全保障**　国家の平和と安全、経済的な繁栄といった国益を、経済上の措置を講じ確保することをいう。日本では2022年に経済安全保障推進法が制定され、翌年に施行されている。2022年に閣議決定された『国家安全保障戦略』では、「サプライチェーンの脆弱性、重要インフラへの脅威の増大、先端技術をめぐる主導権争い等、従来必ずしも安全保障の対象と認識されていなかった課題への対応も、安全保障上の主要な課題となってきている。その結果、安全保障の対象が経済分野にまで拡大し、安全保障の確保のために経済的手段が一層必要とされている」と記されている。第2章[54]も参照。

[71] **サプライチェーン**　原材料の調達から製品の製造、管理、流通、販売に至るまでの一連のプロセスや流れ。

第12章

生存権、教育を受ける権利、労働基本権とは？
——社会権

はじめに

　財産権と経済活動の自由の保障による資本主義経済の発展は、人々を経済的に豊かにすると同時に、貧困や劣悪な労働条件、失業などの事実上の不平等ももたらした。これらの社会問題は、自由な経済活動に委ねていては解決されず、そのまま放置すれば悪化していく一方である。そこで、こうした社会問題を解決するために、国家が社会に介入することが求められるようになり、**ワイマール憲法**[1]に代表される社会権という考え方が誕生した。

　日本国憲法で保障されている社会権としては、生存権（25条）、教育を受ける権利（26条）、勤労の権利（27条）および労働基本権（28条）がある。これらは国家による援助が特に必要な場合を想定して制定されたものである。お金がなくて今日の生活すらままならない、社会に出ていく前提となる教育を受けていない、働き先が見つからず、ブラック企業以外の選択肢がない、という状況を想像してみてほしい。そのような状況では、ただ一日一日を生きのびて飢えを凌ぐことに必死になるしかない。そうした追い詰められた生活をしている人々は、いかに自由権の保障が充実している社会に生きようとも、それらを活用する機会にはなかなかたどり着けないだろう。一人ひとりが個人として自由に生きるためには、その前提をなす資力・教育・労働環境といった生活基盤が不可欠なのである。これらを支えている社会権は、自由権の前提であるといえる。こうした重要な役割を担う社会権を憲法が保障している意味を、しっかりと受け止める必要がある。

[1] **ワイマール憲法**　1918年に起きたドイツ革命を経て開かれた国民議会で可決され、1919年に制定された。ワイマール憲法151条1項によれば、「経済生活の秩序は、すべての人に、人たるに値する生存を保障することを目指す正義の諸原則に適合するものでなければならない」。第4章［35］も参照。

▲ワイマール憲法のブックレット表紙（public domain）

1　社会権のふたつの側面

「国家からの自由」と称される自由権とは異なり、社会権は、国家が積極的に配慮することを求める権利構造が出発点であることから、「国家による自由」とも称される。法的には、自由権が「放っておいてもらうこと」、すなわち国家の介入の排除を目的とする権利（＝不作為請求権）である一方で、社会権は「何かをしてもらうこと」、すなわち国家に対して一定の行為を要求する権利（＝作為請求権）である。つまり社会権は、「○○についてちょっと困っているので、国家が何とかして助けてください」と求める権利であるといえる。社会権にはふたつの側面があるところ、こうした側面は、社会権の社会権的側面ないし請求権的側面と呼ばれている。

社会権のもうひとつの側面は、社会権の自由権的側面である。この側面によれば、国民が社会権を自力で実現するにあたって、国家が不当な介入を行うことは許されない。そのような不当な介入が行われる場合には、社会権も自由権と同様、国家による介入を排除する権利としての側面が機能する。つまり社会権とは、「○○については自力で何とか対処しているので、国家はそれをジャマしないでください」と主張することも可能な権利なのである。このように、社会権が社会権的側面に加えて自由権的側面をもあわせもつ複合的な権利であることに留意しつつ、以下では、個別の社会権規定についてみていこう。

★**おすすめの本**　柏木ハルコ『健康で文化的な最低限度の生活』（書影は単行本第1巻〔小学館・2014年〕、編集部撮影）は、『ビッグコミックスピリッツ』誌で2014年から連載中の漫画作品。そのタイトルは言うまでもなく憲法25条1項から採られており、若手ケースワーカーらの視点から生活保護制度の現実を描くその内容は、本章が扱うテーマを考えるうえでもぜひ一度手に取っていただきたい。

2　生存権

（1）生存権の自由権的側面

憲法25条1項は、「すべて国民は、健康で文化的な最低限度の生活を営む権利を有する」として、人々に対して生存権を保障している。2項は、「国は、すべての生活部面について、社会福祉、社会保障及び公衆衛生の向上及び増進に努めなければならない」ことを定めている。この生存権規定は、

社会権の総則規定でもある。

　生存権には、次のふたつの側面がある。人々には自力で「健康で文化的な最低限度の生活」を維持する自由があり、国家はそれを妨害してはならないという自由権的側面と、そのような生活の実現を求める社会権的側面である。まずは、自由権的側面について考えてみよう。

　まず、生存権の自由権的側面とは、「健康で文化的な最低限度の生活は自力で賄っているので、国家はそれをジャマしないでください」と主張する側面である。では、自力で最低限度の生活を営む者を国家が妨害する場合とは、どのような状況だろうか。典型的な例としては、租税や保険料の負担による最低生活費への介入が挙げられる。どんなに働いてお金を稼いでも、租税や保険料の負担が過度に大きく、お給料のほとんどが持っていかれてしまえば、私たちの手元には最低限の生活費すら残らない可能性だってある。そのように考えると、人々のお金のうち、国家が手を付けてはいけない部分がある、といえるだろう。しかし**総評サラリーマン税金訴訟**[2]では、最高裁は立法者の広範な裁量を認め、結論として所得税法上の旧給与所得控除制度は合憲とされた。同じく自由権的側面から憲法25条違反が争われた事案でもある**旭川市国民健康保険条例事件**[3]も、恒常的な生活困窮者を保険料減免の対象としていない条例の規定が合憲とされている。さらに、問題となるのはお金だけではなく、生きる自由そのものの妨害の場合もあるだろう。具体例として、**食糧管理法違反事件**[4]は、まさに自力で生きのびるためヤミ米を購入・運搬する行為（＝生きる自由）を、国会が作った食糧管理法という法律が阻害していた事案ともいえるだろう。しかし、この点について最高裁からの言及はなされていない。このように、自由権的側面については、学説上はこれを認める見解が一般的であり、下級審では**自由権的側面を認めた裁判例**[5]もあるものの、最高裁の判例ではいまだ確立していないのが現状である。

（2）生存権の社会権的側面

　次に、社会権的側面について考えてみよう。誰しもが、何

[2] **総評サラリーマン税金訴訟**　最判平成元年2月7日判時1312号69頁。源泉徴収手続により所得税を収納された共働き夫婦（原告）が、給与所得者に対する所得税課税制度について、①給与所得者には実額控除を認めない所得税法上の旧給与所得控除制度が憲法14条に反すること、②最低生活費に課税する税制は憲法25条に反することを理由として、国に対して収納した所得税の全額返還を求めて出訴した事件。

[3] **旭川市国民健康保険条例事件**　最大判平成18年3月1日民集60巻2号587頁。国民健康保険の経費の徴収方法には、保険税方式と保険料方式がある。旭川市は後者を選択して旭川市国民健康保険条例を制定した。この方式によれば、市長が保険料を決定・告示することになるため、保険料があらかじめ定められておらず不明確であるという問題が生じる。そこで、3年度分の賦課処分を受けた原告が、憲法84条の租税法律主義違反等を理由として、当該処分の取消し等を求めて出訴した事件。同時に本判決では、恒常的な生活困窮者を保険料減免の対象としていないことが憲法25条、14条に反するかが争われた。

[4] **食糧管理法違反事件**　最大判昭和23年9月29日刑集2巻10号1235頁。第二次世界大戦後、ヤミ米を購入・運搬したことから、食糧管理法違反であるとして逮捕・起訴された被告人が、同法は生存権の行使を制限するものであり、憲法25条に反して違憲であると主張した事件。

[5] **自由権的側面を認めた裁判例**　一例として、総評サラリーマン税金訴訟の第一審（東京地判昭和55年3月26日行集31巻3号673頁）では、「国家は国民自らの手による健康で文化的な最低限度の生活を維持することを阻害してはならないのであって、これを阻害する立法、処分等は憲法の右条項〔憲法25条——筆者注〕に違反し無効といわねばならない」として、生存権の自由権的側面に言及したことで、注目された。

かしらのきっかけにより、自らの力だけでは生活できなくなる可能性がある。そうしたときに、「健康で文化的な最低限度の生活ができなくて困っているので、これを実現して助けてください」と国家に要求できるという側面が、生存権の社会権的側面である。しかし、「健康で文化的な最低限度の生活」が実現されている状況とは、一体どのような状態を指すのだろうか。現金さえあればいいのか、サービスや物資、施設を含めて考えるべきなのか、電子マネーや引換券で給付してもよいだろうか……。このように、条文の文言が抽象的で曖昧であることから、その実現手段も複数考えられる。加えて、国の財政的な事情も考慮しなくてはならない。ない袖は振れないのである。そのため、この権利の具体化は第一に国会に委ねられている。たとえば、生活保護法や国民年金法などの**社会保障制度**[6]は、国会による生存権の具体化の一例である。それゆえ、生存権領域においては、法律を制定する国会の裁量（立法裁量）や法律をさらに具体化する行政機関の裁量（行政裁量）が広く認められている。それでは、裁判所は生存権の実現のために何ができるのだろうか。そもそも生存権は**裁判規範**[7]として機能するのか、それはどの程度の強さなのかということが、学説上問題とされてきた。

（3）生存権の法的性格

この点について、学説の大まかな流れは以下のとおりである。

まず、戦後初期に**プログラム規定**[8]説という学説が登場した。これによれば、生存権はプログラム（綱領）を宣言したものであって、具体的な請求権を保障したものではないと理解される。この説によれば、生存権は単なる政治的な指針ないしは目標であって、法的効力は認められず、裁判規範性は否定される。つまり、国会や行政機関が行う生存権の保障が適切であるかについて、裁判所は憲法25条を用いた判断ができないということである。これでは、裁判所は生存権の実現のために何もできないということになってしまう。しかし、憲法25条が生存権を「権利」として保障していることから、裁

[6] **社会保障制度** ①社会保険（医療保険、介護保険、年金制度等）②社会福祉（児童福祉、高齢者福祉、障害者福祉等）③公的扶助（生活保護制度等）④保健医療・公衆衛生からなる。詳しくは社会保障法の教科書をのぞいてみよう。おすすめは、加藤智章ほか『社会保障法〔第8版〕』（有斐閣・2023年。書影は有斐閣HPより）である。

[7] **裁判規範** 法規範の果たす役割のうち、裁判所による紛争解決のための基準としての効力を裁判規範と呼ぶ。裁判規範性がないならば、その法規範は、裁判の基準とはなりえない。こうした法規範をプログラム規定という（▶本章[8]）。

[8] **プログラム規定** プログラム規定という考え方は、ドイツのワイマール憲法の解釈に由来する。ワイマール憲法は社会権的基本権についての規定を有していたが（▶本章[1]）、それらをすべて実現することは当時のドイツの財政上困難であった。そこで、プログラム規定であるという解釈を取り入れることで、国の財政的負担を回避しようとしたのである。なお、ドイツの経済状況が悪化した背景としては、第一次世界大戦での巨額の賠償責任を負わされたこと、およびインフレが急激に進行したことなどが挙げられる。

判所もこれに応えることができるべきだという主張がなされ
るようになった。

　そこで、憲法25条に法的効力を認めるべしという考え方が
登場する。これが、現在の通説である抽象的権利説である。
しかし、やはり条文の内容が非常に抽象的であることから、
憲法25条は国会が定める法律によってはじめて具体的な請求
権となり、裁判規範性をもちうるというのが、この説による
生存権の説明である。この説によれば、国会は「健康で文化
的な最低限度の生活」を実現するような法律を制定しなけれ
ばならないし、制定された法律が憲法25条の保障する内容を
明らかに充足していないような場合には、その法律は違憲と
なるという。その意味で、抽象的権利説では、法律に対する
憲法による拘束力が認められているといえるだろう。しかし
裏を返せば、抽象的権利説では、法律がなければ裁判規範性
もない、ということになってしまう。

　そこで、国会が定める法律がない場合であっても、生存権
規定から具体的権利を読み取ろうとするのが、具体的権利説
である。この説によれば、憲法25条から、少なくとも裁判所
で争える程度には具体的な権利の内容を取り出すことが可能
であるという。そのため、国会が定める法律がない場合や、
あっても不十分な場合など、生存権に基づく給付が十分にな
されていない場合には、**立法不作為**による違憲状態を確認す
る訴訟を起こすことができるという。

　今日の日本では、すでに生存権を具体化した社会保障に関
する法律が幅広く存在していることから、抽象的権利説と具
体的権利説の間の差はしだいに狭まっており、いずれにせよ
法的権利性を認めているという点では、どちらも共通してい
る。そのため、両者を合わせて法的権利説とも称される。な
お、これまでにみたどの説に依拠したとしても、憲法25条を
直接の根拠として国民が具体的給付を求めることができない
点には、留意が必要である。つまりどの説に立ったとしても、
「憲法25条の生存権が保障されているといえるような、健康
で文化的な最低限度の生活を営むために必要な給付をしてく
ださい」という主張はできないのである。そこで学説上では、

[9] **立法不作為**　憲法上は国会
が法律をつくること（立法）が
必要であるにもかかわらず、国
会がその立法をなす義務を怠っ
ている場合や、法律自体は存在
するけれども、その法律の内容
が憲法からみて不十分な場合を
指す（高橋和之ほか編『法律学
小辞典〔第5版〕』〔有斐閣・2016
年〕1329頁 も 参照）。第13章
[15]も参照。
　なお、立法不作為が問題とな
るのは生存権の領域に限られな
い。立法不作為の違憲性が争わ
れたその他の事案としては、在
宅投票廃止訴訟（最判昭和60年
11月21日民集39巻7号1512頁）
および在外国民選挙権訴訟（最
大判平成17年9月14日民集59巻
7号2087頁）がある。
　在宅投票廃止訴訟：公職選挙
法は、疾病や身体障害等を理由
に在宅のまま投票を認める在宅
投票制度を認めていたが、悪用
例が多く存在することから、選
挙の公正を保つために1952年に
廃止された。これに対して、著
しい歩行困難により投票ができ
なくなった原告が、在宅投票制
度を廃止したままで復活の立法
措置をとらないことは憲法に違
反するとして出訴した事件。最
高裁は、復活の立法措置をとら
なかったことは「国家賠償法1条
1項の適用上違法の評価を受ける
ものではない」として、その違
法性を否定した。
　在外国民選挙権訴訟：公職選
挙法の旧規定では、在外国民は
衆参両院議員の全選挙の投票が
できないこととなっていたため、
在外国民であった原告が当該選
挙権制限は違憲であるとして出
訴した事件。最高裁は、本件立
法不作為は国家賠償法上の違法
にあたると判断した。

258　　第12章　生存権、教育を受ける権利、労働基本権とは？──社会権

この意味での具体的給付まで認められるべきだという「ことばどおりの具体的権利説」も主張されている。

（4）判例の立場

　戦後初期の判例である食糧管理法違反事件（▶本章[4]）では、「〔憲法25条１項〕の規定により直接に個々の国民は、国家に対して具体的、現実的にかかる権利を有するものではない」として、憲法25条の具体的権利性が否定されていた。その後、**朝日訴訟**[10]では、食糧管理法違反事件を引用しつつ、憲法25条１項の規定は「国の責務として宣言したにとどまり、直接個々の国民に対して具体的権利を賦与したものではない」ことを示したうえで、「具体的権利としては、憲法の規定の趣旨を実現するために制定された生活保護法によつて、はじめて与えられている」とした。一見するとプログラム規定説に近いようにも思われるが、最高裁は当時の厚生大臣に「合目的的な裁量」を認めつつも、「現実の生活条件を無視して著しく低い基準を設定する等憲法および生活保護法の趣旨・目的に反し、法律によつて与えられた裁量権の限界を超えた場合または裁量権を濫用した場合には、違法な行為として司法審査の対象となる」と判示している。つまり裁判所は、生存権の具体的権利性は否定しつつも、裁判所が行政機関の行為に対して憲法や生活保護法に違反するという判断を行う場合があることを示しているのである。

　同様に**堀木訴訟**[11]でも、最高裁は食糧管理法違反事件の判旨を引用したうえで、憲法25条の「『健康で文化的な最低限度の生活』なるものは、きわめて抽象的・相対的な概念」であり、「現実の立法として具体化するに当たつては、国の財政事情を無視することができず、また、多方面にわたる複雑多様な、しかも高度の専門技術的な考察とそれに基づいた政策的判断を必要とする」ことを確認する。そのため、「憲法25条の規定の趣旨にこたえて具体的にどのような立法措置を講ずるかの選択決定は、立法府の広い裁量にゆだねられて」いる。そして、「それが著しく合理性を欠き明らかに裁量の逸脱・濫用と見ざるをえないような場合を除き、裁判所が審査判断す

[10] **朝日訴訟**　最大判昭和42年５月24日民集21巻５号1043頁。原告（朝日茂氏）は、重度の結核により国立療養所に入所し、生活保護法に基づき医療扶助および生活扶助を受けていたが、実兄から月1500円の送金を受けることになったことにより、月600円の生活扶助は打ち切られ、送金額から600円を控除した残額900円を医療費の一部として原告に負担させるという決定が行われた。これに対して、月600円の基準金額は最低限度の生活水準を維持するに足りない違法なものであるとして出訴した事件。
　第一審判決（東京地判昭和35年10月19日行集11巻10号2921頁）は原告の主張を認容したが、第二審判決（東京高判昭和38年11月４日行集14巻11号1963頁）は第一審判決を取り消し、原告の主張を退けた。原告は最高裁に上告したが、係争中に死亡した。その後、原告の養子夫婦が相続人として訴訟を継承したため、その継承の是非が最高裁で争われた。
　最高裁大法廷は、生活保護受給権は一身専属の権利であって相続の対象になりえないとして、本件訴訟は原告の死亡によって終了したと判断した。しかし、「なお、念のために」として、傍論で生存権の法的性格について言及したが、結論として原告の主張は認められなかった。

[11] **堀木訴訟**　最大判昭和57年７月７日民集36巻７号1235頁。原告（堀木フミ子さん）は視力障害をもつシングルマザーであり、国民年金法に基づく障害福祉年金を受給していた。堀木さんが当時の児童扶養手当法に基づく児童扶養手当を請求したところ、年金と手当の二重受給になることから、障害福祉年金と児童扶養手当の併給を禁止する児童扶養手当法上の規定により、請求が却下されたため、この併給禁止規定が憲法25条、14条等に反するとして出訴した事件。

るのに適しない事柄である」という。つまり裁判所は、憲法
25条の条文がきわめて抽象的であることから、それを具体化
する際の立法者（国会）の立法裁量を広く認めつつも、それ
が「著しく合理性を欠き明らかに裁量の逸脱・濫用と見ざる
をえないような場合」には、裁判所の審査判断の対象となる
ことを示しているのである。

　以上のことから、最高裁は純粋なプログラム規定説を採用
したのではなく、抽象的権利説の立場を採っていると考えら
れる。

（5）発展・裁量統制のための試み

　これまでの判例をみてみると、裁判所は立法府（国会）や
行政機関（厚生労働大臣）に広範な裁量を認め、裁判所自身が
審査することに抑制的であるように感じられるのではないだ
ろうか。それは、条文の抽象性が高いために、国会の定める
法律によって具体化することが必要であるという、生存権の
宿命かもしれない。しかしすべてを国会の自由に任せきりで
は、憲法が生存権を権利として保障した意味がなくなってし
まうだろう。そこで、これまで判例と学説は、さまざまな方
法で立法裁量と行政裁量を狭めるための理論構築を行ってき
た。ここでは、立法裁量・行政裁量をコントロールするため
の試みの一部を簡単に紹介しよう。

　❶ **憲法25条1項・2項分離論**　立法裁量に関して、憲法
25条1項の「健康で文化的な最低限度の生活を営む権利を有
する」を、貧困に陥った人を救う「救貧施策」についての条
文、2項の「社会福祉、社会保障及び公衆衛生の向上及び増
進に努めなければならない」を、貧困に陥ることを防止する
「防貧施策」についての条文であるというように分ける立場が
ある。これによって、1項については厳格に、2項について
はゆるやかに審査すべきという考え方である。この理論では、
訴訟原告の立場からすると、1項に関する争いの際に審査の
厳格度を上げられる点にメリットがある。先にみた**堀木訴訟
の控訴審判決**で示され、注目された。

　❷ **判断過程統制**　行政裁量を統制するための手法として、

[12] **堀木訴訟の控訴審判決**
大阪高判昭和50年11月10日行
集26巻10＝11号1268頁。控訴
審判決は、「憲法第25条第1項に
いう『健康で文化的な最低限度
の生活』（生存権）の達成を直接
目的とする国の救貧施策として
は、生活保護法による公的扶助
制度がある。そして、国民年金
法による障害福祉年金、母子福
祉年金及び児童扶養手当法によ
る児童扶養手当、児童手当法に
よる児童手当などは憲法第25条
第2項に基づく防貧施策であつ
て、同条第1項の『健康で文化
的な最低限度の生活』の保障と
直接関係しない」として、救貧
施策と防貧施策を区別してい
る。そのうえで、結論として原告
の請求は認めなかった。学説上
では、救貧政策を事後的な最低
水準の生活保障、防貧政策を事
前の最低水準を上回る生活の保
障ととらえることにより、両者の
間で立法府の裁量が認められる
範囲や審査の厳格度に違いが生
じると考えられているようであ
る。
　これに対して、上告審判決（本
章 [11]）は、1項2項分離論は
採用しなかったものの、広範な
立法裁量を認めたうえで、併給
禁止規定が憲法25条に違反する
との原告の主張を退けた。

判断過程統制と呼ばれる審査方法がある。そこでは、「最低限度の生活の具体化に係る判断の過程及び手続における過誤、欠落の有無等の観点」に着目して審査することが示されている（**老齢加算年金訴訟**[13]）。憲法25条の条文からは最低限度の生活の具体的な内容は取り出せない中で、この手法は、最低限度の生活の具体化の「過程」が適切であるかに着目して判断を下せる点にメリットがあり、実際に近年の裁判所において効果的に用いられている。

❸ **制度後退禁止原則**　すでに存在する社会保障制度を切り下げるような、制度の後退は禁止される、あるいは正当な理由が要求されるという考え方が、学説上では有力に主張されている。この原則を認めることにより、制度の後退に歯止めをかけやすくなる点にメリットがある。しかし、制度の後退が直ちに違憲となるわけではないため、議論の余地がある。

（6）現代社会における生存権の問題

このように、判例・学説は生存権に関して、さまざまな理論の構築を試みてきた。しかし、まだまだ発展途中であることは否めない。このままでは、国会が国民年金を引き下げる法律を作ったり、厚生労働大臣が生活保護基準を引き下げるような改定をしたりしたとしても、裁判所は国会や厚生労働大臣に遠慮してしまい、厳しく審査することができないだろう。

現代社会においては、こうした事案が実際に裁判所で争われている。国民年金の引き下げについての裁判では、最高裁判所による合憲判決がすでに下されているが（**公的年金引き下げ訴訟**[14]）、その当否については議論の余地があるだろう。他方、「いのちのとりで裁判」とも呼ばれる生活保護基準引き下げについての裁判は、各地の地方裁判所・高等裁判所で意見が分かれているところである（生活保護基準引き下げ訴訟〔▶後掲**コラム⓬**〕）。生活保護基準は、最低賃金や高校等の奨学金、**就学援助**[15]、住民税の非課税、国民健康保険料や介護保険料の減免など、さまざまな制度と連動している。生活保護基準はまさに、私たちの「健康で文化的な最低限度の生活」と

[13] **老齢加算年金訴訟**　最判平成24年2月28日民集66巻3号1240頁。原告らは生活保護法に基づく生活扶助の支給を受けていたが、厚生労働大臣が保護基準を改定したことにより、70歳以上の者等を対象とする老齢加算が段階的に減額・廃止され、支給額が減額された。これに対して、保護基準の改定は憲法25条、生活保護法3条等に反するとして出訴した事件。

[14] **公的年金引き下げ訴訟**　最判令和5年12月15日（執筆時、判例集未登載）。国民年金法上の老齢基礎年金および厚生年金保険法上の老齢厚生年金の受給権者である原告らは、改正国民年金法に基づき老齢年金の額を減額する処分を受けた。これに対し原告らが、当該法律は憲法25条、29条1項および13条等に反して無効であると主張して、その処分の取消し等を求めて出訴した事案。

[15] **就学援助**　学校教育法19条は、「経済的理由によって、就学困難と認められる学齢児童生徒の保護者に対しては、市町村は、必要な援助を与えなければならない」と規定しており、これを受けて各市町村は、小中学校生の入学準備費、学用品費、給食費、修学旅行費などを援助している。これらの費用の無償化の可否については、本章3（3）を参照。

2　生存権　261

密接にかかわる最低ラインなのである。そのため、これを引き下げることは、生活保護を受ける人にとって重大な問題であることはもちろん、そうでない人々の生活にもかかわる問題である。すべての国民が人間らしく生きられるための「いのちのとりで」としての機能をもつ生存権が、憲法で保障されている意味をじっくりと考えながら、新聞や報道などに注目してほしい。

コラム⓬ 「いのちのとりで」裁判とは？

　憲法25条の生存権保障の具体化のひとつに、生活保護がある。健康で文化的な最低限度の生活を自力で営むことが難しい者に給付を与え、そのような生活の実現を図る生活保護は、生存権保障の要であり、国民にとっての最後のセーフティーネットとしての役割を有している。

　こうした憲法上も重要な意義を有する生活保護に関して、近年重要な裁判が行われている。それが、「いのちのとりで」裁判とも呼ばれる、生活保護基準引き下げ訴訟である。

　この訴訟は、厚生労働大臣が、2013年から生活扶助基準（生活保護基準のうち生活費に相当する部分）を平均6.5％、最大10％引き下げたことから、その引き下げが違法であるとして、取消し等を求めて争っている訴訟であり、全国29か所で提起されている。この引き下げは主に、一般低所得世帯との比較による「ゆがみ調整」と、物価の変動に応じた「デフレ調整」に基づいて行われている。しかしこれらの算定方法には、さまざまな観点から問題点が指摘されている。

　裁判の争点となっているのは、こうした引き下げに際して、厚生労働大臣の裁量権の逸脱または濫用があったかどうかである。裁判所は、老齢加算年金訴訟判決を引用して、判断過程統制を用いて判断を行っている。すでに下された地方裁判所・高等裁判所の判断は分かれており、今後の裁判の動向が注目される。

　この裁判について関心をもった人は、ホームページ「いのちのとりで裁判全国アクション」（https://inochinotoride.org/〔2024年5月17日閲覧〕）をぜひ一度のぞいてみてほしい。何が問題になっているのか、今どのような裁判の結果が出ているのかなど、「いのちのとりで」裁判についてより深く理解できるだろう。

3　教育を受ける権利

（1）教育を受ける権利の内容

憲法26条１項は、「すべて国民は、法律の定めるところにより、その能力に応じて、ひとしく教育を受ける権利を有する」ことを定めている。教育の目的は人格の完成である（**教育基本法１条**）[16]。自己の人格を形成し、個人として自立して社会経済生活を送っていくためには、知識や技能を身につけることが必要である。また、民主主義社会においては、一定の政治的知識や判断能力も要求される。こうした素養を生まれた時からひとりで身に着けることは困難であるため、教育が必要とされている。なお、このような教育のあり方は、国家や天皇への忠誠心を育み、国家の発展に有用な人材を育成するという側面を有していた戦前における教育とは、大きく異なっているといえる。

また元来教育とは、各家庭内において親が子に行う教育のように、教育の自由を個人が行使するという形で行われてきた。しかし、個人により実施可能な教育には限界がある。その結果、個人ではなく国家や地方自治体などの公権力が教育を受ける権利を保障する主体となった。現代においては、公教育とは、**教育基本法６条１項**の「公の性質」を有する教育とされている[17]。そのため、私立学校や社会教育なども公教育に含まれる。

教育を受ける権利が憲法上保障されているということの意味について、当初は、教育の機会均等を実現するために必要な経済的配慮を国家に対して求めるという、社会権的側面から理解されていた。すなわち、教育を受ける権利とは、「裕福な人にも、貧しい人にも、教育を受ける機会を平等に与えてください」と要求する権利であるととらえられていたのである。その理由としては、憲法26条が生存権規定の直後に置かれていることや、憲法26条２項に義務教育の無償が規定されていることなどが挙げられる。また、教育のためには、費用だけでなく設備や人材が必要である。そのため現在では、教

[16] **教育基本法１条**　「教育は、人格の完成を目指し、平和で民主的な国家及び社会の形成者として必要な資質を備えた心身ともに健康な国民の育成を期して行われなければならない」。

[17] **教育基本法６条１項**　「法律に定める学校は、公の性質を有するものであって、国、地方公共団体及び法律に定める法人のみが、これを設置することができる」。

★**教育基本法とは**　教育基本法とは、日本の教育や教育制度に関する基本的な枠組みや事柄を定めた法律である。これは、教育にかかわる事項は法律で規定しなければならないとする憲法26条の要請に基づいて作られたものである。これらの背景としては、明治憲法には教育に関する定めはなく、政府の草案に基づく天皇の勅令（例：教育勅語）に委ねられていたことが挙げられる。政府が教育内容を恣意的に決められるような仕組みを二度と作らせないためにも、教育基本法という法律の存在は重要である。

育を受ける権利は、教育のための設備や制度を整え、教育の場を提供することを国家に対して要求する権利としても理解される。

しかし、社会権が自由権的側面と社会権的側面を併せもつ複合的権利であることは、すでにみたとおりである。つまり、教育を受ける権利の保障にも、個人が望む教育を受け、学習しようとすることを妨害されないという、自由権的側面があると考えられる。これは、「私たちが自ら望む教育を受け、主体的に学ぶことを、国家はジャマしないでください」という側面である。判例は、教育を受ける権利の前提には、「国民各自が、一個の人間として、また、一市民として、成長、発達し、自己の人格を完成、実現するために必要な学習をする固有の権利」があるととらえている（**旭川学力テスト事件**）[18]。これを学習権と呼び、現在ではこの学習権にウェイトが置かれている。

教育を受ける権利の主体はすべての国民である。近年では学習のオンライン化が進み、高校や大学に通いながら、あるいは仕事をしながら、オンラインでセミナーやスクールに通う人も少なくない。退職後に高校や大学に通い直す人もいるだろう。どのようなライフステージに立っていようとも、学習したいと望む者がそれを阻害されるようなことはあってはならない。他方で、大人とは異なり、子どもは人格の発展や社会生活に必要な学習を自己の力だけでは選択・受講することができない。そのため、子どもは教育を受ける権利の中心的な主体であるといえる。判例も、「特に、みずから学習することのできない子どもは、その学習要求を充足するための教育を自己に施すことを大人一般に対して要求する権利を有する」として、子どもの学習権を認めている（旭川学力テスト事件）。

（2）「能力に応じて、ひとしく」の意味

憲法26条1項は、「能力に応じて、ひとしく」教育を受ける権利を保障している。これは、教育の機会均等を保障する趣旨である。教育基本法4条1項は、「すべて国民は、ひとし

[18] **旭川学力テスト事件**　最大判昭和51年5月21日刑集30巻5号615頁。旭川市立永山中学校において実施された昭和36年度全国中学校一斉学力調査に際し、調査に反対した教職員組合役員である被告人ら4名が、同校内に侵入し校長に暴行を加えるなどして、その実施を実力で妨害したとして、公務執行妨害等で起訴された事件。最高裁大法廷は、学力テストは適法であるとしたうえで、被告人らの公務執行妨害罪についても有罪であると判断した。第10章[44]も参照。

く、その能力に応じた教育を受ける機会を与えられなければ
ならず、人種、信条、性別、社会的身分、経済的地位又は門
地によって、教育上差別されない」と規定しており、これは
憲法26条1項と憲法14条1項を具体化したものである。その
ため、たとえば各学校で公正な入学試験を行い、合格者のみ
を入学させるなど、各個人の一定の能力に応じた対応をする
ことは許される。他方で、能力があるにもかかわらず、それ
に応じた適切な教育が保障されない状況は許されない。この
ことは、法律によっても裏打ちされており、教育基本法4条
3項は、「国及び地方公共団体は、能力があるにもかかわら
ず、経済的理由によって修学が困難な者に対して、奨学の措
置を講じなければならない」としている。

　そのうえで、今日ではこの規定は、各人の能力の発達の違
いに応じた教育の内容をも保障していると考えられている。
この点に関連するのが、障害者教育のあり方である。現在で
は、憲法26条1項の「能力に応じて」とは、「個性に応じて」
という意味であり、「ひとしく」教育を受けられることが重要
であると認識されている。実際に教育基本法4条2項は「国
及び地方公共団体は、障害のある者が、その障害の状態に応
じ、十分な教育を受けられるよう、教育上必要な支援を講じ
なければならない」と規定している。また、かつては障害の
ある子どもと障害のない子どもを別々に分離した教育が行わ
れていたものの、そうした教育のあり方には批判がなされ、
現在では両者がともに同じ場所で学ぶ**インクルーシブ教育**が
推進されている。

（3）義務教育の無償となる範囲

　憲法26条2項前段は、「すべて国民は、法律の定めるとこ
ろにより、その保護する子女に普通教育を受けさせる義務を
負ふ」と定めている。この規定の意味は、子どもの親ないし
保護者が、子どもを学校に通わせて教育を受けさせる義務を
負っているということにある。保護者は、子どもを自分のた
めに働かせるなどして酷使してはならないのである。つまり
この規定は、子どもの教育を受ける権利の保障をより実効的

[19] **インクルーシブ教育**　ユネ
スコ（国連教育科学文化機関）
によれば、インクルーシブ教育
とは「すべての子どもを包摂す
る教育」を指す。2014年に日本
が批准した「障害者の権利に関
する条約」24条では、インクルー
シブ教育の理念や目的が示され
ている。日本ではこの条約の批
准のために、2011年に障害者基
本法を改正し、また条約の批准
に伴い、2013年に障害者差別解
消法を制定、2016年に施行した。

★**主権者教育とは**　主権者とし
て求められている力を育成する教
育。「国や社会の問題を自分の問
題として捉え、自ら考え、自ら判
断し、行動していく主権者を育
成していくこと」と定義されてい
る（総務省「主権者教育の推進
に関する有識者会議とりまとめ」
2017年）。選挙権年齢や成年年
齢の18歳への引き下げに伴い、
学校における主権者教育のあり
方が注目されるようになった。

3　教育を受ける権利　　265

にするためにある。そのためこの規定を、子どもが教育を受けなければならないとか、学校に行かなければならない、という意味でとらえられてはならない。子どもが教育を受けるのは、あくまでも「権利」である。学校教育法16条によれば、保護者は子どもに9年の普通教育を受けさせる義務を負っており、保護者がこれに反する場合については、罰則が設けられている（学校教育法17条・144条）。

また、憲法26条2項後段は、「**義務教育**[20]は、これを無償とする」と定めている。この規定は、子どもの教育を受ける権利の保障を実効的にするために、国や地方自治体が費用を負担する責務を示した規定である。義務教育にかかる費用を無償にしなければ、特に貧しい家庭の子どもの場合には、教育費用が捻出できないなどの経済的理由により就学が困難になってしまい、教育を受ける権利を保障した意義が失われてしまう可能性があるからである。そのため国や地方自治体は、義務教育にかかる費用を徴収してはならない。各家庭の経済的事情にかかわらず、すべての子どもが義務教育を受けることができるのは、教育を受ける権利が憲法により保障されており、そのための費用が無償とされているからなのである。

しかし、学校で教育を受けるためにかかる費用はさまざまである。学校で使う学用品や教科書の代金、場合によっては通学費や給食費、学校指定の制服代、さらには遠足や修学旅行の費用などもある。こうした中で、憲法上「無償」となる費用とは、いったいどこまでを指すのだろうか。この点について学説は、授業料を徴収しないことを意味するとする通説（授業料無償説）と、授業料に加えて教育に必要な一切の費用を国が負担すべしという有力説（就学必需費無償説）とに分かれている。この点につき判例は、通説である授業料無償説の立場に立ち、教科書の代金が「無償」の範囲に含まれることを否定している（**教科書無償配布事件**[21]）。現在、義務教育の教科書は法律により、無償で配布されているが、通説・判例によれば、この法律を廃止して教科書代を徴収しても憲法上の問題はないということになる。また同様に、上記のような授業料以外の費用を徴収することも問題はない。なお、就学必

[20] **義務教育** ▶第3章[29]を参照。

[21] **教科書無償配布事件** 最大判昭和39年2月26日民集18巻2号343頁。公立小学校に入学する児童の保護者である原告が、教科書代金は、憲法26条2項の定める「無償」の範囲内であって国が負担すべきと考え、教科書代金の徴収行為の取消し等を求めて出訴した事件。

需品については、就学援助による補助がある。

（4）誰が教育内容を決めるのか

　子どもの教育を受ける権利に関連して、それを実現する責務を負う主体は誰なのか、言い換えれば、教育内容を決める権利（教育権）が誰にあるのかが問題となる。

　第1に、親の教育権が考えられる。しかし、教育権を親のみに限定してしまうと、たとえばネグレクトのように親が子どもにきちんとした教育環境を与えない場合には、子どもの教育を受ける権利が確保されないという事態が生じる危険性がある。そこで、親に加えて教師を中心とした国民が教育権をもつべきであり、国家が教育内容に介入することは原則的に許されないという立場（国民の教育権説）と、国家が教育権をもち、積極的に教育内容に介入することを認めるという立場（国家の教育権説）に、学説は分かれた。

　この問題について旭川学力テスト事件判決（▶本章［18］）は、どちらの学説も「極端かつ一方的」であるとしたうえで、親、教師、国家のすべてが教育権を分担するという立場に立った。具体的には、親には「家庭教育等学校外における教育や学校選択の自由」といった「親の教育の自由」を認め、教師には「教授の自由」を「限られた一定の範囲」で認めている。他方、国家は「必要かつ相当と認められる範囲」で教育内容を決定する権能を有すると判示した。ただしこの国家の権能には限界があり、「子どもが自由かつ独立の人格として成長することを妨げるような国家的介入、例えば、誤った知識や一方的な観念を子どもに植えつけるような内容の教育を施すことを強制するようなことは、憲法26条、13条の規定上からも許されない」。すなわち最高裁は、子どもの学習権のために、またその限りで、親、教師、国家がそれぞれ適切な範囲で教育内容の決定に携わるべきであると考えているのである。

　さらに現代では、教育のあり方が多様化しており、学校に通学するだけが教育を受ける唯一の方法ではなくなっている。インターナショナルスクールやフリースクール、ホームスクーリングといった選択肢に加え、近年ではオンライン教育やバー

★教科書検定とは　（4）に関連して、誰が・どのように教科書の内容を決めているのかという問題がある。以下で触れるように、教科書として採用されるには、教科書検定に合格しなくてはならない。この教科書検定制度が、国の教育内容に対する介入であって、教科書執筆の自由に対する侵害にあたるのではないかについて、当時の東京教育大学の教授であり、日本史の研究者であった家永三郎氏が訴訟を提起したのが、家永教科書事件（最判平成5年3月16日民集47巻5号3483頁）である。また、所定の教科書を使用せず、学習指導要綱に定められた内容から逸脱した教育を行ったことから、社会科担当教諭3名が懲戒免職処分を受け、その取消しを求めたのが、伝習館高校事件（最判平成2年1月18日民集44巻1号1頁）である。このように、教科書の取り扱いと教育権の所在には、密接な関連がある。

　なお、今日における教科書検定のプロセスは、①検定の申請、②申請図書の審査、③見本の提出、④検定済み図書の告示となっている。このうち重要なのが、②申請図書の審査であり、これは「義務教育諸学校教科用図書検定基準」および「高等学校教科用図書検定基準」などによって行われている。これらは教科書検定を行う際の審査基準について規定したものであって、具体的な審査の観点としては、①学習指導要領への準拠性、②児童生徒の発達段階への適応性、③教材の客観性・公正性・中立性、④内容の正確性が挙げられる（参照、文部科学省「教科書検定に関する根拠規定等について」）。

3　教育を受ける権利　　267

チャル学校の活用など、教育を受けるための方法はさまざま
であり、またこれからも増え続けていくだろう。重要なこと
は、子どもが必要かつ十分な教育を受けられることである。
あらゆる選択肢における教育の適切性をどのように担保して
いくかが、今後の教育を受ける権利にとっての課題となるだ
ろう。

4 労働基本権

(1) 労働基本権の内容

憲法28条は「勤労者の団結する権利及び団体交渉その他の
団体行動をする権利は、これを保障する」と定めている。こ
の条文により、❶団結権、❷団体交渉権および❸団体行動権
が保障されている。❶〜❸をあわせたものを、労働基本権ま
たは労働三権と呼ぶ。

❶ **団結権** 団結権は、労働者同士で団体を組織し、使用者
と労働者を対等な地位に立たせるための権利である。具体的
には、労働組合結成権を意味する。労働組合の活動に対して
国家や使用者が介入することは許されない。また、労働組合
を結成したことを理由として使用者が労働者を解雇するなど、
不利益となる形で取り扱うことは禁止されている。

❷ **団体交渉** 団体交渉権は、労働者の団体である労働組
合が、雇用者と対等な立場で、労働条件等について交渉する
権利である。使用者が労働組合との交渉を正当な理由なく拒
むことは許されない。交渉の結果は**労働協約**[22]として定められ、
これに反する労働契約は無効になる。

❸ **団体行動権** 団体行動権は、労働組合が労働条件の実現
を図るために団体行動をする権利である。これは争議行為な
どを行う権利（争議権）を指すものである。争議行為の代表
例としては、**ストライキ**[23]、**怠業（スローダウン）**[24]、**ピケッティ
ング**[25]、**職場占拠**[26]等が挙げられる。

憲法が労働基本権を認めている背景として、使用者と労働
者の地位が対等でないことが挙げられる。使用者は会社を経

［22］**労働協約** 労働組合法14条には、「労働組合と使用者又はその団体との間の労働条件その他に関する」事項を労働協約で定めることが規定されている。

［23］**ストライキ** 集団的な労務不提供（労働の一斉拒否）のこと。同盟罷業ともいう。なお、以下の争議行為の説明は、両角道代ほか『労働法〔第4版〕』（有斐閣・2020年）297頁以下を参照した。

［24］**怠業（スローダウン）** 作業の速度を意識的に落として就労すること。サボタージュともいう。

［25］**ピケッティング** ストライキ中の労働者が、ストライキの維持・強化のために、会社の入口で他の労働者らへの監視、呼びかけ、説得その他の働きかけを行うこと。

［26］**職場占拠** ストライキ中の労働者が、団結維持と操業阻止のために、事業場を占拠すること。

268 第12章 生存権、教育を受ける権利、労働基本権とは？──社会権

営し人材を雇うだけの富を有しており、自由に人を雇うことができるのに対して、労働者は日々の生活費を稼ぐだけの弱い立場にある。これでは、仮に使用者が労働者に対して劣悪な労働条件を提示してきたとしても、労働者はそれができないのなら辞めるしかない、という状況に陥ってしまう。そこで、こうした格差をなくし、両者が実質的に対等な立場で労働契約を結べるように調整するためのルールが必要となる。その役割を担うのが、労働基本権である。労働基本権については判例も、「勤労者に対して人間に値する生存を保障すべきものとする見地に立ち……経済上劣位に立つ勤労者に対して実質的な自由と平等とを確保するための手段」であると認めている（**全逓東京中郵事件**[27]）。

なお、憲法28条にいう「勤労者」とは、労働者と同じ意味である。労働組合法3条によると、労働者とは、「職業の種類を問わず、賃金、給料その他これに準ずる収入によって生活する者」であるとされている。つまり、自己の労働力を他人に提供して、その対価を得て生活する者を指すため、農漁業者、小売商工業者からYouTuberまで、およそ自営業を営む者は、「勤労者」に該当しない。他方、後にみるように、公務員は「勤労者」に該当する。

（2）労働基本権の性質

労働基本権は使用者との関係において認められなければ意味がない。それゆえ労働基本権は、使用者と労働者という私人間の関係にも**直接適用**[28]される。実際に、争議行為は民事免責されている（労働組合法8条）。これにより、争議権の正当な行使は違法な行為とはみなされず、それによって生じた損害賠償などの民事責任を負わないことが明示されている。

労働基本権は、国家に対して労働者の労働基本権を保障するための積極的作為を求めることができるという社会権的側面を有している。つまり「労働基本権の行使ができないと困るので、これを実現してください」と国家に要求することができるのである。実際に労働基本権は、**労働三法**[29]をはじめとする法律によって具体化・実現されている。他方で労働基本

[27] **全逓東京中郵事件** 最大判昭和41年10月26日刑集20巻8号901頁。全逓信労働組合の執行委員等であった被告人ら8名が、1958年の春闘の際、東京中央郵便局の従業員に対して、勤務時間に食い込む職場大会に参加するよう説得し、38名を職場から離脱させたことにより、郵便物不取扱罪（郵便法79条）の教唆犯として起訴された事件。

[28] **直接適用** 労働基本権は、いわゆる憲法の「私人間効力」における通説・判例である「間接適用説」の例外であるとされている。憲法の私人間効力については、第2章3（3）を参照。

[29] **労働三法** ①労働時間や休日、賃金などの労働条件について定める労働基準法、②労働者の団結権を保障するための労働組合法、③使用者と労働者の間の紛争を防止・解決するなど労働関係を調整するための労働関係調整法という、3つの法律の総称。なお、労働者の権利を保護するための法律をまとめて労働法という。詳しくは労働法の教科書をのぞいてみよう。おすすめは、小畑史子ほか『労働法〔第4版〕』（有斐閣・2023年。書影は同社HPより）である。

★**労働組合とGHQ** 労働三法の制定には、GHQの政策が大きく関わっている。戦後当初、GHQは労働政策として、労働組合の結成を奨励していた。政府はこれを受けて、労働三法の整備などを行った。しかし1948年以降、冷戦が激化していくと、GHQは占領政策を転換した。GHQの命令による政令201号により国家公務員法が改正され、労働運動の中心であった公務員は争議権を失った。

権にとっては、国家が労働者の諸権利を妨害することがないよう、それを制約するような立法等を排除するという自由権的側面も重要である。すなわち「労働基本権を行使して自力で適切な労働条件を手に入れようとすることを、国家はジャマしないでください」と主張できるということである。この側面の具体化として、労働者の争議行為は刑事免責されている（労働組合法1条2項）。仮に刑事罰が科される場合、それは争議行為が国家によって制約（ジャマ）されていることとなり、労働基本権の自由権的側面からして許されないからである。このように、労働基本権も、社会権的側面と自由権的側面をあわせもつ複合的な権利であるといえる。

（3）労働者の自由と労働組合

団結権と関連して、労働組合とその構成員である組合員の自由が抵触し、問題となるケースがある。第1に、**ユニオン・ショップ協定**[30]の問題である。ユニオン・ショップ協定とは、使用者が労働者を雇用する際に、労働者に対して労働組合に加入する義務を課し、これに反して加入をしない場合や組合から脱退・除名された場合に、使用者が当該労働者を解雇するという労使間の協定のことである。この制度の目的は、労働組合の組織の拡大強化にある。しかしこの協定を締結することは、労働者を組合へと強制的に加入させるという意味をもつことから、労働者の組合に加入しない自由（消極的団結権）の制約の問題が生じる。また、特定の労働組合への強制加入であれば、労働者の組合の選択の自由（積極的団結権）を制約することになりそうである。この点につき判例は、「ユニオン・ショップ協定によって、労働者に対し、解雇の威嚇の下に特定の労働組合への加入を強制することは、それが労働者の組合選択の自由及び他の労働組合の団結権を侵害する場合には許されない」とし、協定のうち、「締結組合以外の他の労働組合に加入している者及び締結組合から脱退し又は除名されたが、他の労働組合に加入し又は新たな労働組合を結成した者について使用者の解雇義務を定める部分は、……民法90条の規定により、これを無効と解すべきである（憲法28条

★**労働組合の組織率**　労働組合の推定組織率が最も高かったのは、1949年の55.8％である。1960年代半ばから1980年代半ばには、推定組織率は30％台を維持しており、とりわけ1974年ごろと1981年ごろは争議行為件数が最も多い時代であった。しかし、推定組織率は右肩下がりに推移し、2022年には16.5％と、減少の一途をたどっている。またそれとともに、争議行為件数も減少している（厚生労働省「労働組合基礎調査」および「労働争議統計調査」より）。

[30] **ユニオン・ショップ協定**　組織強制（労働組合に加入しない自由を認めないこと）の典型的形態。ユニオン・ショップ以外にも、クローズド・ショップという制度もある。どちらも労働組合員であることを採用の条件としているが、クローズド・ショップはユニオン・ショップとは異なり、企業が労働者を採用する際に、労働組合の加入者の中から労働者を採用する制度である。採用後に労働組合に加入しない場合や、脱退や除名により組合員ではなくなった場合には、使用者はその者を解雇する義務を負う点に特徴がある。

参照）」として、ユニオン・ショップ協定の効力を限定してとらえている（**三井倉庫港運事件**[31]）。

　第2に、労働組合の統制権に関する問題がある。労働組合には、組合の団結力の維持や強化のために、組合の行動方針に従わない者に対して、除名や権利停止などの一定の統制権が認められている。しかし、こうした統制権がどこまで認められるかは、組合員個人の自由との関係で問題となろう。この点について**三井美唄炭鉱労組事件**[32]は、「統制権は、一般の組織的団体のそれと異なり、労働組合の団結権を確保するために必要であり、かつ、合理的な範囲内においては、労働者の団結権保障の一環として、憲法28条の精神に由来する」として、労働組合が組合員に対して統制権をもつことを認めている。しかし、これが「選挙における立候補の自由」に対する制約となる場合には「特に慎重でなければならず」、「立候補の自由の重要性」を「十分考慮する必要がある」。そのうえで、「勧告または説得の域を超え、立候補を取りやめることを要求し、これに従わないことを理由に当該組合員を統制違反者として処分するがごときは、組合の統制権の限界を超えるものとして、違法といわなければならない」と判示した。このことから、労働組合の統制権は無制限に認められるものではなく、一定の限界があるということができる。

（4）公務員の労働基本権の制限

　労働基本権の制限に関して問題となるのは、公務員の労働基本権についてである。公務員も憲法28条にいう「勤労者」にあたるが、一般企業に勤める労働者に比べて、労働基本権が法律により特別に制限されている。たとえば、警察職員・消防職員・自衛隊員などは、労働三権すべてが規制されており、団結権すら認められていない。その他の一般職公務員・地方公務員については、団結権と団体交渉権の一部が認められているが（交渉はできるが労働協約締結権はない）、団体行動権は認められていない。

　公務員の団体行動権の制約に関して、初期の判例では、公務員は憲法15条2項の「全体の奉仕者」であり、「公共の福

---

[31] **三井倉庫港運事件**　最判平成元年12月14日民集43巻12号2051頁。会社（被告）の従業員で、組合の組合員であった原告らが、組合を脱退し他の組合に加入したところ、会社がユニオン・ショップ協定に基づき原告らを解雇する旨の意思表示をしたため、原告らが解雇の効力を争った事案。

[32] **三井美唄炭鉱労組事件**　最大判昭和43年12月4日刑集22巻13号1425頁。三井美唄炭鉱労組が、美唄市議会議員選挙に際し統一候補者を決定したところ、前回の統一候補者として当選した組合員Aが独自に再度立候補しようとした。同組合の役員ら（被告人ら）はAに対して立候補を断念するよう説得したが、Aはこれに応じず立候補して当選したため、被告人らはAに対して1年間組合員の権利を停止することとした。これらの被告人らの行為が選挙の自由妨害罪（公職選挙法225条3号）に該当するとして起訴された事件。

4　労働基本権　　271

祉」による制約であるという、一般的・抽象的な理由に基づいて合憲判断が下されていた（**政令201号事件**）。[33]

その後、全逓東京中郵事件（▶本章[27]）において最高裁は、公務員も憲法28条の「勤労者」にあたる以上、憲法15条2項の「全体の奉仕者」であるからといって、その労働基本権を全面的に禁止することは許されないとする画期的な判決を下した。そこでは、「労働基本権の制限は、労働基本権を尊重確保する必要と国民生活全体の利益を維持増進する必要とを比較衡量」したうえで、「合理性の認められる必要最小限度のものにとどめなければならない」ことが求められている。この判決により、公務員の労働基本権を尊重する流れが作り出された。

その後も最高裁は、**都教組事件**[34]や**全司法仙台事件**[35]において、この判旨を踏襲しつつ、争議行為の「あおり行為」について、処罰の対象となる行為は争議行為の違法性とあおり行為の違法性がともに強いものに限定するという、いわゆる「二重のしばり」をかけた**合憲限定解釈**[36]を行った。この解釈により、「あおり行為」に対して処罰が許される範囲は大きく狭められることになった。

しかしながらこれらの判例は、その後の**全農林警職法事件**[37]の判決によって覆されてしまう。全農林警職法事件判決では、公務員の争議行為の全面一律禁止を定めた国家公務員法の規定は合憲であるとの判断が下された。その具体的な根拠としては、①公務員が争議行為に及ぶことは、公務員の地位の特殊性および職務の公共性に反しており、国民全体の共同利益に重大な影響を及ぼすか、またはその虞れがあること、②公務員が争議行為を行うことは、公務員の給与や勤務条件等は国会による法律や予算により定めるという議会制民主主義と矛盾すること、③公務員による争議行為に対しては、私企業の場合とは異なり市場による抑止力が存在しないこと、④代償措置として人事院が存在すること、が挙げられている。

この判決以降、公務員の労働基本権については、全面的な制限を憲法上許容する流れへと移行し、現在に至っている。しかし、公務員も「勤労者」である以上、労働基本権の制約

[33] **政令201号事件**　最大判昭和28年4月8日刑集7巻4号775頁。国労組合員である被告人らが、公務員の労働基本権に制限を課す政令201号の廃止を求めて、無断欠勤という争議手段に出たために、同政令2条等によって起訴された事件。

[34] **都教組事件**　最大判昭和44年4月2日刑集23巻5号305頁。東京都教職員組合の執行委員等である被告人らが、勤務評定に反対・阻止する目的で、組合員である教職員に、一斉に有給休暇を取り集会に参加すべしという指令を配布・伝達したところ、約2万4000人がこれに参加した。被告人らのこれらの行為が争議行為の遂行をあおったとして、地方公務員法61条4号違反で起訴された事件。

[35] **全司法仙台事件**　最大判昭和44年4月2日刑集23巻5号685頁。全司法労働組合仙台支部の幹部である被告人らは、日米安保条約改定反対運動の一環として、勤務時間内に食い込む職場大会を開いて裁判所職員等に参加を要求した。この被告人らの行為等が、争議行為の遂行をあおったとして、旧国家公務員法98条5項・110条1項17号違反で起訴された事件。

[36] **合憲限定解釈**　法文の意味を憲法に適合するように解釈すること。「法律の違憲判断を回避する」解釈の手法であり、「字義どおりに解釈すれば違憲になるかもしれない広汎な法文の意味を限定し、違憲となる可能性を排除することによって、法令の効力を救済する解釈であり、そこには当該法令の合憲判断が原則として前提とされている」（芦部信喜『憲法〔第8版〕』〔有斐閣・2023年〕408頁）。

[37] **全農林警職法事件**　最大判昭和48年4月25日刑集27巻4号547頁。農林省職員により構成される全農林労働組合の役員である被告人ら5名は、警察官職務執行法改正案に反対するための行動の一環として、職場大会を開催するにあたり、正午出勤を指令し、職場大会への参加を要求した。この被告人らの

が大きすぎるのは、憲法28条の観点からして望ましくないだろう。また、公務員といってもその地位や職務の具体的な内容はさまざまである。学説上では、公務員の職務の性質や違い等を検討しつつ、その制約は必要最小限度にとどめるべきだという考え方が有力である。

おわりに

ここまでみてきたとおり、日本国憲法は生きること・学ぶこと・働くことという、多くの人々にとって必要不可欠な生活基盤を社会権という形で保障している。これらは単に国家によって与えられるだけではなく、国家により介入されないという側面も含んでいた。こうした多面的な構造をもつ社会権を理解することは、はじめは難しく感じるかもしれない。しかし、自由に生きるための前提条件としての社会権の重要性を、本章を通じて少しでも感じてもらえたら幸いである。

行為が、争議行為の遂行をあおったとして、旧国家公務員法98条5項・110条1項17号違反で起訴された事件。

第13章

議会と財政、参政権の関係とは？
──国会と選挙権

はじめに

　日本国憲法は「立憲的意味の憲法」の特徴を有するとされるが（▶第1章1（3）❷）、何をもって「立憲的」とするかは時代による変遷がある。古くは、美濃部達吉（▶第4章［17］）が「専制政体ノ国ニシテ国民ノ参政権ヲ認メ其代表機関トシテ代議制度ヲ設クル国ノミヲ立憲国ト謂ヒ、立憲国ノ基礎法ノミヲ憲法ト称スルノ慣例トモレリ」（『憲法撮要』）として、参政権と議会とをその必須の要素としていた。また、鵜飼信成は、立憲主義の基本が「従来の絶対君主の権力を民主的な勢力によって制限するところにあ」ると歴史的意義を強調し、その結果として、たとえば、人権保障のほか、大臣助言制と民主的責任行政（▶第14章［29］）などが採用されるとしていた。そこにおいては、「民主的な勢力」を構成する選挙と議会が重要であった。

　しかしながら、今日の教科書では、「権利の保障が確保されず、権力の分立が定められていない社会は、憲法をもたない」と規定する1789年フランス人権宣言第16条を引用して、①基本的人権の保障と②権力分立の2点を立憲的意味の憲法の要素として挙げるのが一般的である。これを前提に、人権論と統治機構論とに区分された憲法の**法体系**が構築され、参政権については前者で、国会については後者で別々に学ぶ光景が多くの大学でみられる。

　そのため、国民による選挙を通じた意思表明と議会における民意の反映とがいかに結びついて立憲主義を実現するかということの理解が難しくなっていないだろうか。その意味で、いま一度、議会制度を立憲主義の本質に据え、民主政の全体

［1］**鵜飼信成**（1906〜1987）
美濃部達吉門下の公法学者。戦後に東京大学社会科学研究所所長や国際基督教大学学長などを務める。主著に『憲法』（岩波文庫・1956年）、『司法審査と人権の法理──その比較憲法史的研究』（有斐閣・1984年）など。

［2］**法体系**　個々の法文やその解釈、判例などの理論が、一定の法の原則や理念に基づき整理されて、序列化・組織化された総体。日本国憲法であれば、立憲主義や個人の尊厳（13条前段）に基づき、人権論と統治機構論が構築される。

274　　第13章　議会と財政、参政権の関係とは？──国会と選挙権

像を理解し直すことも重要であると思われる。

　そこで、本章では、民主政治における国会の役割を中心に、そこに民意がどう反映されるべきかという視点に基づき、選挙や参政権の意義について考察していきたい。

1　財政と民主主義

（1）財政の誕生

　近代的議会制は、財政に対する国民からの統制を確保するために生まれ、発展してきたといえる。古くは、**マグナ・カルタ**（1215年）が、「国王は議会の同意なしに課税できない」（第12条）と規定したことが有名であるが、近代市民革命期には、アメリカの独立革命（1776年）において「代表なければ課税なし」との宣言がなされ、また、フランスの人権宣言（1789年）では、市民・議会の租税コントロール権（第14条）が明記されたことが、その後の議会制の発展と財政の民主的統制の確立へと結びついている。

　ここで財政（public finance）とは、国および地方公共団体が国民への各種の公共サービスの提供等の任務遂行のために必要な財源を調達し、これを管理しまたは使用する作用をいうが、これは近代国家特有の概念といえる。つまり近代以前のヨーロッパの諸国家においては、権力者の私有財産と公的な財産である国庫との区別が曖昧で、たとえば、君主が所有する山林や鉱山からの収益も、一般的に徴収する租税もまとめて収入として扱われ、そうした収入から行政活動への支出だけでなく、君主の私的な旅行や家族の結婚費用などが捻出された。いわば「どんぶり勘定」の状態であった。このような財務状況は自ずと恒常的な赤字になりやすく、国家運営上の課題となっていた。そうした中、1648年の**ウエストファリア条約**により、**ハプスブルク家**の神聖ローマ帝国が事実上解体され、各領邦国家の経済的自立に向けた合理的な会計管理と国富の増大とを目指す動きが活発化し、のちの財政学や会計学、行政法学、政策学など近代的学問の源流とされること

[3] **マグナ・カルタ**（**Magna Carta**）　1215年に貴族や都市の上級層の市民が、当時のイギリス王に王権の制限を認めさせた文書で、立憲主義の原点と評される。もっとも、当時の身分制や特権に基づく内容であるため、近代市民革命期の諸文書とは区別する考え方もある。その後改正された1225年版が現行でも有効とされる（▶第2章1（1）もしくは第1章[41]）。

[4] **ウエストファリア条約**　キリスト教内部の対立から生じた30年戦争の講和条約として締結された条約で、最初の近代的国際条約であると称される。約300のドイツの領邦の領邦に主権国家としての地位が与えられ、神聖ローマ帝国の事実上の解体につながった。

[5] **ハプスブルク家**　神聖ローマ皇帝位やスペイン王、ドイツ王、ハンガリー王などを兼務・継承し、ヨーロッパの広大な領地を獲得するなどした、中世ヨーロッパにおける最も有力な家系のひとつ。1556年、カール5世の退位にあたり、スペインとオーストリアの家系に分裂し、スペインの家系は後継者がなく1700年に断絶し、また、第一次世界大戦の敗戦によりオーストリアの家系は君主の座を追われることになる。

1　財政と民主主義　　275

もある学問としての**官房学**（Kameralwissenshaft）が集成され[6]ていった。その最大の功績のひとつは、近代国家の財政的な特徴である公的な財産である国庫と君主の私有財産とを切り離して、前者だけを独立させていったという点にあるといえる。これにより、公的なカネと私的なカネとが区別されたうえで、収入と支出がそれぞれ独立して管理されるようになる。いわば、カネに「色」を付けて仕訳をしていくのである。

　やがて、租税が国家の歳入の大部分を占めるようになり、当然、租税を徴収される国民からは、議会を通じた財政統制の要求が高まることになる。逆にいえば、国王が保有する石油などの豊富な天然資源による収入があり、国民からの租税にほとんど依存しない国家は、議会制が発達する契機に乏しいということになる。

　もっとも、民主化以前に、租税があれば国家が運営できるという社会・経済的基盤の存在が不可欠であるという点も忘れてはならない。つまり近代的な市場経済である。自由市場の登場により、貨幣さえ入手すれば、統治に必要な財・サービスは市場から調達できるようになり、この段階で、国王の有する資産や縁故の存在は不要になり、もはや国王の存在さえ不要になる。こうして政府が統治のための資産を有しない「無産国家」であっても、貨幣を調達することによって統治可能な「租税国家」が近代国家の本質となるのである。

　したがって、近代国家の財政的な特徴としては、国庫が権力者の私的財産から切り離され公的な財産となった点と、それが民主的に管理されるようになった点が挙げられるが、市場経済の登場が、民主的に統制される貨幣による統治としての「財政」の概念を生んだことを忘れてはならない。

（2）日本国憲法における財政民主主義

　こうした財政の特性を踏まえ、日本国憲法は第7章を「財政」の章として、本来的に行政権の作用である財政全般について、議会を通じた民意によって統制すべきとする原則（財政民主主義）を定める。総則的な規定である83条では、「国の財政を処理する権限は、国会の議決に基いて、これを行使し

[6]**官房学**　初期の官房学は行政活動の雑多な経験論が中心であり、農業や林業、鉱業などを含む実務的な内容が多かったが、それらが理論的に体系化され、官僚養成に向けた大学における講座として発展していく。ドイツのハレ大学とフランクフルト大学に官房学の講座が設置された1727年を境にして、官房学を前期と後期に大別する考え方がある。官房学は、本質的に前近代的なドイツ領邦国家における重商主義的な政策を支える学問であったため、アダム・スミスの『国富論』を基調とする近代経済学が描くような市場主義経済や中間団体から解放された個人を基礎とする市民社会、さらには、ナポレオン戦争後に登場する強大な国民国家の割拠状況には対応しきれず、19世紀初頭には没落する運命にあった。今日、官房学自体は忘れられた学問領域となっているが、官房学を基礎として展開された公法学・会計学などの理論は今日でも有効であるし、官房学が有する学際的な視点は今日の総合政策学的な思考に通じるものがあり、その意味で再訪する価値があると評しうる。

なければならない」と、国会中心財政主義を規定する。

　財政民主主義が、租税国家を支える財貨の徴収面で表れたものが租税法律主義であり、「あらたに租税を課し、又は現行の租税を変更するには、法律又は法律の定める条件によることを必要とする」（84条）と規定される。なお、ここでの「法律」には、地方議会が制定する条例（94条）も含まれる（租税条例主義）。租税法律主義を採用する以上、**課税要件法定主義**[7]と**課税要件明確主義**[8]の原則が導き出される。この点、**パチンコ球遊器通達課税事件**[9]では、すでに制定されている租税法律に関する行政庁の解釈を変更して「あらたに租税を課し」ても、「**通達**[10]の内容が法の正しい解釈に合致するものである以上、本件課税処分は法の根拠に基く処分と解するに妨げがな」いとして、新たな立法措置は不要であるとされた。

　なお、ここで「租税」とは、国または地方公共団体がその任務遂行にあてるために国民（住民）に対して一方的・強制的に無償で賦課・徴収する財貨をいう。したがって、各種手数料や施設使用料、国民健康保険料など、行政庁から強制的に課徴されるものの対価性を有する財貨（公課）は「租税」に含まれない。この点、**旭川市国民健康保険条例事件**[11]では、公課が租税に該当しないとしても、同条の趣旨が及ぶ場合があり、どの程度条例で明確に定めるべきかは、賦課徴収の強制の度合いのほか、制度の目的、特質等をも総合考慮して判断する必要があると判示された。

[7] **課税要件法定主義**　納税義務者、課税標準、徴収の手続など租税にかかわる事項は、法律によって規定されなければならないとする原則（最大判昭和30年3月23日民集9巻3号336頁）。

[8] **課税要件明確主義**　課税要件や租税の賦課・徴収手続を定める法律の規定について、誰が読んでも一義的に明確なものでなければならないとする原則。

[9] **パチンコ球遊器通達課税事件**　最判昭和33年3月28日民集12巻4号624頁。旧物品税法の課税品目である「遊戯具」にパチンコ台が含まれないとされていた従来の解釈が急きょ変更され、国税庁の通達で課税対象となったことが、憲法84条に違反するとしてパチンコ台製造業者が提起した訴訟。

[10] **通達**　法解釈や行政措置の統一性を図るため、行政機関内部において作成され、下級行政機関や関係機関に対して発出される文書。原則として、行政機関内部において通用するのみで、国民を法的に拘束するものではないとされる。

[11] **旭川市国民健康保険条例事件**　最大判平成18年3月1日民集60巻2号587頁。条例が国民健康保険の保険料率の算定の基礎となる賦課総額の算定基準を定めたうえで、市長に対し保険料率の決定を委任しても憲法84条に違反しないとされた。

コラム⓭　租税特別措置

　本来、租税は「簡素・公平・中立」が原則とされる。簡素とは誰にでもわかりやすい簡潔な仕組みであること、公平とは所得比例などにより等しく課税の負担が及ぶこと、中立とは経済情勢や景気動向に影響を与えないことである。しかし、実際には景気刺激や震災復興などの特定の政策目的を実現するため、本来的な原則を排して、特定の経済部門や国民に対する租税の軽減・免税・特例控除などを行う措置（租税特別措置）をとる場合がある。

　こうした租税特別措置は「隠れた補助金」ともいわれ、毎年、予算編成と

並んで、各省庁や地方公共団体、与野党、関係団体などが政策実現のために奔走する。その内容は、大枠が租税特別措置法などの法律で定められているものの、当該措置の具体的な適用対象や減免額の決定が行政庁によって行われており、財政民主主義の観点からも問題が多いとされる。

予算は、一会計年度における政府の収入と支出の計画であり、財政の重要な制度のひとつである。内閣は、毎年度の予算を作成し、国会に提出して議決を経なければならない（73条・86条）。予算は、法律とは区別される独自の**法形式**である[12]が、法的拘束力がある点では共通する（**予算法形式説**[13]）。予算は、予算総則、歳出歳入予算、継続費（複数年度にわたる事業について、あらかじめ歳出予算と区別して支出するもの）、繰越明許費（年度内に終わらない見込みのある支出について、翌年度に繰り越して使用できるようにするもの）、国庫債務負担行為（契約のような債務負担行為と支出の年度が異なる場合、次年度以降も効力が継続する債務を負担するもの）で構成されるが（財政法16条）、その中心となるのが歳出歳入予算である。このうち歳入予算は、**永久税主義**[14]に基づき予算を裏付ける見積りにすぎないので、国家機関や国民に対する拘束力を有するものではない。

これに対して、歳出予算は、国会の議決により、はじめて歳出を執行する権限が生じる。また、原則として歳出予算の成立のみでは執行ができず、支出を根拠づける法律が別途必要になる。この場合、内閣は法律案を別に国会に提出し議決を求めなければならないが、国会は、**立法不作為**[15]の問題が生じない限り、法律を制定する義務はない。逆に、法律はあるが予算がない場合、内閣は法律を誠実に執行する義務があるので（73条1号）、予算措置を講ずる義務があるが、国会にはそうした義務はないし、予算案作成権を有しないので、必要であれば内閣に予算措置を求めるにとどまることになる。

歳出予算は計上額を超えて支出することはできないという点で法的拘束力を有するが（超過支出禁止の原則）、支出額が計上額に届かずに余らせることは許される。また、状況に応

[12] **法形式**　法が現実に存在し通用する形態としての法規範の名称。同一の法形式の法規範であると「後法は前法を改廃する」や「特別法は一般法に優位する」といった法原則で効力関係が調整される。

[13] **予算法形式説**　予算法規範説ともいう。明治憲法において予算は行政であるという予算行政説が採られており、この立場からは議会による予算の修正は認められないとされる。これに対して、予算と法律を同じものとする予算法律説もあるが、日本国憲法上、予算は公布（7条1号）を要しないなど、法律とは明らかに異なる扱いをされているので（60条など）、この立場を採るのは難しい。

[14] **永久税主義**　ひとたび課税を議会が承認した後は、新たな議決がない限り、その後も毎年継続して租税を賦課徴収できるという課税方式。明治憲法63条で規定されていたが、日本国憲法に該当する規定はないものの、現行制度でも永久税主義が採用されていると一般に解されている。これに対して、毎年、議会による承認手続が必要とするのが一年税主義である。

[15] **立法不作為**　憲法上の要請から立法措置を求められているのに、それを怠ること。在宅投票制度廃止事件（最判昭和60年11月21日民集39巻7号1512頁）では、在宅投票制度廃止後の立法不作為の違法性が争われたが、国会議員の立法行為は、立法の内容が憲法の一義的な文言に違反しているにもかかわらずあえて当該立法を行うというごとき例外的な場合でない限り、国家賠償法上の違法の評価を受けないとされた。この点は、その後の在外国民選挙権訴訟（▶本

じた柔軟な支出が行えるようにするため、一定規模の予算科目については、財務大臣の承認のもとで資金融通を行う「流用」が認められており、また、規模の大きい予算科目間の資金融通については、国会の事前承認と財務大臣の承認を経て行われる「移用」の仕組みが置かれている（財政法33条）。もっとも、これらの対応には限界があるので、予算には、不測の事態に対応できるよう、国会の議決に基づき、使途を定めない予備費が設けられている（憲法87条）。

　国の財布である国庫は1つであるので、内閣は国会や裁判所の予算を含めた国全体の予算案を作成するが、権力分立に配慮して**二重予算**[16]（財政法19条）の制度が置かれている。

　なお、**決算**[17]は、会計検査院（▶第14章[**27**]）の検査報告とともに、内閣が次年度に国会に提出するが、衆議院の先議権もなく、また、予算とは異なり法的拘束力がない報告事項として扱われている。

（3）公の財産の使用制限

　第7章に置かれる各条文には、「国会」ないし「法律」の文言が盛り込まれており、国会による財政統制が規定されているが、唯一の例外が公の財産の使用制限を定める89条である。すなわち、国会でも越えられない憲法上の壁が設けられているのである。以下で詳しく条文をみていきたい。

　まず、同条は、政教分離原則（20条）（▶第10章2（3））を財政面で保障する規定であり、「宗教上の組織若しくは団体の使用、便益若しくは維持のため」公の財産「を支出し、又はその利用に供してはならない」（89条前段）とする。

　また、「公の支配に属しない慈善、教育若しくは博愛の事業」についても同様の使用制限を行っているが（89条後段）、その内容の解釈については争いがある。この点、**幼児教室事件**[18]で、東京高裁は、「もともと教育は、国家の任務の中でも最も重要なものの一つであり、国ないし地方公共団体も自ら営みうるものであって、私的な教育事業に対して公的な援助をすることも、一般的には公の利益に沿うものであるから、同条前段のような厳格な規制を要するものではない」とし、同

[82]）で、実質的に違法性認定の要件を緩和している。**第12章[9]**も参照。

[16] **二重予算**　内閣が、憲法上の独立機関である国会、裁判所および会計検査院の歳出見積を減額した場合、その詳細を歳入歳出予算に付記するなどして、その扱いについて国会の判断に委ねる仕組み。

[17] **決算**　当該年度の会計は、翌年度7月末日に主計簿が締め切られ、それをもとに決算が作成される。例年、内閣から9月に会計検査院に送付され、決算の検査が行われた後、内閣に回付されて国会に提出される。議院において不当な支出と判断した場合、内閣に対して警告決議などの対応がとられる。

[18] **幼児教室事件**　東京高判平成2年1月29日高民集43巻1号1頁。人口の急増に伴い町営幼稚園に入園できない子どもの親たちが運営する幼児教室に、町が施設を貸し出し、運営費を補助したことが、89条違反に問われた事件。

1　財政と民主主義　　279

条後段の趣旨は、慈善事業等の営利的傾向ないし公権力に対する依存性を排除し、公の財産の濫費を防止することにあるとする（濫費防止説）。したがって、「公の支配」に属するというためには、国または地方公共団体の一定の監督が及んでいることをもって足りるとし、業務や会計の状況に関し報告を徴したり、予算について必要な変更をすべき旨を勧告したりする程度の監督権をもっていれば、私立の教育の事業に対する助成は合憲になると判示する。

これに対して、同条の趣旨が、私的な事業への不当な公権力の支配が及ぶことを防止する、すなわち「金を出せば口も出す」式に公権力の支配が及ぶことを防ぐものであるとする立場（自主性確保説）からは、「公の支配」に属するというためには、その事業の予算を定め、その執行を監督し、さらにその人事に関与するなど、その事業の根本的方向に重大な影響を及ぼすことのできる権力を有することが必要であるとされる。そのため、**国立大学法人**[19]のように国からの強力な監督を受け、その独立性を失う程度の事業でなければ「公の支配」に属するとはいえず、私立学校に対する助成（**私学助成**[20]）は違憲であるとされる。

2　国会の法的地位と権限

（1）国権の最高機関性

日本国憲法は、国会を「**国権の最高機関**[21]」（41条）と位置づける。ここでいう「国権」（state power）は、立法、行政、司法をはじめとする国のすべての権限を意味する「統治権」や「主権」と同義である（▶第1章2）。ただ、これを、大日本帝国憲法（明治憲法）上の最高機関である天皇と同じものとしてとらえてしまうと三権分立（41条・65条・76条）と矛盾することから、疑義が生じる。

そこで、国権の最高機関の意味については、国会が主権者である国民から直接選挙された議員で構成される機関であることから、国政運営の中心として位置づけられるという政治

[19] **国立大学法人**　かつて国立大学は国に属する教育機関であったが、行政改革の一環として2003年に国立大学法人法の制定に基づき国から独立して設置される国立大学法人が運営することとなった。国から独立することで独自の判断での自由な大学運営がされるといわれていたが、実際は、文部科学大臣に学長任命権（国立大学法人法12条1項）があり、使用目的を定めない運営交付金の削減と競争的資金の獲得推奨、教授会の影響力低下と学長への権限集中という「選択と集中」方針により、法人化以前よりも国からの統制が強まったとされる。

[20] **私学助成**　学校法人が運営する私立の大学、高校などに支出され、私学の振興を図ることを目的とする補助金の総称。日本の学校教育の大半は、学校数、学生・生徒数ともに私学が担っているため、公費からの補助が不可欠であるとされる。

[21] **国権の最高機関**　この規定はGHQから日本国政府に手交されたマッカーサー草案40条と同一であるが、同草案73条には、人権に関連する事件を除き、最高裁の違憲審査を国会が再審査することができるとの規定が置かれていた。

的意味を有するにとどまり、41条の規定自体に法的意義はないとする理解が一般的である（政治的美称説）。つまり、美称＝お世辞であって、極論すれば「国権の最高機関」の文言を削除してしまっても法的な影響は何もないというわけである。ただ、そうした民主的な機関としての性質から、帰属不明の権限については国会に権限帰属の推定が働くという法的効果を主張するものもある。これに対して、国会には、何らかの法的な最高決定権ないし国政全般を統轄する権能が与えられているとする立場（**統括機関説**[22]）がある。

（2）唯一の立法機関性

国会には、すでにみた財政統制権のほか、憲法改正の発議権（96条1項）、内閣総理大臣の指名権（67条）、弾劾裁判所設置権（64条）、条約承認権（61条）などが与えられているが、活動の中心となるのは、「唯一の立法機関」（41条）としての立法権の行使である。

ここで、国会が「唯一の立法機関」であるためには、次のふたつの原則を含まなければならない。そのひとつが国会中心立法の原則であり、国会が実質的意味の**立法権**[23]を独占する原則である。

明治憲法では、帝国議会の協賛を経て成立する法律（37条）以外に、緊急勅令（8条）や独立勅令・**命令**[24]（9条）、官制・官吏令（10条）、軍制令（12条）、栄典令（15条）、貴族院令（34条）のほか、統帥権（11条）に基づく軍令、宮中の事項についての皇室令・宮内省令、**外地**[25]での法令が帝国議会の関与なく制定されていた。

日本国憲法では、国会中心立法の原則に基づき、次の例外（▶**図表13-1**）を除き、国会以外の機関が立法権を行使できないことを定めている。特に、法律を制定根拠にしない命令（独立命令）は制定しえない。

[22] **統括機関説** 国家を法人ととらえる立場（国家法人説）から、法人には必ず法人内の諸機関を統括する機関が存在しなければならないという前提に立った学説。これに対して、国家法人説と関係なく、国会が国政全般について最高の責任（総合調整機能）を負うとする最高責任地位説（総合調整機能説）も主張されている。

[23] **立法権** 形式的意味としては、国会制定法である「法律」を制定する権限を指す。実質的意味としては、一般的抽象的法規範の定立作用を指すという理解が一般的である。

[24] **命令** ここでの意味は、行政機関が定立する一般的抽象的法規範を意味する。日本国憲法で規定される命令（16条・81条・98条1項）も、この意味である。

[25] **外地** ポツダム宣言受諾まで日本が内地（本州・四国・九州・北海道）以外に統治をしていた領地。朝鮮、台湾、樺太、南洋群島などを指す。朝鮮総督が制令、台湾総督が律令などというように、それぞれ内地の法律に代わる命令を、外地の執政機関が天皇の直裁を経て制定することができた。

図表13-1：国会中心立法の原則の例外

根拠条文	機関名	法規範名	備　考
58条2項	衆議院	衆議院規則	衆議院の会議その他の手続および内部の規律に関する事項に限る。
	参議院	参議院規則	参議院の会議その他の手続および内部の規律に関する事項に限る。
73条6号	内　閣	政　令	**執行命令・委任命令**[26]としての政令に限る。独立命令は禁止される。
77条	最高裁判所	最高裁判所規則	訴訟に関する手続、弁護士、裁判所の内部規律および司法事務処理に関する事項に限る。
94条	地方公共団体	条　例	**地方公共団体の事務**[27]に関する事項について法律の範囲内で定められる。

現代においては、行政分野の需要が増大し、それぞれの内容も専門技術的な判断が必要とされ、すべての事柄をあらかじめ法律で定めることは現実的でなく、法律で大枠を定めつつ、ある程度の立法権を行政機関に委任すること（委任立法）が必要とされる。ただ、これを無制限に認めると唯一の立法機関性を損ねることになるので、少なくとも一般的包括的な白紙委任は禁止される。また、罰則を委任する際には、罪刑法定主義（31条）の要請から、法律で厳格に構成要件を定めたうえで、委任することが要求される。

法律から委任を受けて制定される命令（行政機関による立法）が、授権された内容に適合しているかどうかは、授権した法律の文言はもとより、法の趣旨や目的、授権した条文の趣旨、他の適用対象との均衡などを考慮しなければならない（児童扶養手当法施行令事件[28]）。

なお、命令には、法律に制定根拠があることを示すため、一般に執行命令については「〇〇法を実施するため」、委任命令については「〇〇法第×条の規定に基づき」との文言の制定文が置かれるのが通例である。

唯一の立法機関性のもうひとつの原則は、国会単独立法の原則であり、形式的意味の立法（法律）を制定する手続が国会内で完結し、他の機関の関与を必要とせず、また、関与させないことをいう。明治憲法下では、天皇が立法権を有しており、帝国議会の貴衆両院において法律案を議決しても、法律を成立させるには天皇の裁可が必要であった。

[26] **執行命令・委任命令**　執行命令とは、行政機関が法律を執行するために必要な細目を定めた命令、委任命令とは、法律から委任を受けて制定される命令をいう。

[27] **地方公共団体の事務**　法定受託事務と自治事務とに区分される。法定受託事務は、旅券業務や生活保護のように、本来、国が行うべき事務であるが、法律もしくは政令により地方公共団体の事務とされているもの（第1号法定受託事務）、または、都道府県の知事や議会の選挙のように、本来、都道府県が行うべき事務であるが、法律もしくは政令により市区町村の事務とされているもの（第2号法定受託事務）をいう。法定受託事務以外の事務は自治事務と呼ばれる。

[28] **児童扶養手当法施行令事件**　最判平成14年1月31日民集56巻1号246頁（奈良事件）。母子家庭に支給される児童扶養手当を受給していた母親が、その監護する児童が認知されたために児童扶養手当法施行令1条の2第3号括弧書に該当するとして県知事から資格喪失処分を受けたことに対して、その取消しを求めた事件。最高裁は、認知がされても現実の扶養が期待できるわけではないから、括弧書の部分は法律の委任の趣旨に反するとして無効と判断した。

国会単独立法の原則の唯一の例外は、地方自治特別法（▶
第14章コラム⑰）を制定する場合であり、当該地方公共団体の
住民投票での過半数の賛成を必要とする（95条）。これは、国
（中央政府）の機関である国会が、特定の地方公共団体（地方
政府）を狙い撃ちにして、特別に法律を制定しようとする場
合に、中央政府からの不当な介入が行われないようにするた
めの防御壁として機能する仕組みであるとされる。

国会単独立法の原則は、法律案の提出から両院による可決
までの手続に適用されるので、法律案そのものを、内閣が作
成して国会に提出することは、国会単独立法の原則に反しな
いとされる。憲法上、内閣総理大臣が内閣を代表して議案を
国会に提出することができるとされ（72条）、そこでの「議
案」に法律案も含まれると解されるからである。ちなみに、
国会で法律が成立した後は、天皇による**公布**（7条1号）、**施
行**という段階を経て法律として通用するようになる。従来、
公布の方式に関する明文の根拠がなかったため、明治憲法時
代の**公式令**に規定（12条）されていた**官報**に掲載する方式が
日本国憲法下でも慣例的に踏襲されてきた。だが、2023年
に、「官報の発行に関する法律」が制定され、公布の方式とし
て官報に掲載することが明文化された。

（3）全国民代表の意味

国会は、「全国民を代表する選挙された議員」（43条）で組織
される。ここでいう**国民**の「代表」とは、**命令委任**を伴う法的
代表ではなく、自由委任に基づく政治的代表であるとされる。
すなわち、一度、選挙で選出された代表は、選出母体からの
指示を受けず、自らの判断で議員としての発言や決定をするこ
とができるのであり、これを罷免したり責任追及をしたりする
方法を設けることは許されない（51条参照）。実際の民意がど
うであるかに関係なく、代表の決定が国民の意思であるという
イデオロギー的代表の意義を有する。もっとも、多くの議員は
次の選挙を意識して行動するので、実際は有権者の意思に沿
うように国会での活動を選択するようになるので、事実上の
「代表」（社会学的代表）として機能するとされる。

[29] **公布**　成立した法令の内容を広く国民に周知するために公示する行為。

[30] **施行**　法律の効力が発生すること。法の適用に関する通則法2条では、「法律は、公布の日から起算して20日を経過した日から施行する。ただし、法律でこれと異なる施行期日を定めたときは、その定めによる」と規定する。

[31] **公式令**　明治憲法および皇室典範の改正、憲法または典範に基づく皇室令、法律、勅令、詔書など各種法令の形式や公布の方式、各種法令に基づく行為の文書形式など天皇がかかわる諸行為について定めた勅令（明治40年勅令6号）。内閣官制の廃止等に関する政令（昭和22年政令4号）により廃止された。

[32] **官報**　1883年創設の政府刊行紙。公布される法令のほか、内閣や各府省などの文書、国家試験の合格者、破産者の氏名、入札情報などが掲載される。行政機関の休日を除き、内閣府が毎日発行している。国立印刷局が編集し、印刷およびインターネット配信を行っている。

[33] **国民**　意思を表明しうる現在する国民（有権者）を指す場合と、過去・現在・未来にわたる抽象的な存在としての国民を指す場合とがある。政治的代表は、後者の国民の代表として、有権者に拘束されないというエリート主義的な代表である。

[34] **命令委任**　代表者が選出母体からの統制を受け、また、選出母体の決定の範囲内でのみ発言、決定をなしうるという代表方式。強制委任とも呼ばれ、自由委任と対比される。

（4）国会の組織と運営

　国会は、衆議院および参議院で構成される**二院制**（両院制）を採用している。両院は対等かつ独立しており、権限も衆議院の優越を除きほぼ同等である。両院の決定が一致しなければ国会の意思とならないとするのが原則であるが、その例外が衆議院の優越（▶**図表13-2**）である。

　二院制を採用する理由として、①両議院の抑制と均衡により、議会への権力集中と専制化を防止すること（権力分立）、②第一院の処理の軽率や行き過ぎを牽制ないし是正し、議決の慎重を期すこと（再議）、③短期的な国民の意思を反映する第一院と、継続的な国民の意思を反映する第二院により多様な民意を反映すること（民意の多様性）などが挙げられる。日本国憲法上、衆議院議員の任期が4年で解散（▶**第14章4（3）**）があるのに対し（45条）、参議院議員の任期が6年で解散はなく、半数改選制を採用しているところから（46条）、衆議院が短期的な民意を、参議院が中長期的な民意をそれぞれ反映しうると考えられている。

　国会の活動は、あらかじめ定めた会期内でしか国会としての権限を行使できない（会期制）。会期の日数および延長する日数は両議院一致の議決によるが、議決が一致しないときは衆議院の議決が優越する（国会法13条）。それぞれの会期は独立しているため、会期中に議決されなかった案件はすべて廃案となり、原則として次の会期には継続しない（国会法68条：会期不継続の原則）。会期は、天皇が国会を召集（憲法7条2号）した日から開始するが、召集する事由により通常国会（憲法52条）、臨時国会（憲法53条）および特別国会（憲法54条1

[35] **二院制**　議会がふたつの議院で構成される仕組み。二院制を採用する意義は、各国で異なっているが、その特徴は上院にある。イギリスの上院（貴族院）は、非民選の貴族で構成されるが、アメリカの上院は、連邦を構成する50州において選挙された各2名の代表で構成される。日本の参議院は、そのいずれでもない。フランス革命期に「第二院は、第一院と一致するならば無用であり、第一院と一致しないなら害悪である」との第二院批判がなされたが、その批判は上院である参議院にそのまま当てはまり、参議院廃止論も根強く主張されている。

図表13-2：衆議院の優越事例の比較

事　項	条　文	参議院が放置しうる期間	衆議院の先議権	衆議院の再議決	両院協議会の開催
法律案	59条	60日	なし	出席議員の3分の2	任意的
予算	60条	30日	あり	不要	必要的
条約	61条	30日	なし	不要	必要的
総理大臣の指名	67条	10日	なし	不要	必要的

項）に区分される（▶図表13-3）。これとは別に、衆議院が解散され、特別国会が召集されるまでの間、緊急の必要に応じて国会の機能を代行するのが参議院の緊急集会（54条2項）である。

　各議院の意思決定は会議（本会議）で行われるが、会議を開くために必要な出席議員数（定足数）は、**総議員**[36]の3分の1以上と定められており、議決をするために必要な議員数（表決数）は、**出席議員**[37]の過半数とされ、可否同数の場合には議長の決するところによると定められている（56条）。ただし、憲法上、過半数以外の表決数（特別多数決）を定める規定が置かれている。①憲法改正の発議をする場合（96条）は、総議員の3分の2以上の賛成が、②資格争訟裁判で議員の議席を失わせる場合（55条）、秘密会を開く場合（57条1項）、議員を除名する場合（58条2項）、衆議院で法律案を再議決する場合（59条2項）は、出席議員の3分の2以上の賛成が、③議員の表決の会議録への記載には、出席議員の5分の1以上の要求が、それぞれ必要になる。

　ところで、帝国議会での各議院の審議は、本会議中心主義に基づく**読会制**[38]がとられていたが、現代の福祉国家において、国会が審議すべき案件の数が増大し、また、質的にも高度に専門化が進んでおり、十分な専門的知見からの調査や議論をするためには、本会議だけで対応するのは困難である。そこで、各議院には、本会議で審議すべき案件の予備的審査のため、一定事項を所管する**委員会**[39]が置かれている（▶図表13-4）。

[36] **総議員**　その意味については、①法律で定められた議員定数（法定議員数）と、②何らかの理由で空席となっている議員の数を除いた実際の議員数（現在議員数）との異なる理解が可能であるが、法的安定性から①を定数の基礎とするのが両議院の先例となっている。

[37] **出席議員**　過半数の判断をするに際し、出席議員の表決に棄権や無効投票を含むかが争いになるが、これらを含むとするのが両議院の先例である。

[38] **読会制**　イギリス議会に倣い、帝国議会で導入されていた審議方法で三読会（three readings）を基本とし、第1読会で議案の概略を討論し、第2読会で逐条審議をし、第3読会で議案全体を改めて審議するという3段階の本会議での審議手続を経て、可否を決定した。

[39] **委員会**　国会法で設置される両議院の委員会には、常設機関である常任委員会と、会期ごとに各議院が必要なとき、議院の議決で設けられる特別委員会とがあり、常任委員会には、各省庁に対応した第1種常任委員会と省庁横断的事項や議院内の内部規律にかかわる第2種常任委員会があり、原則として議員は少なくとも1つの常任委員会に所属することになっている（国会法42条2項）。このほか、委員会に準じる組織として、日本国憲法改正案の原案などの審査等を行う憲法審査会、特定秘密保護法に基づく制度運用の

図表13-3：国会の種類と緊急集会

事　項		条　文	特　徴	備　考
国　会	常　会	52条	年1回必ず開催	➤ 国会法10条で会期150日と定められており、1回のみ延長が可能。
	臨時会	53条	必要のある場合	➤ 内閣の判断またはいずれかの議院の総議員の4分の1以上の要求で召集。 ➤ 2回の会期延長が可能。
	特別会	54条1項	解散・総選挙後	➤ 衆議院の任期満了後の総選挙の場合は、臨時会を召集する。 ➤ 2回の会期延長が可能。
参議院の緊急集会		54条2項	緊急の必要がある場合	➤ 内閣のみ開催の判断ができる。 ➤ 次の国会開会の後10日以内に、衆議院の同意を得る必要がある。

2　国会の法的地位と権限　　285

図表13-4：常任委員会

衆　議　院		参　議　院	
名　　　称	委員数（人）	名　　　称	委員数（人）
内閣委員会	40	内閣委員会	22
総務委員会	40	総務委員会	25
法務委員会	35	法務委員会	21
外務委員会	30	外交防衛委員会	21
財務金融委員会	40	財政金融委員会	25
文部科学委員会	40	文教科学委員会	21
厚生労働委員会	45	厚生労働委員会	25
農林水産委員会	40	農林水産委員会	21
経済産業委員会	40	経済産業委員会	21
国土交通委員会	45	国土交通委員会	25
環境委員会	30	環境委員会	21
安全保障委員会	30	国家基本政策委員会	20
国家基本政策委員会	30	予算委員会	45
予算委員会	50	決算委員会	30
決算行政監視委員会	40	行政監視委員会	35
議院運営委員会	25	議院運営委員会	25
懲罰委員会	20	懲罰委員会	10

出典：衆議院事務局「国会－衆議院へようこそ（一般用参観者パンフレット）」（2023年12月）をもとに作成

監視等を行う情報監視審査会、政治倫理の確立のため議員が政治的道義的に違反行為を行ったかどうかを審査する政治倫理審査会が両議院に設置されている。また、参議院には、特定の政策事項について長期的かつ総合的な視点からの調査を行うための調査会が置かれている。

★特別委員会の例　近時の国会で衆参両院に置かれたものとして、災害対策特別委員会、政治改革に関する特別委員会、北朝鮮による拉致問題等に関する特別委員会、消費者問題に関する特別委員会、東日本大震災復興特別委員会などがある。

各議院での審議の中心は、本会議から委員会に移っているのである（委員会中心主義）。

3　議院の権限と議員特権

（1）議院自律権と議院の権限

　各議院には、他の国家機関や他の議院から監督や干渉を受けることなく、その内部組織および運営に関し自律的に決定できる権能として議院自律権が保障されている。

　内部組織に関する議院自律権としては、役員選任権（58条1項）や議員の**資格争訟裁判**権（55条）、会期前に逮捕された議員の釈放要求権（50条）などがある。議院の役員とは、議長、副議長、仮議長、常任委員長、事務総長のことであるが（国会法16条）、帝国議会時代は、議長、副議長および現在の

[40] **資格争訟裁判**　議院において、所属議員が議員としての資格を有するかどうかを判断する裁判。当選後、就任した議員の資格に疑義が生じた場合に資格争訟裁判が行われるが、実際にこの裁判が行われた例はない。通常は、公職選挙法に基づき、被選挙権や兼業禁止に関して各選挙管理委員会が事前審査をするので、資格のない者が立候補することは考えにくい。なお、この段階での疑義は裁判所の管轄となる。

事務総長に該当する書記官長がいずれも**勅任**[41]とされた。衆議院の場合は、正副議長候補を３名選出するところまでしかできず、また、書記官長も議院外部から任命されることが多かった。これに対して、現在は各議院が外部からの関与なしに役員を選任でき、**議院事務局**[42]や**議院法制局**[43]の職員（国家公務員）についても独自の判断で採用できるようになっている。

運営に関する議院自律権としては、議院規則制定権（憲法58条２項本文前段）や議員懲罰権（同後段）などがある。議院運営の責任者は議長であるが、実際は、議長の諮問機関としての役割を果たす議院運営委員会（議運）が実質的な決定を行っている。議運は、常任委員会のひとつではあるが、本会議の開会日時や議事案件、発言時間などの日程の決定から、議院の施設管理といった庶務的事項まで幅広く議院運営の裏方を務めている。両議院のすべての委員会には、審議する議案の取扱いや日程調整、質疑時間の割振り、趣旨説明・採決手続の承認など、委員会の運営を決定する理事会が置かれており、委員長と各**会派**[44]を代表する理事で組織される。議運の場合は、議院全体の運営を調整する立場であるので、理事会の役割は他の委員会よりも大きいといえる。法案審議をめぐる与野党の対立により国会が空転したり紛糾したりする際に、議運の委員長や理事が各政党の**国会対策委員会**[45]と協議しながら、理事会協議を重ねて本会議が開会できるように、事態の打開・収拾を模索していくこともある。

こうした議院自律権に属する問題については、法律上の争訟として裁判所による法律的な判断が理論的に可能な場合であっても、司法審査の対象から除外されるということが重要である（▶第15章３（２））。**警察法改正無効事件**[46]で、最高裁は「同法は両院において議決を経たものとされ適法な手続によって公布されている以上、裁判所は両院の自主性を尊重すべく同法制定の議事手続に関する所論のような事実を審理してその有効無効を判断すべきでない」と述べて、警察法改正が有効とも無効とも判断せずに訴えを退けた。

[41] **勅任** 勅旨（天皇の命令）により官職に任命されること。高等官１等の勅任官（▶第14章〔7〕）は、1926年の皇室儀制令（大正15年皇室令７号）による「宮中席次」において、公爵に次ぎ、貴衆両院の副議長より上位とされていた。

[42] **議院事務局** 議院事務局法に基づき衆参の各議院に置かれる補佐機関で、議院の日常の活動を直接補佐し、院内の事務を処理することを目的としている。国会議員以外から選出される各議院の事務総長が事務局を束ねる。

[43] **議院法制局** 議院法制局法に基づき議員の立法活動を補佐することを目的として各議院に置かれる機関。

[44] **会派** 議員が議院内で組織する団体。政党とほぼ同じ意味であるが、複数の小政党が１つの会派を結成することもある。会派の議席数に応じて委員会の委員長ポストや委員数、質問時間などが割り当てられる。

[45] **国会対策委員会** 国会に議席を有する政党が設置する機関で、他の政党との交渉窓口となる。議院の委員会や理事会などと異なり、公的な機関ではなく、あくまで私的な政党の一機関であるが、衆参両院を通じた日程調整を行う司令塔の役割を担い、国会を一院制的に運用することを可能にする。与党の国会対策委員長は大きな政治的影響力を有するので、役員の中でも重要ポストに位置づけられ、閣僚人事よりも注目されることがある。両院の議院運営委員会の委員長や理事は、所属する党の国会対策委員会の指示を受けながら行動しなければならないので、国会対策委員会を「本国」、議院運営委員会を「出先機関」と揶揄する呼び方もある。

[46] **警察法改正無効事件** 最大判昭和37年３月７日民集16巻３号445頁。違法な会期延長手続を前提に行われた警察法改正が無効であると主張し、それに関する支出の違法性を訴えた住民訴訟。国会の会期の最終日、

（2）国政調査権と最高機関性

　憲法62条は、「両議院は、各々国政に関する調査を行ひ、これに関して、証人の出頭及び証言並びに記録の提出を要求することができる」として、各議院に国政調査権を与えている。この調査権は、本来的に、議院が必要な資料・情報の収集および調査を自ら行い、議案の審議において的確な判断が下せるようにするためのものであるが、国会の会議が原則公開で行われることから（57条1項）、国民の知る権利を充足し、世論を形成する機能をもっているともいわれる。

　この点、帝国議会時代は、「各議院ハ審査ノ為ニ人民ヲ召喚シ及議員ヲ派出スルコトヲ得ス」（議院法73条）として、議院が直接情報収集を行うこと（審問権）が禁じられており、国務大臣または政府委員を通じて情報を得るしかなかった。これに対して、日本国憲法制定過程において、アメリカの連邦議会を参考にして導入されたのが国政調査権である。**議院証言法**[47]は、証人の出頭および証言または書類の提出を義務づけ、違反者に刑事罰を科し、調査の実効性を担保している。ただし、犯罪捜査とは異なるので、現地におもむいて資料を強制的に押収するといったことはできない。

　国政調査権は相当に強力な権限ではあるが、その行使の限界については憲法上必ずしも明確ではない。そこで、**浦和充子事件**[48]において、その意義をめぐる激しい論争が生じた。その際、国権の最高機関性（憲法41条）の意味を統括機関ととらえる立場（統括機関説）からは、国政調査権が国会の最高機関たる地位に直接由来する権限であると理解し、議院の有する立法権や行政監督権とは別個の独立した権能であると考える（独立権能説）。これに対し、国政調査権を、議院が立法権その他の憲法上与えられた権能を行うにあたって、それらを有効・適切に行使するための手段として認められた補助的な権能であるとする立場（補助的権能説）からは、判決が確定した後の調査は、将来、類似の裁判を担当する裁判官の自由な法的確信の形成に事実上の影響を及ぼし、司法権の独立（76条）を侵害するおそれが大きいとの批判がなされている。日

衆議院議長が本会議場に入ることを野党議員たちが実力で阻止し、議事録でも聴取不能とされていたが、かろうじて議長が議場内の与党議員に2本の指を示し、これを2日間の会期延長の提案として、賛成多数で可決されたものとして与党が国会審議を継続していた。

[47] **議院証言法**　正式の題名は、「議院における証人の宣誓及び証言等に関する法律」。なお、証人喚問を行う際には、各会派の全会一致に基づくとする慣例がある。

[48] **浦和充子事件**　夫が働かないことに悲観して親子心中を図り、子どもを殺したが、自分は死にきれず自首した母親に対して、地方裁判所が執行猶予付きの温情判決を下したところ、参議院法務委員会がこの裁判を国政調査の対象とし、量刑が軽すぎ不当であるとの決議を行ったが、これに対して最高裁が司法権の独立を侵害すると抗議し、両者の対立に発展した事件。最終的には、最高裁の立場が憲法学者の多くに支持され、騒動は収束する。序章4（2）、第15章3（3）も参照。

商岩井事件[49]でも、裁判所が補助的権能説に依拠しており、この立場が現在の通説となっている。

　もっとも、補助的権能説をとったとしても、法律や予算など国政にかかわる事柄は広範囲にわたるのであるから、国政調査の範囲は純粋に私的な事項を除き広く及ぶものと理解されている。したがって、抽象的に国政調査権の範囲をあらかじめ定めることは意義に乏しく、個別具体的に国政調査権の逸脱・濫用事例に該当しないかどうかを検討するほうが適切であるといえる。司法権の独立との関係では、**並行調査**[50]の可否が問題になるが、一般に、裁判所が過去に生じた犯罪構成要件に該当する事実の確定を目的とするのに対し、将来に向けた立法措置などの情報収集のために国政調査権が行使されるのであれば、直ちに司法権の独立を侵害するものではないので、調査内容と手続とに慎重な配慮を行うことを条件に認められると解される。なお、**検察官**[51]も行政機関の一部ではあるが、準司法的機能を有するので、検察権に対する国政調査権の行使には司法権の独立に類する特別の配慮が必要になる。

　一般的な行政権との関係では、民主的責任行政の原則（66条3項）（▶第14章[29]）から、原則として行政機関の証言や記録等の提出を拒否することはできないが、職務上の秘密を理由に証言や記録等の提出を拒否する場合、理由の**疎明**[52]が必要になり、議院の側で理由を受諾できない場合は、さらにその証言や記録等の提出が国家の重大な利益に悪影響を及ぼす旨の内閣の声明を求めることができる（国会法104条、議院証言法5条）。内閣声明後は、証言や記録等の提出をする法的義務が生じなくなる代わりに、国会から内閣に対する政治責任の追及が行われることになる。

　また、一般国民との関係で、基本的人権を侵害しないように留意する必要もあり、たとえば、思想・良心の自由（憲法19条）（▶第10章）を侵害するような調査は絶対的に禁止されるし、また、自己に不利益な供述を強要されることはないと解される（憲法38条1項）。もっとも、1950年に**徳田要請問題**[53]を受けて喚問された証人が自殺するといった事件もあり、喚問の方法についても慎重さが求められる。

[49] **日商岩井事件**　東京地判昭和55年7月24日刑月12巻7号538頁。東京地検が捜査を行っていた汚職事件について、参議院予算委員会も関係者を証人喚問して調査を行ったが、証人喚問で虚偽の証言をしたとして起訴された日商岩井の副社長が、当該証人喚問が予算委員会の行使しうる国政調査権の範囲を逸脱した違法があるなどと述べたが、主張が退けられて、有罪判決が下された事件。

[50] **並行調査**　議院が、現に裁判所に係属している事件を国政調査の対象とすること。

[51] **検察官**　公益の代表者として、裁判所に刑事裁判を求める権限を有する国家公務員（刑事訴訟法247条）。起訴便宜主義（同法248条）に基づき被疑者を起訴するかどうか判断する権限を有しており、検察権の公正・適正さが公正な司法の前提となる。

[52] **疎明**　一般に訴訟法で用いられる用語であるが、証明のような確信を抱かせるまでには至らないが、一応確からしいという推測を得させる程度の証拠を挙げること。国政調査においても同様の意味に解される。なお、国政調査の対象に特定秘密保護法にいう特定秘密が含まれるときで、行政機関の長が理由の疎明をして拒否をした場合、内閣声明に代えて、各院に設置されている情報監視審査会が審査を行いうる。

[53] **徳田要請問題**　戦後、ソビエト連邦によってシベリアに抑留されていた者が帰国後に、日本共産党の徳田球一書記長の要請で抑留者の帰国が遅れたと主張し、国会などで問題となった事件。

このほか、議院の委員会での国政調査の手段としては、**政府参考人**[54]の出席要求や参考人招致、公聴会での公述人からの意見聴取があり、証人喚問と異なり刑事罰による強制力が存在しないが、議院の情報収集手段として日常的に広く行われている。

[54] **政府参考人** 委員会において、国務大臣等に代わり行政に関する細目的または技術的事項について説明を行う公務員。国会審議活性化法により、政治家同士の国会での議論を原則とするため、主に局長級の官僚が国務大臣に代わり答弁を行う政府委員制度が廃止されたことに伴い導入された。

コラム⓮ 支部図書館制度と国権の最高機関

　国立国会図書館は、国会法および国立国会図書館法により設置される国会の補佐機関のひとつであり、戦後、アメリカの連邦議会図書館を参考にして設置された。その役割は、単なる図書の所蔵庫ではなく、立法に資する国内外の情報調査を行い、国会議員に情報や資料の提供を行うことにある。専門の調査スタッフが置かれた「調査及び立法考査局」が作成した資料の一部は、一般国民にも公開されている（https://www.ndl.go.jp/jp/diet/publication/newpublication.html）。

　特筆すべきは、国立国会図書館の統括のもとで、行政機関および最高裁判所に図書館（支部図書館）を置いていることである。これは、三権分立に反する「破天荒な仕組み」と称されるが、戦前・戦中に行政機関や軍部が議会に適確な情報を提供しなかったことの反省を踏まえ、支部図書館を通じて、行政機関や裁判所の情報収集を行うことが意図され、強制力をもった国政調査権とともに、国権の最高機関としての国会を国政の情報集約センターとして位置づけることが本来のねらいだったとされる。

　だが、そうした構想は看板倒れに終わり、国会付属の図書館にとどまってしまった感がある。近時、行政機関における公文書の改ざんや不正な廃棄が続く中、国会が国権の最高機関として行政統制を行うために、再度、支部図書館の意義を見直すべきであろう。

（3）議員特権

　憲法上、国会議員には、**歳費**[55]特権（49条）、不逮捕特権（50条）および免責特権（51条）が保障されている。これらは、国会議員が全国民代表（43条）として自由に活動しうるようにすることを保障する役割を果たす。

　不逮捕特権は、政府が議会を支配下に置こうとして、政治

[55] **歳費** 帝国議会の時代に、年に1回支払われた手当（費用弁償）の名称に由来するが、実質的には報酬（給与）に該当する。国会法35条で、国会議員は、一般職の国家公務員の最高の給与額より少なくない歳費を受けるとされており、各省の事務次官とほぼ同等の月額（約130万円）の歳費を受領している。

290　第13章 議会と財政、参政権の関係とは？——国会と選挙権

的意図から逮捕権を濫用し、政府に都合の悪い議員の身柄を拘束することへの防壁として、歴史的に認められるようになった特権である。したがって、現行犯の場合のように明らかに犯罪に加担した場合には適用されない。また、国会の会期中に国会議員を逮捕するためには、所属する議院の許諾が必要になり、裁判所が逮捕令状を発する前に、内閣を通じて要求書を当該議院に提出しなければならない（国会法34条）。**期限付逮捕許諾事件**[56]では、議院の許諾に一定の条件が付けられるかが問題となったが、東京地裁は、不逮捕特権が、議院の職務を尊重し、逮捕の適法性および必要性を判断する権能を与えたものであるとしたうえで、「適法にして且必要な逮捕と認める限り無条件にこれを許諾しなければならない」として、何らかの条件を許諾に付すことはできないと判示した。

免責特権は、議院における議員の自由な言動を保障するため、その演説・表決などにつき院外での法的責任を免除する制度である。法的責任として、刑事・民事・懲戒責任を免れることができる。弁護士法56条に基づく懲戒のように法律に根拠のある処分は免責の対象となる。これに対し、私的団体である**政党**[57]が、**党議拘束**[58]に違反した党員たる議員に対し、懲戒責任を問うことは可能である。免責特権の主体は、議員に限ると解されており、委員会で発言をした証人や参考人などには適用されない。また、議員であっても、国務大臣など政府の一員としてする発言には適用されない。院内での発言であっても、自ら録画を編集してSNSに掲載する行為が、名誉毀損となることもある（東京地裁令和6年4月23日判決）。

第一次国会乱闘事件[59]では、院内での暴力行為が免責特権の対象になるかが争点となったが、免責特権の対象は議員の職務執行に付随した行為にも及ぶとされ、たとえば、強行採決に伴い他の議員に行った暴力も一応免責特権の対象となるとされるが、東京地裁は、暴力行為について検察官の判断で起訴をなしうるとしており、憲法51条に列挙された演説、討論または表決といった本来の議員の職務行為と同様に免責されるわけではないと解される。

札幌病院長自殺国賠事件[60]では、国会議員の院内での発言に

[56] **期限付逮捕許諾事件**　東京地決昭和29年3月6日判時22号3頁。衆議院が「3月3日まで」との期限を付して逮捕許諾を行ったが、その後、裁判所の発行した勾留状に期限が付されていなかったことから、逮捕された衆議院議員が勾留状の取消しを求めた事件。東京地裁は、申立てを棄却した。

[57] **政党**　政治理念や政策を同じくする者が、政権の獲得や政策の実現を目指して結成する私的結社。第15章[37]も参照。

[58] **党議拘束**　政党としての決定事項に党員が従わなければならないとする仕組み。自由民主党であれば、常設の重要事項審議機関である総務会の決定により党議拘束が生じ、法案や予算案などに対する態度を衆参両院の所属議員に義務づける。党議拘束に違反した議員は、除名や党員資格停止、選挙での非公認などの処分を受け、次回の選挙で不利になることがある。

[59] **第一次国会乱闘事件**　東京地判昭和37年1月22日判時297号7頁。1955年の第22回特別国会の会期末において、参議院議院運営委員会に出席していた議員が同委員会委員長らに傷害を負わせたとして検察官に起訴されたが、その際、議院からの告訴や告発のないまま起訴されたことが争点となった。裁判所は、議院の告発を起訴条件とすると多数派の判断で犯罪の隠蔽が行われるおそれがあるとして、これを否定した。

[60] **札幌病院長自殺国賠事件**　最判平成9年9月9日民集51巻8号3850頁。衆議院の委員会の質疑において、札幌に所在する精神病院において病院長が複数の患者にわいせつな行為を強要していたなどと議員が発言し、その翌日に病院長が自殺したため、その妻が当該議員と国を相手に賠償請求を行った事件。民法709条に基づく議員個人に対する損害賠償請求は、免責特権から認められないとした。

3　議院の権限と議員特権　　291

より個人の名誉などが侵害された場合、**国家賠償法**[61]に基づく
国の賠償責任が認められるかが争われたが、最高裁は、原則
として賠償責任が生じるものではないが、「当該国会議員が、
その職務とはかかわりなく違法又は不当な目的をもって事実
を摘示し、あるいは、虚偽であることを知りながらあえてそ
の事実を摘示するなど、国会議員がその付与された権限の趣
旨に明らかに背いてこれを行使したものと認め得るような特
別の事情」がある場合、例外的に賠償責任が生じると判示し
た。

4 参政権と選挙制度

（1）参政権

　参政権[62]とは、政治的意思決定に参与する権利の総称であ
る。政治的自由や能動的権利とも呼ばれ、国民が直接または
代表者を通じて間接に、国および地方公共団体の政治的意思
決定に参与する地位ないし資格を保障する。明治憲法のもと
では、**公務就任権**[63]（19条）および衆議院議員の公選（35条）
が明記されていたが、天皇主権を前提にした規定であり、似
たような条文であるとしても現行憲法と大きく意味合いが異
なっている。

　もっとも、主権者とはいえ、国民は、「正当に選挙された国
会における代表者を通じて行動」（前文1段）するとして、**直
接民主制**[64]ではなく間接民主制を統治の基本原則としている。
そこで、憲法上の直接民主制的な参政権は、最高裁判所裁判
官の国民審査（79条2項）、地方自治特別法に対する住民投票
（95条）、憲法改正の国民投票（96条）の3つが規定されるだ
けである。こうしたことから、参政権の中でも「正当な選挙」
にかかわる選挙権（15条3項）と**被選挙権**[65]が特に重視される
ことになる。それら権利の具体的な行使方法は法律事項（47
条）となっており、具体的には、1950年に制定された公職選
挙法に定めが置かれている。そこで定められる選挙制度次第
で、国民意思の反映の仕方が大きく変わり、統治の方向性を

[61] 国家賠償法　憲法17条の
国家賠償請求権を具体化する法
律。1条では、公務員が職務を
行うにつき個人に負わせた損害
を、国または地方公共団体が代
わりに賠償する責任（代位責任）
を定めている。2条では、国ま
たは地方公共団体が設置した道
路や橋などの「公の営造物」の
管理の瑕疵により生じた損害の
賠償責任を定めている。

[62] 参政権　請願権（16条）
は古典的受益権に位置づけられ
ているが、近時の学説では、参政
権を補完するものとして、参政権
の枠組みで理解するものもある。

[63] 公務就任権　広く公務員
の地位に就く権利を指す。外国
人に公務就任権が保障されるか
が問題となるが、国民主権主義
から制限され、公選の職務に就
く余地は国政・地方共に認めら
れない。試験等の選抜により任
命される公務員についても、法
律に定めがある場合（外務公務
員法7条）のほか、公権力の行
使または国家意思の形成への参
画に携わる場合には、当然に日
本国籍が必要になると解されて
いる（当然の法理）。

[64] 直接民主制　国民が議員
などの代表を介さずに、直接、
国家意思の形成等に参与する制
度。投票（レファレンダム）や
発案（イニシャティブ）、罷免（リ
コール）といった手法により行わ
れる。これに対して、代表を選
出して議会を通じた国民意思の
反映をさせる仕組みが間接民主
制である。

[65] 被選挙権　選挙される権
利のことであり、公職選挙に立
候補する自由を含む。憲法上に
明記されていないが、判例は、
立候補の自由は、選挙権保障と
表裏の関係にあるとし、三井美
唄炭鉱労組事件（最大判昭和43
年12月4日刑集22巻13号1425
頁）において、憲法15条1項に
より保障されると判示した。

292　第13章　議会と財政、参政権の関係とは？――国会と選挙権

決定づけることにつながるので、まずは現行の選挙制度の理解が欠かせない。

（2）小選挙区制の導入と政党本位制

現行の衆議院の選挙制度（▶図表13-5）は、1994年の政治改革の一環として、政権交代可能な**二大政党制**[66]の実現を念頭に、1つの選挙区から1人の当選者を選ぶ小選挙区制を導入したところに特徴がある。従来は、同一選挙区から3〜5人程度の当選者を選ぶ中選挙区制であったが、同一政党（自民党）から複数の候補者が立候補することで、公共事業など地元への利益誘導を競い合って金権政治の温床になったり、また、党内でグループ（派閥）を形成して国民不在の権力争いを行ったりするなどして批判された。また、中選挙区制は、同時に、議席の約3分の1を日本社会党が占めることを可能にし、**55年体制**[67]の基礎ともなった。しかし、リクルート事件や東京佐川急便事件などの政界汚職により政治不信が高まり、海部俊樹内閣とそれに続く宮澤喜一内閣が、政治改革の一環として小選挙区制の導入を目指したが、いずれも反対の声を押し切れずに頓挫して55年体制の崩壊を招いた。

その後に発足した非自民連立政権のもとで小選挙区制が導入され、政党同士が**マニフェスト**[68]などで政策を示して政権獲得を目指して競い合う「政策本位・政党本位」の選挙の実現を目指すこととなった。また、この制度は、イギリスのように二大政党制を前提にすると、小選挙区で投票した候補者の政党が衆議院で多数議席を獲得すれば、その政党の党首が自

[66] **二大政党制** アメリカの民主党と共和党、イギリスの労働党と保守党のように、ふたつの主要政党が議会の多数や政権の獲得を争う政治情勢が長期間継続する状態、または、それを前提として導入される制度。イギリスでは与党の幹部が必ず入閣するとか、アメリカの連邦議会では少数党の幹部にも予算や人員、権限などを配分するといったことが行われている。

[67] **55年体制** 1955年の保守合同と左派・右派社会党の統合により、自由民主党と日本社会党というふたつの大政党が誕生することで生じた、保守与党勢力と革新野党勢力とが対立する政党政治の構図。1993年の非自民連立政権である細川護熙内閣の誕生まで続く。

[68] **マニフェスト** 政策綱領ともいい、選挙の際に有権者に配布する目的で作成されたパンフレットまたは書籍で、国政に関する重要政策およびこれを実現するための基本的な方策や数値目標、達成手段等を具体的に記載したものまたはこれらの要旨等を記載したもの。ただし、内容を実現しなければならないといった法的な拘束力はない。

[69] **惜敗率** 当該小選挙区における最多得票数（当選者の獲得票数）に対する当該候補者の得票数の割合。

図表13-5：衆参両院の選挙制度（2024年9月現在）

議　院	選挙方法	定　数	区割り	特　徴
衆議院 計465 議席	選挙区選挙	289	289小選挙区	小選挙区と比例代表に重複立候補が可能。小選挙区で落選しても、**惜敗率**[69]が高い候補者は比例代表選挙の当選者となることができる。
	比例代表選挙	176	11ブロック	
参議院 計248 議席	選挙区選挙	148	45選挙区	都道府県を選挙区の基礎とするが、鳥取県・島根県、徳島県・高知県はそれぞれ合区。
	比例代表選挙	100	全都道府県の区域	非拘束名簿式。優先的に当選させる候補者を別に定める特定枠制度がある。

4　参政権と選挙制度　293

ずと次期内閣総理大臣となるので、事実上、国民が首相を直接選挙で選出する制度（首相公選制）として機能するともいわれている。もっとも、実際は、単純な小選挙区制ではなく、小選挙区制と**比例代表制**とを組み合わせた選挙制度（小選挙区比例代表並立制）が導入されている。並立制にすることで、小選挙区制の欠点である死票（落選候補者への投票）の多さを緩和する意義があるとされ、民意の集約による政権選択機能と多様な民意の反映機能という、ふたつの機能の実現が制度の基本理念となっている。

小選挙区比例代表並立制導入後の**平成11年衆議院選挙訴訟判決**において、最高裁は、「政党の果たしている国政上の重要な役割にかんがみれば、選挙制度を政策本位、政党本位のものとすることは、国会の裁量の範囲に属する」などとして、同選挙制度が憲法違反にはならないとの判断を示している。

参議院の選挙制度も選挙区選挙と比例代表選挙の組合せであるが、衆議院のような制度間の連動はない。従来、参議院の選挙は、全国代表を比例代表から、地方代表を選挙区から選出するとの考えのもと、地方代表には都道府県代表的性質があるとして、選挙区選挙が都道府県を単位として行われていた。しかし、近年、人口減少が進んで、**一票の較差**が拡大し、すべての県を１つの選出単位とすることが困難になっている。**平成24年参議院選挙訴訟判決**で、都道府県を選挙区の単位としなければならないという憲法上の要請はないと最高裁が判示したことから、２つの県を１つの選挙区とする合区制度が導入された。

その際に、現職の参議院議員で合区となる選挙区で当選した者が、次の通常選挙において比例代表で立候補して当選できるよう配慮し、比例名簿のうち、優先的に議席を割り当てて当選させる候補者を別に決めておく特定枠制度も設けられた。

そもそも参議院の比例代表選挙は、2000年に導入された非拘束名簿式で行われるが、これは、政党側が候補者の当選順位をつけずに候補者名簿を作成し、有権者は政党名を書くか、比例代表名簿に記載された候補者名を書いて投票し、政党が

[70] **比例代表制**　政党が獲得した票数に応じて議席を配分する選挙方式。少数議席の政党が乱立して、政権が安定しないことになりやすいため、議席を獲得できる政党の要件を定めることがある。

[71] **平成11年衆議院選挙訴訟判決**　最大判平成11年11月10日民集53巻８号1577・1704頁。重複立候補制により、小選挙区で落選した候補者を民意に反して当選させることが直接選挙（43条１項）の要請に反するとか、小選挙区選挙の政見放送を政党の候補者にのみ認めたことが平等原則（14条１項）違反となるといった主張がされた。

[72] **一票の較差**　議員定数不均衡ともいい、選挙区を人口以外の要素で設定することにより、選挙区間の投票価値に較差が生じることで、平等選挙（14条）に違反する状況が生じること。格差ではなく、較差を用いる点に注意。

[73] **平成24年参議院選挙訴訟判決**　最大判平成24年10月17日民集66巻10号3357頁。2010年に実施された参議院議員通常選挙について、最大較差が約５倍あったとして、東京都選挙区の有権者が選挙無効を訴えた事件で、最高裁は違憲状態にあるとの判断を示した。

獲得した議席を得票数の多い上位の候補者から割り振るという仕組みである。それ以前は、候補者名簿を作成する際に、政党が候補者の当選順位も決めるという拘束名簿式で行われていたが、当選順位の決定にあたり政党内で金銭が動いていたとの疑惑が浮上するなどしたため、政党内で人為的に順位が決定できないようにする非拘束名簿式が採用されたという経緯がある。そうした動きからすると、特定枠制度の導入はそれと矛盾する動きといえる。

（3）平等選挙と選挙制度

公職選挙の原則[74]のひとつが、平等選挙の原則（14条・44条）である。「一人一票の原則」とも呼ばれ、特定の者に複数票の投票を認めたり、特定の属性の者の1票を2票と数えたりといった投票方式（不平等選挙、等級選挙）を禁止する。また、この原則は、1票ごとの投票価値（影響力）の平等も要請するので、選挙区ごとに人口のバラつきがあってはならないことになる（較差1：1の状態）。ただ、現実の選挙においては、行政区画や地理的条件、歴史的経緯などといった、非人口的要素を考慮して選挙区を画定していくことが妥当な場合も多いので、選挙区間の較差は自ずと拡大する。一般的に人口が集中する都市部の住民の投票価値が低くなり、結果として住所による差別が生じることになる。そうした較差が生じたままで行われる選挙が平等選挙の原則に違反しないか問われるのが、議員定数不均衡（一票の較差）の問題である。

たとえば、**図表13-6**のモデルで考えると、人口1万人のA選挙区と2万人のB選挙区があり、それぞれ1名の代表を選出しうるとすると、同じ1票でもその票がもつ影響力は、Aの1票のほうがBの1票の2倍大きいことになり、「一人一票の原則」を損ねることになる。より単純化して考えると、

[74] **公職選挙の原則** 普通選挙（15条3項）、平等選挙、秘密投票（同条4項）をいう。これに直接選挙（有権者が候補者に直接投票する選挙）、自由投票（投票しない者に制裁を科したりしない方式）を含める考え方もある。

図表13-6：議員定数不均衡の例

	有権者一人の票数	人口（X）	議員定数（Y）	1票あたりの影響力（Y/X）	
A選挙区	1票	1万人	1名	2	A・B選挙区間で影響力に2倍の差
B選挙区		2万人	1名	1	

4　参政権と選挙制度　　295

本来、Ｂ選挙区を分割して、新たに人口１万人のＣ選挙区を設けることができるのに、Ｂ・Ｃ選挙区が１選挙区に押し込められてしまっているのに等しい。結果として、選挙における影響力がＡ選挙区の半分になってしまっているのである。この較差が、平等選挙の原則に反しないかが問題となる。

これまで多数の**選挙訴訟**[75]において議員定数不均衡の違憲性が争われたが、最高裁は、**昭和51年衆議院選挙訴訟判決**[76]において、まず「国会において通常考慮し得る諸般の要素をしんしゃくしてもなお、一般的に合理性を有するものとはとうてい考えられない程度」の較差が存在し、そのような不平等を正当化すべき特段の事情が示されない場合を「違憲状態」としつつ、そうした違憲状態をもって憲法違反と即断するのではなく、「漸次的な事情の変化によるものである場合」には慎重な判断を必要とし、具体的には、「人口の変動の状態をも考慮して合理的期間内における是正が憲法上要求されていると考えられるのにそれが行われない場合に始めて憲法違反と断ぜられる」（**合理的期間論**[77]）と判示した。なお、本件判決では、公職選挙法の定数配分規定が違憲であると判断したが、**事情判決の法理**[78]により、違憲の宣言にとどめて選挙自体は無効と

[75] **選挙訴訟**　公職選挙法204条に基づく客観訴訟（訴訟当事者の権利・義務とは直接関係せず、法秩序維持を目的とする訴訟）。本来、議員定数不均衡の要因となる公職選挙法の別表等の合憲性を争う規定ではないが、昭和51年選挙訴訟判決で、「他に訴訟上公選法の違憲を主張してその是正を求める機会はない」などとして、訴えを認めている。

[76] **昭和51年衆議院選挙訴訟判決**　最大判昭和51年４月14日民集30巻３号223頁。本判決以前から議員定数不均衡の違憲性を争う選挙訴訟は認められていたが、公職選挙法の定数配分規定をはじめて違憲と判示した判決として画期的と評しうる。

[77] **合理的期間論**　合理的期間を徒過しているかどうかの判断について、平成27年衆議院選挙訴訟判決（最大判平成27年11月25日民集69巻７号2035頁）では、「単に期間の長短のみならず、是正のために採るべき措置の内容、そのために検討を要する事項、実際に必要となる手続や作業等の諸般の事情を総合考慮し」、司法の判断を踏まえた国会の是正の取組みが、相当なものであったかどうか評価すべきとされた。

図表13-7：主な議員定数不均衡訴訟と最大較差

選挙	選挙制	選挙年	最大較差	最高裁判決	判決
衆議院議員総選挙	中選挙区	1972年	4.99	最大判昭和51年４月14日民集30巻３号223頁	違憲（無効とせず）
		1986年	2.92	最判昭和63年10月21日民集42巻８号644頁	合憲
		1990年	3.18	最大判平成５年１月20日民集47巻１号67頁	違憲状態
	小選挙区	1996年	2.309	最大判平成11年11月10日民集53巻８号1441頁	合憲
		2014年	2.129	最大判平成27年11月25日民集69巻７号2035頁	違憲状態
		2021年	2.079	最大判令和５年１月25日民集77巻１号１頁	合憲
参議院議員通常選挙	選挙区	2007年	4.97	最大判平成21年９月30日民集63巻７号1520頁	合憲
		2013年	4.77	最大判平成26年11月26日民集68巻９号1363頁	違憲状態
		2016年	3.08	最大判平成29年９月27日民集71巻７号1139頁	合憲

しなかった。

　違憲状態となる具体的較差について最高裁は明言していないが、これまでの判決（▶図表13-7）を参照すると、中選挙区制時代は較差3倍がひとつの目安になっていたように思われるが、小選挙区制導入後は、2倍程度で違憲状態とされることもあり、特に2010年代から較差を厳格に審査する姿勢に転じる傾向が見て取れる。この点に関連して、小選挙区制導入時、人口比例のみでは人口が少ない県における定数が急激かつ大幅に削減されることになるため、国政上の安定性・連続性を確保する必要から**一人別枠方式**[79]が導入されたが、**平成23年衆議院選挙訴訟判決**[80]では、これを暫定措置であるととらえ、「新しい選挙制度が定着し、安定した運用がされるようになった段階」でその合理性が失われると判示し、制度開始から10年以上経過していることなどから、一人別枠方式を採用することにより最大較差2.304倍に至っている状況は違憲状態であると述べた。小選挙区制が政権選択につながる制度であることから、「一人一票の原則」に基づき有権者数に応じた選挙区割りが求められるようになっており、最高裁の審査もそうした法制度の変革に沿う形で厳格性を増していると考えられる。

　こうした動きは、政権選択と直接的に無関係な参議院の選挙にも及んでいる。参議院は半数改選制を採用していることから、3年ごとに訪れる選挙における議席を同じくするために、選挙区への議席は必ず偶数で配分されなければならず、また、衆議院よりも議席数が少ないことから、かつての判例は、衆議院よりもかなり緩やかに較差の判断を行っており、おおむね6倍を超えると違憲となるという「相場観」であった。しかし、近年は、非人口的要素による較差拡大に対して厳しい態度をとるようになり、上述の平成24年参議院選挙訴訟判決（▶本章[73]）のように、都道府県を選挙区の単位とすることが憲法上の要請ではないとしたり、従来合憲とされた4倍を超える較差を違憲としたりするなど、衆議院と基本的に同じ判断枠組みで参議院の選挙区割りの合憲性を判断するようになっていると考えられる。ただ、こうした判断が進

[78]　**事情判決の法理**　行政事件訴訟法31条は、処分等が違法であるが、これを取り消すと公の利益に著しい障害を生ずる場合、諸般の事情を考慮して、違法であるとの宣言をするが処分等は取り消さないとする判決（事情判決）を認めている。ただ、選挙訴訟については、事情判決を認めていないので（公職選挙法219条）、最高裁は「一般的な法の基本原則」（事情判決の法理）により、違憲であるが無効としないとの判決を出した。

[79]　**一人別枠方式**　小選挙区で選出する議員定数のうち、47議席を各都道府県に配分した後、残りの議席を人口比例で各都道府県に配分する方式。人口の少ない県が有利になり、一人一票の原則を歪める要因となる。小選挙区の区割りについては、小選挙区制度導入とともに設置された当時を構成する衆議院議員選挙区画定審議会（区画審）が改定案を作成し、内閣総理大臣に勧告を行うことになっている。区画審の改定案の作成の基準は、衆議院議員選挙区画定審議会設置法3条に規定されており、同条2項（平成24年法律95号による改正前のもの）は、一人別枠方式を基準のひとつとして定めていた。

[80]　**平成23年衆議院選挙訴訟判決**　最大判平成23年3月23日民集65巻2号755頁。最高裁は、定数配分規定が憲法の投票価値の平等の要求に反する状態に至っているが、いずれも憲法上要求される合理的期間内における是正がされなかったとはいえないとして、憲法14条1項に違反しないとの判断を示した。判決後、一人別枠方式廃止と応急的な定数是正を内容とする「緊急是正法」が成立したが、直後に衆議院が解散されたため、一人別枠方式が残ったまま総選挙が行われた。これについても最高裁は、違憲状態との判断を示している（最大判平成25年11月20日民集67巻8号1503頁）。

4　参政権と選挙制度　　　297

むことによって、参議院の構成がさらに衆議院と類似するようになり、二院制を採用する意義が失われる可能性が危惧されるほか、人口減少と都市への人口偏在が進む中で、どこで地方の意見を国政に反映させるのかといった疑問が呈されている。また、合区での選挙は、候補者がもともと選挙の地盤にしていなかった県の有権者の関心低下を招き、政治離れの要因となるとの指摘もなされている。

1994年の政治改革論議（▶第3章3（4））において検討を先送りされた参議院の意義も含め、いま一度、二院制と選挙制度のあり方について検討すべきであろう。

（4）選挙権の意義

選挙権は、公務員を選定する権利であり、国民固有の権利とされる（15条）。この選挙権の法的性質については、文字どおり個人の権利としてとらえる立場（権利説）があるが、憲法上の権利としては、法律による各種の制約があり、また、選挙期日に定められた投票場所・方式でしか行使できないなど、表現の自由や生存権といった権利とはかなり性質が異なっている。これに対して、選挙は本来的に国家的な団体の公的行為であって、個人は有権者団という団体の一員として、選挙という公務を遂行しているにすぎないとする立場（公務説）がある。

権利説に依拠すれば、選挙権行使の制限は必要最小限のものにとどめられ、その分、立法裁量が狭くなると解され、公務説に依拠すれば、選挙権行使は必要性に応じて制限され、その分、立法裁量が広くなると解される。通説的には、権利と公務の両側面を有していると理解されており（二元説）、**公民権停止事件**[81]で最高裁も「国民主権を宣言する憲法の下において、公職の選挙権が国民の最も重要な基本的権利」であるとしつつも、選挙犯罪者について、「しばらく、被選挙権、選挙権の行使から遠ざけて選挙の公正を確保すると共に、本人の反省を促すことは相当である」として、選挙の公正という公務的事由に基づく権利制約を正当化しており、二元説的な理解に立っているものと解される。

[81] **公民権停止事件** 最大判昭和30年2月9日刑集9巻2号217頁。選挙犯罪によって処罰されたものについて、所定の期間、選挙権および被選挙権を停止する公職選挙法252条の規定の合憲性が争われた事件。

もっとも、二元説といっても、権利性と公務性のいずれを重視するかによってかなり開きがある。この点、**在外国民選挙権訴訟**[82]で最高裁は、「国民の選挙権又はその行使を制限することは原則として許されず、国民の選挙権又はその行使を制限するためには、そのような制限をすることがやむを得ないと認められる事由がなければならない」とし、そうしたやむ得ない事由は、「そのような制限をすることなしには選挙の公正を確保しつつ選挙権の行使を認めることが事実上不能ないし著しく困難であると認められる場合でない限り」認められないと判示した。この立場は、ほぼ例外の余地を認めずに選挙権行使のための体制整備を国の責務としており、権利説寄りの二元説といえる。ただ、その後、精神的原因によって投票所に行くことが困難な者の選挙権行使の機会を確保するための立法措置をとらなかったことの違憲性が争われたが、最高裁は在外国民選挙権訴訟を参照しつつも、違憲ではないとの判断をしている（**在宅障害者選挙権訴訟**[83]）。なお、最高裁裁判官の国民審査権（▶第15章コラム⓭）についても、選挙権と同様の性質を有していると解されているが、最高裁判所裁判官国民審査法が、2022年の法改正（令和4年法律第86号）まで在外国民に審査権を行使させる規定を置いておらず、最高裁はこれを違憲であるとした（**在外邦人国民審査権訴訟**[84]）。

在外国民選挙権訴訟では、在外国民が**選挙人名簿**[85]に登載されないため1998年まで選挙権を行使することが制度的にできなかったこと、および**1998年の公職選挙法改正**[86]後も選挙区選挙の投票が制限されていたことの**立法不作為**[87]または立法行為の合憲性が争われ、いずれも違憲であるとの判断が示された。この場合、新規の立法制定やその後の法改正時点で違憲の要素がなかったとしても、立法措置後の**立法事実**[88]の変化により、立法による制約の正当化事由が失われたと解されたという点に注意が必要である。

➤ おわりに

コロナ禍の日本では、制裁を伴う法的規制よりも、政府の自

[82] 在外国民選挙権訴訟 最大判平成17年9月14日民集59巻7号2087頁。選挙制度に関しては、それまで広い立法裁量を認めるのが最高裁の傾向であったが、諸外国の在外投票制度の整備が進んでいる状況を熟知した外交官出身の福田博裁判官が違憲判決への流れを作ったとされている。

[83] 在宅障害者選挙権訴訟 最判平成18年7月13日集民220号713頁。精神的原因で引きこもり状態にあり、投票所に行くことが困難な者が、国会により必要な立法措置がとられなかったため、選挙権行使の機会ができなかったとして国家賠償請求を行った訴訟。本件立法不作為について、国会で立法課題として取り上げられる契機があったとは認められず、所要の立法措置をとることが必要不可欠であり、それが明白であるにもかかわらず、正当な理由なく長期にわたってこれを怠る場合などにはあたらないなどとして、訴えを退けた。

[84] 在外邦人国民審査訴訟 最大判令和4年5月25日民集76巻4号711頁。選挙の投票用紙と異なり、あらかじめ裁判官の氏名を印刷した用紙を使用することから、海外の投票所では投票日までに準備が間に合わないと政府は主張したが、最高裁は別の投票方式を採ることもできることから、やむを得ない事情があるとは到底いえないなどとして、訴えを起こした海外在住の日本国民に対する国家賠償を命じた。その後の法改正により、国外では、裁判官の氏名の代わりに番号を用紙に印刷し、選挙管理委員会のホームページや投票所などに番号と裁判官氏名を掲示することで国民審査ができるようになった。

[85] 選挙人名簿 各市区町村の選挙管理委員会は選挙人名簿を、市区町村が管理する住民基本台帳をもとに作成するので、日本の市区町村に住所を有しない在外国民は選挙人名簿に登録されない。内閣は1984年の段階で在外国民の選挙権行使を可能にする改正法案（翌年廃案）を

おわりに　299

粛要請に国民が自発的に従うことで危機を乗り切ろうとした感がある。これを国民の遵「法」意識の表れとして美徳のように扱う風潮があるが、そこでいう「法」は国会が制定した「法律」に基づかない、政府という「お上のご意向」であった。

　その弊害は、法律上の根拠がないのに、担当大臣が記者会見で、自粛要請に従わない飲食店に対し、融資をしないよう金融機関に要請するといった発言をし、後日撤回するという事態を生んだことに顕著である。そこには、パンデミックという異常事態にあって、「必要性は法を破る」かのように法を軽視することに慣れ切った政府の姿勢がうかがえる。

　そのうえ、想定していない事態にもかかわらず、既存の法律でその場を乗り切ろうという政府の姿勢が、混乱を生むこともあった。たとえば、本来は国民に警鐘を鳴らすための措置であるはずの施設の公表（新型インフルエンザ等対策特別措置法45条）が、夜でも酒を提供する希少な店舗を宣伝することになり、かえって多くの客でごった返すという現象が起きた。また、水際対策として、日本に入国する際にコロナ検査の陰性証明書を提出することが義務づけられた際、形式的な書式不備を理由に日本国民が入国を拒否されて、出発地に送り返されるという事態が生じたが、その根拠とされた検疫法5条はそのような「強制送還」をする規定ではなく、日本国民の入国の自由（憲法22条）を不当に制限する行為として違憲の疑いがあった。

　本来であれば、新たに生じた事態に合わせて国会が法律を作り、その法律のもとで行政の責任において国民の権利を制限するという民主的責任行政の原則に従った対応がなされるべきで、発生当初は仕方ないとしても、およそ3年にわたって同様の対応がくり返された点はもっと問題視されてよい。むしろ、そうしたことを問題視しない国民の風潮がコロナ禍で一層顕著になったのではないだろうか。

　これを放置すると、国民が選挙で国会議員を選出することの意義が失われ、「国民→選挙→国会→行政→国民」という民主政の過程のうち、選挙と国会が形骸化し、憲法が想定する民主政自体の価値が損なわれることになる。そのような状況

国会に提出しており、その段階では在外国民の選挙は可能であったといえる。

[86] 1998年の公職選挙法改正　平成10年法律47号。新たに在外国民を対象にした在外選挙人名簿が整備されることになったが、同法附則8項で当分の間、在外選挙の対象を比例代表選挙に限ると規定された。海外では日本の情報を入手するのが難しいこともあり、候補者の個人名を書く選挙区選挙に適しないと判断されたのであるが、その後、情報通信技術が急速に発達して海外でも日本の情報入手が容易になり、また、参議院で非拘束名簿式の比例代表選挙が導入されて候補者の個人名を書く選挙が海外で実施できるようになり、少なくとも本件判決時点ではもはや制約理由が失われていたといえる。

[87] 立法不作為　本件では、「国民に憲法上保障されている権利を違法に侵害するものであることが明白な場合や、国民に憲法上保障されている権利行使の機会を確保するために所要の立法措置を執ることが必要不可欠であり、それが明白であるにもかかわらず、国会が正当な理由なく長期にわたってこれを怠る場合などに」例外的に国の国家賠償責任が認められると判示している。第2章 [9] も参照。

[88] 立法事実　立法の正当性の基礎となる事実。立法が建物だとすれば、立法事実は土台となる土地の関係にあり、土台が侵食されれば、もはや建物の維持が困難になるのと同じで、立法事実の変化により立法自体の正当性が失われることがある。

において立憲主義にどれほどの価値を見出しうるのだろうか。

コラム⑮ くじ引き民主主義

　近年、政治学を中心に、選挙に代えて抽選（くじ引き）で代表を選出してはどうかという考え方がかなり真面目に世界中で議論されている。選挙への無関心や政治への不信感は今に始まったものではないが、今日、選挙制度が特に疲弊して、政治の閉塞状況を生み、国家や社会の分断の要因にもなってしまっている点を打開する方策として提案されているのが「くじ引き民主主義」である。

　古代ギリシャにおいて代表は抽選で選出されていたが、それは選挙を行うと特定の者だけが支配層に選出されて固定化し、いわば民主的な貴族制が生まれてしまうとされ、抽選制代表のほうが平等かつ公平に政治参加の機会を与えるものであると考えられていたからである。これについては、社会契約説で有名なルソー（▶第1章［51］、第2章［25］）も賛同している。与野党問わず同じような候補者が毎回選挙に立候補し、多くの二世議員や特定業界に支援された議員がその地位を独占しているような姿は、まさに現代の貴族制である。一方で、裁判員制度のように抽選制がうまく機能している例もある。

　ただ、日本国憲法では、国会は「選挙された議員」（43条）で構成されるとし、地方議会も住民が「直接これを選挙する」（93条2項）としており、選挙制に代えて抽選制代表を単純に導入することはできない。ただ、たとえば、議決権のない議員を抽選で選出するとか、選挙管理委員会が抽選で作成した比例名簿に投票できるようにするとか、現行憲法の制約のもとであっても、実現可能な抽選制は考えうる。代表制民主主義を今後も維持するために、選挙制を補完する方法として抽選制の導入を検討するべき段階なのかもしれない。

第14章

行政権、執政権とは？
——内閣・地方自治

▶ はじめに

憲法65条は、「行政権は、内閣に属する」と規定するが、日本の内閣の歴史は日本国憲法よりもはるかに長い。

内閣は、大日本帝国憲法（明治憲法）が公布された1889年以前から置かれる行政機関であり、1868年に設置された**太政官**[1]に代わり、1885年の太政官達69号（内閣職権）により設置された。その初代内閣総理大臣が伊藤博文（▶第1章[10]）である。1886年当時、内閣総理大臣と宮内大臣を兼務していた伊藤は、内閣を代表して明治天皇に対し**機務六条**[2]を上奏し、明治天皇がこれを受け入れることで、天皇による**親政**[3]が放棄され、西洋的な立憲君主制が確立されるきっかけとなった。そして、名目上は天皇が統治権の総攬者として全権を保有する一方で、政治的な実権は、明治憲法と皇室典範のもとで設置された諸機関によって行使されるようになるのである。討幕の「錦の御旗」であった天皇から実権を政府に移行させた意義は大きい。

ちなみに、内閣の名称は、1402年に明の永楽帝が設置した補佐機関に由来するといわれる。紫禁城内の**文淵閣**[4]に置いた皇帝の秘書・顧問役が内閣と称された。ちなみに、内閣の英語名である"Cabinet"は、諸説あるものの、君主が執務室の傍にある「物置部屋（Cabinet Room）」に信頼できる側近を集めて会議をしたのが語源であるといわれる。洋の東西を問わず、時の権力者の近くで会議が開かれ、その場所を示す言葉が行政機関の名称となり、そこに政治の実権が徐々に移行するという流れをみることができるのである。

本章では、明治憲法時代の内閣について概観した後、日本

[1] **太政官** 天皇を補佐する明治政府の最高の統治機関。立法、行政、司法の各権限を担当する機関を内包していた。律令制の太政官（当時は「だいじょうかん」）に由来するが、内部組織は三権分立など欧米の近代的統治機構を念頭に置いており、律令時代の機構とは相当異なっている。現在の閣議に該当するものを、太政官時代に「内閣会議」と称していた時期がある。

[2] **機務六条** これにより概ね次のような意義があったとされる。原則として天皇が閣議に臨御しないこととし、閣議の主宰者が内閣総理大臣であることを明確にしたこと、国政に関して天皇が下問するのは、所管大臣と次官に限定し、政府外の者が口出ししないようにしたこと、天皇が好き嫌いで儀式を拒絶したりしないことなどである。

[3] **親政** 君主が自ら政治を行う政治体制。日本では、明治憲法が制定される1889年前後まで、王政復古の理念に忠実に、天皇自らがさまざまな会議に出御し、明治政府の多様な政治方針の実質的決定者となるべきとする天皇親政運動が展開されていた。

[4] **文淵閣** 紫禁城内に置かれた皇帝が臨席する図書閲覧室（文華殿）の背後にある蔵書蔵である。

国憲法下における権限と構造的変化について、行政改革と執政権論、議院内閣制、内閣総理大臣に焦点を当てながら考察する。また、地方自治の組織と権限についても扱っていく。

1 明治憲法時代の内閣

（1）明治憲法下での内閣総理大臣

　内閣の運営原則を定めた「内閣職権」では、内閣総理大臣が各省大臣を統制する権限が比較的強く定められていたが、明治憲法には内閣に関する規定は設けられず、行政権は、天皇が各国務大臣の**輔弼**[5]を受けて行うという原則（55条）が採用された。そして、明治憲法公布の年に制定された「内閣官制」（明治22年勅令135号）では、内閣総理大臣の統制権限が弱められ、他の国務大臣と対等な地位にあって、「首班」として行政各部の統一を保持すること（2条）を職務とする「同輩中の首席」と位置づけられた。そして、内閣総理大臣が国務大臣間の統一を保てなくなった場合、「閣内不一致」として内閣総辞職を行うことで責任をとることとなった。特に、**軍部大臣現役武官制**[6]により、軍部が陸軍大臣・海軍大臣を辞任させ、補充を拒否することで内閣総辞職をさせることが可能となり、国政に軍部の意向が反映されやすくなったとされる。

　内閣官制により閣議事項とされていたのは、①法律案および予算・決算案、②条約および重要な国際案件、③官制または規則および法律施行に関する勅令、④各省の主管権限に関する争い、⑤天皇または帝国議会から送付された請願、⑥予算外の支出、⑦**勅任官**[7]および地方長官の人事、⑧その他各省の所管する「高等行政ニ関係シ事體稍重キ者」である（5条）。もっとも、閣議で決定されたとしても、条約や官制など**枢密院**[8]の審議・議決を要する事項もあった。

　内閣総理大臣には、「須要ト認ムルトキ」に行政各部の処分を停止し、「勅裁ヲ待ツ」ことができる権限が認められていた（3条）。もっとも、この権限が行使された例はないとされる。また、公文式（明治19年勅令1号）により、内閣総理大臣は他

[5] **輔弼**　天皇に対して助言・補佐することであるが、実質的には各国務大臣が与えられた範囲内で権限を有し、その権限行使に責任（輔弼責任）を負うものとされた。

[6] **軍部大臣現役武官制**　陸軍大事および海軍大臣には、現役の将官が充てられるという制度。1900年の陸軍省官制および海軍省官制において規定されていたが、1913年に一度廃止される。その後、1936年に再び導入された。現行憲法では、シビリアンコントロール（文民統制）の要請から66条2項で禁止されている。

[7] **勅任官**　戦前の官吏（国家公務員）の一種で、次官・局長クラスの高級官僚が該当し、広義には、国務大臣や特命全権大使、陸海軍大将などの親任官も含まれる。戦前の国家公務員は、公法的な勤務関係に立つ官吏と、私法上の雇用関係に立つ雇員・傭人とに区分され、官吏も高等官と下位の判任官とに分かれていた。親任官を除く高等官は、任命における天皇の関与の違いで、勅任官と奏任官とに区分され、1等から9等に区分された高等官のうち、1等および2等のものを勅任官と呼んだ。

[8] **枢密院**　明治21年勅令22号により設置された天皇の最高諮問機関。「枢密顧問ハ枢密院官制ノ定ム所ニ依リ天皇ノ諮詢

1　明治憲法時代の内閣　　303

の国務大臣の省令制定権と同等の**閣令**[9]制定権が認められていたが、公文式廃止に伴う改正内閣官制（明治40年勅令7号）により内閣官制上の権限となる（4条）。その際、内閣総理大臣が「所管ノ事務ニ付」、警視総監、北海道庁長官および各府県知事に対して指揮監督などをする権限が明記された（4条の2）。ちなみに、各省大臣の省令制定権については、**各省官制通則**[10]（明治23年勅令50号）4条に根拠が置かれている。

内閣直轄の機関として、内閣総理大臣を助け機密文書の管理や職員の監督にあたる内閣書記官室（現在の内閣官房）、法令案の審査や法令の解釈を行う法制局（現在の内閣法制局）、戦時統制経済の企画と推進にあたった企画院（戦後廃止）、国策遂行の基本的事項に関する情報収集や広報宣伝、言論統制の強化を目的とする内閣情報局（戦後廃止）が置かれていた。このようにみていくと、内閣総理大臣の法的権限や機能が「弱かった」とか、**割拠主義**[11]により大臣間の統制が困難だったという見方を単純に支持するわけにはいかないのである。

（2）国務大臣の輔弼責任

明治憲法下で天皇は「統治権ヲ総攬」（4条）すると規定されていたが、この「統治権」には、立法権・行政権・司法権などすべての国家権力が含まれていた。このうち、立法権については、帝国議会による協賛（37条）により行使され、司法権については、裁判所が「天皇ノ名ニ於テ」（57条）行使するものとされたが、残りの権限の中でも国務大臣の輔弼が及ばないものが存在した。ひとつが宮中に関する事柄（宮務）であり、これは宮内大臣が責任を負った。明治期には、政務については明治憲法が、宮務については皇室典範がそれぞれ基本法となるという二元的法体系（典憲体制）が確立されており、内閣職権による内閣発足当初から、宮内大臣は国務大臣ではないとして内閣の構成員に含まれていなかった。もうひとつは、統帥事項（11条）であり、陸海軍の予算や人事、組織編成などの編制大権（12条）といった軍政は国務大臣としての陸軍大臣・海軍大臣の輔弼対象となっていたが、戦場での指揮や部隊運用に関する軍令は対象外とされた。軍令に関

ニ応ヘ重要ノ国務ヲ審議ス」として明治憲法56条に規定された。国務大臣その他の者が枢密顧問官として会議を組織した。憲法の有権解釈や重要法令の審議だけでなく、皇室典範にかかわる事項も扱い、政務・宮務をまたぐ形で天皇の顧問としての役割を担った。1947年に廃止。現在、旧枢密院庁舎は皇宮警察本部として使用されている。

[9] **閣令** 内閣総理大臣による立法であるが、各省大臣の定める省令と同格であって、現在の内閣の政令とは異なる。閣令の整理に関する総理庁令（昭和22年総理庁令1号）により整理・廃止されたが、位階令施行細則（大正15年閣令6号）のように現在でも有効とされるものもある。

[10] **各省官制通則** 国家行政組織の基準を定める勅令。当初の通則は、明治19年勅令2号によって制定されたが、明治22年の勅令で全面改正された。日本国憲法下で廃止される際、行政官庁法が制定され、その後、現行の国家行政組織法に至る。

[11] **割拠主義** セクショナリズムの邦訳で、官僚機構のセクショナリズムについては「縦割り行政」などとも称される。近代的な官僚制が組織内部の専門性を追求しすぎたり、各省ごとの人事などの独立性が高まり過ぎたりする結果生じる機能障害で、組織内部での相互協力が行われず、自分たちの部局（セクション）が保持する権限や利害にこだわり、外部からの干渉を排除しようとする。

しては、陸軍参謀総長、海軍軍令部長が天皇を輔弼するものとされ、内閣による**統帥権干犯**は許されないものとされたが、これが軍部の暴走を招く一因となったといわれる。

国務大臣の輔弼責任を明確にするのが、詔勅への副署である（55条）。当初は、所管国務大臣による単独署名制が採られていたが、**公式令**（明治40年勅令6号）[13] 7条により、すべての勅令に内閣総理大臣が副署することになった。

（3）超然内閣制

各国務大臣は、天皇との関係で責任を負うのみで、明治憲法の制度上、帝国議会に対して責任を負うものではなかった（超然内閣制）。もっとも、普通選挙制など民主的な制度の導入や政党の勢力の伸長といった状況に至ると、公選の議会での多数派から内閣総理大臣を選任すべき（**憲政の常道**[14]）との考え方が強くなり、選挙と議会を通じた行政の民主化が進められることになる。これにより、議会に対して内閣が責任を負う政治が生まれ、事実上の議院内閣制が実現することになる。しかし、政党政治の衰退や軍部の台頭により、こうした慣行は崩れていく。

▶ 2　日本国憲法における内閣

（1）憲法上の位置づけ

明治憲法とは異なり、日本国憲法は内閣を憲法上の機関として位置づけている。そして、勅令である内閣官制に代わり、内閣法が1947年に制定されたが、現在の内閣は明治期からの内閣との連続性があるものとされており、内閣総理大臣としての**就任代数**[15]を初代伊藤博文から数えている。

行政の一体性、機動性そして継続性を保つという内閣の役割に明治憲法時代との変化はなく、内閣の意思決定を行う**閣議**[16]も慣例的に全会一致制を採用している。また、法律・政令への国務大臣の署名と内閣総理大臣の連署（74条）も、形式的には公式令6条および7条と共通する。しかしながら、内

[12] **統帥権干犯**　浜口雄幸内閣が、海軍軍令部の反対を押し切ってロンドン海軍軍縮条約（1930年）を締結した際に問題視された。軍艦の数など兵力量に関する事柄は、本来軍政である編成大権に属するものであっても、統帥権が及ぶとする批判が起こり、内閣が軍部の権限を侵した（干犯）かどうかが議論となった。議論は平行線のまま、浜口首相が条約締結を強行したことで事態は収束したが、のちの浜口首相銃撃事件などの遠因になったとされる。

[13] **公式令**　帝国憲法や皇室典範の改正、条約や法律、勅令、皇室令その他の法令の公布など国法の形式、公式文書の様式や儀式の形式などについて基準を定めた法規範。公文式に代わり制定された。主な制定理由は皇室制度の整備にあるとされるが、公式令7条が内閣総理大臣の政府統制権限を強化することにつながったとの指摘もある。

[14] **憲政の常道**　大正時代の護憲運動で用いられたスローガンであり、イギリスの議院内閣制を念頭に、「衆議院の第一党の党首が内閣総理大臣として組閣すべき」ことを主な内容とする。もっとも、その使用方法は多様であり、①上記のように、政権交代の指針や誰が政権を担うべきかという方針を示すもののほか、②政治は憲法に基づき議会中心に行われるべきもので、議会は国民意思を媒介する政党により運営されるべきとするもの、③憲法政治が議会政治であることを前提に、政党政治家がなすべき規範について論じるものも含まれることがある。

[15] **就任代数**　内閣総理大臣が任命されてから総辞職するまでを一代と数える。衆議院の解散・総選挙後に召集される特別会（憲法54条）では、選挙の結果、同一人物が内閣総理大臣に就任するとしても、憲法70条により一度総辞職をし、改めて衆議院の指名・天皇の任命（6条・67条）の手続を踏むことになる。そして、天皇から任命された際に、新たな代の内閣総理大臣として数えられる。たとえば、

閣の一体性が国会への連帯責任（66条3項）と結びつけられ、それと対応するように内閣総理大臣の地位と権限が強化ないし明確化されているのが日本国憲法の特徴である。そこで、憲法は、内閣総理大臣を他の国務大臣と区別して、内閣の首長とし（66条1項）、国務大臣任免権（68条）や国務大臣の訴追に対する**同意権**[17]（75条）、行政各部への指揮監督権（72条）などを付与している。このように、内閣総理大臣が内閣の「扇の要」の位置にあるので、内閣総理大臣が欠けたときに内閣は総辞職をしなければならない（70条）。

　なお、内閣法9条は、「内閣総理大臣に事故のあるとき、又は内閣総理大臣が欠けたときは、その予め指定する国務大臣が、臨時に、内閣総理大臣の職務を行う」と規定するが、指定された国務大臣が、国務大臣任免権のような内閣総理大臣に専属する権限を行使することはできないと考えられている。

（2）行政権の意義

　日本国憲法は、内閣が行政権の主体であることを明記している（65条）。もっとも、行政権が何を意味するのかについては争いがある。この点、立法権と司法権の定義がある程度明確になっているのとは対照的といえる。

　行政権に関するひとつの定義は、「国家作用のうち、立法権と司法権を除いたもの」とするものである（消極説・控除説）。これは、もともと君主に属していたすべての国家権力から、立法権が議会に、司法権が裁判所にと分離されていく歴史的経緯に合致しており、また、複雑多岐にわたる行政作用を的確に内包すると評されている。

　しかしながら、このように理解すると内閣の権限が肥大化することが懸念される。特に、明治憲法下で**大権事項**[18]（▶**図表14-1**）と呼ばれた天皇の権限がそのまま内閣に帰属するとは考えにくい。そのうち、たとえば、皇室典範改正大権が国会の立法権（2条・41条）に転換されたり、命令大権のうち独立命令制定権が禁止されたり（41条・73条6号）というように、現行憲法の条文から権限関係が明らかになっているものも多い。また、貴族院に関する議会大権や植民地統治大権の

安倍晋三は、第90代および96・97・98代の内閣総理大臣であり、2回目以降の任命後の組閣により（90代総理として）「第1次安倍内閣」、（96代総理として）「第2次安倍内閣」と呼称されることになる。

[16] **閣議**　内閣の意思決定を行う会議で、内閣総理大臣と内閣総理大臣に任命された国務大臣とで構成される。内閣法4条1項では、「内閣がその職権を行うのは、閣議によるものとする」と規定されている。また、原則として国務大臣が、各省庁の主任の大臣として、行政事務を分担管理するので（3条1項）、国の行政機関全体での統一性が保たれることになる。

[17] **同意権**　検察官が国務大臣を刑事被告人として起訴することに同意する権限である。検察権の濫用から内閣の存立を守るための仕組みであるが、逮捕・勾留には適用されない（東京高判昭和34年12月26日判時213号46頁）。同意対象となる国務大臣に内閣総理大臣自身が含まれるかは争いがある。なお、75条は「訴追の権利は、害されない」と規定し、同意が得られない間は刑事訴訟法上の公訴時効が停止する。

[18] **大権事項**　君主や元首に認められた国法上の権限で、特に議会の関与を否定するために特定の事項を大権事項として位置づける意義がある。恩赦大権のように、司法権の判断が覆されたり、また、その決定に対する司法審査が及ばなかったりといった性質を有するものもある。**第5章2（3）**も参照。

306　　第14章　行政権、執政権とは？──内閣・地方自治

ように存在意義を失っているものもある。ただ、議会大権の
うち衆議院の実質的解散権の所在は必ずしも明らかでないし、
戦争の放棄や戦力不保持（9条）との関係で編制大権や戒厳
宣告大権、統帥大権、宣戦布告に関する外交大権が否定され
るとしても、自衛隊の編制や指揮命令権との関係をどう考え
るのかなど不明な点が残る。明治憲法下で行使されたことの
ない非常大権については、日本国憲法が禁止しているのか、
想定していないだけなのか解釈の余地がある。

図表14-1：明治憲法下での大権事項

国務大臣輔弼	大権名	明治憲法条文	内　容	現行憲法	
				国事行為	条文
○	憲法改正大権	73条 75条	憲法の改正	公布	7条1号 96条
×	皇室典範改正大権	74条 75条	皇室典範の改正	公布	2条 7条1号 41条
×	皇室大権	(74条)	皇室事務の総攬 華族等貴族の管理	×	2条 14条2項
			皇室行事	挙行	7条10号
×	祭祀大権	(74条)	祭主としての祭祀の挙式	×	(私的行為)
			大喪の礼など宗教性のない儀式	挙行	7条10号
△	栄誉大権	15条	栄典（勲章・褒章・位階）授与	認証	7条7号
			爵位・功級の授与	×	—
○	立法大権	6条	法律の裁可	×	41条
			法律の公布	公布	7条1号
			法律の執行を命じること	×	73条1号
○	議会大権	7条	召集、開会、閉会、停会命令	召集	7条2号
		34条	貴族院議員の勅任	×	—
		42条	常会の会期延長	×	52条
		43条	臨時会の召集・会期設定	×	53条
		7条 45条	衆議院解散	○	7条3号 69条
			選挙実施命令	公示	7条4号
○	命令大権	9条	執行命令・委任命令制定権	公布	7条1号 73条6号
			独立命令制定権	×	41条
○	緊急勅令大権	8条 70条	公共の安全の保持またはその災厄の回避のため法律・予算措置に代わる勅令を発すること	×	54条

2　日本国憲法における内閣　　307

○	官制大権	10条	行政組織編成権	公布	7条1号 41条 73条4号
○	任官大権	10条	文武官の官吏任免権	任命	6条
				認証	7条5号 68条
				×	73条4号
○	編制大権 （軍政大権）	12条	軍隊の編制・維持に関する権限	×	－
○	戒厳宣告大権	14条	戒厳宣告により一時的に兵力による統治を設定する行為	×	－
○?	非常大権	31条	国家緊急事態に国家存立・国民保護のために行われる行為	×	－
×	統帥大権 （軍令大権）	11条	軍隊を指揮統制する軍令の権限	×	－
○	外交大権	13条	宣戦布告権	×	－
			（講和を含む）条約締結権	認証	7条8号 61条 73条3号
			大使および公使の接受	○	7条9号
			外交関係の処理	×	73条2号
○	植民地統治大権	4条	外地（植民地）において内地と異なる法制・官制により統治する権限	×	－
○	恩赦大権	16条	大赦、特赦などを行う権限	認証	7条6号 73条7号

　このように、日本国憲法上、所在不明で立法権にも司法権にも含まれない権限を「行政権」に含めることは、不当に内閣の権限を拡大させることになる。そこで、より明確に行政権の定義を試みる立場（積極説）があり、たとえば、「法の下に法の規制を受けながら、国家目的の積極的実現を目指して行われる、全体として統一性をもった継続的な形成的国家作用」を行政権と呼ぶとするものがある。これにより、行政権の拡大を限界づけることができるとともに、国権の最高機関（41条）である国会への権限推定を承認する立場に合致するとの評価がある。ただ、積極説ではかえってとらえきれない行政作用を生じさせかねず、また、所在不明な権限を国会に帰属させることが必ずしも適切とは限らないという批判もある。

　結局、行政権の定義を一般的に行うよりも、個別の権限について考察し、その内容や所在を検討することが有益であるとするのが、最近の有力な見解である。たとえば、官制大権

に由来する行政組織編成権について、すべて国会の権限であるとして法律事項にすると（行政組織法定主義）、行政組織の弾力性が損なわれ、行政需要の変化に即応した効率的な行政の実現を妨げることになるので、国家行政組織法の規定する行政組織の**内部部局**[19]については、大枠を法律で定めつつ、詳細は政令で定めるといった役割分担が必要になる（国家行政組織法の一部を改正する法律（昭和58年法律77号）参照）。

（3）執政と行政

　行政権の理解をめぐる議論は、1990年代の**行政改革**[20]を背景にして、新たな視点からの展開を見せる。それは、日本国憲法上の「行政」の英訳の違いに着目したものであった。すなわち、憲法65条の「行政権」の「行政」には、"executive"の語が充てられているのに対し、憲法73条の「一般行政事務」の「行政」には、"administrative"が用いられているのである。企業の役員会を"executive board"と呼ぶように、前者には組織体の意思決定を行う「頭」の役割が、一方で"administrative office"を事務局と呼ぶように、後者には決定された事柄を実施する「手足」の役割が込められている。

　占領下の日本にあって、すべての公式文書は英訳され、GHQの審査を受けていたわけであるから、この翻訳の違いには法的な意味があると理解しうる。アメリカ合衆国憲法（1787年）では、"executive power"が大統領に属すると規定されており、GHQからすると日本国憲法上、内閣に同じ権限が付与されたとみるべきであろう。それは、単に議会が制定した法律の執行だけでなく、国家統治にかかわる方針や政策を企画・立案し、行政機関全体の統制・調整を行っていく役割である。そこで、「行政」と区別して"executive"を「執政」と呼び、内閣が「執政府」として国政運営の方針を示すといった主導的役割を担いうるとする議論を憲法的に裏打ちする理論が示されるようになった。そうした行政改革の一環として掲げられた**官邸主導・政治主導**[21]のための内閣機能の強化は、本来の憲法の描く内閣の姿に近づけるものという「この国のかたち」[22]論に依拠している点に特徴がある。

[19] **内部部局**　内閣のもとに置かれる国家行政組織である内閣府・復興庁・デジタル庁および各省は、それぞれ大臣を長として系統的画一的な組織を構成している。補佐する機関として、政治任用（スポイルズシステム）の副大臣・大臣政務官と、試験任用（メリットシステム）の事務次官とが置かれる。大臣の補助機関として職務遂行を助けるための組織が内部部局であり、官房および局で構成される。内部部局に対して、内閣府や各省のもとに置かれるが、特定の事項について内部部局から切り離されて活動する組織は外局と呼ばれる。外局には、大臣の指揮命令を受ける庁と、独立して行政権を行使しうる委員会とがある。

[20] **行政改革**　橋本龍太郎内閣が掲げた6大改革のひとつで、1996年に設置された行政改革会議の最終報告書に基づき進められた、中央省庁再編や内閣機能の強化、行政機能の減量・効率化等、公務員制度改革を内容とする。

[21] **官邸主導・政治主導**　55年体制下で構築された政党主導・官僚主導型の政治からの脱却として示された理念をいう。

[22] **「この国のかたち」**　行政改革会議が最終報告書において、行政改革の理念を述べる際に用いたキーフレーズ。もともと司馬遼太郎のエッセイ集のタイトルであるが、司馬のように日本が明治期から急速な発展を遂げつつ、不幸な敗戦を経て再び復興を遂げる様子を振り返りつつ、行政改革として未来の行政機構の姿を考えるという思考過程を象徴する文言になっている。特徴的なのは、そこに憲法が想定する個人像を自律的主体的能動的に規定し、「今回の行政改革の基本理念は、制度疲労のおびただしい戦後型行政システムを改め、自律的な個人を基礎としつつ、より自由かつ公正な社会を形成するにふさわしい21世紀型行政システムへと転換することである」と、自律した個人像と小さく効率的な行政機構とを憲法的に「あるべき姿」として結びつけているところである。第3章3（4）も参照。

コラム⑯ 1990年代「憲法秩序」の変動

　憲法は統治機構の枠組みを定めるが、より具体的な制度や組織、権限は国会法や内閣法、裁判所法といった法律によって定められている。それらの法律は「憲法附属法」ともいい、それらの法律を含めた法秩序は「憲法秩序」と呼ばれる。

　1990年代は、国外で東西冷戦構造の終結や地域紛争の勃発による国際情勢の不安定化、国内で経済の安定低成長、少子高齢化社会の到来、高度情報化社会の登場、危機管理体制の不備の露呈などが要因となり、新たな国家ビジョンが求められた時代であった。それまでの外交・安全保障はアメリカに追従すればよく、内政は高度経済成長の恩恵を平等に分配する「一億総中流」を実現すればよかった時代であり、55年体制のもと、政権与党自民党と万年野党社会党による分配調整型の政治と官僚集団による割拠的ボトムアップ型の行政が時代に合致していた。これを脱却するためには、内閣総理大臣がリーダーシップを発揮し、内閣が国務を総理する機能を強化する必要があると考えられ、内閣官房の強化と内閣府の設置などが行われた。

　これとは別に、中選挙区制が、同一選挙区で与党候補同士が得票数を争う状況を生み、地域への利益誘導合戦が行われ、また、自由民主党では政治的有力者を中心に党内グループである派閥が形成され、自民党総裁である内閣総理大臣も派閥の意向を無視して組閣ができないといったことが問題視されていた。だが、1988年に発覚したリクルート事件などを契機として、政治改革の一環として小選挙区制の導入が議論されるようになり、1994年に細川内閣のもとで実現することになった。

　こうした一連の改革により、公職選挙法や内閣法、国家行政組織法などの憲法附属法が大幅に改正されたのが1990年代であり、これによって2000年以降の「憲法秩序」は、憲法改正に匹敵する大変動が生じることになる。

（4）内閣の権限

　憲法上、内閣の権限とされるのは、73条に掲げられたもののほか、天皇の国事行為に対する助言と承認（3条・7条）、最高裁長官の指名（6条2項）とその他の裁判官の任命（79条1項）、最高裁の指名した者の名簿による下級裁判所の裁判官

★**憲法73条が規定する内閣の権限**　①法律の誠実な執行、②国務の総理、③外交関係の処理、④条約締結、⑤国家公務員に関する事務、⑥予算編成、⑦政令の制定、⑧恩赦の決定、⑨その他一般行政事務である。

の任命（80条1項）、参議院の緊急集会の要求（54条2項）、予備費の支出（87条）、決算の国会への提出（90条）、財政状況の報告（91条）などである。

また、争いはあるが、国会への法律案提出権（72条）、衆議院の解散権（7条3号）も内閣の権限に含まれるとするのが一般的である。

これら内閣の権限は、閣議決定に基づいて行使しうるものであり、国務大臣任免権（68条）など内閣総理大臣が単独で行使しうる権限とは区別される。

総辞職[23]も内閣の権限であり、いつでも任意に総辞職をすることができるが、①衆議院で内閣不信任決議が可決され、または信任決議が否決された後、10日以内に衆議院が解散されない場合（69条）、②内閣総理大臣が**欠けた場合**[24]（70条）、③衆議院議員総選挙後にはじめて国会（特別会）の召集があった場合（70条）は、必ず総辞職しなければならない。なお、71条の規定により、総辞職後も、新たに内閣総理大臣が任命されるまで、引き続き内閣は存続する（**事務処理内閣**[25]）。

（5）独立行政委員会

戦後、GHQの指導のもとで、官僚主義行政の排除や内閣への権限集中の防止を主たる目的として、専門技術性の高い行政事務や政治的中立性の求められる行政事務について、内閣から独立して行政権を行使する合議体（独立行政委員会）を法律で設置することになった。これは、19世紀末のアメリカにおいて、いわゆる**行政国家化現象**[26]により、新たな国家の任務が次々に発生し、行政作用の拡大がみられる中、国家作用のうち、特定のものについては、政治的中立性と迅速・効果的な紛争裁断作用への期待から発展した独立の行政機関を参考に導入されたものである。

独立行政委員会の特徴として、①数人の委員からなる合議制の機関であること、②個別の職権行使について一般行政組織の系統からの独立が認められること、③準立法的権能および準司法的権能を有すること、④委員の身分が保障されていることがある。

[23] **総辞職** 内閣総理大臣および国務大臣が一体となって、自らその地位を失うことをいう。内閣総理大臣は辞職せず、国務大臣を辞職させて新たな国務大臣を任命する内閣改造とは区別される。内閣改造は内閣総理大臣の国務大臣任免権に基づいて行われるため閣議決定は不要である。

[24] **欠けた場合** 内閣総理大臣が死亡し、または辞職した場合を指す。内閣総理大臣が国会議員の地位を失った場合も、衆議院の解散に基づくものでなければ、失職する。

[25] **事務処理内閣** 職務執行内閣ともいい、行政権の空白を防ぐために専ら行政の継続性確保に必要な事務処理のみを行う内閣である。この間、新規の政策の決定や衆議院の解散といった国政に大きな変更を及ぼす行為はできない。

[26] **行政国家化現象** 本来、議会が国家の意思決定を行い、行政機関はそれを実施することを本務とするが、20世紀に入り国家が国民生活のさまざまな部面に積極的に介入しようとする積極国家化が進み、行政活動が高度に発達した国家（行政国家）が登場すると、国家の意思決定そのものを行政機関が担うようになってくるという現象が生じるようになる。これを行政国家化現象という。

2　日本国憲法における内閣　　311

当初は数多くの独立行政委員会が設置されたが、多くは廃止されている。国レベルで現存する機関（カッコ内は設置根拠）としては、**会計検査院**（憲法）、人事院（国家公務員法）、公正取引委員会（独占禁止法）、**国家公安委員会**（警察法）、公安審査委員会（破壊活動防止法）、原子力規制委員会（原子力基本法）などがある。

このうち、会計検査院を除き、憲法上の設置根拠がなく、法律で独立した行政権を授権することが**民主的責任行政の原則**との関係で問題となる。これについては争いがあるものの、①65条が、立法権についての41条、司法権についての76条と異なり、「唯一」「すべて」といった限定的語句を用いていないので、内閣以外の機関に行政権を属させる余地があること、②権力分立の要請から、特定の行政分野について内閣から独立した機関に行政権を行使させることは憲法上の自由主義的統治構造に反しないこと、③独立行政委員会は国会に対する責任を負うので、統治における民主主義的要請を満たすことから、合憲であると解されている。

なお、独立行政委員会には、国会への議案提出権や独自の予算編成権がないため、予算編成や人事承認、法律案提出など組織や権限に関する基本事項については、内閣を通じて国会での審議を求める必要があり、その意味で完全に独立しているわけではない。

3 議院内閣制

（1）意 義

議院内閣制とは、権力分立の原理により立法権と行政権をそれぞれ独立した機関に与えつつも、民主主義的要請から、議会の信任を政府存立の必要条件とし、両者の協働により統治を行う制度をいう。厳格な権力分立制により、国民から選挙された行政府（大統領）が議会の信任に依拠せず存立するアメリカ型の**大統領制**、立法権を有する議会内に行政権を行使する行政府が置かれ、議会による統制が及ぶ**議会統治制**、

---

[27] 会計検査院 国や法律で定められた機関の会計を検査し、会計経理が正しく行われるように監督する独立機関。1869年の太政官会計官の監督司に由来し、明治憲法では、天皇に直属する独立官庁とされたが、現行憲法では国会との関係が緊密になった。3名の検査官と事務総局で組織される。

[28] 国家公安委員会 警察制度の企画立案や予算、国の公安に関係する事案、警察官の教育、警察行政に関する調整などの事務について、警察庁を管理する合議制の機関で、内閣府の外局として置かれ、委員長および5名の委員で組織される。内閣が治安維持の責任を果たしつつ、警察行政の民主的管理と政治的中立性の確保を図る観点から、国務大臣を委員長に充てている。

[29] 民主的責任行政の原則 内閣が一体として国会に対する連帯責任を負う（65条・66条3項・72条）中で行政権を行使することで、行政権の民主的コントロールを可能にする原則をいう。独立行政委員会による内閣の権限が及ばない行政権行使を認めると、この原則を逸脱することになるのではないかが問題となる。

[30] 大統領制 大統領という独任制機関を国家元首とする体制。大統領が国家の全権を有する体制から、名目的に大統領が置かれて形式的儀礼的行為を行うだけの体制までさまざまである。大統領制の典型はアメリカであり、厳格な三権分立のもとで、大統領は議会にではなく、直接国民に対して責任を負う。また、大統領が各省の長（長官）を任命し、大統領が主宰する「閣議」を開催するが、これは意見交換の場にすぎず、行政権の行使は大統領の独断で行うことができる。

[31] 議会統治制 行政機関である政府が議会の一組織に位置づけられ、議会が政府を統制する体制。議院内閣制と異なり、立法と行政の間の権力分立がみられない点が特徴である。スイスが代表的な例とされ、行政府

312　第14章 行政権、執政権とは？——内閣・地方自治

あるいは、明治憲法下での超然内閣制とは区別される。

日本国憲法は議院内閣制を採用しているといわれるが、憲法上の文言として「議院内閣制」を明記していないため、まず世界各国の議院内閣制の特徴を比較・分析し、憲法上の条文にその特徴を有するものがあるかを探る必要がある。

（2）議院内閣制の諸類型

議院内閣制の古典的な形態として、**元首**[32]と議会が対峙しつつ、元首によって任命され議会に対して政治的責任を負う内閣が、両者の連結機関として、調整と妥協による国政の運用を図る体制（二元型議院内閣制）がある。イギリスにおいて当初みられた形態である。この場合、内閣は元首からの信任とともに、議会からの信任も得なければならないという「板挟み」の状態に置かれる。内閣から助言を受けて行動する元首は無答責であるが、内閣は議会から不信任決議を突き付けられるとともに、元首を通じて議会解散権を行使することでこれに対抗しうる。

やがて、元首の権限が名目化することにより、内閣が行政権を実質的に掌握し、内閣は議会に対し連帯責任を負い、内閣の成立と存続がもっぱら議会の意思に基づく体制（一元型議院内閣制）[33]が登場してくる。現在のイギリスや**英連邦王国**、名目上の権限しかもたない大統領を擁するドイツなどがこの類型である。内閣の議会解散権が名目化し、内閣に対する議会の優位がみられる議会万能型と、内閣が任意に議会を解散することによって、国民からの信任を強化する内閣万能型とがある。

なお、二元型の一種であるが、議会と同じく国民の選挙によって選任された大統領が内閣総理大臣を選任し、その内閣が大統領と議会双方から信任を得なければ存立できない体制（**大統領制的議院内閣制**）[34]も存在する。

以上の体制を比較すると、共通して内閣が議会に対して責任を負い、その裏返しとして、議会から内閣に対して不信任決議を行うことが制度化されていることが議院内閣制に欠かせない要素（本質）ということになる。日本国憲法では、内

に該当する連邦参事会の7名の閣僚は連邦議会により選出され、閣僚は1年交代の輪番制で連邦大統領に就くことになっている。ただ、実際に、議会から連邦参事会の責任を問う仕組みは置かれておらず、閣僚の選出は民主的であるものの、その後は超然内閣制的に運用されており、スイスを議会統治制の代表例として挙げることは不適当とする見解がある。

[32] **元首** Head of the State の訳語で、対外的に国家を代表する者または機関をいう。今日では実質的な統治権を有しているか否かを問わない。君主制国家では皇帝（天皇）や国王などの君主が、共和制国家においては大統領などが該当する。

[33] **英連邦王国** カナダやオーストラリアのように、かつてイギリスの植民地だった国のうちで、現在も名目上の君主をイギリス国王としている国家。国王の代理人としての総督が任命され、当該国家に在住して形式的儀礼的行為を行う。以前は、イギリスから国王が任命していたが、現在は、総督の人選も各国で行われ、各国政府から推薦された人物がイギリス国王から総督に任命されるようになっている。

[34] **大統領制的議院内閣制** フランスが典型例であり、議院内閣制とアメリカ型の大統領制との中間という意味で、半大統領制ともいう。この体制では、議会の信任を得るために、大統領が自分の政治的立場とは異なる人物をあえて内閣総理大臣に任命することもある。

閣は行政権の行使について国会に対し連帯責任を負う（66条
3項）とされ、国務大臣が議院に出席する義務を負い（63条）、
衆議院には内閣不信任決議権（69条）を与えていることから、
議院内閣制を採用しているといえるのである。また、連帯責
任と結びついた内閣の一体性という観点から、内閣総理大臣
が欠けたときの内閣総辞職（70条）を挙げることもできる。

　なお、議会と内閣の人的な一体性から、内閣総理大臣が国
会議員の中から任命されること（67条）や内閣総理大臣に任
命される国務大臣の過半数は国会議員であること（68条）も
議院内閣制の要素とする考え方もある。

　こうした考えに対して、内閣の実質的解散権を**議院内閣制
の本質**とするかどうかについての論争が存在する。

（3）解散権の所在

　日本国憲法における解散とは、衆議院議員の全員について、
その任期満了前に、議員たる資格を一様に失わせる行為をい
う。形式的には、天皇が国事行為として解散を行うことにな
るが、それによって、①衆議院議員の任期を短縮して身分を
失わせ（45条）、②国会の会期が終了して、③参議院も閉会し
（54条2項）、④40日以内の総選挙の実施と、⑤選挙の日から
30日以内の特別会の召集（54条1項）、⑥それに伴う内閣総辞
職（70条）と⑦内閣総理大臣の任命（6条・67条）へとつなが
る。

　解散には、主権者である国民の意思を問い、衆議院に反映
させるという民主主義的意義だけでなく、立法権と行政権の
均衡と抑制を図り、行政府主導で政治的停滞を打破するとい
う自由主義的意義もある。古くは君主による議会に対する懲
罰という意味合いがあったとされるが、今日では否定される。

　ただ、日本国憲法上、この解散を誰が決定しうるのか、ま
た、どういう場合に解散が可能かということが明記されてい
ない。日本国憲法施行後はじめての解散事例となった**馴れ合
い解散**では、衆議院解散の実質的決定権は、憲法7条3号に
基づき天皇に対する助言と承認を行う内閣にあり、内閣の判
断でいつでも解散できるとする考え方（7条3号説）と、衆議

[35] **議院内閣制の本質**　憲法
上、議会に対する内閣の責任が
制度化されていれば議院内閣制
を採用しているとする責任本質
説と、議会と内閣の均衡のため
内閣の議会解散権が必要とする
均衡本質説とが対立していた。
均衡本質説からは7条3号説、
責任本質説からは69条限定説が
親和的なようにみえるが、責任
本質説を採っても民主主義的な
意義から69条に限定されない内
閣の自由な解散権行使を肯定す
ることは可能であるので、解散
権の所在と結びつけた議論は行
われなくなっている。

[36] **馴れ合い解散**　1948年12
月23日に行われた解散。第2次
吉田内閣が憲法7条3号に基づ
き解散を行おうとしたところ、
GHQは衆議院解散が69条の場
合に限定されるとの見解で解散
を認めなかった。そこで、少数
与党の吉田内閣は、野党の政治
的要求を受け入れることで、内
閣不信任決議への賛成を取り付
け、69条に基づく解散を行った。

314　　第14章　行政権、執政権とは？――内閣・地方自治

院の解散は、69条により衆議院が内閣不信任決議を行った場合に限り行いうるとする考え方（69条限定説）とが対立したが、ここでは69条限定説に依拠した解散が行われた。しかし、その後の**抜き打ち解散**[37]においては、7条3号に基づく解散が行われ、実務上その方式が定着している。むしろ、解散権行使が行われるべき場合と許されない場合とを明確にしていくことが重要であると考えられている。

4　内閣総理大臣

（1）内閣総理大臣の任命

内閣総理大臣は、国会議員の中から国会の議決で指名され（67条）、天皇は、国会の指名に基づいて内閣総理大臣を任命する（6条）。この天皇の任命行為は形式的儀礼的な国事行為であり、実質的な決定権は国会にある。衆議院と参議院とで異なった者を指名し、両院協議会を開いても意見が一致しない場合、または、衆議院が指名の議決をした後、国会休会中の期間を除いて10日以内に、参議院が指名の議決をしない場合、衆議院の優越（▶第13章図表13-2）により衆議院の議決が国会の議決となる（67条2項）。

なお、内閣総理大臣を罷免する仕組みはない。ただし、内閣総理大臣が所属する議院において除名処分を受けて国会議員の資格を喪失した場合（58条2項）、同時に内閣総理大臣の地位を失うと解されている。

（2）内閣総理大臣の法的地位

明治憲法下で、内閣総理大臣は他の国務大臣と同じ親任官として対等の地位に置かれていたが、現行憲法上、直接**天皇の任命**[38]を受ける官職は内閣総理大臣と最高裁判所長官のみであり（6条）、内閣総理大臣から任命される国務大臣（68条）は、**天皇の認証**[39]を受ける地位にとどまる（7条5号）。こうした形式的な格付けも、内閣総理大臣に与えられた独自の権限とともに、内閣の首長（66条1項）としての法的地位を裏付

[37] **抜き打ち解散**　1952年8月28日に行われた解散。第3次吉田内閣において、吉田茂が党内基盤を固めるために密かに選挙準備を進め、閣議決定を経ないまま解散詔書を作成して解散した。このとき、すでにGHQの占領は終わっていたので、GHQが主張していた69条限定説によらない解散に踏み切ることができた。のちに苫米地事件（▶第5章[42]）において、解散の有効性が裁判で争われることになる。

[38] **天皇の任命**　天皇から直接任命される内閣総理大臣と最高裁判所長官は、それぞれ行政府と司法府の長として最高位の官職に位置づけられる。なお、三権の長のうち、立法府の長である衆参両院議長に天皇の任命行為はない。主権者国民から直接選出された国会議員から選任されており、戦前は勅任官であった貴衆両院議長のように天皇からの「お墨付き」は不要なのである。**第5章図表5-2**も参照。

[39] **天皇の認証**　憲法7条5号に基づき、その任免について天皇から認証を受ける官職を認証官と呼び、国家公務員の中でも高位の格付けに位置づけられる。具体的には法律で規定されるが、国務大臣、副大臣、内閣官房副長官、人事院人事官、会計検査院検査官、公正取引委員会委員長、原子力規制委員会委員長、宮内庁長官、侍従長、上皇侍従長、特命全権大使、特命全権公使、最高裁判所判事、高等裁判所長官、検事総長、次長検事、検事長が該当する。大臣政務官や事務次官などは含まれない。認証官が任命される場合、皇居内で天皇臨席のもと、認証式（認証官任命式）が挙行される。**第5章図表5-2**も参照。

4　内閣総理大臣　　315

けている。

　内閣の補佐機関として置かれるのが内閣官房であり、内閣の庶務、内閣の重要政策の企画立案・総合調整、情報の収集調査などを担当する。内閣総理大臣は、内閣官房の主任の大臣となり（内閣法25条）、国務大臣である内閣官房長官が事務を統括する。内閣総理大臣は、内閣官房に係る主任の行政事務について、内閣官房の**命令**[40]として内閣官房令を発することができる。

　内閣のもとに置かれる行政機関として（▶図表14-2）、各省より一段高い立場から国政上の重要政策について企画立案・総合調整等を行うのが**内閣府**[41]である。内閣総理大臣は、内閣府の主任の大臣となり（内閣府設置法6条）、国務大臣から特定の事務（経済財政政策担当、金融担当など）を所管する特命担当大臣を命じて、事務を統括させる。

　また、全省庁横断的課題を担当する機関として、内閣に設置される**復興庁**[42]および**デジタル庁**[43]の主任の大臣も内閣総理大臣であるが（復興庁設置法6条、デジタル庁設置法6条）、国務大臣である復興大臣およびデジタル大臣がそれぞれ事務を統括する。

[40] **命令**　行政機関による立法権行使により制定される法規範。法律など上位の法規範の執行のため（執行命令）、または、法律など上位の法規範の委任により（委任命令）制定され、法律と無関係に制定する命令（独立命令）は禁止される。

[41] **内閣府**　内閣および内閣総理大臣の主導による国政運営を実現するため、内閣総理大臣の補佐・支援体制の強化を目指し、行政改革により従来の総理府・経済企画庁等を整理・統合して2001年に設置された。ただ、内閣官房の役割分担が不明確で、ともに権限集中に伴う組織の肥大化が問題となる。内閣総理大臣は、内閣府の命令として、内閣府令を制定することができる。

[42] **復興庁**　東日本大震災からの復興に関する行政事務を担当する機関。2012年に設置された。内閣総理大臣は、復興庁の命令として、復興庁令を制定することができる。

[43] **デジタル庁**　デジタル社会の形成に関する行政事務の迅速かつ重点的な遂行を担当する機関。2021年に設置された。内閣総理大臣は、デジタル庁の命令として、デジタル庁令を制定することができる。

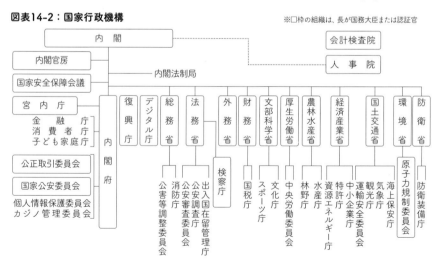

図表14-2：国家行政機構

（3）内閣総理大臣の権限

内閣の一体性確保のために憲法上認められる内閣総理大臣の権限については、すでに述べたが、そうした権限行使に閣議は不要である。

内閣法上、内閣総理大臣は、閣議を主宰し、内閣の重要政策に関する基本的な方針その他の案件を発議することができる（内閣法4条2項）ものとされている。また、内閣官制3条に相当する行政各部の処分または命令を中止し、内閣の処置を待つことができるとの規定（内閣法8条）や、内閣官制5条4号に相当する主任の大臣間の権限疑義の裁定について、「内閣総理大臣が、閣議にかけて、これを裁定する」との規定（内閣法7条）が置かれている。

ところで、憲法72条で規定する「行政各部を指揮監督する」権限について、内閣法6条では、「内閣総理大臣は、閣議にかけて決定した方針に基いて、行政各部を指揮監督する」と規定しており、閣議決定の方針が存在しない場合、指揮監督権を行使しうるのか問題となる。これについての法的論争となったのが、**ロッキード事件丸紅ルート判決**[44]である。「閣議にかけて決定した方針」が存在しない場合においても、内閣総理大臣が運輸大臣に対し民間航空会社に特定機種の航空機の選定購入を勧奨することが、賄賂罪における「職務」行為に該当するかが争われた。これについて最高裁は、「流動的で多様な行政需要に遅滞なく対応するため、内閣総理大臣は、少なくとも、内閣の明示の意思に反しない限り、行政各部に対し、随時、その所掌事務について一定の方向で処理するよう指導、助言等の指示を与える権限を有するものと解するのが相当である」と判示して、賄賂罪の構成要件該当性を肯定した。

なお、自衛隊との関係で、内閣総理大臣は、「内閣を代表して自衛隊の最高の指揮監督権を有する」（自衛隊法7条）とされ、自衛隊旗の交付（同4条）や特に顕著な功績があった者への表彰（同5条）を行い、防衛出動・撤収命令（同76条）などの権限を有するものとされている（▶第6章3（3））。

★**おすすめの本** 『歴史劇画 大宰相』（全10巻）（講談社文庫、2019～20年。書影は第1巻・講談社ウェブサイトより）。戸川猪佐武の『小説 吉田学校』をマンガ化した作品。その時々の内閣総理大臣を中心に、さまざまな登場人物が生き生きと描かれ、戦後の政治や社会の動き、政局の内幕などがわかりやすく理解できる。

[44] **ロッキード事件丸紅ルート判決** ロッキード社の日本代理店であった丸紅が、全日本空輸の航空機選定に政治的圧力をかけるべく、当時の内閣総理大臣であった田中角栄に依頼し、現金を渡したとして贈収賄罪（刑法197条）に問われた事件。田中角栄は係争中に死亡したが、最高裁（最大判平成7年2月22日刑集49巻2号1頁）は、「職務」に該当するとして、贈賄側の有罪判決が確定した。

5　地方自治

（1）前　史

　1869年、明治維新政府は、各藩主に対し天皇に土地（版）と人民（籍）を返還するよう求める「版籍奉還」を進め、旧藩主は地方行政官である「知藩事」に任命された。これに続き1871年、「廃藩置県」の詔が下され（明治4年太政官布告350号）、藩は県へと改められ、府県官制（同布告560号）の制定により、知藩事の職を免じて3府302県を置き、東京・大阪・京都の各府に知事を、各県に県知事（のちに県令）を置くこととなり、明治政府の中央集権国家体制の基礎が築かれた。その後、府県合併が何度か行われ、1886年の地方官官制（明治19年勅令54号）で府知事・県令の名称が知事に統一され、明治憲法が発布された1889年には3府42県の体制になった。なお、北海道については、1886年に地方長官として北海道庁長官が、1907年に内地編入された樺太には樺太庁長官が、1943年に東京府・東京市・区が廃止されて新たに設置された東京都には東京都長官がそれぞれ置かれた。

　1890年には、府県制（明治23年法律35号）と郡制[45]（明治23年法律36号）が制定され、「市制町村制」（明治21年法律1号）と併せて明治憲法下の地方自治制度が形成された。府県は法人格を有する地方公共団体であったが中央政府の強い統制下にあり、府県会議員は段階的に普通選挙・平等選挙・直接選挙制が導入されるが、知事などの地方長官は内務大臣の指揮下にある官選官吏であった。市町村については、市と町村で扱いが異なるが、政治情勢により中央集権化と民主化・分権化との間で制度が揺れ動いていたといえる（▶図表14-3）。

　現在の東京都の特別区は、郡区町村編制法（明治11年太政官布告17号）に基づき東京・京都・大阪の三府などに置かれた区に由来する。戦前は、法人格が認められることがあっても、独自の課税権や立法権など通常の自治体としての権限が認められることはなく、1943年の東京都制下で完全な都の下部機関となった。

▲千葉県の前身のひとつ、宮谷県知事に柴山典を任命する辞令書（明治4年5月付）（千葉県文書館所蔵）

[45] 郡制　郡は、1878年の郡区町村編制法により府県のもとに設置された。ここでの郡は地方公共団体ではなく、郡長は中央政府から派遣された官僚であり、複数の郡を所管することもあった。郡制施行とともに地方公共団体となるが、1921年の郡制廃止法により地方公共団体が二層化されて郡は廃止になり、行政区画の名称としてのみ残ることになる。

図表14-3：明治憲法下での市町村制度の主な動き

年	主な動き
1888	市制町村制制定（明治21年法律1号） ・公共事務・委任事務を処理する公法人として条例・規則制定権を付与される。 ・市の執行機関は市長および市参事会（市長・助役・名誉職参事会員）とし、市長は市会が推薦する3名の者から内務大臣が選任し、他の者は市会で選挙する。町村の執行機関は町村会で選挙された町村長とされる。 ・市町村会は、制限選挙・等級選挙制に基づく名誉職議員で構成し、市町村に関する一切の事件および委任された事件を議決する。
1911	市制、町村制全文改正（明治44年法律68号・69号） ・市長を独任制の執行機関とし、任期を6年から4年にする。 ・市参事会を補助的議決機関とし、名誉職参事会員は市会議員の互選。
1921	市制、町村制改正（大正10年法律58号・59号） ・公民権拡張、議員選挙の規定整備。 ・町村会議員の等級選挙制を廃止し、市を3級選挙制から2級に改める。
1926	市制、町村制等改正（大正15年法律74号・75号） ・市長は市会の選挙により選任。内務大臣の選任制を廃止。 ・町村長選任時の府県知事の認可廃止。 ・市町村会議員について普通選挙制導入。
1929	市制、町村制等改正（昭和4年法律56号・57号） ・名誉職（無給）市長の導入可能に。 ・市町村会議員に発案権付与、市町村会・市参事会の意見提出権拡大。
1943	市制、町村制等改正（昭和18年法律80号・81号） ・市長について市会の推薦に基づく内務大臣選任制、町村長について町村会の選挙に基づく府県知事認可制の復活。 ・市町村長に市町村内の団体等に対する指示権付与。 ・町内会等の財産・経費の管理に関し必要な措置を講ずる権限の明記。
1946	市制、町村制改正（昭和21年法律28号・29号） ・日本国憲法制定に先立ち、選挙権・被選挙権の拡充、首長公選制導入などの大幅改正。
1947	地方自治法制定（昭和22年法律67号） ・東京都制・道府県制・市制・町村制の廃止。制度を整理・統合。 ・都道府県職員の身分を地方公務員に位置づける。

（2）法的性質

　日本国憲法は、帝国憲法とは異なり、「地方自治」の章を設けて憲法上の制度として位置づけている（制度的保障）。地方自治は、各地方における政治に対して住民の民意を反映させる民主主義的意義とともに、中央政府への権限集中を防ぐという自由主義（権力分立）的意義があるとされる。この点は、地方自治の理念である「地方自治の本旨」（92条）として憲法上規定されており、**住民自治**と**団体自治**をその内容としている。

　これを受けて、憲法上、地方公共団体には議会を設置しなければならず、また、**地方公共団体の長**、その議会の議員お

[46] **住民自治**　地方自治体の行政がその構成員たる住民の意思に基づいて行われなければならないこと。

[47] **団体自治**　国から独立した存在としての地方自治体が、その固有の事務をそれ自体の機関により、それ自体の権能をもって自主的に処理すること。

[48] **地方公共団体の長**　首長（しゅちょう・くびちょう）ともいう。都道府県においては知事、市町村においては市長・町長・村長を指す。

5　地方自治　　319

よび**法律の定めるその他の吏員**^{りいん[49]}については、住民が直接選挙しなければならないとされる（93条）。各地方公共団体には、自主行政権・自主財政権のほか、法律の範囲内での自主立法権（条例制定権）が認められている（94条）。

さらに詳しい地方公共団体の組織および運営に関する事項は、地方自治法に規定されている。その制度的特徴は、執行機関としての首長と議事機関としての議会の議員を住民が直接選挙で選ぶ二元代表制を採るとともに、特定の行政分野については執行機関として首長から独立して職権を行使する行政委員会が置かれることである。首長は、地方公共団体を統轄し、これを代表する（地方自治法147条）という大統領制型の独任機関であるが、議会による不信任の議決の制度がある（同178条）。

また、間接民主制を補完する仕組みとして、条例の制定改廃請求権（イニシアティブ：同12条、74条〜74条の3）や議員・長その他の役職員解職請求（リコール：同13条・80条〜88条）など直接民主制的な住民の権利が規定されている。なお、地方公共団体には、独自の条例で住民投票（レファレンダム）を実施するものもあるが、投票結果にそのまま法的拘束力を与えることは認められていない。

（3）地方公共団体の意義

地方自治法は、広域的な行政を担う都道府県と基礎的自治体である市町村という二段階制を採用し、両者を合わせて普通地方公共団体（1条の3第2項）としている。これらの地方公共団体は、お互いに対等かつ独立の関係にあり、県とその域内の市町村とがあらかじめ上下関係に置かれるといったことはない。

もっとも、東京都に置かれる23区は、地方自治法上、特別区（281条）という特別地方公共団体（1条の3第3項）と扱われており、基本的に市町村と同等の地位にあるが、首都中心部における大都市行政の一体性・統一性の確保等の見地から、市とは異なる特殊の取扱いを受けている。

この点、**渋谷区長公選制廃止事件**^[50]において、最高裁は、「〔憲

[49] **法律の定めるその他の吏員**
吏員は地方公務員のことで、かつては教育委員が公選制であったが、党派的対立が持ち込まれる弊害が指摘され、1956年に首長の任命制に変更されている。

▲2019年2月に沖縄県で実施された県民投票用の投票用紙（出典：沖縄県作成資料より）。普天間飛行場返還に向けた名護市辺野古の米軍基地の拡張のために海面を埋め立てることの是非を問うた。結果は投票率が52.48％となり、投票総数の71.7％にあたる約43万票が反対票で、賛成票は19％にあたる約11万票であった。沖縄県知事は、この結果を内閣総理大臣に直接手交した。

[50] **渋谷区長公選制廃止事件**
公職選挙法改正により区長の選出方法を住民の直接選挙ではなく、区議会による選任制に変更されることになったが、区議会議員が区長選任についての賄賂を受け取ったとして収賄罪に問われた事件。被告人の区議は、金は受け取ったものの、区長公選制を廃止することは憲法93条2項違反であり、区議には区長を選挙する職務権限はないとして無罪を主張したが、最高裁（最大判昭和38年3月27日刑集17巻2号121頁）は、被告人の主張を退けた。

320　第14章　行政権、執政権とは？──内閣・地方自治

法93条のいう〕地方公共団体といい得るためには、単に法律で地方公共団体として取り扱われているということだけでは足らず、事実上住民が経済的文化的に密接な共同生活を営み、共同体意識をもっているという社会的基盤が存在し、沿革的にみても、また現実の行政の上においても、相当程度の自主立法権、自主行政権、自主財政権等地方自治の基本的権能を附与された地域団体であることを必要とするものというべきである」として、特別区が含まれないことを判示している。

　また、いわゆる**道州制**の議論において、現行の都道府県制を廃止することは憲法上も許されるかという点が問題となる。これについては、現在の都道府県が判例のいう地方公共団体に該当することは間違いないが、「地方自治の本旨」を損なわない範囲で、より広域的で効率的な行政を実現するために、都道府県制を道州制に置き換えること自体は憲法が禁止するものではないと解するのが一般的である。そもそも都道府県と市町村という二段階制を採用するかどうかも立法裁量であるとする考え方もある。ただ、広域化は、近時の**市町村合併**でも進められているところであるので、いたずらに地方公共団体の広域化を進めることで果たしてきめ細かい住民対応ができるのか、慎重に検討されるべきであろう。

[51] **道州制**　具体的な内容はさまざまであるが、都道府県を廃止・統合して、より広域の地方公共団体である「道」と「州」に置き換えた制度。2006年には第28次地方制度調査会答申（平成18年2月28日）を受け、道州制担当大臣が置かれ、内閣官房に道州制の導入に関する基本的事項を議論する道州制ビジョン懇談会が設置されたが、その後、議論は停滞している。

[52] **市町村合併**　自治体の広域化によって行財政基盤を強化し、地方分権の推進に対応することなどを目的として、1999年から2010年にかけて、政府主導の合併（平成の大合併）が進められた結果、約3000あった市町村数が1700程度に減少した。

コラム⑰　憲法95条とホームルール

　憲法95条は、国会が特定の地方公共団体のみに適用される法律（地方自治特別法）を制定しようとする場合、当該地方公共団体の住民投票での過半数の賛成を必要とすると規定する。これは、中央政府の立法府が、特定の地方政府を狙い撃ちにして、不当に団体自治を妨げる法律を制定することがないようにする防御的仕組みであると一般に理解されている。ここで注意すべきは、地方自治の主体である「地方公共団体」の組織と権限についての特例を定める法律を対象としたものであって、2011年に制定された東日本大震災復興基本法のように、単に特定の「地理的地域」を対象にしたものは含まれない。

5　地方自治　321

この規定により制定された法律として、1949年の広島平和記念都市建設法、1950年の熱海国際観光温泉文化都市建設法などがあり、現在も14の法律が有効である。だが、1952年を最後に同条の適用例はなく、死文化した条文となっている。

もっとも、憲法95条は消極的な防御権的な意義だけでなく、本来、アメリカの「ホームルール制」を導入しようとしたものであるとの理解もある。この制度は、政府に各自治体が制定した「憲章」（ホームルール）を承認させることで、独自の自主的統治を実現するためのものである。

　国からの画一的な統治を脱して、独自の自治体構想を実現することが可能になるのであって、いわゆる「大阪都構想」の理念を実現するのにうってつけの制度であった。しかし、実際の議論ではまったく憲法95条が顧みられることはなく、結局、2012年に「大都市地域における特別区の設置に関する法律」が制定されるにとどまった。

　そのように死文化して忘れ去られた憲法95条の意義を顧みて、再び地方自治に命を吹き込むことも、ある種の「護憲」ではないだろうか。

▰▰▰▶ おわりに

　議院内閣制のあり方は、主権者である国民の多様な民意をどのように反映し、それらをいかに統合して政策プログラムを企画・立案し、実施するかという政治的メカニズムと大きく関連する。重要なのは、政策プログラムの企画・立案とともに、その実施責任者である内閣総理大臣を誰にするかを決めることである。

　戦後の日本では、55年体制（▶第6章［55］、第13章［67］）のもとで、長らく選挙の役割について、多様な民意を国会の両議院の構成として反映させることに限定し、政策プログラムの企画・立案と内閣総理大臣の選択は、基本的に選挙後において代表者である国会議員に委ねられてきたといえる（媒介民主政的モデル）。そこでは、実際の政策プログラムの企画・立案は官僚制と政党が担い、その実施責任を内閣に負わせるというボトムアップ型の政治体制が構築されてきた。

　今日では、小選挙区制の導入など選挙制度が大幅に変更さ

れ、国民が選挙の段階で政策プログラムと内閣総理大臣の選択を行えるようになっている（国民内閣制モデル）。それとは別の流れで、行政改革に伴う内閣機能の強化が図られ、内閣総理大臣と総理官邸を中心としたトップダウン型の政治体制の構築が図られるようになった。

　このように、制度的には、選挙を通じた国民の民意が直接的に行政活動に反映しやすくなったといえるが、その制度を使いこなす技量と度量のある政治家の人材に欠けることと、選挙における国民の選択肢があまりにも限られていることが大きな課題となっている。

おわりに　　323

第15章

司法権、違憲審査、裁判員制度とは？
──裁判所

▶ はじめに

　友人にお金を貸したけれど、まったく返してくれる気配がない。こんなとき友人の財布から貸した分のお金をとることは法的に許されるだろうか。あるいは、ずる賢い犯罪者が、警察に逮捕されることもなく、また罪を負うこともなくのうのうと生きている──。こんなとき、闇夜に乗じて痛い目に遭わせることは、法的に認められるだろうか。

　近代国家においては、このような場面でも、**自力救済**[1]は禁止されている。国民は、たとえ自身の権利が侵害されていても、それを自力で解決するのではなく、**裁判所**[2]による裁判手続を通じて達成しなければならないのが原則である。裁判所の重要な役割のひとつが、このような個人間の法的紛争を予防・解決することである。

　近代以前はどうだっただろうか。中世ヨーロッパでは、紛争が起こった際、当事者同士の和解や裁判による解決のほかに、自力救済として親族集団による復讐（**フェーデ**）[3]という選択が認められていた。その後、徐々に復讐は制約・禁止されていき、これに対応して国家は刑罰権を独占することになる。それと並んで、裁判制度も徐々に整備され、国民には裁判を受ける権利が保障されていく。

▶ 1　裁判所の役割

　近代国家における「自力救済の禁止」は、現在の日本にもあてはまる。日本国憲法76条は、「すべて司法権は、最高裁判所及び法律の定めるところにより設置する下級裁判所に属

[1] **自力救済**　権利侵害をされた者が、司法手続によらずに自らの権利を実現すること。

[2] **裁判所**　裁判所には、裁判部だけでなく、事務局が置かれており、裁判官のほかに、裁判所書記官、裁判所速記官、家庭裁判所調査官、裁判所事務官、執行官などの職員（国家公務員）が働いている。裁判所事務官は、各裁判所の裁判部または事務局に配置され、裁判部では裁判事務に従事し、事務局では、総務課や人事課、会計課等で、司法行政事務全般に従事する。最高裁判所では、司法行政部門として、事務総局、司法研修所、裁判所職員総合研修所、最高裁判所図書館が置かれている。一部の裁判官は、司法行政部門の幹部に就任し、そこではもっぱら司法行政の業務に従事し、訴訟指揮には携わらない。

[3] **フェーデ**　フェーデは、10世紀末から始まる「神の平和（Pax Dei）」運動以降、「ラント平和令」などによって徐々に制約されていき、1495年にマクシミリアン1世が出した「永久ラント平和令」をもって禁止されることになった。「神の平和」運動は、国王の権威が衰退する中で、教会が主導して、フェーデによる暴力から子どもや女性、聖職者などを保護するべく設けられた制度や、そのような制度を設けるための運動であった。それでもフェーデを辞さない貴族に対して、破門の罰で応じたり、さらにはかれらに対する武装攻撃の義務を設けたりしていくようになる。しかし、この運動は当時の社会情勢には合わず、「神の休戦」として戦闘を禁止する期間を置くようになる。その後、神の平和運動は十字軍につながり、

する」と規定して、司法権、すなわち法を適用して紛争を解決する権限を裁判所に委ねており、他方で、憲法32条は、**裁判を受ける権利**[4]を国民に保障している。

今日の裁判所には、このような法的紛争の予防・解決に加えて、国家権力に対する法的統制という役割も与えられている[5]。**行政訴訟**や違憲（立法）審査権などがそれに該当する。これまでの章でも、いくつも憲法判例について学んできたであろう。それらの多くは裁判所による違憲審査権の行使の結果である。しかし、日本では、**民事・刑事・行政事件**[6]については、それぞれ民事訴訟法・刑事訴訟法・行政事件訴訟法が置かれているのに対して、違憲審査にかかわる憲法訴訟にはそれらに該当する法律はない。憲法訴訟については、それぞれの訴訟法の原則や規定を踏まえつつ、日本国憲法の解釈によって考えていくほかない。とはいえ、憲法81条は、違憲審査権が、法律、命令、規則または処分が憲法に適合するかどうかを決定する権限であること、その終審裁判所が最高裁判所であることを示すのみである。私たちは、憲法や統治の基本原理に基づいて、憲法81条その他の規定を解釈して、違憲審査に関する規範を導き出してきた学説や判例を理解することが重要である。

2 裁判を受ける権利、裁判所の組織、司法権の独立

（1）裁判を受ける権利と公開法廷

人権保障を実効的なものにするためには、人権規定を置くだけでは十分とはいえず、それら人権が侵害された場合に、救済の途を用意しておく必要がある。裁判を受ける権利は、まさにこの実効的な権利保障のための権利であり、「人権を確保するための人権」といわれる。この権利によって、国民には権利が侵害された場合に権利救済を求めるべく出訴の途が確保され、これに対応して国家は裁判拒絶禁止義務を負うことになる。

神の休戦は平和令につながっていく。

[4] **裁判を受ける権利** 国務請求権のひとつ。その歴史は長く、絶対王政における専断的な裁判に対抗して、国民の権利を擁護するべく発達してきた。1791年のフランス憲法において、「法律の指定する裁判官を奪われない」と規定されているのもその一例である。大日本帝国憲法（明治憲法）も、「日本臣民ハ法律ニ定メタル裁判官ノ裁判ヲ受クルノ権ヲ奪ハル丶コトナシ」（24条）と規定していたが、その保障は十分なものとはいえなかった。

[5] **行政訴訟** 行政庁の処分や行為に不服がある場合、裁判所がその違法性を審査する訴訟。行政事件訴訟法は、行政事件訴訟として、抗告訴訟、当事者訴訟、民衆訴訟、機関訴訟を規定している。抗告訴訟は、処分の取消しを求めたり（取消訴訟）、行政庁に処分や裁決をすることを命じることを求めたり（義務付け訴訟）するものがある。また、民衆訴訟は、国や地方公共団体による違法な行為の是正を認める訴訟であり、愛媛玉ぐし料訴訟（▶第10章［35］）や砂川政教分離訴訟（最大判平成22年1月20日民集64巻1号1頁）などの重要な憲法判例を生んできた。

[6] **民事・刑事・行政事件** 民事事件は、私人間において生じる紛争に関する事件をいう。犯罪行為に対して刑罰法規を適用するか否かを扱う事件を刑事事件という。行政事件は、行政庁の公権力の行使に関する不服の訴訟のほか、公職選挙法や国籍法といった公法上の法律関係に関する事件を指す。交通事故を例にすると、事故の被害者による加害者に対する損害賠償請求は民事事件、加害者が検察官によって自動車運転処罰法違反で起訴されれば刑事事件、事故や違反の程度によって運転免許の停止等の処分が下されるが、そのような行政庁の処分の取消しを求めた訴えは行政事件である。

2　裁判を受ける権利、裁判所の組織、司法権の独立　　325

公正な裁判を確保するために、憲法は、対審および判決について、**裁判の公開**[7]を要請している（82条1項）。ただし、裁判官の全会一致で公序良俗を害するおそれがあると決定した場合には非公開とすることができる（同条2項）。さらに、その例外として、「政治犯罪、出版に関する犯罪」のほか、憲法第3章が保障する国民の権利が問題となる事件については、常に公開されなければならない（同項ただし書）。これらを反対解釈すれば、「対審及び判決」に該当しない場合や、そもそも訴訟にあたらない場合は、必ずしもこの要請に応じる必要はないといえる。したがって、たとえば、遺産分割や成年後見、性同一性障害者の性別取扱い変更などの**家事事件手続**[8]などは公開法廷によってなされる必要はないとされている。なお、対審に該当する場合であっても、当事者や証人のプライバシーや知的財産権の保護などの観点から、例外的に法律上非公開が認められる場合が定められている。

（2）裁判所の組織

憲法は、「最高裁判所及び法律の定めるところにより設置する下級裁判所」に司法権を認めている。**最高裁判所**[9]（最高裁）は、司法権の最高機関であり、終局的な法律判断を下し、法令解釈の統一を図る役割を担っている。また、裁判所職員の任免や監督、裁判所の会計など、司法事務を行うにあたって必要な司法行政権についても、最高裁は最高監督権者としての立場にある（裁判所法80条）。なお、明治憲法下では、司法行政権は、当時の最上級の司法裁判所である**大審院**[10]にではなく、国務大臣である司法大臣に属していた。

最高裁は、最高裁長官1名と最高裁判事14名で構成されている。最高裁判事は、下級裁判所の裁判官とは異なり、「識見の高い、法律の素養のある年齢40年以上の者」から任命されることになっており、少なくとも10人は、一定期間の法律専門職の経験を有するものであることが法律で定められている（裁判所法41条）。これを受けて、最高裁判事は、**職業裁判官**[11]に限られず、これまで弁護士、検察官、行政官、法律学者から選ばれてきた。

[7] **裁判の公開** 法廷で行われる裁判は、公開が停止されている場合（本文参照）を除いて、誰でも傍聴することができる。

[8] **家事事件手続** 家事事件手続法や非訟事件手続法などで定められたものは、争訟性がない「非訟事件」とされ、裁判所で審理されるものの、裁判所には後見的な役割が期待されている。のちに挙げる**図表15-1**⑫（▶本章4（3））の性別変更規定違憲決定は、法令違憲判決のひとつとして重要な意味をもつが、この手続は家事事件であり、したがって手術要件規定の合憲性について、申立人と国側の対審構造において争われた結果ではない。

[9] **最高裁判所** 「最高裁」と略される。皇居の桜田濠に面した東京都千代田区隼町に位置する。戦後は、霞が関にあった旧大審院を利用していたが、現庁舎は1974年に竣工。後述するように、最高裁での弁論や判決も公開されており、予約なく傍聴は可能であるが、傍聴希望者も多く、抽選となる場合も少なくない。

[10] **大審院** 最高裁と大審院の区別は、以下のとおり。①大審院は、最高裁と異なり、特別裁判所と行政裁判所が管轄する事件を除いた事件について裁判を行う権限を有した。②最高裁は違憲審査権を有するのに対して、大審院にはこの権限は認められていなかった。③大審院は、民事部・刑事部に分かれ、それぞれ5人の裁判官が属し、従前の大審院の判例を変更しようとする場合に連合部を構成して裁判を行った。なお、明治憲法のもとでは、皇室裁判所や軍法会議、外地の法院といった特別裁判所が置かれていた。

[11] **職業裁判官** 司法試験に合格をした後、司法修習を経て、裁判官として任官される裁判官を職業裁判官やキャリア裁判官という。日本では、弁護士経験者から裁判官や検察官を任用する「法曹一元制度」は導入されていないが、裁判所法42条が、一定の弁護士経験がある者を判事に任命することを認めており（弁護士任官制度）、この判事は

最高裁長官は内閣の指名に基づいて天皇が任命し、判事は内閣が任命し天皇が認証することとなっており、さらに両者は国民審査に付される（憲法79条2項）。国民審査（▶後掲コラム⓲）は、その裁判官の任命後はじめての衆議院議員総選挙にあわせて行われ、国民は罷免すべきとする場合に用紙にチェックを入れることになっているが、これまで国民審査によって罷免された裁判官はいない。判断材料が乏しく判断が難しいという有権者の声もある。これに対しては、国民審査の対象となる裁判官について、その経緯や関与した主要判例をまとめた**審査公報**[12]が参考になる。それに加えて、最近では、国民審査に付される裁判官がどのような事件でどのような判断をしたかについてまとめたウェブサイトが、NHKや新聞社、ニュースサイト、NPOなどによって作られており、参考になる。

最高裁は、大法廷と小法廷とに分かれる。小法廷の定足数は3名であるが、現在5名ずつに分かれて3つの小法廷が置かれている。これに対して、大法廷は、最高裁判事全員で構成される。最高裁で受理された事件は、まず小法廷で審理されることになっている。当事者の主張によって法令の違憲性が問題となる場合や、当事者の主張の有無にかかわらず法令等を違憲と判断する場合、さらに法令解釈について従来の判例に反する場合には、大法廷で審理されることになる。したがって、事件が大法廷に回付されると、重要な判断が下される可能性があるとして注目されるが、もちろん、大法廷に回付されても、合憲の判断が下される可能性もある。

下級裁判所について、憲法は「法律の定めるところによる」と定めるにとどまっている。これを受けて、裁判所法に基づいて、**高等裁判所**[13]、**地方裁判所**[14]、**家庭裁判所**[15]、**簡易裁判所**[16]が置かれている。それぞれ民事・行政事件においては事件の訴額に応じて、刑事事件においては刑罰の定めに応じて、管轄が決められている。憲法は、「最高裁判所」と「下級裁判所」を予定していることから、審級制度は憲法上の要請であり、法律上は**三審制**[17]が採用されている。ただし、憲法が三審制を要請しているとまではいえず、現行法でも最高裁に**上告**[18]をす

職業裁判官には含まれない。

[12] 審査公報 国民審査の対象となる裁判官の略歴、関与した主要な判例、裁判官としての心構えなどが記載される。最高裁判所裁判官国民審査法施行令に基づいて、衆議院議員選挙における選挙公報の配布の方法をとると決められている。

[13] 高等裁判所 「高裁」と略される。下級裁判所の中では最上位の裁判所。控訴審や一部で上告審となるほか、選挙訴訟などでは第一審となる。札幌、仙台、東京、名古屋、大阪、高松、広島、福岡の8か所に本庁が置かれる。さらに、知的財産に関する紛争を扱う支部として、東京高裁に知的財産高等裁判所が置かれている。

[14] 地方裁判所 略称は「地裁」。原則的な第一審裁判所。ただし、簡易裁判所の民事判決においては、控訴審を行う。本庁は、各都道府県庁所在地に加えて、函館市、旭川市、釧路市に置かれ、全国で50か所。さらに、203か所の支部がある。

[15] 家庭裁判所 家事審判および家事調停、少年審判などの権限を有する裁判所。「家裁」と略される。本庁と支部は地裁と同じところに置かれているが、それに加えて77か所の出張所が設けられている。

[16] 簡易裁判所 訴額140万円までの請求や、罰金以下の刑にあたる罪にかかる訴訟の第一審裁判権を有する裁判所。「簡裁」と略される。「簡易裁判所判事」は、司法試験に合格していない者が登用されており、その多くは裁判所書記官が占める。全国に575か所設置されている。

[17] 三審制 民事訴訟においては、一定の訴額の場合には、一審は簡易裁判所が受け持つことになっており、その場合、控訴審は地方裁判所、上告審は高等裁判所になる。また、刑事事件においても、一定の事件については、一審が簡易裁判所になる場合もあるが、上告審はすべて最高裁判所が担う。

る場合には、法律で定めた理由が必要とされている。これによって一審の判断に不服がある場合は、控訴をし、控訴審の判断に不服がある場合は、上告をすることができる。上告審は、法律審であり、原則として控訴審で認定された事実に拘束される。

なお、日本国憲法76条２項は、**特別裁判所**[19]の設置を禁止している。

（3）司法権の独立

裁判官が、憲法や法令に基づいて公平・公正な裁判を行うためには、干渉を受けることなく、自己の良心に従って職権を行使することが必要になる（憲法76条３項）。この司法権の独立には、他の国家機関等から干渉を受けないという司法府（裁判所）の独立と、その裁判所を構成する裁判官の職権行為の独立が含まれる。

明治憲法下で生じた**大津事件**[20]において、**児島惟謙**[21]大審院長が、政府からの圧力や介入を撥ねのけ、担当裁判官に助言をした例が有名である。しかし、これによって確かに政府からの「裁判所の独立」は守られたといえるものの、大審院長から担当裁判官への助言は裁判官の職権行為に対する介入や干渉にあたるともいえる。このように、同じ裁判所組織の中でも、個々の裁判官に対して影響を及ぼすような干渉は許されないのである。

現行憲法下でも、自衛隊の合憲性が問題となった長沼事件（▶第６章［37]）において、札幌地裁所長の平賀健太が担当裁判官の福島重雄に対して、事案の処理について書簡を送るという**平賀書簡事件**[22]が起こっている。また、参議院法務委員会による確定判決に対する調査が問題となった浦和充子事件（▶序章４（２）、第13章［48]）や、裁判官訴追委員会による現に係属中の事件に対する調査に関する**吹田黙祷事件**[23]などもある。さらに、駐留米軍の合憲性が問題となった**砂川事件**[24]の審理期間中に、**田中耕太郎**[25]最高裁長官が、駐日アメリカ大使や外相、与党幹部らと面談し意見交換していたことを示す資料が発見されている。

[18] **上告**　上告理由は、判決に憲法違反・判例違反があることや重大な手続違反があることであり、刑事事件においては、判例違反や判例違反があることに限られている（民事訴訟法312条、刑事訴訟法405条）。

[19] **特別裁判所**　通常裁判所の体系とは別に設置される、特別の身分にある者や特定の種類の事件について裁判を行う裁判所。本章［10]も参照。

[20] **大津事件**　1891年、警察官・津田三蔵が、訪日していたロシア帝国皇太子を斬りつけ負傷させた暗殺未遂事件。

[21] **児島惟謙（1837～1908）**　1837年、伊予国（現在の愛媛県）の宇和島に生まれる。勤王派として活動し、戊辰戦争にも参加した。その後、1879年に司法省に入り、1891年から大審院長に就任した。

[22] **平賀書簡事件**　平賀所長に対して、当該地裁の裁判官会議が厳重注意処分を、また、最高裁判所が注意処分を下した。また、裁判官訴追委員会は、書簡を公表したことについて調査を行ったが訴追猶予とした。

[23] **吹田黙祷事件**　1952年、「朝鮮戦争即時休戦や再軍備反対」をうたう集会の参加者がデモ隊となり一部暴徒化したとして騒擾罪で起訴された。その裁判の公判の冒頭に、朝鮮戦争が休戦されたことを受けて、被告人たちから休戦を祝う拍手と犠牲者を悼む黙祷を申し出たところ、担当裁判長は禁止することはなかった。この対応に対して、担当裁判長が裁判官訴追委員会にかけられた。最高裁は、この裁判長の訴訟指揮について遺憾と表明する通達を発した。

[24] **砂川事件**　▶第６章［36]を参照。

[25] **田中耕太郎（1890～1974）**　▶序章［42]を参照。

328　　第15章　司法権、違憲審査、裁判員制度とは？——裁判所

裁判官の職権行使の独立をより実効的なものにするために、**裁判官の身分保障**[26]についても憲法は定めている（78条・79条6項・80条2項）。また、裁判所の人事や予算その他の運営については、裁判所自身によって行われることが定められている（77条・80条1項）。罷免については、裁判により心身の故障のために職務執行ができないと決定された場合と、**公の弾劾**[27]による場合に限定されている。また、裁判官に対する懲戒は、行政機関によることが禁じられており、裁判所のみができると考えられる。懲戒処分については、**最高裁判所誤判事件**[28]、**寺西判事補事件**[29]や**岡口判事事件**[30]などが挙げられる。

▲最高裁判所（裁判所HPより）

▲最高裁判所大法廷（裁判所HPより）

▲最高裁判所小法廷（裁判所HPより）

▲弾劾裁判所（弾劾裁判所HPより）

3 司法権

（1）裁判所が扱う事件

裁判所に訴えを提起したからといって、どのような紛争でも審査してくれるわけではない。裁判所が扱う事件は、法律上の争訟であり、法令を適用することによって終局的に解決することができるものに限られる。裁判所法3条1項が、裁判所の権限として規定する「法律上の争訟」も、これと同じ意味であると考えられている。

判例をみても、裁判所には、当事者の間で法律関係について具体的な紛争がないにもかかわらず、憲法や法令解釈につ

[26] **裁判官の身分保障** 本文で触れた罷免と懲戒処分に加えて、憲法は、裁判官の報酬について、在職中減額できないことを規定している。裁判官の報酬については、裁判官報酬法で定められている。しかし、これまでにも人事院が公務員一般職職員の給与について勧告を行い、これを受けて、裁判官の報酬月額も減額されるケースがあった。最高裁は、裁判官会議を開き、国家公務員の給与全体を引き下げるような場合には、裁判官の報酬が減額されても、司法権の独立を侵害するものではないとして、人事院勧告を受け入れてきた。

[27] **公の弾劾** 裁判官訴追委員会が罷免の訴追を行い、それを受けて、裁判官弾劾裁判所で弾劾について裁判を行う。訴追委員会は、衆参各議院の議員からそれぞれ10名ずつ選挙された委員で構成され、弾劾裁判所は、同じく衆参各議院の議員からそれぞれ7名ずつ選挙された裁判官で構成する。

[28] **最高裁判所誤判事件** 戦後、刑事訴訟規則施行規則も改正されていたにもかかわらず、最高裁第二小法廷が、旧規則に基づいて判断を下したことが誤判とされた。当時の三淵忠彦最高裁長官は、裁判官会議において、当該裁判官に対して事実上の辞職勧告を促したのに対して、裁判官全員が、この勧告は適切な処分ではないとして辞職を拒否。その後、田中耕太郎長官に替わり、最高裁は、分限裁判で裁判所法49条の「職務上の義務違反」にあたるとして、過料の処分を下した（最大決昭和25年6月24日裁時61号6頁）。

[29] **寺西判事補事件** 寺西和史仙台地裁判事補が組織的犯罪対策関連法に反対する集会でした発言について、仙台高裁は、「積極的に政治運動をすること」（裁判所法52条1号）に該当するとして、戒告処分を下した。寺西判事補は抗告したが、最高裁は抗告を棄却した（最大決平成10年12月1日民集52巻9号1761頁）。

[30] **岡口判事事件** 岡口基一東京高裁（その後、仙台高裁に

3 司法権　329

いて抽象的に判断を下す権限がないとしてきた。たとえば、**技術士試験事件**[31]において、最高裁は、国家試験の合否判定などは学問上や技術上の知識や能力等の当否を判断するものであるから、法令を適用して解決できるものではないとした。他方で、国立大学法人の医学部入試において、医師の資質や学力の有無とは直接関係のないこと（ここでは年齢）が合否判定に用いられたことについて、裁判所の審査権が及ぶとした下級審判決（**東京高裁平成19年3月29日判決**[32]）がある。ほかにも合否判定にあたって手続上の問題があるような場合なども想定でき、入学試験や資格試験等の合否決定について一律に裁判所の審査が及ばないととらえるべきではない。

▲板まんだらの一例（蕨市民俗資料館提供）

さらに、宗教上の紛争についても、**板まんだら事件**[33]において、最高裁は、具体的な法律上の争訟があったとしても、それについて審査するための前提問題として宗教上の教義に関する判断がある場合には、裁判所の審判の対象とならないとした。この事件では、宗教団体への寄附金の返還請求という法的紛争は発生しているが、その前提として、信仰の対象たる「板まんだら」の価値や宗教上の教義に関する判断が必要不可欠であるため、法を適用して解決しえないから、裁判所は審査できないとされた。したがって、**オウム真理教解散命令事件**[34]などをみてもわかるように、宗教にまつわる法的紛争一般について裁判所の審査がなされないとされているわけではない。

（2）司法権の限界

さらに、たとえ法律上の争訟に該当し、それ自体は裁判所の審査になじむ事案であっても、司法権が及ばない場合がある。これを「司法権の限界」という。

判例は、政党や地方議会、大学などは「部分社会」として、その団体の内部問題について原則として司法権は及ばないと

異動）判事に対し、事件に関するSNSでの投稿について、二度の戒告処分が下された。しかし、その後も事件に関する投稿をしたため、裁判官訴追委員会は、2021年、同判事を弾劾裁判所に訴追することを決定した。2024年に罷免判決が下された。弾劾裁判によって罷免が決定されると、裁判官の身分だけでなく、法曹資格も失う。罷免判決が下されてから5年経過後、弾劾裁判所が認めた場合には、法曹資格が回復される。これまで罷免の訴追がなされたのは10件、そのうち罷免判決が下されたのは8件。そのうち資格回復がなされたのは4件である。

[31] **技術士試験事件** 最判昭和41年2月8日民集20巻2号196頁。国家試験である技術士試験で不合格となった原告が、自身の解答が正しく、不合格判定は誤りであるとして、不合格判定の変更や受験料等の損害賠償を請求した事件。最高裁は、国家試験の合否判定は、裁判所が法令の適用によって解決するのに適さないと判断した。

[32] **東京高裁平成19年3月29日判決** 判タ1273号310頁。

[33] **板まんだら事件** 最判昭和56年4月7日民集35巻3号443頁。宗教団体や宗教法人における役職等の地位に関する訴訟や、建物の明け渡しに関する事件は少なくない。板まんだら事件の前の種徳寺事件において、最高裁は、住職の地位については宗教上の地位であるから具体的な争訟性を否定しつつ、建物の明け渡しについては裁判権を認めている（最判昭和55年4月19日判時973号85頁）。板まんだら事件以降の、蓮華寺事件では、僧籍剝奪の処分について、宗教上の事項について中立であるべきとして法律上の争訟にあたらないとした（最判平成元年9月8日民集43巻8号889頁）。

[34] **オウム真理教解散命令事件** ▶第10章[31]を参照。

してきた。しかし、性格の異なる団体について、部分社会として一括りにして、一律に司法権の限界としてしまうことについては批判も強い。最高裁は、**地方議会の出席停止**[35]について、従来は自律的な法規範をもつ団体内部の問題は、各団体の自治に任せて裁判所の判断に委ねるべきでないとしていたのに対して、2020年に判例変更をして、この問題も審査の対象となるとした（**岩沼市議会出席停止事件**[36]）。政党についても、結社の自由による団体の自律権が認められており、したがって**政党内部での紛争**[37]が、一般市民法秩序と直接関係のない内部問題にとどまる限りで、裁判所の審査は及ばないとされてきた。しかし、政党が民主主義にとって重要な役割を果たすべきであると考えるならば、政党内部の法的問題について一律に裁判所が審査をしないと結論づけることにも問題はあろう。

さらに、国家統治の基本に関する高度に政治性を有する行為について、たとえ法的に判断可能であっても、裁判所の審査から除外されると考えられてきた。これらは、**統治行為論**[38]や政治問題の法理などといわれてきた。判例においては、駐留米軍の合憲性のほか（砂川事件〔▶本章3（3）、第6章［36］〕）、衆議院の解散についても（**苫米地事件**[39]）、「高度に政治性のある国家行為」であり、裁判所の審査が及ばないとされた。確かに高度に政治的な問題は、政治部門である国会や内閣に判断を委ねるべきところが少なくないし、裁判所がこのような問題について判断することで、政治に巻き込まれるおそれがある。民主主義や権力分立の観点からも、これらの問題について裁判所が審査しないことは、司法権の本質に内在する制約であると考えることもできる。しかし、統治行為にしても政治問題の法理にしても、憲法上の明文根拠があるわけでもないし、単にこのような問題については国会や内閣に広範な裁量が認められるべきであるとも考えられ、わざわざ統治行為や政治問題というカテゴリーを認める必要がないと考えられる。

[35] **地方議会の出席停止**　地方自治法は、地方議会に対して、同法、会議規則、委員会に関する条例に違反した議員に対して、議決による懲罰を科すことを認めている（134条）。懲罰の内容は、公開の議場における戒告・陳謝、一定期間の出席停止、除名と定められている（135条）。

[36] **岩沼市議会出席停止事件**　最大判令和2年11月25日民集74巻8号2229頁。岩沼市議会議員が、市議会から懲罰として科された出席停止処分を違憲・違法であるとして、その取消し等を求めた事件。最高裁は、市議会の自律的な権能が尊重されるべきであるが、出席停止処分が科されると議員としての中核的活動ができず、その責務を十分に果たすことができなくなるとして、「普通地方公共団体の議会の議員に対する出席停止の懲罰の適否は、司法審査の対象となる」として判例変更をした。

[37] **政党内部での紛争**　共産党袴田事件（最判昭和63年12月20日判時1307号113頁）において、最高裁は、政党内部の法的問題については、政党の自律的な解決に委ねるのを相当として、「一般市民法秩序と直接の関係を有しない内部的な問題にとどまる限り、裁判所の審判権は及ばない」とした。そのうえで、この処分が、一般市民としての権利利益を侵害する場合でも、その処分の当否は、政党が自律的に定めた規範が公序良俗に反するなどの特段の事情がない限りこの規範に照らして、そのような規範がないときは条理に基づいて、適正な手続に則ってなされたか否かによって判断するべきであるとした。

[38] **統治行為論**　フランスのコンセイユ・デタの判例に由来する理論。コンセイユ・デタが、特定の国家作用について判断せずに却下するケースがあり、それが「acte de gourvernement（統治行為）」である。政治問題の法理は、アメリカの「political question doctrine」に由来する。

[39] **苫米地事件**　▶第5章［42］、第14章［37］を参照。

4 違憲審査権

（1）違憲審査の歴史と意義

　日本国憲法は最高法規であり、憲法に違反する法令や処分等の国家行為は無効である（憲法98条）。この憲法適合性を審査する権限を違憲審査権といい、日本では、司法裁判所が担うこととなっており、そこから司法審査ともいわれる。最高裁は、違憲審査を担う終審裁判所でもあり、「憲法の番人」としての役割を期待されている。なお、下級裁判所の違憲審査権については、憲法上も法律上も明文規定はないが、行使することはできると考えられてきたし、実際に合憲性の審査はなされてきた。

　日本の違憲審査制は、アメリカの違憲審査に由来するものである。合衆国憲法は違憲審査制に関する規定をもたないが、合衆国連邦最高裁は、1803年の**マーベリー対マディソン事件**[40]おいて、法律の憲法適合性に関する審査権を自らに認めた。それ以降、今日に至るまで時代を作る重要な憲法判例が数多く下されていき、日本の学説や判例も強く影響を受けていくことになる。

　諸外国に目を向けると、違憲審査は必ずしも司法裁判所が行使するところばかりではない。ドイツやオーストリア、その影響を強く受けた韓国などでは、**憲法裁判所**[41]が置かれ、そこに違憲審査権を集中させている。

　法律は、国民が民主的な選挙を通じて選出した議員で構成される議会が制定したものである。これに対して、違憲審査は、選挙で選ばれたわけではなく、議員に比して民主的正統性が弱い裁判官に、議会による多数派の判断を覆す権限を与えることになる。ここに民主主義と違憲審査の緊張関係がみえてくる。これこそ、アメリカなど一部の例外を除いて、多くの国で裁判所による違憲審査権が認められなかったひとつの要因である。その後、**ファシズム**[42]による大規模かつ深刻な人権侵害という反省を通じて、専制政治や多数派の暴走から人権を守ることの重要性が強く意識されることになり、議会

[40] **マーベリー対マディソン事件**　ワシントン特別区治安判事に指名されたマーベリーらが、その辞令交付を受けないままになっていたことについて、国務長官のマディソンを相手として、辞令交付を命じる職務執行令状の交付を求めて、合衆国連邦最高裁に訴えを提起した事件（Marbury v. Madison, 5 U.S. 137（1803））。当時の裁判所法では、辞令交付を連邦最高裁に求めることができると定めているが、これは合衆国憲法が定める連邦最高裁の管轄権と矛盾していた。連邦最高裁は、憲法と制定法が抵触する場合、裁判所は憲法に従う義務があり、抵触した制定法は無効となると判断した。

[41] **憲法裁判所**　憲法裁判所の権限は、国によって異なるが、違憲審査権のほかに、憲法秩序を侵害・排除することを目指す政党を禁止する権限や（ドイツ）、憲法改正（案）の（現行）憲法適合性を審査する権限（トルコ、ルーマニア、ウクライナ、コソボなど）もみられる。

[42] **ファシズム**　ファシズムとは何かについてはさまざまに議論があるところだが、全体主義的・国家主義的な独裁の運動・支配体制・思想を指し、議会制民主主義の否定や、暴力による国民の自由の抑圧などを特徴とする。田野大輔『ファシズムの教室—なぜ集団は暴走するのか』（大月書店・2020年）は、大学の授業で「ファシズムの体験学習」をまとめたもので、この授業を通じて学生が「変化」していく様は興味深いものである。

から距離を置いた裁判所に違憲審査権限を認める国ができ、それが急速に広がっていった。違憲審査の目的は、人権保障と憲法秩序の維持にあり、裁判所によって「多数者の専制」から少数派を守ることが目指され、それを通じて、民主主義を維持することにもつながっていることを意識しなければならない。自由主義と民主主義は、ときに対立的に描かれることもあるが、日本国憲法は、その調和を目指していると理解されるべきである。

（2）付随的審査制と抽象的審査制

　日本国憲法のもとでは、違憲審査権は、裁判所が司法権を行使するのに付随して行使されるものだと理解され、運用されてきた（付随的審査制）。この運用のもとでは、裁判所は、先にみたように司法権の範囲に含まれる紛争について、そこで適用される法令や処分などの合憲性を判断することができるということになる。したがって、たとえば、自衛隊の憲法9条適合性は憲法問題としてこれまでにも学説で広く議論されてきたところであるし、政府解釈も示されているところである。しかし最高裁は、**警察予備隊訴訟**[43]において、具体的な争訟が提起されないのに将来を予想して合憲性について抽象的判断を下す権限を行使することはできないとして、合憲性について判断を下すことはしなかった。

　これに対して、**ドイツの連邦憲法裁判所**[44]には、具体的な権利侵害等が発生していない段階で、法令の合憲性について抽象的に審査する抽象的規範統制手続が認められている。アメリカ型の付随的審査制とドイツ型の抽象的審査制は対極的に説明されることもある。しかし、一方で、ドイツの連邦憲法裁判所は、具体的事件を前提とした法令の適用にあたって合憲性を審査する具体的規範統制や、国家による基本権侵害について他の権利救済の途を尽くした後に申し立てることができる憲法異議という手続も認められており、他方で、アメリカの裁判所も、具体的な**事件性**[45]について緩和して受理されていることをみると、両者の違いをあまり強調する必要もみられない。学説の中には、日本でも、法律によって憲法裁判所

[43] **警察予備隊訴訟**　最大判昭和27年10月8日民集6巻9号783頁。自衛隊の前身である警察予備隊が創設された段階で、その設置と維持の合憲性について当時の日本社会党委員長であった鈴木茂三郎が最高裁に直接訴えを提起した事件。

[44] **ドイツの連邦憲法裁判所**　バーデン＝ヴュルテンベルク州のカールスルーエにある。日本では、下級裁判所にも違憲審査権は認められているが、ドイツではこの連邦憲法裁判所が、法律の違憲性判断は独占している。本文で挙げた権限のほかに、連邦最高機関の権利・義務に関する機関争訟、大統領・裁判官に対する訴追手続、選挙訴訟、自由で民主的な基本秩序に敵対する個人の基本権喪失手続や政党の禁止手続を担う。最後者の基本権喪失手続と政党禁止手続は、いわゆる「闘う民主主義」の具体的な制度である。

[45] **事件性**　本章3（1）でみた「法律上の争訟」に該当する事件かどうかを表す。日本でも、民衆訴訟や機関訴訟（行政事件訴訟法5条・6条）を客観訴訟といい、厳密に考えれば法律上の争訟に該当せず、司法権にとっては例外的に認められた権限ということになる。なお、裁判所法3条は、裁判所の権限として、法律上の争訟のほかに「法律において特に定める権限」を認めている。

4　違憲審査権　　333

に認められる権限を付与することも可能であるとする法律委任説もみられる。憲法上の定めがないままにドイツ型の抽象的審査権を認めると解釈するのは困難であるとしても、違憲審査権を運用するにあたって、付随的審査制であることに囚われすぎるのもまた妥当とはいえない。

（3）違憲審査では何をどのように審査するのか

憲法81条は、違憲審査の対象として「法律、命令、規則又は処分」を挙げているが、そのほかに、地方公共団体が制定する条例や、国家と国家（機関）の取りきめである条約、さらには、国会に法律の制定義務があるにもかかわらず立法を行わない**立法不作為**[46]も違憲審査の対象となる。

違憲「立法」審査権ともいわれるように、違憲審査の典型例が、法令自体の合憲性を審査する「法令審査」である。このほかに、法令自体は憲法に適合的であるとしても、問題となっている事案にその法令を適用することが違憲ではないかを審査する「適用審査」や「処分審査」もある。

最高裁が法令自体を違憲と判断した法令違憲の件数はそれほど多くない。次頁の**図表15-1**が、これまでの法令違憲判決の一覧である。

最高裁による法令違憲判決は、昭和年代までは5件にとどまり、学説から**司法消極主義**[47]と批判されてきた。最高裁は、憲法が争点となっているとしても、それを扱うことなくその事案を解決することが可能であればあえて憲法判断をしなかったり（**憲法判断の回避**[48]）、通常どおりに解釈すれば法令の条文に違憲の問題が生じうるが、憲法に適合的な解釈（**合憲限定解釈**[49]）をすることで違憲判断を下さなかったりしてきた。また、選挙のたびに提起される議員定数不均衡訴訟について、違憲判断を下した**図表15-1**③④判決でも**事情判決の法理**[50]に基づいて選挙それ自体は無効とはしなかったし、それ以降の議員定数不均衡訴訟においても、たとえ**違憲状態**[51]と評価しても、事情判決の法理や**合理的期間論**[52]を展開して、違憲判断を回避している。

この流れに対して、2000年代以降は、25年足らずの間に8

[46] **立法不作為** ▶第12章[9]、第13章[15]を参照。

[47] **司法消極主義** 裁判所が、立法府や行政府の判断を尊重し、できる限り違憲審査を行わないことを指す。アメリカ連邦最高裁のブランダイス判事が憲法判断回避について説いたブランダイス・ルールが有名である（Ashwander v. T.V.A., 297 U.S. 288, 346〔1936〕）。裁判所の消極性は、違憲審査を行うかどうかの「入口」の段階と、審査をしたうえで違憲判断をするかどうかの「出口」の段階とに区別して考えることができる。

[48] **憲法判断の回避** 典型例として、恵庭事件（札幌地判昭和42年3月29日下刑集9巻3号359頁）が挙げられる。この事件では、自衛隊の憲法9条適合性が争点となりえたが、自衛隊法の解釈によって被告人の行為はその要件に該当せず無罪であると判断して、9条の問題については触れなかった。

[49] **合憲限定解釈** 広島市が定めた暴走族追放条例における「暴走族」の定義について、規定の仕方が適切でなく、文言どおりに適用されることになると、規制対象が広範囲に及ぶため違憲となるおそれがあるところ、憲法21条や31条に適合的に解釈して合憲判断を下した（最判平成19年9月18日刑集61巻6号601頁〔▶第9章[23]〕）。

[50] **事情判決の法理** ▶第13章[78]を参照。

[51] **違憲状態** ▶第13章4（3）を参照。

[52] **合理的期間論** ▶第13章[77]を参照。

334　第15章　司法権、違憲審査、裁判員制度とは？──裁判所

図表15-1：法令違憲判決等一覧

	事件名	判決・決定年月日	主に争点となった権利等	本書で解説される箇所
①	尊属殺重罰規定違憲判決	1973（昭和48）年4月4日	法の下の平等	第8章コラム❼
②	薬事法事件判決	1975（昭和50）年4月30日	職業選択の自由	第11章2（2）
③	衆議院議員定数配分規定違憲判決1	1976（昭和51）年4月14日	法の下の平等	−
④	衆議院議員定数配分規定違憲判決2	1985（昭和60）年7月17日	法の下の平等	−
⑤	森林法事件判決	1987（昭和62）年4月22日	財産権	第11章5（1）
⑥	郵便法免責規定違憲判決	2002（平成14）年9月11日	国家賠償請求権	−
⑦	在外国民選挙権訴訟違憲判決	2005（平成17）年9月14日	選挙権	第12章〔9〕
⑧	国籍法違憲判決	2008（平成20）年6月4日	法の下の平等	−
⑨	婚外子法定相続分規定違憲決定	2012（平成25）年9月4日	法の下の平等	第8章3（1）、本章4（4）
⑩	再婚禁止期間違憲判決	2015（平成27）年12月16日	法の下の平等	−
⑪	在外邦人国民審査制限規定違憲判決	2022（令和4）年5月25日	選挙権、国民審査権	本章コラム⓲
⑫	性別変更規定違憲決定	2023（令和5）年10月25日	幸福追求権	第7章3（5）
⑬	旧優生保護法違憲判決	2024（令和6）年7月3日	幸福追求権、法の下の平等	第7章〔4〕

件の法令違憲判断を下しているのは注目されるべきである。また、法令違憲にまでは至っていなくても、議員定数訴訟においても、最高裁の積極的な姿勢がみられる。すなわち、最高裁は、2011年判決（**最高裁平成23年3月23日大法廷判決**）では**一人別枠方式**[54]の合理性を否定したり、2012年判決（**最高裁平成24年10月17日大法廷判決**）では**参議院選挙区**[56]について都道府県単位とする仕組みの是正についても指摘したりするなど、近時の判決では相当に踏み込んで根本的な解決を国会に求めている。このような流れをみると、これまでの司法消極主義とは異なる傾向が見受けられる。このような流れについては、国内の政治情勢の変化や最高裁判事の世代交代、さらには司法制度改革などの影響などが指摘されている。

とはいえ、違憲審査制度が始まって80年近くが過ぎても法

[53] **最高裁平成23年3月23日大法廷判決** 民集65巻2号755頁。

[54] **一人別枠方式** ▶第13章〔79〕を参照。

[55] **最高裁平成24年10月17日大法廷判決** ▶第13章〔73〕を参照。

[56] **参議院選挙区** 参議院選挙は、原則として都道府県の区域を単位として選挙区を設置し、各選挙区に2〜12人を配分する選挙区選挙と、非拘束名簿式比例代表選挙の並立制が採用されている。

令違憲とされた事件が13件しかないことからは、やはり最高裁が総じて消極的であるといって差し支えはないだろう。無闇に違憲判決を下すことが違憲審査制のあるべき姿とはいえないが、違憲審査に踏み込みつつも合憲判断を下すという政治部門に対する行き過ぎた消極的な姿勢は、法令や処分を追認する、いわば「お墨付き」を与えていることにもなる。国家権力相互の抑制と均衡の観点からも、裁判所は、憲法秩序の維持、実効的な人権保障の最後の砦たる役割を果たしていかなければならない。

（4）違憲判決の効力

　憲法98条では、憲法に違反した法律は効力を有しないと定められている。では、裁判所による違憲判決の効力は、その事件にのみ及ぶのか、それともその事件を超えて法令自体に及び、その段階で無効となるのか。通説は、違憲と判断された法令については、その事件においてのみ無効となると考えてきた（個別的効力説）。その根拠は、日本の違憲審査は付随的審査制として理解され、運用されていることや、その法令が事件を離れて一般的に無効であるととらえる一般的効力説の考え方は、裁判所が消極的立法をしていることになりかねないということにある。しかし、裁判所が法令を違憲無効と判断したにもかかわらず、その効力がその事件に限られるということは、その後の別の事件では当該法令が適用されることを認めることになり、法的安定性が損なわれ、また、法の下の平等にも反するおそれがあることには留意が必要である。

　実務上は、法令が違憲であると判断された場合、その要旨を官報に公告し、かつその裁判書の正本を国会・内閣に送付することになっている（最高裁判所裁判事務処理規則14条）。これを受けて、国会は問題となっている法令を改正することになる。過去の例をみれば、国会は、基本的に法令違憲を受けて速やかに法令を改正している。例外的なものとして、**尊属殺人罪**[57]を規定した旧刑法200条について、違憲判決後20年以上経過した1995年に、刑法の口語化改正にあわせて削除された件がある。このような運用をみる限りで、実質的には法令

[57] **尊属殺人罪**　旧刑法200条「自己又ハ配偶者ノ直系尊属ヲ殺シタル者ハ死刑又ハ無期懲役ニ処ス」。また、旧刑法には、尊属傷害罪（旧205条2項）、尊属遺棄罪（旧218条2項）、尊属逮捕監禁罪（旧220条2項）があり、どれもが重罰規定であった。これらも1995年の改正時に削除された。▶第8章コラム❼も参照。

違憲の判断には一般的効力が認められると評価することができるだろう。

　また、違憲判断が下された場合に、その効力が過去の同種事件に遡って適用されるかも問題となる。個別的効力説を厳格にとらえれば、違憲判決はその事件にとどまるため、過去の事件に遡って適用されることもない。これに対して、一般的効力説によれば、違憲と判断された法令は「制定当時に遡って」無効となると考える。しかし、すでに判決が確定している事件すべてにその無効の効果を及ぼすことになると社会的に混乱が生じるおそれがあるし、他方で、まったく遡及効を認めないのも直前の同種事件の当事者にとっては不公平になるおそれもあろう。

　実務上は、事案に応じて個別の対応がなされている。たとえば、**図表15-1**①の尊属殺重罰規定違憲判決においては、判決中では特に触れられることはなかったが、過去の確定判決についても恩赦がなされた。また、**図表15-1**⑧の国籍法違憲判決の後、国籍法３条１項の婚姻要件を削除した改正法が2008年に成立したが、2003年１月１日から改正法施行日の前日までに、改正法によって国籍取得の要件を満たす者に対して、改正法施行日から３年以内に限り、法務大臣への届出によって日本国籍を取得できるなどの経過措置が設けられた。さらに、**図表15-1**⑨の**婚外子法定相続分規定違憲決定**[58]では、決定の中で、違憲判断が解決済みの事案にも及ぶとすると、著しく法的安定性を害することになるため、確定的な事案を覆すことは妥当ではないが、まだ確定には至っていない事案については、違憲判断を前提として考えるべきであると言及した。

5　裁判員制度──国民の司法参加

（1）裁判員制度の概要

　裁判員制度とは、衆議院議員選挙の有権者から無作為に選ばれた国民が、**一定の重大犯罪**[59]に関する刑事裁判に参加する

[58] **婚外子法定相続分規定違憲決定**　旧民法900条4号但書は、法律上の婚姻関係にない両親から生まれた婚外子の法定相続分を、婚内子の2分の1と定めていた。本決定では、家族形態の多様化や国民意識の変化、外国情勢、法制度の変化などを踏まえて憲法14条に違反すると結論づけた。▶第8章［15］も参照。

[59] **一定の重大犯罪**　裁判員裁判の対象事件は、刑罰として死刑または無期拘禁刑にあたる罪に係る事件等の重大事件である。具体的には、殺人罪、強盗致死罪、現住建造物等放火罪、身代金目的誘拐罪、不同意性交等致死傷罪、覚せい剤取締法違反（営利目的での密輸入）、危険運転致死傷罪などの疑いで起訴された事件があてはまる。

制度である。1999年以降に進められた司法制度改革は、「国民の期待に応える司法制度の構築」、「司法制度を支える体制の充実強化」、「司法制度の国民的基盤の確立」を三本柱として進められてきた。前二者について、民事・刑事裁判の迅速化、**法曹**[60]人口の増加や**法科大学院**[61]の設置などが進められ、最後の柱に基づいて、2004年に裁判員法が成立した。なお、裁判員裁判の最初の公判は、2009年8月に東京地裁で行われた。裁判員法は、裁判員制度の趣旨を、国民が刑事裁判に関与することによって、「司法に対する国民の理解の増進とその信頼の向上に資する」ものとしている。

類似の制度として**アメリカの陪審制**[62]や、ドイツやフランスなどで採用されている参審制などがある。アメリカの陪審制では、陪審員は、事実認定（有罪か無罪か）のみを行うのに対して、参審制では、裁判官と参審員が合議体を構成し、参審員は事実認定のみならず量刑にも関わる。日本の裁判員制度は、6人の裁判員と3人の職業裁判官の**合議**[63]によって行われ、裁判員は、事実認定と量刑判断にも関わる点で参審制に近いが、参審員は任期制で選ばれる点で異なる。なお、法令の解釈や訴訟手続に関する判断は、裁判官によってのみなされる。裁判員裁判で意見が割れた場合は、通常の合議体裁判と同様、最終的には多数決で決められることになるが、裁判員だけの意見で有罪判決を下すことはできず、1人以上の裁判官の賛成がなければならない。この点、アメリカの陪審制では、事実認定について

図表15-2：裁判員の選出から判決宣告まで

- 裁判員候補者名簿作成
- 調査票の送付
- 事件ごとにくじで候補者を選ぶ
- 質問票の送付
- 選任手続期日
- 事件ごとに裁判員6人選出
- 公判手続
- 評議・評決
- 判決宣告

[60] **法曹** 裁判官、検察官、弁護士を総称して「法曹（三者）」という。法曹人口について、弁護士数をみても、司法制度改革直後の2000年には1万7000人ほどだったが、2023年には4万3000人を超えて、2.5倍に至っている。他方で、検察官と裁判官の増加数は、1.4倍程度でしかない。

[61] **法科大学院** 法曹に必要な学識・能力を培うことを目的とする専門職大学院。標準修業年限は3年（未修者課程）だが、法科大学院が法学既修者の水準にあると認めた者については、2年とすることができる（既修者課程）。課程を修了すると、法務博士（専門職）の学位が得られる。設立当初は、法科大学院は70校を超え、志願者数も4万人程度で推移していたが、2023年度末には、34校に減り、志願者数も2016年度からは8000人台まで落ち込んでいた（2024年には1万人台に回復した）。これには、司法試験合格者数がそれほど増えなかったことも大きく影響している。他方で、法科大学院を修了しないままに司法試験受験資格が得られる予備試験制度があり、その志願者は増えている。

[62] **アメリカの陪審制** 陪審裁判における事実認定の過程について描かれた映画『十二人の怒れる男』は傑作である。1957年に制作されたヘンリー・フォンダ主演のものと、1997年のリメイク版がある。なお、三谷幸喜原作・脚本の『12人の優しい日本人』は、この映画のパロディである。

[63] **合議** 公判前整理手続を経て、公訴事実について争いがないと認められるなどの場合には、裁判所の決定によって、裁判官1人と裁判員4人の合議体で裁判がなされる。

陪審員12人の全員一致が必要である。

　また、検察審査会制度も、無作為に選ばれた国民が、検察審査員として、検察官が被疑者を起訴しなかったことについて審査するものであり、国民の司法参加のひとつである。同制度は、戦後直後の1948年に始まったが、司法制度改革において、**検察審査会の議決**[64]に拘束力がもたされることとなった。

　裁判員の選出[65]は、以下のような手続で行われる。まず、市町村の選挙管理委員会が毎年くじで選んで名簿を作成し、裁判所ごとに裁判員候補者名簿が作られる。この名簿になった段階で、その旨が通知され、調査票が送付される。調査票によって、裁判員の職務に就くことができない人に該当するか、1年を通じた辞退事由があるか等が確認される。裁判員裁判の対象となる事件ごとに、名簿の中からくじで裁判員候補者が選ばれ、その際にも審理に参加することについて支障がないか等を確認する質問票が送られる。裁判員候補者の中から、裁判長が、事件と利害関係がないか、辞退理由はどのようなものか等について**質問**[66]され、最終的にくじで**裁判員の決定**[67]がされる。また、裁判員と同様に、最初から審理に立ち会い、裁判の途中で人員不足が生じた場合に、裁判員に選ばれる補充裁判員も選ばれる。

　裁判員裁判においても、被告人も検察官も判決に不服がある場合には、控訴を申し立てることができる。控訴審では、通常の刑事裁判と同じように、職業裁判官による審理が行われることになる。控訴審や上告審で裁判員裁判の判決が破棄されると、ニュース等で大きく報道されることもあって、裁判員制度の意義を無に帰するなどと指摘されることもあるが、実際のところ、控訴審において裁判員裁判の判決が破棄される割合は10%前後であり、それほど高いものではない。

（2）裁判員制度の課題

　裁判員制度それ自体は、概ね安定的に運用されているといえるだろう。**裁判員経験者のアンケート**[68]をみても、選ばれる前は4割程度が消極的な印象をもっているが、裁判員として裁判に参加した後には、「非常によい経験／よい経験」と感じ

[64] **検察審査会の議決**　審査会が「不起訴不当」と「起訴相当」の議決をした場合、検察官は、再度起訴をするべきか否かを検討しなければならない。さらに、2009年の法改正により、「起訴相当」の議決であったにもかかわらず、検察官が不起訴の処分を下したり、一定期間のうちに判断を下さなかったりした場合に、検察審査会が再度起訴すべきと議決したとき（起訴議決）、被疑者は必ず起訴されることになった。

[65] **裁判員の選出**　衆議院議員選挙の有権者の年齢が満18歳以上となったのは、2016年6月19日の公職選挙法改正以降であるのに対して、裁判員候補者の年齢が満18歳以上となったのは2022年からである。それから名簿が作成されるため、実際に18・19歳の国民が裁判員に選ばれる可能性があるのは2023年以降となった。

[66] **質問**　裁判員候補者に対する質問を踏まえて、弁護人、検察官双方が、それぞれ最大で4人まで、理由を示すことなく裁判員候補者について不選任請求することができる（裁判員法36条）。

[67] **裁判員の決定**　制度が開始されてから11年経った2020年に、裁判員と補充裁判員の経験者は10万人を超えた。最高裁判所は、毎年、裁判員制度の実施状況に関する資料や、裁判員等経験者に対するアンケート調査結果報告書、裁判員制度の運用に関する意識調査等をウェブサイトで公開している。

[68] **裁判員経験者のアンケート**　職業別でみると、学生は「積極的にやってみたい／やってみたい」と回答する割合が7割を超えているのは興味深い。なお、学生は、法律上、特段の理由なく辞退を申し出ることが認められている。

5　裁判員制度——国民の司法参加　　339

た割合が例年95％を超えている。その一方で、10年を超える実績の中で、課題も出てきている。

そのひとつが、裁判員の辞退率の高さである。裁判員法は、裁判員の就任を義務とし、選任手続への出頭拒否に対しては**過料**[69]まで置かれている（裁判員法29条1項・112条1号）。しかし、実際には、裁判員候補者のうち多くが選任手続前の**辞退**[70]を認められているし、辞退が認められなかった場合でも、選任手続に欠席した者も少なくない。もちろん、同法で、辞退事由は規定されており、それに沿った運用がなされているところではあるが、あまりに高い辞退率のままでは、裁判員制度の目的が達成されるかは危うくなる。

次に、**裁判員の負担**[71]の大きさも課題である。多くの裁判員は、法律の知識のないままに重大事件の裁判に参加することになるから、それ自体が負担であることは間違いない。しかし、それがあまりに大きくなれば、辞退する国民が増えることにもなりかねない。裁判員裁判の長期化を避けるべく、第1回公判期日前に、裁判官・検察官・弁護士が、事件の争点や審理すべき証拠を整理するため、**公判前整理手続**[72]に付さなければならないことになっている。しかし、平均実審理日数は、2023年には17.5日に至っており、30日を超える事件も80件を超えている。

また、裁判員には、評議の秘密と職務上知り得た秘密について、裁判後も守秘義務が課される。この秘密には、結論に至る評議の内容や多数決の際の人数、さらには事件関係者のプライバシーにかかわる事柄、裁判官の名前なども含まれる。また、裁判員のみならず、裁判員候補者になったことについて、たとえばSNSで公表するなど、広く公にすることも法律上禁止されているのには注意を要する。裁判員裁判経験者の経験談や意見・感想などを広く共有していくことは司法に対する理解促進にとって地道で重要な活動であるはずであるから、守秘義務がもたらす萎縮効果のおそれはできる限り抑えながら、共有できる場や機会を設けることも重要であるといえよう。

[69] 過料 行政罰のひとつで、国または地方公共団体が法令違反に対して科す金銭を徴収する制裁である。過料は、秩序罰としての過料、執行罰としての過料、懲戒罰としての過料がある。刑法上の科料とは区別される。同音異義語のため、過料を「あやまちりょう」、科料を「とがりょう」と呼んで区別する場合がある。

[70] 辞退 『令和4年における裁判員制度の実施状況等に関する資料』によれば、辞退が認められた裁判員候補者の割合は67.4％、選任手続期日への裁判員候補者の出席率は69.8％である。

[71] 裁判員の負担 裁判員に選任されたために、凄惨な内容の証拠を取り調べ、死刑判決を言い渡す審理をした合議体へ参加しなければならなくなり、その結果、急性ストレス障害を発症したことにつき、国家賠償請求が提起された事件がある。控訴審判決（仙台高判平成27年10月29日判時2281号74頁）は、証拠調べにおいて、裁判員の精神的負担軽減の努力や工夫が求められていることは認めつつも、検察官が訴訟上の権利濫用をしたり、裁判官が権限の趣旨に背いた権限行使をしたりするなどの特段の事情がない限り、違法とはならないとした。なお、裁判員経験者の精神的負担に対応するべく、メンタルヘルスサポート窓口が用意されている。

[72] 公判前整理手続 裁判員裁判以外の刑事訴訟手続においては、裁判所が必要であると認められたときに決定で付することができるように定められている。裁判の迅速化を目的としており、司法制度改革の一環として導入された制度である。

（3）裁判員制度の合憲性

　また、裁判員制度の違憲性についても、制度導入当時から指摘がなされてきた。争点となる論点は広範囲にわたるが、以下のようなものが挙げられる。すなわち、①そもそも憲法に国民の司法参加を想定した規定はなく、一般的に憲法上禁止されているのではないか、②下級裁判所が裁判官のみによって構成されると定めた憲法80条1項に違反しないか、③被告人の「裁判を受ける権利」、「公平な裁判所における迅速な公開裁判を受ける権利」（憲法37条1項）が侵害されないか、④裁判員になるという負担が、憲法18条が禁止する「意に反する苦役」に該当するのではないか。

　最高裁は、この①～④についてすべて憲法上問題はないとして合憲判断を下した（**裁判員制度合憲判決**）[73]。これによって実務上は、裁判員制度の合憲性について、一応の結論は下された。しかし、先述の課題も含めて、より憲法の理念や①～④で挙げられた条文の意義に沿った運用が求められるであろう。

➡ おわりに

　これまでの章でも明らかなように、憲法を学ぶうえで、判例（特に最高裁判例）を理解することは格別重要である。本章で扱った裁判所の組織、司法権と違憲審査権、さらに裁判所と他の国家機関との関係などは、それらの判例を学ぶ前提となる知識ともいえる。本章まで読み進めた皆さんには、本章の知識を携えて改めて各章の学びに戻ってほしい。

　これまで裁判所は決して国民にとって身近な存在ではなかったし、司法に対する国民の理解も信頼も十分でなかったといえる。裁判員という形での国民の司法参加は、あくまでも手段であって、それ自体が目的ではない。今後も、司法に対する信頼が損なわれる運用がなされれば、ますます信頼を失うことになりかねない。それは場合によっては、裁判所が司法権や違憲審査権を行使するにあたって、消極的な姿勢を

[73] **裁判員制度合憲判決**　最大判平成23年11月16日刑集65巻8号1285頁。最高裁は、以下のような判断を下した。①憲法上国民の司法参加に関する明文規定がないことが、直ちにそれを禁止することを意味せず、国民の司法参加にかかわる制度の内容については、立法政策に委ねられている、②国民の司法参加が許容されている限りで、裁判官と裁判員で構成する裁判体は、直ちに憲法上の裁判所に該当せず、憲法80条1項に違反しない、③裁判員制度の仕組みを踏まえれば、公平な裁判所における法と証拠に基づく適正な裁判が行われることは、制度的に十分に保障されており、憲法32条および37条1項に違反しない、④一定の負担が生じることは否定できないが、裁判員制度は国民主権の理念に沿って司法の国民的基盤の強化を図るものであることから、裁判員の職務等は、参政権と同様の権限を国民に付与するものであり「苦役」にはあたらないし、法令によって国民に辞退を認めているから、国民に過剰な負担を負わせていない。

おわりに　341

とることにつながるおそれがあることには注意を要する。判決や量刑に国民の法感情や「国民感覚」が反映されることそれ自体は、少なくとも法律上は直接の目的とされているわけではない。しかし、国民感覚と大きく乖離する判決が続けば、国民の司法に対する理解を阻害することにもなりかねない。なお、裁判員裁判による判決をみる限り、性犯罪などで厳罰化が進んでいるという指摘もあるが、他の類型の事案では厳罰化傾向の裏側で執行猶予判決が増えるなどのデータもあり、これまでの裁判官による「量刑相場」が変わりつつあるようにも見受けられる。

　また、先にみたように、最高裁は、辞退を認めることで国民の負担軽減を考慮していることを指摘しているが、現在の辞退率の高さをみると、制裁まで用意した国民の義務の意味を軽視することにつながっていることにならないか。

　国民の司法参加は、単に一方向的な国民からの正統性を担保するだけでなく、裁判に参加することで国民が裁判を学ぶ機会にもなっている。もちろん、裁判官も裁判員も対等であり、実質的な協働関係にあることが求められるところではあるが、法律の専門家でない国民にとっては、裁判員裁判は、裁判における司法判断を学ぶ貴重な機会である。プロである裁判官とアマチュアである裁判員の協働作業であることを意識して、今後の制度改革や運用改善に努めていかなければならない。

コラム⓲　国民審査

　図表15-1⑪の在外邦人国民審査制限規定違憲判決（最大判令和４年５月25日民集76巻４号711頁）において、最高裁は、在外国民に国民審査権の行使をまったく認めていないことが憲法15条１項、79条２項・３項に違反すると判断した。また、この判決は、在外国民のための審査制度を創設しなかった立法不作為について、2017年の国民審査の当時において、国家賠償法の適用上違法と判断した点でも重要である。

　最高裁裁判官の国民審査について、罷免を可とする裁判官に×を付すとい

う現行の方法では、「棄権」ができないことになるが、このことが憲法19条や21条1項に違反するとして争われた事件がある。最高裁は、憲法79条2項の国民審査は、その実質において解職制度であり、その限りで、積極的に罷免を可とするものか、そうでないかのふたつに分かれるとしたうえで、罷免をするほうがよいかどうかがわからない者は、積極的に罷免を可とするという意思をもたないから、意思に反する効果を発生させるものではないと判断した（最大判昭和27年2月20日民集6巻2号122頁）。同件について繰り返し訴訟が提起される中で、違憲と判断する下級審（東京高判昭和36年10月16日行集12巻10号2099頁）も出たが、最高裁は立場を変えていない。

　国民審査は、最高裁判事の年齢と国民投票が行われる衆議院議員選挙のタイミングによっては、国民審査に付されない可能性もある。宮崎裕子判事は、2018年1月9日に最高裁判事に就任したが、その後衆議院議員総選挙は実施されず、国民審査に付されることなく2021年7月8日に定年退職をすることになった。なお、その後、2021年10月31日を選挙期日とする第49回衆議院議員総選挙が実施された。

索 引

原則として、本文側注で用語解説が
なされているものを索引項目とし、
ページ数は用語解説の所在を示す

あ

アイデンティティ…147
明仁天皇…111
憧れの中心…101
旭川学力テスト事件…219, 264
旭川市国民健康保険条例事件
　…256, 277
朝日訴訟…259
芦田修正…123
芦田均…87
芦部信喜…20
飛鳥池遺跡…99
新しい人権…145
アファーマティブ・アクション
　…168
阿部次郎…2
甘粕事件…204
アマルティア・セン…41
アメリカ合衆国憲法…44, 69
アメリカ独立宣言…41
アメリカの陪審制…338
ありとあらゆる活動の自由…145
安政の五カ国条約…16
安全保障理事会…123

い

ELSI…13
委員会…285
イエロー・ジャーナリズム…150
イギリス憲法…42
違憲状態…334
違憲審査基準（論）…209, 234
違憲の憲法改正…69
意思行為…109
「石に泳ぐ魚」事件…151, 195
萎縮効果…185
異人種間婚禁止法…162
板まんだら事件…330
イタリア憲法…67
一般意思（volonté générale）…29
一般参賀…111
一般法と特別法…144
一票の較差…294
伊藤野枝…204
伊藤博文…17, 65, 109
井上孚麿…92
イラク戦争…134
イラク特別措置法…134
入江俊郎…83

う

ヴァージニア邦憲法…33
ウエストファリア条約…275
上原専禄…6
鵜飼信成…274
疑わしい区分…160
浦和充子事件…288

え

AA…170
永久税主義…278
営業の自由…228
英連邦王国…313
SFFA判決…172
SWNCC228…84
エドワード・コーク…30, 41
NHK記者証言拒絶事件…199
愛媛玉ぐし料事件…214
エホバの証人輸血拒否事件…156
「宴のあと」事件…151, 195
園遊会…111

お

王権神授説…25
オウム真理教解散命令事件
　…213, 330
大串兎代夫…91
大阪空港公害訴訟…148
大阪空港公害訴訟大阪高裁判決
　…148
大阪市ヘイトスピーチ条例
　…196
大杉栄…204
大津事件…328
大本事件…211
岡口判事事件…329
オックスフォード…98
お雇い外国人…109

か

ガーボル・デーネシュ…12
会計検査院…312
解釈改憲…76
海上警備隊…126
外地…281

会派…287

外務省秘密漏洩事件…200
カイワレ大根事件…150
下院（庶民院）…30
閣議…306
各省官制通則…304
『学生叢書』…3
学部…5
革命…67, 90
閣令…304
加持祈祷事件…212
家事事件手続…326
課税要件法定主義…277
課税要件明確主義…277
河川附近地制限令事件判決…250
家族国家…166
割拠主義…304
活版印刷技術…47
家庭裁判所…327
過度の広汎性…190
カナダ憲法…69
金森徳次郎…88, 101
カリフォルニア大学理事会対バッ
　キ判決…176
過料…340
河合栄治郎…3
簡易裁判所…327
環境問題…149
関税自主権…62
間接差別…168
官邸主導・政治主導…309
官報…283
官房学…276

き

議院規則…60
議院事務局…287
議院証言法…288
議院内閣制の本質…314
議院法制局…287
議会主権…31
議会統治制…312
機会の平等…170
期限付逮捕許諾事件…291
期日前投票…73
岸信介…131
技術士試験事件…330
規制目的…231
北御門二郎…207
基本権保護義務…148

基本構造理論…70
基本的人権…40
義務教育…64, 266
機務六条…302
球技場の誓い…34
旧制高校…1
旧優生保護法…148
教科書無償配布事件…266
行幸啓…113
教職課程の必修科目…1
行政改革…74, 226, 309
行政国家化現象…311
行政訴訟…325
京都学連事件…204
京都府学連事件…152
業法…229
共有物分割請求権…246
教養部…6
共和制…63, 102
許可…223
極東委員会…81
清宮四郎…20, 66, 83
距離制限…232
起立斉唱命令事件…208
規律密度…23
緊急勅令…83
今上天皇…98
勤評長野事件…205

く

クーデター…67
クォータ制…176
倉田百三…2
グローバル化…9, 53
グロティウス…27, 117
クロムウェル…31
軍国主義…123
君主制…102
君主制国家…102
郡制…318
軍部大臣現役武官制…303

け

経済安全保障…56, 253
経済的自由…180
経済的自由権…223
警察法改正無効事件…287
警察目的規制…234
警察予備隊…125
警察予備隊訴訟…333
形而上学…234
警備隊…126
決算…279
ケーディス…121
ケネス・盛・マッケルウェイン
　…66

検閲…187
厳格な合理性の基準…237
厳格な審査基準…238
検察官…289
検察審査会の議決…339
元首…100, 313
憲政の常道…305
憲法院…47
（憲法改正）国民投票法…137
『憲法義解』…228
憲法研究会…78
憲法裁判所…332
憲法十七条…16
憲法審査会…72, 137
憲法調査会…83
憲法典…59
憲法の置き換え論…70
憲法の法源…59
憲法判断の回避…334
憲法附属法（令）…23
憲法変遷…75, 124
権利章典…31, 42
権利の請願…30, 42
元老院…17

こ

皇位の継承…104
合議…338
公共…12
公共の福祉…233
合憲限定解釈…272, 334
皇嗣…106
公式令…283, 305
公示行為…109
皇室…99
皇室会議…106
皇室祭祀…99
皇室典範…59
麹町中学校内申書事件…206
公職選挙の原則…295
公職追放…93
硬性憲法…64
構造的差別…173
皇族…105
皇太子ご成婚…113
公的年金引き下げ訴訟…261
高等裁判所…327
公の弾劾…329
公判前整理手続…340
公布…283
幸福追求権…141
幸福パターナリズム…142
神戸高専剣道受講拒否事件…212
公民権停止事件…298
公務就任権…292
公用収用…249

公用制限…249
小売市場判決…226
功利主義…142
小売商業調整特別措置法…239
合理性の基準…235
合理的期間論…296, 334
国際平和協力活動（PKO）…132
国際平和協力法…133
国際平和支援法…135
国際連合…118
国際連合憲章…118
国際連盟…118
国事行為…74
国体…38, 79
国体明徴に関する声明…219
国道43号線公害訴訟大阪高裁判決
　…148
国法学…20
国民…283
国民議会…34
国民公会…36
国民国家…24, 49
国民投票運動…73
国民投票広報協議会…73
国民投票法…71
国民の義務…60
国有農地売払事件判決…247
国立女子大学…175
国立大学法人…280
五現業…226
児島惟謙…328
小嶋和司…60
55年体制…137, 293
個人主義…176
個人情報保護法…155
御前会議…80
国家…59
国家安全保障戦略…138
国会対策委員会…287
国家公安委員会…312
国家神道…210
国家総動員法…94, 182
国家独占事業…226
国家賠償法…292
国旗国歌法…208
国権の最高機関…280
近衛文麿…82
「この国のかたち」…309
コペルニクス…26
コモン・ロー…25, 42
婚外子…159
婚外子法定相続分規定違憲決定
　…337
根本規範…22

さ

在外国民選挙権訴訟…299
在外投票…73
在外邦人国民審査権訴訟…299
最高裁判所…326
最高裁判所規則…60
最高裁判所誤判事件…329
最高裁平成23年3月23日大法廷判
　決…335
最高裁平成24年10月17日大法廷判
　決…335
最高裁平成25年9月4日大法廷決
　定…164
最高裁平成25年9月26日判決
　…164
最高裁令和3年6月23日大法廷決
　定…166
最高裁令和4年2月15日判決
　…196
在宅障害者選挙権訴訟…299
裁判員…339
裁判官の身分保障…329
裁判規範…257
裁判所…324
裁判の公開…326
裁判を受ける権利…325
歳費…290
裁量権の逸脱・濫用…236
佐々木惣一…90
佐々木高雄…77
札幌病院長自殺国賠事件…291
佐藤栄作…112
佐藤幸治…38，75
佐藤達夫…82
サプライチェーン…253
猿払三基準…238
山岳派…36
参議院選挙区…335
サン・キュロット…35
産業財産権…244
三公社…226
三審制…327
参政権…292
三大原理…71
『三太郎の日記』…2
サンフランシスコ平和条約
　…63，78，113，126
3要素説…23

し

GHQ民政局…100
シェイエス…34，69
自衛官合祀事件…214
シェイズの反乱…33
自衛隊法…127

ジェームズ・バーンズ…79
ジェネラル・エデュケーション
　…4
ジェファソン…33
ジェンダー…15
ジェントリ…30
歯科医師法事件…241
私学助成…280
資格争訟裁判…286
私擬憲法…17
士業…232
重光葵…127
事件性…333
事後抑制…187
事実行為…109
事実婚夫婦…165
自主憲法制定論…92
市場経済…183
市場の失敗…225
事情判決の法理…297，334
事前差止め…194
自然法…24
自然や動物の権利…149
事前抑制…187
思想調査…206
7月王政…37
7年戦争…34
市町村合併…321
執行命令・委任命令…282
質問…339
シティズンシップ…9
私的自治の原則…225
幣原喜重郎…77
児童扶養手当法施行令事件…282
死ぬ権利…156
司馬遼太郎…38，75
渋谷区長公選制廃止事件…320
司法消極主義…334
司法書士法事件…241
司法制度改革…74
資本主義の矛盾…225
清水澄…82
事務処理内閣…311
指紋押なつ事件…152
社会契約説…61
社会心理…101
社会的身分…158
社会保障制度…257
謝罪広告事件…205
謝罪広告の掲載…150
就学援助…261
衆議院の解散…107
住基ネット訴訟…153
宗教戦争…43
宗教の寛容…43
修好通商条約…62

私有財産制…243
終戦の詔書…91
集団安全保障…118
集団的自衛権…129
就任代数…305
住民自治…319
自由民主党…131
重要影響事態安全確保法…134
主権国家体制…23
酒類販売免許制事件…241
証券取引法事件判決…248
上告…327
正田美智子…113
象徴…100
情報公開法…199
条約…60
条約法に関するウィーン条約
　…103
上諭…88
将来世代…54
昭和30年の公衆浴場法事件…240
昭和教養主義…3
昭和51年衆議院選挙訴訟判決
　…296
昭和天皇…111
昭和天皇コラージュ事件…104
ジョージ・アチソン…82
ジョージ・ケナン…80
職業活動の自由…230
職業裁判官…326
職場占拠…268
食糧管理法違反事件…256
食糧緊急措置令違反事件判決
　…250
女子枠…174
女性天皇…105
ジョン王…41
自力救済…324
ジロンド派…35
人格的価値の保障…146
新型インフルエンザ特措法…229
人権デュー・ディリジェンス…56
人権のインフレ化…146
人権の世代論…40
人工知能（AI）…53
審査公報…327
人種…158
人種別学制…162
信条…158
人身保護法…42
親政…302
新制大学…4
神道指令…211
新聞紙等掲載制限令…182
森林法事件判決…243

索引　　347

す

推古天皇…99
吹田黙祷事件…328
枢密院…303
鈴木貫太郎…79
鈴木茂三郎…126
スティグマ…160
ステュアート朝…30
ストライキ…268
砂川事件…130, 328

せ

税関検査事件…187
制限規範…60
政策形成訴訟…167
政策目的規制…234
政体書…17
政党…291
政党内部での紛争…331
政府参考人…290
性別…158
性別変更規定違憲決定…155
性別役割分業意識…168
政令201号事件…272
惜敗率…293
施行…283
世襲制…104
摂政…108
絶対王政…24
絶対王政の打破を実現したフランス…61
絶対的平等説…163
前科照会事件…152
先願主義…244
選挙制度改革…74
選挙訴訟…296
選挙人名簿…299
全国三部会…34
戦後憲法学…22
センシティブ情報…150
全司法仙台事件…272
宣戦布告…79
戦争…121
全逓東京中郵事件…269
1791年憲法…19
1793年憲法…36
全農林警職法事件…55, 272
1852年憲法…18
1848年憲法…37

そ

総裁政府…36
総辞職…311
相続…159
相続の利益…164

総評サラリーマン税金訴訟…256
即位後朝見の儀…98
即位の礼…104
疎明…289
空知太神社事件…215
損失補償…249
尊属殺人罪…336

た

第一次国会乱闘事件…291
第一共和政…36
第一帝政…18
第一波フェミニズム…52
大学基準…4
大学基準協会…4
大学設置基準…5
大学設置基準の大綱化…7
大学の大衆化…4
大学の役割…175
大学は出たけれど…3
怠業（スローダウン）…268
大権事項…110, 306
第三共和政…18
第三身分議会…34
大衆天皇制…113
大正教養主義…1
大審院…326
大統領制…312
大統領制的議院内閣制…313
第二共和政…37
対日理事会…81
第二帝政…18
大陸会議…32
台湾海峡危機…133
高辻正巳…93
滝川事件…219
太政官…326
堕胎の権利…156
タトゥー裁判…223
田中義一首相更迭問題…112
田中耕太郎…15, 328
多様性…171
単一国家制…65
男系男子…105
男女共同参画社会…174
団体自治…319

ち

治安維持法…94, 204
治外法権…62
地方議会の出席停止…331
地方公共団体の事務…282
地方公共団体の長…319
地方裁判所…327
地方制度改革…74
チャタレイ事件…191

中世国家…99
朝鮮戦争…125
直接公選…95
直接適用…269
直接民主制…292
勅任…287
勅任官…303
沈黙の自由…206

つ

通達…277
津地鎮祭事件…214
強い個人…143

て

DNA型鑑定…152
ディスインフォメーション…138
デカルト…27
デカンショ節…2
適正手続（デュー・プロセス）…26
デジタル庁…316
デュアルユース技術…221
寺西判事補事件…329
テルミドール9日のクーデター…36
テロ対策特別措置法…134
典憲体制…104
天智天皇…99
天皇機関説…112
天皇機関説事件…219
天皇主権説…102
天皇の退位等に関する皇室典範特例法…105
天皇の認証…315
天皇の任命…315
天武天皇…99
天覧試合…113

と

ドイツ基本法…68
ドイツ帝国憲法…49
ドイツの連邦憲法裁判所…333
同意権…306
同意なくして課税なし…43
トゥーサン＝ルヴェルチュール…50
統括機関説…281
党議拘束…291
同志国…138
同時多発テロ…134
道州制…321
統帥権干犯…305
統帥権の独立…83
同性婚訴訟…156
灯台社事件…211

348　索　引

東大ポポロ事件…218
統治行為論…71, 331
動物倫理…57
同盟国…138
統領政府（Consulat）…37
都教組事件…272
トクヴィル…29
読会制…285
独占禁止法…184
徳田要請問題…289
特定秘密保護法…200
独任機関…102
特別高等警察（特高）…205
特別裁判所…328
特別の犠牲…250
独立行政法人…226
独立宣言…33
土地収用法事件判決…251
苫米地事件…107, 331
共和暦3年憲法…36
共和暦8年憲法…37

な

内閣府…316
内奏…112
内大臣府…82
内部部局…309
内容規制…189
内容形成…243
内容中立規制…189
長沼事件…130
夏島草案…109
那覇孔子廟訴訟…215
ナポレオン…37
ナポレオン法典…18, 49
奈良県ため池条例事件判決…247
楢橋渡…82
徳仁天皇…98
馴れ合い解散…314
軟性憲法…64
南原繁…9

に

二院制…284
二月革命…48
西修…77
西田幾多郎…2
二重予算…279
二大政党制…293
日米安全保障条約…126
日米安保共同宣言…133
日米防衛力のための指針…134
日産自動車事件…55
日商岩井事件…289
日本学術会議…220
日本国憲法の三大原理…40

日本社会党…126
日本版DBS（Disclosure and Barring
　Service）…230
ニュートン…26
認証行為…109

ぬ

抜き打ち解散…315

の

農地改革…251
農地改革事件判決…250
ノンフィクション「逆転」事件
　…150

は

博多駅事件…198
幕藩体制…99
パチンコ球遊器通達課税事件
　…277
ハプスブルク家…275
ハミルトン…33
パリ条約…32
反対意見…209
反知性主義…3

ひ

ピアノ伴奏拒否事件…208
PKO5原則…133
比較考量…247
東久邇稔彦…80
樋口陽一…29
ピケッティング…268
被選挙権…292
「左手にジャーナル、右手にマガジ
　ン」…3
人および市民の諸権利の宣言…19
ヒトクローン規制法…220
一人別枠方式…297, 335
避妊の権利…156
ヒューマン・ライツ論…57
ピューリタン革命…31
表決数…73
平賀書簡事件…328
比例原則…154, 236
比例代表制…294
広島市暴走族追放条例事件…191

ふ

ファシズム…332
プーフェンドルフ…27
夫婦同氏制…165
夫婦別姓訴訟…155
フェイクニュース…180
フェーデ…324
フェデラリスト…34

フェビアン協会…51
不開示情報…200
福島県青少年健全育成条例事件
　…193
不在者投票…73
侮辱罪…193
不戦条約（ケロッグ＝ブリアン条
　約、パリ不戦条約）…118
復興庁…316
不明確性…190
プライバシー…150
プラットフォーム…196
フランス憲法…67
フランス人権宣言…41
『仏蘭西法律書』…18
フリーランス…229
フリーランス保護法…230
ブリュメール18日のクーデター
　…36
武力による威嚇…121
武力の行使…121
古き良き法…25
ブルジョワジー…224
ブルボン朝…24
プレビシット…37
プロイセン憲法…49
プログラム規定…51, 257
文淵閣…302
文民条項…123
文民統制…124

へ

ベアテ・シロタ…85
兵役法…94
並行調査…289
米国教育使節団…4
平成元年の公衆浴場法行政事件
　…240
平成元年の公衆浴場法刑事事件
　…240
平成11年衆議院選挙訴訟判決
　…294
平成23年衆議院選挙訴訟判決
　…297
平成24年参議院選挙訴訟判決
　…294
ヘイトスピーチ…180
ヘイトスピーチ解消法…196
平和安全法制違憲訴訟…136
平和的生存権…135
ベルンシュタイン…51
ベンサム…46
ペンは剣よりも強し…101

ほ

保安隊…126

索　引　　　349

ホイットニー…84
防衛庁・自衛隊…127
防衛庁設置法…127
法科大学院…338
蜂起コミューン…35
法形式…278
法曹…338
法曹学院…25
法体系…274
法典論争…49
法の支配…41
『法窓夜話』…16
ボストン茶会事件…32
ボダン…24, 62
ポツダム宣言…63
ポツダム命令…93
ホッブズ…27, 61
北方ジャーナル事件…150, 188
穂積陳重…16
輔弼…303
堀木訴訟…259
堀木訴訟の控訴審判決…260
堀越事件…55

ま

マーベリー対マディソン事件…332
マイナンバー訴訟…153
マイノリティ…162
牧会活動事件…212
マグナ・カルタ…26, 275
マクリーン事件…55
雅子皇后…98
マジョリティ…170
増原防衛庁長官内奏問題…112
マッカーサー…80, 120
マッカーサー・ノート
　　…84, 100, 120
松本烝治…82
マディソン…33
マニフェスト…293
マルクス主義…3, 51
丸山眞男…10

み

箕作麟祥…17
三井倉庫港運事件…271
三井美唄炭鉱労組事件…271

ミッチー・ブーム…113
三菱樹脂事件…55, 207
南アフリカ憲法…68
美濃部達吉…82
宮沢俊義…82
民主的責任行政の原則…312

め

明治憲法の改正…70
明治憲法の改正手続…70
メイプルソープ事件…192
名誉毀損罪…193
命令…281, 316
命令委任…283

も

目的・効果基準…214
木簡…99
森有礼…217
森戸事件…204
門地…158
モンテスキュー…28

や

薬事法…239
薬事法事件判決…228
夜警国家…224
矢内原忠雄…6
八幡製鉄事件…57
山本太郎…116
山本有三…86

ゆ

優越的な地位…180
「夕刊和歌山時事」事件…194
郵政民営化…226
ユグノー戦争…24
ユニオン・ショップ協定…270

よ

幼児教室事件…279
予算法形式説…278
吉田茂…87, 122
「四畳半襖の下張」事件…192
よど号ハイジャック記事抹消事件
　　…197
予備校学説…239

読み書きテスト…162
弱い個人…143

り

リヴァイアサン…43
立憲主義…41
立法権…281
立法事実…237, 300
立法不作為…258, 278, 300, 334
律令国家…49
リプロダクション…147
リベラル・アーツ…5
領邦国家…49
リンカン…50

る

ルイ＝ナポレオン…37
ル＝シャプリエ法…35
ルソー…28, 45, 61

れ

令状主義…45
冷戦…123
劣悪な教育環境…171
レペタ事件…198
連合会議…33
連合規約…33
『連邦志略』…17
連邦制…65

ろ

労働協約…268
労働三法…269
老齢加算年金訴訟…261
ロエスレル…109
ロールモデル…175
ロッキード事件丸紅ルート判決
　　…317
ロック…27, 61
ロベスピエール…36

わ

ワイマール憲法…85, 254
ワシントン…32
早稲田大学江沢民事件…151
和田小六…6
湾岸戦争…131

査報告とともに、これを国会に提出しなければならない。

② 会計検査院の組織及び権限は、法律でこれを定める。

第九十一条 内閣は、国会及び国民に対し、定期に、少くとも毎年一回、国の財政状況について報告しなければならない。

第八章 地方自治

第九十二条 地方公共団体の組織及び運営に関する事項は、地方自治の本旨に基いて、法律でこれを定める。

第九十三条 地方公共団体には、法律の定めるところにより、その議事機関として議会を設置する。

② 地方公共団体の長、その議会の議員及び法律の定めるその他の吏員は、その地方公共団体の住民が、直接これを選挙する。

第九十四条 地方公共団体は、その財産を管理し、事務を処理し、及び行政を執行する権能を有し、法律の範囲内で条例を制定することができる。

第九十五条 一の地方公共団体のみに適用される特別法は、法律の定めるところにより、その地方公共団体の住民の投票においてその過半数の同意を得なければ、国会は、これを制定することができない。

第九章 改正

第九十六条 この憲法の改正は、各議院の総議員の三分の二以上の賛成で、国会が、これを発議し、国民に提案してその承認を経なければならない。この承認には、特別の国民投票又は国会の定める選挙の際行はれる投票において、その過半数の賛成を必要とする。

② 憲法改正について前項の承認を経たときは、天皇は、国民の名で、この憲法と一体を成すものとして、直ちにこれを公布する。

第十章 最高法規

第九十七条 この憲法が日本国民に保障する基本的人権は、人類の多年にわたる自由獲得の努力の成果であつて、これらの権利は、過去幾多の試錬に堪へ、現在及び将来の国民に対し、侵すことのできない永久の権利として信託されたものである。

第九十八条 この憲法は、国の最高法規であつて、その条規に反する法律、命令、詔勅及び国務に関するその他の行為の全部又は一部は、その効力を有しない。

② 日本国が締結した条約及び確立された国際法規は、これを誠実に遵守することを必要とする。

第九十九条 天皇又は摂政及び国務大臣、国会議員、裁判官その他の公務員は、この憲法を尊重し擁護する義務を負ふ。

第十一章 補則

第百条 この憲法は、公布の日から起算して六箇月を経過した日から、これを施行する。

② この憲法を施行するために必要な法律の制定、参議院議員の選挙及び国会召集の手続並びにこの憲法を施行するために必要な準備手続は、前項の期日よりも前に、これを行ふことができる。

第百一条 この憲法施行の際、参議院がまだ成立してゐないときは、その成立するまでの間、衆議院は、国会としての権限を行ふ。

第百二条 この憲法による第一期の参議院議員のうち、その半数の者の任期は、これを三年とする。その議員は、法律の定めるところにより、これを定める。

第百三条 この憲法施行の際現に在職する国務大臣、衆議院議員及び裁判官並びにその他の公務員で、その地位に相応する地位がこの憲法で認められてゐる者は、法律で特別の定をした場合を除いては、この憲法施行のため、当然にはその地位を失ふことはない。但し、この憲法によつて、後任者が選挙又は任命されたときは、当然その地位を失ふ。

日本国憲法（全文）　351

一　法律を誠実に執行し、国務を総理すること。
二　外交関係を処理すること。
三　条約を締結すること。但し、事前に、時宜によつては事後に、国会の承認を経ることを必要とする。
四　法律の定める基準に従ひ、官吏に関する事務を掌理すること。
五　予算を作成して国会に提出すること。
六　この憲法及び法律の規定を実施するために、政令を制定すること。但し、政令には、特にその法律の委任がある場合を除いては、罰則を設けることができない。
七　大赦、特赦、減刑、刑の執行の免除及び復権を決定すること。

第七十四条　法律及び政令には、すべて主任の国務大臣が署名し、内閣総理大臣が連署することを必要とする。

第七十五条　国務大臣は、その在任中、内閣総理大臣の同意がなければ、訴追されない。但し、これがため、訴追の権利は、害されない。

第六章　司法

第七十六条　すべて司法権は、最高裁判所及び法律の定めるところにより設置する下級裁判所に属する。
②　特別裁判所は、これを設置することができない。行政機関は、終審として裁判を行ふことができない。
③　すべて裁判官は、その良心に従ひ独立してその職権を行ひ、この憲法及び法律にのみ拘束される。

第七十七条　最高裁判所は、訴訟に関する手続、弁護士、裁判所の内部規律及び司法事務処理に関する事項について、規則を定める権限を有する。
②　検察官は、最高裁判所の定める規則に従はなければならない。
③　最高裁判所は、下級裁判所に関する規則を定める権限を、下級裁判所に委任することができる。

第七十八条　裁判官は、裁判により、心身の故障のために職務を執ることができないと決定された場合を除いては、公の弾劾によらなければ罷免されない。裁判官の懲戒処分は、行政機関がこれを行ふことはできない。

第七十九条　最高裁判所は、その長たる裁判官及び法律の定める員数のその他の裁判官でこれを構成し、その長たる裁判官以外の裁判官は、内閣でこれを任命する。
②　最高裁判所の裁判官の任命は、その任命後初めて行はれる衆議院議員総選挙の際国民の審査に付し、その後十年を経過した後初めて行はれる衆議院議員総選挙の際更に審査に付し、その後も同様とする。
③　前項の場合において、投票者の多数が裁判官の罷免を可とするときは、その裁判官は、罷免される。
④　審査に関する事項は、法律でこれを定める。
⑤　最高裁判所の裁判官は、法律の定める年齢に達した時に退官する。
⑥　最高裁判所の裁判官は、すべて定期に相当額の報酬を受ける。この報酬は、在任中、これを減額することができない。

第八十条　下級裁判所の裁判官は、最高裁判所の指名した者の名簿によつて、内閣でこれを任命する。その裁判官は、任期を十年とし、再任されることができる。但し、法律の定める年齢に達した時には退官する。
②　下級裁判所の裁判官は、すべて定期に相当額の報酬を受ける。この報酬は、在任中、これを減額することができない。

第八十一条　最高裁判所は、一切の法律、命令、規則又は処分が憲法に適合するかしないかを決定する権限を有する終審裁判所である。

第八十二条　裁判の対審及び判決は、公開法廷でこれを行ふ。
②　裁判所が、裁判官の全員一致で、公の秩序又は善良の風俗を害する虞があると決した場合には、対審は、公開しないでこれを行ふことができる。但し、政治犯罪、出版に関する犯罪又はこの憲法第三章で保障する国民の権利が問題となつてゐる事件の対審は、常にこれを公開しなければならない。

第七章　財政

第八十三条　国の財政を処理する権限は、国会の議決に基いて、これを行使しなければならない。

第八十四条　あらたに租税を課し、又は現行の租税を変更するには、法律又は法律の定める条件によることを必要とする。

第八十五条　国費を支出し、又は国が債務を負担するには、国会の議決に基くことを必要とする。

第八十六条　内閣は、毎会計年度の予算を作成し、国会に提出して、その審議を受け議決を経なければならない。

第八十七条　予見し難い予算の不足に充てるため、国会の議決に基いて予備費を設け、内閣の責任でこれを支出することができる。
②　すべて予備費の支出については、内閣は、事後に国会の承諾を得なければならない。

第八十八条　すべて皇室財産は、国に属する。すべて皇室の費用は、予算に計上して国会の議決を経なければならない。

第八十九条　公金その他の公の財産は、宗教上の組織若しくは団体の使用、便益若しくは維持のため、又は公の支配に属しない慈善、教育若しくは博愛の事業に対し、これを支出し、又はその利用に供してはならない。

第九十条　国の収入支出の決算は、すべて毎年会計検査院がこれを検査し、内閣は、次の年度に、その検

③前項但書の緊急集会において採られた措置は、臨時のものであつて、次の国会開会の後十日以内に、衆議院の同意がない場合には、その効力を失ふ。

第五十五条　両議院は、各々その議員の資格に関する争訟を裁判する。但し、議員の議席を失はせるには、出席議員の三分の二以上の多数による議決を必要とする。

第五十六条　両議院は、各々その総議員の三分の一以上の出席がなければ、議事を開き議決することができない。
②両議院の議事は、この憲法に特別の定のある場合を除いては、出席議員の過半数でこれを決し、可否同数のときは、議長の決するところによる。

第五十七条　両議院の会議は、公開とする。但し、出席議員の三分の二以上の多数で議決したときは、秘密会を開くことができる。
②両議院は、各々その会議の記録を保存し、秘密会の記録の中で特に秘密を要すると認められるもの以外は、これを公表し、且つ一般に頒布しなければならない。
③出席議員の五分の一以上の要求があれば、各議員の表決は、これを会議録に記載しなければならない。

第五十八条　両議院は、各々その議長その他の役員を選任する。
②両議院は、各々その会議その他の手続及び内部の規律に関する規則を定め、又、院内の秩序をみだした議員を懲罰することができる。但し、議員を除名するには、出席議員の三分の二以上の多数による議決を必要とする。

第五十九条　法律案は、この憲法に特別の定のある場合を除いては、両議院で可決したとき法律となる。
②衆議院で可決し、参議院でこれと異なつた議決をした法律案は、衆議院で出席議員の三分の二以上の多数で再び可決したときは、法律となる。

③前項の規定は、法律の定めるところにより、衆議院が、両議院の協議会を開くことを求めることを妨げない。
②参議院が、衆議院の可決した法律案を受け取つた後、国会休会中の期間を除いて六十日以内に、議決しないときは、衆議院は、参議院がその法律案を否決したものとみなすことができる。

第六十条　予算は、さきに衆議院に提出しなければならない。
②予算について、参議院で衆議院と異なつた議決をした場合に、法律の定めるところにより、両議院の協議会を開いても意見が一致しないとき、又は参議院が、衆議院の可決した予算を受け取つた後、国会休会中の期間を除いて三十日以内に、議決しないときは、衆議院の議決を国会の議決とする。

第六十一条　条約の締結に必要な国会の承認については、前条第二項の規定を準用する。

第六十二条　両議院は、各々国政に関する調査を行ひ、これに関して、証人の出頭及び証言並びに記録の提出を要求することができる。

第六十三条　内閣総理大臣その他の国務大臣は、両議院の一に議席を有すると有しないとにかかはらず、何時でも議案について発言するため議院に出席することができる。又、答弁又は説明のため出席を求められたときは、出席しなければならない。

第六十四条　国会は、罷免の訴追を受けた裁判官を裁判するため、両議院の議員で組織する弾劾裁判所を設ける。
②弾劾に関する事項は、法律でこれを定める。

第五章　内閣

第六十五条　行政権は、内閣に属する。

第六十六条　内閣は、法律の定めるところにより、その首長たる内閣総理大臣及びその他の国務大臣でこれを組織する。

②内閣総理大臣その他の国務大臣は、文民でなければならない。
③内閣は、行政権の行使について、国会に対し連帯して責任を負ふ。

第六十七条　内閣総理大臣は、国会議員の中から国会の議決で、これを指名する。この指名は、他のすべての案件に先だつて、これを行ふ。
②衆議院と参議院とが異なつた指名の議決をした場合に、法律の定めるところにより、両議院の協議会を開いても意見が一致しないとき、又は衆議院が指名の議決をした後、国会休会中の期間を除いて十日以内に、参議院が、指名の議決をしないときは、衆議院の議決を国会の議決とする。

第六十八条　内閣総理大臣は、国務大臣を任命する。但し、その過半数は、国会議員の中から選ばれなければならない。
②内閣総理大臣は、任意に国務大臣を罷免することができる。

第六十九条　内閣は、衆議院で不信任の決議案を可決し、又は信任の決議案を否決したときは、十日以内に衆議院が解散されない限り、総辞職をしなければならない。

第七十条　内閣総理大臣が欠けたとき、又は衆議院議員総選挙の後に初めて国会の召集があつたときは、内閣は、総辞職をしなければならない。

第七十一条　前二条の場合には、内閣は、あらたに内閣総理大臣が任命されるまで引き続きその職務を行ふ。

第七十二条　内閣総理大臣は、内閣を代表して議案を国会に提出し、一般国務及び外交関係について国会に報告し、並びに行政各部を指揮監督する。

第七十三条　内閣は、他の一般行政事務の外、左の事務を行ふ。

② 賃金、就業時間、休息その他の勤労条件に関する基準は、法律でこれを定める。

③ 児童は、これを酷使してはならない。

第二十八条 勤労者の団結する権利及び団体交渉その他の団体行動をする権利は、これを保障する。

第二十九条 財産権は、これを侵してはならない。

② 財産権の内容は、公共の福祉に適合するやうに、法律でこれを定める。

③ 私有財産は、正当な補償の下に、これを公共のために用ひることができる。

第三十条 国民は、法律の定めるところにより、納税の義務を負ふ。

第三十一条 何人も、法律の定める手続によらなければ、その生命若しくは自由を奪はれ、又はその他の刑罰を科せられない。

第三十二条 何人も、裁判所において裁判を受ける権利を奪はれない。

第三十三条 何人も、現行犯として逮捕される場合を除いては、権限を有する司法官憲が発し、且つ理由となつてゐる犯罪を明示する令状によらなければ、逮捕されない。

第三十四条 何人も、理由を直ちに告げられ、且つ、直ちに弁護人に依頼する権利を与へられなければ、抑留又は拘禁されない。又、何人も、正当な理由がなければ、拘禁されず、要求があれば、その理由は、直ちに本人及びその弁護人の出席する公開の法廷で示されなければならない。

第三十五条 何人も、その住居、書類及び所持品について、侵入、捜索及び押収を受けることのない権利は、第三十三条の場合を除いては、正当な理由に基いて発せられ、且つ捜索する場所及び押収する物を明示する令状がなければ、侵されない。

② 捜索又は押収は、権限を有する司法官憲が発する各別の令状により、これを行ふ。

第三十六条 公務員による拷問及び残虐な刑罰は、絶対にこれを禁ずる。

第三十七条 すべて刑事事件においては、被告人は、公平な裁判所の迅速な公開裁判を受ける権利を有する。

② 刑事被告人は、すべての証人に対して審問する機会を充分に与へられ、又、公費で自己のために強制的手続により証人を求める権利を有する。

③ 刑事被告人は、いかなる場合にも、資格を有する弁護人を依頼することができる。被告人が自らこれを依頼することができないときは、国でこれを附する。

第三十八条 何人も、自己に不利益な供述を強要されない。

② 強制、拷問若しくは脅迫による自白又は不当に長く抑留若しくは拘禁された後の自白は、これを証拠とすることができない。

③ 何人も、自己に不利益な唯一の証拠が本人の自白である場合には、有罪とされ、又は刑罰を科せられない。

第三十九条 何人も、実行の時に適法であつた行為又は既に無罪とされた行為については、刑事上の責任を問はれない。又、同一の犯罪について、重ねて刑事上の責任を問はれない。

第四十条 何人も、抑留又は拘禁された後、無罪の裁判を受けたときは、法律の定めるところにより、国にその補償を求めることができる。

第四章 国会

第四十一条 国会は、国権の最高機関であつて、国の唯一の立法機関である。

第四十二条 国会は、衆議院及び参議院の両議院でこれを構成する。

第四十三条 両議院は、全国民を代表する選挙された議員でこれを組織する。

② 両議院の議員の定数は、法律でこれを定める。

第四十四条 両議院の議員及びその選挙人の資格は、法律でこれを定める。但し、人種、信条、性別、社会的身分、門地、教育、財産又は収入によつて差別してはならない。

第四十五条 衆議院議員の任期は、四年とする。但し、衆議院解散の場合には、その期間満了前に終了する。

第四十六条 参議院議員の任期は、六年とし、三年ごとに議員の半数を改選する。

第四十七条 選挙区、投票の方法その他両議院の議員の選挙に関する事項は、法律でこれを定める。

第四十八条 何人も、同時に両議院の議員たることはできない。

第四十九条 両議院の議員は、法律の定めるところにより、国庫から相当額の歳費を受ける。

第五十条 両議院の議員は、法律の定める場合を除いては、国会の会期中逮捕されず、会期前に逮捕された議員は、その議院の要求があれば、会期中これを釈放しなければならない。

第五十一条 両議院の議員は、議院で行つた演説、討論又は表決について、院外で責任を問はれない。

第五十二条 国会の常会は、毎年一回これを召集する。

第五十三条 内閣は、国会の臨時会の召集を決定することができる。いづれかの議院の総議員の四分の一以上の要求があれば、内閣は、その召集を決定しなければならない。

第五十四条 衆議院が解散されたときは、解散の日から四十日以内に、衆議院議員の総選挙を行ひ、その選挙の日から三十日以内に、国会を召集しなければならない。

② 衆議院が解散されたときは、参議院は、同時に閉会となる。但し、内閣は、国に緊急の必要があるときは、参議院の緊急集会を求めることができる。

並びに全権委任状及び大使及び公使の信任状を認
証すること。

六　大赦、特赦、減刑、刑の執行の免除及び復権を
認証すること。

七　栄典を授与すること。

八　批准書及び法律の定めるその他の外交文書を認
証すること。

九　外国の大使及び公使を接受すること。

十　儀式を行ふこと。

第八条　皇室に財産を譲り渡し、又は皇室が、財産を
譲り受け、若しくは賜与することは、国会の議決に
基かなければならない。

第二章　戦争の放棄

第九条　日本国民は、正義と秩序を基調とする国際平
和を誠実に希求し、国権の発動たる戦争と、武力に
よる威嚇又は武力の行使は、国際紛争を解決する手
段としては、永久にこれを放棄する。

②　前項の目的を達するため、陸海空軍その他の戦力
は、これを保持しない。国の交戦権は、これを認め
ない。

第三章　国民の権利及び義務

第十条　日本国民たる要件は、法律でこれを定める。

第十一条　国民は、すべての基本的人権の享有を妨げ
られない。この憲法が国民に保障する基本的人権は、
侵すことのできない永久の権利として、現在及び将
来の国民に与へられる。

第十二条　この憲法が国民に保障する自由及び権利
は、国民の不断の努力によつて、これを保持しなけ
ればならない。又、国民は、これを濫用してはなら
ないのであつて、常に公共の福祉のためにこれを利
用する責任を負ふ。

第十三条　すべて国民は、個人として尊重される。生
命、自由及び幸福追求に対する国民の権利について
は、公共の福祉に反しない限り、立法その他の国政
の上で、最大の尊重を必要とする。

第十四条　すべて国民は、法の下に平等であつて、人
種、信条、性別、社会的身分又は門地により、政治的、
経済的又は社会的関係において、差別されない。

②　華族その他の貴族の制度は、これを認めない。

③　栄誉、勲章その他の栄典の授与は、いかなる特権
も伴はない。栄典の授与は、現にこれを有し、又は
将来これを受ける者の一代に限り、その効力を有す
る。

第十五条　公務員を選定し、及びこれを罷免すること
は、国民固有の権利である。

②　すべて公務員は、全体の奉仕者であつて、一部の
奉仕者ではない。

③　公務員の選挙については、成年者による普通選挙
を保障する。

④　すべて選挙における投票の秘密は、これを侵して
はならない。選挙人は、その選択に関し公的にも私
的にも責任を問はれない。

第十六条　何人も、損害の救済、公務員の罷免、法律、
命令又は規則の制定、廃止又は改正その他の事項に
関し、平穏に請願する権利を有し、何人も、かかる
請願をしたためにいかなる差別待遇も受けない。

第十七条　何人も、公務員の不法行為により、損害を
受けたときは、法律の定めるところにより、国又は
公共団体に、その賠償を求めることができる。

第十八条　何人も、いかなる奴隷的拘束も受けない。又、
犯罪に因る処罰の場合を除いては、その意に反する
苦役に服させられない。

第十九条　思想及び良心の自由は、これを侵してはな
らない。

第二十条　信教の自由は、何人に対してもこれを保障
する。いかなる宗教団体も、国から特権を受け、又
は政治上の権力を行使してはならない。

②　何人も、宗教上の行為、祝典、儀式又は行事に参
加することを強制されない。

③　国及びその機関は、宗教教育その他いかなる宗教
的活動もしてはならない。

第二十一条　集会、結社及び言論、出版その他一切の
表現の自由は、これを保障する。

②　検閲は、これをしてはならない。通信の秘密は、
これを侵してはならない。

第二十二条　何人も、公共の福祉に反しない限り、居
住、移転及び職業選択の自由を有する。

②　何人も、外国に移住し、又は国籍を離脱する自由
を侵されない。

第二十三条　学問の自由は、これを保障する。

第二十四条　婚姻は、両性の合意のみに基いて成立し、
夫婦が同等の権利を有することを基本として、相互
の協力により、維持されなければならない。

②　配偶者の選択、財産権、相続、住居の選定、離婚
並びに婚姻及び家族に関するその他の事項に関して
は、法律は、個人の尊厳と両性の本質的平等に立脚
して、制定されなければならない。

第二十五条　すべて国民は、健康で文化的な最低限度
の生活を営む権利を有する。

②　国は、すべての生活部面について、社会福祉、社
会保障及び公衆衛生の向上及び増進に努めなければ
ならない。

第二十六条　すべて国民は、法律の定めるところによ
り、その能力に応じて、ひとしく教育を受ける権利
を有する。

②　すべて国民は、法律の定めるところにより、その
保護する子女に普通教育を受けさせる義務を負ふ。
義務教育は、これを無償とする。

第二十七条　すべて国民は、勤労の権利を有し、義務
を負ふ。

日本国憲法

（昭和二十一年十一月三日公布／昭和二十二年五月三日施行）

目次

第一章　天皇（一条－八条）
第二章　戦争の放棄（九条）
第三章　国民の権利及び義務（十条－四十条）
第四章　国会（四十一条－六十四条）
第五章　内閣（六十五条－七十五条）
第六章　司法（七十六条－八十二条）
第七章　財政（八十三条－九十一条）
第八章　地方自治（九十二条－九十五条）
第九章　改正（九十六条）
第十章　最高法規（九十七条－九十九条）
第十一章　補則（百条－百三条）

朕は、日本国民の総意に基いて、新日本建設の礎が、定まるに至つたことを、深くよろこび、枢密顧問の諮詢及び帝国憲法第七十三条による帝国議会の議決を経た帝国憲法の改正を裁可し、ここにこれを公布せしめる。

御名御璽

昭和二十一年十一月三日

内閣総理大臣兼　外務大臣　吉田　茂
国務大臣　男爵　幣原喜重郎
司法大臣　木村篤太郎
内務大臣　大村　清一
文部大臣　田中耕太郎
農林大臣　和田　博雄
国務大臣　斎藤　隆夫
逓信大臣　一松　定吉
商工大臣　星島　二郎
厚生大臣　河合　良成
国務大臣　植原悦二郎
運輸大臣　平塚常次郎
大蔵大臣　石橋　湛山
国務大臣　金森徳次郎
国務大臣　膳　桂之助

日本国憲法

日本国民は、正当に選挙された国会における代表者を通じて行動し、われらとわれらの子孫のために、諸国民との協和による成果と、わが国全土にわたつて自由のもたらす恵沢を確保し、政府の行為によつて再び戦争の惨禍が起ることのないやうにすることを決意し、ここに主権が国民に存することを宣言し、この憲法を確定する。そもそも国政は、国民の厳粛な信託によるものであつて、その権威は国民に由来し、その福利は国民がこれを享受する。これは人類普遍の原理であり、この憲法は、かかる原理に基くものである。われらは、これに反する一切の憲法、法令及び詔勅を排除する。

日本国民は、恒久の平和を念願し、人間相互の関係を支配する崇高な理想を深く自覚するのであつて、平和を愛する諸国民の公正と信義に信頼して、われらの安全と生存を保持しようと決意した。われらは、平和を維持し、専制と隷従、圧迫と偏狭を地上から永遠に除去しようと努めてゐる国際社会において、名誉ある地位を占めたいと思ふ。われらは、全世界の国民が、ひとしく恐怖と欠乏から免かれ、平和のうちに生存する権利を有することを確認する。

われらは、いづれの国家も、自国のことのみに専念して他国を無視してはならないのであつて、政治道徳の法則は、普遍的なものであり、この法則に従ふことは、自国の主権を維持し、他国と対等関係に立たうとする各国の責務であると信ずる。

日本国民は、国家の名誉にかけ、全力をあげてこの崇高な理想と目的を達成することを誓ふ。

第一章　天皇

第一条　天皇は、日本国の象徴であり日本国民統合の象徴であつて、この地位は、主権の存する日本国民の総意に基く。

第二条　皇位は、世襲のものであつて、国会の議決した皇室典範の定めるところにより、これを継承する。

第三条　天皇の国事に関するすべての行為には、内閣の助言と承認を必要とし、内閣が、その責任を負ふ。

第四条　天皇は、この憲法の定める国事に関する行為のみを行ひ、国政に関する権能を有しない。
②　天皇は、法律の定めるところにより、その国事に関する行為を委任することができる。

第五条　皇室典範の定めるところにより摂政を置くときは、摂政は、天皇の名でその国事に関する行為を行ふ。この場合には、前条第一項の規定を準用する。

第六条　天皇は、国会の指名に基いて、内閣総理大臣を任命する。
②　天皇は、内閣の指名に基いて、最高裁判所の長たる裁判官を任命する。

第七条　天皇は、内閣の助言と承認により、国民のために、左の国事に関する行為を行ふ。
一　憲法改正、法律、政令及び条約を公布すること。
二　国会を召集すること。
三　衆議院を解散すること。
四　国会議員の総選挙の施行を公示すること。
五　国務大臣及び法律の定めるその他の官吏の任免

【編者・執筆者紹介】

神野　潔（じんの・きよし）／編者
慶應義塾大学大学院法学研究科公法学専攻後期博士課程単位取得退学。現在、東京理科大学教養教育研究院教授。主要著作として、『概説 日本法制史〔第2版〕』（共編著、弘文堂・2023年）など。
＊序章、第5章執筆

岡田　順太（おかだ・じゅんた）／編者
慶應義塾大学大学院法学研究科後期博士課程単取得退学、博士（法学）。現在、獨協大学法学部教授。主要著作として、『関係性の憲法理論—現代市民社会と結社の自由』（丸善プラネット・2015年）など。
＊第13章、第14章執筆

横大道　聡（よこだいどう・さとし）／編者
慶應義塾大学大学院法学研究科後期博士課程単位取得退学、博士（法学）。現在、慶應義塾大学大学院法務研究科教授。主要著作として、『現代国家における表現の自由—言論市場への国家の積極的関与とその憲法的統制』（弘文堂・2013年）など。
＊第3章執筆

出口　雄一（でぐち・ゆういち）
慶應義塾大学大学院法学研究科公法学専攻後期博士課程単位取得退学。博士（法学）。現在、慶應義塾大学法学部教授。主要著作として、『概説 日本法制史〔第2版〕』（共編著、弘文堂・2023年）など。
＊第1章執筆

吉良　貴之（きら・たかゆき）
東京大学大学院法学政治学研究科博士課程満期退学。現在、愛知大学法学部准教授。主要著作として、「裁判と時間」現代思想51巻9号（2023年）など。
＊第2章執筆

荒邦　啓介（あらくに・けいすけ）
東洋大学大学院法学研究科公法学専攻博士後期課程修了、博士（法学）。現在、淑徳大学コミュニティ政策学部准教授。主要著作として、『明治憲法における「国務」と「統帥」—統帥権の憲法史的研究』（成文堂・2017年）など。
＊第4章執筆

山中　倫太郎（やまなか・りんたろう）
京都大学大学院法学研究科博士課程単位取得退学。現在、防衛大学校公共政策学科兼総合安全保障研究科教授。主要著作として、『在外邦人の保護・救出』（分担執筆、東信堂・2021年）など。
＊第6章執筆

石塚　壮太郎（いしづか・そうたろう）
慶應義塾大学大学院法学研究科後期博士課程単取得退学、博士（法学）。現在、日本大学法学部准教授。主要著作として、『プラットフォームと権力』（編著、慶應義塾大学出版会・2024年）など。
＊第7章執筆

茂木　洋平（もぎ・ようへい）
東北大学法学研究科博士後期課程修了、博士（法学）、現在、桐蔭横浜大学法学部准教授。主要著作として、『アファーマティブ・アクション正当化の法理論の再構築』（尚学社・2023年）など。
＊第8章執筆

田中　美里（たなか・みさと）
一橋大学大学院法学研究科博士後期課程修了。博士（法学）。現在、成城大学法学部専任講師。主要著作として「オンライン・プラットフォームとその民主的統制の可能性」法学館憲法研究所 Law Journal 30・31合併号（2024年）など。
＊第9章執筆

森口　千弘（もりぐち・ちひろ）
早稲田大学大学院法学研究科後期課程修了、博士（法学）。現在、熊本学園大学社会福祉学部准教授。主要著作として『内心の自由—アメリカの二元的保護枠組みの考察と分析から』（日本評論社・2023年）など。
＊第10章執筆

新井　貴大（あらい・たかひろ）
慶應義塾大学大学院法学研究科後期博士課程単位取得退学。現在、新潟県立大学国際地域学部講師。主要著作として、「職業の自由の『転轍点』としてのドイツ薬局判決—規律留保の解釈をめぐって」法学政治学論究126号（2020年）など。
＊第11章分担執筆

手塚　崇聡（てづか・たかとし）
慶應義塾大学大学院法学研究科後期博士課程単位取得退学。博士（法学）。現在、千葉大学大学院社会科学研究院教授。主要著作として、『司法権の国際化と憲法解釈』（法律文化社・2018年）など。
＊第11章分担執筆

松本　奈津希（まつもと・なつき）
一橋大学大学院法学研究科博士後期課程修了、博士（法学）。現在、広島修道大学法学部准教授。主要著作として、『憲法訴訟の実務と学説』（分担執筆、日本評論社・2023年）など。
＊第12章執筆

武市　周作（たけち・しゅうさく）
中央大学大学院法学研究科博士後期課程単位取得退学。現在、中央大学法学部教授。主要著作として、『憲法裁判の制度と実践』（共編著、尚学社・2023年）など。
＊第15章執筆

【編　者】

神野　　潔　東京理科大学教養教育研究院教授
岡田　順太　獨協大学法学部教授
横大道　聡　慶應義塾大学大学院法務研究科教授

教養憲法

2024（令和6）年12月30日　初版1刷発行

編　者　神野潔・岡田順太・横大道聡
発行者　鯉渕　友南
発行所　株式会社　弘文堂　　101−0062　東京都千代田区神田駿河台1の7
　　　　　　　　　　　　　　TEL03（3294）4801　　　振替00120−6−53909
　　　　　　　　　　　　　　https://www.koubundou.co.jp

装　幀　宇佐美純子
印　刷　大盛印刷
製　本　井上製本所

© 2024 Kiyoshi Jinno, Junta Okada, & Satoshi Yokodaido. Printed in Japan

JCOPY ＜（社）出版者著作権管理機構　委託出版物＞
本書の無断複写は著作権法上での例外を除き禁じられています。複写される場合は、
そのつど事前に、出版者著作権管理機構（電話 03-5244-5088、FAX 03-5244-5089、
e-mail：info@jcopy.or.jp）の許諾を得てください。
また、本書を代行業者等の第三者に依頼してスキャンやデジタル化することは、たと
え個人や家庭内での利用であっても一切認められておりません。

ISBN978-4-335-36011-4